Eugen Biser

Glaubens-
prognose

Eugen Biser

Glaubens-prognose

Orientierung in postsäkularistischer Zeit

Verlag Styria

CIP-Titelaufnahme der Deutschen Bibliothek

Biser, Eugen:
Glaubensprognose : Orientierung in postsäkularistischer Zeit /
Eugen Biser. – Graz ; Wien ; Köln : Verl. Styria, 1991
ISBN 3-222-11996-1

© 1991 Verlag Styria Graz Wien Köln
Printed in Austria
Alle Rechte vorbehalten
Umschlaggestaltung: Zembsch'Werkstatt, München
Satz und Druck: Druck- und Verlagshaus Styria, Graz
Bindung: Wiener Verlag, Himberg
ISBN 3-222-11996-1

In dankbarem Gedenken an
Weihbischof
PROF. KARL-AUGUST SIEGEL,
den Mitbegründer des Instituts für Interdisziplinäre
Kultur- und Medienforschung Hamburg

Inhalt

Vorwort

Eine emotionale Häresie

Die gegenwärtige Situation ist durch zwei gegenläufige Vorgänge gekennzeichnet: durch ein stürmisches Vorwärtsdrängen der Freiheitsbewegung, die den ganzen Ostblock ergriff und den Westen dadurch aufs eindringlichste an seine halbvergessenen Ideale Freiheit, Selbstbestimmung und Solidarität erinnert; und durch die Wiederkehr der Prinzipien der abendländischen Kultur, der Visionen und Utopien des aus der zerbrechenden Rationalität heraufdrängenden Mythos und der in Gestalt der audiovisuellen Medien nach Geist und Herz des Rezipienten greifenden Textualität.

In der progressiven Verwirklichung uralter Menschheitsträume und Utopien erblickte *Sigmund Freud* den Grundzug einer Zeit, die sich in der sie bestimmenden Hochtechnik von der Seite des arbeitenden und leidenden Menschen auf die des träumenden schlug.[1] Demgegenüber ging *Max Weber* davon aus, daß es die von ihm registrierte »Entzauberung« der Verhältnisse im Grunde nur zu einer Transformation der mythischen Daseinsmächte gebraucht habe, die nun »entzaubert und daher in Gestalt unpersönlicher Mächte« das Menschenleben in ihre Gewalt zu bringen suchen.[2]

Die Signatur, die Weber deutlicher noch als Freud im Grund des Zeitgeschehens aufdeckte, ist die der Rückbezüglichkeit im Fortschritt. Im Maß, wie dieser voranstrebt, greift er auf Uranfängliches zurück. Die alten Götter entsteigen in entzauberter Gestalt ihren Gräbern; uralte Mythen und Menschheitsträume werden zu Vorzugszielen technischer Verwirklichung. Dem fügte der Marburger Romanist *Walter Wimmel* in seiner hellsichtigen Studie »Die Kultur holt uns ein« (von 1981) noch einen weiteren Gesichtspunkt hinzu. Eingeholt wird seiner These zufolge die kulturelle Szene der Gegenwart vor allem von ihrem tragenden Prinzip, der Schriftlichkeit. Dabei

geht er mit Weber in der Überzeugung einig, daß dies gleichfalls mit
Hilfe »unpersönlicher Mächte« geschieht. Nur müßte, sofern damit
die elektronischen Medien gemeint sind, im Blick auf ihre illusionie-
rende Wirkung anstatt »entzaubert« zutreffender »verzaubernd«
gesagt werden. Während die moderne Hochtechnik nach Freud darauf
hinarbeitet, die Sterne vom Himmel der Utopien auf den Boden der
Alltagswirklichkeit herabzuholen, verwandeln die Medien diese allabendlich in eine schwerelose Traumszene. Mehr als in den jeweils
vermittelten Inhalten besteht darin ihre ebenso faszinierende wie
beängstigende »Botschaft«, obwohl mit dieser Feststellung ihr kaum
zu überschätzender Einfluß auf die dramatische Umgestaltung der
politischen Verhältnisse keineswegs in Abrede gestellt oder auch nur
verkleinert werden soll.[3]

Gerade in ihrer Gegensinnigkeit könnten sich die beiden Bewegungen zu einem mächtigen Gesamteffekt steigern und so zu jenem
geistigen Aufbruch führen, der als Antwort auf das politisch-gesell-
schaftliche Zeitgeschehen, das nicht nur den Vergleich mit der Französischen Revolution aushält, fast schon überfällig ist. Doch nichts deutet darauf hin, daß ein Werk nach Art von *Beethovens* ›Eroica‹ den die
Gegenwart durchstimmenden Freiheitston aufnimmt, daß ein Entwurf
im Sinn von *Hegels* ›Phänomenologie des Geistes‹ die tiefgreifende
Umschichtung auf den Begriff zu bringen sucht oder daß gar ein Dichter von der visionären Schaukraft des *Novalis* die Begriffe ›Christenheit‹ und ›Europa‹ aufs neue zusammendenken würde. Statt dessen
verfielen die geistigen – und religiösen – Wortführer, wie *Joachim
Fest* zu Recht beklagte, einer Rat- und Sprachlosigkeit, die ihrerseits
das emotionale Unvermögen spiegelt, den Ereignissen verstehend und
deutend zu folgen. Im Grund der vieldiskutierten »Unfähigkeit zu
trauern« wird eine ungleich bedenklichere »Unfähigkeit zu hoffen«
oder auch nur mit- und nachzufühlen erkennbar.

Ausdruck dieser an Defätismus grenzenden Unfähigkeit ist die im
Hinschwinden begriffene, aber das herrschende Stimmungstief durchaus repräsentierende »Postmoderne«, zumal sie die Verhältnisse nicht
wie Bewegungen sonst »von oben«, sondern »von unten« her beleuchtet. In einer Zeit, die weniger durch profilierte Leitgestalten und klar
definierte Ideologien, um so mehr jedoch durch deren strukturelle
Relikte gekennzeichnet ist, muß gerade in ihrem Fall mit Nachwirkun-
gen aus dem geistigen »Untergrund« gerechnet werden. Deshalb setzt
die im folgenden entwickelte Zeitanalyse mit einem Blick auf die postmoderne Szene ein, genauer noch mit dem Versuch, den im Zusam-

menhang mit ihr an der Oberfläche der gegenwärtigen Lebenswelt angesammelten Schutt wegzuräumen, um dadurch die wesentlicheren Tendenzkräfte freizulegen.

Was sie betrifft, so hätte sich mit dem Titelbegriff »*Postsäkularismus*« gestern noch der exorbitante Anspruch *Nietzsches* verbinden müssen, in den »Eingeweiden« des Zeitgeistes lesen, womöglich gar, wie der spätere Nietzsche behauptete, ihm so weit vorauseilen zu können, daß seine Bewegungen wie aus der Rückschau erkennbar werden.[4] Doch abgesehen davon, daß das, bei Licht besehen, immer schon das Geschäft der Hoffnung war, zumindest jener Hoffnung großen Stils, zu der sich die führenden Zeit-Deuter der Christenheit seit Paulus und Augustin, Joachim von Fiore und Jakob Böhme und zuletzt noch Gertrud von Le Fort und Hans Urs von Balthasar erhoben, bedarf es dafür heute nicht mehr der divinatorischen Gebärde, weil das thematisch Behauptete vor aller Augen liegt. Womöglich noch nicht so sehr in seinem Kernbereich, der das Verebben des Säkularismus betrifft, wohl aber dort, wo bisher dessen militante Speerspitze fühlbar war: im Feld des Atheismus. Denn vor dem Einsturz der atheistischen Systeme war längst schon ein Verstummen des polemischen, sogar des argumentierenden Atheismus wahrzunehmen. Unter diesem Gesichtspunkt geht die Untersuchung in einem ersten Schritt den beiden religions- und glaubenskritischen Tendenzkräften nach, doch so, daß sie aus der beobachteten Defizienz alsbald auch Folgerungen für den Gottesglauben zieht.

Wenn die Gegenwart, die in vielfältiger Hinsicht dem Eindruck verfiel, das Ende des Erkenn- und Machbaren erreicht zu haben, auch in dem Sinn im Zeichen von Grenzerfahrungen steht, daß eine Reihe bisheriger Traumziele in Realitäten umgesetzt werden konnten, und wenn daraus auf eine Verringerung der Distanz von Möglichkeit und Wirklichkeit geschlossen werden kann, stellt sich die Frage, ob davon nicht auch das Problem der Beweisbarkeit Gottes betroffen ist. Hat sich denn, so ist zu fragen, die Chance des anselmischen Gottesbeweises, der sich vom zulänglichen Bedenken des kognitiven Grenzbegriffs, also der Idee des unüberdenklich Größten, die denkerische Vergewisserung der Existenz Gottes versprach, nicht entscheidend gebessert? Schreit denn die von Freud erkannte Tatsache, daß sich die technisch realisierten Utopien immer schon mit der Tendenz verbanden, göttliche Attribute in die Verfügungsmacht des Menschen zu bringen und diesen dadurch zu einem »Prothesengott« aufzuwerten, nicht danach, in einen sie übergreifenden Akt der Existenzwahrnehmung Gottes, verbunden mit einer neuartigen Fühlung seiner Wirklichkeit, aufgehoben zu werden? Und kann nicht sogar der Versuch *Blumenbergs*, den urbiblischen Gedanken von dem Gott, dem »alles möglich« ist, in kritischer Übereinkunft mit Kierkegaard zu aktivieren, um dadurch die Theologie zum Bewußtsein ihrer offenen Aporien zu drängen, als Schattenwurf dieser Möglichkeit veranschlagt werden?

Doch wie die Untersuchung hier auf das von *Freud* entworfene Zeitbild zurückgreift, muß sie in der Folge auch der resignativen Stimmung Rechnung tragen, zumal diese, zusammen mit der Sprachlosigkeit, auch den kirchlichen Innenraum befiel und dort als das auffälligste, zumindest aber bedenklichste Symptom einer tiefgreifenden Krise anzusehen ist. Ihr gilt das Hauptinteresse der Untersuchung, die damit den Gedankengang der ›Glaubensgeschichtlichen Wende‹ (von 1986) aus kritischer Sicht nochmals aufnimmt. Denn die mit der Wucht und Unaufhaltsamkeit eines Naturereignisses um sich greifende Kirchenkrise erzwingt es geradezu, die dort eröffnete Hoffnungsperspektive aus den Erfahrungen einer auf sämtliche Lebensbereiche durchschlagenden religiösen Entfremdung zu überprüfen und gegen allzu naheliegende Einwände abzusichern. Daran gemessen schreiten die Überlegungen zum Säkularismus- und Atheismusproblem nur das Umfeld des Zentralkomplexes der Analyse ab. Und hier, im Zentralbereich, sind wiederum Zonen unterschiedlicher Betroffenheit und Auswirkung zu unterscheiden: Krisenerscheinungen im Glaubensbereich, die sich von den zentralen Erscheinungsformen abheben, so wie diese reaktive Folgen defizienter Art nach sich ziehen.

Wenn der Zusammenhang mit der vorgeordneten Abhandlung glaubhaft werden soll, darf die Untersuchung aber keinesfalls bei der Analyse stehenbleiben. Vielmehr muß sich diese unverzüglich in Therapievorschläge umsetzen, die ihrerseits nicht besser als dadurch gerechtfertigt werden können, daß sie in eine Prognose ausmünden. Wenn der ermutigende Ausblick nicht aufgesetzt wirken soll, muß er freilich in der Sache selbst begründet werden. Dem dient das Übergangskapitel, das Prozesse der Selbstkorrektur dingfest macht und dadurch die sachliche Rechtfertigung der abschließenden Hoffnungsperspektive erbringt.

Ihr steht freilich als ein fast unüberwindliches und zudem kaum erschließbares Hindernis die an Verbitterung und Resignation grenzende Verstimmung entgegen, die nicht nur das Verhältnis zahlreicher

Christen zu ihrer Kirche belastet, sondern auch an den Glauben und die in ihn gesetzten Erwartungen rührt. Die damit heraufbeschworene Gefahr kann nicht zutreffender, aber auch nicht alarmierender als mit dem Begriff einer »emotionalen Häresie« denunziert werden. Denn der Glaube wird nicht nur durch dogmatische Fehlinterpretation und moralisches Fehlverhalten gefährdet, sondern nach aller Erfahrung weit mehr noch durch einen religiösen Defätismus, der ihm keine lebens- und zukunftsgestaltende Energie zutraut und im Sinn einer Vertrauenskrise an ihm irre wird. Wo im Glauben ein unerschöpflicher Impuls zu Ermutigung, ein Anlaß zu Zuversicht und Freude und nicht zuletzt der Antrieb zu dialogischer und tätiger Selbstmitteilung gefunden werden müßte, überkommt eine Lähmung die Herzen der Menschen, während sich ein trister Grauschleier über ihre gesamte Lebenswelt zu legen scheint. Worte wie die von der Sieghaftigkeit oder der angstüberwindenden Kraft des Glaubens wirken fast wie Fremdkörper in dieser Landschaft.

Dabei kann und darf es nicht bleiben. Der gegenwärtige Zustand darf schon deshalb so nicht länger andauern, weil von der Lethargie eine Sogwirkung ausgeht, unter der die sichernden Dämme brechen und die Kräfte des Chaos Einzug halten könnten. Doch braucht es auch nicht dabei zu bleiben; denn mit der glaubensgeschichtlichen Wende und ihrem Zentralereignis, der Neuentdeckung Jesu, vollzog der Glaube der Gegenwart eine konzentrative Bewegung, die ihn wie kaum einmal so in seiner Geschichte zu sich selbst kommen und durchsichtig werden läßt. Akte der Selbstbesinnung sind aber im Menschenleben stets dazu angetan, schlummernde Kräfte freizusetzen und den Lebenswillen zu stimulieren. Wenn es nicht dazu kommt, liegt es meist an einer bloßen Bewußtseinstrübung, die äußere Irritationen nach sich zogen.

Offensichtlich ist eine derartige Blicktrübung heute gegeben. Deshalb muß dem Glauben von innen her aufgeholfen und zum Bewußtsein seiner Kompetenz verholfen werden. Das aber kann kaum wirksamer geschehen als durch den Versuch, ihm seine eigene Zukunft vor Augen zu führen. Im Blick auf sie wird er sich – mehr als durch alles Zureden – in seiner Bestimmung und Fähigkeit begreifen lernen. Sein Ziel aber hat dieser Besinnungsakt erst dann erreicht, wenn sich der Glaube wieder wie in der ersten Stunde als die Kraft versteht, der es (nach 1 Joh 5,4) als einziger gegeben ist, die Welt zu überwinden.[5]

ERSTER TEIL

Analyse

Einleitung

Zeitkritische Vorbesinnung

Konfuse Zeiten neigen dazu, sich im Rückgriff auf stimmungs- und tendenzverwandte Epochen einen Spiegel vorzuhalten. Dieser Neigung folgte *Barbara Tuchman*, als sie das von Widersprüchen zerrissene vierzehnte Jahrhundert als »fernen Spiegel« für die gegenwärtigen Nahverhältnisse heranzog; doch wäre sie wohl, wie ihr im Schlußkapitel ihres Werkes selber dämmert, besser beraten gewesen, wenn sie dafür das folgende Jahrhundert gewählt hätte: das Jahrhundert, das sich wie keins zuvor auf die »ars moriendi« einstimmte und gleichzeitig von Lebenslust überschäumte, das von apokalyptischen Ängsten umgetrieben war und mit den großen Entdeckungen zugleich die Tür zur Neuzeit aufstieß, das die Versöhnung von Glaube und Vernunft auf eine zuvor nie erreichte Höhe trieb und gleichzeitig einem monströsen Hexenwahn verfiel, das einzigartige Werke einer menschlich vertieften Frömmigkeit zeitigte und gleichzeitig den Reformator *Jan Hus* und eine von einem charismatischen Sendungsbewußtsein erfüllte Heilige, *Jeanne d'Arc*, auf den Scheiterhaufen brachte, das zwar über die Kraft zur Einberufung eines gegen die Trennung der Christenheit angesetzten Unionskonzils verfügte, aber nicht über die Entschlossenheit zu seiner Durchführung und das als Folge dieses Versagens den Untergang Konstantinopels hinnehmen mußte, das als Konsequenz dieser Katastrophe dann aber auch die erste große Friedensproklamation, die Cusanus-Schrift ›De pace fidei‹ hervorbrachte; kurz, ein Jahrhundert, in dem sich wie selten einmal zuvor *Gegensätze* Todessehnsucht und Lebensfreude, Massenwahn und Wissenschaftsgläubigkeit, Traditionsverhaftung und Emanzipationswille, Skepsis und Entdeckergeist, Gottesmystik und Sinnenlust, Lebensangst und Zukunftshoffnung, Frömmigkeit und Säkularismus stießen.[1]

Man braucht in der Tat nur andere Begriffe einzusetzen, um aus diesem Diagramm das Zeitbild der Gegenwart zu gewinnen. Zwar kann von überschäumender Lebenslust nicht die Rede sein; doch verhalf der medizinische Fortschritt dem heutigen Menschen zu einer bisher nie erreichten Lebenserwartung, während doch die Wunden, welche die furchtbarste Todesernte der bisherigen Menschheitsgeschichte hinterließ, noch nicht vernarbt, geschweige denn geheilt sind. Gleichzeitig trat die um die Jahrhundertmitte einsetzende Hochtechnik einen buchstäblich bis an den Himmel der Utopien reichenden Siegeszug an; doch kam dieser weit mehr dem träumenden als dem sich mühenden und leidenden Menschen zugute, von den zerstörerischen Rückwirkungen dieser Technik auf die Bewohnbarkeit der Erde ganz zu schweigen. Noch immer werden in dieser hochtechnisierten Zeit fossile Energieträger, unerläßlich für die Kunststoffproduktion und die pharmazeutische Industrie, mit unverhohlener Zustimmung opportunistischer Politiker in Kraftwerken, Heizanlagen und Autos verbrannt, obwohl die Erschöpfung dieser Vorkommen abzusehen und das damit begangene Unrecht an der Zukunft nicht zu bestreiten ist. Und obwohl die ebenso blutigen wie sinnlosen Kriege dieses Jahrhunderts der Menschheit eine überdeutliche Lektion erteilten, stehen die inzwischen entwickelten Strategien der Konfliktbewältigung in keinem Verhältnis zu den weltweit unternommenen Rüstungsanstrengungen, die auch angesichts der Tatsache, daß die kritische Grenze des »overkills« längst erreicht ist, trotz der gegenwärtigen Entspannungsphase fast ungebremst weitergehen. Wahn und Angst, so scheint es, nehmen zusehends den Platz der Vernunft ein, unter deren Vorzeichen das Zeitalter anfänglich angetreten war.

Nicht weniger bietet die geistige Landschaft das Bild einer von Paradoxien bestimmten Konfusion. Während die Spezialisierung der Wissens- und Fachgebiete einen kaum noch kommunikationsfähigen Grad erreichte, sprechen sich die Propagandisten eines »holistischen« Bewußtseins für die Vernetzung aller Denkformen aus, ohne daß sie die Kompatibilität dieses Traumziels mit den Strukturen und Gesetzen der bestehenden Kultur glaubhaft machen könnten.[2] Unablässig werden Empfehlungen für einen alternativen Lebensstil gegeben und Forderungen nach einem »Paradigmenwechsel«, neuerdings sogar im Feld der Theologie, erhoben, ohne daß dabei viel mehr als das Unbehagen an der wissenschaftlichen Welterklärung und Daseinsdeutung zum Ausdruck kommt.[3] Eine radikale Bezweiflung der Leistungskraft der Rationalität greift um sich, der die Hinkehr zu Esoterik, Gnosis und Mythos und die Proklamation einer ›Wendezeit‹

zwar Einwände, aber keine glaubhafte Alternative entgegensetzten. Wie ein sprechendes Symbol dessen wirkt *Marc Chagalls* in langjähriger Arbeit entstandener ›Engelsturz‹, der, ganz auf der Linie des apokalyptischen Zeitgefühls, die beiden ›Himmelszeichen‹ der Johannesapokalypse, die sonnenumkleidete Frau und den feuerroten Drachen, in eine Figur zusammenschaut und so den Einbruch der Vernichtungsgewalten als »Einzug« des »feministischen Prinzips« in eine auf Rationalität gegründete und an ihr zugrunde gehende Welt deutet.[4]

Zu diesen – beliebig herausgegriffenen und zu vermehrenden – Paradoxien kam neuerdings eine besonders auffällige und aufschlußreiche hinzu: der Begriff ›Postmoderne‹, mit dem sich eine Epoche erstmals in der Geschichte historischer Kennzeichnungen von ihrer eigenen Zukunft her zu charakterisieren suchte.[5] Denn bisher verstand sich eine Zeit allenfalls als ›Wiederaufnahme‹ früherer, als vorbildhaft empfundener Verhältnisse – so das karolingische Reich als Wiederherstellung des Imperium Romanum, das Machtzentrum Moskau als das »dritte Rom«, die Renaissance als Wiedergeburt der Antike, die Neogotik als Wiederbelebung des gotischen Stilideals –, wobei die mit dem Restaurierungsversuch überbrückte ›Zwischenzeit‹ jeweils als eine Epoche der Verirrung, der Barbarei, der Verwilderung und des Verfalls angesehen wurde. Die Modernität der jeweiligen Gegenwart wird somit in den genannten Fällen durch einen ausgesprochen »dialektischen« Rückgriff gewonnen: im Anschluß an die als ideal empfundene Vorvergangenheit bei gleichzeitiger Verwerfung der unmittelbaren Vorzeit. Und diesem Gesetz ist, grundsätzlicher gesehen, jede echte Innovation verpflichtet, die sich von einem nostalgischen, dem ›Alten‹ verpflichteten Restaurationsversuch dadurch unterscheidet, daß sie sich traditionskritisch auf eine Vorvergangenheit zurückbezieht.[6]

Im Fall der ›Postmoderne‹ läuft der Mechanismus offensichtlich im umgekehrten Sinn ab. Was trotz ihrer Präsenz als bereits obsolet empfunden wird, ist ›die Moderne‹, die in ihren Prinzipien, Hervorbringungen und Tendenzen als erschöpft, widerlegt, insbesondere aber als »überholt« gilt: überholt durch jenen Prozeß der ›Selbstaufhebung‹, der aus ihren Trümmern die Postmoderne hervorgehen ließ und diese als Inbegriff einer zwar noch »unbewiesenen Zukunft«, die einzuholen die Gegenwart aber gleichwohl als ihre ureigene Aufgabe, ja als das Feld ihrer wahren Identitätsfindung betrachtet. Nicht kritische Rekonstruktion – wie in den gegensinnigen

Vergleichsfällen –, sondern Antizipation heißt somit die Formel, nach der sich das neue Zeitbewußtsein konstituiert.

Zwar besteht im postmodernen Lager, wie die Studie von *Wolfgang Welsch* nachweist, keinerlei Übereinstimmung in der Frage, was denn unter »modern« zu verstehen sei, ob der technische und ökonomische Entwicklungsstand oder das dafür grundlegende Herrschaftswissen oder gar dessen ästhetische Negation; doch relativiert sich dieser Dissens durch die nicht geringere Unsicherheit in der Frage, was als Fortschritt gelten könne. Sind wir, wie *Voltaire* meinte, der Vorzeit zwar in wissenschaftlicher Hinsicht voraus, nicht jedoch in der Beherrschung der Sprache? Und beweist nicht der Geschichtsverlauf, wie *Burckhardt* diesen Standpunkt vertiefte, daß alle Fortschritte theoretischer, technischer und künstlerischer Art nicht über den Stillstand der moralischen Verfassung der Menschheit hinwegtäuschen können? Ist Fortschritt somit überhaupt kein universales, sondern allenfalls ein selektives, immer nur Einzelsegmente der Gesamtentwicklung bestimmendes Prinzip?[7]

Vor dieser Hintergrundproblematik springt die Fragwürdigkeit dieses Geschichtsentwurfs, die schon aus ihrer Bezeichnung spricht, erst recht in die Augen. Denn die sich als »Wiedergeburt« der Antike verstehende Renaissance verfügte, so prekär sich der von ihr unternommene Brückenschlag ausnimmt, immerhin über ein von ihr als leitbildhaft empfundenes Modell, an dem sie sich bei ihrer Selbstkonstituierung bemessen konnte. Schwierig gestaltete sich für sie lediglich der Versuch, mit der »Erblast« der von ihr verworfenen Vorzeit fertig zu werden. Denn hinter ihr türmte sich immerhin das Gebirgsmassiv, gebildet aus dem byzantinischen, dem karolingischen und dem mittelalterlichen Reich mit seinen großen Traditionen auf, das durchstoßen werden mußte, wenn der Anschluß an die Antike gewonnen werden sollte, von der weltgeschichtlichen Zäsur durch das Christentum ganz zu schweigen. Jetzt aber, im Fall der ›Postmoderne‹, betrifft die Verwerfung gerade die Kategorien, Kräfte und Zielvorstellungen, von denen die noch bestehende Lebenswelt getragen ist, denen aber gleichwohl eine wirksame Zukunftsfähigkeit abgesprochen wird. Diese bestimmt sich vielmehr, nach der vielsagenden Selbstbezeichnung zu schließen, aus der negierenden Umstülpung, also dem Kontrastbild dessen, was bisher galt und trug. Wie aus einer »Hohlform« des Bisherigen sucht sich, ihrem Namen zufolge, die Postmoderne zu begreifen.

Das erreicht sie nur auf dem Weg einer umfassenden Zeitkritik.

Denn der Begriff der ›Postmoderne‹ bestreitet seiner ganzen Tendenz nach, daß das gegenwärtige Deutungs- und Gestaltungskonzept noch weiterhin Geltung besitzt. Vielmehr erscheint es ihm in einigen Hinsichten als verbraucht, in anderen sogar als bedenklich und destruktiv, so daß es unverantwortlich wäre, das Haus der Zukunft auf dieses morsche Gerüst zu gründen – so unzulässig, daß sich sogar schon das aktuelle Zeitbewußtsein von einer Alternative zur Gegenwart her verstehen muß, also von dem her, was als ihre epochale Verneinung »nach« ihr kommt, der Post-Moderne. Sie lebt somit von einem Ausgriff ins Dunkel, das ihrem Eindruck zufolge jedoch »licht genug« ist, um sich darin zurechtzufinden, lichter jedenfalls, als ihr die noch anstehende Gegenwart erscheint.

Erstes Kapitel

Das Zeitbild

Zwei Deuter des Epochenendes:
Guardini und Lyotard

Angesichts der Problematik, die den Begriff der Postmoderne verschattet und zu der noch die terminologische Mißlichkeit hinzukommt, daß er semantisch gesehen für weitere Epochenschritte keinen Raum läßt – denn wie soll sich die nach einer Post-Moderne zu erwartende Folgezeit nennen? –, kann es nicht verwundern, daß die längst schon aus den Schlagzeilen und damit aus dem Vordergrundbewußtsein verschwundene Bewegung Gefahr läuft, von den auf sie angesetzten Klärungs- und Erklärungsversuchen überlebt zu werden und unaufbereitet, als verwesendes Relikt, die geistige Atmosphäre zu vergiften.[8] Nicht umsonst gelangte *Silvio Vietta* im Blick auf den bisherigen Diskussionsverlauf zu der Feststellung, daß der Disput um die Postmoderne fast nur noch »im theoretischen Untergrund« geführt werde, aus dem als repräsentativer Kopf lediglich der philosophische Wortführer *Jean-François Lyotard* herausrage: eine ebenso exakte wie bedenkliche Beschreibung der aus dem Zeitprofil verschwindenden und in die Strukturen absinkenden Erscheinungen.[9]

So sehr diese Feststellung zutrifft, übergeht sie doch den »Vordenker« der Problematik, der schon um die Jahrhundertmitte das ›Ende der Neuzeit‹ proklamiert hatte: *Romano Guardini.*[10] Mit dieser Prognose geht der »rückwärtsgewandte Prophet« *(Daub)* Guardini dem gegenwärtigen Geschichtsgang insofern »auf den Grund«, als er die Epoche, wie der Titel seiner Studie sagt, an ihrem Ende angelangt, ja bereits durch eine neue, die »nachneuzeitliche«, überholt sieht, auch wenn sich deren Umrisse noch zu undeutlich abzeichnen, als daß eine exakte Kennzeichnung möglich wäre. In dieser Frage waren die Erfinder der Vokabel ›Postmoderne‹ weit weniger verlegen, in ihrer Diagnose freilich auch weniger klar als Guardini, der sich gerade hier

23

als »Meister des vereinfachenden Durchblicks« erweist. Diese Klarheit dürfte sich aus zwei Umständen ergeben: Zum ersten aus *der kritischen Distanz*, in welcher der Zeitkritiker Guardini zu seiner Epoche verharrt und die ihn, bis auf wenige Ausnahmen, aus der Position eines *scheinbar Unbetroffenen* sichten und urteilen läßt; sodann – und vor allem – aus der rückblickenden Perspektive, der sein Zeitbild abgewonnen ist. Sie kommt am klarsten zu Beginn des zweiten Bandes des ursprünglich als Trilogie konzipierten Werkes zum Vorschein, wo sich gleichzeitig zeigt, daß Guardinis stupende Wirkung mit seiner »blickeröffnenden« Sprache zusammenhängt, also mit seiner Kunst, den Lesern zu einer klärenden Schau komplexer Gegebenheiten zu verhelfen. In der Vorbemerkung zu dem mit dem Titel ›Die Macht‹ überschriebenen Band meint Guardini:

> So kann man sagen, in der Antike sei es letztlich darum gegangen, das Bild des wohlgeschaffenen Menschen und des edlen Werkes zu finden, und das Ergebnis dieses Bemühens sei es, was wir mit dem Begriff des Klassischen meinen … Das Mittelalter erfährt in besonderer Weise die Beziehung zum überweltlichen Gott … Von der so gewonnenen Höhe über der Welt her sucht dann der Wille die Welt zu durchformen, und es entsteht jene eigentümliche Verbindung von Inbrunst des Herzens und architektonischer Präzision, welche für das mittelalterliche Daseinsbild charakteristisch ist. Die Neuzeit endlich greift mit einer bis dahin unbekannten Wirklichkeitsnähe des Verstandes und der Technik nach der Welt. Was das von ihr geschaffene Bild vom Dasein bestimmt, ist die Macht über die Natur. In immer rascherem Vordringen nimmt der Mensch forschend, planend und technisch gestaltend die Dinge in Besitz.[11]

Aufgrund dieses Zeitbildes nimmt Guardini vom Epochenende her hauptsächlich Verfallserscheinungen und Fehlsteuerungen wahr. Denn dadurch, daß alles unter die Direktive eines »Herrschaftswissens« geriet und durch den Bestimmungsfaktor der Macht dem Gesichtspunkt der »Machbarkeit« unterworfen wurde, trat eine tiefgreifende Verstörung aller Verhältnisse ein. Sichtlich bewegt von dem sich ihm abzeichnenden Erscheinungsbild betont der Diagnostiker:

> All das Furchtbare ist doch nicht vom Himmel gefallen – sagen wir richtiger, aus der Hölle heraufgestiegen! All die unfaßlichen Systeme der Entehrung und Zerstörung sind doch nicht ersonnen worden, nachdem vorher alles in Ordnung war. Ungeheuerlichkeiten von solcher Bewußt-

heit gehen doch nicht nur auf Rechnung entarteter Einzelner oder kleiner Gruppen, sondern kommen aus Verstörungen und Vergiftungen, die seit langem am Werk sind.[12]

Durch die Rückfrage nach der Verursachung sieht sich Guardini auf das verwiesen, was er als das eigentliche Verhängnis der Neuzeit begreift: auf den »Empörungsglauben des Autonomismus«.[13] Durch ihn erfolgte die fatale Fehlsteuerung, die den zu sich selbst und seinen Fähigkeiten erwachten Menschen gegenüber den konstitutiven Bindungen seines Daseins, insbesondere der sozialen und der religiösen, erblinden und zum Gefangenen seines Machtwillens werden ließ. Der durch sein schöpferisches Fortwirken alles tragende und erhaltende Gott erschien ihm nun immer mehr als die große Infragestellung seiner eigenen Machtposition und Selbstherrlichkeit.[14] Und in der von *Nietzsche* auf die Spitze getriebenen Alternative »Er oder ich« entschied er sich bedenkenlos für ein Dasein nach eigenem Entwurf und subjektiver Entscheidung. »Wirkt Gott wirklich, wenn der Mensch die Initiative und Schaffenskraft hat«, lautet diese Alternative in der Sicht Guardinis, »welche die Neuzeit behauptet? Und kann der Mensch handeln und schaffen, wenn Gott am Werk ist?«[15] Von »Wahrnehmung« und »Sicht« muß in diesem Zusammenhang im buchstäblichen Sinn gesprochen werden. Denn das Unwesen der Neuzeit ist so sehr Gegenstand von Guardinis intuitiver Sehweise, daß es ihm, mit einer Stelle aus seinen nachgelassenen Briefen gesprochen, geradezu »vor Augen« zu liegen scheint. Dem Ungeist des Autonomismus verfallen, geriet die Neuzeit insgesamt, vor allem aber in religiöser Hinsicht, auf eine abschüssige Bahn, die sie einem konstitutiven Fehlverhalten zu Welt, Natur und Mensch verfallen ließ. In diesem Sinne heißt es im neunten der ›Theologischen Briefe an einen Freund‹ (von 1976):

Wie mit Augen glaubte ich zu sehen, warum der Schaden des Daseins unheilbar, warum das schlechte Gewissen unaufhebbar ist, solange dieser Grundzustand nicht erkannt und ihm nicht standgehalten wird.[16]

Man glaubt einen Vorklang der Einschätzung des Säkularismus als »Unrechtkategorie« (*Blumenberg*) zu vernehmen, wenn Guardini im selben Atemzug von dem der Neuzeit zugrundeliegenden »Rechtsbruch« spricht.[17] Indessen hindert ihn diese radikale Aburteilung des Prinzips nicht an einer eindringlichen Diagnose der von ihm gesichteten Verstörungsprozesse, mit der er auf überraschende Weise das

Denkmodell der Postmoderne vorwegnimmt. Was am Ende der Neuzeit heraufzieht, ist eine unter dem wachsenden Druck der – von ihm nicht näher bestimmten – »Es-Mächte« eintretende Veränderung der Grundverhältnisse, die sowohl die Beziehung des Menschen zur Kultur wie zur Natur und zu sich selbst betrifft. Zur Natur zunächst; denn das Verhältnis zu ihr »verliert die Unmittelbarkeit, wird indirekt, durch Rechnung und Apparat vermittelt. Es verliert die Anschaulichkeit; wird abstrakt und formelhaft. Es verliert die Erlebbarkeit; wird sachhaft und technisch«.[18] In der Konsequenz dieser Beobachtungen gelangt Guardini schließlich zu einer geradezu paradoxen Bestimmung:

> Die Natur ist … nicht mehr die »natürliche Natur«, von welcher der Begriff des »Natürlichen« als des unmittelbar Einleuchtenden, Sich-von-selbst-Verstehenden herstammt, sondern die »nicht-natürliche Natur« – auch dieses Wort nicht als Ausdruck eines Urteils, sondern als Beschreibung genommen.[19]

Das rückbezügliche »auch« nimmt auf Guardinis Bestimmung des an die wissenschaftlich erklärte und technisch verwaltete Natur ausgelieferten Menschen Bezug, dem es die durchgängige Abstraktion dieser Welt verwehrt, sein »Werk« noch wirklich zu »durchleben«, weil er es »nur noch berechnen und kontrollieren« kann.[20] Und dieses »auch« greift auch schon voraus auf seine Diagnose einer Kultur, zu der kein Vertrauensverhältnis mehr möglich ist, weil sie aufgehört hat, »wesenhafter Lebensraum und verläßliche Lebensordnung« zu sein und statt dessen einem Zustand der Selbstauflösung entgegentreibt.[21] So weit hat sie sich von ihrem ureigenen Gestaltprinzip entfernt, daß sich für sie noch nicht einmal eine zulängliche Kennzeichnung finden läßt;

> denn von einer nicht-kulturellen Kultur sprechen, wäre zwar im hier gemeinten Sinne richtig, aber zu schwebend, um gebraucht werden zu können.[22]

Umso genauer trifft das Adjektiv »nicht-human« auf den am Ende der Neuzeit heraufkommenden Menschen zu. Damit ist ihm die Qualifikation des Menschseins nicht grundsätzlich abgesprochen. Zur Überraschung seines Freundes- und Leserkreises erhoffte sich Guardini, dem glückliche Lebensumstände offensichtlich konkrete Erfahrungen mit der »einsamen Masse« (*Riesman*) erspart hatten, sogar einen personalen »Zugewinn« für den im Schmelztiegel der

Massengesellschaft verlorenen Menschen.[23] Freilich geht dieser Gewinn seiner Ansicht nach mit einem schmerzlichen, wenn auch nicht tödlichen Verlust einher. Unter dem Druck der Es-Mächte zerfällt die den Menschen wie eine Aura umgebende »Kulturhülle«, die das auf höchst bezeichnende Weise obsolet gewordene Wort »Persönlichkeit« umschreibt. Die mit der Vielzahl gegebene »Einebnung« führt somit zwar zum Verlust der Persönlichkeit, nicht unbedingt jedoch auch zur Auslöschung der Person. Im Gegenteil: in der Belastung durch die Zwänge der Massengesellschaft erfährt der menschliche Personkern eine zuvor so nie erreichte Härtung und Festigung:

> So seltsam es klingen mag; die gleiche Masse, welche die Gefahr der absoluten Beherrschbarkeit und Verwendbarkeit in sich trägt, hat auch die Chance zur vollen Mündigkeit der Person in sich. Allerdings sind dabei Aufgaben einer inneren Befreiung, einer Stählung gegen die immer ungeheuerlicher anwachsenden Es-Mächte gestellt, die wir noch kaum erst zu ahnen vermögen.[24]

In der Gesamtbilanz schlägt dieser »systemfremde« – und zweifellos nur aus Guardinis aristokratischer Distanz zur »Massengesellschaft« zu erklärende – Zug freilich nicht zu Buch: der heraufkommende Mensch ist für ihn schließlich doch in dem Sinn »nicht-human«, als er es nur noch zu einer fragmentarischen Ausgestaltung seines Menschseins bringt. Ein seltsamer Umschichtungsprozeß hat sich seiner bemächtigt:

> Bestimmte Begabungen in ihm sind immer stärker, feiner, genauer – andere aber schwächer, stumpfer und unsicherer geworden. Kräfte und Haltungen, die gegeben sein müßten, wenn von einem vollen Menschen die Rede sein soll, sind verlorengegangen. Er ist »unvollständig« geworden.[25]

Auf die Frage, welche Verkümmerung denn die Hauptschuld an der beklagten Fragmentierung des Menschseins trage, antwortet erst der späte Guardini, wenngleich mit einer Auskunft, die das im Schwinden begriffen sieht, was er jahrzehntelang gegen den kurialen Antipsychologismus zur Geltung zu bringen und für den Glaubensvollzug fruchtbar zu machen suchte: die religiöse Erfahrung.[26] Im fünften seiner nachgelassenen Briefe, in dem er erstmals auch auf den geradezu »apokalyptischen Charakter« der durch Umweltverschmutzung und Verkarstung verunstalteten Lebenswelt zu sprechen kommt, sieht er den verstörten und in seinem Kernbestand erkrankten Men-

schen dieser Zeit vor allem von einem progressiven Erfahrungsverlust
bedroht. Sein geistiges Schicksal ist entscheidend dadurch bestimmt,
daß das Gefühl für den »numinosen Charakter der Welt- und Lebenswirklichkeit« und damit für das Erlebensmoment des Religiösen
»beständig abnimmt«.[27]

Heterogene Gründe wirken auf diese Verstörung hin. Der erste –
und wichtigste – Grund besteht in der fortschreitenden Überlagerung
der Natur durch die technische Zivilisation, ja in der Verwandlung
dessen, was bisher eigengesetzliche »Natur« war, in das, »was der
Mensch erdacht und gemacht hat«, also in »Kultur« und »Technik«.[28]
Im Vorgefühl einer ständig eskalierenden Entwicklung hebt Guardini dabei auf die zunehmende Verdrängung der »naturgegebenen«
Primärerfahrungen durch technisch vermittelte Sekundärerfahrungen
ab, die vor allem im Zusammenhang mit dem wachsenden Medienkonsum zu einem Gefahrenkomplex von dramatischer Größenordnung zu werden beginnt. Mit Hilfe der Technik gelingt es dem
Menschen, das ursprüngliche Dienstverhältnis zur Natur, das ihm
gleichzeitig die Geborgenheit in ihr eintrug, in ein Verhältnis der
Naturbeherrschung umzufälschen. Doch dadurch hört die Natur auf,
seine Beschützerin und der ihm zugewiesene Raum seines Wirkens zu
sein. Lebte er bisher von den Vergünstigungen der Natur und im
Vertrauen auf ihre Schutzmechanismen, so ist nunmehr alles seiner
Verfügungsgewalt unterworfen und in seine Initiative, Planung und
Leistungsfähigkeit gestellt. So hat er es unternommen, »in absoluter
Haltung zu existieren, ohne absolut zu sein«.[29]

Als zweiter Grund kommt die Vermassung des Menschen in der
heutigen Lebenswelt ins Spiel. In der Masse ist alles dem Gesetz der
Funktionalität unterworfen: »Die Mannigfaltigkeit der Produkte
steigt, die Sicherheit der Akte nimmt zu«, alles wird zweckmäßiger,
gleichzeitig aber auch »einförmiger und eintöniger«. Während die
»Quantitäten« beständig wachsen, ist ein beängstigender Schwund
an »geistig-personalen Qualitäten« zu verzeichnen.[30] Von diesem
Qualitätsverlust infolge der totalen Quantifizierung aller Verhältnisse
ist wiederum in erster Linie das Erfahrungsmoment betroffen. In der
von ihm beherrschten Welt des Kalküls und der Normen fühlt sich der
Mensch zunehmend verarmt und um das, was den Reichtum seines
Lebens ausmachen sollte, betrogen. Was ihm bleibt, ist eine Welt von
Banalitäten, aus der das Element des Wunderbaren und Geheimnis-
vollen verschwunden oder doch zur seltenen Ausnahme geworden ist.
Und diese Verarmung greift schließlich sogar auf sein Personsein

28

Welt der Banalität: das geheimnisvolle und Wunderbare ist verschwunden

über; denn in der Massengesellschaft ist jeder prinzipiell ersetzbar; ihr Interesse gilt, wie *Max Müller* in Fortführung dieser Gedanken formulierte, nur noch der Funktion, nicht mehr der Person.[31] Auf die Frage der Glaubensmöglichkeit zurückbezogen, auf die sich Guardinis Ableitung zuspitzt, besagt das:

> Die Beziehung von Absolutheit und Personalität, von Unbedingtheit und Freiheit wird den Glaubenden fähig machen, im Ortlosen und Ungeschützten zu stehen und Richtung zu wissen. Sie wird ihn fähig machen, in ein unmittelbares Verhältnis zu Gott zu treten, quer durch alle Situationen des Zwanges und der Gefahr hindurch; und in der wachsenden Einsamkeit der kommenden Welt ... lebendige Person zu bleiben.[32]

Dem »nachneuzeitlichen« Menschen ist somit die Fähigkeit zum Glaubensvollzug nicht abgesprochen, sofern er sich nur zu einem Akt des »nackten Glaubens, des Glaubens ohne religiöse Erfahrung«, durchringt. Das ist dann freilich ein Glaube gegen seine eigene Wahrscheinlichkeit, gesetzt gegen den Trend einer Zeit, die ihm nicht nur keine Stütze bietet, sondern ihn geradezu als überflüssig und störend empfindet. Es ist ein Glaube, der sich »antizyklisch« zum Zeitgeschehen verwirklicht. Da in der Zeit nichts mehr für ihn spricht, kommt er nur durch einen Akt reiner Selbstbehauptung zustande. Von dem allgemeinen Qualitätsverlust ist mit in erster Linie, wie Guardini in den nachgelassenen ›Theologischen Briefen‹ (von 1976) betont, das Potential der religiösen Erfahrung betroffen. Von seiner Erfahrungsbasis abgedrängt, wird der Glaube in dem Sinn formal, daß er seine Gehorsamsstruktur schärfer als je zuvor ausformt: »Reiner Gehorsam, wissend, daß es um jenes Letzte geht, das nur durch ihn verwirklicht werden kann.« Zwar ist in der diese Prognose tragenden Zeitanalyse vielfach von der Entchristlichung der modernen Lebenswelt, der Isolation des Glaubenden in ihr und von der Heraufkunft eines neuen Heidentums die Rede, nur beiläufig jedoch von dem Säkularisierungsprozeß, der zu diesen Folgen führte. Um so intensiver muß der anschließende Orientierungsversuch – eine Vororientierung im Umfeld des Glaubens – darauf eingehen.

Kein Zweifel: Die Leistung des »Vordenkers« der Postmoderne, der dieser mit seinem Begriff der »Nachneuzeit« sogar das Stichwort zurief, ist so umfassend, daß von ihr selbst, insbesondere in religiöser Hinsicht, lediglich ergänzende Hinweise zu erwarten sind. Bei ihrem Theoretiker *Jean-François Lyotard* konzentrieren sich diese auf Positionen, in denen er sich bei aller Differenz unmittelbar mit

Guardinis Zeitkritik berührt. Der Unterschied betrifft allerdings die Grundkonzeption und mit ihr den denkerischen Orientierungs- und Referenzrahmen, aus dem die Postmoderne mit allen sich daraus ergebenden Konsequenzen auszubrechen sucht. Doch begegnet Lyotard Guardinis Analyse schon in der These, daß das »postmoderne Wissen«, wie er in seiner gleichnamigen, von ihm als »Gelegenheitsarbeit« bezeichneten Untersuchung (von 1984) sagt, durch die Umsetzung von Wissen in »Informationsquantitäten« gekennzeichnet sei.[33]

Beherrschender Gesichtspunkt ist, zusammen mit der Quantifizierung die Ökonomisierung des Wissens; denn in der Postmoderne wird es »für seinen Verkauf geschaffen«. Sofern es aber dazu bestimmt ist, in jeweils neuer Produktion »verwertet« und »konsumiert« zu werden, hört es definitiv auf, wie im Idealismus »sein eigenes Ziel zu sein«. Dem entspricht die Struktur der darauf abgestimmten Sprache: ihres Selbstwerts – und ihrer inneren Hierarchie – beraubt, wird auch sie zu einer »produktiven Ware«, für die als Maßeinheit die zugleich als »ökonomische Größe« fungierende Information gilt.[34] Während das in die »Warenzirkulation« eingespeiste Informationswissen ständig expandiert, verfällt jedoch der dieses Wissen rechtfertigende Diskurs. Denn der bisher geltende »Diskurs der Aufklärung« war getragen von den Prinzipien des Fortschritts und der Emanzipation der Menschheit. Das postmoderne Denken geht jedoch umgekehrt vom Verfall dieser Prinzipien aus; mehr noch: es lebt geradezu aus dem Impuls dieser Auflösung.[35]

Die klaglose Verabschiedung betrifft sowohl den denkerischen Ansatz wie den umgreifenden Horizont. Was jenen anlangt, so tritt an die Stelle des methodischen Zweifels, von dem, zusammen mit der spekulativen Vernunft, nicht zuletzt auch das emanzipatorische Fortschrittsdenken ausging, mit *Leszek Kolakowski* gesprochen, der »Zweifel an der Methode«.[36] Ohne Legitimation kann aber auch die postmoderne Mentalität nicht bestehen. Auf die Frage, worauf sie sich nach dem Zerfall der bisherigen Legitimationsbasis begründet, antwortet Lyotard – und dies wiederum in verblüffender Übereinstimmung mit *Guardini* – mit den Begriffen »Macht« (puissance) und »Effektivität«. Da bei ihm jedoch das Problembewußtsein die jeweils gefundene Auskunft stets übersteigt, schlägt diese schließlich in die offene Frage zurück:

> Was machen wir, wenn wir keinen Horizont der Emanzipation mehr haben; wo bieten wir noch Widerstand?[37]

Das ist so sehr im Stil – wenn auch nicht in der Stimmung – von *Nietzsches* Aufruf zur »neuen Argonautenfahrt« gesprochen, daß darauf zurückgeblendet werden muß, wenn das Verhältnis der von Lyotard repräsentierten Postmoderne zu ihrer eigenen Herkunft geklärt werden soll.[38] Denn Lyotard sieht sich durchaus auf der Linie derjenigen, die mit Musil, Hofmannsthal, Schönberg und Broch der »verlorenen Ganzheit« nachtrauerten; doch distanziert er sich von ihnen durch die Auffassung, daß diese »Trauerarbeit« nunmehr abgeschlossen sei.[39] Doch eben diesen Umschwung von der Trauerarbeit zur Experimentierlust signalisiert der Nietzsche-Aphorismus ›Die große Gesundheit‹, wenn er von den zum »Jenseits aller bisherigen Länder und Winkel des Ideals« aufgebrochenen Argonauten berichtet, daß ihnen bei dieser Fahrt ein anderes, »ein wunderliches versucherisches, gefahrenreiches Ideal« voranlaufe:

Das Ideal eines Geistes, der naiv, das heißt ungewollt und aus überströmender Fülle und Mächtigkeit mit allem spielt, was bisher heilig, gut, unberührbar, göttlich hieß.[40]

Rückläufig wird nun der zwischen der Postmoderne und der von ihr negierten Vorzeit zu beobachtende »Prinzipienwechsel« begreiflich. Daß das Prinzip der Denkbarkeit dem der Machbarkeit weichen muß, hängt letztendlich mit dem »Tod« jenes Gottes zusammen, der als »kategorischer Imperativ« zwar alles Sein und Denken beherrschte, als solcher aber doch auch der Garant einer umgreifenden Denkbarkeit aller Gegebenheiten und Verhältnisse blieb, der nun aber auf der Argonautenfahrt in das unausdenkliche »Jenseits von ihm« gerade in dieser Funktion überschritten und zurückgelassen wurde. Entwürfe, Projekte, Paradigmen und Sprachspiele treten an die Stelle dessen, was er einst als die unendliche Sinnfülle umfangen hatte. Deshalb zählt im postmodernen Verstehensentwurf der Bruch mehr als die Brücke, die Perspektive mehr als die Totale, die Differenz mehr als die Analogie, das Fragment mehr als das Ganze. Schon hier drängt sich ein Bestimmungsversuch auf; danach ist die Postmoderne die *Selbstauslieferung des Geistes an den epochalen Auflösungsprozeß*, dem sie im Vollbewußtsein seiner Inkohärenz die »Regeln« seiner Deutung zu entnehmen sucht. Deshalb beschreibt und bezeichnet Lyotard das postmoderne Denken – und es ist, als habe er dabei Nietzsches Wort von dem umfassenden »Abbruch« mit noch unabsehbaren Folgen im Ohr – als einen offenen Diskurs, der eines Tages aufhören werde, ohne wirklich abgeschlossen zu sein.[41]

Ein ebenso gewagter wie sinnreicher Rückschluß führt ihn von da zu *Pascals* Lehre von den drei Ordnungen, die wiederum schon von Guardini als das Kern- und Herzstück des pascalschen Denkens erwiesen worden war.[42] Doch bleibt in der Annäherung eine bezeichnende Distanz. Während Guardinis erkenntnistheoretische Auswertung des berühmten Fragments (Pensées, § 793) in der Feststellung gipfelt, daß die zur Erfassung benötigten Kategorien in jeder Ordnung neu entwickelt werden müssen, glaubt *Welsch*, der sich hier zum Sprecher der Postmodernen macht, bei Pascal einen Selbstwiderspruch feststellen zu können, weil er beim Aufbau der drei Ordnungen der Vernunft eine Überschreitungskraft zutraut, die ihr aufgrund des Differenzprinzips gar nicht zukommt.[43] Um so mehr bedarf Pascal aus dieser Sicht der postmodernen Radikalisierung, die sich dann umgekehrt, zusammen mit dem Strukturalismus (*Lévi-Strauss*) und Poststrukturalismus (*Foucault*), als die Verwalterin seines Denkansatzes erweist.[44]

Die tiefere Beziehung zu Guardini betrifft die von beiden Positionen, wenngleich mit gegensätzlicher Wertung gezogenen Konsequenzen aus dem Verlust des einheitstiftenden Denkhorizonts. Hier wie dort folgt aus dem Verlust der Denkbarkeit das Postulat der »Herstellung«, verstanden als die Nötigung, das, was einmal vorgegebene Wahrheit war, aus eigener Imagination und Invention zu entwerfen. Den entscheidenden Anstoß dazu gab *Giambattista Vico*, als er den klassischen Grundsatz von der Konvertibilität von »ens« und »verum« durch das Theorem »verum et factum convertuntur« ersetzte und damit die »ganz gewiß vom Menschen gemachte« Menschenwelt, den »mondo civile«, zum Fußpunkt aller Gewißheit erklärte.[45] Mit Joseph Ratzinger gesprochen hat Vico damit »wohl als erster eine völlig neue Idee von Wahrheit und Erkenntnis formuliert und in einem kühnen Vorgriff die typische Formel des neuzeitlichen Geistes« geprägt.[46] Doch zielt die Stoßrichtung der Formel wohl mehr noch auf das Gewißheits- als auf das Wahrheitsproblem, wenn Vico die Menschenwelt wie ein »winziges Stück Erde« aus dem »ungeheuren Ozean des Zweifels« herausragen sieht. Damit stellt er das für die Konstituierung des neuzeitlichen Bewußtseins ausschlaggebende Gewißheitsproblem in klarem Bruch mit der kartesianischen Lösung auf eine handlungstheoretische Basis. Doch eben diese Basis steht für die Postmoderne im Begriff zu zerfallen. Mit der Kommerzialisierung der Arbeitswelt hat diese ihre Dignität – und Eigengesetzlichkeit – verloren, so daß sie aus einem Vorzugsort der Selbstfindung zum Tummelplatz manipulatorischer Interessen und Tendenzen wurde.

verum et factum convertuntur
mondo civile

Damit degeneriert das Prinzip der Machbarkeit genauso wie alle andern Konstanten, auf die sich ein nostalgisches Verlangen nach Ganzheit und Identität noch hätte beziehen können. Im Schmelztiegel der modernen Massengesellschaft herrscht ein Überdruck, unter dem sich alles auflöste, was Kontur, Dignität und normative Bedeutung hatte. Nicht zuletzt gilt das von der Person, die Guardini in seiner geradezu verwegen anmutenden Prognose gehärtet aus dem Erosionsprozeß der Massengesellschaft hervorgehen sah.[47]

Mit dem Prinzip der Machbarkeit wird dann aber auch die in ihm gesuchte Legitimationsbasis hinfällig. Auf diesen Tatbestand reagiert die Postmoderne mit einer – wie ein Zaubertrick anmutenden – Radikalisierung des Vicoschen Grundsatzes. An die Stelle des Prinzips »verum et factum convertuntur« setzt sie die Konvertibilität von jedem mit jedem, die sich ausnimmt, wie sie im ideengeschichtlichen Rückblick wie eine *Karikatur des kusanischen* Modellgedankens des *»Quodlibet in quodlibet«* noch in Pascals Fragment 457 nachklingt:

> Jeder ist für sich selbst ein All; denn wenn er tot ist, ist das All für ihn tot. Daher kommt es, daß ein jeder glaubt, alles für alle zu sein.[48]

Weil mit dem Orientierungsrahmen auch jedes Ordnungs- und Wertungssystem verlorenging, kann hoffnungslos Antiquiertes, wie es auf dem »Markt der Meinungen« fortlaufend geschieht, als Novität ausgegeben, Innovatorisches dagegen als längst schon Dagewesenes erklärt und damit abgetan werden. Hier gilt, um nur einige Schlagwörter zu zitieren, die Realität als »Agonie«, die Sexualität als Kunst, die Psychotherapie als Klassenkampf. Doch gerade so entspricht es einem Denken, das, wie der ominöse Name »Post-Moderne« sagt, auch die Zeit als Koordinate aufgegeben hat und aus der Rückschau auf das urteilt, was immer noch ist. Darin hatte *Nietzsche* allerdings seine Ansprüche höher gespannt, als er sich, wie bereits angeführt, als den »Wahrsage-Vogel-Geist« ausgab, der zurückblicken muß, um das ansagen zu können, was kommen wird.[49]

Kritisches Diagramm:
Das Prinzip Beliebigkeit

Wenn man sich dieses Bild der Postmoderne vor Augen hält, besteht der entscheidende Zug in ihrer Negation eines eindeutigen Richtungssinnes, also in der *zum Prinzip erhobenen Unentschiedenheit und Beliebigkeit.* Aus postmoderner Sicht wirkt das Gestrige modern, das Moderne veraltet, das Kommende ebenso attraktiv wie suspekt. So ergibt es sich aus einem Ideengeflecht, in dem sich negative Dialektik, restaurierter Mythos mit Anstößen aus der Denkwelt des späten *Heidegger* kreuzen, wobei der Kulturprotest *Nietzsches* als integrierender Faktor nachwirkt. Nach dem Motto »alles in allem« werden die Elemente von den einzelnen Sprechern ganz unterschiedlich gemischt; gemeinsam ist jedoch das Resultat, das nicht genauer als mit dem von *Jürgen Habermas* gebrauchten Titel ›Die Neue Unübersichtlichkeit‹ verdeutlicht werden kann.[50] Alles in allem betreibt die Postmoderne so die Etablierung einer Mentalität, die irregeworden ist an ihrem eigenen Prinzip, unterwühlt vom Zweifel an ihrem Lebensrecht, geängstigt von ihren Visionen, bestürzt über ihre Hervorbringungen.

Was die kreative Selbstdarstellung der Postmoderne anlangt, so bleibe es dahingestellt, ob *Georges Bataille*, wie Jürgen Habermas meinte, als die Galions- und Leitfigur der Postmoderne zu gelten hat, obwohl manches, insbesondere die Koinzidenz von Tod und Liebe, die sein Werk unablässig umkreist, durchaus dafür spricht.[51] Denn Bataille versteht sich selbst so sehr als Geisteserben Nietzsches, daß man geneigt ist, die ihm zugedachte Rolle diesem zuzusprechen.[52] Doch eher noch scheint der Exzentriker *Salvador Dalí* diese Funktion zu erfüllen, zumal seine Arbeit schon als Exzeß des heimlichen Stilideals der Postmoderne, des Jugendstils, anmutet. Was Nietzsche faktisch war, die immer noch nachwirkende »Droge« der Epoche, wollte Dalí mit allen Mitteln sein. Darauf zielt die Inszenierung seiner Werke wie seines Lebens; darauf die Umsetzung des Unbewußten, der Mythen und archaischen Bilder in eine transrealistische Bewußtheit, kurz das, was er selbst die »konkrete Irrationalität« nannte. Die leitmotivartig in seine Bilder »eingelassenen« fließenden Uhren insinuieren, zusammen mit den gegen die Schwerkraft des Fleisches »ankämpfenden« Krücken, die Aufhebung des Raum-Zeit-Kontinuums: eine aus den Fugen gehende Welt, in der das Vergangene die Gegenwart zitathaft durchsetzt, in der Exotisches in bizarrer

Verfremdung – als brennende Giraffen und gestelzte Bernini-Elefanten – die durch Telefon und Bratpfanne repräsentierte Alltäglichkeit durchdringt und ein explodierender Kosmos – wie in *Franz Werfels* ›Stern der Ungeborenen‹ – in Form der ›Korpuskularen Madonna‹ noch einmal Menschengestalt annimmt. Wie um ihre geheime Achse dreht sich diese monströse, vielfach wie aus *E. T. A. Hoffmanns* Figurenkabinett oder besser noch aus *Werfels* ›Wintergarten‹ hergeholte Welt um Dalís immer neu ansetzenden und doch nie gelingenden Identifikationsversuch mit Gestalten des Mythos, mit Don Quixote, mit Raffael und Johannes vom Kreuz: eine unablässige, nie ans Ziel gelangende Annäherung, die nicht besser als durch den bekenntnishaften Ausspruch *Thomas Bernhards* erläutert werden kann:

Ich bin auf meinem Weg, auf meinem endlosen Weg … Mein endloser Weg wird mich von meiner Endlosigkeit überzeugen.[53]

Der Seitenblick auf diese grotesk-ingeniuese Illustration ist insofern gerechtfertigt, als der Postmoderne selbst ein »visionäres« Element eingeschrieben ist: die Tendenz zu einer kaleidoskopartigen Welt-Schau, die sich aus dem eher modischen als programmatischen Wechsel der Perspektiven und Positionen ergibt. Aus dem verbissenen Willen zur Revolte, der die Studentenbewegung der siebziger Jahre beseelte, wurde eine *lässige Toleranz*, aus der Katastrophenangst, die im Reaktorunfall von Tschernobyl noch einmal ein weithin sichtbares Fanal fand, ein *gespielter Fatalismus*, aus dem noch in der »negativen Dialektik« wirksamen Willen zu einer ganzheitlichen, selbst systemfremde Phänomene einbeziehenden Weltdeutung das, was die Rede von der »*neuen Unübersichtlichkeit*« zum Ausdruck bringt. Mit dem von *Kolakowski* proklamierten »Zweifel an der Methode« ging, wie der antikartesianische Affekt dieser Bekundung vermuten läßt, ebenso der Verzicht auf ein einheitliches Weltverständnis wie die Preisgabe der eigenen Identität einher. Kaum irgendwo kommt das mit solch programmatischer Schärfe zum Ausdruck wie in dem postmodernen Leitsatz: »Der Sinn ist sterblich« *(Baudrillard)*, in dem sich der Überdruß an dem bekundet, was nach Ausweis der auf allen Ebenen betriebenen Sinnsuche als das Schlüsselwort der Gegenwart zu gelten hätte. Dieser *kognitiven Indifferenz* entspricht eine nicht minder ausgeprägte Resignation hinsichtlich der praktischen Prinzipien. Wurde durch den geistigen Umschwung, den die Studentenrevolte nach sich zog, die von *Marx* in seinen ›Thesen über Feuerbach‹ erhobene Forderung nach revolutionärer Weltveränderung zum Glaubenssatz einer ganzen Generation erhoben, so gilt für die Postmoderne: »Wir haben die Welt durchschaut, was brauchen wir sich noch zu verändern?«

Zwar führt dieser Verzicht auf ein einheitliches Weltbild – das für die Postmoderne, wie *Heidegger* längst schon urteilte, »seine Zeit gehabt« hat – und auf den Willen zur Weltveränderung in die Nähe der Anarchie, nicht jedoch des Nihilismus.[54] Denn diesen Verzicht kompensiert die Postmoderne, wie insbesondere die – ästhetische Tendenzen der Romantik aufnehmenden – Manifeste von *Joseph Beuys* erkennen lassen, durch den Versuch einer totalen Ästhetisierung des Daseins.[55] Die unüberschaubar gewordene und dem gestaltenden Zugriff entgleitende Welt soll, jenseits ihrer wissenschaftlich-technischen Interpretation, zum Kunstwerk überhöht werden, und sei es auch nur auf dem Weg einer sich ästhetisch gebärdenden Neueinstellung zu ihr. Denn das ist der Sinn der fast nach Art einer Konfession »getragenen« Jugendmoden und Frisuren, nicht zuletzt aber auch der durch den »walkman« erzeugten Musik-Kulisse, die ihren Rezipienten in einen tranceartigen Dauerzustand versetzt. Eine umfassende *Ästhetisierung aller Lebensbereiche ist das Programmziel*, das aber nicht so sehr durch gestaltende Beiträge als vielmehr durch den schrittweisen Rückzug aus den bisher vorherrschenden Positionen verfolgt wird. In der Rückschau auf das kartesianische Zielbild kommt dieser Wechsel des Standorts besonders augenfällig zum Vorschein. Das Herrschaftswissen, von dem sich der Mensch zu Beginn der Neuzeit seine Inthronisation zum »Herrn und Besitzer der Natur« versprach, findet im postmodernen Denken keinen Rückhalt mehr. Ihm genügt die indifferente Wahrnehmung, der schon *Paul Valéry* im Monolog seines »Solitaire« das Wort geredet hatte:

Mein kleines Auge schenkt sich dieses All,
Ein Aug' genügt, daß solchen Glanzes
Unendlichkeit erscheint …
Ich schließe es und werde
Die Kraft, die euch verneint.

Ihm rühmen die Himmel nicht mehr »des Ewigen Ehre«: Coeli non enarrant quidquam; das Buch der Welt hat ihm nichts mehr zu sagen. Denn die Wissenschaft, das Instrument ihrer »Lesbarkeit« *(Blumenberg),* ist ihm suspekt geworden und ihre Anwendung, die Technik, zum Auslöser ständig neuer Ängste.[56]

36

Der These von der Ästhetisierung des Daseins in der Postmoderne widersprach neuerdings *Odo Marquard* mit der Gegenthese, daß die Ästhetisierung doch das beherrschende Kriterium der Moderne gewesen sei, das nun an einen »futurisierenden Antimodernismus« ausgeliefert werde.[57] Für ihn ist die Ästhetisierung der Wirklichkeit das Vorzugswerk der Romantik, die, enttäuscht durch das Scheitern ihrer revolutionären Naherwartung, eine neue Mythologie entworfen und darin die Erlösung der Menschheit durch eine poetische Transfiguration des Daseins *(Novalis)* in Aussicht gestellt habe. Tatsächlich werde schon in *Schellings* Identitätsphilosophie die ganze Wirklichkeit zum Kunstwerk erklärt und in *Wagners* Bühnenwerken das Programm eines das ganze Dasein in ein mythologisches Spiel auflösenden »Gesamtkunstwerks« mit aller Konsequenz ins Werk gesetzt. Damit beginnt dann freilich auch ein zur Postmoderne hinführender Dogmatismus, da im Namen des einen absolut gesetzten Gesamtkunstwerks alle besonderen Künste und Mythen »als ästhetische Häresien geächtet und verbannt werden müßten«.[58] Daß das in der Konsequenz auf die Destruktion des Kunstbegriffs – der amerikanische Kunstkritiker *Harold Rosenberg* sprach von ihrer »End-Definition« – und auf eine Kunst »jenseits ihrer selbst« hinausläuft, wurde längst schon gesehen und mit Schärfe denunziert. Tatsächlich geriet das, was zunächst nur als Gefahr heraufdrohte, nach Marquards Analyse durch den Antimodernismus der »emphatischen Postmoderne« mittlerweile zum kulturellen Desaster. Zwar bewegt sie sich weiter auf der von der Spätromantik ausgelegten Bahn; doch vertauschte sie das Mittel der ästhetischen Gestaltung mit dem der Illusion. So lautstark sie sich zum Prinzip der »ästhetischen Erfahrung« bekannte, betrieb sie doch faktisch den »anästhetischen Abschied von der Erfahrung« und in letzter Konsequenz die »Anästhetisierung des Menschen«.[59] So geht nach dieser Diagnose heute ein neues Gespenst in Europa um: nicht mehr das, mit dem das Kommunistische Manifest die bürgerliche Welt schockierte, sondern das der Postmoderne und ihres kulturzerstörenden Programms.[60]

Die These trifft noch umfänglicher zu, als mit ihr zunächst gesagt war. Denn wenn der Postmoderne angelastet werden muß, daß sie die Wirklichkeit in Traum und Illusion verwandle, tritt sie damit in eine keineswegs nur illustrative Analogie zur stärksten Gestaltungsmacht der gegenwärtigen Lebenswelt in Form der audiovisuellen Medien. Mit ihrer ästhetischen Inszenierung des Universums und ihrer

Suspendierung des personalen Subjekts wirkt sie vielmehr wie die *kollektive Theorie der Medienszene.* Zwar bewegt sich diese, zusammen mit anderen Formen der modernen Hochtechnik, durchaus auf der Linie, die mit dem späten *Freud* als der utopische, genauer noch als der »utopieüberschreitende« Grundzug des Zeitalters bestimmt werden muß.[61]

Zusammen mit der Atomtechnik, der Raumfahrt, der Genmanipulation und den medizinischen Transplantationsverfahren betreiben auch die Medien die konsequente Umsetzung uralter Menschheitsträume und Utopien in greifbare Realitäten; und gleichzeitig greifen sie, wie gleichfalls im Sinne Freuds zu sagen ist, in Gestalt dieser Technologien aus nach göttlichen Attributen, um wenigstens ein Segment von Allgegenwart und Allwissenheit in menschliche Verfügungsgewalt zu bringen.[62]

Im Unterschied zu den übrigen Technologien sind die elektronischen Medien jedoch zugleich dem anachronistischen Zug der Zeit verhaftet. Bei aller Beteiligung an der Realisierung der Utopien »hintertreiben« sie zugleich dieses Werk, indem sie die harte Alltagswirklichkeit in Traum und Illusion, wenn nicht gar in Show verwandeln. Zwar bewirken sie, wie ihnen *Gerd Heidenreich* vorwarf, überdies den progressiven Abbau, womöglich sogar das »allmähliche Verschwinden der Phantasie«, dies jedoch nur im Zusammenhang mit der umfassenderen Strategie, die auf die Untergrabung des menschlichen Wirklichkeitsbezugs abzielt.[63] So besteht ihre Fatalität noch nicht einmal so sehr darin, daß sie dem Verwender die vermittelten Sekundärerfahrungen unter dem Anschein von Primärerlebnissen »vorspiegeln«, als vielmehr darin, daß sie ihn so weit bringen, die von ihnen vermittelten Bilder als seine eigenen Phantasieprodukte anzusehen und dadurch für den Unterschied von Illusion und Realität »anästhetisiert« zu werden. Dann aber ergibt sich ein verblüffender Kausalzusammenhang zwischen der Medienszene und der Postmoderne: Was die elektronischen Medien mit ihrer »Wiederverzauberung« der Welt betreiben, erhebt die Postmoderne zu ihrem Zentralprogramm. Und die diesem Programm verschriebene Generation erscheint als die wirkliche »Frühgeburt« *(Nietzsche)* des Medienzeitalters, während dieses als das technologische Laboratorium zu gelten hat, in welchem die totale »Anästhetisierung des Menschen« *(Marquard)* ins Werk gesetzt wird.[64]

Mit diesem Stichwort wurde – unausdrücklich – das Moment der Beliebigkeit in Erinnerung gerufen, das ebenso mit der von *Habermas* die schlimmen Ereignisse werden zur "Show" gemacht und die Betroffenheit vom Schrecklichen wird abgewöhnt

angesprochenen »neuen Unübersichtlichkeit« wie mit dem »Hauch von Unernst« gegeben ist, der nach *Bernd Guggenberger* über der postmodernen Szene liegt.[65] Für eine Generation, die beständig mit Erinnerungsbildern an die Schrecknisse einer totalitären Vergangenheit konfrontiert wird und die sich vor die großen Alternativen des Ost-West-Konflikts und des Nord-Süd-Gefälles gestellt sieht, ist diese Einstellung keine Selbstverständlichkeit, es sei denn, daß man sie als Reaktion auf eine permanente Überforderung – nicht zuletzt auch durch den gänzlich unvorhergesehenen Umschwung im Ostblock – versteht. Indessen ist auch dann noch zu fragen, wie es zu der offen zur Schau gestellten Indifferenz kommen konnte. Zwar könnte man sie wiederum der von den Medien betriebenen »Anästhetisierung« ihrer Rezipienten anlasten, denen die Betroffenheit durch die in fortlaufenden Bildsequenzen an ihnen vorüberziehenden Katastrophen und Wechselfälle durch deren systematische Umstilisierung zur allabendlichen »Show« abgewöhnt wird; doch bliebe dann gerade das Zentralproblem, die selbstzerstörerische Anfälligkeit des Medienverwenders für diese Illusionierung und deren Zustandekommen, unerklärt.

Was zunächst die Zusatzfrage anlangt, so ist mit Marquard an den der Neuzeit zugrundeliegenden Verlust der Metaphysik zu erinnern. Galt ihr das Schöne als eine Epiphanie des Seins, so betreibt die Moderne mit der Erhebung des Schönen zum Selbstzweck die Auflösung des Seins in Schein und damit im Ansatz auch schon das von Hentig registrierte »Verschwinden der Wirklichkeit« in einer Wolke von Imaginationen und Illusionen. Demgegenüber erklärt sich die Anfälligkeit des Rezipienten, wie Lyotard nachweist, aus der »inneren Erosion«, dem das »Prinzip der Legitimität« im gegenwärtigen Gedankenspiel unterworfen ist, vor allem aber aus dem »Horizontverlust« des postmodernen Denkens und der von ihm betriebenen Demontage des Subjekts.[66] Wie sehr sich diesem der Horizont der äußersten Denkbarkeit verdunkelte, zeigt Lyotards Frage nach der »Linie des Widerstands«, die auch in Zeiten noch gehalten werden könne, in denen sich das »Zeichen des Ideals« verflüchtigt. Das ist in fast überdeutlicher Anspielung auf *Nietzsche* gesagt, für den die »große Öde« der Orientierungslosigkeit aus dem Sturz des Ideals und dieser aus der Beseitigung der »ewig festen Linie« folgt, auf die der von ihm beschriebene – und inszenierte – »Gottesmord« abzielte. Darauf konzentriert sich seine suggestive Frage:

39

Was war das für ein Schwamm, mit dem wir den ganzen Horizont um uns auslöschten? Wie brachten wir dies zu Stande, diese ewig feste Linie wegzuwischen, auf die bisher alle Linien und Maße sich zurückbezogen, nach der bisher alle Baumeister des Lebens bauten, ohne die es überhaupt keine Perspektive, keine Ordnung, keine Baukunst zu geben schien?[67]

So der Wortlaut einer Vorstufe zum Aphorismus ›Der tolle Mensch‹, einem gedanklich-literarischen Höhepunkt der ›Fröhlichen Wissenschaft‹ (III, § 125). In der Endfassung lautet die Stelle, die jetzt stärker auf die Folgen des Gottesmordes abhebt:

Wer gab uns den Schwamm, um den ganzen Horizont wegzuwischen? Was taten wir, als wir diese Erde von ihrer Sonne losketteten? Wohin bewegt sie sich nun? Wohin bewegen wir uns? Fort von allen Sonnen …? Irren wir nicht wie durch ein unendliches Nichts? Haucht uns nicht der leere Raum an? Ist es nicht kälter geworden? Kommt nicht immerfort die Nacht und mehr Nacht?[68]

Bewegt sich die Postmoderne hier, mit ihrer Propagierung des Horizontverlusts, in der Spur Nietzsches, so mit der Preisgabe des Subjekts eher im Gefolge von Tendenzen, die gleichzeitig bei *Adorno* und beim französischen Strukturalismus zum Vorschein kommen. Bei Adorno, sofern bei ihm die Subjektivität gegen die Gravitationskraft der gesellschaftlichen Verhältnisse kaum noch aufkommt und gegenüber dem »Vorrang des Objektiven« ohnehin nur minderen Rechtes ist;[68a] beim französischen Strukturalismus, sofern er in einer ganzen Reihe seiner Vertreter das als Produkt gesellschaftlicher Verhältnisse begriffene Subjekt zunächst auf eine bloße Beobachterrolle zu reduzieren und schließlich zum Verschwinden zu bringen sucht. Das führt ihn bei *Jacques Lacan* zu einer diametralen Verneinung des kartesianischen Denkansatzes. Wie im modernen Roman zunächst der allwissende Erzähler entthront und dann der von ihm beschriebene Held abgeschafft wurde, stellt er dem für das neuzeitliche Denken grundlegenden Cogito-Satz die extreme Gegenthese entgegen:

Ich denke, sobald ich nicht bin; ich bin dort, wo ich nicht denke. Was anders, einfacher ausgedrückt, nur heißt: Der Mensch als zugleich denkendes und seiendes Wesen ist nirgendwo; der Mensch, wie wir ihn als solchen bislang verstanden haben, ist nicht.[69]

Wie in dieser These die Auflehnung gegen Sartre nachwirkt, wendet sich *Lyotard* gegen Adorno, da ihm dessen Reduktion des Subjekts nicht weit genug geht:

Die Kategorie des Subjekts bleibt unkritisiert. Sie ist nicht nur Kern einer Interpretation der Gesellschaft als Entfremdung und der Kunst als deren gequälter Zeuge, sondern Kern der gesamten Theorie des Ausdrucks. Nur wenn er an der Repräsentation gezweifelt hätte, wäre Adorno daraufgekommen, daß das Subjekt – und folglich sein angeblicher Ausdruck – selbst Produkt und Nutznießer der Produktion ist und nicht deren Produzent.[70]

»Nirgendwo« und »Niemand« heißen somit die beiden Dunkelsterne, die den Himmel der Postmoderne beherrschen. Dem Menschen, der sich unter ihm zurechtfinden soll, fehlt somit nicht nur die »Linie des Widerstands«, vor der er sich behaupten könnte, sondern, wesentlicher noch, das Selbstgefühl und Selbstbewußtsein, das ihn zu diesem Widerstand bewegen könnte. Er ist unter dieser Konstellation das geworden, was *Ortega y Gasset* schon um die Jahrhundertmitte in ihm sah: das utopische Wesen.[71] Und er steht als solches am Gegenpol der technischen Entwicklung, sofern diese, mit *Sigmund Freud* gesprochen, darauf ausgeht, die großen Menschheitsutopien Zug um Zug in Realitäten umzusetzen.[72] Auch dieser »Anachronismus« gehört mit in das Erscheinungsbild der Postmoderne.

»Archäologische« Konsequenzen: Der Grund der Irritation

Wie die Postmoderne in Dalí ihren ingeniösen Designer gefunden hatte, so besaß sie in *Robert Musil* den Vorboten, der mit seinem Romantitel ihr Grundkonzept auf den Punkt brachte: ›Der Mann ohne Eigenschaften‹.[73] Mit diesem Roman, dessen Geschichte darauf hinausläuft, gerade nicht erzählt zu werden, weil sie das »Abenteuer einer Reise an den Rand des Möglichen« wagt, sucht der Dichter ein »Stückchen vom noch flüssigen Feuerkern der Schöpfung« ans Licht zu heben und, wie der Titel andeutet, den »Möglichkeitsmenschen« zu beschreiben, der die »noch nicht erwachten Absichten Gottes« in sich trägt, dies jedoch so, daß er von einer im Kältetod erstarrten Mondlandschaft, einem kollektiven Delirium, nicht zu unterscheiden ist.[74]

41

Was sich im Prisma des Werkes darstellt, ist ein Zeitbild ohne ersichtliche Präferenzen, in dem das Begriffene von seinem Gegensinn in Frage gestellt und das Bestehende von seinen Möglichkeiten überholt wird, in dem das Antiquierte gleichberechtigt neben Innovatorischem steht und Engagement ebenso gefragt ist wie resignatives Aussteigertum: eine Welthypothese, die sich – im Rückblick auf *Adorno* gesprochen – definitiv vom Diktat des ontologischen Gottesbeweises zu emanzipieren sucht und demgemäß neben agnostischen Tendenzen auch religiöse toleriert.[75] Sofern der Unbegriff »Postmoderne« überhaupt etwas besagt, korrespondiert er dann dem Profil dieses Zeitbilds, das durch das Widerspiel sich gegenseitig aufhebender Tendenzkräfte und infolge dieser Selbstnivellierung durch seine – Profillosigkeit gekennzeichnet ist.

Das ist eine wichtigere Auskunft, als es auf den ersten Blick den Anschein hat. Denn sie erzwingt geradezu die Frage nach dem Woher dieses Zustands. Wie kam es zu dieser resignativen Indifferenz, zu dieser im negativen Sinne »ausgeglichenen Bilanz«? Man ist versucht, zunächst auf individual- und sozialpsychologische Gründe zu verweisen. Etwa auf die Lethargie einer ganzen Generation, die sich im Gefolge der gescheiterten Studentenrevolte in ihren utopisch hochgespannten Erwartungen frustriert sah. Oder auch auf das Stimmungstief, das auf die großen, aber durchweg vergeblichen Hoffnungsversuche der Nachkriegszeit folgte: auf das mit so großen Erwartungen gestartete Experiment der Arbeiterpriester, auf die vielversprechenden Anfänge der ökumenischen Bewegung, auf die Entsendung des Kennedyschen »Friedenkorps«, auf eine Reihe von fehlgeschlagenen Initiativen zur Milderung des Nord-Süd-Gefälles und zur Beseitigung des südafrikanischen Apartheid-Systems. Und sollte das Weltbewußtsein nicht auch durch die selbstverschuldete Hilflosigkeit der Großmächte angesichts des Golfkriegs oder des mit zynischer Berechnung vom Zaun gebrochenen Falkland-Konflikts beschädigt worden sein? Angesichts der im letztgenannten Problemfeld eingetretenen Auflockerung und des spektakulären Umbruchs im europäischen Osten ist im Zug der Suche nach Erklärungsgründen überdies an den wiederholten Schock zu erinnern, der von den niedergeschlagenen Aufständen in Budapest, Berlin und Prag ausging; denn der späte Erfolg, der den zunächst vergeblichen Befreiungsversuchen schließlich doch noch beschieden war, macht dem über Jahrzehnte hin in der Rolle des passiven Beobachters verharrenden Westen vollends klar, wie sehr bei diesen Vorgängen das tragende

Prinzip der abendländischen Kultur, nach Hegel der »Fortschritt im Bewußtsein der Freiheit«, auf dem Spiel stand.[76]

So sehr sich diese Erklärungsversuche aufdrängen, sind mit ihnen doch erst vorletzte Gründe berührt. Denn zweifellos muß die zentrale Ursache in jener »Tiefenschicht« gesucht werden, auf die der *Horizont- und Subjektverlust der Postmoderne* verwies. Auf die richtige Spur dürfte zunächst schon eine genauere Betrachtung des religiösen Moments in der heutigen Lebenswelt führen, das durch eine auffällige Ambivalenz gekennzeichnet ist. Auf der einen Seite läßt sich ein deutliches Anwachsen des religiösen Interesses nicht bestreiten, auch wenn dieser – gemessen an der Gesamtbilanz erstaunliche – Tatbestand den institutionalisierten Kirchen kaum zugute kommt. Auf der andern Seite ist mit *Hermann Lübbe* eine zunehmende Abdrängung des Religiösen in Nischen und »Randzonen der Gesellschaft« zu verzeichnen, auch wenn seine sozialanalytische Bestimmung dieses Vorgangs bedenklich stimmt.[77] Denn bei seiner These geht es Lübbe keineswegs um die bloße Bestätigung der sattsam bekannten Fakten: der Rückläufigkeit der Zahl der Gottesdienstbesucher, der Sakramentenscheu, insbesondere auf den sensiblen Feldern der Eheschließung und Kindertaufe, und der um sich greifenden Etablierung säkularistischer Verhaltensweisen.

Was ihm vor Augen steht, ist vielmehr der *Wandel der gesellschaftlichen Randbedingungen*. Und der besteht für ihn zentral im dramatischen Rückgang religiös motivierter Kontrollmechanismen, oder, wie der von *Howard Becker* übernommene Ausdruck besagt, in der »Abnahme der Bedeutung organisierter Religion als eines Mittels sozialer Kontrolle«.[78] Fatal ist dieser Bestimmungsversuch freilich nicht nur wegen seines Anklangs an den harschen Soziologenjargon, sondern wegen seiner grundsätzlichen Einschätzung des religiösen Elements, auch wenn sich diese durch kirchliche Praktiken in Vergangenheit und Gegenwart bestätigt sehen kann.[79] Tatsächlich hat die Religion in der heutigen Gesellschaft aufgehört, das privilegierte Instrument sozialer Integration zu sein. Die Zugehörigkeit zu dieser Gesellschaft ist längst schon nicht mehr an die durch Beachtung religiöser Lebensregeln erbrachte Legitimation gebunden. In der Folge unterscheidet Lübbe freilich mit *Robert Spaemann* zwischen Religion und »funktionalistischer Religionsbegründung«, so daß er die Freiheit gewinnt, aus dem Verlust der Kontrollfunktion nicht auf den Niedergang des Religiösen selbst schließen zu müssen.[80] Der politische und soziale Effekt ist kein Gradmesser für die Lebendigkeit der Religion.

Er verhilft lediglich zu einem genaueren Verständnis dessen, was
»Säkularisierung« in religionssoziologischer Hinsicht bedeutet:

> Mit Religionsverfall hat das ersichtlich wenig zu tun. Säkularisierungs-
> prozesse sind daher, im Kontext der Evolution moderner Gesellschaften,
> auch kein Malheur, das der religiösen Kultur in diesen Gesellschaften
> widerführe und, ohne sonstige Folgen für die Modernität einer Gesell-
> schaft, auch abgewendet werden könnte. Säkularisierungsprozesse sind
> vielmehr mit Vorgängen sozialer und kultureller Differenzierung aus
> strukturellen Gründen verknüpft. Sie bringen nicht die Religion zum Ver-
> schwinden. Sie lassen aber die Menge der Regeln religiöser Kultur
> schrumpfen, die als generell bekannte und anerkannte Regeln gelten
> können.[81]

Wäre die soziale Integrationskraft ein wesentliches Kriterium der
Religion, so hätte sich die Trennung von Staat und Kirche in den davon
betroffenen Ländern für diese verhängnisvoll auswirken, wenn nicht
gar die Auflösung des religiösen Lebens insgesamt nach sich ziehen
müssen. Tatsächlich aber hat sich die verfassungsrechtlich fest-
geschriebene Säkularisierung nach Lübbes Meinung positiv ausgewirkt und die »Entfaltung des religiösen Lebens im Pluralismus« dieser Gesellschaften offenkundig begünstigt.[82] Die Frage, die sich mit
dieser These stellt, ist nicht etwa die, ob sie zu weit geht, sondern die
entgegengesetzte, ob sie am Ende nicht zu kurz greift und deshalb
durch eine radikalere überboten werden muß, die sich auf die negative
Qualifikation von »Säkularismus« bezieht. Bekanntlich erhob *Hans
Blumenberg* am Vorabend der Studentenrevolte Einspruch gegen
dessen Einschätzung als »Unrechtkategorie«, indem er gleichzeitig
für die ›Legitimität der Neuzeit‹ als Epoche und Geisteshaltung eintrat.[83] Zu seiner Argumentation steuert Lübbe die Beobachtung bei,
daß die Schwächung der religiösen Kontrollmechanismen mit einem
Anschwellen säkularistischer Strukturen Hand in Hand geht, die das
freiheitliche Lebensgefühl des modernen Menschen nicht weniger
provoziert, als dies durch die kirchlichen Herrschaftssysteme der Vergangenheit geschehen war. Das zieht einen spontanen Sympathie-
gewinn des Religiösen nach sich, das nun dort, wo es bisher im Anschein der Repression stand, zunehmend als entlastend und befreiend
empfunden wird. Ein emotionaler »Rollentausch« bahnt sich an, der,
wenn wiederum auch nicht den etablierten Kirchen, so doch der fast
schon obsolet gewordenen Religion zugute kommt. Auch wenn es
verfrüht wäre, von einer Wiederkehr des Religiösen in der modernen

Lebenswelt zu sprechen, scheint die Entfremdung doch zum Stillstand gekommen und eine gegensinnige Bewegung eingetreten zu sein. Daraus ließe sich das unbestreitbare Überhandnehmen religiöser Interessen in der Gemengelage der modernen Verhältnisse noch am besten erklären.

In die tiefste Schicht der Zusammenhänge führt jedoch erst eine Beobachtung, die sich am Erscheinungsbild der modernen Hochtechnik ablesen läßt. Wenn es zutrifft, daß diese im Begriff steht, sich von ihrer ursprünglichen Zweckbestimmung zu lösen und, anstatt das Werk der Daseinserleichterung zu betreiben, die Sterne der Utopien auf den Boden der Realität herabzuholen, hat sich, zumindest für den vom Menschen gestalteten Teil der Welt, die Distanz von Möglichkeit und Wirklichkeit signifikant verringert.[84] Nun aber steht die Religion, gerade auch in ihrem christlichen Verständnis, für das Recht der jeweils größeren Möglichkeiten des Menschen und seiner Welt ein. Sie lebt von der Hoffnung auf ihre Transformation in Zustände höherer Verwirklichung. Nicht umsonst sind gerade die höchsten Menschheitsideale, die Sehnsucht nach einem Reich der Freiheit, der Liebe und des Friedens, ursächlich mit der christlichen Botschaft verknüpft. In einem Stadium der Menschheitsentwicklung, das durch die Verringerung der ontologischen Urdistanz gekennzeichnet ist, wächst darum die Erwartung, daß sich nicht nur die alten Menschheitsträume vom himmlischen Feuer, von der Sternenreise und von der Teilhabe an der göttlichen Schöpfermacht, wie dies ansatzweise mit der Bändigung der Kernenergie, der Mondlandung und dem Eingriff in die Evolution geschah, erfüllen, sondern auch die ungleich höher gespannten Ziele, die mit den Begriffen Freiheit, Liebe und Friede angesprochen sind, in nähere Reichweite gelangen.

Daß diese – lange schon gehegte und ausgesprochene – Erwartung keinem utopisch-fernen Idealzustand, sondern einer hier und heute schon erreichbaren Umgestaltung der konkreten Verhältnisse gilt, bewiesen mittlerweile die alle Prognosen und Konzepte sprengenden Veränderungen im Ostblock, die, wenn sie in ihrer übergreifenden Bedeutung erfaßt und angenommen werden, zu einer umfassenden Neuordnung der geistigen wie der politischen Lebenslandschaft führen könnten. Dabei darf nur wiederum nicht übersehen werden, daß der Traum von einem universalen Reich der Freiheit, der Brüderlichkeit und eines die ganze Menschheit umspannenden Friedens erst durch das säkularisierte Bewußtsein zum universalen Gemeinbesitz geworden ist.[85] Noch deutlicher als bisher zeichnet sich damit jene Ambivalenz im Säkularismusbegriff ab, die Lübbe veranlaßte, vom Überhandnehmen säkularistischer Strukturen gerade nicht die Eliminierung des Religiösen, sondern seine Bestätigung zu erwarten. Wenn diese Befunde aber nicht im Nebel bloßer Mutmaßungen verdämmern sollen, ist eine kategorienkritische Besinnung auf das erforderlich, was »Säkularisierung« als Vorgang, Denkform und – Hoffnung besagt. Dem haben die weiteren Überlegungen zu gelten.

Zweites Kapitel

Das doppelsinnige Prinzip

Der Säkularisierungsprozeß:
Die Aufhebung des Glaubens

In der Vorrede zur zweiten Auflage hatte *Kant* seine ›Kritik der reinen
Vernunft‹ der berühmten Absichtserklärung unterstellt: »Ich mußte
also das Wissen aufheben, um zum Glauben Platz zu bekommen.«[1] Er
verfolgte damit die Linie *Lessings*, der in seiner ›Erziehung des
Menschengeschlechtes‹ auf einen »pädagogischen« Ausgleich von
Vernunft und Offenbarung hingearbeitet hatte. Demgegenüber kann
die Absicht des Säkularismus nicht präziser als mit der Hegelschen
Formel von der »Aufhebung« des Glaubens in Wissen bestimmt
werden. Das klingt noch bei *Dieter Henrich* in der These nach, welche
die *Philosophie zur Nachfolgerin der Religion* erklärt und dies »in dem
doppelten Sinn, daß sie sie ersetzt, – aber so, daß sie die Motive aufnimmt und in ihrer Weise erfüllt, welche die Religion über Jahrtau-
sende zur höchsten Weise bewußten Lebens gemacht haben«.[2] Auch
bei ihm klingt das zunächst wie eine Eliminierungs- und Über-
windungsstrategie. Hier wie dort wird jedoch unmißverständlich klar,
daß diese Strategie letztendlich darauf abzielt, das wie immer zu
denkende »Wesen« von Religion zu wahren und auf einer höheren
Ebene zur Geltung zu bringen. Dabei nimmt sie, wie *Hegel* noch
bewußt gewesen sein dürfte, im Grunde nur eine Diskussion wieder
auf, die bereits zu Beginn der Scholastik um den Begriff des
»intellectus fidei« entbrannt war und sich mit der – freilich ständig
abnehmenden – Hoffnung auf die Möglichkeit einer rationalen Auf-
lichtung der Glaubensmysterien verband.[3]

So gesehen wirkt der Säkularisierungsprozeß wie eine radikali-
sierende Wiederaufnahme der Ausgangsposition; während sich die
scholastische Vorstellung immer mehr auf den Gedanken einer bloß
argumentativen Anbahnung des Glaubens zurückzog, fühlt sich nun

die Vernunft als die Vollstreckerin dessen, was in der Ära des Glaubens bloße Verheißung geblieben war. Daß das im Endeffekt auf eine »Entzauberung«, um nicht zu sagen auf die Liquidation des Glaubens hinauslief, wurde erst deutlich, als in der theologischen Reaktion auf Hegel die Unzulänglichkeit des Lessingschen Konstrukts durchschaut und das Verhältnis von Vernunft und Offenbarung am biblischen Zeugnis bemessen wurde. Doch kam diese Revision gegen die Wucht der von Hegel ausgelösten Welle nicht auf, so daß der als Aufhebung von Glaube in Wissen verstandene Säkularisierungsprozeß seinen ständig eskalierenden Lauf nahm. Was im Gefolge des Reichsdeputationshauptschlusses den Kirchengütern widerfahren war, wurde nun auch zum Schicksal der Glaubenspositionen. Sie sanken, untergraben durch den rationalisierenden Auflösungsprozeß, zu bloßen Wissens- und Verhaltensformen, wenn nicht gar zu Relikten ihrer selbst herab. Nur darf bei dieser kritischen Beleuchtung nicht außer acht gelassen werden, daß sie in dieser Transformation oft zu ungleich *größerer bewußtseinsbildender und lebensgestaltender Effizienz* gelangten als in ihrer ursprünglich religiösen Gestalt. Man übertreibt sogar nicht einmal mit der Feststellung, daß erst das säkularisierte Christentum in manchen Bereichen das erreichte, was es in seiner Grundform vergeblich erstrebt hatte.

Unverkennbar spiegelt sich dieser komplexe Tatbestand in dem erheblichen »Theoriebildungsaufwand«, der nach *Lübbe* in die Analyse des Säkularisierungsprozesses investiert wurde, ohne daß die erhoffte Klärung erreicht worden wäre. Dazu trug nicht zuletzt die semantische Zuspitzung bei, die der Begriff dadurch erfuhr, daß er von *Hans Blumenberg* als »Unrechtkategorie« denunziert und dadurch tendenziell dem – nach allgemeiner Auffassung nur »Rechtsbegriffe« verhandelnden – wissenschaftlichen Disput entzogen wurde.[4] Indessen hatte der Säkularisierungsbegriff in diesem seit seiner Einbürgerung durch *Max Weber* ein zu festes Heimatrecht erworben, als daß ihm dieses im Ernst wieder hätte streitig gemacht werden können.[5] Insbesondere war es das von Weber in die Debatte geworfene Wort von der »radikalen Entzauberung«, die dem dadurch erläuterten Säkularisierungsgedanken zum Rang eines Schlüsselbegriffs bei der Deutung des modernen Geisteslebens verhalf. Immerhin machte Blumenberg deutlich, daß der Begriff von einer »Kulturschuld« belastet ist, nachdem schon *Heinrich von Treitschke* von dem »ungeheuren Rechtsbruch« gesprochen hatte, der mit der Vokabel »Säkularisierung« in Erinnerung gerufen werde. Im Hinblick darauf tut man gut daran, bei dem Versuch, der Bedeutung des Begriffs auf die Spur zu kommen, bei dieser Erinnerung einzusetzen.

Danach suggeriert der Begriff Säkularisierung den Bruch, zumindest aber die Verletzung eines ursprünglich bestehenden Rechtsverhältnisses. Heraufbeschworen wird durch ihn somit, ob es dem Begriffsverwender bewußt ist oder nicht, die Erinnerung an den wiederholten Geschichtsvorgang, wonach weltliche Potentaten unter unterschiedlichen Vorwänden geistliche Besitztümer in ihre Verfügungsgewalt brachten. Die Erinnerung reicht zurück bis in die Zeit der Karolinger, die sich mehrfach durch den Zugriff auf Kirchengut in eine wirtschaftlich bessere Position zu bringen suchten. Eine geradezu traumatische Gedächtnisspur hinterließ vor allem aber der Reichsdeputationshauptschluß (vom 25. Februar 1803), der den durch die Abtretung der linksrheinischen Gebiete an Frankreich betroffenen Landesherren großräumige Entschädigung durch die Enteignung von Diözesan- und Klosterbesitz auf ihrem eigenen Territorium einbrachte. Schon hier zeigt sich indessen die Ambivalenz des Vorgangs, die sich bereits im begrifflichen Spiel von Recht und Unrecht angekündigt hatte. Denn so schmerzlich der Eingriff in die geistlichen Besitzverhältnisse empfunden wurde und so schrecklich sich die Bilanz der im Zug dieser Aktion zerstörten oder verschleuderten Kulturgüter ausnimmt, brach sich doch mit der Zeit die Erkenntnis Bahn, daß der Kirche damit nicht nur belastende Verpflichtungen abgenommen, sondern infolgedessen auch neue Freiräume erschlossen und ebenso schmerzliche wie hilfreiche Anstöße gegeben wurden. Ein Rechtsbruch war geschehen, jedoch mit gegensätzlichen Folgen, zu denen auch die Befreiung der Kirche aus weltlicher Verstrickung und die Konzentration ihrer Kräfte auf die ihr vom Evangelium zugewiesene Aufgabe gehörten.

Gegen *Blumenbergs* Einspruch geht das dieser Rechtsvorstellung zugrundeliegende Denkmodell nun allerdings davon aus, daß sich aus dem Säkularisierungsprozeß nicht nur, je nach Standpunkt, positive oder negative Folgen ergeben; vielmehr behauptet es, daß diese linear aus den »enteigneten« Besitztümern hervorgehen, daß sich also das Ganze im Sinn eines Transformationsprozesses abspielte. Das trifft tatsächlich ebenso auf *Hegels* These von der Aufhebung des Glaubens in Wissen wie auf *Max Webers* Gegenthese von der durch die Säkularisierung bewirkten »Entzauberung« zu, durch die die religiöse Daseinsinterpretation insgesamt zum Verschwinden gebracht worden sei; denn das Verschwinden ist nur der extreme Fall einer destruktiven

Transformation. Gerade dagegen wendet sich Blumenbergs Kritik der »Unrechtkategorie«. Denn im Fall der »Umsetzung« wären alle Prinzipien, auf die sich die Neuzeit bezieht, wie diese selbst illegitim, weil die enteignete »Sache« unaufhörlich nach ihrem rechtmäßigen Besitzer, dem Christenglauben, schriee. In Wirklichkeit ereignete sich aber seiner Gegenvorstellung zufolge keine »Transsubstantiation«, sondern lediglich eine »Umbesetzung«. Alles entstand im Stil einer Urzeugung neu, wobei lediglich evakuierte Positionen von den spontan entstandenen eingenommen wurden. Nur so sei der Nachweis der »Legitimität der Neuzeit« zu erbringen.

Faktisch entzog dieser Rechtfertigungsversuch jedoch dem Selbstbegriff der Neuzeit den Boden. Ihre »Errungenschaften« tragen zu sehr die Spuren des Umgestaltungsprozesses an sich, als daß sie aus sich, als Folgen einer »Urzeugung«, erklärt werden könnten. *Nur als »Endprodukte« einer Transformation* waren sie glaubhaft. Die Lösung des Problems erbringt somit nicht der Austausch des Begriffs Umsetzung durch »Umbesetzung«, wohl aber die Vertauschung des Ausdrucks »Entfremdung« mit »Verfremdung«. Die Kategorien Recht und Unrecht eignen sich, wie *Karl Löwith* gegen Blumenberg einwandte, nicht für die Erklärung geschichtlicher Vorgänge.[6] Der vermeintliche Rechtsbruch hatte nicht nur unerwartet positive Folgen. Er verstärkte sogar im Endeffekt die Position des durch ihn Geschädigten. Denn so vieles durch den Säkularisierungsprozeß zerstört, verwüstet und untergraben wurde, so setzte er doch zugleich Möglichkeiten und Energien frei, die in der religiös determinierten Lebenswelt schwerlich entbunden worden wären.

In diesem Sinn verschob sich das negativ besetzte Bild, ohne daß es der von Blumenberg betriebenen Begriffsrevision bedurfte. Mit der Säkularisierung war eben nicht nur, wie Nietzsche meinte, ein Sturm über die europäische Kulturlandschaft hinweggegangen, der, zusammen mit den klassischen Orientierungsmodellen, vor allem die religiösen Ideale wie Früchte von den Bäumen riß. Zwar fielen sie herab, doch ihrer natürlichen Bestimmung entsprechend mit arterhaltendem Effekt. Demgemäß konzentrierte sich im Fortgang der Begriffsgeschichte das Interesse immer mehr auf die Frage, was mit den christlichen Gehalten bei der ihnen widerfahrenen Transformation geschah. Von welcher Art und Dauer war die Wirkung, zu der sie in ihrer säkularisierten Form gelangten? Nach Ansicht *Hendrik Kraemers* ist dieser Frage nur im Sinn einer »negativen Dialektik« beizukommen. Danach wurden die christlichen Inhalte durch den

50

Prozeß der Neuzeit ihrer ursprünglichen Bedeutung entfremdet, in dieser Entfremdungsgestalt aber gleichzeitig auch bewahrt. Dabei ist er offensichtlich von der These *Ludwig Feuerbachs* geleitet, daß im Zug dieser Entwicklung an die Stelle der Gottheit die menschliche Gattung, an die Stelle der Religion die Bildung, an die Stelle des himmlischen Jenseits die irdische Wohlfahrt der Menschheit trat. Das heißt für Kraemer dann freilich auch, daß auf die Phase der Bewahrung das Schlußstadium der Zersetzung und Auflösung folgt. Am Ende des Säkularisierungsprozesses gehen die christlichen Gehalte *ununterscheidbar in der Gemengelage der weltlichen Wirklichkeiten auf*. Dem entspricht die Aufhebung der theologischen Perspektive in die anthropologische:

> Die Religion war lediglich ein Umweg, über den der Mensch schließlich zu sich selbst gelangte. Nachdem er sein wahres Wesen in religiöser Vergegenständlichung zuerst außer sich suchte, findet er es jetzt in sich selbst.[7]

Im Bild der Religionskritik von *Karl Marx* gesehen ist die Religion dann die »illusorische Sonne«, die sich solange um den Menschen bewegte, als dieser sich nicht um sich selbst bewegen lernte. Im Sinn der negativen Dialektik kann damit jedoch unmöglich das Schlußwort gesprochen sein, und dies noch nicht einmal im philosophischen Horizont, in dem die Frage nun thematisch erörtert werden muß.

Der philosophische Horizont:
Die Sicht Karl Löwiths

Mit Recht gilt *Karl Löwith* als der Denker, der mit seiner Untersuchung zu den theologischen Voraussetzungen der Geschichtsphilosophie, ›Weltgeschichte und Heilsgeschehen‹ (von 1953) betitelt, dem Säkularismusproblem zu seinem gegenwärtigen Stellenwert im philosophischen Disput verhalf *(Ratschow)*; doch gilt für ihn seinerseits, daß er selbst im Umgang mit den Thesen *Max Webers* auf die Problemstellung gestoßen worden war.[8] Denn für Weber besteht nach den programmatischen Ausführungen seines Vortrags ›Wissenschaft als Beruf‹ (von 1919) das »Schicksal unserer Zeit mit der ihr eigenen Rationalisierung und Intellektualisierung« in der »*Entzauberung der Welt*«.[9] Als eine »spezifisch gottfremde Macht« führt die Wissenschaft zumal in ihrem Verbund mit der wissenschaftlich orientierten Technik zum progressiven Abbau des prophetischen Elements in der Gesellschaft und damit zur systematischen »Erklärung« dessen, was bisher verehrt worden war. Ihren Kern aber hat diese »Entzauberung«, wie Weber in nahezu wörtlicher Übereinstimmung mit *Nietzsche* argumentiert, in dem unaufhaltsamen Vorgang, daß »gerade die letzten und sublimsten Werte« aus der Öffentlichkeit zurücktreten. Nach einer wiederholten Äußerung des späten Nietzsche ist aber die »Entwertung der bisherigen Werte« gleichbedeutend mit Nihilismus. Das läßt darauf schließen, daß im Sprachgebrauch beider Autoren »Nihilismus« und »Entzauberung« nahezu gleichbedeutend sind. Hier wie dort geht es um den Versuch, den Gang der neuzeitlichen Entwicklung »auf den Begriff zu bringen«. Dabei hat diese Entwicklung für Nietzsche mehr den Charakter eines Verhängnisses, für Weber mehr den der Konsequenz eines systematisch betriebenen Prozesses. Denn die Entzauberung der Welt kommt durch die Rationalisierung der Verhältnisse zustande; diese aber besteht, auf ihren Kern durchsichtig gemacht, in einer Verkehrung von Mittel und Zweck:

> Indem das, was ursprünglich ein bloßes Mittel war ..., selbst zum Zweck oder Selbstzweck wird, verselbständigt sich das Mittelbare zum Zweckhaften und verliert damit seinen Sinn.[10]

Damit bringt Löwith – in kritischer Verdeutlichung des Weberschen Ansatzes – das Prinzip seiner Konzeption zum Vorschein. Im Zug der Abgrenzung macht er Weber zunächst zum Vorwurf, daß er, anders als Nietzsche, die Fatalität der dem wissenschaftlichen Erklärungszwang unterworfenen Welt nicht durchschaut, die Unwirklichkeit jenes »Gehäuses« nicht hinreichend denunziert habe, in dem die ehemaligen Glaubensinhalte nur noch als bloße Gespenster umgehen.[11] Insbesondere bleibe rätselhaft, weshalb er nicht mit ähnlicher Energie wie Marx gegen die »universale Selbstentfremdung des Menschen« in der entzauberten, technokratischen Welt angekämpft habe. Im Gegensatz dazu entwickelt er dann seine eigene, auf das Prinzip der *Vertauschung von Mittel und Zweck* gegründete Deutung. Den paradigmatischen Fall dieser Vertauschung entdeckt er im *Verfall der christlichen Hoffnung*. In ihrer Grundgestalt auf die Wiederkunft Christi und damit auf das Endziel der Zeiten gerichtet, ist sie mit Glaube und Liebe zusammen eine der theologischen Tugenden und als solche das »Medium« der Annäherung aller Dinge an das heilsgeschichtliche Sinnziel. Ihre Verkehrung zum Zweck und Selbstzweck erfolgt genauerhin in zwei Schritten.

Der erste ist gleichbedeutend mit ihrer »Verweltlichung«; und das besagt: Sie wird abgekoppelt von ihrer eschatologischen Zielsetzung und auf innerweltliche Strebeziele zurückgenommen, die insgeheim mit ihrem ursprünglichen Sinnziel, der Heraufkunft des endzeitlichen Gottesreichs, konkurrieren. Anstatt auf die eschatologische Neugestaltung aller Dinge richtet sich die von der säkularisierten Hoffnung stimulierte Erwartung auf ein Reich der vollkommenen Menschlichkeit, auf einen alle Bedürfnisse befriedigenden Wohlfahrtsstaat oder ganz einfach und unverblümt auf das »Sowjetparadies«. Gleichzeitig erleidet die Hoffnung jedoch einen radikalen Gestaltwandel. Sie hört auf, »Tugend« im christlichen Sinn zu sein, und wird zu einem die gesamte Denk- und Arbeitswelt beherrschenden Gestaltprinzip, zum Prinzip »Fortschritt«.[12] Dabei blieb die religiöse Herkunft insofern unübersehbar, als der Fortschritt zunehmend ideologisiert wurde, so daß geradezu von einer »Fortschrittsreligion« gesprochen werden muß, die im selben Maß an Boden gewann, wie der Christenglaube seinen bestimmenden Einfluß verlor.

Den zweiten und entscheidenden Schritt tat Löwith mit der Formel vom »Verhängnis des Fortschritts«, mit der er das wachsende Unbehagen an der »instrumentell« gewordenen Rationalität auf einen Begriff von suggestiver, nahezu beschwörender Eindringlichkeit brachte.[13] Mit ihr zog er nicht nur die Konsequenz aus seiner kritischen Aufnahme der Entzauberungsthese; vielmehr kehrte er damit auch die fortbestehende Negativität im Spektrum der positiven Säkularisierungsfolgen hervor. Ursache dieses Umschwungs ist die Beobachtung, daß der Fortschritt der menschlichen Kontrolle zunehmend entgleitet und *eigengesetzlich zu wuchern* beginnt. Das umreißt Löwith mit dem lapidaren Satz: »Das Verlangen nach Fortschritt wird selbst progressiv.«[14] Denn die Eigengesetzlichkeit bedeutet in diesem Fall soviel wie eine strukturelle Unersättlichkeit:

Der Fortschritt ist in sich selbst maßlos und unersättlich, denn je mehr erreicht wird, desto mehr wird gefordert und erstrebt ... Wenn die durchschnittliche Lebensdauer von vierzig auf sechzig Jahre verbessert wurde, dann wird man versuchen, von sechzig auf neunzig zu kommen. Und so ist es mit allem, worin man überhaupt fortschreiten kann.[15]

Indessen hat der »Progreß« des Fortschritts nicht nur diese innere, auf seine eigene Steigerung bezogene, sondern auch eine äußere, auf ständige Expansion drängende Dimension. Angesichts seiner Dominanz im wissenschaftlich-technischen Bereich drängt der Fortschritt danach, auch zum Gestaltungsprinzip aller anderen Kulturleistungen erhoben zu werden. Insofern läßt er sich mit der von *Descartes* »zum Zweck der Erklärung und Beherrschung der Naturkräfte« entworfenen »mathematischen Universalwissenschaft« in Vergleich ziehen und als deren Dynamisierung begreifen. Einen wesentlichen Beitrag zu dieser Ausweitung leistete nach Löwiths Verständnis der Marxismus, der das wissenschaftliche Fortschrittskonzept nicht nur auf den Sozialbereich ausdehnte, sondern mit Hilfe der Ideologie des »historischen Materialismus« auch wahrheitstheoretisch zu integrieren suchte.[16] Das gelang ihm freilich nur durch einen radikalen Eingriff in das traditionelle Wahrheitskonzept, auf dessen Aufhellung sich Löwiths Denkleistung vornehmlich konzentrierte.

War das metaphysische Wahrheitskonzept durch die Lehre von der Konvertibilität von »Wahr« und »Sein« gekennzeichnet, so findet die ideologische Wahrheit ihren Erhellungsgrund in dem, was durch menschliches Zutun »wird«. Als den Urheber dieser dem Marxismus entgegenführenden Weichenstellung identifiziert Löwith den italienischen Geschichtsphilosophen *Giambattista Vico*, der den kartesianischen Vergewisserungsweg durch einen neuen – operationalen – zu ersetzen sucht.[17] Danach bleibt uns »in dieser Nacht voller Schatten« nur eine Wahrheit, die in keiner Weise in Zweifel gezogen werden kann; und sie besteht in der Erkenntnis, »daß diese geschichtlich-zivile Welt ganz gewiß vom Menschen gemacht worden ist«; daher müssen ihre Prinzipien »in den Anwandlungen unseres eigenen menschlichen Geistes gefunden werden«, der somit bei seiner Wahrheitssuche auf die von ihm selbst geschaffene Menschenwelt zurückverwiesen ist. Daraus ergibt sich dann für *Marx* folgerichtig, daß die auf dem Weg denkerischer Selbstbegründung gewonnene Wahrheit ohnmächtig an den gesellschaftlichen Verhältnissen abgleitet, während die einzig effektive in der Aufhebung des Unterschieds von Theorie und Praxis besteht, genauerhin in dem Willen, die Verhältnisse durch die revolutionäre Tat zu verändern. Das aber ist in der Sicht Löwiths nur die letzte Konsequenz, die sich aus dem selbst *progressiv gewordenen Fortschritt* ergibt. Er führt in das seinem Wesen nach blinde Abenteuer des revolutionären Umsturzes; wird dadurch zu einer der menschlichen Kontrolle entzogenen Schicksalsmacht und richtet sich dadurch selbst.

Deutlicher könnte das nicht mehr zum Ausdruck gebracht werden als durch Löwiths programmatische Formel vom »*Verhängnis des Fortschritts*«, die bei ihrer Veröffentlichung (1962) noch weithin in den Gegenwind des Zeitgeistes hineingesprochen war, inzwischen jedoch den Rang eines allgemein akzeptierten Schlüssel- und Leitwortes erlangte. Ursächlich hängt dieses Verhängnis für Löwith mit dem zusammen, was allgemein als das Verifizierungsprinzip des Fortschritts gilt: mit seinem »ungeheuren Erfolg«.[18] Er nahm inzwischen derartige Ausmaße an, daß nach der Realisierung fast aller großen Menschheitsutopien das verbliebene Restproblem »nur noch« darin zu bestehen scheint, »auch den Menschen so umzubauen, daß er es mit seinen eigenen Erfindungen aufnehmen kann«.[19] Schon beim jetzigen Stand der Entwicklung erfaßte ihn ein Schwindelgefühl, das ihm weder seine Heimatlosigkeit noch seine Selbstentfremdung zu Bewußtsein kommen läßt; und im Zusammenhang damit setzte ein Rollentausch ein, der Theologen zu Befürwortern des ungebremsten Fortschritts werden und die Physiker an die »Stelle des Theologen« treten ließ: die unvermeidliche Folge eines Entwicklungsstandes, der es ermöglichte, »in einem Augenblick um den ganzen Erdkreis herumzuhören, herumzureden, herumzusehen und herumzusausen«. Nicht weniger stringent ließe sich das angesprochene »Mediengefühl« mit den gegensinnigen Formeln von der signifikanten »Verringerung der Distanz von Utopie und Realität« und vom »allmählichen Verschwinden der Wirklichkeit« *(Hentig)* erklären.[20] Selbst die – längst schon vermarktete – Furcht vor einer in menschliche Regie genommenen Apokalypse schreckt nicht mehr; denn:

> Die Furcht vor dem Ende wird … überdeckt durch die Aussicht auf ungeheure friedliche Fortschritte und Gewinne. Eine unheimliche Koinzidenz von Fatalismus und Fortschrittswille kennzeichnet jetzt alles Denken über den Fortgang der Geschichte. Der Fortschritt ist nun über uns verhängt, er ist uns zum Verhängnis geworden.[21]

Es mag mit der allzu weiten Distanz dieses Entwicklungsstandes von seinem christlichen Ausgangspunkt zusammenhängen, daß bei Löwith in diesem Kontext von »Säkularismus« nicht mehr die Rede ist. Dazu gab ihm dann aber die kritische Infragestellung seines Ansatzes durch *Blumenberg* um so mehr Anlaß.[22] Ihren Ausgang nimmt diese Kritik in Blumenbergs These, daß sich der epochale Charakter der Neuzeit nur dann sachgerecht bewerten lasse, wenn zuvor der Eindruck einer mit dem Säkularismus begangenen Rechtsverletzung beseitigt wurde. Das Unrechtkonzept aber teile auch Löwith, sofern er die Fortschrittsidee als säkularisierte Hoffnung verstehe. Tatsächlich aber lasse sich aus der historischen Aufeinanderfolge keineswegs das »Sich-Durchhalten einer ihrem Ursprung entfremdeten Substanz« herleiten. Denn bei Licht betrachtet habe weder das moderne Arbeitsethos etwas »mit einer Säkularisierung puritanischer Askese« noch das künftige Reich der Freiheit, wie es das Kommunistische Manifest in Aussicht stelle, etwas »mit dem jüdischen Messianismus« oder das kartesianische Verlangen nach unbedingter Gewißheit etwas mit einer auf Wissenschaft zurückgenommenen »religiösen Heilsgewißheit« zu tun.[23] In der Geschichte gebe es überhaupt keine substantielle Tradition; deshalb leiste, wer historische Konstanten annimmt, im Grunde Verzicht auf eine wirkliche Erklärung der jeweils zur Rede stehenden Tatsachen. Was in der Geschichte tradiert werde, sei, wie bereits bemerkt, immer nur ein »funktionales System« von neu besetzbaren oder umsetzbaren Stellen. Einzige Ausnahme, die Blumenberg zuläßt, ist der Zusammenhang von *Rousseaus* Konfessionen mit dem augustinischen Bekenntniswerk, da in den ›Confessiones‹ tatsächlich eine »Säkularisierung des transzendenten Gottesgerichts zum literarischen Selbstgericht« vorliege.[24] Doch handle es sich dabei offenkundig um eine Parodie; und nur im parodistischen Sinn könne, wenn überhaupt, von einer »Säkularisierung« christlicher Grundgehalte gesprochen werden.

Die von *Löwith* vorgelegte »Beweisaufnahme« ist zu umfassend, als daß er sich zu einer expliziten Selbstrechtfertigung hätte verstehen können. Statt dessen wendet er lediglich ein, daß sein Ansatz keiner linearen Konsekution das Wort redet, sondern ausschließlich auf die »Ermöglichung« des modernen Geschichtsbegriffs und des weltlichen Fortschrittsglaubens durch die christliche Endzeiterwartung abhebt.[25] Deshalb beschränkt er sich darauf, die Fragen, mit denen ›Weltgeschichte und Heilsgeschehen‹ schlossen, nochmals in Erinnerung zu rufen:

Was setzte uns in Stand, die Welt nach dem Bilde des Menschen neu zu gestalten? Hat sich etwa der Glaube, nach dem Bilde eines Schöpfergottes geschaffen zu sein, die Hoffnung auf ein künftiges Reich Gottes und das christliche Gebot, allen Völkern zu ihrem Heil das Evangelium zu verkünden, in die weltliche Anmaßung verwandelt, daß wir die Welt nach dem Bilde des Menschen in eine bessere umformen und unterentwickelte Völker erlösen sollten?[26]

Und auf die Vorhaltung seines Kritikers, daß sich im Geschichtsgang keine legitimen Abfolgen nachweisen lassen, antwortet er abschließend mit der ironischen – inzwischen freilich durch die Gegenironie der Forschung überholten – Bemerkung:

Die Geburten des geschichtlichen Lebens sind allesamt »illegitim«. Und »verifizieren« läßt sich die vielfach bedingte und weit verzweigte Herkunft eines geschichtlichen Phänomens so wenig wie sich mit Sicherheit feststellen läßt, ob der vermeintliche Vater eines Kindes der wirkliche ist.[27]

Doch unbeschadet ihres Gewichts besteht der Wert dieser Replik darin, daß Löwiths Verständnis des Fortschritts genauso als Spielform des Säkularismusbegriffs erscheint, wie dies für *Webers* Theorem von der »Entzauberung der Welt« zu gelten hat.

Der theologische Horizont:
Der Ansatz Friedrich Gogartens

Gleichzeitig mit dem Erscheinen von ›Weltgeschichte und Heilsgeschehen‹ stieß *Friedrich Gogarten* mit seiner Schrift ›Verhängnis und Hoffnung der Neuzeit‹ (von 1953) in einer Weise nach, die seinen Ansatz in einer geradezu komplementären Konstellation zu demjenigen *Löwiths* erscheinen läßt. Die Stoßrichtung macht der Untertitel deutlich, der die Säkularisierung ausdrücklich als »theologisches Problem« zur Diskussion stellt.[28] Für Gogarten ist Säkularisierung das exakte *Gegenteil einer »Unrechtkategorie«* und als solches die »notwendige und legitime Folge des christlichen Glaubens«, auch wenn ihre destruktive Schattenseite, der »Säkularismus«, nicht übersehen werden darf.[29] Mit dem Säkularisierungsprozeß bemächtigt sich also kein fremdes Prinzip der christlichen Sache, so daß sie von diesem überlagert und in eine ihr wesensfremde Richtung gedrängt würde; vielmehr setzt der Glaube in und mit ihm eine – freilich auch nur eine – seiner ureigenen Möglichkeiten frei: die Souveränität des Menschen gegenüber seiner Welt. Das heißt konkret:

Es geht in der Säkularisierung um die Forderung des Freiseins des Menschen der Welt gegenüber und des Herrseins über sie, die eine Forderung der im Glauben ergriffenen Freiheit des Sohnes für den Vater ist und durch die die mythische Welt abgelöst wird durch die geschichtliche. Mit dieser Forderung wird die Welt säkularisiert. Das heißt: sie ist für den, der diese Forderung vernimmt ... nicht mehr die von den »vielen Göttern und Herren« (1 Kor 8,5) durchwaltete und beherrschte Welt. Diese Götter und Herren sind für ihn entmächtigt; die Stoicheia der Welt sind armselig und ohnmächtig geworden. Die Welt und alles, was in ihr ist, ist nun etwas, so können wir sagen, Natürliches. Sie ist nur Welt, säkulare Welt.[30]

Die Entstehung einer »säkularen«, vom Menschen erforschten und beherrschten Welt, wie sie erstmals von Descartes als Programmziel gefordert wurde, ist somit nicht die Folge eines widerchristlichen Emanzipationsprozesses, sondern die Realisierung einer vom christlichen Offenbarungsglauben eröffneten Möglichkeit. Um so wichtiger ist dann die Erhellung von Herkunft und Wesen des Christenglaubens. Ausgangspunkt und Grund dieses Glaubens ist, wie Gogarten schon zu Beginn seiner Ausführungen mit Nachdruck sagt, die Gottesoffenbarung in Jesus Christus. Losgelöst von diesem Grund wäre der Glaube wie ein »Fisch ohne Wasser, ein König ohne Krone«.[31] So ergibt es sich aus der engen Orientierung dieses Ansatzes an *Paulus*, dem Gogarten zusammen mit seinem Offenbarungskonzept auch die Einsicht in die sich daraus ergebenden Konsequenzen und nicht zuletzt das spezifische Verständnis der Säkularisierungskategorie verdankt.

In der wesentlichsten Folge, der Freiheit des Menschen von den Weltmächten und strukturellen Verhaftungen (stoicheia), zieht der Christenglaube fürs erste mit seiner schärfsten Gegenspielerin, der Gnosis, gleich. Denn auch sie gelangt, wie Gogarten im Anschluß an *Hans Jonas* unterstreicht, zur Entdeckung des menschlichen Selbst und des überweltlichen Gottes; doch geht es ihr in beidem nur um Symbole der Selbstabgrenzung des Menschen von der Welt. In diesem Sinn sind auch die paulinischen Begriffe von der »Weltweisheit«, von der Macht dieses Äons und von dem »Schlaf« – man könnte deutlicher noch mit *Friedrich Hebbel* vom »Schlaf der Welt« sprechen – getönt, von dem es (nach Röm 13,11) aufzustehen gilt.[32] Doch kommen diese gleichlautenden Aussagen aus grundverschiedenen Wurzeln. Während für die Gnosis Gott das »Nichts der Welt« ist, enthebt der christliche Schöpfer- und Heilsgott den Menschen seiner angestammten Weltverhaftung, indem er ihn in sein ureigenes Lebensgeheimnis hineinnimmt und ihn, die Kreatur seiner Macht und

Weisheit, zur Würde der Sohnschaft erhebt.[33] Demgemäß muß Säkularisierung, entgegen ihrem passiv-schicksalhaften Verständnis in der theologischen Diskussion, in erster Linie als eine *Verhältnisbestimmung und Handlungskategorie* und erst in nachgeordneter Hinsicht als Deutungsmuster genommen werden. Sie bietet, gerade auch von Paulus her, eine Anleitung, es mit der Welt auf neue Weise aufzunehmen, und nicht nur eine Perspektive, sie neu zu sehen.

Denn zum Stand der Sohnschaft erhoben, gewinnt der Mensch eine doppelte Freiheit, deren Profil Gogarten vor dem Kontrastbild der »Sünde« ausarbeitet. Man könnte sie genauer als eine »bewahrende« und »freisetzende« kennzeichnen. Bewahrt wird der Mensch vor seinem naturhaften Hang, sich den welthaften Gestaltungskräften zu überlassen und in der Konsequenz dieser Überantwortung die Welt selbst als Inbegriff des Numinosen zu verstehen. Darauf hebt Paulus ab, wenn er von der Vielfalt der »Götter und Herren« (1 Kor 8,5) spricht, denen der sich selbst überlassene Mensch anheimfällt, weil er sich allenthalben von ihrer Wirkmacht berührt, umfangen und überwältigt fühlt. Und für das dynamische Verständnis der Säkularisierungskategorie ist es besonders wichtig, daß der Apostel überdies auch um den »Sog« weiß, durch den sich der unerlöste Mensch zu den »stummen Götzen« hingerissen fühlt (1 Kor 12,2), weil Erlöstsein dann nur bedeuten kann, diesem »Fortriß« zu widerstehen, um so einen Raum des freien Aufatmens und der personalen Selbstgestaltung zu gewinnen.

Hierin schuf Gott, als die »Fülle der Zeiten« gekommen war, die große Zäsur durch die Entsendung seines Sohnes, die den Bann der »Weltelemente« brach und den Menschen in die personale Freiheit führte. Seitdem ist er ihnen nicht mehr als Sklave ausgeliefert, sondern durch eine vorher nicht gekannte Souveränität entrückt; mehr noch: er steht ihnen als der mit Verfügungsgewalt über sie ausgerüstete Herr gegenüber, so daß er die Kontrolle, die sie bisher über ihn ausübten, an sich zu reißen vermag.[34] Wenn das bei Paulus zu keiner formellen Kulturtheorie führt, so einfach deshalb, weil die eschatologische Perspektive seines Denkens dafür keine Zeit läßt. Für den unter dem Eindruck der Naherwartung denkenden und urteilenden Apostel steht alles unter dem »eschatologischen Vorbehalt«; es ist gewährt, aber nur im Sinne einer befristeten Zuwendung; es ist gegeben, aber immer nur »auf Abruf«. Deshalb gilt für ihn:

Die Zeit drängt! Daher sollen die, die Frauen haben, sich verhalten, als hätten sie keine; die Weinenden, als weinten sie nicht; die Fröhlichen, als freuten sie sich nicht; die Erwerbenden, als besäßen sie nicht; die Nutznießer der Welt, als hätten sie keinen Nutzen davon; denn die Gestalt dieser Welt vergeht (1 Kor 7,29ff).[35]

Voll ausgelotet ist die Tiefe der damit gewonnenen Freiheit jedoch erst dann, wenn man ihre »freisetzende« und »erlösende« Wirkung hinzunimmt. Denn der Mensch neigt, paulinisch gesehen, nicht nur dazu, sich dem Sog der Weltgewalten zu überlassen, sondern, verhängnisvoller noch, auch dazu, sich in dieser Übermächtigung einzurichten und mit ihr schließlich sogar zu paktieren. In dieser Verstrickung kann er, wie Gogarten mit *Luther* sagt, gar nicht mehr wollen, daß Gott ist, sondern nur noch, »daß er selbst Gott sei und Gott nicht Gott sei«.[36]

Es trifft sich seltsam, daß ein Denker vom Ausgang der Neuzeit, *Maurice Blondel*, diesen Luther-Satz fast wörtlich wiederholt, wenn er im Blick auf die Ambivalenz der menschlichen Sinnsuche bemerkt:

Der Mensch sehnt sich danach, den Gott zu spielen. Gottsein ohne Gott und wider Gott – oder Gottsein durch Gott und mit Gott; das ist die Frage.[37]

Erlösung bedeutet in diesem Zusammenhang, daß der Krampf dieses blasphemischen Widerwillens vom Menschen genommen wird, so daß er aus innerster Selbstentscheidung wollen kann, daß »Gott Gott sei« und daß er in der Erfüllung dieses Willens seine innerste Sinnerfüllung findet. Umgekehrt heißt das dann für das Verständnis der durch die Erlösungstat Christi gewonnenen Freiheit, daß sie letztlich in einem Akt der Einwilligung in die Berufung zur Gotteskindschaft besteht. Denn vorbehaltlos kann der Mensch den transzendenten Gott nur wollen, wenn der letzte Schatten der Heteronomie aus dem Verhältnis zu ihm verschwunden ist, wenn er also die Wirklichkeit Gottes als die Gewähr seiner höchsten Selbstverwirklichung begreift. Folgerichtig klingt die Galaterstelle, die mit dem Wort von der befreienden Sendung des Sohnes in der Stunde der Zeitenfülle einsetzt, in die Zusicherung aus:

Als die Fülle der Zeit kam, sandte Gott seinen Sohn, vom Weib geboren, dem Gesetz unterstellt, damit er die dem Gesetz Unterworfenen loskaufe, und damit wir die Sohnschaft erlangten. Weil ihr nun Söhne seid, sandte Gott den Geist seines Sohnes in unsere Herzen, der ruft: Abba, Vater! So bist du nicht mehr Knecht, sondern Sohn; wenn aber Sohn, dann auch Erbe durch Gott (Gal 4,1–7).[38]

Aus dieser »Freisetzung« des Menschen durch den rettenden Eingriff Gottes in die Menschheitsgeschichte ergibt sich für Gogarten der entscheidende »Ansatz zur Säkularisierung«.[39] Deshalb war *Wolfgang Trillhaas* im Recht, als er ihm die Entdeckung zuschrieb, »daß die radikale Säkularisierung der Welt eigentlich schon mit der christlichen Geschichte«, näherhin mit der Ausräumung der »sakralen Zonen« im heidnischen Weltbild beginnt.[40] Nur im Vorbeigehen wird dabei auch der schon von den alttestamentlichen Schriften vollzogenen Reduktion der Welt auf ihre Weltlichkeit gedacht, betonter dagegen des hellenistischen Vorspiels in den ›Eumeniden‹ des *Aischylos*, wo »göttliche Mächte unter ein schlichtes, wenn man will, ratloses menschliches Gericht« gestellt werden.[41] Dagegen gilt das Hauptinteresse dem, was man den »innerchristlichen Säkularisierungsprozeß« nennen könnte. Seine Frucht ist die Ausbildung eines authentischen, von der Heilsgeschichte unterschiedenen, von ihr aber doch nicht abgelösten Geschichtsbegriffs. Den Weg dazu erschließt die Einsicht in die eigene Geschichtlichkeit des Christentums. Vorzüglichstes Instrument, das dieser Einsicht Bahn brach, ist die historisch-kritische Methode. In diesem Zusammenhang nimmt Gogarten in einer Weise auf *Ernst Troeltsch* Bezug, die unwillkürlich an die Schilderung des Verhältnisses zu seinem Lehrer in *Gertrud von Le Forts* Werk ›Der Kranz der Engel‹ (von 1946), dem zweiten Band des Schweißtuch-Romans, denken läßt.[42] Hier erscheint der wenigstens partiell nach der Figur Gogartens stilisierte Enzio als der aus dem Schülerkreis des Vormunds hervorgegangene Widersacher, der aber bei aller zerstörerischen Attitüde doch nur das ausspricht, was sich der vergeblich um eine letzte Kultursynthese ringende Universitätslehrer längst selbst gesagt haben müßte. Ihm war es nach eigenem Geständnis nur gegeben, das nach dem Untergang der Gottessonne aufleuchtende Abendrot zu beschwören; doch weiß er nur zu gut:

> Man kann von einer großen Abendröte zwar eine Weile leben, aber eben nur noch eine Weile – sie selbst, die Abendröte, – kann nicht lange leben, das ist ihrem Wesen nach unmöglich. Wenn sie erscheint, ist die Sonne bereits untergegangen.[43]

In ›Verhängnis und Hoffnung der Neuzeit‹ wird das Verhältnis jedoch nahezu gegensinnig beschrieben. Nicht die Krise des Gottesgedankens, sondern dieser selbst als die in allem Denken »vorausgesetzte Grundvorstellung« ist Ursache und Antrieb des Säkularisierungsprozesses.[44] Doch während Troeltsch eine »intuitive Partizipation« der endlichen Geister am »Lebensprozeß des Absoluten« annimmt, gibt es für Gogarten lediglich die Einheit der Geschichte; ohne diese Klammer würde alles in die Zerstreutheit des Zufälligen zerfallen: »in das Kommen und Gehen ohne Richtung, in die Weglosigkeit vieler Scheinwege«.[45]

Gewährsmann ist Troeltsch aber vor allem für das Instrument der historischen Kritik. War für die Reformatoren die Bibel »als inspiriertes Buch« noch ein wesentliches Element des Heilsgeschehens, so nimmt die heutige Theologie, nicht zuletzt im Gefolge *Lessings*, einen ungleich kritischeren Standpunkt ein:

> Die Bibel ist für sie ein Buch geworden, das sie, wie es auch immer mit seiner Autorität stehen mag, nach derselben Methode erforscht und liest, mit der heute in der Wissenschaft Bücher gelesen und erforscht werden. Jeder Versuch, das zu leugnen oder davon absehen zu wollen, führt in Absurditäten.[46]

Das habe Troeltsch schon zu Beginn des Jahrhunderts in »bohrenden Untersuchungen« gezeigt; denn für ihn war die Kritik ein Sauerteig, der, nachdem er erst einmal in die biblische Wissenschaft eingedrungen sei, »alles verwandelt und schließlich die ganze Form theologischer Methoden zersprengt« habe.[47] Nach diesem Bild zersetzt die historische Kritik die Fundamente des Christentums, so daß dieses, wie schon *Nietzsche* urteilte, in ein Stadium der »Selbstauflösung« – wiederholt verwendet auch Troeltsch denselben Ausdruck – hineintreibt.[48] In der milderen Sicht Troeltschs führt das zuletzt zu einer Gleichsetzung Gottes mit dem in der Geschichte waltenden Weltgeist, so daß die Gottesoffenbarung nunmehr als eine Inspiration der Menschheit aus dem numinosen Abgrund ihres Selbstbewußtseins erscheint.

Da für *Gogarten* der Fall der Auflösung des Christentums in Geschichte gegeben ist, widersetzt er sich diesem Konzept durch den vehementen Rekurs auf die Gottesoffenbarung, mit der für ihn die christliche Sache »steht und fällt«.[49] Da er aber mit Troeltsch davon überzeugt ist, daß hinter die Position der historischen Kritik nicht mehr zurückgegangen werden kann, verbleibt er zuletzt aporetisch. Deshalb behält für ihn der »ehrliche Lessing« das letzte Wort mit seinem Geständnis, daß ihm trotz aller Anstrengung der Sprung über den »garstigen breiten Graben« zwischen historischer Beweisbarkeit und unbedingter Wahrheit nicht gelungen sei.[50] Eine Auflösung dieses Dilemmas ist ihm allenfalls in dem Gedanken erreichbar, daß die

Notwendigkeit, geschichtlich zu denken, als »Wirkung des christlichen Glaubens auf die menschliche Existenz« zu erklären und – anzuerkennen ist.[51]

Ihrer ganzen Natur nach war diese »Lösung« nicht dazu angetan, einen Schluß der Debatte herbeizuführen; vielmehr stellte sich das Säkularisierungsproblem damit der Theologie erst recht zur Diskussion. Begreiflich, daß sich vor allem Bedenken gegen jede Form eines Säkularisierungskonzepts erhoben, die einem Identitätsverlust des Christentums und seiner Transformation in bloße Kulturleistungen das Wort reden.[52] Wenn sich der Gedanke eines dialogischen Verhältnisses des Christentums zu der – durch partielle Umsetzung seiner Gehalte – von ihm mitgeprägten Welt dann aber zu der Unterstellung zuspitzt, daß schon der Ansatz dazu – gemeint ist die Pastoralkonstitution ›Gaudium et spes‹, mit der das Zweite Vatikanum seine Arbeit (am 7. Dezember 1965) beschloß –, zu »kulturellen Denkmustern« verfiel, die von der prophetischen Sicht des Evangeliums wegführen, wird umgekehrt zu bedenken sein, wieweit sich dieses Verständnis von der Konzeption Gogartens entfernte.[53] An dieser Stelle ist nochmals daran zu erinnern, daß für seine dynamische Auffassung Säkularisierung nicht so sehr ein »Deutungsmuster« als vielmehr eine »Handlungsanleitung« besagt: eine operationale Handreichung, wie es der Christ mit der Welt »aufnehmen« muß, um dem Sog der entfremdenden Tendenzen zu entgehen und seine Sache in ihr zur Geltung zu bringen. Nicht umsonst bezieht sich Gogarten zentral auf das paulinische Konzept der durch die Erlösungstat Christi entmachteten Weltelemente und der damit gewonnenen Freiheit.

Das wird noch deutlicher, wenn man den indirekten Fingerzeig berücksichtigt, den Gogarten mit seinem differenzierten Freiheitsbegriff gibt. Für ihn beginnt die Freiheit damit, daß der unter das Offenbarungswort gestellte Mensch eine ihm zuvor unerreichbare Souveränität gegenüber der Welt erlangt. Und sie vollendet sich mit seiner gnadenhaften Einbeziehung in das Gottesleben, die ihn zur Würde der Sohnschaft erhebt. Für den Umgang mit der Weltwirklichkeit eröffnen sich damit zwei Wege. Ein erster, durch den der auf die göttliche Transzendenz gestützte Mensch der Welt »Herr wird« und sie in seine Verfügungsgewalt zu bringen sucht; und ein zweiter, auf dem er sich als »Pionier« einer Welt begreift, die (nach Röm 8,21ff) im Gefühl der gemeinsamen Todverfallenheit zusammen mit ihm einem davon befreiten Endzustand entgegenstrebt.[54]

Es ist der Weg der Solidarität, nachdem sich der »Herrschafts- und Beherrschungsweg« als verhängnisvoller Irrgang erwies. Sosehr sich auch Entdecker wie *Kolumbus* und Protagonisten der Wissenschaft wie *Kepler* bei ihren Pionierleistungen auf das Evangelium beriefen, folgten doch die Fürsprecher eines brüderlich-solidarischen Umgangs mit der Natur ungleich konsequenter der von ihm ausgelegten Spur.[55] Dafür öffnete die gegenwärtige Umweltkrise breiten Bevölkerungsteilen die Augen. Die Tragik der faktischen Entwicklung bestand darin, daß sich nur Mystiker und Dichter zur christlichen Alternative bekannten, während die »Agenten der Geschichte« *(Löwith)* im Konzept des »Herrschaftsdenkens« befangen blieben. Nicht zuletzt liegt darin der Grund, weshalb der Beitrag Gogartens zur Säkularisierungsdebatte unvergessen bleiben sollte.

Christentum und Kultur: Von der Koexistenz zur Osmose

Mit seiner konstruktiven Kritik des Säkularisierungsprozesses bezieht *Gogarten* eine Position, die zu einem Zeitpunkt, da die Signale auf Revision und Restauration gestellt sind, auf wachsendes Befremden stößt. Riß er mit seinem Gedanken, den Säkularismus im Christentum beginnen zu lassen, anstatt ihn, wie üblich, als Inbegriff der gegen es anbrandenden Zerstörungsmächte zu begreifen, nicht eine der wirksamsten Schutzmauern nieder? Und lieferte er damit, schlimmer noch, das Christentum nicht an eine Ideologie aus, die unverhohlen seine Destruktion betreibt? Weil sich in diesem Einwand uralte Vorbehalte zu Wort melden, muß ihm Rechnung getragen und seine Herkunft genauer bedacht werden.

Wenn man diesem christlichen ›Unbehagen an der Kultur‹ auf den Grund zu gehen sucht, sieht man sich in erster Linie an die weltkritischen Äußerungen der neutestamentlichen Schriften verwiesen, insbesondere an das Mahnwort des Ersten Johannesbriefs:

> Liebt die Welt nicht und was in ihr ist …! Denn alles, was in der Welt ist, ist Fleischeslust, Augenlust und Hoffart des Lebens …; doch die Welt vergeht mit ihrer Lust. Wer aber den Willen Gottes tut, der bleibt in Ewigkeit (1 Joh 2,15ff).

Für ein distanziertes Verhältnis zur Welt plädiert, mit derselben eschatologischen Begründung, auch *Paulus*, wenn er im Ersten Korintherbrief den schon in seiner früheren Korrespondenz (1 Thess 5,3ff; Gal 4,8ff) anklingenden Akosismus mit der Begründung rechtfertigt: »denn die Gestalt dieser Welt vergeht« (7,31). Dabei weist er gerade an dieser Schlüsselstelle dadurch auf Gogarten voraus, daß er seine These ausdrücklich als Handlungsanweisung entwickelt: zu weinen, als weine man nicht; zu lachen, als freue man sich nicht; auszunutzen, als nutze man nicht.

Mit einem Blick auf den geistigen Weltbesitz hatte er sich zuvor schon von der griechischen Weisheitssuche abgegrenzt, als er der »Weisheit dieser Welt« die »Torheit des Kreuzes« entgegensetzte (1,18ff), wenngleich mit dem Anspruch, gerade dadurch einen Zugang zur »verborgenen Gottesweisheit im Geheimnis« (2,6) zu gewinnen.

Und hatte nicht Jesus selbst im Zuge seiner Hinwendung zu den »Erniedrigten und Beleidigten« bekannt:

Ich preise dich, Vater, Herr des Himmels und der Erde, weil du all das den Weisen und Klugen verborgen, den Unmündigen dagegen geoffenbart hast; ja, Vater, so hat es dir gefallen! (Lk 10,21)

Von da zieht sich in langer Tradition das Lob der »Unmündigen«, gipfelnd in dem von *Bernhard von Clairvaux* geprägten Satz »Frommer Glaube meidet die Diskussion – Fides piorum credit, non discutit«, durch die ganze Glaubensgeschichte hindurch, um in ironischer Verfremdung noch in der Unterstellung *Max Webers* nachzuklingen, daß sich mit dem Glauben und erst recht mit jeder »positiven« Theologie die »Virtuosenleistung« des sacrificium intellectus verbinde.[56] Dabei stützt sich diese Tradition auf die längst schon als nicht- und unpaulinische Interpolation erwiesene Stelle des Zweiten Korintherbriefs, die Glaube und Unglaube in einer Weise zu Gegenwelten erklärt, daß den Gläubigen nur der Exodus aus der verlorenen Welt offensteht:

Geht doch mit den Ungläubigen zusammen nicht unter dem gleichen Joch! Was haben denn Gerechtigkeit und Ungesetzlichkeit miteinander zu tun? Wie vertragen sich Licht und Finsternis? Was verbindet Christus mit Beliar? Was hat ein Glaubender mit einem Ungläubigen gemeinsam? Wie verträgt sich der Tempel Gottes mit den Götzen? (6,14ff)[57]

Das spitzt sich bei dem streitbarsten Verteidiger der christlichen Sache in der Frühpatristik, bei *Tertullian*, zu einer grundsätzlichen Absage an die philosophische Denkwelt zu:

Was hat Athen mit Jerusalem zu schaffen, was die Akademie mit der Kirche, was der Häretiker mit dem Christen? Unsre Lehre stammt aus der Säulenhalle Salomons, der versicherte, man müsse den Herrn in der Einfalt des Herzens suchen. Mögen sie nur, wenn es ihnen paßt, ein stoisches oder platonisches oder auch dialektisches Christentum aufbringen! Wir aber brauchen seit Jesus Christus keine Forschung mehr, und keine Wissenschaft, seitdem das Evangelium verkündet wurde.[58]

Wie kaum ein anderer blieb Tertullian dabei freilich »im Fallstrick« seiner eigenen Worte gefangen *(Nietzsche)*. Denn deutlicher als mit dieser Absage hätte er seine Schulung durch die antike Rhetorik und insbesondere durch die von ihm verworfene »Dialektik« schwerlich bekunden können. Nicht umsonst baute sich schon zu seinen Lebzeiten in Alexandrien die erklärte Gegenposition zu der seinen auf. Gestützt auf einen philosophisch interpretierten Logosbegriff entwickelten hier der Laientheologe *Klemens* und sein genialer Nachfolger *Origenes* eine Theologie, die, wie das Augustin mit dem Bild der von den Juden beim Auszug aus Ägypten »entliehenen« goldenen und silbernen Gefäße verdeutlichte, bewußt die Denkformen der philosophischen Spekulation übernahm und in den Dienst der Erschließung des Schriftwortes stellte. Von Akten einer formellen »Inkulturation« kann jedoch bei ihm so wenig wie bei den Denkern der Folgezeit die Rede sein. Bei aller Bereitschaft zur intellektuellen »Einwurzelung« in der hellenistischen Denkwelt blieb es bei der grundsätzlichen Distanz.

Eine hinreichende Erklärung dafür bietet wohl nur die von *Karl Löwith* herausgearbeitete Geschichtstheorie Augustins. Im Bruch mit der antiken – und von Nietzsche wiederaufgenommenen – Vorstellung von einem zyklischen Weltenlauf hatte er, so Löwith, erstmals ein konsequent lineares Geschichtsbild entworfen, wie es den biblischen Daten entsprach. Bei seinem Versuch, ein Modell zur epochalen Gliederung zu finden, griff er auf das Sechstagewerk des biblischen Schöpfungsberichts zurück, offensichtlich im Gedanken, daß das Geschehen, in dem sich der Schöpfungsakt darstellt, dem Welt-Geschehen das Gepräge aufdrückte. Oder nun mit den Worten Löwiths:

Auf dieser theologischen Grundlage unterscheidet Augustin sechs Epochen, die den sechs Tagen der Schöpfung entsprechen. Die erste reicht von Adam bis zur Sintflut, die zweite von Noah bis Abraham, die dritte von Abraham bis David, mit Nimrod und Nimus als ihren Gegenspielern. Die vierte währt von David bis zur babylonischen Gefangenschaft, die fünfte von diesem Zeitpunkt bis zur Geburt Christi. Die sechste und letzte Epoche endlich erstreckt sich vom ersten Erscheinen Christi bis zu seiner Wiederkunft am Ende der Welt.[59]

In dieser – durchaus problematischen – Epochengliederung hat der letzte Zeitabschnitt so wenig Eigenprofil wie die vorangehenden »Vorzeiten«. Daß Augustin noch nicht einmal die Konstantinische Ära als nennenswerte Zäsur anerkannte, hängt offensichtlich mit seiner Verwerfung der eusebianischen Reichstheorie zusammen, die im Eventualfall eines – nach der Eroberung Roms durch die Truppen Alarichs (im August des Jahres 410) durchaus denkbar gewordenen – Rückfalls ins Heidentum zu unerträglichen Konsequenzen, näherhin zur Restauration des augusteischen Staatsbegriffs, hätte führen müssen. Zwei weitere Gründe traten hinzu.

Zunächst hatte Augustin unabhängig von der erwähnten Epocheneinteilung ein Geschichtsbild entworfen, das an den menschlichen Altersstufen abgelesen war und seine Gegenwart als das durch Schwäche und Verfallserscheinungen gekennzeichnete Greisenalter der Welt (senectus mundi) begriff.[60] Von diesem Stadium konnte gewiß nichts nach Art einer Innovation oder auch nur eines Fortschritts, weder in Sachen der Moralität noch des Glaubens erwartet werden. Sodann war für ihn ein geschichtlicher Fortschritt schon deshalb ausgeschlossen, weil nach der göttlichen Innovation in Gestalt der Menschwerdung Christi nichts auch nur annähernd Vergleichbares mehr geschehen konnte. Denkbar war ein geschichtlicher Fortschritt (progressus) allenfalls im Sinn der Pilgerschaft (peregrinatio) des Gottesvolkes in Richtung auf sein eschatologisches Endziel, so daß für Augustin ebenso wie für die von ihm bestimmte Folgezeit gilt:

Weder Augustin noch Thomas kennen eine Geschichte des Christentums zwischen dem ersten und zweiten Erscheinen Christi. Im Vergleich mit dem Neuen des einmaligen Christusereignisses kann es nichts wirklich Neues mehr geben … Unsere Sorge um Fortschritt, Krise und Weltordnung wird von Augustin nicht geteilt. Denn vom christlichen Standpunkt aus gibt es nur einen Fortschritt: das Fortschreiten zu einer immer entschiedeneren Scheidung von Glaube und Unglaube, von Christus und Antichrist; und nur zwei Krisen von entscheidender Bedeutung: den Sündenfall und Golgota.[61]

Der Schritt zur positiven Bewertung des Verhältnisses von Christentum und Kultur scheint an zwei Voraussetzungen gebunden gewesen zu sein: Einmal an die Verdrängung des Gedankens von der alternden Welt durch das jugendliche Lebensgefühl, das sich in Renaissance und Humanismus Bahn brach und dynamische Perspektiven eröffnete. Sodann – und vor allem – an die Einsicht in die Wechselbeziehung von Welt- und Glaubensgeschichte. Nach Löwith bestand das verklammernde Prinzip in dem von *Bossuet* eingeführten Vorsehungsgedanken. Die über allem waltende göttliche Vorsehung brachte es dahin, daß die Weltreiche, wie dies schon Eusebius und Leo d. Gr. für das Imperium Romanum behauptet hatten, der christlichen Sache unwissentlich dienten. Dabei bezieht sich Bossuet ausdrücklich auf das 12. Kapitel des Buchs Daniel, das von einem Kampf der Völkerengel zu berichten weiß, der mit der Ankündigung des messianischen Reiches endet:

> Daniel hat in seinen bewundernswürdigen Visionen das Reich der Babylonier, der Meder und Perser, das Reich Alexanders und der Griechen vor euch in einem Augenblick vergehen lassen … Alle diese berühmten Reiche sehen wir nacheinander untergehen und das neue Reich Jesu Christi entstehen, das von der Heiligen Schrift so genau beschrieben wird, daß es unmöglich zu verkennen ist. Es ist das Reich des Menschensohnes, das Reich, das inmitten des Unterganges aller andern bestehen bleiben soll und dem die Ewigkeit verheißen ist.[62]

Dadurch kommt in das Wechselspiel der geschichtlichen Ereignisse eine innere Kontinuität, die von dem im Weltgeschehen durchgeführten Heilsplan Gottes herrührt. So gesehen liegt der seltsamen »Mischung von Zufall und Schickung eine planvolle Ordnung zugrunde, wobei das Endziel schon in den entferntesten Ursachen vorbereitet ist«, auch wenn dies in der Regel »den Agenten der Geschichte selbst unbekannt« bleibt.[63] Indessen ist das damit im Grund der Geschichte entdeckte Gesetz nicht der Fortschritt, sondern – das Kreuz; denn das Leben Jesu, auf das der gesamte Geschichtsgang hinführte, stand nicht im Zeichen des Erfolgs, sondern der Enttäuschung und Verlassenheit:

Jesus Christus stirbt, ohne Dankbarkeit bei denen zu finden, die er dazu verpflichtet hatte, ohne Treue bei seinen Freunden, ohne Gerechtigkeit bei seinen Richtern. Seine Unschuld, obwohl anerkannt, rettet ihn nicht; selbst sein Vater, auf den er alle Hoffnung gesetzt hatte, entzieht ihm alle Erweise seines Schutzes. So wird der Gerechte seinen Feinden ausgeliefert, und er stirbt, verlassen von Gott und den Menschen.[64]

Wenn der Welt damit, wie Bossuet sich ausdrückt, eine Tugend zum Vorbild gegeben wurde, die »nichts besitzt und nichts erwartet«, ist das Walten der Vorsehung eher noch dort zu ersehen, wo nichts dafür zu sprechen scheint, als in den Erweisen ihrer Macht und Weisheit. Dieser erst von der heutigen Geschichtstheologie, genauer noch von *Gertrud von Le Fort* eingeholte Gedanke beweist aber weit mehr als eine triumphalistische Konzeption es je vermöchte, daß bei Bossuet das Modell der Kompenetration – und Kooperation – an die Stelle des augustinischen einer Koexistenz der beiden »Reiche« trat. Ohne daß es den »Agenten der Geschichte« zu Bewußtsein kommt, arbeiten sie der christlichen Sache in die Hand. Das heißt dann aber auch umgekehrt, daß diese weit mehr, als dem Spiel der Erscheinungen zu entnehmen ist, dem Profanbereich zugute kommt. Wenn man Bossuets Einsicht in das »Gesetz des Evangeliums«, das Kreuz, hinzunimmt, wird man sogar folgern können, daß der Einfluß gerade dort am stärksten ist, wo die christliche Sache unter dem Aspekt der Verlorenheit erscheint. Damit konzentriert sich der Gedankengang erneut auf den Säkularisierungsprozeß, der schon vom Begriff her das negative Verhältnis betont. Und da sich die »Kooperation« von der Sache her in erster Linie auf den Bereich des Geistigen bezieht, ist ihr Verlauf nirgendwo deutlicher als am Schicksal der religiösen Ideen abzulesen.

Die Entleerung des Himmels:
Der Gestaltwandel der Ideen

Diesem Vorhaben steht indessen eine »Theorieblockade« entgegen. Denn bei allem Dissens kommen Blumenberg und Lübbe, die doch als die Spitzentheoretiker des Säkularisierungsprozesses zu gelten haben, in der Ansicht überein, daß eine Herleitung der das neuzeitliche Bewußtsein bestimmenden Ideen aus christlicher Wurzel unstatthaft sei: für *Blumenberg*, weil dann der Legitimitätsnachweis ins Wanken geriete; für *Lübbe*, weil die »aufgeklärte Säkularität« durch christliche Faktoren höchstens motiviert, nicht aber verursacht sei; denn dafür habe sie sich zu offensichtlich in erklärtem Gegensatz zur religiösen Tradition konstituiert. Das klingt bei Lübbe so, als sei eine Genealogie nur in »linearer Erbfolge« denkbar und nicht auch in dialektischer Verkettung, während bei Blumenberg der Eindruck entsteht, als müsse eine Kausalerklärung vor dem Nachweis eines Rechtstitels zurückstehen. Aus der Leichtgewichtigkeit dieser Einwände dürfte es sich erklären, daß sich *Löwith* angesichts der an ihm geübten Kritik zu keiner Selbstrechtfertigung verstehen mochte, sondern es bei dem Hinweis bewenden ließ, daß er niemals eine lineare Konsekution behauptet, sondern lediglich von einer »Ermöglichung« gesprochen habe. Mit dieser Antwort auf Blumenberg entzieht er sich zugleich den von Lübbe erhobenen Einwänden. Dann aber stellt sich seine Idee der Entstehung der Neuzeit aus christlichen Prämissen erneut, wenn auch nicht unwidersprochen, zur Diskussion.

Indessen besteht nicht nur ein Interesse an der Aufhellung des Prozesses, der zur Entstehung der Neuzeit führte, sondern auch das dazu eher gegensinnige Interesse, das sich auf das Schicksal der an diesem Prozeß beteiligten und von ihm zugleich betroffenen religiösen Ideen bezieht. Denn der »Logos« des Glaubens muß wissen, um einen patristischen Begriff aufzunehmen, wohin er sich »zerstreut« und wozu er sich bei dieser Aufsplitterung entwickelt hat. In freiem Anschluß an *Hegel* könnte man auch sagen, dieses gegensinnige Interesse gelte dem »objektiven Geist« des Christentums, also seiner Umsetzung zu einer über den kirchlichen Kernbereich hinausgreifenden »säkularen« Kulturgestalt. An deren Aufhellung ist um so mehr gelegen, als zentrale Impulse der Botschaft Jesu erst in dieser reduktiven Form zu weltweiter Wirkung gelangten. Was sie an Authentizität verloren, gewannen sie durch diese Transformation an Breitenwirkung hinzu. Unerläßlich ist diese Perspektive aber noch aus einem weiteren Grund. Denn unter dem Einfluß der hegelschen Geistlehre entwickelte die theologische Romantik, insbesondere im Denken von *Johann Adam Möhler* und *Joseph Görres*, die Vorstellung von dem sich im Kollektivsubjekt der Glaubenden vergegenwärtigenden Christus, die sich zu dem, was man den objektiven Geist des Christentums nennen könnte, wie der Inhalt zur Form verhält.[65] Um so mehr ist an einer Klärung des Umsetzungsprozesses und insbesondere des Schicksals gelegen, das die religiösen Ideen und Motive durch ihn erlitten.

Wenn der als »Umformung christlicher Lehren« (*Friese*) begriffene Säkularisierungsprozeß damit begann, daß der christliche

Gottesglaube, wie *Nietzsche* urteilte, »unglaubwürdig« wurde, nahm er, trotz gegenteiliger Beteuerung, bereits mit *Descartes* seinen Anfang, genauerhin mit dessen Versuch, die Sache der Philosophie von den traditionellen Erkenntnisquellen Autorität und Tradition abzukoppeln und auf sich selbst zu stellen.[66] Nicht umsonst machte ihm *Pascal* den Vorwurf, Gott nur noch »systemimmanent« und funktional ins Spiel gebracht zu haben: als theologische Hilfsstrategie, um den Brückenschlag vom denkenden Ich zur Welt bewerkstelligen zu können. Gott wurde somit zunächst noch in Anspruch genommen, aber nur noch mit dem, was sich durch ihn erklären ließ, nicht mehr mit dem, was er zu sagen hat.

Damit war für die Offenbarungskritik der Aufklärung der Einsatz gegeben. Religion war für sie nur noch denkbar »innerhalb der Grenzen der bloßen Vernunft«, wie die berühmte Kant-Schrift (von 1793) schon im Titel sagt, nicht mehr jedoch im Rekurs auf eine Wahrheitsquelle, die im ungeschuldeten Akt einer göttlichen Selbstmitteilung besteht. An dieser Absage änderte sich auch nichts, als *Lessing* in seiner ›Erziehung des Menschengeschlechtes‹ (von 1777) den gewagten Versuch unternahm, Offenbarung als eine Art »Denkanleitung« zu deuten: als göttliche Hilfsstrategie, die es dem Menschen ermöglicht, die Ziele seiner forschenden Vernunft »geschwinder und leichter« als ohne sie zu erreichen. Damit reduzierte sich der Wert der Offenbarung auf den einer pädagogischen Maßnahme. Sie förderte den Menschengeist auf dem Weg zu den von ihm selbst gewählten und angestrebten Zielen; zu sagen hatte sie ihm nichts mehr. Das schlug sich unvermeidlich auf das Schicksal der religiösen Ideen nieder. Im selben Maß, wie sich die Offenbarungskritik der Aufklärung durchsetzte, verfinsterte sich die Zentralsonne, die ihnen Sinn und Leuchtkraft verliehen hatte. Und damit »trübte« sich der Himmel, den sie zusammen mit ihr gebildet hatten. Dennoch »erloschen« sie nicht einfach, wie es in der Konsequenz des Vorgangs gelegen hätte. Obwohl der Glaube unglaubwürdig, die Hoffnung illusionär und die Liebe von innen her »erkaltet« zu sein schien, mahnte *Franz Schubert* in einem zwar kirchlich veranlaßten, aber schon vom Geist des aufgeklärten Humanismus bestimmten Lied (von 1828) noch immer:

Willst du dich nicht selbst entzweien,
halte treu an diesen Dreien!
Daß nichts deinen Himmel trübe:
glaube, hoffe, liebe.[67]

Dabei mißt Schubert den »göttlichen Tugenden« offensichtlich eine von ihrer theologischen Sinnbestimmung weit abweichende Bedeutung zu. Er sieht sie nicht mehr so sehr im Dienst der Vermittlung von Gott und Mensch als vielmehr, wie das Eingangswort »willst du dich nicht selbst entzweien« erkennen läßt, im Dienst menschlicher Selbstvermittlung. Doch wie konnte es zu dieser Bedeutungsverschiebung, diesem Sinnbehalt im Sinnverlust, überhaupt kommen, und wie stellt sich dieser Vorgang im Einzelfall dar?

Auf diese Frage gibt es solange keine befriedigende Antwort, wie man im Sinn fundamentalistischer Offenbarungskonzepte davon ausgeht, daß die christlichen Leitideen »vom Himmel gefallen«, also mit der Gottesoffenbarung selbst gegeben sind. Sie aber muß, wie *Karl Rahner* im Widerstand gegen die umlaufenden Deutungsversuche zu klären vermochte, im strengen Sinn des Ausdrucks als »Selbstoffenbarung« Gottes begriffen werden; denn wenn das Unerhoffbare geschieht, daß der ewig verborgene Gott aus seinem Dunkel hervortritt und er, der ewig Verschwiegene, sein Schweigen bricht, dann nicht, um auf die Wunschziele der religiösen Neugierde einzugehen, sondern um dem Menschen das zu sagen, was ihm für ein sinnerfülltes Dasein unerläßlich ist: sich selbst.[68] Somit steht im Zentrum der Offenbarung die göttliche Selbstaussage, nicht jedoch die Frage ihrer Vermittlung. Sie ist das Werk gläubiger Offenbarungsreflexion und beschäftigte als solche schon die jüdische Gottesspekulation, die in den Motiven des »Engels Jahwes«, des göttlichen Wortes, der Schechina und der Weisheit eine Mehrzahl von Antworten entwickelte. Es waren somit Gegebenheiten der Erfahrungswelt wie Wort und Weisheit oder Daten des Zwischenmenschlichen, die, auf den Offenbarungsgott bezogen, zu Formen der religiösen Vermittlung wurden. Das gilt ebenso für die christlichen Vermittlungs- und Leitbegriffe, unter denen gleichfalls die Motive der Weisheit und des göttlichen Wortes vorrangig zu nennen sind, mit ihnen zusammen aber auch Freiheit und Friede und nicht zuletzt der von *Schubert* besungene Ternar der göttlichen Tugenden Glaube, Hoffnung und Liebe. Auch sie wurden zunächst im Umgang mit der menschlichen Erfahrungswelt konzipiert und erst in der Übertragung auf den Offenbarungsgedanken zu dem fortentwickelt, was sie schließlich bedeuteten. Daraus erklärt es sich, daß sie nach dem Sinnverlust, den sie durch den Säkularisierungsprozeß erlitten, nicht etwa zu sinnlosen Floskeln herabsanken, sondern weiterhin ein ideelles Eigenleben führten, wenn auch nicht in ihrer anfänglichen Bedeutungsform. Losgekettet vom Offenbarungsgedanken, »verfielen« sie jedoch nicht einfach wieder in die Rolle, die sie vor ihrer Beanspruchung durch die Heilsbotschaft gespielt hatten. Vielmehr blieben sie durch diese Zuordnung so sehr geprägt, daß sie nunmehr für neue Sinnbestimmungen offenstanden. Mehr noch: sie wurden vielfach gerade jetzt zu tragenden Faktoren des säkularistischen Geistes, deutlicher gesagt: zu Formen der Selbstvermittlung dieses Geistes. Auffällig ist dabei allerdings, daß sich kein durchgängiges Schema nachweisen läßt, nach dem sich dieser Bedeutungswandel jeweils vollzog. Die Verdrängung des religiösen Sinns durch profane Gehalte nahm in jedem Fall einen eigenständigen, mehr oder minder dramatischen Verlauf. Das muß an den markantesten Beispielen nachgewiesen und verdeutlicht werden.

Erleichtert wird die Exemplifizierung, wenn man das relativ weite Feld, auf dem sich das Schicksal der Ideen abspielte, unter dem Gesichtspunkt von »Homonymien« und »Allonymien« aufgliedert, da sich in einzelnen Fällen die Bezeichnung durchhielt, in andern jedoch änderte. Kaum dürfte man wagen, das Feld der Homonymien mit einem Durchblick durch die begriffsgeschichtliche Entwicklung des Zentralbegriffs der Botschaft Jesu zu betreten, wenn der *Reich-Gottes-Gedanke* nicht durch *Joachim von Fiore* in einer Weise universalisiert worden wäre, daß er auch auf andere Bedeutungsfelder übertragen werden konnte. Dem biblischen Ursprung steht dabei der Versuch *Johann Baptist Hirschers* noch am nächsten, die ganze Moraltheologie auf den Reich-Gottes-Gedanken zu begründen, obwohl damit eine folgenschwere Sinnverlegung verbunden war.[69] Eine schwebende Mitte zwischen Rückbindung und Umwidmung hält dagegen schon die leit- und kennworthafte Anrufung des Gottesreichs durch die Jugendfreunde *Hölderlin*, *Hegel* und *Schelling*, die sich unter dem Motto »Reich Gottes« am Ende ihres Studiums voneinander verabschiedeten. Für den Fortgang der in der Folge dramatisch verlaufenden Sinngeschichte gilt demgegenüber die Feststellung *Karl Löwiths*, daß Joachim so wenig wie nach ihm Luther vorhersehen konnte,

daß sein religiöses Vorhaben, die Kirche zu entweltlichen, in den Händen anderer sich in das Gegenteil verkehren würde: in die Verweltlichung der Welt, die gerade dadurch gefördert wurde, daß eschatologisches Denken auf vorletzte Dinge übertragen wurde.[70]

Im einzelnen unterscheidet Löwith drei Phasen fortschreitender Sinnperversion: eine erste, die sich dadurch ergab, daß die Aufklärung die zeitgerechte Verwirklichung des Gottesreichs mit dem von ihr in Gang gesetzten »Prozeß der Säkularisierung« gleichsetzte; eine zweite, die durch die positivistische und materialistische »Verwandlung« der »fortschrittlichen Denkformen von Lessing, Fichte, Schelling und Hegel« gekennzeichnet war; und eine dritte und schrecklichste, die Löwith mit den Titelworten »Dritte Internationale« und »Drittes Reich« deutlich macht, während er gleichzeitig auf die pseudoreligiösen Formen des damaligen Führerkultes anspielt.[71] Dabei besteht der makabre Charakter dieser Schlußphase darin, daß die biblische Grundvokabel in der kommunistischen und faschistischen Perversion wiederkehrt.

Als nicht weniger »griffig« bietet sich der christliche *Geistbegriff* einer bedeutungsanalytischen Befragung an. Allerdings wurde er inzwischen so sehr zum gängigen Allgemeinbegriff und damit zu einer ideellen »Selbstverständlichkeit«, daß der verschlungene Weg, auf dem er zu diesem Stellenwert gelangte, kaum noch begreiflich ist.[71a] Zwar geht seine Entdeckung auf *Anaxagoras*, diesen einzig »Nüchternen unter den Verwirrten«, zurück, wobei die von Aristoteles an ihm geübte Kritik auffällig an Pascals Vorwurf, daß im kartesianischen Systemansatz Gott nur funktional ins Spiel komme, erinnert.[71b] Doch brachte erst die christliche und zumal die paulinische Geistlehre die ganze Fülle des mit »Geist« Gemeinten zum Vorschein, eine Bedeutungsfülle, die sich in der Folge auf die Frage nach dem subjektiven Menschengeist und dessen Selbstvollzug (im Sinn der von Aristoteles vorweggenommenen und bei Hegel nachklingenden »reditio ad seipsum«) verengte. Daß »Geist« in der Folge zu einem Schlüsselbegriff der Philosophie und Kulturtheorie aufrückte, so daß von »Geisteswissenschaften«, ja allgemeiner noch vom »Geistesleben« gesprochen werden konnte, war das Werk der idealistischen Reflexion und der romantischen Dichtung, die von einem Kollektivbewußtsein, von *Hölderlin* »Gemeingeist« genannt, ausging, während *Hegel* in seiner ›Phänomenologie des Geistes‹ (von 1807) die gesamte Kulturgeschichte im Sinn einer geistigen Stadienlehre aufrollte und in seiner ›Enzyklopädie der philosophischen Wissenschaften‹ (von 1817) überdies den bereits erwähnten Schlüsselbegriff moderner Kulturtheorie, den Begriff des »objektiven Geistes«, prägte.[72]

Bei *Hegel* zeichnet sich erstmals auch der Mechanismus ab, der zur Transformation der religiösen Leitideen führte, vorausgesetzt, daß man seine Dialektik mit *Werner Beierwaltes* als logisch-prozessualen Nachvollzug der christlichen Trinitätsvorstellung versteht.[73] Danach ist der dialektische Dreischritt durch zwei gegensätzliche Momente gekennzeichnet: durch das der »Anreicherung« einer abstrakten Bestimmung (Vater) zu ihrer konkreten Vollgestalt (Geist), aber auch durch das der Negativität, da für Hegel der Sohn von seinem trinitarischen Ursprung her auf den Weg der »Entäußerung« verwiesen ist. Auf die Transformation der Ideen zurückbezogen, erklärt sich daraus dann ebenso ihre Entfremdung vom christlichen Ursprung wie die Tatsache, daß sich in diesem »Abfall« doch etwas von ihrer Positivität durchhält, so daß sie in ihrer säkularisierten Umwidmung zu neuer Effizienz gelangen.[74]

Eng mit dem Begriff des Geistes verbunden ist derjenige der *Inspiration*. Ursprünglich als Begründung für die von allem profanen Schrifttum abgehobene Qualität der biblischen Bücher konzipiert, ging er, womöglich vermittelt durch *Goethes* ›Faust‹, in das ästhetische Vokabular über, wo er nun allerdings weniger eine künstlerische Qualität als vielmehr die spontane Eigengesetzlichkeit des literarischen Schaffensaktes bezeichnete. Noch ganz im Bann des biblischen Inspirationsgedankens stehen dabei die intuitiven Erlebnisse, auf welche *Hamann* und *Schleiermacher* ihre literarische Produktion zurückführen: das »Londoner Erlebnis« Hamanns (von 1758), bei dem ihm die Stimme des »in der Tiefe des Herzens« seufzenden Gottessohnes das »Labyrinth der Welt« entwirren half, in das er sich verstrickt hatte; und die »Inspiration«, ohne die Schleiermacher, wie er in einer brieflichen Mitteilung klagt, die in seinem Kopfe liegenden Ideen nicht ordnen und gestalten könne.[75] Den Augenblick der Abkoppelung markiert Goethes Faust, wenn er sich, noch auf dem Boden des biblischen Inspirationsbegriffs, aber bereits im Bann des großen Verneiners, in die Zuversicht flüchtet:

Mir hilft der Geist,
auf einmal sehe ich Rat
und schreibe getrost:
Im Anfang war die Tat!

Demgegenüber hat das Inspirationserlebnis, aus dem nach *Nietzsches* wortgewaltiger Schilderung seine Zarathustra-Dichtung hervorging, nur noch im metaphorischen Sinn mit dem zu tun, »was Dichter starker Zeitalter Inspiration nannten«.[76] Während sich Nietzsche aber noch immer an die Sprache des alttestamentlichen Prophetismus anlehnt, ist in dem »namenlosen Sturm«, dem »Orkan im Geist«, aus welchem *Rilkes* ›Duineser Elegien‹ hervorgingen, die

Verbindung mit dem biblischen Wurzelgrund völlig abgerissen.[77] Dennoch wird man die freisetzende, motivierende und – inspirierende Kraft in dieser abkünftigen Redeweise nicht unterschätzen dürfen. Nicht umsonst umkreisen die beiden herausragenden Opernschöpfungen dieses Jahrhunderts, *Hans Pfitzners* ›Palestrina‹ (von 1917) und *Paul Hindemiths* ›Mathis der Maler‹ (von 1934), Glück und Not des künstlerischen Inspirations- und Schaffensaktes.[78]

Wenn man davon ausgeht, daß für *Paulus* der *Freiheitsbegriff* annähernd dieselbe Rolle spielt wie für Jesus das Wort vom Gottesreich, läßt sich zum Bereich der Allonymien kein besserer Zugang finden als der durch den Freiheitsbegriff gebildete. Dem christlichen Verständnis hatte freilich schon die griechische Freiheitslehre entscheidend vorgearbeitet. In ihrem Begriff von der »Autarkie« schwang nicht nur das Moment der Unabhängigkeit mit, sondern auch das der Selbständigkeit im Sinne von »völliger Selbstverfügung ohne Verfügtheit von Anderen«.[79] Bei aller Anerkenntnis dieser Position überbot sie Paulus doch entscheidend durch seinen Schlüsselsatz: »Zur Freiheit hat uns Christus befreit« (Gal 5,1). Denn damit war nicht nur gesagt, daß der Glaube an die Heilstat Jesu von den Mächten der Fremdbestimmung und »Außenlenkung« *(Riesman)* emanzipiert, sondern daß er darüber hinaus einer Freisetzung für die Erreichung des letzten Sinn- und Wertezieles gleichkommt. Auf der damit ausgelegten Bahn bewegte sich die gesamte Geschichte der Freiheitsidee, nur daß die Vorstellungen von den Ursachen der Fremdbestimmung und von dem menschlichen Sinnziel bis zu extremer Gegensinnigkeit auseinandergingen. Für die christliche Freiheitslehre war, wie schon für den jüdischen Heilsgedanken, der Befreier Gott, der uns, wie der Kolosserbrief sagt, »der Macht der Finsternis entriß und in das Reich seines geliebten Sohnes versetzte« (Kol 1,13). Dabei wurde die »Macht der Finsternis« anfänglich mit der antiken Schicksalsidee, dann aber immer mehr mit der als »Tod« und »Teufel« vorgestellten Dämonie des Daseins insgesamt gleichgesetzt. Das änderte sich in dem Maß, wie im Zug der englischen Aufklärung der Ungedanke eines deistischen Gottes den christlichen Gottesbegriff verdrängte. Jetzt stand Gott der Menschheit nicht nur als ferner Regent gegenüber; vielmehr wurde er zunehmend auch zum Inbegriff der auf ihr lastenden Repression, so daß der einstige Befreier zum zentralen Angriffsziel des Emanzipationsstrebens wurde.[80] Im Gefolge des von der Auflärung gleichzeitig entworfenen deterministisch-mechanistischen Weltbilds kam es dann freilich in der französischen Philosophie zu einer bemerkenswerten Frontenverkehrung, da jetzt die Freiheit, die *Charles Renouvier* zum Zentrum seines Denkens erhob, nicht mehr gegen Gott, sondern gegen die in diesem Weltbild festgeschriebenen Zwänge verteidigt werden mußte. Gleichzeitig überholte *Nietzsche* diesen emanzipatorischen Freiheitsbegriff, als er in unübersehbarer Anlehnung an die antike Autarkievorstellung durch den Mund seines ›Zarathustra‹ lehrte:

> Frei wovon? Was schiert das Zarathustra!
> Hell aber soll mir dein Auge künden: frei wozu?[81]

Gleichzeitig gab er dem »Wozu« dieser Freiheit eine extrem antichristliche Wendung, indem er seine Jünger dazu aufrief, anstatt dem Himmel »der Erde« treu zu sein und damit ihr Erfüllungsziel in diesem und keinem anderen Leben – »non alia sed haec vita sempiterna« – zu suchen.

Wie kaum einmal sonst kommt hier erneut der säkularisierende Mechanismus zum Vorschein, der den Geist der christlichen Freiheit in die Mentalität des *Liberalismus* verwandelte. Von seinem göttlichen Strebeziel abgekoppelt, richtete sich der Freiheitswille mit seiner emanzipatorischen Stoßkraft gegen innerweltliche Zwänge und Herrschaftsstrukturen, während er sich gleichzeitig zum Formprinzip liberaler Daseinsgestaltung konkretisierte. Auf der Basis einer positivistisch-utilitaristischen Denkweise verfaßte *John Stuart Mill* in seinem Traktat ›Über die Freiheit‹ (von 1859) die Programmschrift dieser Strategie, in der er die Prinzipien moderner Gedanken- und Pressefreiheit entwickelte. Nur zu bald zeigte sich allerdings, daß die auf sich selbst zurückgeworfene Freiheitsidee die Balance zwischen »Wozu« und »Wovon« nicht zu halten vermochte. Während der Liberalismus zum Inbegriff des emanzipatorischen Bewußtseins wurde, riß sein extremster Gegensatz, der Sozialismus, das positive Aufgabenfeld, die Erfüllung der menschlichen Daseinsziele, in einer höchst widerspruchsvollen Weise an sich. Denn überall dort, wo sozialistische Systeme die gesellschaftlichen Verhältnisse bestimmten, geschah dies um den Preis jener Freiheitsziele, die der Liberalismus auf seine Fahnen geschrieben hatte.

Neben dem Selbsterweis des Christentums als Religion der Freiheit steht seine Selbstbezeichnung als »*Evangelium des Friedens*« (Eph 5,15), mit der es auf die tiefste Sehnsucht der Menschheit antwortet. In dieser Frage lassen sich zwei säkularisierende Entwicklungszüge nachweisen. Ein erster, der über die »Friedensklagen« der

Humanisten, insbesondere die ›Querela pacis‹ des *Erasmus von Rotterdam* (von 1517), und *Kants* Denkschrift ›Zum ewigen Frieden‹ (von 1795) in die heutige Friedensdiskussion hineinführt und durch einen progressiven Verlust der positiven Sinnbestimmung von Frieden gekennzeichnet ist; und ein zweiter, der die Transformation des Friedensgedankens zum Toleranzprinzip mit sich brachte.[82] Maßgeblich dafür dürfte die Friedensschrift ›De pace fidei‹ (von 1453) geworden sein, die *Nikolaus von Kues* unter dem Eindruck der Schreckensnachrichten von der Eroberung Konstantinopels verfaßte und in der er die Gefahr neuer Glaubenskriege dadurch zu bannen suchte, daß sie die religiösen Gegensätze zu unterschiedlichen Verehrungsformen (im Sinne des Prinzips der »una religio in diversitate rituum«) relativierte. Bei der Entwicklung des modernen Toleranzbegriffs, dem *Lessing* durch seine Ring-Parabel Vorschub geleistet hatte, ging freilich die Erinnerung daran verloren, daß die kusanische Versöhnungsidee an die Fähigkeit gebunden war, im Andern das Nicht-Andere wahrzunehmen, also sein Anderssein als Weg zur Selbstbestätigung zu begreifen. Verloren ging somit das Wissen darum, daß Toleranz von ihrem Ursprung her als Kraftakt und nicht als Kompromißformel verstanden sein will.

Den für das Schicksal der in den Sog des Säkularismus geratenen Ideen klassischen Fall der *Hoffnung* aufgezeigt und aufgehellt zu haben, ist eines der wichtigsten Ergebnisse von *Löwiths* ›Weltgeschichte und Heilsgeschehen‹.[83] Danach verwandelte sich die christliche Hoffnung aufgrund einer radikalen Transformation in das *Prinzip der neuzeitlichen Kultur, den Fortschritt.* Dieser Gestaltwandel vollzog sich in zwei Schritten. In einem ersten, der ihrer Verweltlichung gleichkam, verlor sie ihr endzeitliches Sinnziel, die Hinordnung auf das mit der Wiederkunft Christi endgültig anbrechende Gottesreich, während sie sich statt dessen auf sein innerweltliches Gegenbild richtete: auf den Inbegriff der diesseitigen Wohlfahrt aller. In einem zweiten Schritt wandelte sich diese säkularisierte Hoffnung vom Zweck zum Selbstzweck. Das Verlangen nach Fortschritt wurde, mit Löwith gesprochen, »selbst progressiv«.[84]

Rückläufig fällt von hier aus Licht auf den Gestaltwandel, den die christlichen Leitideen im Zug ihrer Säkularisierung insgesamt erlitten, auch wenn die Transformation in keinem Vergleichsfall so deutlich herauszuarbeiten ist wie hier. Ähnliches wie für die Hoffnung gilt für die mit ihr aufs engste verschwisterte Tugend der *Liebe.* Auch wenn sie von den Orgien, die der ideologisch gerechtfertigte und propagandistisch angeheizte Haß gerade in diesem Jahrhundert feierte, nicht gänzlich unterdrückt werden konnte, steht doch unbestreitbar fest, daß sie sich trotz des Rufs nach einer »Kultur der Liebe« nicht auf der von Jesus geforderten Höhe zu halten vermochte. Bezeichnend dafür ist die Tatsache, daß sie aus der Sprache der Politik ebenso wie aus den öffentlichen Umgangsformen, wenngleich nicht ersatzlos, verschwand. In reduzierter Gestalt lebt sie im Begriff der *Solidarität* weiter. Zweifellos wäre es ungerecht, diese als eine bloße »Kümmerform« der Liebe zu bezeichnen. Denn dem Qualitätsverlust steht eine unübersehbare Ausweitung regionaler Art entgegen. Sie zeigt sich in der Neubewertung der Behinderten, in der Sorge um die Notleidenden der Dritten Welt und im schonenden Umgang mit der von den Menschen ausgebeuteten und mißhandelten Natur, der für viele Zeitgenossen zu einer selbstverständlichen Pflicht geworden ist. Zwar ist die Solidarität kaum mehr als ein Schattenwurf der Liebe, da diese nicht nur Rücksicht, Schonung und Fürsorge, sondern selbstvergessenen Einsatz und Hingabe fordert. Trotzdem kann es als politisches Hoffnungszeichen erster Ordnung gewertet werden, daß an die Stelle der Ideologie des Klassenkampfs das Bewußtsein der solidarischen Verbundenheit aller trat und daß dieses Bewußtsein zunehmend im Begriff steht, die durch staatliche Grenzen, wirtschaftliches Gefälle und ideologische Gegensätze entstandenen Differenzen zu überbrücken.

Wenn man sich an das Pauluswort erinnert: »Nun bleiben Glaube, Hoffnung, Liebe, diese drei« (1 Kor 13,13), stellt sich die Frage nach dem Schicksal, das dem *Glauben* im säkularistischen Einflußbereich widerfuhr. Doch so sehr sich auch in seinem Fall Irritationen, Beeinträchtigungen und Krisenerscheinungen nachweisen lassen, scheint der Säkularisierungsprozeß doch an seinem Kernbestand vorübergegangen zu sein. Weder gelang es ihm, ihn von innen her auszuhöhlen, noch ihn einem Gestaltwandel zu unterwerfen, wie dies bei der zum Fortschritt pervertierten Hoffnung und der zur Solidarität abgeschwächten Liebe der Fall war. Die sich damit abzeichnende Konstellation erinnert unwillkürlich an die kühne These *Heinrich Heines*, daß Kants Kritik der drei klassischen Gottesbeweise zwar den »physiko-theologischen« und den »kosmologischen« zugrunde gerichtet habe, daß aber der dritte, der sich von Descartes über Anselm von Canterbury bis auf das zweite Buch von Augustins ›De libero arbitrio‹ zurückführen lasse, dem unter den »Leibgarden Gottes« angerichteten Massaker unbeschädigt entgangen sei.[85] Das läßt auf eine kaum noch zu erwartende Resistenz des Glaubens – auch als Idee – schließen. Während »Reich« und »Geist« einer sinnzerstörenden Umwidmung verfielen und »Freiheit«, »Hoffnung« und »Liebe« nur in transformierter Gestalt fortbestanden, blieb der Glaube, trotz aller Anfechtung, was er seinem Ursprung zufolge war, und dies auch angesichts der Tatsache, daß die Offenbarungskritik der Aufklärung seine religiösen Voraussetzungen bestritten und dadurch seiner Gleichsetzung mit einem nur noch subjektiv bedingten »Für-wahr-Halten« *(Kant)* Vorschub geleistet hatte. Die naheliegende Vermutung, daß der von *Hegel* eingeführte, von *Görres* und *Humboldt* in Umlauf gesetzte und von *Scheler* zu philosophischen Ehren gebrachte Begriff »*Weltanschauung*« als säkularistisches Surrogat für »Glaube« gelten könne, erweist sich bei näherem Zusehen als gegenstandslos, da die Begriffsbildung nirgendwo eine antichristliche Spitze aufweist und die Vokabel, außer im Feld der nationalsozialistischen Propaganda, auch niemals einen mit dem Glaubensbegriff vergleichbaren Stellenwert im allgemeinen Sprachgebrauch erlangte.

Wie kaum einmal sonst bewies das Christentum somit hier, in diesem Grund- und Schlüsselbegriff, seine unzerstörbare Kraft. Doch hätte diese Widerstandskraft schwerlich ausgereicht, wenn ihr nicht eine auffällige Schwächung im gegnerischen Angriffspotential entsprochen hätte, die auf das unaufhaltsame Erliegen des Säkularisierungsprozesses schließen läßt. Denn die Fortschrittsidee, die *Löwith* als die innerste Triebfeder des Prozesses ausmachte, geriet in eine tiefere Krise, als es der emotional getönten Rede vom »Verhängnis des Fortschritts« zu entnehmen ist. Der Fortschritt wurde, mit Löwiths eigener Formel ausgedrückt, in dem Sinn »progressiv«, daß er sich selbstzerstörerisch gegen seine eigenen Grundlagen richtete. Insofern sind es nicht erst die verheerenden Folgen der globalen Industrialisierung, die der durch Technik bestimmten Lebenswelt zunehmend den Boden entzogen, auf dem überhaupt noch fortgeschritten und demgemäß sinnvoll und prospektiv von »Fortschritt« gesprochen werden könnte. Nein, unter den gegenwärtigen Bedingungen kam die innere Gebrochenheit und die davon herrührende »Befristung« der Fortschrittsidee selbst zum Vorschein. So »rächte« sich an ihr, wie nun doch mit Blumenberg gesagt werden muß, das Faktum, daß sie aus einem an der Tugend der Hoffnung begangenen »Unrecht«, aus ihrer Pervertierung zu einer innerweltlichen Antriebskraft, hervorgegangen war. Das aber nötigt definitiv zu dem Schluß, daß dem Säkularisierungsprozeß mit der Krise des Fortschritts buchstäblich das Rückgrat gebrochen wurde, so daß erstmals in seiner Geschichte das Ende der von ihm beherrschten Epoche abzusehen ist.

Unabhängig davon beweist die Transformation, daß den religiösen Ideen das widerfuhr, was *Alfred N. Whitehead* im ersten Teil seiner Untersuchung ›Adventures of Ideas‹ (von 1933) beschrieb.[86] Ihm geht es, mit *Reiner Wiehl* gesprochen, um das Schicksal, das einer Idee im Gang der geschichtlichen Ereignisse widerfährt, und um die Veränderungen, die sie »in diesem Verlauf erleidet«.[87] Dabei durchläuft sie *eine Art Lebensgeschichte*, die mit ihrem Aufdämmern beginnt, die sie dann durch ihre Wechselwirkung mit der Schwäche des Zeitalters zu bestimmendem Einfluß gelangen läßt, um schließlich mit der von ihr ausgehenden Umgestaltung der gesellschaftlichen Verhältnisse ihren Höhepunkt zu erreichen:

> Wir sehen, daß eine große Idee im dämmrigen Hintergrund des Bewußtseins wie das Phantom eines Ozeans ist, der in Gestalt einer Folge einzelner Wellen an das Ufer des menschlichen Lebens brandet. Eine ganze Reihe solcher Wellen unterspült mit der stillen Wirksamkeit von Träumen das Fundament des Felsens aller menschlichen Gewohnheit; aber die siebente Welle ist eine Revolution, die »ringsum unter den Völkern widerhallt«.[88]

Denn die Ideale, »die den Seelen der Menschen teuer sind«, so begründet Whitehead diesen Übergang der Ideen zur Lebenspraxis hin, »gehen in den Charakter ihrer Handlungen ein«.[89] Und er exemplifiziert diese Einsicht am Fallbeispiel der Begriffe Gleichheit, Humanität und Freiheit, wobei er insbesondere diese als ein Geschenk der platonischen Philosophie und der christlichen Heilslehre an die Menschheit erachtet. Auf den Begriff Freiheit habe es sich freilich verhängnisvoll ausgewirkt, daß er in die Hand der Literaten gefallen und durch ihre »Behandlung blaß und blutlos geworden« sei.[90] Denn unter ihnen hätten zwar einige schwere Schicksale erlitten; doch sei die Welt der Literatur als solche stets im »Besitz der Glücklichen gewesen, deren fundamentale Bedürfnisse reichlich befriedigt« waren, so daß die Freiheit, die sie meinten, ihren ursprünglichen Einfluß auf die Gestaltung der gesellschaftlichen Verhältnisse verloren habe.[91] Während Whitehead zu Beginn seiner Abhandlung davon sprach, daß Ideen in dem Maß an Effektivität gewinnen, wie das Moment ihrer Allgemeingültigkeit zurücktritt, entwickelt er nunmehr den umgekehrten Gedanken, wonach der Verlust an Wirksamkeit die reinere Ausgestaltung begünstigte:

Es gibt eine Freiheit, die jenseits aller besonderen Umstände liegt und sich unmittelbar aus der Einsicht herleitet, daß man sein Leben durch das Aufgehen in dem begründen kann, was bei allem Wandel unveränderlich bleibt. Das ist die Freiheit, um die es Platon ging, und die die Stoiker und die Christen als Geschenk des Hellenismus übernommen haben ... Hier versöhnt sich die Freiheit mit dem Zwang, den die Wahrheit ausübt. In diesem Sinne kann man auch in Ketten frei sein: wenn man sich diese oberste Einsicht zu eigen macht und von der uns innewohnenden Stimme bis zu jener Harmonie hinleiten läßt, die den Gipfelpunkt des Daseins bildet.[92]

Mit der Wechselwirkung, die zwischen den Ideen und ihrer Wirkungsgeschichte waltet, ist für Whitehead jedoch erst die Hälfte der Gründe genannt, die zum *Wandel der das menschliche Bewußtsein bestimmenden Leitgedanken* führen. Die andere Hälfte zu benennen, ist Hauptzweck des dem Problem der Naturgesetze gewidmeten zweiten Teils seiner Abhandlung, der das Motiv des »Abenteuers« zunächst auf das menschliche Erkenntnisstreben und dann auf das Wesen des wirklichen Selbst zurückbezieht. Was die Kultur der Menschheit voranbringt, ist neben den Konstanten, die mit den Begriffen »Wahrheit, Schönheit und Frieden« gekennzeichnet sind, der Wille zum »Abenteuer«, der als einzige Haltung dem Wechselspiel von Fortschritt und Niedergang, dem sich die Menschheit fortwährend ausgesetzt sieht, gerecht wird. Vor allem aber entspricht er dem Wesen des Wirklichen, das »in seinem innersten Kern Prozeßcharakter hat«.[93] Im »Abenteuer der Ideen« kommt somit nicht nur die gedankliche Widerspiegelung dieses Prozesses zum Ausdruck, vielmehr bewahren die Ideen nach Art von regulativen Prinzipien den schöpferischen Prozeß des Seienden zugleich davor, der Anarchie zu verfallen; denn:

Die Vernunft ist die Selbstdisziplin, die sich die schöpferisch-hervorbringende Komponente der Geschichte auferlegt. Wo es Eingriffe der Vernunft nicht gibt, wirkt sich diese Komponente anarchisch aus.[94]

Um von diesen Gedankengängen nochmals zum Schicksal der religiösen Ideen zurückzukehren, so läßt sich nun definitiv sagen, daß ihr Gestaltwandel nicht nur auf die Veränderungen zurückgeht, die sie im Schwerefeld des Säkularismus erleiden, sondern mit einem »prozessualen« Element in ihrem Kernbereich, dem *Glauben*, zu tun hat. Unabhängig von den sich wandelnden soziokulturellen Bedingungen muß somit der Glaube selbst in einer inneren, seiner eigenen *Reifung und Ausgestaltung entgegenstrebenden Bewegung* begriffen sein, die als solche den Ideenwandel nach sich zieht. Nur so wird die scheinbare Unbetroffenheit des Glaubens durch den Wandlungsprozeß begreiflich, den der Säkularismus aus dieser Sicht eher im katalysatorischen als ursächlichen Sinn bedingte. Zwar konnte er sich nicht ändern, weil sonst die Identität des Christentums in Frage gestellt worden wäre. Daß er sich aber auch nicht zu ändern schien, hängt damit zusammen, daß er die *zentrierende Mitte des Prozesses* war. Indessen schien es nur so; denn als Mitte war er zugleich der Antrieb, das seinerseits bewegte Zentrum der Bewegung. Insofern spiegelt sich *in der Transformation der Ideen* letztlich die *glaubensgeschichtliche Wende*, die sich damit als das religiöse *Zentralereignis der Epoche* erweist.

Legt man diesen Befund zugrunde, so bestätigt sich vollends, und jetzt auch von *Whiteheads* Konzept des Ideenwandels her, die in wiederholten Anläufen entwickelte *Fundamentalthese von der Selbsterschöpfung und dem damit absehbar gewordenen Ende des Säkularisierungsprozesses.* Er wird noch immer seinen zerstörerischen Fortgang nehmen, dies aber nicht mehr aufgrund seines immanenten Antriebs, sondern nur noch seiner antriebslosen Schwungkraft. Darin gründet die Hoffnung auf die Erneuerung des durch ihn Zerstörten, auch wenn angesichts der sich auftürmenden Trümmer kaum etwas für sie spricht. Besagt es aber nicht schon viel, daß im Zusammenhang mit ihm als einer Fehlform von Hoffnung überhaupt einer Hoffnung Ausdruck verliehen werden kann? Es fragt sich dann nur noch, ob zusätzliche Gründe motivgeschichtlicher und motivtheoretischer Art beizubringen sind, die für diese Einschätzung sprechen. Ihnen hat der nächste Schritt des Gedankengangs zu gelten.

Drittes Kapitel

Klärende Perspektive

*Formen biblischer Säkularisierung:
Chaoskampf und Göttertod*

Was der Ideenwandel wirkungsgeschichtlich bestätigt, war theoretisch durch die These *Gogartens* vorweggenommen worden, daß der Säkularisierungsprozeß lange schon vor seiner Freisetzung im neuzeitlichen Kulturraum durch den paulinischen Gedanken von der Befreiung des Menschen aus Zuständen der Übermächtigung und Entmündigung in Gang gesetzt worden sei.[1] Damit gab er der theologischen Forschung, soweit sie nicht schon von sich aus auf diese Spur gekommen war, einen wichtigen Anstoß. Nachdem sie den von *Blumenberg* bestätigten Affekt überwunden hatte, im Prozeß der Verweltlichung ausschließlich ein an der christlichen Sache begangenes »Unrecht« zu sehen, begann sie nunmehr, wenngleich zögernd, seine Ersturssache im eigenen Glaubensraum zu suchen. Damit stellte sich die Frage nach seiner Veranlassung durch *biblische Vorentscheidungen und Motive*. Sagte *Paulus* etwas völlig Neues, als er von der Entmachtung der numinosen Gewalten sprach, oder nahm er damit nur eine längst vorgegebene Denkform auf? Kannten somit schon die alttestamentlichen Schriften die Vorstellung von einer Säkularisierung im Sinn des paulinischen Modellgedankens?[2]

Die bejahende Antwort ergab sich nahezu von selbst, wenn man anstelle von Säkularisierung den Begriff »Entmythisierung« setzte. Schon ein einfacher Bildvergleich des dem priesterschriftlichen Schöpfungsbericht (Gen 1,1–2,4a) zugrundeliegenden »Konstrukts« mit seinen Entsprechungen im altägyptischen Mythos zeigte, wie gegensinnig sich das biblische Denken dazu schon im Ansatz verhielt.[3] Dort, in der mythischen Bilderwelt, war der Kosmos durch die von dem Luftgott (Schu) bewirkte Trennung von Himmel (Nut) und Erde (Keb) entstanden; hier, im Bericht vom Schöpfungswerk des zweiten

Tages, statt dessen die nüchterne Bemerkung: »Gott schuf das Gewölbe und schied das Wasser unterhalb des Gewölbes vom Wasser oberhalb des Gewölbes« (Gen 1,7). Dort das kosmogonische Bild vom Kreislauf der Sonne, die als »alt« gewordene Abendsonne von der Himmelsgöttin verschlungen und als »junge« Morgensonne wiedergeboren wird; hier, im Bericht vom Schöpfungswerk des vierten Tages, der lakonische Befehl: »Lichter sollen am Himmelsgewölbe sein, um Tag und Nacht zu unterscheiden« (Gen 1,14). Dort das Bild des widderköpfigen Schöpfergottes (Chnum), der das erste Menschenpaar auf einer Töpferscheibe formt; hier die das Gotteswerk krönende Selbstentschließung: »Laßt uns den Menschen machen als unser Bild und Gleichnis!« (Gen 1,26)[4] Wenn dieser Vergleich etwas lehrt, dann die Tatsache, daß bei gleichsinnig durchgehaltenem Weltbild ein numinos verstandener Kosmos niemals so *radikal entgöttlicht* wurde wie in diesem Text. Obwohl die Bibel nicht an der altorientalischen Vorstellung von der Welt rüttelt, erschüttert sie doch deren Konzeption bis in die Fundamente hinein, wenn sie die Gottheiten des Mythos zu Gotteswerken erklärt. Von der durch die Gottheiten gebildeten, besetzten und durchwalteten Welt blieb nur die Struktur. Der *Mythos bot das Gefäß*, das mit dem neuen Glauben an den einen, überweltlichen Gott gefüllt wurde. Was die Welt trägt und umfängt, ist nur noch, wie der 139. Psalm mit suggestiven Worten versichert, seine Weisheit, seine Macht und seine Allgegenwart:

> Stiege ich zum Himmel empor, so bist du dort;
> berge ich mich in die Unterwelt, so bist du zugegen;
> und liehe ich mir die Flügel der Morgenröte,
> um mich niederzulassen am fernsten Gestade,
> auch dort hielte mich deine Rechte umfangen (Ps 139,8f).

Dabei teilt die Bibel mit dem altbabylonischen Mythos die Überzeugung, daß die Welt aus einem chaotischen Urzustand hervorging, der freilich im Vergleich zum Schöpfungsakt nichts »Früheres« bedeutet. Das lassen die vielfältigen Spuren erkennen, die das Schöpfungswerk im Sinn eines *Drachenkampfs* stilisieren und dadurch auf den Mythos von der Überwindung der Urgöttin Tiamat durch den babylonischen Stadtgott Marduk zurückweisen, aus deren Überresten die Welt durch die Kunstfertigkeit Marduks gebildet wird.[5] Deutlich schimmert das Drachenkampf-Motiv insbesondere im Bekenntnis des 74. Psalms durch, wenn es heißt:

Mit deiner Macht hast du das Meer zerspalten,
die Häupter der Drachen über den Wassern zerschmettert.
Du hast die Köpfe des Leviatan zermalmt,
ihn zum Fraß gegeben den Ungeheuern der See (Ps 74,13f).

Im gleichen Sinn versichert der 104. Psalm, der sich bis in Einzelzüge hinein mit dem Sonnenhymnus des Pharao *Amenophis IV.* (Echnaton) berührt:

Du hast die Erde auf Pfeiler gegründet,
damit sie in alle Ewigkeit nicht wanke.
Einst bedeckte sie die Urflut wie ein Kleid,
die Wasser standen über den Bergen.
Sie wichen zurück vor deinem Drohen,
sie flohen vor der Stimme deines Donners.
Da erhoben sich die Berge und senkten sich die Täler
an den Ort, den du ihnen zubestimmt hast.
Du hast den Wassern eine Grenze gesetzt,
die dürfen sie nicht überschreiten;
nie wieder sollen sie die Erde bedecken (Ps 104,5–9).

Anders als der Sieger im babylonischen Drachenkampf braucht der Schöpfergott Israels nicht zu den Waffen zu greifen, um das Chaos zu bändigen; ihm genügt die Macht seines Wortes, durch die (nach Ps 33,6) der Himmel und sein ganzes Heer geschaffen wurde.[6] Dennoch betont die Bibel die Souveränität des Schöpfergottes nicht so sehr in der Absicht, seine unvergleichliche Größe herauszustellen, als vielmehr – und darin unterscheidet sie sich am auffälligsten von den altorientalischen Mythen – in einem betont *anthropologischen Interesse*. Das Licht, das zweifellos auch auf den Schöpfergott fällt, wird von ihm zurückgespiegelt auf den Menschen. Die Entdivinisierung des Kosmos schafft, anders ausgedrückt, den Freiraum für eine beispiellose Würdigung, die ihn, das Geschöpf des letzten Tages, zum Ziel hat. Wiederum ist es das für den Glauben Israels besonders aufschlußreiche Psalmbuch, das dieser Tendenz den klarsten und zugleich dichterisch schönsten Ausdruck verleiht:

Blicke ich zum Himmel auf, dem Werk deiner Hände,
zu Mond und Sternen, die du befestigt hast –
was ist dann der Mensch, daß du an ihn denkst,
ein Menschenkind, daß dir an ihm liegt?
Und doch hast du ihn nur wenig unter die Gottheit gestellt,

mit Herrlichkeit ihn gekrönt und mit Ehre.
Du hast ihn über das Werk deiner Hände gesetzt,
hast ihm alles zu Füßen gelegt: die Schafe und Rinder,
dazu das Getier in Wald und Feld,
die Vögel des Himmels und die Fische im Meer,
alles, was die Pfade der Meere durchzieht.
Herr, unser Herrscher, wie groß ist auf der ganzen Erde dein Name!
(Ps 8,4–10)

Mit diesem Wort gibt das Psalmbuch der ebenso grandiosen wie dunklen Aussage, daß der Mensch zum »Abbild« Gottes geschaffen sei (Gen 1,27), die authentische Deutung. Ihr zufolge ist die Sinnbestimmung seines Wesens als Ermächtigung gemeint, die seine Einsetzung zum »kleinen Gott der Welt« *(Goethe)* zum Ziel hat. Nur ist hier im Psalmwort seine Herrscherstellung noch deutlicher betont als im Schöpfungsbericht, der die Ermächtigung (nach Gen 2,15) gleichzeitig als Auftrag zur Bewahrung und Bebauung der Erde versteht.[7] Wenn *Oswald Loretz* in diesem Zusammenhang bestreitet, daß die Bibel die »Welt entsakralisiert und somit den Raum für deren naturwissenschaftlich-technische Bewältigung freigemacht« habe, schafft er damit faktisch einen neuen Mythos: den Mythos von der kulturgeschichtlichen Unwirksamkeit des biblischen Gottesglaubens.[8] Daß aus der neuen Sinndeutung von Welt und Mensch auf lange Sicht dann doch nur das hervorging, was der wissenschaftlich-technische Umgang mit der Weltwirklichkeit bewirkte, war zweifach begründet. Einmal in der Notwendigkeit, den konsequenten Eingottglauben ebenso gegen Infiltration von außen wie gegen innere Rückfallstendenzen aufrechtzuerhalten; sodann im Fehlen einer kategorialen Strukturierung dieses Glaubens. Sie erfolgte erst durch seine »Inkulturation« im hellenistischen Kulturraum, konkret gesprochen durch seine Begegnung mit der griechischen Philosophie und Wissenschaft. Dabei lassen die Spätschriften des Alten Testaments erkennen, daß dieser Dialog der jüdischen Glaubenswelt nicht erst durch politische Entwicklungen aufgezwungen, sondern zuvor schon von ihr selbst gesucht und aufgenommen wurde. Wichtigstes Dokument dessen ist die Weisheitsliteratur, die in ihrem herausragenden Stellenwert immer deutlicher erkannt wird.[9]
Wenn man von den ältesten Weisheitssprüchen ausgeht, spricht vieles für die verbreitete Ansicht, daß die *Weisheitslehre Israels* in seiner »Schöpfungstheologie« begründet und angelegt ist *(Zim-*

merli).[10] Anders, wenn *Gerhard von Rad* mit seiner These recht behält, daß die Weisheit von Anfang an als eine »Form des Jahweglaubens« zu gelten hat.[11] Dann ist sie – im Sinn der Genealogie dieses Glaubens – wurzelhaft von der geschichtlichen Heilserfahrung Israels geprägt und somit *primär eine Kategorie der Geschichte, nicht der Welt.* Dem entspricht auch ihr Aufgang zu eben der Zeit, die sich in der Klage des 74. Psalms spiegelt:

> Weisende Zeichen sehen wir nicht,
> prophetische Stimmen hören wir nicht,
> und niemand von uns weiß, wie lange noch? (Ps 74,9)

Daß sich der *Aufgang der Weisheit in der Stunde des verstummenden Prophetismus* ereignete, ist keineswegs zufällig. Vielmehr spricht es für die Kreativität Israels, daß sich sein religiöses Ingenium im Augenblick dieser extremen Unheilserfahrung mit der Weisheit den Spiegel schuf, mit Hilfe dessen es seine heilsgeschichtlichen Erfahrungen zu reflektieren und daraus Konsequenzen für die Bewältigung der »weisungslosen« Gegenwart ziehen lernte. Zur »Schöpfungstheologie« wurde die Weisheitslehre dann aber dadurch, daß die *Erschaffung der Welt* von Israel als das *erste und grundlegende »Bundeszeichen«* verstanden wurde, an dem es – wie später am wunderbaren Auszug oder an der Gesetzgebung – seine besondere Erwählung »ersehen« konnte.[12] So folgt das Weltverständnis, das der Weisheitsgedanke erschließt, dem Geschichtsverständnis, nicht umgekehrt. Mit aller Deutlichkeit läßt sich das an der sorgfältig ausgearbeiteten Lehre von der »Zeitordnung« ablesen, die sich wie ein Modell jener »Seinsordnung« ausnimmt, nach welcher der priesterschriftliche Schöpfungsbericht die Welt aufgebaut sieht. Dazu versichert das Buch Kohelet:

> Alles hat seine Zeit und jedes Vorhaben unter dem Himmel seine Stunde:
> eine Zeit des Gebärens und eine Zeit des Sterbens,
> eine Zeit des Pflanzens und eine Zeit des Ausreißens,
> eine Zeit des Tötens und eine Zeit des Heilens,
> eine Zeit des Niederreißens und eine Zeit des Aufbauens,
> eine Zeit des Weinens und eine Zeit des Lachens ...,
> eine Zeit des Schweigens und eine Zeit des Redens,
> eine Zeit des Liebens und eine Zeit des Hassens,
> eine Zeit des Krieges und eine Zeit des Friedens (Koh 3,1–8).[13]

Von dieser »Disposition der Zeiten« her tritt das Siebentagewerk des priesterlichen Schöpfungsberichts in ein neues Licht. Es verfolgt nun nicht nur den didaktischen Zweck der Sabbatheiligung, sondern schließt aus der Ordnung der Zeiten auf die Ordnung der Welt. Umgekehrt erscheint dann aber auch das Institut des Sabbats nicht nur als eine Verfügung des über sein Bundesvolk wachenden Gottes, sondern als Ausdruck der von ihm verfügten Weltordnung. Da die eine wie die andere Begründung jedoch dem Menschen dient, wird sich Jesus die Freiheit zu dem programmatischen Ausspruch nehmen: »Der Sabbat ist für den Menschen da und nicht der Mensch für den Sabbat!« (Mk 2,27)

So verhilft die weisheitliche »Disputatio mundi« zum Vollbegriff der Souveränität und Freiheit des Menschen, der als solcher eine Neugestaltung aller Beziehungen nach sich zieht. Das aber führt folgerichtig zur Annahme, daß der – reflektierte – Glaube Israels im »Reflexionsgrund« der Weisheit bereits das Prinzip des forschenden Umgangs mit der Weltwirklichkeit besaß, auch wenn es noch, wie angedeutet, der strukturierenden Hilfen bedurfte, damit diese Möglichkeit genutzt und in Form von Wissenschaft, Forschung und Technik ins Werk gesetzt werden konnte. Deshalb wird die moderne Naturforschung beim Versuch, ihrer Herkunft auf die Spur zu kommen, den Beitrag nicht übersehen können, den die alttestamentliche Weisheitsspekulation auf dem Weg zu ihr erbrachte. Im wesentlichen besteht dieser Beitrag in der Reduktion der numinosen Daseinsmächte zu Werken des transzendenten Schöpfergottes. Sie wird vom Weisheitsbuch mit geradezu sarkastischer Schärfe vollzogen, wenn es in Form einer Einschaltung in die große Geschichtsreflexion auf die Torheit des Götzendienstes zu sprechen kommt. »Mit dem Gedanken an Götzenbilder beginnt der Abfall«, lautet der Schlüsselsatz (Wsh 14,12), dem die Drohung vorangestellt ist:

Darum kommt über die Götzenbilder der Völker das Gericht,
weil sie in Gottes Schöpfung zum Greuel geworden sind,
zum Anstoß für die Seelen der Menschen
und zur Schlinge für die Füße der Toren (Wsh 14,11).

Damit nimmt das Weisheitsbuch ein Motiv auf, das schon in den Psalmen auftaucht und dort wiederholt »durchgespielt« wird. Zunächst nur in Form einer Erwähnung im 89. Psalm, der gleichzeitig auf die Vorstellung vom Drachenkampf des Schöpfergottes zurückgreift:

Die Himmel rühmen, Herr, deine Wunder
und die Gemeinde der Heiligen deine Treue.
Denn wer über den Wolken ist wie Gott,
wer von den Göttern gleicht dem Herrn?
Gewaltig ist Gott im Rat der Heiligen,
für alle rings um ihn her ist er groß und furchtbar.
Herr, Gott der Heerscharen, wer ist wie du?
Mächtig bist du, Herr, und von Treue umgeben.
Du beherrschst die Empörung des Meeres,
wenn seine Wogen toben – du glättest sie.
Rahab hast du durchbohrt und zertreten,
deine Feinde zerstreust du mit starkem Arm.
Dein ist der Himmel, dein auch die Erde;
den Erdkreis und was ihn erfüllt, hast du gegründet (Ps 89,6–12).

In dramatischer Steigerung begegnet das Motiv sodann im 82. Psalm, der nach *Hans-Winfried Jüngling* thematisch vom »Tod der Götter« handelt:

Gott steht auf in der Versammlung der Götter,
im Kreis der Gottwesen hält er Gericht.
»Wie lange noch wollt ihr ungerecht richten
und die Frevler begünstigen?
Verschafft Recht den Unterdrückten und Waisen,
verhelft den Gebeugten und Bedürftigen zu ihrem Recht!
Befreit die Geringen und Armen,
entreißt sie der Hand der Frevler!«
Sie aber haben weder Einsicht noch Verstand,
sie tappen dahin im Finstern.
Alle Grundfesten der Erde wanken.
»Wohl habe ich gesagt: Ihr seid Götter,
ihr alle seid Söhne des Höchsten.
Doch nun sollt ihr sterben wie Menschen,
sollt stürzen wie ein jeder der Fürsten!«
Erhebe dich, Gott, und richte die Erde!
Denn alle Völker sind dein eigen (Ps 82,1–8).[14]

In hochpoetischer Rede schildert der Psalm eine himmlische Gerichtsversammlung, in welcher der Bundesgott Israels die ihn (wie in Hiob 1,6 und 2,1) umstehenden »Gottessöhne« zur Rechenschaft zieht. Das Gericht beginnt mit ihrer Befragung, in die jedoch das Dekret ihrer Einsetzung (82,3f) eingeblendet ist. Jedem Rechtfertigungsversuch kommt der Richter durch die Feststellung zuvor, daß sie, die doch Licht und Ordnung schaffen sollten, um den Verstand kamen und selbst »im Finstern« tappen (82,5). Von der Schwere dieser Verfehlung vermittelt der Folgesatz einen Begriff, wonach es ihnen zuzuschreiben ist, daß »alle Grundfesten der Erde wanken«. Damit ist gleichzeitig auch die Dringlichkeit der Gerichtsversammlung deutlich gemacht und der unverzüglich an die Schuldigen ergehende Urteilsspruch gerechtfertigt: Einst zu »Söhnen des Höchsten« eingesetzt, müssen sie nun den ganz gewöhnlichen Tod der Menschen sterben (82,7).[15] »Das Urteil lautet«, wie *Buber* formuliert, »auf Entgottung.«[16] Wie in der antiken Tragödie folgt darauf die Akklamation des Chores, der durch die Beter des Psalms gebildet wird. Sie bitten darum, Gott möge von nun an das Weltgericht mit niemand mehr teilen, sondern in eigener Machtvollkommenheit ausüben (82,8).

So großartig der Psalm durch seine gedankliche Konzeption und seine sprachliche Wortfügung wirkt, so schwer erschließt er sich dem nachvollziehenden Verständnis. Wie bei kaum einem andern Text gehen daher die Deutungen auseinander.[17] Wer davon ausgeht, daß er aus nachexilischer Zeit stammt und damit aus einer Epoche, in der die Erinnerung an den babylonischen Götterhimmel die Anfälligkeit des frühen Israel für polytheistische Kulte wachrief, wird der religionsgeschichtlichen Deutung den Vorzug geben. Dann spiegelt sich im Psalm die Durchsetzung des Eingottglaubens, die von ihm im Stil einer Selbstrechtfertigung Gottes beschrieben wird. Zwar gibt es, mit Paulus zu reden, »viele Götter und Herren« (1 Kor 8,5); doch ist die Verehrung dieser numinosen Mächte nur solange legitim, als sie sich in der Hinordnung auf den transzendenten Gott bewegt. Versucht sie sich jedoch zu verselbständigen – und das ist mit dem Motiv von der »Selbstvergessenheit« der Götter angedeutet –, so führt sie zur Verstörung aller Verhältnisse und damit sogar zur Erschütterung der Weltordnung. Für den Psalm ist alles zu einer letzten Entscheidung herangereift. Eine Ära ging zu Ende, in welcher der Gottesglaube noch mit einer mythischen Religiosität »koexistieren« konnte. Denn die Koexistenz entzweite sich zu einer gegensinnigen Polarität, die es dahin brachte, daß der Mythos gegen den transzendenten Logos aufbegehrte.

Dem setzt der im Psalm geschilderte Akt einer radikalen »Entdivinisierung« der zur Rechenschaft gezogenen Mächte ein Ende. Sie

waren zu »Gottessöhnen« erhoben; nun werden sie auf den Rang sterb-
licher Menschen herabgestuft, weil sie, der Verblendung verfallen, das
Recht gebeugt und ihre Aufgabe sträflich vernachlässigt hatten. Eine
»Entzauberung« der Welt findet statt, im Blick auf die geradezu von
einer »*biblischen Säkularisierung*« gesprochen werden muß. Für die
Deutung des Säkularisierungsproblems setzt der Psalm vor allem dadurch einen ebenso neuen wie wichtigen Akzent, daß er den Vorgang
erstmals dem Gesichtspunkt des »Gerichts« unterstellt. Das partielle
Recht einer mythischen Religiosität wird damit keineswegs bestritten;
doch besteht es nur solange, wie sie sich nicht auf usurpatorische
Weise zu verselbständigen sucht. Insofern gilt die Aussage des Psalms
über die historische Distanz hinweg einer Zeit, die sich gerade auch
in dem Sinn als »postmodern« vorkommt, daß sie das Ende der
rationalen Welterklärung gekommen sieht und nach einer Wiedererweckung »transrationaler« Denk- und Verhaltensformen Ausschau
hält. Ihr schreibt er dasselbe ins Stammbuch, was er seinen Zeitgenossen zu sagen hat: Nur in der Hinordnung auf die Transzendenz ist
ein originärer oder auch wiedererweckter Mythos legitim; losgelöst
davon führt er in Blindheit und Chaos.

Die neutestamentliche Deutung:
Säkularismus als Weltgericht

In der von *Paulus* eröffneten Sicht gilt dieser Befund uneingeschränkt
auch für das neutestamentliche Denken. Nur ist es für ihn nicht so sehr
Gott als Jesus Christus, der durch seine Heilstat die umfassende
Entmythisierung der Weltverhältnisse bewirkt. Freilich klingt der
Gedanke eines »Gerichts« bei ihm eher selten (1 Kor 6,2f) und der
eines »Prozesses«, wie ihn der 82. Psalm entwickelt, nur beiläufig an,
wenn etwa von dem »Schuldschein« die Rede ist, der (nach Kol 2,14)
durch das Blut des Gekreuzigten getilgt wurde. Um so nachdrücklicher betont er die Entmachtung der von ihm als »Weltelemente«
(Gal 4,3.8f) bezeichneten Potentiale und Strukturen.[18]
Auf den Säkularisierungsprozeß dürfte sich besonders der
Umstand ausgewirkt haben, daß Paulus die Unterwerfung dieser
»Stoicheia« nicht als abgeschlossenes Faktum, sondern als fortwäh-
rendes, die Geschichte seit Christus bestimmendes Geschehen begreift, das erst in der Endzeit sein Ziel erreicht. Und es ist nicht weniger
bemerkenswert, daß er zur Verdeutlichung den 8. Psalm heranzieht,

den er nun, mit einem Seitenblick auf das Psalmwort von den Feinden, die (nach Ps 110,1) dem göttlichen »Throngenossen« als Schemel zu Füßen gelegt werden, auf das christologische Endgeschehen bezieht. Da für Paulus an der während der verbleibenden Weltzeit zu leistenden »*Unterwerfung*« mit Christus zusammen auch die an ihn Glaubenden beteiligt sind, taucht nun auch erstmals der Gedanke an eine »Verarbeitung« der unterworfenen Elemente auf, auch wenn dem Apostel die Vorstellung von einer wissenschaftlich-technischen Nutzung völlig fernliegt. Immerhin macht er es seinen Lesern zur Pflicht, sich jetzt schon darin einzuüben, daß sie einmal die Welt zu richten haben (1 Kor 6,2). In dieser Frage bot das Christentum somit kaum mehr als die Perspektive, innerhalb deren dann die – im wesentlichen im außerchristlichen Raum entstandenen – Kulturmächte Wissenschaft und Technik ihr Werk in Angriff nehmen konnten.

Und doch ist das, auf die Frage nach Werden und Sinn von Säkularismus zurückbezogen, erstaunlich viel. Denn damit bestätigt sich die von *Gogarten* eröffnete Sicht. Sooft im Zug des Säkularisierungsprozesses am Christentum Abbruch geschah, widerfuhr ihm doch insofern kein Unrecht, als es mit der Freisetzung säkularistischer Tendenzen unvermeidlich auch das damit verbundene Risiko der Auseinandersetzung mit ihnen einging. Das heißt freilich nicht, daß der am Christentum verübte materielle (Säkularisation) und geistige (Säkularismus) Abbruch deswegen schon legitim sei.[19] Dafür ist der von *Löwith* aufgewiesene Zusammenhang zu evident und der ihm entsprechende Ablauf zu folgenschwer. Bei Löwith bleibt freilich die Frage offen, wie es überhaupt zum Prozeß der Säkularisierung kam – eine Zurückhaltung, die er im Disput mit Blumenberg damit begründet, daß es ihm nicht um den Aufweis von Ursachen, sondern lediglich um den von »Möglichkeitsbedingungen« zu tun gewesen sei.[20]

Nichts läge deshalb näher als der Versuch, die beiden Modelle zur Deckung zu bringen und von Gogarten die Klärung der Ursprungsfrage zu übernehmen, den Prozeß selbst jedoch im Sinne Löwiths zu verstehen. Das ist jedoch weder von den Voraussetzungen noch von den Konsequenzen her angängig. Denn Löwiths kulturkritischer Ansatz ist mit der von Gogarten herausgestellten »Freiheit der Gotteskinder« sowenig in Einklang zu bringen wie dessen Vorstellung von der Spontaneität der im Glauben gewonnenen Freiheit mit Löwiths Gedanken vom eigengesetzlichen Entwicklungsgang des Fortschritts. Dazu kommt eine fast unüberbrückbare Differenz in den Grundkonzeptionen. Denn für Löwith steht der Säkularisierungsprozeß, nach seinen philosophischen Prämissen wie nach dem aporetischen Ausklang von ›Weltgeschichte und Heilsgeschehen‹ zu schließen, insgesamt unter einem nihilistischen Vorzeichen, während er bei Gogarten, wenngleich als Extremerscheinung, in das durch die Erlösungstat Christi in Gang gesetzte Heilsgeschehen hineingehört.

Dennoch kann und darf der Versuch einer Korrelierung nicht unterbleiben. Nachdem ein weitgehender Konsens darüber zustande kam, daß unter den bestimmenden Faktoren der Gegenwart der Säkularisierungsprozeß an der Spitze steht, hat der heutige Mensch ein Anrecht darauf zu erfahren, wie seine Zeit und sein Standort in ihr zu beurteilen sind. Dagegen triebe ihn die Desorientierung in dieser Frage unvermeidlich in die postmoderne Haltung der resignativen Indifferenz und fatalistischen Resignation, die immer deutlicher sein Psychogramm bestimmen. So geht gerade von der – als psychosoziale Krise verstandenen – Orientierungslosigkeit das Ansinnen aus, den Versuch einer aus der Aporie herausführenden Deutung auch dann zu wagen, wenn er nur auf der Ebene des Glaubens zum Erfolg führt.

Dazu verhilft in der Tat ein genaueres Bedenken der von Löwith gebotenen Perspektive. Sie spricht von einem Verhängnis, ohne dessen Grund anzugeben, und sie bringt gleichzeitig den Fortschritt in Opposition zu dem, was einmal »Vorsehung« und »Hoffnung« hieß. Unwillkürlich unterstellt sie den ganzen Vorgang damit der Kategorie des Gerichts. Denn in dem Begriff Verhängnis klingt an, daß die Säkularisierung *über uns* »*verhängt*« ist; mit der Vokabel »Vorsehung« ist gleichzeitig angedeutet, daß die *verhängende Instanz* in dem besteht, *wovon die Hoffnung abgekoppelt* wurde und was nun in seiner kritischen Erscheinungsform sinnbestimmend wird. Abgelöst wurde die Hoffnung von ihrer Hinordnung auf das endzeitliche Gottesreich, das nunmehr nur noch mit seiner Nachtseite, als Endgericht, auf den Prozeß zurückwirkt und ihm dadurch sein Sinngepräge verleiht. Daß damit die übergeordnete Kategorie gefunden wurde, leuchtet ein, sobald man umgekehrt nun auch den Begriff »Gericht« auf seinen lichten Gegensinn hin bedenkt und sich vergegenwärtigt, daß Gericht, gerade in seinem neutestamentlichen Verständnis, immer beides ist: *Strafe und Gnade*. Unter diesem Doppelgesichtspunkt lassen sich die beiden divergierenden Theoreme, die zunächst in eine vollständige Aporie zu führen schienen, wenigstens ansatzweise vereinbaren. Danach expliziert Löwith das in Gestalt des Säkularisierungsprozesses verhängte Gericht unter dem Gesichtspunkt des »strafenden« Verhängnisses, Gogarten dagegen unter dem der »freisetzenden« Gnade. Das heißt zugleich, daß sich der bei Löwith im Unbestimmten gelassene Ursprung bei Gogarten zurückverwandelt in »*Vorsehung*«: die Vergünstigungen, Freiräume und Chancen, die der Prozeß einräumt, gehen bei ihm letztlich zurück auf eine den Geschichtsgang überblickende und begleitende, nicht jedoch determinierende Instanz, die aus christlicher Sicht »Vorsehung« heißt.

Damit ist auch schon gesagt, daß die Höhe, deren es zu dieser übergreifenden und vereinbarenden Sicht bedarf, nur durch eine christologische Deutung gewonnen wird, weil nur sie das Gnadenmoment im Gericht zum Vorschein bringt. Konkret bieten sich zwei Wege an, die für die Zusammenschau erforderliche »Höhenposition« zu erreichen: der johanneische und der paulinische. In der zentralen Auskunft konform, bieten sie diese insofern unter verschiedener Beleuchtung, als der johanneische Aspekt das Gericht ganz in die Hand des erhöhten Christus verlegt, während Paulus die Mitbeteiligung der Erlösten unterstreicht.[21] Daß das Gericht der von ihm betroffenen Menschheit erst noch zu Bewußtsein gebracht werden muß und daß es dazu des höchsten Beistands in Gestalt des Gottesgeistes bedarf, ist die grundlegende Aussage des Johannesevangeliums, die in seiner Sprachgestalt lautet:

Jetzt gehe ich zu dem, der mich gesandt hat, und keiner von euch fragt mich: Wohin gehst du? Denn Traurigkeit hat euer Herz erfüllt. Doch sage ich euch in Wahrheit: Es ist gut für euch, daß ich weggehe; denn wenn ich nicht gehe, kann der Beistand nicht zu euch kommen. Wenn ich aber gehe, werde ich ihn euch senden. Wenn er gekommen ist, wird er die Welt davon überzeugen, daß es eine Sünde, eine Gerechtigkeit und ein Gericht gibt: eine Sünde, weil sie nicht an mich geglaubt hat; eine Gerechtigkeit, weil ich zum Vater gehe und ihr mich nicht mehr seht, und ein Gericht, weil der Fürst dieser Welt schon gerichtet ist (Joh 16,5–11).[22]

Eindeutig ist die johanneische Auskunft über den Vollstrecker dieses Gerichts: es ist ganz dem Sohn übergeben (Joh 5,22); denn der Vater richtet niemand, damit der Sohn geehrt werde. Und ebenso klar ist der Zeitpunkt; denn im Vorgefühl der mit seiner Auferstehung gekrönten Passion versichert Jesus:

Jetzt ergeht das Gericht über die Welt; jetzt wird der Fürst dieser Welt hinausgeworfen (Joh 12,31).[23]

Weniger klar ist der Vollzug; doch gibt hier eine Bemerkung *Alfred Wikenhausers* einen überraschenden Fingerzeig, sofern man sie nur vor dem Hintergrund des Entmythisierungsmotivs liest und gleichzeitig in den Horizont der Gerichtsaussage hineinstellt. Er sieht den Sinn der johanneischen Hoheitsworte, in denen sich Jesus als das Wasser und Brot des Lebens, als das Licht und Leben der Welt bezeichnet, darin, daß er damit die »Götter des natürlichen Menschen« für sich in Anspruch nimmt.[24] Denn im »Lebensverlangen« nach diesen Gütern melde sich, mehr oder minder bewußt, die Sehnsucht des Menschen nach dem wahren und ewigen Leben zu Wort:

> Da tritt nun Jesus in den ›Ich-bin‹-Sätzen vor die Menschen hin und sagt ihnen: Die Götter, denen ihr bisher nachgelaufen seid, sind samt und sonders falsche Götter; ich allein kann euer tiefstes Sehnen befriedigen, weil ich allein wahres, ewiges Leben spenden kann.[25]

Wenn man diese Voraussetzung übernimmt, wird die *Achse der Umpolung im Säkularisierungsprozeß* sichtbar. Der Freisetzung der »Weltelemente« in ihre kreatürliche Wirklichkeit entspricht dann, ganz im Sinn der vom Heilsgeschehen insgesamt verfolgten »Strategie«, eine integrative Gegenbewegung, welche die »Aufhebung« des weltlich Gewordenen auf eine höhere Sinn- und Erfüllungsstufe zum Ziel hat. Wasser, Brot und Licht sind dann nicht mehr nur Gegenstände menschlicher Triebbefriedigung, sondern zeichenhafte Hinweise auf den gottgesandten Vermittler von Heil und Leben und, strenger noch gefaßt, Elemente sakramentaler Heilszuwendung. Das Gerichtsmotiv aber besteht bei dieser Aufhebung darin, daß der von ihr nicht berührte Mensch im innerweltlichen Treiben verstrickt und deshalb seinem wahren Sinnziel gegenüber blind bleibt.

An dieser Stelle setzt die *paulinische Perspektive* ein, die gegenüber der johanneischen die *Mitbeteiligung der Glaubenden* in den Vordergrund rückt. Denn für Paulus besteht, wie erinnerlich, das Weltende in einem wiederholten, sich steigernden Unterwerfungsakt, der sich schließlich in der Selbstunterwerfung des zum Weltenherrscher inthronisierten Sohnes unter Gott erfüllt:

> Das Ende aber kommt, wenn er seine Herrschaft Gott, dem Vater, übergibt, nachdem er alle Macht, Gewalt und Herrschaft vernichtet hat. Denn er muß herrschen, bis ihm Gott alle Feinde zu Füßen gelegt hat. Als letzter Feind aber wird der Tod entmachtet; weil ihm sonst nicht alles zu Füßen gelegt wäre … Wenn ihm dann alles unterworfen ist, wird auch er, der Sohn, sich selbst dem unterwerfen, der ihm alles unterworfen hat, damit Gott sei alles und in allem (1 Kor 15,24–28).[26]

In der Offenheit, in welcher der Unterwerfungsakt belassen wird, kündigt sich bereits die mögliche Mitbeteiligung an. Ausdrücklich spricht davon die von Paulus zuvor schon an seine Leser gerichtete Frage:

> Wißt ihr denn nicht, daß wir über Engel richten werden; wieviel mehr dann über Alltägliches? (1 Kor 6,3)[27]

Da die Engel in spätjüdischer, auch von Paulus geteilter Sicht mit den Bewegungen des Kosmos und den Ereignungen des Geistes zu tun haben, führt von hier nur ein kleiner Schritt zu der Aussage des Zweiten Korintherbriefs, die den Gedanken einer »kämpferischen« Mitbeteiligung entwickelt:

> Die Waffen unseres Kampfes sind nicht fleischlicher Art, sondern mächtig für Gott zur Zerstörung von Bollwerken. So zerstören wir alle Sinngespinste und alles Hochgetürmte, das sich gegen die Erkenntnis Gottes erhebt; wir nehmen alles Denken gefangen und machen es Christus gehorsam (2 Kor 10,4f).[28]

Die Modellvorstellung von der endzeitlichen Unterwerfung bildet nach wie vor den Hintergrund; doch ist *aus dem Endgericht nun definitiv das Zeitgericht*, um nicht zu sagen der »Nahkampf« im Dienst des großen Unterwerfungsaktes geworden. Daß es sich dabei um die Revision eines Säkularisierungsvorgangs handelt, kommt darin zum Ausdruck, daß die anvisierte Geisteslandschaft von Bollwerken beherrscht ist, die sich gegen die Gotteserkenntnis auftürmen. Sie gilt es niederzubrechen und die dadurch gewonnenen Materialien dem durch den Gottesgedanken gegebenen Baugesetz zu unterwerfen. Unwillkürlich stellt sich die Erinnerung an das gegensinnige Vorhaben *Nietzsches* ein, das darauf abzielt, mit dem Gottesgedanken den Zentralbegriff aus dem christlichen Ideengebäude herauszubrechen, um es so von innen her zum Einsturz zu bringen.[29]

Tatsächlich geht es hier wie dort um annähernd dieselbe Strategie, wenngleich mit radikal entgegengesetzter Zielsetzung. Als habe er die Paulusstelle im Ohr, beschreibt *Nietzsche* sein destruktives Vorhaben, bei dem er sich stets als Vollstrecker des säkularistischen Zeitgeistes empfand, schon in der ›Fröhlichen Wissenschaft‹ mit dem Bild eines auf seine vollständige Einebnung wartenden Ruinenfelds:

Wir Europäer befinden uns im Anblick einer ungeheuren Trümmerwelt, wo einiges noch hoch ragt, wo vieles morsch und unheimlich dasteht, das meiste aber schon am Boden liegt, malerisch genug – wo gab es je schönere Ruinen?[30]

Und während der ›Tolle Mensch‹ am Schluß seiner Proklamation vom Tod Gottes die Kirchen als »Grüfte und Grabmäler Gottes« bezeichnet, gesteht Nietzsche durch den Mund Zarathustras:

Selbst Kirchen und Gottesgräber liebe ich, wenn der Himmel erst reinen Auges durch ihre zerbrochenen Decken blickt; gern sitze ich gleich Gras und rotem Mohne auf zerbrochenen Kirchen.[31]

Unerwähnt bleibt an beiden Stellen Nietzsches eigenes Zutun zur Entstehung dieser Ruinenszene. Indessen bestand es, verschlüsselt wie in einem Vexierbild, in eben dem, was er nur zu beschreiben scheint, sofern er mit der Parabel vom tollen Menschen, verstanden als der gleichnishafte Widerruf des ontologischen Arguments, die – nach Heine – noch unversehrte Stütze des christlichen Gottesglaubens zum Einsturz zu bringen sucht.[32]

Umgekehrt ruft Paulus zum Angriff auf die Bollwerke des Unglaubens, vor allem in Gestalt der mit den »Sinngespinsten« gemeinten sophistischen Gnosis auf.[33] Damit nimmt – auch aus seiner Sicht – das Gericht Gottes über seine Feinde, wenngleich (nach 1 Petr 4,17) zurückgenommen auf das Zeitgericht im Haus des Glaubens und dessen gegnerisches Umfeld, seinen Anfang. So gesehen ist dann zwar nicht, wie *Hegel* meinte, die Weltgeschichte, wohl aber die Glaubensgeschichte »das Weltgericht«. Nach Art eines Verhängnisses überkam es die glaubensschwache Neuzeit in Gestalt des Säkularisierungsprozesses. Doch erinnern noch die von ihm hinterlassenen Ruinen daran, daß er im Gegensinn zu seiner Stoßrichtung insgeheim das Werk des Glaubens betrieb, sofern die von ihm befallenen Glaubensinhalte in ihrer transformierten Gestalt eine den Kirchenraum weit überschreitende Universalisierung erlangten. Wenn der Glaube noch zu schwach ist, um zum Angriff anzutreten, bleibt ihm somit die kaum hoch genug zu veranschlagende Möglichkeit, sich auf »Spurensuche« zu begeben und die vom Verwüstungssturm zurückgelassenen Trümmer wiederherzustellen.[33a] So ergibt sich für ihn die paradoxe Situation, dem Säkularisierungsprozeß, wenngleich mit entgegengesetzter Tendenz, in die Hand arbeiten zu müssen. Bei aller Gegensätzlichkeit erscheint er zugleich als dessen Komplize. Aber genauso entspricht es der negativen Dialektik, die dem Zusammenhang allein angemessen ist. Wer also über dem Zerstörungswerk des Säkularismus dessen christlichen Ansatz nicht aus dem Auge verliert und von Nietzsche auf Paulus zurückblickt, wird sich, wenn auch zögernd, zu dem Satz verstehen: Der *Säkularismus ist das über uns verhängte und uns zugleich auferlegte Weltgericht.*

Der patristische Entwurf:
Die Rekapitulation der Welt

Die paulinische Vorstellung vom geistlichen Kampf, bei dem die gegnerischen Bollwerke zerstört werden, erinnert unwillkürlich an das soteriologische Schlüsselwort des Epheserbriefs:

> Er ist unser Friede. Er einigte die beiden Teile und riß durch sein Sterben die Trennwand der Feindschaft nieder (Eph 2,14).[34]

Indessen verweist dieser Bildgedanke seinerseits zurück auf das hymnische Eingangswort, nach dem der göttliche Heilsplan darauf ausging, in der »Fülle der Zeiten alles in Christus zusammenzufassen« (Eph 1,10).[35] Bekanntlich wurde diese Stelle in der Folge zum Ausgangspunkt einer theologischen Konzeption, die vor dem Hintergrund des Säkularisierungsproblems geradezu nach ihrer Wiederbelebung schreit. Es ist der vor allem von *Irenäus von Lyon* aufgegriffene und systematisierte Gedanke von der durch die Erlösungstat Christi vollzogenen »*Rekapitulation der Welt*«.[36] Im Unterschied zu der von *Anselm von Canterbury* mit seiner Schrift ›Cur Deus homo‹ zum Zug gebrachten und noch heute weithin vorherrschenden Ansicht, wonach die Erlösungstat in einem Akt sühnender Genugtuung für die Sündenschuld der Menschheit bestehe, versteht Irenäus sie als mystische Wiedereinholung dessen, was durch Schuld und Schicksal in beziehungslose Fragmente zerfallen und dadurch aus dem gottgewollten Zusammenhang herausgefallen war.[37]

Wie schon diese Andeutungen erkennen lassen, hat der Gedanke, mehr noch als die juridisch bestimmte Auffassung Anselms, weitreichende geistesgeschichtliche Wurzeln. In ihm lebt ebenso der indogermanische Urmensch-Mythos auf wie der Satz des Anaximander, nach dem die Lebewesen aneinander schuldig werden und deshalb Sühne zu leisten haben, »nach der Ordnung der Zeit«.[38] Vermutlich fließen im irenäischen Rekapitulationskonzept sogar beide Ströme zusammen: die Vorstellung von einer durch die Individuation bedingten Schuldverhaftung mit der von einer ursprünglichen Zusammengehörigkeit und Allverbundenheit des Seienden, wie sie dann am Ende des Mittelalters von *Nikolaus von Kues* wiederentdeckt und mit der Formel »Jegliches in Jeglichem« auf den Begriff gebracht wurde.[39] Indessen liegt die Größe des Rekapitulationsgedankens nicht so sehr in dem, was er *verarbeitet*, als vielmehr in dem, was er im innovatorischen Sinne *leistet*. Das lenkt den Blick zunächst auf die Kühnheit, mit der er sich dem in der Spätantike herrschenden Zeitgefühl entgegensetzte, da dieses weit weniger durch Sehnsüchte und Hoffnungsperspektiven als vielmehr durch den Eindruck eines unentrinnbaren *Ausgeliefert- und Verlorenseins* bestimmt war.[40] Nur das Wissen um eine »überweltliche« Ermächtigung konnte das Wagnis auf sich nehmen, die Botschaft von der erlösenden Wiedereinholung aller Dinge in eine von resignativen Stimmungen und Schicksalsängsten beherrschte Welt hineinzusprechen. Das aber hing entscheidend damit zusammen, daß der Rekapitulationsgedanke einer Befreiungsbotschaft Ausdruck verlieh. Kein Zustand sollte beschrieben, sondern ein Werk zur Geltung gebracht werden. Damit verband sich die stillschweigende Einladung an die Rezipienten dieser Botschaft, sich an dem Werk der Wiedereinholung zu beteiligen, um ihm so zum definitiven Durchbruch zu verhelfen. Umgekehrt erklärt sich von hier aus, wie sich das Christentum in einer von Kulturpessimismus und Ängsten besetzten Welt durchzusetzen vermochte. Es eröffnete im Gegenzug dazu eine Hoffnungsperspektive und schuf damit einen Raum des freien Aufatmens; dadurch hatte es den Sieg für sich entschieden.

Nach Irenäus beginnt die Wiedereinholung damit, daß sich Christus im Akt der »Auferbauung« seines mystischen Leibes zunächst das assimiliert, was durch die sündige Verlorenheit Gott und sich selbst entfremdet war.[41] So hebt er in und durch sich selbst »den zu Boden gefallenen Menschen auf«.[42] Auf diesem Weg kommt die Menschheit in zweifacher Hinsicht ans Licht; einmal dadurch, daß sie, wie *Petavius* verdeutlicht, zu einem »Kompendium« zusammengefaßt und so in ihrer wahren Bedeutung »lesbar« gemacht wird; zum andern – und insbesondere – dadurch, daß sie im Zug dieser »Lichtung« selbst zur vollen Gotteserkenntnis gelangt.[43] Deshalb gilt von dem Rekapitulationswerk Christi:

Er erhellt die Höhen, den Himmel, reicht hinab in die Tiefen, an die Grundfesten der Erde, durchstreckt die Längen von Morgen bis Abend und
durchsteuert Nord und Süd und ruft alles Zerstreute zur Erkenntnis des
Vaters zusammen.[44]

Wie Christus, die »Sonne des Anfangs«, die Menschheit ans Licht
führt, tritt aber auch seine eigene Lebensgeschichte in eine neue Beleuchtung, so daß sie klarer als bisher durchschaut werden kann. Im
Referat *Emmeran Scharls* nimmt sich das dann so aus: Bei seiner
Taufe stieg die neue Sonne des Weltalls in den Jordan hinab, so wie die
irdische Sonne am Abend in den Ozean eintaucht, um sich dort zu
erfrischen. Als dann der Gottessohn am Kreuz hing, erbebt die Erde,
erschüttert bis in ihre Fundamente hinein, die Sonne entflieht, der Tag
verändert sich, und die Elemente werden umgestürzt, weil sie es nicht
ertragen können, daß ihr Herr am Kreuz hängt. Er aber hält dadurch,
daß er selbst ans Holz geheftet ist, das Weltall zusammen; denn er
hängt am Holz, um das All in sich zusammenzufassen.[45]
Mit seiner aktuellen Spitze zielt dieser Gedanke auf eine Zeitsituation, die in ihrer Zerklüftung nicht nur, wie eingangs angedeutet,
an die Widersprüchlichkeit des fünfzehnten Jahrhunderts, sondern
von ihrer resignativen Stimmung her auch an die depressive Verfassung der Spätantike erinnert. Nicht nur, daß dem gegenwärtigen
Menschen noch immer die Folgen des Zweiten Weltkriegs und der zu
ihm führenden Diktaturen »nachgehen«, durch die er wie kaum einmal
zuvor in seiner Geschichte auf den Prüfstand extremer Lebens-
bedingungen gestellt wurde; vielmehr sieht er sich, vor allem durch die
unaufhaltsam heraufziehende totale Medienwelt, mit desintegrativen
Verhältnissen konfrontiert, die genauso auf seine *Destruktion als
Personwesen* abzielen, nur mit dem Unterschied, daß sie das ange-
strebte Ziel anstatt mit repressiven Mitteln auf persuasivem Weg
verfolgen. Das führt auf breiter Front zu einem fortschreitenden
Abbau der Wertvorstellungen der von den abendländischen Prinzipien
getragenen Persönlichkeitskultur, der zusätzlich durch den Verfall der
bisher gegebenen Rahmenbedingungen beschleunigt wurde. Die
Einbettung in das Kontinuum des Geschichtsgangs wich, wie *Hermann Lübbe* ins Bewußtsein rief, einem Gewißheitsschwund, der
gleicherweise die Zukunft wie die Tradition betraf.[46] Die von den
Begriffen Nation und Heimat umschriebenen Sozialfaktoren verloren
in einer Weise an Boden, daß sie bereits aus dem gängigen Sprachgebrauch verschwanden. Und das postmoderne Bewußtsein kennt

überdies, mit *Lyotard* gesprochen, keine »Linie des Widerstands« mehr, an der diesem Verfall Einhalt geboten werden könnte.[47]

Für die Aktualität der Rekapitulationsidee spricht aber nicht nur – negativ – der desintegrative Charakter der Zeit, sondern auch der vielfache Gegenzug, der auf Ganzheit, Integration und – um damit das Kierkegaardsche Stichwort einzuführen – »*Wiederholung*« drängt. Noch vor der durch »Einholungstendenzen« gekennzeichneten Kulturphase und der auf »Traumverwirklichung« ausgehenden Hochtechnik ist als – zweifellos oberflächlichster – Beleg dafür die modische Ankündigung eines neuen, dem Prinzip der Integration verpflichteten Zeitalters zu nennen. Sein ebenso beredter wie renommierter Wortführer *Fritjof Capra* sieht das Grundübel der noch anstehenden Gegenwart in einem einseitig der Rationalität verschriebenen und in eine Vielzahl von Teilsichten aufgesplitterten Denken, dem er durch eine Strategie der Vernetzungen entgegenwirken möchte, um so die gegenwärtige Krisenstunde dem Ziel eines besseren, von einem ausgesprochen »holistischen« Bewußtsein getragenen Zeitalters anzunähern. Von der neognostischen Perspektive eines New-Age ist freilich nur noch beiläufig, sogar mit einem kritischen Seitenblick auf ihre Vertreter, die Rede.[48] Und der angekündigte »Übergang ins Solarzeitalter« reduziert sich bei näherem Zusehen auf eine programmatische Synthese von Ökologie und Feminismus, angereichert mit therapeutischen und theologischen Aspekten, die allerdings mehr für die Buntheit des Spektrums als für die Stringenz des vorgetragenen Modells sprechen.

Als Nachklang des Rekapitulationsgedankens wirkt Capras ›Wendezeit« (von 1982) dann aber schon durch das Bestreben, die wichtigsten der umlaufenden Alternativformen zu Physik, Biologie, Ökonomie und Medizin, vor allem in Gestalt der pazifistischen und feministischen Bewegungen und der von ihm selbst konzipierten Tiefen-Ökologie zu einem Gesamtprogramm zu integrieren. Erst recht gilt das für den betonten Rückgriff auf verschollene oder exotische Konzepte aus den angesprochenen Bereichen. Zwar fehlen die Namen der großen Gnostiker, doch tauchen stellvertretend für sie die von Paracelsus, Samuel Hahnemann, Carl Gustav Jung und Rudolf Steiner auf. Und diese stehen, zusammen mit Teilhard de Chardin, dann auch für die großen Integrationsdenker, angefangen von Nikolaus von Kues über Franz von Baader bis hin zu Wladimir Solowjew. Wäre die christliche Tradition von Capra offener aufgenommen worden, so hätte er in diesem visionär gestimmten All-Einheits-Denker, den

103

Dostojewskij in der Aljoscha-Figur der ›Brüder Karamasow‹ ver-
gegenwärtigte, seine Konzeption in wesentlichen Zügen vorgefunden.
Denn es geht um ein kosmisches Unionserlebnis, wenn es von dem
von Schmerz und Begeisterung überwältigten Jüngling heißt:

> Ihm war, als verbänden sich unsichtbare Fäden von all den zahllosen
> Gotteswelten in ihm, und seine Seele erschauerte »in der Berührung mit
> anderen Welten«. Und mit jedem Augenblick wurde ihm deutlicher be-
> wußt, daß etwas Festes und Unerschütterliches wie dieses Himmels-
> gewölbe in seine Seele einzog, wie eine Idee sich seines Verstandes
> bemächtigte und dies durch sein ganzes Leben und die ganze Ewigkeit.[49]

Und noch genauer trifft diese Übereinkunft auf eine charakteristi-
sche Stelle aus *Solowjews* ›Vorlesungen über das Gottmenschentum‹
(von 1877) zu:

> Sofern die Weltseele den göttlichen Logos in sich aufnimmt und als sie
> von ihm bestimmt wird, bedeutet sie die Menschheit, die göttliche
> Menschheit des Christus, den Christus-Leib oder die Sophia. Indem
> die Weltseele das einige göttliche Prinzip in sich aufnimmt und mittels
> dieser Einheit alle Wesen in ihrer Vielheit und Mannigfaltigkeit mit-
> einander verbindet, gibt sie dem göttlichen Prinzip die Möglichkeit, sich
> vollständig in allem zu verwirklichen; durch sie offenbart sich Gott in der
> ganzen Schöpfung als lebendig wirkende Kraft oder als der Heilige
> Geist.[50]

Die – um nun doch diesen abgewiesenen Titel zu verwenden –
New-Age-Version fügt dem, abgesehen von der bereits erwähnten
ökologischen Komponente, vor allem die erkenntnistheoretische Perspektive hinzu, dies jedoch so, daß zugleich mit der Hinwendung zu
transrationalen Denkformen die christliche Basis verlassen wird.
Dabei besteht die besondere Fatalität darin, daß die Distanzierung insbesondere den Reflexionsgrund betrifft, auf den sich das christliche
All-Einheits-Denken, gerade auch bei Solowjew, bezog: die Weisheit.
Im Streben nach Erweiterung der Denkformen ging somit gerade das
verloren, was nach unvordenklicher Tradition ihre Integration ermöglicht hätte. Damit fehlt dem Konzept jedoch die Basis, die wirklich in
die Zukunft hineingetragen hätte. Es bleibt somit, was es ist: eine
säkularistische Zerrform der Rekapitulationsidee.

Eine diesem großen Denkmodell verwandte Tendenz verfolgt
sodann die auf die Realisierung uralter Traumziele gerichtete Hochtechnik. Was *Freud* bei seiner kühnen Prognose kaum ahnen konnte,

hat sich, wie bereits erwähnt, mit der Entwicklung während der zweiten Jahrhunderthälfte bestätigt. Mit der Freisetzung der Kernenergie verwirklichte sich der Prometheus-Mythos vom himmlischen Feuer, mit der Raumfahrt der Menschheitstraum von der Sternenreise, mit der Möglichkeit akustischer Speicherung die Münchhausen-Fabel von den »eingefrorenen Tönen« und mit der Herztransplantation das Hauff-Märchen vom »Kalten Herzen«. Gerade in ihren progressivsten Leistungen wirkt die moderne Hochtechnik somit eigentümlich retrovertiert, betreibt sie das Werk einer Rekapitulation. Sie hat sich nicht nur von der Seite des leidenden Menschen auf die des träumenden geschlagen, sondern versinkt, wie ein Träumer, auch in Erinnerungen an uralte, langgehegte Wunschziele. Und sie holt diese Erinnerungsbilder in der Form zu aktueller Präsenz herauf, daß sie sie in Bestandteile der Faktenwelt verwandelt. In den Kernreaktoren, den Weltraumexperimenten, den Herzstationen und den gentechnischen Laboratorien treten dem sensiblen Beobachter ebenso Spitzen- wie Tiefenleistungen der heutigen Technik gegenüber, realisierte Utopien, in denen immer schon Erträumtes zu gegenständlicher Aktualität gelangte. Womöglich ist das nicht weniger Anlaß für das von diesen Errungenschaften ausgehende Unbehagen als das mit ihnen verbundene Gefahrenpotential.

Auf den vermutlich wesentlichsten Zug im Ensemble der gegenwärtigen Rekapitulationsstrategien verwies *Walter Wimmel* mit seiner Studie ›Die Kultur holt uns ein‹ (von 1981), die, höchst bezeichnend, davon ausgeht, daß uns das »Bewußtsein vom Charakter der Schrift als der geistbestimmenden und geistverändernden Grundtechnik abhanden gekommen« sei, obwohl er es fast im selben Atemzug als das Kennzeichen der vorschriftlichen Kulturen bezeichnet, »daß der Geist immer einmal im Lauf der Zeit gleichsam auf den Nullpunkt zurückgeworfen werden konnte; daß höhere, bereits erreichte Gedankenverbindungen verlorengingen und daß Denken von seinem kleinsten Kreis her neu ansetzen mußte«.[51] Mit der durch das Prinzip der Komparativität gegebenen Möglichkeit des Ideenvergleichs eröffnete sich demgegenüber das Feld einer umfassenden Verknüpfung und systematischen Ordnung der Gedanken, während gleichzeitig die schriftliche Fixierung des Gedachten einen Damm gegen das »Verschwimmen, Versinken, Vergessen- und Vernichtetwerden« der Inhalte aufwarf. Gleichzeitig drängte die Entstehung von übergreifenden »Großtexten« die Kulturentwicklung jedoch auf die Bahn des unaufhaltsamen Wachstums, während der sich ständig vergrößernde Textbestand den »Menschen von seiner Mitte« wegführte und ihn sich selbst entfremdete.[52]

In erstaunlicher Übereinkunft mit *Löwith* sieht Wimmel hier denselben Mechanismus am Werk, wie er in dessen Fortschrittsanalyse zutage trat. Wie die Krise des Fortschritts nach Löwith dadurch eintrat, daß er selbst progressiv wurde, spricht Wimmel von einer *»Schuld« der fixierenden Zeichensysteme*, die »in der zwecküberschreitenden Eigengesetzlichkeit ihrer Technik begründet« sei. Die Technik der schriftlichen Ideenspeicherung emanzipierte sich von ihrer Funktion im Dienst der »direkten Mitteilung im gegenwärtigen Daseinskontext« und wurde zum *Selbstzweck*. Die durch die Zeichensysteme fixierten und vervielfältigten Bedeutungen verselbständigten sich und bildeten, zusammen mit dem Bedeutungsanteil der »technisch gefertigten Zweckdinge« ein Netz, das sich über die gesamte Lebenswelt legte. Was *Lessing* dem Christentum seiner Zeit ins Stammbuch schrieb, nimmt dadurch den Charakter einer weltweit drohenden Gefahr an: der auf die Textualität und ihre Vergünstigungen gegründete Kulturkreis steht im Begriff, zu einer Reproduktion seiner selbst herabzusinken. In diesem fatalen Sinn bestätigt sich der von Wimmel mit großem Bedacht gewählte Titel: Die Kultur holt uns ein!

So deutlich die angesprochenen Komplexe der frühchristlichen Rekapitulationsidee verhaftet sind, variieren sie diese doch in einem jeweils negativen Sinn. Die Ankündigung eines neuen, dem holistischen Prinzip verschriebenen Zeitalters, weil sie insgeheim das Ziel einer Repaganisierung aller Verhältnisse verfolgt und dabei unverzichtbare Elemente der Persönlichkeitskultur abstößt; die technische Rekapitulation, weil sich ihre »Traumgeburten« mit der durch die Medientechnik tatsächlich realisierten Drohung verbinden, in die Unwirklichkeit des Traumhaften zurückzusinken; und die von der Textualität eingeholte Kulturszene, weil sie sich in das zu verwandeln droht, was als Mittel zu ihrer Entstehung geführt hatte: in ein abstraktes Zeichensystem.[53] Sofern die angesprochenen Komplexe aber zugleich als Exponenten des Säkularisierungsprozesses anzusehen sind, kommt in ihnen nur, wenngleich mit unterschiedlicher Deutlichkeit, dessen Fatalität erneut zum Vorschein. Um so eindringlicher wird die Frage nach der auf seinem eigenen Boden entstandenen Deutungen, insbesondere wenn sich zeigen sollte, daß diese mit denen der biblischen (Gericht) und patristischen (Wiedereinholung) Tradition entstammenden in einer wenn auch noch so fernen Beziehung stehen.

Die spekulative Synthese:
Selbstaufhebung und Wiederholung

Den gängigen Bestimmungen des Säkularisierungsprozesses haftet die Unzulänglichkeit an, daß sie ihn stets »von außen« in den Blick nehmen und nicht aus der Sicht des von ihm betroffenen Christentums. Davon macht noch nicht einmal die biblische Perspektive des »Gerichts« eine volle Ausnahme, weil dieses (nach Joh 12,31 und 1 Kor 6,2) primär über »die Welt« ergeht. Von keinem Interpreten ist die fehlende Gegenperspektive so sehr zu erwarten wie von *Nietzsche*. Dafür spricht nicht nur der Umstand, daß er sich lebenslang als den Vollstrecker des Säkularisierungsprozesses und militanten Diagnostiker des absterbenden Gottesglaubens empfand, sondern auch eine ausdrückliche Erklärung. In den Skizzen und Vorstudien zu ›Ecce homo‹ steigert er sich zu der Behauptung, daß das Christentum seiner Vorfahren in ihm »seinen Schluß« ziehe:

> Eine durch das Christentum selber großgezogene, sonnenrein gewordene Strenge des intellektuellen Gewissens wendet sich gegen das Christentum: in mir richtet sich, in mir überwindet sich das Christentum selbst.[54]

Was er unter dieser gegen es selbst gerichteten »Logik« des Christentums versteht, hatte er zuvor schon im vorletzten Abschnitt seiner Untersuchung ›Zur Genealogie der Moral‹ (von 1887) ausgeführt. Danach will es das durch das Gesetz der notwendigen »*Selbstüberwindung*« gekennzeichnete Wesen des Lebens, daß alle großen Dinge durch sich selbst, »durch einen Akt der Selbstaufhebung«, zugrunde gehen:

> Dergestalt ging das Christentum als Dogma zu Grunde, an seiner eigenen Moral; dergestalt muß nun auch das Christentum als Moral noch zu Grunde gehn, – wir stehen an der Schwelle dieses Ereignisses. Nachdem die christliche Wahrhaftigkeit einen Schluß nach dem andern gezogen hat, zieht sie am Ende ihren stärksten Schluß, ihren Schluß gegen sich selbst; dies aber geschieht, wenn sie die Frage stellt »was bedeutet aller Wille zur Wahrheit?« ... An diesem Sich-bewußt-Werden des Willens zur Wahrheit geht von nun an – daran ist kein Zweifel – die Moral zu Grunde: jenes große Schauspiel in hundert Akten, das den nächsten zwei Jahrhunderten Europas aufgespart bleibt, das furchtbarste, fragwürdigste und vielleicht auch hoffnungsreichste aller Schauspiele ...[55]

107

Wenn man *Gerd-Günther Grau* folgt, dem die Entdeckung des überragenden Stellenwerts dieser Textpassage zu danken ist, läßt sich Nietzsches gesamte Kritik des Christentums am Leitfaden dieses Dreischritts nachzeichnen, der seinerseits von einem »methodologischen Hegelianismus« eingegeben ist.[56] Doch abgesehen davon, ob es Nietzsche tatsächlich darum geht, den Prozeß der »philosophischen Selbstauflösung des Christentums im deutschen Protestantismus« nachzuweisen, läßt sich nicht bestreiten, daß seine Kritik des Christentums zweigipflig angelegt ist. Während der Zarathustra-Komplex, zu dem als »Vorhalle« auch die ›Fröhliche Wissenschaft‹ gehört, die Destruktion des christlichen Gottesglaubens und damit der dogmatischen Zentralposition betreibt, setzt sich das in der ›Genealogie der Moral‹ gipfelnde Spätwerk die Überwindung des Christentums als moralische Instanz zum Ziel. Der Unterschied betrifft auch die jeweils verfolgte Strategie. Ging es Nietzsche in der Parabel vom tollen Menschen noch um den Versuch, den widerstandsfähigsten aller Gottesbeweise zu widerlegen – genauer noch: ihn zu »widerrufen« –, so hält er zunehmend die *»genealogische« Methode* für die einzig durchschlagende. In diesem Sinn versichert er schon in der ›Morgenröte‹ (von 1881):

Ehemals suchte man zu beweisen, daß es keinen Gott gebe, – heute zeigt man, wie der Glaube, daß es einen Gott gebe, entstehen konnte und wodurch dieser Glaube seine Schwere und Wichtigkeit erhalten hat: dadurch wird ein Gegenbeweis, daß es keinen Gott gebe, überflüssig. – Wenn man ehemals die vorgebrachten »Beweise vom Dasein Gottes« widerlegt hatte, blieb immer noch der Zweifel, ob nicht noch bessere Beweise aufzufinden seien als die eben widerlegten: damals verstanden die Atheisten sich nicht darauf, reinen Tisch zu machen.[57]

Wenn er nun in dem Schlüsseltext aus der ›Genealogie der Moral‹ denselben Gedanken ausspielt, gibt er zu verstehen, daß er das Christentum von Anfang an als moralische Instanz im Visier hatte und daß er in seinem Gott letztlich den »kategorischen Imperativ« bekämpfte.[58] Wenn er aber so argumentierte, huldigte er zugleich einem »methodologischen Sokratismus«, da die Tugend dann für ihn »lehrbar« und die auf sie gegründete Moral demgemäß auch auf wahrheitsanalytischem Weg zu widerlegen war. Daß er tatsächlich so dachte, bestätigt sein Selbsteinwand, daß im Grunde *nur der »moralische Gott« widerlegt* sei, und die sich ihm daraus ergebende Folgerung:

Ihr nennt es die Selbstzersetzung Gottes: es ist aber nur seine Häutung: –
er zieht seine moralische Haut aus! Und ihr sollt ihn bald wiedersehen,
jenseits von Gut und Böse.[59]

Mit dieser Nachlaßnotiz widerspricht Nietzsche jedoch unüberhörbar seinem Theorem von der Selbstauflösung des Christentums
und, Hand in Hand damit, seiner Überzeugung von der Stringenz der
genealogischen Methode. Die von ihm entwickelte Dreistadienlehre
führt, entgegen ihrer Intention, nicht in das angenommene Endstadium
der totalen Auflösung, sondern zu der ganz unverhofften Wiederkehr
des totgesagten Gottes und der von ihm geprägten Religion. Das aber
ist die erregende Stelle in Nietzsches Denken, an der seine lineare
Vernichtungsstrategie überlagert wird von seiner zyklischen Wieder-
kunftsidee, die sich nun unversehens auch seiner Anti-Theologie
bemächtigt.[59a]
Nichts wäre freilich verkehrter als die Annahme, daß die sich damit
durchsetzende »Hintergrundslogik« zu einer Restitution der anfänglichen Verhältnisse führe. Was sich irrtümlich, wie nunmehr deutlich
wird, als »Selbstzersetzung« darstellte, hatte tatsächlich den Charakter
einer radikalen Auflösung, die sowohl das dogmatisch definierte
Gottesbild als auch die nach seiner Zersplitterung verbliebene moralische Gottesmacht betraf. Was die ›Fröhliche Wissenschaft‹ mit
den Bildmotiven beschrieb, die *Martin Buber* in den Begriff der
»Gottesfinsternis« faßte, bleibt in einem wenngleich beschränkten
Umfang zutreffend.[60] Was durch die Wiederkehr heraufkommt, ist ein
Gott jenseits der ihm zugelegten Attribute und der mit seinem traditionellen Begriff verbundenen Position. Es ist, neutestamentlich ausgedrückt, *der Gott der Todesstunde Jesu*, aktuell gesprochen, der Gott
nach Auschwitz.[60a] Doch sowenig von ihm begrifflich zu fassen ist,
beweist er doch stärker als jedes Argument, daß auch die Innensicht
des Säkularisierungsprozesses derselben Ambivalenz unterliegt, die
bei den bisherigen Annäherungsversuchen zu beobachten war.
Der Begriff der Wiederkehr schlägt die Brücke zum christlichen
Gegenmodell, das in *Kierkegaards* Postulat der »*Wiederholung*«
vorliegt.[61] Für den Zusammenhang der beiden Motive trat mit allem
Nachdruck wiederum Grau ein, als er seine religionsphilosophische
Studie über Kierkegaard, die um den Gedanken der Wiederholung
kreist, mit dem Titelwort von der »Selbstauflösung des christlichen
Glaubens« überschrieb.[62] Danach brachte Nietzsche mit der Rede von
der Selbstauflösung nur das auf den Begriff, was Kierkegaard im

Scheitern der von ihm erhofften Wiederholung erlebt, erlitten, reflektiert und gedichtet hatte. Daß sich sein Problem an einem scheinbar alltäglichen, von ihm zudem bewußt inszenierten Konflikt entzündete, der Auflösung seiner Verlobung mit der ebenso schönen wie warmherzigen Regine Olsen, spricht nicht gegen die Größe des darauf errichteten Gedankengebäudes, da sein Denken von Anfang an, wenngleich mit wechselnder Intensität, die Umsetzung des Lebens in Philosophie betrieb.[63]

In der Alternative, ob das aufgelöste Verhältnis nur fortgedichtet oder nicht vielmehr wiederhergestellt werden solle, lebt die für Kierkegaards Lebensproblem aufschlußreichste Schrift, ›Die Wiederholung‹ betitelt, zunehmend von der Hoffnung auf die Restitution, die sich dann freilich unter dem schockierenden Eindruck der Nachricht von Regines Verbindung mit einem andern programmwidrig als Freigabe zur Identifikation erfüllt. Das erwartete »Gewitter« überkommt den fiktiven Briefpartner, in dem sich der hinter dem Pseudonym Constantin Constantius verborgene Autor spiegelt, tatsächlich, wenngleich in Form eines völlig unerwarteten Donnerschlags:

> Mein stummer Mitwisser! Sie ist verheiratet; mit wem, weiß ich nicht; denn als ich es in der Zeitung las, wurde ich wie vom Schlag gerührt, so daß ich das Blatt fallen ließ; und seither habe ich nicht wieder die Geduld zu näherem Nachsehen gefunden. Ich bin wieder ich selbst; darin habe ich die Wiederholung! Ich verstehe alles, und das Dasein erscheint mir schöner denn je. Es kam tatsächlich wie ein Gewitter, wenn ich es auch ihrer Großmut verdanke, daß es geschah … Ich bin wieder ich selbst. Dieses ›Selbst‹, das ein anderer nicht von der Landstraße auflesen würde, besitze ich wiederum. Die Spaltung, die mein Wesen zerriß, ist aufgehoben; ich schließe mich wiederum zusammen … Ist das nicht die Wiederholung? Bekam ich nicht alles doppelt? Bekam ich nicht mich selbst wieder, gerade so, daß ich die Bedeutung dessen doppelt fühlen muß?[64]

Mehr als jede andere dokumentiert diese Szene die Geburtsstunde von Kierkegaard als Existenzdenker, dem die Lebensgeschichte zum unerschöpflichen Thema seines Denkens und dieses zur reflektierenden Gegenprobe seines Lebens wird. Er mußte sich tatsächlich, mit *Rudolf Kassner* gesprochen, »zu Ende reflektieren, wenn er die Reflexion, sein Leiden, los werden wollte«.[65] Dazu nötigte ihn der ausgebliebene Teil der erhofften Wiederholung, dessen Entbehrung ihn *zum unablässigen Dichter und Denker seines Lebens* werden ließ.

Wie kein anderer Deuter des Identitätsproblems mußte er somit, wie es *Kleist* in seinem Essay über das Marionettentheater ausdrückte, die »Reise um die Welt« machen, um so einen Zugang zum verlorenen Paradies des mit sich selbst geeinten Daseins zu gewinnen. Sofern ihn dazu aber immer auch die unstillbare Schwermut seines Lebens und deren existentieller Exponent, die Verzweiflung, antrieb, wußte er zugleich, daß er niemals aufhören würde, sich experimentierend zu sich und seinen Lebensbeziehungen zu verhalten und damit alles in einem letzten Sinn aufs Spiel zu setzen, wie er es mit seiner Beziehung zu Regine getan hatte. So aber liest sich sein Lebenswerk erst recht wie eine poetisch-psychologische und nicht zuletzt auch theologische Auslotung dieses Verhältnisses. Während das »Tagebuch des Verführers« aus ›Entweder – Oder‹ ausdrücklich in der Absicht verfaßt ist, den Bruch auf unheilbare Weise zu vertiefen, durchschreiten die ›Stadien auf dem Lebensweg‹ die Stufen der Verarbeitung. Demgegenüber steigt Kierkegaard in dem ›Begriff Angst‹ und in der ›Krankheit zum Tode‹ zu den Gründen und Hintergründen des Verhältnisses hinab, das ihm hier zum Schlüssel einer neuen, zur klassischen Anthropologie querliegenden Deutung des Menschseins wird. Gleichzeitig beginnt mit ›Furcht und Zittern‹ der in den ›Philosophischen Brocken‹ vertiefte und mit der ›Einübung im Christentum‹ gekrönte Versuch einer Heilung der Wunde, die er insbesondere mit den Schriften über die Angst und Verzweiflung aufgerissen hatte. Nicht umsonst sollte die letztere, die ›Krankheit zum Tode‹, ursprünglich eine Fortsetzung in Form der unausgeführten Schrift mit dem Titel ›Die Heilung von Grund auf‹ erhalten, die dann durch die ›Einübung im Christentum‹ ersetzt wurde.[66] Tatsächlich verhält sich diese wie die am Lebensbild Jesu abgelesene Antwort auf die in der Krankheitsschrift mehr noch aufgerissene als aufgeworfene Frage.

Kierkegaard, nach dessen Willen auf seinem Grabstein nur die Inschrift »Jener Einzelne« stehen sollte, empfand sich in seiner Einzelexistenz zugleich so exemplarisch, daß er sich zu dem Anspruch steigerte, »als Einziger in seiner Zeit gewußt zu haben, was wahres Christentum ist«, so wie sich der ihm geistesverwandte *Pascal* zum Befremden Guardinis mit Jesus zu einer exklusiven Intimität zusammengeschlossen wußte.[67] Gesteigert wird dieses Ausnahmegefühl durch die Reduktion der Welt, die, wie vor allem *Löwith* betonte, nach einer Stelle aus der Wiederholungsschrift zu einem »undurchschaubaren Unternehmen« zusammenschrumpft.[68] Nimmt man hinzu, daß Kierkegaard es als seine religiöse Aufgabe empfand, die historische

Distanz, die ihn von Christus trennte, zum Verschwinden zu bringen, um die Gleichzeitigkeit mit ihm zu erreichen, so wird ihm sein Lebenskonzept fast unvermeidlich zum Paradigma der Problemlösung, die er der Christenheit insgesamt aufgegeben sieht. Oder nun in Löwiths vollständigem Wortlaut wiedergegeben:

> Im Hinblick auf die ewige Wahrheit Gottes, die aber nur für einen gläubig Existierenden da ist, hat Kierkegaard die achtzehnhundert Jahre, die zwischen ihm und der christlichen Offenbarung lagen, »wegschaffen« wollen, »als hätte es sie gar nicht gegeben«, und im Begriff der »Wiederholung« eine Möglichkeit erdacht, die Verfallsgeschichte des weltgeschichtlich gewordenen Christentums zu ihrem Ursprung in der gläubigen Aneignung der christlichen Verkündigung zurückzuholen.[69]

Damit wird die Wiederholung ebenso zum Schlüsselbegriff für das Problem der Christentumsgeschichte, wie sie es zunächst für die eigene Lebensgeschichte gewesen war. Daß er den Geschichtsgang von der Zeit Jesu bis zu seiner eigenen Lebenszeit so radikal als »Verfallsgeschichte« empfand, erklärt sich aus seinem Verhältnis zu *Lessing*, dem er nicht nur in der berühmten Lobrede aus der ›Abschließenden unwissenschaftlichen Nachschrift‹ gehuldigt, sondern dem er auch, wichtiger noch, das Motto und Sprungbrett zu seinen ›Philosophischen Brocken‹ entnahm, die sich insofern – wie dies werkimmanent vom Verhältnis der ›Einübung‹ zur ›Krankheit zum Tode‹ zu sagen war – zu Lessings großem und für ihn selbst unlösbaren Problem wie die Antwort zur Frage verhält. Im freien Anschluß an die Flugschrift ›Über den Beweis des Geistes und der Kraft‹ (von 1777) hatte Kierkegaard das Problem ursprünglich mit den Worten umschrieben:

> Wie bekomme ich einen historischen Ausgangspunkt für mein ewiges Bewußtsein, wie kann ich meine Seligkeit auf ein historisches Wissen bauen?[70]

Daß Kierkegaard bei seinem Lösungsversuch auf das Wiederholungsmodell zurückgreift, hängt freilich auch mit der Tatsache zusammen, daß er die Konkretheit des Universalen zeitlich, als den Einbruch der Ewigkeit im gegenwärtigen »Augenblick«, dogmatisch gesprochen: als den – menschgewordenen – »Gott in der Zeit« begreift. Vor ihm wird der Zeitenabstand hinfällig. Damit dies deutlich werde, muß freilich die spekulative Frage danach bis an die Grenze der Denkbarkeit vorangetrieben werden, die Kierkegaard in deutlicher Anspielung auf das anselmische Argument in dem als Grenzbegriff gefaßten Gottesgedanken berührt. Bei dieser Berührung spitzt sich der Gottesgedanke zum Paradox zu, in welchem der Verstand mit seiner höchsten Leidenschaft ins Unüberdenkliche vorstößt. Doch nicht vergebens! Denn der Leidenschaft des Verstandes entspricht der in die Knechtsgestalt eingegangene Gott, dessen »ganzes Leben sich als eine einzige Leidensgeschichte« darstellt.

Wenn sich das zur Paradoxie gesteigerte Erdenken Gottes dazu versteht, von sich selbst abzulassen, wird es hellhörig und fähig, die »akustische Täuschung« zu überwinden, die sich ihm mit einer Gottesbotschaft im Menschenwort auferlegt. Durch den göttlichen Schmerz, der sich hinter der »indirekten Mitteilung« verbirgt, wird der Unterschied zwischen dieser und dem »Originalton« der Gottes-offenbarung aufgehoben. Es ist somit die in der Geschichte fortwäh-rende Passion Jesu, die den durch den Zeitenabstand aufgerissenen Graben überbrückt, sofern sich der davor zurückschreckende Ver-stand nur auf sie einstimmt. Diese Einstimmung auf das durch die »akustische Täuschung« verschlüsselte Wort geschieht im Glauben. Daß er sich nicht mehr auf das Zeugnis der Augen- und Ohrenzeugen, sondern nur noch auf das der kirchlichen Verkündigung stützen kann, darf ihn nicht beirren. Denn mit dem Zeitenabstand zusammen ist auch der Unterschied zwischen dem, wie Kierkegaard sich ausdrückt, »Schüler erster« und »zweiter Hand« aufgehoben. Der *Glaube* gelangt zur Gleichzeitigkeit mit Jesus, nein, er *ist diese Gleichzeitigkeit*. Ihm ist deshalb die Wiederholung erreichbar, wie sie der in zwei Rollen aufgespaltene Verfasser der Wiederholungsschrift gegen alle Be-zweiflung ersehnte. Und selbstverständlich wird ihm mit dem Glück der Gleichzeitigkeit auch das der Selbstfindung zuteil, mit der sich der vom »Donnerschlag« der Verlobungsanzeige Getroffene abzufinden suchte.

Wie in ihrem privaten Vorspiel hat die Wiederholung in ihrem auf die Christentumsgeschichte bezogenen Aspekt aber auch eine defi-ziente Seite. Denn nach dem Vorgang *Lessings* begreift auch Kierke-gaard die Entwicklung des Christentums als eine einzige »Verfalls-geschichte«. Sah Lessing das Unglück der Christenheit darin, daß die vom »Erweis des Geistes und der Kraft« getragene Botschaft zuneh-mend unter das Diktat des toten Buchstabens geriet, so daß die christliche Sache schließlich zu einer Reproduktion ihrer selbst herab-sank, so spricht Kierkegaard geradezu davon, daß das Christentum durch die im Lauf der Geschichte entstandene Institution »abge-schafft« worden sei.[71] Dabei konzentriert sich seine Kritik auf den

Vorwurf, daß die Christenheit auf ihrem Weg durch die Geschichte den schmalen und steilen Weg, als den sich Jesus selbst bezeichnet hatte, mit dem der ständigen Verallgemeinerung vertauscht habe.[72] Nach seinem Appell ›Zur Selbstprüfung‹ lassen sich sogar noch die wichtigsten Stadien auf diesem »ins Verderben« führenden Weg rekonstruieren. Es erinnert unmittelbar an Lessing, wenn es heißt:

> Es war einmal eine Zeit, da das Evangelium, »die Gnade«, in ein neues Gesetz verwandelt worden war, welches strenger über den Menschen waltete als das alte. Alles war ein verkrampftes, knechtisches und unlustiges Wesen geworden, beinahe, als wäre da – trotz des Gesangs der Engel beim Kommen des Christentums – keine Freude mehr, weder im Himmel noch auf Erden. In kleinlicher Selbstquälerei hatte man – das war die Strafe! – Gott gleichermaßen kleinlich gemacht.[73]

Steht Kierkegaard hier auf den Schultern *Luthers*, der erstmals die Befürchtung äußerte, daß aus Jesus »ein Mosen« und aus dem Evangelium ein Gesetzbuch gemacht werde, so berührt er sich bei der Benennung des zweiten Stadiums mit Tendenzen der Gegenwartstheologie:

> Man erklärt, das Christentum sei eine »Lehre«, und erzählt dann, daß diese Lehre »die Welt umgeschaffen« habe. O wir Toren! Oder besser: o wie listig sind wir doch! Nein, nie hat eine Lehre, bedient von Amtspersonen und besoldeten Beamten, die nur als Gewicht an ihr hängen und sie in die Endlichkeit herabziehen, die Welt umgeschaffen … Nein, aber von Wahrheitszeugen getragen, die mit Verzicht auf jeden Nutzen aus dieser Lehre für diese alles opferten; von diesen Wahrheitszeugen getragen, die nicht von, sondern für die Lehre lebten und starben, wurde das Christentum zu der Macht, die eine Welt umzuschaffen vermochte.[74]

Und Kierkegaard fügt bei der Wiederholung dieses Gedankens im Rückgriff auf seine Grundthese den radikalen Satz hinzu: »Damit ist das Christentum abgeschafft, wie leicht zu verstehen ist.«[75] Denn »zur Lehre« vergegenständlicht, hat es sich auch schon an den dialektischen Prozeß ausgeliefert, der seine »Aufhebung« betreibt und es dadurch – für Kierkegaard der schrecklichste Gedanke – unterschiedslos in der Gemengelage des saturierten Kulturbetriebs der Gegenwart aufgehen läßt. Darum geht es dann im dritten Stadium, das die christliche Sache zum »Trost« und zu einem Element der Daseinssicherung werden läßt:

Schließlich wurde das Christentum milde, oder richtiger gesagt: diejenigen, welche die Verkündigung des Christentums zu ihrer Karriere machten, fanden es (aus Menschenliebe, um nicht zu sagen: aus Liebe zu sich selbst) notwendig, das Christentum zu einem Handelsartikel herzurichten. Es wurde zu einem bloßen »Trost«. Eine Familie lebt inmitten aller möglichen Genüsse; da meldet sich bei ihr ein Verkündiger des Christentums und erklärt: »Haben Sie keinen Bedarf an mildem Trost der Ewigkeit? Ich darf ihn, ohne mich meiner Ware zu rühmen, wohl eine der größten Bequemlichkeiten und Lebensgenüsse nennen; denn er lindert die Sorgen und gibt den Freuden erst die rechte Würze.«[76]

Dabei besteht die eigentliche »Würze« darin, daß die christliche Sache zu einer Versicherung für Zeit und Ewigkeit wird.

Doch so sehr sich Kierkegaards letzte und vehementeste Attacke auf diese Form eines »Kulturchristentums« richtete, wie er es vor allem in Gestalt der dänischen Staatskirche vor Augen zu haben glaubte, bekennt er sich doch in seinem Aufruf zur ›Nüchternheit‹, dem diese Stadienlehre entnommen ist, zu der Überzeugung, daß im Kirchenvolk ein Instinkt lebt, der sich gegen diese herabgesetzte Form von Christsein zur Wehr setzt und auf dem kompromißlosen Wahrheitszeugnis besteht:

Daß ein und derselbe Mensch vor meinen Ohren die Wahrheit des Christentums mit dem Nachweis beweist, daß einmal solche lebten, die alles für das Christentum opferten, während er selbst vor meinen Augen im Genuß von mancherlei Vergünstigungen lebt und so seinen Beweis widerlegt – wie sollte mich ein solcher Widerspruch überzeugen?[77]

Was die christliche Sache retten könnte, wäre somit das Wort des kompromißlosen Wahrheitszeugen. Während Kierkegaards letzte Tagebuchaufzeichnung davon spricht, daß er »aller Lust zum Leben beraubt und zum höchsten Grad von Lebensüberdruß gebracht« worden sei, stirbt er zugleich in dem Bewußtsein, die Berufung zu diesem Zeugnis erfahren und es auch tatsächlich erstattet zu haben. In der Auseinandersetzung mit dem Fall »Adler«, eines von der Staatskirche gemaßregelten Geistlichen, der sich auf Christusvisionen berufen hatte, war ihm klar geworden, daß sein bekenntnishaftes Spätwerk als ein wenn auch noch so chiffriertes Gotteswort an seine Gegenwart gelten durfte. Zwar war er nicht, wie er erhofft hatte, zum Märtyrer geworden, da seine Angriffe, trotz ihrer zunehmenden Heftigkeit, keine aggressiven Reaktionen ausgelöst hatten; doch war es ihm mit der Bereitschaft ernst, »sich für die Wahrheit totschlagen zu lassen«. Und damit wies er nach seinem Verständnis das entscheidende Kriterium des »Wahrheitszeugen« auf.

Für die Inszenierung des eigenen Lebens aber besagte das, daß er im Sinne der Kleist-Stelle »Die Reise um die Welt« vollendet oder, mit dem ihm näherliegenden eigenen Bildwort gesagt, daß er sein Dasein »umsegelt« hatte.[78] Er war in einem noch höheren Sinn, als er bei der Abfassung der Wiederholungsschrift annehmen konnte, bei sich selbst angelangt; ja ihm war entgegen allem, was er angenommen hatte, nun doch die »Realisierung des Allgemeinen« gelungen. Zwar war es ihm nicht gegeben, wie dies der umnachtete *Nietzsche* für sich in Anspruch genommen hatte, das »goldene Gleichgewicht aller Dinge zu sein«.[79] Wohl aber war er, mit dem Pauluswort (2 Kor 12,7) gesprochen, das er zum Titel einer seiner erbaulichen Reden (von 1844) wählte und noch auf seinem Sterbebett gebrauchte, zum »Pfahl im Fleisch« einer von ihrem Ursprung und ihrer angestammten Höhe abgesunkenen Christenheit geworden, der sie dazu antrieb, die defiziente Wiederholung »nach rückwärts«, der sie verfallen war, in die ihr aufgegebene »nach vorwärts« umzuwandeln. Dieser Antrieb aber hatte, biblisch gesprochen, durchaus den Charakter des »*Gerichts*«.[80] Nicht umsonst hat er die zweite Reihe der »der Gegenwart zur Selbstprüfung« empfohlenen Schriften mit dem Appell »Richtet selbst!« überschrieben.[81]

Soviel in diesem Titel an zeitkritischen Tönen mitschwingen mag, nimmt er thematisch doch den paulinischen Gedanken auf, daß dem Christen das *Weltgericht in die Hand gelegt* ist, doch so, daß er mit diesem Gericht »im eigenen Haus« beginnen müsse. In diesem Sinn lassen sich die beiden scheinbar konträren Modelle der »Selbstauflösung« und der »Wiederholung« vereinbaren. Sie lassen, bei aller Einsicht in die ungeheure Destruktivität, die vom Säkularisierungsprozeß ausgeht, und bei aller gebotenen Zurückhaltung gegenüber vorschnellen Prognosen, doch letztlich keinen Zweifel daran, daß das *Ende dieses Prozesses absehbar*, ja sogar seine *Inversion denkbar* geworden ist. Mit dem dem Christen aufgegebenen »Gericht« wird aber in der Form ein Anfang gemacht werden müssen, daß das durch die Verweltlichung in die Anonymität abgedrängte Christentum als solches identifiziert und im Sinn des den neuzeitlichen Modellen zugrundeliegenden Rekapitulationsgedankens »wiederhergestellt« wird. Hier tut eine sorgfältige Unterscheidung not. Denn Toleranz und Solidarität sind zwar säkularisierte Formen der christlichen Liebe, als solche jedoch ebenso legitime wie unentbehrliche Elemente einer humanen Lebensordnung.

Demgegenüber wird es angesichts der zum »Fortschritt« pervertierten Hoffnung darum zu tun sein, dem Mechanismus auf die Spur zu kommen, der zu den verhängnisvollen Auswirkungen der Fortschrittsideologie führte. Mit der Kritik des Herrschaftswissens wird erst ein Teil der sich damit stellenden Aufgabe bewältigt sein. Wichtiger noch wäre die Erkundung von Wegen, wie die aggressive Technologie, die zu den verhängnisvollen Folgen führte, durch eine schonende ergänzt und schließlich sogar ersetzt werden kann. Vor allem aber kommt es darauf an, aus der Zerrform von Hoffnung die Urgestalt zurückzugewinnen, weil der um die Hoffnung betrogene Mensch der Gegenwart nach einer hellsichtigen Bemerkung *Paul Valérys* »mit dem Rücken zur Zukunft« lebt und dadurch zunehmend die Möglichkeit verliert, seine Gegenwart zu bestehen. Wenn Säkularisierung in ihrem christlichen Verständnis aber bedeutet, daß uns das über uns verhängte »Weltgericht« zugleich übertragen und aufgegeben ist, muß der selbstkritische Teil dieser Aufgabe alsbald durch den zeitkritischen ergänzt werden. Was unter dem Druck der säkularistischen Aggression nur bedingt zu leisten war, ist heute möglich und deswegen unabdingbar geworden: die kritische Auseinandersetzung mit den Ursachen, den Strategien und den Erscheinungsformen des Säkularisierungsprozesses. Unter ihnen steht der Atheismus an erster Stelle. Noch immer gilt er als die Speerspitze des militanten Säkularismus. Wie steht es konkret mit seiner Position?

Das Symptom der Umpolung:
Der verstummende Atheismus

Noch für *Goethe* war der »Konflikt des Glaubens und des Unglaubens ... das eigentliche, einzige und tiefste Thema der Welt- und Menschengeschichte«.[82] Seitdem wird dieser Kampf unablässig, wenngleich mit abnehmender Überzeugungskraft ausgetragen. Für *Heine*, der wie die Idee vom Tod Gottes auch die der Selbstauflösung des Gottesglaubens vorweggenommen hatte, war der Kampf bereits durch die zunehmende Vergeistigung des Gottesbegriffs zugunsten des Unglaubens entschieden.[83] Gott wurde, so Heine, zum liebevollen Vater, zum allgemeinen Menschenfreund und Weltbeglücker:

Es konnte ihm alles nichts helfen – Hört ihr das Glöckchen klingeln? Kniet nieder – Man bringt die Sakramente einem sterbenden Gotte.[84]

Demgegenüber bleibt für *Marx* nach der »Entdeckung« Feuerbachs, »daß Gott nur eine Projektion des endlichen Menschen ins Un-endliche und daß das Wesen der Theologie Anthropologie sei«, allein noch die Aufgabe, die Zerrissenheit des Menschen zu beheben, die ihn zu der verhängnisvollen Selbstverschwendung an das jenseitige Phantom veranlaßte.[85] Sie löst jedoch keine der unterschiedlichen Theorien, da diese wirkungslos an der bestehenden Faktenwelt abgleiten, sondern allein die revolutionäre Tat. Ihrer bedarf es freilich auch, wenngleich aus anderen Gründen, für *Nietzsche*, weil für ihn nach der Tötung Gottes immer noch die Aufgabe bleibt, die von ihm zurückgebliebenen »Schatten« zu beseitigen. Da diese bis in die menschliche Denk- und Sprachwelt hineinfielen, stellt sich mit dieser Beseitigung eine langwierige, im Grunde sogar unlösbare Aufgabe. Denn das Denken müßte gegen sich selbst gekehrt und die Sprache von ihren grammatischen Regeln abgekoppelt werden, wenn Gott völlig aus ihnen vertrieben werden sollte. So wird auch hier Nietzsches aggressiver Wille von einer zunehmend resignativen Einschätzung seiner Möglichkeiten überlagert. Und schon in dem berühmten Wort der ›Götter-Dämmerung‹ – »Ich fürchte, wir werden Gott nicht los, weil wir noch an die Grammatik glauben« – überwiegt die Furcht fühlbar die Hoffnung auf die Erreichbarkeit des gesteckten Ziels.[86]

Es spricht – bei aller Feindschaft der Systeme und Polemik ihrer Vertreter – für eine letzte Übereinkunft der Geister, daß dieser Dynamik im Erscheinungsbild des Unglaubens eine vergleichbare Entwicklung im kirchlichen Lehramt entspricht. Zweifellos gehört es zu den bemerkenswertesten Anzeichen der vom Zweiten Vatikanum vollzogenen »Öffnung«, daß das Schlußdokument des Konzils, die Pastoralkonstitution ›Gaudium et spes‹ (vom 7. Dezember 1965) ein, gemessen an früheren Lehräußerungen, überraschend *differenziertes Bild des Atheismus* entwirft.[87] Danach ist dieser etwas Abkünftiges, das nur aus der kritischen Reaktion auf den Gottesglauben zu verstehen ist und insofern unterschiedliche Ursachen hat, so daß neben einer systematischen Form des Unglaubens pragmatische Erscheinungsweisen stehen: bekümmerte und unbedenkliche, aggressive und resignative, engagierte und indifferente, nicht zuletzt auch solche, die gegen das Unrecht in der Welt aufbegehren oder auf das Versagen der

Christen zurückzuführen sind.[88] Aus alledem ergibt sich eine unausweichliche Konsequenz:

> Wenn die Kirche auch den Atheismus durchaus zurückweist, so bekennt sie doch aufrichtig, daß alle Menschen, Glaubende und Nichtglaubende, zum rechten Aufbau dieser Welt, in der sie gemeinsam leben, beitragen müssen. Das aber kann gewiß nicht geschehen ohne aufrichtigen und klugen Dialog.[89]

Inzwischen trat im Spektrum dieser Erscheinungsformen eine tiefgreifende Verschiebung ein: *der militante Unglaube verstummte.* Zwar fehlt es nicht an Äußerungen einer harten, bisweilen gehässigen Kirchenkritik. Doch bezieht sich diese durchweg auf die Schatten im Bild der Christentumsgeschichte, nicht jedoch auf das göttliche Licht, das diese Schatten verdunkeln. Auch besagt die These vom Verstummen des Unglaubens keineswegs, daß die Versuche einer argumentativen Widerlegung des Gottesglaubens aufgehört hätten. Damit ist um so weniger zu rechnen, als der Gottesglaube für viele zu einem Testfall für Lebensglück geworden ist, so daß sie dessen Ausbleiben zum Anlaß der Abkehr und des Abfalls nehmen. Indessen traten die Versuche einer wissenschaftlichen Bestreitung gerade in dem gewichtigsten Beispiel des letzten Jahrzehnts unter ein neues und völlig unerwartetes Vorzeichen.

Angesprochen ist damit die Studie über »Argumente für und gegen die Existenz Gottes« des Oxford-Philosophen *John N. Leslie Mackie,* die erst im Jahr nach seinem Tod (1981) veröffentlicht werden konnte und so zu seinem denkerischen Vermächtnis geriet.[90] Auch wenn der Verfasser nach ausdrücklichem Bekunden versucht, die gläubige »Gegenposition so umfassend und so fair wie möglich zu Wort kommen zu lassen«, geht es ihm doch zentral um die systematische Destruktion der traditionellen und modernen Gottesbeweise, die von ihm deshalb, beginnend mit dem ontologischen, einer Radikalkritik unterzogen werden.[91] Bei aller Sorgfalt der Überprüfung des Für und Wider votiert er daher zuletzt doch negativ. Gott ist für ihn ein Trost, der vor dem Forum der kritisch urteilenden Vernunft nicht standhält. Wer sich ihm verschreibt, erliegt einem Wunschdenken, das allenfalls auf Emotionen, nicht jedoch auf zwingenden Beweisen beruht. Dabei stützt sich Mackie, bezeichnend für sein Verfahren, seinerseits auf zwei Positionen. Er ist Rationalist und Moralist. Als Rationalist trennt er radikal zwischen menschlichem Sinnverlangen und dem Problem der Beweisbarkeit Gottes. Deshalb ist ihm jede Glaubensbegründung verdächtig, die sich auf ein »seelisches Bedürfnis« beruft:

> Es muß wirklich überraschen, daß die populären Verteidiger der Religion sooft darauf hinweisen, daß der Mensch ein natürliches, seelisches Bedürfnis nach einem religiösen Glauben verspürt. Denn sofern dies zutrifft, spricht es nicht für, sondern gegen die Wahrheit des Theismus; gerade dieses Bedürfnis erklärt nämlich, weshalb religiöse Überzeugungen entstehen und selbst dann bestehen bleiben ..., wenn es keinen guten Grund mehr für die Annahme gibt, daß sie auch wahr sind.[92]

Demgegenüber widersetzt sich der Moralist in Mackie, der sich vor allem durch die »moralischen Argumente zugunsten der Existenz Gottes« herausgefordert sieht, der gängigen Ansicht, daß wahre Sittlichkeit nur auf der Basis der Religion möglich sei.[93] Denn in diesem Fall müßte auf den als höchste sittliche Instanz begriffenen Gott die ganze Bosheit und das gesamte Unglück der Welt zurückfallen, auch wenn sie der Preis der menschlichen Freiheit seien; denn unter dieser Voraussetzung bleibe immer noch die Frage, warum dieser durch die Attribute der Güte, Weisheit und Barmherzigkeit gekennzeichnete Gott eine derartige Welt überhaupt ins Dasein gerufen habe. Indessen führt nach Mackie schon die Annahme, daß eine sittliche Weltordnung die Existenz Gottes benötige, in die Irre. Denn solange das Gute um Gottes willen getan werde, erlange es nie die souveräne Freiheit, um seiner selbst willen getan zu werden. Eine theonome Moral bleibe somit stets in einem letzten, wenngleich noch so sublimen Sinn heteronom. Und was die Ethik der Bergpredigt anlange, so erweise sie sich schon dadurch als illusorisch, daß sie mit dem Gebot der Nächsten- und Feindesliebe eine Forderung erhebe, durch die sich die Mehrzahl der Menschen nachweislich überfordert fühlt. Daraus leitet Mackie seine abschließende Folgerung her:

> Die Bindung der Moral an den religiösen Glauben bringt die Gefahr einer Entwertung der Moral mit sich – nicht nur dadurch, daß die Moral zeitweilig untergraben wird, falls der Glaube schwindet, sondern auch dadurch, daß sie anderen Bedingungen untergeordnet wird, solange der Glaube besteht.[94]

Deutlicher als in den antimetaphysischen Einwänden kommt in dieser – unabsichtlichen – Unterstellung der Hauptdefekt in Mackies Kritik zum Vorschein, der ebenso die Polarisierung von Mensch und Gott wie die Gleichsetzung von Sein und Seiendem betrifft. Weil er

Gott nur in der Tradition des englischen Deismus als höchste *Kontrollinstanz des Daseins* begreift, ist ihm der Gedanke einer erfüllenden Sinnfindung in dem sich erschließenden Gottesgeheimnis, also der Grundgedanke der christlichen Offenbarungslehre, unvollziehbar. Und weil er »Sein« nur im Sinn von faktisch Vorfindlichem zu denken vermag, fällt für ihn der anselmische Gottesbeweis – trotz eingehender Würdigung – faktisch unter den Tisch. Erst recht liegt ihm die Vorstellung von einem dem Ensemble der von ihm analysierten Argumente vorausliegenden Gottesbeweis außerhalb seines Gesichtskreises, obwohl sie die exakte Mitte zwischen den beiden angesprochenen »Lücken« bildet: die Vorstellung von der *im Gebetsakt gewonnenen Vergewisserung* über das Dasein Gottes. Denn wer betet, weiß sich im selben Maß, wie er sich im Sinn seines Aktes »zu Gott erhebt«, von dessen Wirklichkeit durchdrungen, und dies mit der Folge, daß sich ihm der Aktsinn schließlich in sein Gegenteil verkehrt. Während sein Gebet als Versuch eines »Aufstiegs zu Gott« beginnt, erfüllt es sich in der Erfahrung, daß ihn das erstrebte Hochziel an sich zieht. Doch vom Gebet ist in Mackies Ableitung überhaupt nicht die Rede, nicht einmal dort, wo er sich wie in der Diskussion um *Pascals* ›Argument der Wette‹ von der verhandelten Sache darauf verwiesen sehen müßte.[95]

Daß Mackies »Argumente für und gegen die Existenz Gottes« für die These vom Verstummen des Unglaubens in Anspruch genommen werden muß, hängt aber nicht so sehr mit der Art seiner Beweisführung als vielmehr mit der Wahl des Titels ›Das Wunder des Theismus‹ zusammen. Zwar entlehnte er ihn nach eigenem Bekunden der ironischen Bemerkung *Humes*, daß man es schon als Wunder ansehen müsse, wenn vernünftige Menschen an die christliche Lehre glauben; doch ging dieses Titelwort – wie jedes Zitat – durch die Reflexion seines Verfassers hindurch, so daß es in seiner Wiederholung einen neuen und im Vergleich zu Hume »dunkleren«, durch skeptische und resignative Untertöne bestimmten Klang annimmt.[96] An sich finde er, bemerkt Mackie am Schluß der Einleitung, am »Vorkommen theistischer Überzeugungen im allgemeinen nichts Wunderbares«; indessen möchte er deutlich machen,

> daß ihre anhaltende geistige Macht über zahlreiche vernünftige Menschen so überraschend ist, daß sie als ein Wunder zumindest im ursprünglichen Sinn zu gelten hat.[97]

Es war somit *das die Gegenargumentation überschattende Gefühl der Vergeblichkeit*, das ihn diese zwischen Ironie und staunender Betroffenheit schwankende Titelwahl treffen ließ. Zwar ist das nicht der angenommene Fall eines »verstummenden Unglaubens«, wohl aber das Zeugnis einer *skeptischen Selbsteinschätzung der atheistischen Gegenposition*. Hatte schon die Proklamation der ›Zukunft des Unglaubens‹, zu der sich *Gerhard Szczesny* gegen Ende der fünfziger Jahre verstieg, ein eher defensiv-apologetisches Gepräge, so scheint der Atheismus nun definitiv an seiner Stoßkraft irregeworden und weithin vernehmlichen Selbstzweifeln verfallen zu sein.[98]

Für die Glaubensposition ist das schon deshalb kein Anlaß zu Genugtuung und Zuversicht, weil mit dem Aufkommen neuer, nichtargumentativer und deshalb schwerer zu fassender Formen des Atheismus zu rechnen ist. Aufschlußreich ist dafür der von Mackie unabhängig von seinen Widerlegungsversuchen an die Befürworter des Gottesglaubens gerichtete Vorwurf, daß durch den Gottesgedanken die Welt- und Lebensprobleme nicht etwa entwirrt, sondern durch die Einführung eines Faktors von unendlicher Größenordnung um eben diesen Faktor kompliziert würden.[99] So tue sich der Gottesglaube immer schon schwer mit dem als Theodizeeproblem verhandelten Versuch einer Versöhnung von Gott und Leid; insbesondere aber habe er keine Verbesserung der moralischen Verhältnisse gebracht, sondern oft genug seine fanatisierten Anhänger zu Exzessen der Unmenschlichkeit getrieben. Insofern sei es vernünftiger, beim Versuch einer Lösung des Weltproblems den Faktor »Gott« aus dem Spiel zu lassen.

Übergangen wird von Mackie, überraschend genug, das seine Position mehr als jedes Argument verstärkende *Medienproblem*, das sich spiegelbildlich zu Nietzsches Befürchtung darstellt, daß ein unausrottbarer »Rest« des Gottesglaubens in den grammatischen Strukturen fortbestehe. Denn der *»strukturelle Atheismus«* der audiovisuellen Medien, der hauptsächlich in der durch sie bewirkten »Entwirklichung« des Daseins besteht, ist ganz dazu angetan, den Gottesglauben von seinen innersten Voraussetzungen her zu untergraben.[100] Eher schon kann Mackie der Hinweis auf die neuartige Erscheinungsform eines *»resignativen Atheismus«*, genauer gesagt, eines »Atheismus des zurückgenommenen Bewußtseins« entnommen werden. Wie insbesondere die – von ihm eher beiläufig geführte – Diskussion des ontologischen Arguments beweist, wurde der Streit zwischen Glaube und Unglaube bisher stets an der äußersten Grenzlinie der Denkbarkeiten ausgetragen. Die von Mackie favorisierte und für moderne Spielarten des Atheismus durchaus symptomatische Form des Unglaubens geht einfach nicht mehr so weit. Sie versagt es sich, mit *Descartes* die »Grenzen des Geistes« (ingenii limites) abzuschreiten, um dort die denkerische Fühlung mit der göttlichen Urwirklichkeit zu gewinnen. Was ihn dort erwarten würde, wäre seiner Einschätzung zufolge der Blick in ein Problemfeld von nicht zu entwirrender Komplexität und unauflichtbarer Dunkelheit. Und damit dürfte sich bei ihm sogar die Befürchtung verbinden, daß das Denken im Maß, wie es sich auf dieses Problemfeld einließe, die Fähigkeit zur Bewältigung der lösbaren Probleme verlöre.[101] Auf jeden Fall aber brächte der zur Welt hinzugedachte Gott nicht die von ihm erhoffte Lösung der Probleme, sondern deren nicht mehr zu entwirrende Steigerung.

Damit kommt bereits die sich heute gegen den Gottesglauben auftürmende Barriere zum Vorschein. Sie besteht in der *Weigerung des Denkens, bis an die ihm gezogene Grenze zu gehen* und in die es dort erwartende Transformation einzuwilligen. Mit dem von *Rilke* beschworenen Rückzug in den »Weltinnenraum« hat das nicht das geringste zu tun, eher schon mit einer Einstellung, die zwischen Resignation und Pragmatismus schwankt. Resignativ ist diese, sofern sie als Folgeerscheinung der immer noch nachwirkenden Zeit der miß-brauchten Begeisterungsfähigkeit, insbesondere aber als Ausdruck postmoderner »Beliebigkeit« zu verstehen ist. Konnte *Nietzsche* noch damit rechnen, daß der »Zauber« der von ihm entfesselten Extreme für ihn kämpfen werde, so versetzt das Extreme den heutigen Menschen eher in Argwohn und Schrecken.[102] Dagegen ist bei der pragmatischen Komponente in erster Linie an die Folgen in der heutigen Arbeitswelt zu denken. Konnte diese unter den von Marx analysierten Bedingungen mit dem Stichwort »Entfremdung« bestimmt werden, so ziehen die computerisierten Produktionsverhältnisse der Gegenwart eher einen »existentiellen Pragmatismus« nach sich. Die auf das Rück-koppelungs- und Nutzen-Schaden-Prinzip aufbauenden Entscheidungsmechanismen, wie sie in den modernen Arbeitsgängen ständig abverlangt werden, führen fast unvermeidlich zu einer mechanistischen Auffassung von menschlicher Geistigkeit und als Spätfolge, wie schon der Begründer der modernen Kybernetik *Norbert Wiener* erkannte, zu einer Bevorzugung des naturwissenschaftlichen Denkertyps gegenüber dem geisteswissenschaftlichen.[103] Für den Schwund an literarischer und künstlerischer Kreativität ist aber nach Wiener mehr noch das moderne Kommunikationssystem verantwortlich, das gleichzeitig durch einen Zug ins Massenhafte und durch einen Zwang zur Kürze gekennzeichnet ist, die beide im Endeffekt »nur konventionelle und flachgründige« Mitteilungen zulassen.[104] Dazu kommen die strukturellen Tendenzen der modernen Medien, die mit dem Stichwort von der *Stilisierung der Botschaft zur Information*, von der Entfremdung von der Wirklichkeit und vom progressiven Abbau der Logik und Phantasie zu kennzeichnen sind.[105] In alledem erweist sich die Medienszene als der Prototyp eines auf den Bereich des empirisch Greifbaren *»zurückgenommenen« Bewußtseins*, dem der Griff nach den denkerischen Grenzwerten als bloßes Spiel mit ideellen Wunschbildern, wenn nicht gar als Verirrung in die Bereiche des »transzendentalen Scheins« vorkommt, auf den schon der große Befürworter der denkerischen Selbstbegrenzung *Kant* warnend hingewiesen hatte.[106]

Bei der Entstehung des reduktiven Bewußtseins kommen somit, wie die Nennung Kants nahelegt, außer den genannten Motiven auch metaphysische Gründe ins Spiel, die wie kaum einmal zuvor offen in Erscheinung treten. Dazu gehört bereits der von den Medien betriebene Wirklichkeitsentzug, den allabendlich eine Unzahl von Medienkonsumenten erleidet, wenn sich die harte Faktenwelt vor ihren Augen in ein Traumspiel schwereloser Unverbindlichkeit auflöst. Was sie erleben, ist die – nach *Marquard* mit einem Anästhetisierungseffekt verbundene – *»Reästhetisierung« der Wirklichkeit*, die, auf das metaphysische Prinzip zurückverfolgt, einer tiefgreifenden Umschichtung gleichkommt. War im Gefolge Vicos das »factum« an die Stelle des »verum« getreten, so wird dieses nunmehr durch das »pulchrum« in seiner herabgekommenen Form als »Traum und Show« verdrängt.

Im Kontext des Säkularisierungsproblems gesehen, läuft das auf einen »Widerruf« der Weberschen Entzauberungsthese hinaus. Nicht die Entzauberung – die *»Wiederverzauberung«* liegt im Trend der Stunde. Dahin wirkte sich ebenfalls der Einfluß der Konsumgesellschaft aus, der, wie *Erich Fromm* im Gefolge *Gabriel Marcels* beklagte, durch die Stimulierung der Gier nach Besitz und Genuß das Grundverhältnis von Sein und Haben aus der Balance brachte.[107] Da man aber immer nur das »haben« kann, was in faktenhafter Weise verfügbar ist, gerät im Zug dieses Konsumverhaltens das seinem Wesen nach Unverfügbare, das dem Menschen nur auf dem Weg seinshafter Vergünstigungen zukommt, unvermeidlich in Vergessenheit. Verstärkt wird dieser Zug schließlich noch durch die Sprach-barriere, die sich in Gestalt der unterkühlten, »pragmatisierten« Sprache der Erkundung des denkerischen Grenzbereichs entgegen-stellt. Im Sog einer zusehends verarmenden und auf den Bereich des empirisch Vorfindlichen abgeblendeten Sprache kann sich das Den-ken immer weniger auf das beziehen, wozu es nach Platons ›Phaidros‹ nur auf den Flügeln der Begeisterung gelangt.[108]

Schon diese flüchtige Umrißzeichnung vermittelt einen Begriff von den Widerständen, die sich dem in seiner Strenge gefaßten Gottesgedanken in dieser Zeit entgegenstellen. Es sind nicht mehr die Bastionen des klassischen Atheismus, die niedergelegt werden müß-ten, sondern die reduktionistischen Tendenzen im Leben und Denken der Gegenwart, denen ungleich schwerer beizukommen ist. Versuche einer Widerlegung führen ebensowenig zum Ziel wie im gegen-sinnigen Fall von *Mackies* atheistischer Argumentation. Aussichts-reicher erscheint dagegen eine Strategie der »Bewußtseinserweite-rung«, sofern diese in letzter Konsequenz auf den von Mackie leichthin abgefertigten Proslogion-Beweis des *Anselm von Canter-bury* hinführt. Doch spricht nicht alles gegen seine Aktualität?

Zur Entkräftung dieses Bedenkens könnte schon der Hinweis verhelfen, daß zu den ausgesprochenen Reizworten der Gegenwarts-sprache der Begriff der *Bewußtseinserweiterung* zählt, der seinen Zauber gerade auch auf religiös Gestimmte ausübt, sofern er nur, wie dies exemplarisch in dem Buchtitel ›Bewußtseins-Erweiterung durch Meditation‹ geschieht, mit dem Verlangen nach Spiritualität ver-knüpft wird.[109] Dem aber hatte schon Hegel entscheidend vor-gearbeitet, als er in kritischer Aufnahme der kantischen Position das anselmische Argument als das Grundmodell aller Gottesbeweise er-wies und dabei die Ansicht vertrat, daß es mit diesen solange »etwas Schiefes« auf sich habe, als sie nicht im Geist der *Erhebung zu Gott* geführt werden.[110] Darin trifft er sich aber schon mit der Grundposition Anselms, der nach seiner ausdrücklichen Versicherung den Beweis aus der Rolle eines Menschen entwickelt, der »seinen Geist zu Gott erhebt«.[111] Doch was ist damit gewonnen?

Unter dem Eindruck der im Umgang mit der Alltagswirklichkeit ständig erfahrenen Diastase von Denken und Sein gehen alle Ein-wände gegen Anselm im Grunde von der Annahme aus, daß das Denken über keinen unmittelbaren Zugang zur Wirklichkeit verfüge; deshalb führe der Rückschluß vom Gedanken des unüberdenklich Größten nicht zur Gewißheit über sein Dasein. Die von Gott im

Ausgangsbegriff ausgesagte »*Größe*« sei demnach eine reine Inhalts-
bestimmung, die nichts über die Existenzfrage entscheide. Anders
jedoch das spirituelle, vom Gebetsgeist geleitete Denken. Als dessen
kompetenter Sprecher hatte *Augustin* schon im Eingangssatz seiner
›Confessiones‹ die Größe Gottes in einer Weise angerufen, die den
Wirklichkeitsbezug einschließt:

> Groß bist du, Herr, und überaus lobwürdig; groß ist deine Stärke, und
> deiner Weisheit ist kein Ziel gesetzt. Und doch will dich loben der
> Mensch, dieser winzige Bruchteil deiner Schöpfung, der Mensch, der so
> schwer an der Bürde seiner Sterblichkeit trägt, schwer auch am Zeugnis
> seiner Sünde und an dem Bewußtsein, daß du den Stolzen widerstehst.
> Und doch will dich loben der Mensch, dieser Bruchteil deiner Schöpfung!
> Du selbst bewegst ihn dazu, seine Wonne in deinem Lob zu suchen; denn
> du hast uns auf dich hin erschaffen, und unruhig ist unser Herz, bis es Ruhe
> findet in dir.[112]

Was im Eingangswort nur anklingt, wird im Bericht von der Ostia-
Vision, in der das augustinische Bekenntniswerk seinen Höhepunkt
erreicht, in aller Form bestätigt, wenn sich der mystische Aufstieg in
der Berührung der ewigen Gottesweisheit und damit der Region des
wandellos Wirklichen erfüllt:

> Und während wir so sehnsuchtsvoll von dieser ewigen Weisheit redeten,
> rührten wir leise an sie in einem Moment höchster Herzenserhebung; da
> seufzten wir auf und ließen dort die Erstlinge unseres Geistes angebunden
> zurück, um uns wieder den Erdendingen zuzuwenden, wo die Worte einen
> Anfang und ein Ende haben.[113]

Für die Korrektur des »zurückgenommenen Bewußtseins« ist jedoch das Bild von der vor Gott verstummenden und seinem Wort
entgegenharrenden Schöpfung nicht weniger wichtig, das Augustin
im reflektierenden Fortgang seines Berichts entwirft:

> Und wenn sie nun verstummten, da sie ihr Ohr auf ihren Schöpfer richte-
> ten, und wenn dann nur mehr er selbst spräche, nicht durch sie, sondern
> durch sich selbst, so daß wir sein Wort nicht mehr durch Menschen- noch
> durch Engelstimmen, nicht in Wolkendonner noch in Rätseln und Gleich-
> nissen vernähmen, sondern ihn selbst, den wir in all diesen Dingen lieben,
> ihn selbst, so wie wir uns jetzt erhoben und in hingerissenem Gedanken-
> flug die ewige, unvergängliche Weisheit berührten; und wenn dieser

Zustand anhielte, alle niedrigen Vorstellungen verschwinden ließe und uns in innere Wonnen versetzte – wäre dies nicht die Erfüllung des Wortes: Geh ein in die Freude deines Herrn?[114]

Deutlicher als sonst stimmt sich Augustin mit dieser Stelle auf die alles menschliche Reden von Gott begleitende Sehnsucht ein, von seiner Selbstaussage überholt zu werden, so daß sich das Menschenwort über Gott schließlich in Gottes offenbarendem Wort vollendet. Der heutigen Bewußtseinslage aber entspricht die Stelle als *Zeugnis des mystischen Umschlags*. Denn die Selbsterschöpfung des Geistes, die sich in den vielfältigen Erfahrungen seiner Begrenztheit ebenso wie in der umfassenden Krise der Künste bekundet, geht insgeheim mit der Erwartung einher, daß sich die *geschwächte Spontaneität als Einfallstor rezeptiver Erfahrungen* erweise, daß also das auf das ›Cogito‹ gegründete Bewußtsein von dem eines *vorgängigen Gedachtseins* im Sinne des baaderschen ›Cogitor‹ übergriffen werde.[115] Wenn Augustin den Umschlag vom einen in das andere mit dem Bild des »Festgebundenseins« verdeutlicht, nennt er damit zugleich den Grund, der für die wachsende Plausibilität des anselmischen Beweises spricht. Es sind nicht logische Konstrukte, sondern diese *Grenzerfahrungen des Geistes*, auf die sich seine längst schon in Gang gekommene Wiederentdeckung letztlich stützt.[116]
Wenn *Theodor W. Adorno* von dem »Unauslöschlichen an ihm« spricht, meint er jedoch die Hoffnung des Denkens, in seinem Exzeß einen unmittelbaren Zugang zur Wirklichkeit zu gewinnen.[117] Um den »Stand« dieser Hoffnung zu ermitteln, muß das intensiver bedacht werden, was eingangs präludierend zum aktuellen Stadium der technischen Entwicklung bemerkt wurde.[118] Wie schon Freud in seiner hellsichtigen Kulturanalyse erkannte, ist es durch den Positionswechsel gekennzeichnet, mit dem sich die Technik von ihrer Dienstfunktion zum Ziel der Beseitigung menschlicher Notstände emanzipierte und mit ihren Spitzenleistungen auf die Seite des träumenden Menschen schlug.[119] Sie steht buchstäblich im Begriff, die *Traumbilder der Menschheit vom Himmel der Utopien auf den Boden der Alltagsrealität herabzuholen*.
Wenn man hinzunimmt, daß man im Blick auf die spektakulären Erfolge der medizinischen Wissenschaft die verwegene Behauptung wagen kann, daß die Wunder Jesu »in die Hände der Ärzte gefallen« seien, daß *Schalom Ben-Chorin* in den von jüdischen Neutestamentlern geleisteten Beiträgen zur Jesus- und Paulusforschung eine »reali-

sierte Utopie« erblickte und daß mit dem Umbruch im Ostblock die Drohung eines atomaren Weltkriegs (*Weizsäcker*) der Hoffnung auf eine stabile Friedensordnung, wenn zunächst auch nur für den west- und osteuropäischen Lebensbereich wich, geht man kaum zu weit, wenn man die Gegenwart mit Freud als die Zeit der sich Zug um Zug verwirklichenden Utopien und Menschheitsträume bezeichnet. Wenn das aber auch nur auf einige Sektoren der gegenwärtigen Lebenswelt zutrifft, ist – zumindest partiell – eine Veränderung im metaphysischen Grundgefüge eingetreten. Dann hat sich der *Abstand von Utopie und Realität, von Möglichkeit und Wirklichkeit, signifikant verringert.* Dann aber haben auch jene Denkmodelle, die sich auf diese Differenz beziehen, unbestreitbar an Plausibilität gewonnen. Doch was besagt das für die argumentative Vergegenwärtigung des Gottesgedankens?

Den Schlüssel zur Beantwortung dieser Frage bietet das Engelwort aus der lukanischen Verkündigungsszene, das *Hans Blumenberg* zu Beginn seines Essays ›Matthäuspassion‹ (von 1988) als das »„große Wort der Theologie« und als das »Schlüsselwort zu allem weiteren, auch zur Passion« bezeichnet: »Denn bei Gott ist kein Ding unmöglich« (Lk 1,37).[120] In philosophischer Übertragung läuft das auf den Satz hinaus, daß Gott als Inbegriff der positiven Realmöglichkeiten, kürzer ausgedrückt, als die Wirklichkeitsfülle alles Möglichen zu gelten hat. Den Zusammenhang mit dem von Kant verworfenen, von Heine und Hegel verteidigten Gottesbeweis stellt ausgerechnet *Nietzsche* her, wenn er den tollen Menschen zu Beginn seiner Proklamation fragen läßt:

Wohin ist Gott? Haben wir denn das Meer ausgetrunken?[121]

Tatsächlich gipfelt der anselmische Gottesbeweis in dem Gedanken, daß man den Inbegriff des Möglichen, das »unüberdenklich Größte« erst dann angemessen gedacht hat, wenn man ihn zugleich als den Inbegriff aller Realität begreift, daß also im Fall des Gottesgedankens die Wahrheit des Begriffs erst dann erreicht ist, wenn sich dieser als Wahrnehmung der Wirklichkeit des in und mit ihm Gedachten begreift. Das aber besagt, daß der in seiner Strenge – und damit als Maximalbegriff des Denkbaren – gedachte Gottesbegriff nicht ein Gedankenbild der von ihm bezeichneten Gotteswirklichkeit vermittelt, sondern diese selbst begreift und im Maß seines Begreifens von ihr ergriffen wird. Denn durch ihn wird, mit der Frage des tollen Menschen gesprochen, das ganze Meer des Möglichen ausgeschöpft.

Daß die Frage nach dem ausgetrunkenen Meer aber auch, ohne daß ihr Gewalt angetan würde, auf die Entwicklung der modernen Hochtechnik bezogen werden kann, beweist die auf Freud vorausgreifende Forderung Nietzsches, daß der Tod Gottes in einen »Sieg« des Menschen verwandelt werden müsse, der darin bestehe, die durch diesen Tod freigewordenen göttlichen Attribute in die Verfügungsgewalt und den Besitz des Menschen zu bringen.[122] Diesen »Sieg« errang die moderne Technik, als sie den Himmel der Utopien stürmte, die Menge der Möglichkeiten verringerte und damit den zwischen ihnen und der Realität bestehenden Abstand. Aufgrund dieses Wandels im Wirklichkeitsgefüge fühlt sich der Mensch dieser Zeit aber nicht nur dazu verlockt, mit Hilfe technischer Prothesen göttliche Qualitäten an sich zu reißen, um sich dadurch, mit Freuds ironischem Bild gesprochen, zu einem »Prothesen-Gott« aufzublähen; vielmehr bietet sich ihm auch die Chance, sich der Wirklichkeit Gottes auf dem durch das anselmische Argument ausgelegten Weg intensiver als bisher zu vergewissern. Der Sprung vom Denken zum Sein endet nicht mehr, wie Kant urteilte, im Sand einer Tautologie, sondern auf dem festen, unerschütterlichen Grund der Gotteswirklichkeit. Im Einflußbereich der technischen Entwicklungen haben sich demnach die *Bedingungen, unter denen Gott effektiv und wirklichkeitsnah gedacht werden kann, zum Positiven hin gewandelt.* Im Zeitalter der realisierten Utopien ist der göttliche Inbegriff alles Möglichen in einer Weise denkbar geworden, daß der Gedanke zur intellektuellen Fühlung der göttlichen Urwirklichkeit verhilft.

Inmitten der Tendenzkräfte, die auf das endgültige Verschwinden des Gottesglaubens abzielen, tritt somit ein Zug zutage, der die seit der Jahrhundertmitte in Gang gekommene Diskussion des anselmischen Gottesbeweises bestätigt und die von ihm behauptete Vergewisserung auf dem Denkweg bekräftigt. Zusammen mit *Mackies* »Verwunderung« und dem Verstummen des Unglaubens stützt das die Vermutung, daß der Säkularismus entscheidend an Stoßkraft eingebüßt, womöglich sogar seine atheistische Speerspitze verloren hat. Auch wenn die Frage noch offen ist, ob der sich ankündigende »Umbruch des Denkens«, wie der Schöpfer des Ausdrucks *Theodor Steinbüchel* vermutete, zur dialogischen Erweiterung des kartesianischen Denkansatzes oder gar zur Erschließung bisher verdrängter Erkenntniskräfte führt, ist der Rückschluß doch nachgerade zwingend: der Säkularisierungsprozeß kann und darf nicht mehr länger als ein sich nach Art einer unabwendbaren Schicksalsmacht fort- und durchsetzendes Geschehen angesehen werden. Denn er weist, schon aus ideengeschichtlicher Sicht, unverkennbare *Symptome der Selbstschöpfung* auf. Für das gläubige Verständnis aber ist er eine Form des Zeitgerichts und als solche dem Christen ebenso auferlegt wie aufgegeben. Nicht nur, daß er bei der von ihm bewirkten Transformation zugleich das Werk der *Universalisierung christlicher Gehalte* betrieb; vielmehr schuf er mit seinem Zerstörungswerk zugleich das Feld eines »anonymen Christentums«, das, sofern es nach seiner Restituierung schreit, den Christenglauben vor eine ebenso wichtige wie unabsehbar große Aufgabe stellt. Doch wird er zu ihrer Lösung fähig sein? Das ist die Frage nach seiner Effizienz und, wesentlicher noch, nach seiner Verfassung, mit der sich der nächste Schritt des Gedankengangs befassen muß.

Zweiter Teil

Diagnose

Überleitung

Die Krise der Vermittlung

Die zeitanalytische Kulisse mußte aufgebaut werden, wenn sich die wahren Proportionen und tieferen Zusammenhänge abzeichnen sollen. Vor dem Hintergrund der Säkularismusproblematik und ihrer theologischen, kultursoziologischen und nicht zuletzt auch menschlichen Implikationen nimmt sich die gegenwärtige Kirchenkrise vergleichsweise geringfügig aus, selbst wenn man lediglich die namentlich angesprochenen Gegenkräfte in Betracht zieht. Und gleichzeitig wird deutlich, daß sie eine weitaus größere Vorgeschichte hat, als den Kontrahenten im gegenwärtigen Disput in der Regel bewußt ist. Zweifellos geht sie mit ihren tiefsten Wurzeln bis auf den Konflikt zurück, der in dem durch *Lessing* ausgelösten Fragmenten-Streit seinen vehementesten Ausdruck fand, sofern man sie nicht sogar schon durch den von *Descartes* vollzogenen Bruch mit Autorität und Tradition als höchsten Wahrheitsquellen verursacht sieht.

Signifikanter wird diese Herleitung jedoch, wenn man sie auf die Vorgeschichte der Krise in diesem Jahrhundert beschränkt. Kronzeuge ist dann insbesondere *Guardini*, der einerseits das Stichwort vom »Erwachen der Kirche in den Seelen« ausgegeben hatte, andrerseits aber auch das schon bald nach dieser euphorischen Zuwendung einsetzende »Unbehagen an der Kirche« registriert.[1] Daß die Euphorie so rasch in Enttäuschung umschlug, läßt auf den *kompensatorischen Charakter des ekklesialen Aufbruchs* schließen. Aus dem Ruin der »Reiche«, insbesondere des Wilhelminischen und des Habsburgischen Imperiums, im Gefolge des Ersten Weltkriegs erhob sich die Kirche als Wahrzeichen einer von oben gestifteten Ordnung, die im Zusammenbruch der politischen Institutionen überdauerte und bleibende Geborgenheit verhieß. Das aber war zu enthusiastisch gefühlt und zu vordergründig motiviert, als daß es auch nur die von der Modernismuskrise herrührenden und immer noch offenen Wunden hätte heilen können.[2] Zweifellos trug auch die kirchenamtliche Kritik an Guardinis Bemühung um eine Wiederbelebung der Liturgie, die von ihm als Einübung in das neu erwachte Kirchenbewußtsein gedacht war, zur raschen Ernüchterung bei. Der tiefere Grund lag jedoch in ihm selbst, genauer noch in dem, was seine Autobiographie verschweigt.[3]

Sie spricht zwar in leisem Rückbezug auf das Bekehrungserlebnis *Augustins* davon, daß Guardini, zusammen mit seinem frühverstorbenen Freund Karl Neundörfer, im Gedanken der Selbstübereignung an die Kirche »in ihrer Autorität und Präzision« den Weg zur religiösen Identitätsfindung entdeckt habe.[4] Doch schweigt sie sich über die Fortentwicklung – und existentielle Umsetzung – dieses Gedankens aus. In seiner Konsequenz läge vor allem ein Glaube, der durch die kirchliche Vermittlung des geoffenbarten Gottesgeheimnisses bestimmt ist. Statt dessen erscheint Guardinis Glaubensbegriff in zunehmender Strenge theonom.[5] Anstatt aus dem Bewußtsein der Einbettung in die kirchliche Glaubensgemeinschaft lebt der unter dem Randdruck säkularistischer Bedingungen stehende Glaube aus eigener, gottgeschenkter Kraft: angefochten und beständiger Prüfung ausgesetzt, jedoch überdauernd in der Kraft des von ihm geleisteten Gehorsams.[6]

Als Guardini daraus eine Prognose abzuleiten suchte, unterlief ihm ein Fehlgriff. Denn die »Einsamkeit im Glauben« ist keineswegs, wie er vermutete, im Wachsen; und im Zeitalter der Entwicklungshilfe und des vielfältigen Engagements für die Behinderten und die Notleidenden der Dritten Welt trifft es ebensowenig zu, daß die Liebe »aus der allgemeinen Welthaltung« verschwunden ist.[7] Dennoch eignet dem von ihm skizzierten Glaubensprofil symptomatische Bedeutung, vor allem darin, daß *in ihm die kirchliche Vermittlung zurücktritt.* Deshalb ist der Glaube der Gegenwart dem Randdruck der säkularistischen Bedingungen kaum noch gewachsen. Ihm fehlt die soziale Stützung, die mit der kirchlichen Vermittlung gegeben war. Was er von seinem Ursprung, dem sich mitteilenden Gottesgeheimnis, her gewinnt, wird ihm durch den Zeitgeist entzogen. Unter dem Eindruck, der von *Buber* diagnostizierten »Gottesfinsternis« ausgesetzt zu sein, erscheint ihm sogar der *Zugang zu seinem Quellgrund verbaut.* So erleidet er unter dem Druck der Zeittendenzen nicht selten eine Deformation, für die der Begriff einer »Pathologie des Glaubens« nicht zu hoch gegriffen ist. Dennoch kann eine Überwindung der Krisensituation nur vom Glauben ausgehen. Wozu keine Macht der Welt ausreicht, das vermag er zu bewirken – wenn er es vermag.

Deshalb muß vor jedem weiteren Schritt eine Diagnose gestellt werden, die seinen Defekten und Beeinträchtigungen nachgeht. Und an ihr ist um so mehr gelegen, als zu vermuten ist, daß sie Elemente zutage fördert, die auf die Kirchenkrise zurückgehen oder doch wenigstens zu ihrer Klärung verhelfen.

Erstes Kapitel

Die Pathologie des Glaubens

Die verdunkelte Peripherie:
Die Randunschärfe

Bei allem Ernst und Engagement der Kontrahenten hat die kirchen-
kritische Diskussion doch zugleich den Charakter eines Positions-
kampfes. Das zeigt sich nicht zuletzt darin, daß in ihr stereotype Begriffe leitmotivartig auftauchen. Dazu gehört außer der Warnung vor
einem »Schisma« und einem »alternativen Lehramt« insbesondere
auch der Hinweis auf die »*Hierarchie der Wahrheiten*«.[7a] In seiner
polemischen Verwendung wird freilich die Tatsache verdrängt, daß es
sich dabei keineswegs um eine tendentielle Neuschöpfung, sondern
um eine in der theologischen Tradition verankerte Sachbestimmung
handelt, die sich bis weit in die Vorzeit der gegenwärtigen Kontroverse zurückverfolgen läßt. Entscheidende Vorarbeit hatte dazu bereits *Matthias Joseph Scheeben* und vor ihm noch, eher beiläufig, der
kritisch gestimmte *Johann Baptist Heinrich* geleistet, als dieser zwar
jede Unterscheidung »zwischen wesentlichen und unwesentlichen
Lehren« bestritt, wohl aber zugestand, daß »gewisse Dogmen wie die
von der Trinität, von der Menschwerdung, der Erlösung und der Kirche« als »Zentralwahrheiten« zu gelten haben, während andere mehr
an der Peripherie der Glaubenswahrheiten liegen, obwohl auch sie,
wie er hinzufügt, »wesentlich zur Integrität und Schönheit des Ganzen« beitragen.[8] Demgegenüber besteht Scheeben darauf, daß von
einem »System« oder – weniger mißverständlich – einem »*mystischen
Kosmos*« *von Glaubensgeheimnissen* gesprochen werden müsse, da
sie in einem unterschiedlichen Verhältnis zur Erhellungskraft der
menschlichen Vernunft stehen:

Ohne Zweifel enthält das Christentum viele Wahrheiten, die auch durch
die Vernunft erkennbar sind; dahin gehört alles, was sich auf die Natur des
Menschen, seine absolute Abhängigkeit von Gott und das Dasein dieses

137

persönlichen Gottes ... bezieht. Diese Wahrheiten bilden ein gewisses System für sich, einen eigenen Organismus, und sie verhalten sich zu den durch die Vernunft nicht erkennbaren Wahrheiten nicht wie Zwischenglieder zu den Stammgliedern, sondern wie der Körper zu der ... in ihm wohnenden Seele, wie die Basis zu dem über derselben konstruierten Gebäude, wie die Vorhalle zum Innern des Tempels, wie zwei nebeneinander liegende, aber subordinierte Teile desselben Ganzen.[9]

Während sich in diesen Erwägungen der Gedanke von einer Rangordnung der Wahrheiten abzeichnet, wie ihn in der Folge das letzte Konzil formulierte, gab das Erste Vatikanum der Vorstellung von dem Mysterienkosmos eine erkenntnistheoretische Wendung von erstaunlicher Aktualität.[10] Auf die Frage nach der »*Verständlichkeit*« der den Christenglauben zugleich ermöglichenden, tragenden und fordernden Gottesoffenbarung, von der es mit Nachdruck festgestellt hatte, daß ihre Inhalte vom Licht der Vernunft nicht aufgehellt werden können, antwortete es mit dem Hinweis auf einen zweifachen Näherungsweg. Danach erschließt sich der Sinn der Mysterien bis zu einem gewissen Grad, wenn sie entweder in ihrem inneren Verweisungszusammenhang gesehen oder auf das letzte Sinnziel des Menschen bezogen werden.[11] Demgegenüber präzisierte das Zweite Vatikanum die Vorstellung von dem »*Mysterienkonnex*« im Ökumenismusdekret zu der von einer »Hierarchie der Wahrheiten«, wenn es die Mahnung zu ökumenischer Verständigung mit dem Hinweis unterbaut:

> Beim Vergleich der Lehren miteinander soll man nicht vergessen, daß es nach katholischem Verständnis eine Rangordnung oder »Hierarchie« der Wahrheiten gibt, je nach ihrem verschiedenartigen Zusammenhang mit dem Fundament des christlichen Glaubens. So wird der Weg geebnet, auf dem alle in brüderlichem Wettbewerb zur tieferen Erkenntnis und deutlicheren Darstellung der unerforschlichen Reichtümer Christi geführt werden.[12]

Wenn man davon ausgeht, daß der Mysterienkosmos den vom Säkularismus ausgehenden Erosionstendenzen zunächst an seinen Rändern ausgesetzt ist, kann man von den betroffenen Inhalten auf das zurückschließen, was als seine »Peripherie« zu gelten hat. Es sind dann, wie die immer wieder aufflammenden Diskussionen mariologischer Fragen zeigen, in erster Linie die »abgeleiteten Dogmen«, für welche die vom Konzil von Ephesus (von 431) definierte Gottesmutterschaft Marias das klassische Beispiel bildet. Auf die sich daraus herleitenden Dogmen von der Jungfräulichkeit, der Unbefleckten Empfängnis und Himmelfahrt der Gottesmutter konzentrieren sich immer wieder theologische Kontroversen und kritische Infragestellungen.[13]

Während sich in diesem Bereich die verunsichernden und kritischen Stimmen immer nur phasenhaft zu Wort melden, blieb die *Eschatologie* das, was ihr Hans Urs von Balthasar schon in den fünfziger Jahren ins Stammbuch schrieb: der »Wetterwinkel in der Theologie unserer Zeit«.[14] Inzwischen verdunkelte sich dieser »Wetterwinkel« sogar noch ungleich stärker, als es bei der damaligen Prognose abzusehen war. Dazu trugen insbesondere zwei Umstände bei. Auf der einen Seite lebt der heutige Mensch, wie *Paul Valéry* hellsichtig feststellte, *mit dem Rücken zur Zukunft*; auf der andern Seite ging die auf einen offenkundigen Denkfehler – auf die Vergegenständlichung einer ursprünglichen »Innensicht« – zurückgehende Vorstellung von der leib-seelischen Zweieinheit des Menschseins, die das christliche Denken bis tief in dieses Jahrhundert hinein bestimmt hatte, in dem neuerwachenden Existenz- und Todesverständnis buchstäblich unter.[15] In der Folge kam es zu einem rapiden Plausibilitätsverlust der ort- und dinghaft verstandenen »Letzten Dinge«, die für die traditionelle Dogmatik den Kernbestand der Eschatologie bildeten. Nicht zuletzt trug dazu die von den – durch wachsende Vernichtungsgewalt gekennzeichneten – Kriegen des Jahrhunderts erzwungene Todesreflexion bei, an der gemessen die bisherige Besinnung auf das menschliche Lebensende es allenfalls zu einem Begriff des Sterbens, nicht jedoch des Todes in seinem Ereignischarakter brachte.[16]

Das hatte zur Folge, daß die – offenkundig von der Beobachtung der Leichenstarre eingegebene – Vorstellung vom Tod als einer »Fixierung« des Menschen in seiner im Augenblick des Sterbens eingenommenen Willenshaltung durch die vom Tod als einem Akt definitiver Selbstüberschreitung und Selbstübereignung verdrängt wurde.[17] Dem entsprach die *Verwandlung des Gerichtsgedankens*, zu dem entscheidend dessen christologische Vertiefung, aber auch seine Bereicherung um das Moment des »Selbstgerichts« und der »Läuterung« beitrugen.[18] Zwar blieb Jesus, wie Balthasar im Anschluß an die Eingangsvision der Apokalypse sagt, der die Seinen mit dem »Schwert« seines Gerichts Prüfende und der sie mit seinem »Feuerfuß« Läuternde; doch war das eine wie das andere nur eine Erscheinungsform der endgültigen »Begegnung« mit ihm *(Nocke)*. Daß vor dieser Einsicht der Bildgedanke von der endzeitlichen »Abrechnung«, wie ihn *Michelangelo* in seinem ›Jüngsten Gericht‹ zwar in Übereinstimmung mit der religiösen Vorstellungswelt einer angsterfüllten Zeit, jedoch in grotesker Verzerrung der biblischen Botschaft dargestellt hatte, bis zur Unkenntlichkeit verblaßte, war die unvermeidliche Folge dieser theologischen Korrektur.

Der orthafte Charakter der »Letzten Dinge« tritt aber insbesondere bei den Motiven »Himmel« und »Hölle« zutage. Was diese anlangt, so löste der späte *Balthasar* einen Sturm der Erregung mit seiner These aus, daß zwar eine Hölle als warnendes Unheilszeichen bestehe, die Unteilbarkeit der christlichen Hoffnung es aber verbiete, mit der Verwerfung dazu auf ewig Verdammter zu rechnen.[19] Bezeichnend für den psychologischen Hintergrund der Debatte konzentrierte sich die Diskussion auf die schon von *Petrus Lombardus* gestellte Frage, »ob der Anblick der Strafe der Verdammten die Herrlichkeit der Seligen verschatte (decoloret) oder ihre Seligkeit fördere«, wobei Balthasar seinen Kontrahenten den Wind dadurch aus den Segeln nimmt, daß er von sich aus auf die Fülle der theologiegeschichtlichen Äußerungen anspielt, die von der Genugtuung der Seligen über das Werk der ewigen Gerechtigkeit zu wissen vorgeben.[20] Entgehen ließ sich der überragende Kenner der Theologiegeschichte freilich das furchtbarste Dokument dieses unverkennbaren Ressentiments, das *Nietzsche* in seiner ›Genealogie der Moral‹ buchstäblich an den Pranger stellte. Zum Beweis des Hasses, den er immer schon insgeheim als Triebfeder der christlichen Liebe vermutete, zitiert er das hemmungslose Schlußkapitel der Tertullian-Schrift ›Über die Schauspiele‹, von dem *Hans von Campenhausen* bemerkte, daß weder ein Grieche noch ein mittelalterlicher Christ »etwas derartig bis zum Sadismus Wildes, Grausig-Grandioses je wieder zu Papier gebracht« habe:

Das wird eine Vorstellung von noch ganz anderem Format geben! Da werden wir staunen, da werden wir lachen! Welch ein Spaß, welch ein Vergnügen, wenn ich die Menge der Könige sehe, von denen es hieß, sie seien in den Himmel eingegangen, wie sie nun zusammen mit Jupiter und den angeblichen Zeugen dieser Vorgänge im Abgrund der Finsternis stöhnen! Und wie dann die Statthalter, die den Namen des Herrn verfolgten, in gräßlicheren Flammen zergehen als denjenigen, mit denen sie so lustig gegen die Christen gewütet haben![21]

Der Disput um die Hölle mußte bis zu diesem Tiefpunkt zurückverfolgt werden, weil nur so der bisweilen bis zu offener Gehässigkeit gesteigerte Hitzegrad der Kontroverse verständlich zu machen ist und weil hier einer der Herde liegen dürfte, von denen die – später zu bedenkenden – kompensatorischen Fehlreaktionen des Kirchenvolks ihren Ausgang nehmen. Für den pathologischen Charakter der angesprochenen »Randunschärfe« spricht dann aber auch die Tatsache, daß das Motivwort »Himmel« nicht von ferne eine vergleichbare Bewegung auslöste.[22] In dieser Hinsicht trat tatsächlich eine »Verfinsterung des Himmelslichtes« ein, die den ehedem so klaren Blick auf die himmlischen Wohnungen trübte und vieles von dem, was *Dante* und *Fra Angelico* aus sicherem Glaubensbewußtsein gedichtet und gestaltet hatten, in Zweifel zog. Insbesondere dürfte sich die Kritik Jesu an jeder Form eines religiösen Leistungs- und Vergeltungsdenkens auf die zunehmende Bezweiflung der jenseitigen Rangordnungen ausgewirkt haben, die unverkennbar von einem auf Leistung und Gegenleistung bedachten Vergeltungsgedanken eingegeben war. Doch entsprach diesem durchaus sinnvollen Entzug keine der Heilsbotschaft angemessenere Gegenvorstellung, vermutlich deshalb, weil diese Botschaft im Trend eines egalisierenden Ökumenismus nicht hinreichend, wie es dem Glaubensinteresse entsprochen hätte, in ihrer Einzigartigkeit und Unvergleichlichkeit herausgestellt wurde.[22a]

Der gestörte Austausch:
Die Kontakthemmung

Der Glaube ist für *Paulus* eine jener höchsten Vergünstigungen des Daseins, die man entweder – wie die Liebe, die Hoffnung und den Frieden – mit allen gemeinsam oder nur bedingt und unter Vorbehalt hat. Da er trotz dieser Unteilbarkeit aber doch immer nur vom einzelnen gelebt wird, muß er mitgeteilt und weitergegeben werden. Deshalb spricht die Schlüsselstelle des Römerbriefs, noch bevor sie zur Sache kommt, von der Zeugnis- und Mitteilungspflicht des Glaubenden:

Wenn du mit deinem Mund Jesus als den Herrn bekennst und in deinem Herzen glaubst, daß Gott ihn von den Toten erweckt hat, erlangst du das Heil; denn mit dem Herzen glaubt man zur Gerechtigkeit, und mit dem Mund bekennt man zum Heil (Röm 10,9f).[23]

Indessen kommt das Zeugnis nach paulinischem Verständnis nicht nach Art einer Verpflichtung zum Glauben hinzu; vielmehr ist es ihm aufgrund seines Lebensgesetzes eingeschrieben. Wer glaubt, gewinnt dadurch eine dialogische Kompetenz; denn Glaube ist für Paulus, wie man im Blick auf *Buber* sagen könnte, ein dialogisches Prinzip. Nicht umsonst wirkt die Formel, mit der der Apostel sich dazu bekennt, wie eine Vorwegnahme des kartesianischen ›Cogito‹:

> Wir besitzen denselben Glaubensgeist, wie ihn das Schriftwort bezeugt: Ich glaube, darum rede ich. Auch wir glauben – und reden (2 Kor 4,13).

Was für Paulus eine sachgegebene Selbstverständlichkeit war, ist schon seit längerem zu einem nur noch als pathologisch zu bestimmenden Problem geworden. Eine Sprachlähmung hat sich der Glaubenden bemächtigt, die das religiöse Element fast vollständig aus dem Vokabular der Normalsprache verschwinden ließ. Zu den mit der Rede von Gott und der Bekundung religiöser Erfahrungen immer schon gegebenen Sprachbarrieren traten situativ bedingte hinzu, die sowohl mit der Verfassung des kirchlichen Binnenraums als auch mit der des säkularistischen Umfelds zu tun haben. Im Gefolge von Tendenzen im Stil der negativen Theologie und der These von der Abwesenheit Gottes wurde die Rede von Gott noch problematischer, als sie es als Nennung des maximalen Grenzbegriffs ohnehin schon ist. Gleichzeitig wirkt die verbreitete Ichschwäche darauf hin, daß sich die sprachliche Inversion, deren es bedarf, wenn subjektiv Empfundenes ausgesagt werden soll, noch schwieriger als in früheren Epochen gestaltet.[24]

Indessen reicht auch der Hinweis auf diese *strukturellen Hemmnisse* für eine vollgültige Erklärung der eingetretenen *Sprachlähmung* nicht aus. Hier kommen vielmehr auch, wie bereits angedeutet, *situative Gründe* ins Spiel; in erster Linie die Rückwirkungen des säkularistischen Zeitgeistes, der die Religion allenfalls noch, mit *Lübbe* gesprochen, in den Nischen der heutigen Lebenswelt toleriert, aber nicht mehr als den die Verhältnisse primär bestimmenden Faktor, der deshalb dann auch aus dem allgemeinen Sprachgebrauch mehr und mehr verschwindet.[25] Während in amerikanischen Parlamentsreden die Vokabel »Gott« wie eine stereotyp verwendete Floskel anmutet, wirkt es hierzulande fast schon sensationell, wenn sich ein Politiker auf Gott beruft, um dadurch den letzten Grund seiner Verantwortlichkeit zu benennen. Der Name Jesu fällt dagegen nie, nicht einmal in den Äußerungen jener Vertreter des öffentlichen Lebens, die sich betont zu ihrer christlichen Glaubensüberzeugung bekennen. Das erinnert an die Szene aus *Gertrud von Le Forts* Schweißtuch-Roman, in der die Bemerkung, daß der Heiland doch stündlich leide, bei den Gästen eines schöngeistigen Salons verstörte Betroffenheit auslöst, ganz so, als wäre, wie eine spätere Parallelstelle bemerkt, etwas »Unziemliches« gesagt worden.[26]

Die entscheidenden Gründe des religiösen Sprachversagens liegen aber zweifellos in der Strukturierung des innerkirchlichen Kommunikationsverlaufs.[27] Eine einseitige – und in dieser Einseitigkeit neuerdings wiederholt bekräftigte – Interpretation des kirchlichen Lehramts führte dazu, daß nur dieses »das Sagen« hatte, während sich das Kirchenvolk mit Einschluß seiner Seelsorger in die Position des stummen, zum »kindlichen Gehorsam« verpflichteten »Befehlsempfängers« verwiesen sah. So verfestigte sich die schon seit längerem zu beobachtende *»einsinnige Kanalisierung«*, die nur einen Informationsfluß von oben nach unten, jedoch keinerlei Rückmeldung, geschweige denn eine zustimmende, ergänzende oder gar kritische »Antwort« in der Gegenrichtung zuließ. Verschärfend kam hinzu, daß die für die Rezeption besonders kompetente Instanz, die *Theologie*, ausdrücklich *von jeder Mitbeteiligung am Lehramt ausgeschlossen* wurde, in der Konsequenz dieser Ausgrenzung auch von dem subsidiären Beitrag, den sie als Interpretin sowohl des Wortes von oben als auch seiner Rezeption durch die Basis hätte leisten können. Nur zu oft verfielen deshalb kritische Rückfragen, auch wenn sie sich auf die das Kirchenvolk belastenden Lebenskonflikte bezogen, dem Verdikt der Unbotmäßigkeit und Rebellion, wenn nicht sogar der Unterstellung mangelnder Glaubens- und Kirchentreue. So entstand eine Atmosphäre timider Unterwürfigkeit, in der den Betroffenen, Laien wie Theologen, die Lust am Reden verging. Eine Reihe dieser Maßnahmen war zweifellos von der Sorge um die Bewahrung der Glaubenseinheit, die es gegen Irritationen von innen wie von außen abzusichern galt, eingegeben. Andere entsprangen ebenso unverkennbar der Sorge um die Bewahrung der von der Kirche ausgeübten sozialen Kontrolle und damit letztlich derselben Stimmung, die sie bewirkten: *der Angst*.[28]

Doch auch diese Zusatzkomponenten rühren allenfalls tangential an den Herd des Problems, der beide Bereiche, den kirchlichen ebenso wie sein Umfeld, betrifft: die depressive Gefühlslage des heutigen Menschen, die sich in Äußerungen der Lebensunlust und Seinsverdrossenheit bekundet und ihre tiefsten Wurzeln in seiner Lebensangst und Einsamkeit hat. In der erhitzten Debatte um den kirchlichen Führungsstil und die Lehräußerungen zu Fragen der Ehe- und Sexualmoral fiel die im Interesse der Rechtfertigung getroffene Bemerkung, daß Irrtümer in der Lehre weniger gravierend seien als Fehlhaltungen ethischer Art. Man könnte diesen Satz noch dahin überbieten, daß als die schlimmste Häresie die emotionale zu gelten hat. Denn die Fähigkeit, »an der Lehre festzuhalten«, bricht ebenso wie der Wille zur Betätigung des Geglaubten in sich zusammen, wenn der Glaube von einer defätistischen Selbsteinschätzung untergraben wird. Von der Liebe abgekoppelt, wird der Glaube steril, durch mangelnde Zuversicht gelähmt. Doch gilt gerade auch vom gläubigen Menschen der Gegenwart, was Valéry, wie schon erwähnt, seinem Zeitgenossen ins Stammbuch geschrieben hatte: er lebe mit dem Rücken zur Zukunft.[29] Deshalb verfällt er, bildlich gesprochen, einer sich bis zur Atem- und Sprachlosigkeit steigernden Kurzatmigkeit. Sofern er noch spricht, geschieht dies in einem auf die pure Aktualität abgestimmten Stakkato, dem der tragende Atem der Hoffnung fehlt, weil es sich ebensowenig aus-spricht, wie es den antwortenden Partner aus-reden läßt.

Dem Gesagten zufolge geht der emotionale Defätismus aber letztlich zurück auf die beiden Grundübel der Zeit: auf Angst und Einsamkeit, die ihrerseits in einer unentflechtbaren Wechselbeziehung stehen; denn die Einsamkeit ist die soziale Erscheinungsform, die Außensicht der Angst und diese die Seele der Einsamkeit. Dem Geängsteten »verschlägt« es, wie der Volksmund sagt, »die Sprache«. Er versinkt in ein »tödliches« Schweigen, in dem ihm nicht mehr zu helfen ist und er noch nicht einmal mehr nach Hilfe rufen kann. Wenn vom Glauben aber gilt, daß er nicht nur beiläufig redet, sondern (nach 2 Kor 4,13) das Prinzip zeugnishafter Selbstmitteilung ist, wird er durch die Angst von seiner Wurzel her angegriffen. Wie in einem jähen Durchblick zeigt sich hier die für jede moderne Glaubenstheorie grundlegende Tatsache, daß der wahre Gegensatz des Glaubens nicht, wie es gemeinhin geschieht, im Unglauben, sondern in der Angst zu suchen ist.[29a] Hier also, in dieser doppelsinnigen und zugleich wesenseinen Not, liegt die Zentralursache der gegenwärtigen Sprachlosigkeit. Und ihre besondere Tragik besteht darin, daß der Geängstete und durch die Angst sprachlos gewordene Mensch nicht mehr reden kann, während er durch seine Einsamkeit dem Mitmenschen so fern gerückt ist, daß er ihm auch nichts mehr zu sagen hat. Wenn es aber mit dem Menschen so weit gekommen ist, steht er buchstäblich vor dem Abgrund seiner Lebensmöglichkeit; denn die Sprache ist ihm ebenso gegeben wie aufgegeben. Sie ist dem Menschsein konsubstantial.[30] Schweigen verhält sich zum unkontrollierten Reden, wie die Volksweisheit versichert, wie Gold zu Silber. Sprachphilosophisch gesehen gilt jedoch ebensosehr das Umgekehrte. Insbesondere aber hat das durch Angst und Einsamkeit bedingte Verstummen als das Symptom einer an den Kern des Menschseins rührenden Krankheit zu gelten, besonders im Fall des Glaubens, der ohne das ihn bezeugende Wort nicht leben kann.

Die gebrochene Mitte:
Die Konzentrationsschwäche

Die Mitte des Glaubens ist nach Überzeugung seines kompetentesten Interpreten *Paulus* das Mysterium der Auferstehung Jesu. Schon die Tatsache, daß dieser Satz heute alles andere als selbstverständlich ist, deutet auf eine bedenkliche Verunsicherung, wenn nicht sogar auf eine pathologische Irritation des bestehenden Glaubensbewußtseins hin. Und dieses Urteil wird auch nicht durch die Einsicht gemildert, daß das angesprochene Defizit mit der defizitären Paulus-Rezeption im christlichen Denken der Gegenwart zusammenhängt. Denn diese ist ihrerseits die Folge eines inneren Spannungsabfalls, der die Aufnahme der von religiöser Leidenschaft durchglühten Botschaft der Paulusbriefe erschwert, wenn nicht gar verhindert. Im andern Fall hätte schon eine erste Fühlung mit der paulinischen Konzeption zu der Einsicht führen müssen, daß für sie die Gottesoffenbarung ihre unüberbietbare Höhe in Kreuz und Auferstehung Jesu erreichte, so daß das im Auferstehungslicht erstrahlende Kreuz ihre zentrierende Mitte bildet.

Gegenüber dieser ebenso eindeutigen wie einsichtigen Position – »denn wenn er seinen eigenen Sohn nicht verschont, sondern für uns alle hingegeben hat: wie sollte er uns nicht mit ihm alles schenken?« (Röm 8,32) – erhebt sich freilich eine schwer zu überwindende Barriere, seitdem der frühchristliche, vor allem von *Athanasius* bekräftigte Paradigmenwechsel die Menschwerdung ins Zentrum des Blickfelds rückte und dies mit der Folge, daß sich seither das gesamte theologische Denken trotz einiger Wiederanknüpfungsversuche an Paulus auf der Bahn einer ausgesprochenen Inkarnationstheologie bewegt. Mit ihr siegte, prinzipiell ausgedrückt, die Analogie über das Paradox, die Metaphysik über die Mystik, das Argument über den

Impuls, das System über den Entwurf. Gleichzeitig verschob sich die Grundperspektive, da nun die Lebens- und Wirkungsgeschichte Jesu nicht mehr von ihrem Höhepunkt in Kreuz und Auferstehung, sondern von ihrem Ausgangspunkt her erzählt und interpretiert wurde. Die offenkundige Stärke dieser Konzeption lag schon in ihrer »Synchronie« mit der Lebensgeschichte eines jeden Glaubenden, erst recht aber in ihrer Korrespondenz mit den Strukturen des philosophischen Bewußtseins.[31] Doch verlor sich über dem damit erzielten Gewinn das Gefühl für den »Preis« dieses Paradigmenwechsels: die Verunsicherung im Wissen um die Mitte des Glaubens.

Indessen kam die Distanzierung von Paulus nicht von ungefähr. Der Kontaktverlust mit seiner eruptiven Denkweise hing vielmehr mit der Vergegenständlichung und begrifflichen »Festschreibung« der Glaubensinhalte zusammen, die zwar einen Fortschritt in der Lehrbarkeit des Glaubens brachte, jedoch die Einsicht in seine Herkunft verdunkelte. Daß der spezifische Modus, in welchem die Gottesoffenbarung gegeben ist, in ihrem Zugesprochensein besteht, verlor sich mehr und mehr aus dem aktuellen Glaubensbewußtsein.[32] Damit geriet aber auch die Tatsache in Vergessenheit, daß die Glaubensinhalte immer nur als Ausformungen des einen Zuspruchs verstanden sein wollen, der aus der Mitte der Gottesoffenbarung an die Menschheit ergeht, und darum auch immer nur im Rückbezug auf diese Mitte einleuchten. An die Stelle des Lichts, das nur dem Verstehenden bekannt ist, trat die Bemühung um die spekulative Aufhellung, an die Stelle der dialogischen Erleuchtung die Klarheit des Systems. So reifte gegen Ende des vorigen Jahrhunderts zwar der ebenso ansprechende wie tiefsinnige Gedanke, daß die Glaubensmysterien – nach Art des platonischen Ideenreichs – in einem Verweisungszusammenhang stehen, durch den sie sich gegenseitig beleuchten; der Rückbezug dieses Zusammenhangs auf die Selbstzusage des Offenbarungsgottes blieb jedoch außer Betracht.[33] Doch dazu hätte es eines andern, anstatt auf fixierte Inhalte auf den Mitteilungsprozeß im Offenbarungsgeschehen achtenden Denkens bedurft, wie es sich erst später, hauptsächlich unter dem Einfluß der Vertreter des dialogischen Prinzips, entwickelte und schließlich durch das Zweite Vatikanum auch in den kirchlichen Glaubensraum Einzug hielt. Umgekehrt ist dem »Geist des Dialogs« erst dann wirklich Rechnung getragen, wenn die Dogmen in ihrem Zuspruch- und Anrufcharakter wahrgenommen und wieder stärker als bisher auf ihre Mitte zurückbezogen und aus ihr begriffen werden.

Inzwischen setzen sich der Konzentration auf die Mitte aber nicht nur diese strukturellen Erschwernisse entgegen, sondern auch Irritationen religionspsychologischer Art. Aufgrund einer typisch westlichen Assimilation des buddhistischen Erlösungsgedankens wurde die Reinkarnation – für Buddha der Inbegriff leiderzeugender Lebensverflechtungen – zum Schlüsselmotiv im Gesamtentwurf einer gleichzeitig auf Entlastung und Erhaltung bedachten Spätideologie. Darin begegneten sich *Nietzsche*, der das Individuum letztlich für einen »Irrtum« hielt, mit dem Ramakrishna-Schüler *Vivekananda*, dem es als bewiesen gilt, »daß die körperliche Individualität ein Wahn ist«, da der Körper in Wirklichkeit nur ein kleiner, sich ständig wandelnder Teil im ungeteilten Meer der Materie sei und daß »diese elende kleine Gefangenen-Individualität vergehen« muß, wenn die »unendliche, allumfassende Individualität erlangt werden soll«.[34] Man geht schwerlich fehl, wenn man in dieser Verschränkung von Ich-Schwäche und dem gleichzeitigen Verlangen nach Lebensverlängerung den Grund des Zaubers vermutet, der von der *Reinkarnations-Idee* ausgeht und, wie statistische Erhebungen zeigen, auch eine zunehmende Anzahl von Christen in ihren Bann schlägt. Vom Ernst des Ein-für-allemal dispensiert, in welchem noch *Guardini* das Signum der christlichen Existenz erblickte, erscheint das Dasein in der Reinkarnations-Perspektive als ein *sich beliebig oft wiederholendes Rollenspiel*, dem die Wiedergeburt die Möglichkeit eröffnet, in späteren Repetitionen das aufzuholen, was vorher versäumt oder gar verspielt worden war.[35]

Vor diesem Hintergrund kann die Frage, wie sich die Zuwendung so vieler Christen zum Reinkarnationsgedanken erklärt, nur mit dem Hinweis auf die *Identitätskrise* im Selbstverhältnis des heutigen Menschen beantwortet werden. Es hat den Anschein, als sei das, was *Heinrich von Kleist* in seinem Gesamtwerk exemplarisch vorwegnahm, inzwischen auf breite Bevölkerungskreise durchgeschlagen. Während die Neuzeit im Zeichen einer machtvoll aufstrebenden Persönlichkeitskultur antrat, scheint sie sich heute zumindest in der Hinsicht ihrem von Guardini angesagten »Ende« zuzuneigen, als ihre *innerste Prämisse, das Subjekt- und Personsein des Menschen*, buchstäblich ins Zwielicht geraten ist. Ein heimlicher Auflösungsprozeß hat die Integrationskraft, deren es für die Konstituierung des Personseins bedarf, untergraben. Die Tendenzen der Desintegration sind übermächtig geworden, so daß das personalistische Hochgefühl des Anfangs in sein Gegenteil, in Erfahrungen der Ich-Schwäche und des Identitätsverlustes umschlug. Unter dieser Voraussetzung wird dann auch verständlich, weshalb davon gerade die Mitte des Glaubens, der Auferstehungsglaube betroffen wurde. Denn zu dem – nur unzulänglich rezipierten – paulinischen Verständnis der Auferstehung Jesu gehört das Moment ihrer integrativen und identifizierenden Rückwirkung auf den Glaubenden. Für *Paulus* steht unzweifelhaft fest, daß sein Leben erst von der Schau des Auferstandenen in seiner Damaskusstunde an wirklich zählt. Denn in dieser Stunde, die für ihn (nach 1 Kor 9,1) Befreiung und Erwählung bedeutet, wurde ihm nach dem Schlüsselwort des Galaterbriefs (1,15f) das Geheimnis des Gottessohns ins Herz gesprochen, so daß er in ihm seine Lebens- und Identifikationsmitte fand.[36]

Zusammengesehen ergibt das ein geradezu paradoxes Bild. Denn die zunächst anvisierte Randunschärfe könnte auch darauf schließen lassen, daß die von *Walter Kern* registrierte »konzentrative Bewegung« im Erscheinungsbild der heutigen Theologie für das allgemeine Glaubensbewußtsein zutrifft.[37] Wenn es sich so verhielte, hätte eine zentrale Einsicht der Gegenwartstheologie aus dem Binnenraum der theologischen Spekulation auf den Glauben des Kirchenvolks übergegriffen. Angesprochen ist damit die von *Karl Rahner* mit größtem Nachdruck vertretene These, daß die von der Christenheit geglaubte *Gottesoffenbarung im strengen Sinn des Ausdrucks als »Selbstoffenbarung«* zu verstehen ist, daß Gott also, wenn das Unausdenkliche geschieht, daß er aus seiner ewigen Verborgenheit hervortritt und sein Schweigen bricht, dies nicht im Interesse der Wissensmehrung, sondern des Menschen erfolgt.[38] Wenn Gott somit zum Menschen spricht, dann nicht, um Fragen seiner religiösen Neugierde zu beantworten, sondern zu dem Ziel, ihm das zu sagen, was ihm für ein vollkommenes Menschsein unerläßlich ist: *sich selbst!* Denn der Mensch ist nach Rahner das kreatürliche Ereignis der Selbstmitteilung Gottes, oder einfacher ausgedrückt, er ist in einer Weise Gottes bedürftig, daß er nur durch dessen offenbarenden Zuspruch im Vollsinn des Ausdrucks »Mensch« sein kann.

Wenn sich dieses Offenbarungsverständnis auch nur ansatzweise im allgemeinen Glaubensbewußtsein durchgesetzt hätte, wäre das unübersehbare Verblassen der abgeleiteten Glaubenswahrheiten, insbesondere des Wissens um die Letzten Dinge, begreiflich. Dann hätte die Wucht dieses Offenbarungsbegriffs zur Folge, daß sich der Blick des Glaubens von den Rändern seines Gesichtsfeldes weg auf dessen Mitte sammeln würde. Und von einer pathologischen Blicktrübung könnte nur noch sehr bedingt die Rede sein. Nun aber widerstreitet dieser Annahme das, was die Überprüfung des »Zentrums« ergab. Ihr zufolge ist das Gegenteil von einer Zentrierung der Fall, so daß sogar von einer ausgesprochenen »Konzentrationsschwäche« gesprochen werden mußte. Anders kann die Bereitschaft einer beträchtlichen Anzahl von Christen nicht erklärt werden, den Auferstehungsglauben gegen die auf dem Boden einer apersonalen Denkweise entstandene Reinkarnationsvorstellung auszutauschen. Im Hinblick darauf verbietet sich die zunächst plausibel erscheinende optimistische Interpretation. Wenn eine positive Bewertung somit ausgeschlossen ist, bleibt nur die Bestätigung des Ausgangsurteils: Wie die Randunschärfe und die Kontakthemmung ist auch die Konzentrationsschwäche Symptom einer nicht mehr zu übersehenden Pathologie des Glaubens. Nur wäre es vermessen, daraus auf seinen Verfall zu schließen. Vielmehr gilt hier das Herrenwort: »Nicht die Gesunden brauchen den Arzt, sondern die Kranken« (Mk 2,17). Und schon ein flüchtiger Blick auf die Dynamik im heutigen Glaubensbewußtsein, die das Wort von der »glaubensgeschichtlichen Wende« auf den Begriff zu bringen sucht, legt die Vermutung nahe, daß die Hilfe des Arztes näher ist, als es von den Krankheitssymptomen her den Anschein hat.[39]

Zweites Kapitel

Die Irritation

Die moralische Krise:
Der Schwund des Sündenbewußtseins

Für die gegenwärtige Bewußtseinslage ist es charakteristisch, daß das, was man als die moralische Krise der Gegenwart zu bezeichnen pflegt, von keinem Diagnostiker schärfer auf den Punkt gebracht worden ist, als dies bereits durch *Heinrich Heine* in seinem ›Wintermärchen‹ geschehen war. Dazu bemerkt die gedankenreiche Würdigung durch *Dolf Sternberger:*

> Alle Motive und Momente seiner Freuden-Religion, das hellenistische, das anti-christliche, das ›seraphinische‹, das utopische, die Vergött- lichungs-Phantasie in jeglicher Gestalt, ja die Vorstellung von ›Eman- zipation‹, die er so lange hegte, und vom ›Befreiungskampf der Mensch- heit‹, alle lassen sich in diesem Punkt versammeln: die Abschaffung der Sünde, nämlich des Sündenbewußtseins, das Ziehen des Pfahls aus dem Fleische, die Lösung vom Moralgesetz und die Entthronung des jenseitigen Gesetzgebers, die Stiftung rein menschlicher, autonomer Glückseligkeit –
>
> Es wächst heran ein neues Geschlecht
> Ganz ohne Schminke und Sünden,
> Mit freien Gedanken, mit freier Lust –
> Dem werde ich alles verkünden.[1]

Das war, wie Sternberger anmerkt, die pathetische Version eines Gedankens, den Heine schon ein Jahrzehnt zuvor in seiner ›Geschichte der Religion und Philosophie in Deutschland‹ (von 1835), nur un- gleich aggressiver vorgetragen hatte, als er dem Christentum unter- stellte, angesichts seiner Unfähigkeit, »die Materie zu vernichten«, sie in ihren »edelsten Genüssen herabgewürdigt« zu haben, und dies mit der Folge, daß »Lüge und Sünde« entstanden. Es ist die Kritik, die in nochmaliger Verschärfung *Nietzsche* aufnimmt, so wie er Heines Kritik des Gottesglaubens in seiner Parabel vom ›tollen Menschen‹ aufgenommen und überboten hatte, wenn er dem Christentum vorwirft, den Teufel erst wirklich an die Wand der Welt gemalt, die Unwissenheit zur Tugend erhoben, den Zweifel zur Sünde erklärt, dem Eros Gift eingeflößt und ihn dadurch zum Laster pervertiert zu haben.[2] Wie in der Frage der atheistischen Polemik ist inzwischen auch hierin, nur frontenverkehrt, ein radikaler Verhaltens- und Stimmungswandel eingetreten. Was Heine und Nietzsche noch lautstark proklamierten, gehört inzwischen zu den weithin als selbstverständlich akzeptierten Praktiken, und dies in einem Ausmaß, daß sich daraus sogar eine Art soziale Kategorie herleitete. Wenn von der »permissiven Gesellschaft« die Rede ist, bringt dieser, wenngleich kritisch eingesetzte Begriff zum Ausdruck, daß die von Heine geforderte »Abschaffung der Sünde« zu einem zumindest bewußtseinsbildenden Faktum geworden ist.

Mit der »Pathologie des Glaubens« hat das trotz gegenteiliger Vermutung freilich wenig zu tun. Vielmehr kommen hier jene Folgen des Säkularisierungsprozesses zum Tragen, auf welche bei aller Unterschiedlichkeit der Bewertung vor allem seine soziologisch orientierten Interpreten wie insbesondere *Lübbe* und *Luckmann* hinwiesen.[3] Danach ist die säkularisierte Lebenswelt durch einen progressiven Abbau der religiösen Kontrollfunktionen gekennzeichnet, der den Anreiz zu autonomer Neubestimmung in sich trägt. Daß sich diese vielfach im Gegensinn – und Widerspruch – zum christlichen Moralbegriff vollzieht, hängt mit dem reaktiv-emanzipatorischen Charakter des Vorgangs zusammen. Was im Bruch mit der Tradition entsteht, ist somit nicht notwendig ein moralisches Chaos, sondern ein Lebensentwurf, der durchaus um Bindung und Verpflichtung weiß. Indessen bleibt das, was die stärkste Stütze der christlichen Moral zu bilden schien, das Sündenbewußtsein, auf der Strecke. Dort, wo die Sünde die verläßlichste Rückbindung des Menschen an das moralische Gesetz zu stiften schien, ist ein sich ständig vertiefendes Vakuum entstanden. Die Folge war ein Bewußtsein, das zwar noch um sittliche Bindung, aber nicht mehr um die Realität der Sünde weiß.[3a]

Der Vorgang steht in einer bezeichnenden Analogie zur Neubestimmung des Begriffs »Sünde« in der lateinamerikanischen Befreiungstheologie. Im Maß, wie sich ihre Einsicht in die soziale Verflechtung gerade auch des sittlichen Menschen vertiefte, stieß sie zu der Erkenntnis vor, daß die Sünde nicht erst in jener »Selbst-bezüglichkeit« des Menschen besteht, die *Augustin* als seine »incurvatio« beschrieb, sondern bereits in den Inklinationen, die von den ihn beeinflussenden und prägenden Gesellschaftsstrukturen ausgehen. Es war im Grunde die Wiederentdeckung der paulinischen Lehre von der Abhängigkeit des unerlösten Menschen von den »Weltelementen«, also jenen schicksalhaften Vorgegebenheiten, die als anonyme Mächte seine Wünsche, Neigungen und Entscheidungen mitbestimmen. So entwickelte sich ein bis dahin nicht vorhandener Sinn für die »soziale Struktur der Gnade wie der Sünde«, die sich schließlich im Begriff von der »*strukturellen Sünde*« niederschlug.[4]

Im Blick auf die durch den Säkularisierungsprozeß bewirkte Erosion des Sündenbewußtseins könnte man kontrapunktisch dazu von einer »strukturellen Exkulpierung« des heutigen Menschen sprechen. Damit käme zum Ausdruck, daß bei allem, was bei der Konstituierung des neuen Lebens- und Selbstwertgefühls an Auflehnung und Widerstand mitschwingen mag, die Vorentscheidung doch bereits durch das Zeitgeschehen gefallen war. Die »Abschaffung der Sünde«, die sich im zunehmenden Schwund des Sündenbewußtseins bekundet, ist nicht so sehr die Folge willkürlicher Entscheidung gegen die christliche Moraltradition als vielmehr die Auswirkung des Säkularisierungsprozesses auf das moralische Selbstverständnis des heutigen Menschen. Die Problematik dieser Ableitung liegt, wie kaum betont zu werden braucht, in ihren theologischen Konsequenzen. Wie läßt sie sich mit *Gogartens* These von der *innerchristlichen Herkunft des Säkularisierungsgedankens* vereinbaren? Und was bedeutet sie insbesondere für die Vermittlung der christlichen Botschaft? In diesem Sinne hatte schon *Kierkegaard* in einem nachträglichen Einschub seiner ›Einübung im Christentum‹ das Heinesche Postulat reflektiert, wenn er auf die Frage antwortet, wie denn ein Mensch in aller Welt darauf verfallen könne, das Christentum anzunehmen:

Ganz einfach; denn allein das Bewußtsein der Sünde kann, wenn ich so sagen darf, den Menschen in dieses Grauen hineinzwingen (das von der anderen Seite her zwingende Gnade ist). Denn im gleichen Augenblick verwandelt sich das Christliche in reine Milde, Gnade, Liebe, Barmherzigkeit. Für jede andere Betrachtung ist das Christentum dagegen etwas Wahnsinniges und das größte Grauen. Allein im Bewußtsein der Sünde gibt es den Zugang; auf einem andern Weg hineinkommen zu wollen, ist Majestätsverbrechen gegen das Christentum.[4a]

Als habe er Heine direkt im Visier, kontrastiert Kierkegaard diese von ihm später mit gutem Grund widerrufene Stelle mit der Feststellung: »Aber die Sünde … hat man abgeschafft«; und statt dessen habe man dem Menschen mit dem »Gerede von der milden Lehre, von der Höhe, und der Tiefe und vom Freund« – und damit wird sein Votum geradezu zur Karikatur der von ihm zuvor entwickelten Konzeption – einen andern Zugang zum Christentum geschaffen; doch sei es eine Lästerung und Frechheit, »mit Gott und Christus Brüderschaft schließen zu wollen«.[5] Tatsächlich hatte er zuvor ein Bild des Christentums entworfen, das sich *wie die von der Liebe Gottes selbst gegebene Antwort auf die menschliche Existenzfrage* ausnimmt, wie er sie in seiner Wiederholungsschrift und insbesondere in seiner ›Krankheit zum Tode‹ mit einer bis dahin nicht gekannten Schärfe gestellt hatte.

Jetzt aber, in diesem sinngerecht als »Moral« gekennzeichneten Einschub, macht er sich zum vehementen Sprecher des Pastoralkonzepts, das im Sinn der lutherschen Rechtfertigungslehre davon ausgeht, daß das gottgeschenkte Heil *nur dem zum Bewußtsein seiner Sündhaftigkeit gelangten Menschen* vermittelt werden könne. Und er nimmt mit der ihm eigenen Eloquenz auch schon die ganze Besorgnis vorweg, welche die Vertreter des traditionellen Konzepts angesichts des unaufhaltsam schwindenden Sündenbewußtseins befiel. Im Augenblick dieses bemerkenswerten »Rückfalls« hätte er sich zweifellos die Appelle zu eigen gemacht, mit denen die Kirchenspitze im Verbund mit Moraltheologen zur »Wiederentdeckung der Sünde« aufrief.[6] Hellsichtigen Beobachtern der ethisch-religiösen Szene wie *Günter Rohrmoser* konnte freilich nicht entgehen, daß alle diese Appelle in den Wind gesprochen sind, weil die für ihre Rezeption erforderliche Verständigungsbasis lautlos in sich zusammengefallen ist. In Erinnerung an Luthers Frage nach dem gnädigen und vergebenden Gott stellt Rohrmoser die Gegenfrage:

> Ist aber der Mensch der Gegenwart durch diese Frage Luthers noch erreichbar, wird er von ihr noch betroffen oder entzieht sie sich völlig seinem Begreifen? Was bleibt von dem Kernstück des ganzen Protestantismus, der Rechtfertigungslehre, wenn diese Frage nicht mehr das sie bewegende Zentrum bildet?[7]

Zur Sorge um den Fortbestand der Christenheit, die unverhohlen aus Rohrmosers Gegenfrage spricht, bestünde jedoch nur Anlaß, wenn, zusammen mit dem Protestantismus, die gesamte christliche Heilslehre vom Pfeiler des Rechtfertigungsgedankens getragen würde. Gegen den vehementen Widerspruch der theologischen Mehrheit vertrat jedoch – wie vor ihm schon William Wrede – *Albert Schweitzer* die Überzeugung, daß die gemeinhin von Paulus hergeleitete *Rechtfertigungslehre keineswegs im Zentrum der paulinischen Heilsbotschaft* stehe, sondern darin lediglich einen »Nebenkrater« bilde.[8] Danach entscheidet sich die Frage, ob die christliche Botschaft dem heutigen Menschen noch vermittelt werden kann, ebensowenig am Erfolg in der Bemühung um eine Wiederbelebung der traditionellen Bußpraxis wie an dem der Initiativen, die auf eine Erneuerung der lutherschen Rechtfertigungslehre abzielen. Gegenüber dem Versuch *Bornkamms*, den Einwand Schweitzers als »irreführende These« beiseitezuschieben, muß die Tatsache geltend gemacht werden, daß der Rechtfertigungsgedanke bei Paulus stets den Charakter eines theologischen Konstrukts, niemals aber den eines elementaren Erfahrungswertes hat.[8a]

Wenn der Apostel auf seine grundlegende Heilserfahrung zu sprechen kommt, betont er, daß ihm das Geheimnis des Gottessohns ins Herz gesprochen (Gal 1,15f), daß er von Christus »ergriffen« (Phil 3,12) und so in seine Herrlichkeitsgestalt »hineinverwandelt« wurde (2 Kor 3,17), daß er in ihm seine Sinnerfüllung und Identität erlangte (Gal 2,20). Von einem Rechtfertigungserlebnis ist noch nicht einmal ansatzweise die Rede.[8b] Wenn der Rechtfertigungsgedanke bei ihm auftaucht, ist er unverkennbar die Frucht theologischer Reflexion, apologetischer Defensive und missionarischer Strategie. Und sofern man bei ihm ein Vorspiel der Kierkegaardschen Abstimmung von Heilsverständnis und Anthropologie sucht, sieht man sich an die Schlüsselfrage des Römerbriefs zurückverwiesen:»Ich unglücklicher Mensch, wer wird mich von diesem todverfallenen Leib befreien?« (7,24), die ihrerseits im Licht der autobiographischen Zeugnisse gelesen werden muß. Die aber zeigen, sofern man von der »vorpaulinischen« Entstehung des Hymnus auf die Liebe (1 Kor 13,1–13) und anderen Anzeichen einer »Vorbereitung«*(Kuss)* ausgeht, das Bild eines zwischen Fanatismus und Sehnsucht zerrissenen Menschen, der wie ein offenes Gefäß der Sinnerfüllung von oben entgegenharrt.[9]

Im Widerspruch zu seinem eigenen »Zwischenruf« liegt Kierkegaards wirkliche Konzeption ganz auf dieser Linie. Sein Verständnis der Lebenstat Jesu, zu dem er unter dem Eindruck eines religiösen Erlebnisses, aber mehr noch in der Konsequenz seines ganzen Denkens gelangte, verhält sich *spiegelbildlich zu seiner Existenzdeutung*, wie er sie in den auf die ›Einübung‹ hinführenden Schriften entwikkelte. So klingt es wie ein Echo auf den paulinischen Aufschrei, wenn er in der ›Wiederholung‹ seinem »stummen Mitwisser« gesteht:

Mein Leben ist zum Äußersten gebracht, ich ekle mich am Dasein, es ist geschmacklos, ohne Salz und Sinn … Man steckt den Finger in die Erde, um zu riechen, in welchem Land man ist; ich stecke den Finger ins Dasein: es riecht nach – Nichts. Wo bin ich? Was will das besagen: die Welt? Was bedeutet dieses Wort? Wer hat mich in dieses Ganze hineingenarrt und einfach stehenlassen? Wer bin ich?[10]

Und von dieser Bekundung des menschlichen Selbstzerwürfnisses führt schon ein Schritt zur Bestimmung des Menschseins als »gestörtes Verhältnis«, mit der die ›Krankheit zum Tode‹ einsetzt. Danach steht das Haus des menschlichen Daseins in Flammen; was aber weder brennen noch verbrennen kann, ist das Selbst. In diesem Dilemma schwankt der Mensch zwischen dem verzweifelten Wunsch, entweder er selbst oder nicht er selbst zu sein. Im einen Fall sucht er ein Selbst, das er nicht ist; im andern sucht er sich von der Macht loszureißen, die ihn ins Dasein setzte.[11] Das klingt nahezu wie eine Wiederholung von *Luthers* Disputationsthese, wonach der Mensch von Natur aus nicht wollen kann, daß Gott sei, sondern nur, daß er selber, nicht aber Gott – Gott sei, jetzt aber mit der Einschränkung, daß er es dann erst recht nicht aushielte, er selbst zu sein.[12]

Aufs genaueste trifft diese Analyse in den *Selbstwiderspruch des heutigen Menschen*, nur daß sich sein Widerwille nicht so sehr auf sein faktisches Selbst als vielmehr auf das *Faktum seines Daseins* bezieht. Er fühlt sich auf eine Weise mit sich selbst entzweit, daß ihm seine Existenz als Last, wenn nicht gar als Zumutung erscheint. So zerreißt ihn jene »sympathetische Antipathie«, die ihm als die aus seinem Innersten aufsteigende Lebensangst fühlbar wird. Was von ihm zu sagen ist, kann nicht mehr in begrifflich bestimmender, sondern nur noch in exklamatorischer Sprache ausgedrückt werden, wie es dann auch tatsächlich bei *Nietzsche* in seinem dem biblischen Wortlaut entnommenen »Ecce homo« geschieht.

Deutlicher könnte kaum noch gezeigt werden, daß von einem Entlastungs- oder gar Erhebungsgefühl, wie es von einer »strukturellen Exkulpierung« zu erwarten wäre, nicht die Rede sein kann. Zwar ist der Bann der Sündenangst vom heutigen Menschen weitgehend gewichen; statt dessen ist eine, mit *Karl Jaspers* gesprochen, »so noch nie gewesene Lebensangst« zu seinem unheimlichen Begleiter geworden.[13] Und diesem Begleiter folgen Resignation,

Seinsverdrossenheit und Lebensunlust auf dem Fuß. Kein Zweifel also, daß *an die Stelle der verschwundenen* oder doch zurückgetretenen *Sündennot* eine offenbar *noch schwerere Belastung* des *scheinbar Exkulpierten* trat. Wenn dieser Eindruck auch wirklich überzeugen soll, muß freilich gezeigt werden, wie diese Krise dem von ihr betroffenen Menschen zu Bewußtsein kommt. Und das ist die Frage nach dem *Gewissen*, die freilich nur unter der Voraussetzung sinnvoll gestellt werden kann, daß der *Gewissensbegriff* in einer Weise *erweitert* wird, daß er nicht nur auf Reaktionen des ethischen Selbstwertbewußtseins anspricht.

Wenn man das aufgeworfene Problem mit Hilfe des Wertbegriffs verdeutlicht, drängt sich geradezu der Gedanke auf, daß dem vom – ethischen – Gewissen registrierten Verhältnis zur Ordnung des Sittlich-Guten ein analoges zur Ordnung des Wahren und Schönen entspricht, auch wenn für das jeweilige Sensorium der Begriff »Gewissen« nicht verwendet wird. Statt dessen redet der allgemeine Sprachgebrauch im ersten Fall von einem guten oder getrübten Urteil, im zweiten von einem guten oder schlechten Geschmack. Nun drängt diese Dreiheit aber von innen her darauf, auf ein Einheitsprinzip zurückgeführt zu werden, gleichgültig, ob man sie auf die klassische Transzendentalienlehre oder auf *Kants* Formulierung der drei Grundfragen der Philosophie »als Weltbegriff« bezieht. Während im ersten Fall die Aspekte des Wahren, Guten und Schönen als »Leidensformen« des Seins (passiones entis) erscheinen, gilt im zweiten Fall, daß die drei Fragen auf die sie zusammenfassende Zentralfrage »Was ist der Mensch?« zurückgeführt werden können.

Im gleichen Sinn muß angenommen werden, daß auch den genannten Gewissensformen eine elementare vorangeht: das *Existenzgewissen.* Im Unterschied zur theoretischen, ästhetischen und ethischen Gewissensreaktion bezieht es sich nicht auf die Schwankungen im Verhältnis des Menschen zu den großen Teilbereichen der Wertordnung, sondern auf die in seinem Verhältnis zu sich selbst. Es bekräftigt mit seinem Zuspruch jeden Versuch einer Optimierung des personalen Selbstseins und erhebt Einspruch gegen den dunklen Hang des Menschen, sich aufzugeben und den desintegrativen Tendenzen seines Umfelds zu überlassen. So erweist es sich als das Sensorium, das der von Nietzsche und Heidegger entdeckten »*Plastizität*« des *Menschseins* entspricht. Die bereits wiederholt angesprochene »kollektive Depression« erklärt sich dann zumindest teilweise daraus, daß der gleicherweise von gesellschaftlichen Zwängen niedergehaltene und seiner selbst überdrüssig gewordene Mensch dieser Zeit in einem zuständlichen Zerwürfnis mit seinem Existenzgewissen lebt. An die Stelle der Gewissensnöte des Sünders trat ein »schlechtes Gewissen« neuer Art, das mit seiner Anfälligkeit für die manipulatorischen Zeittendenzen und, schlimmer noch, mit seiner Neigung zum »Abfall von sich selbst« zusammenhängt.

Während sich *Kierkegaard* im systemfremden »Einspruch« vom Sündenbewußtsein den – dazu noch einzig möglichen – Zugang zum Christentum verspricht, lebt seine ›Einübung im Christentum‹ tatsächlich davon, daß sich dieser Zugang nicht weniger aus Erfahrungen der menschlichen Existenzkrise erschließt, wie er sie in der Wiederholungsschrift und insbesondere in der ›Krankheit zum Tode‹ expliziert hatte.[14] Danach ist es gerade die als Lebensunlust und Verzweiflung erfahrene »Krankheit zum Tode«, die den von ihr betroffenen Menschen in die weitgeöffneten Arme des göttlichen Arztes treibt. Denn nach der in den anthropologischen Studien gestellten Diagnose war die ›Einübung‹, wie der ursprünglich ihr zugedachte Titel ›Die Heilung von Grund auf. Die christliche Arznei. Die Versöhnung‹ zeigt, schon von ihrer Konzeption her als »Therapie« gedacht. Demgemäß bewegt sie sich wie um eine Achse um die Große Einladung Jesu an die Bedrängten und Bedrückten, die eingangs in ihrer synoptischen (Mt 11,28) und abschließend in ihrer johanneischen Version (Joh 12,32) abgehandelt wird. Demgegenüber geht der Mittelteil, bezeichnend für den *therapeutischen Grundansatz*, nicht etwa, wie von der ›Moral‹ her zu erwarten wäre, auf das Problemfeld »Sünde«, sondern auf die »Bestimmung des Ärgernisses« ein. Das aber ist die Reaktion dessen, der sich gleicherweise von der Liebe des göttlichen Helfers wie vom »Inkognito« seiner zeitgeschichtlichen Erscheinung überfordert fühlt und deshalb beide als Zurückweisung empfindet. Dabei hebt die Liebe Jesu sowohl ihr scheinbar erdrückendes Übermaß als auch ihre schmerzende Unkenntlichkeit auf. Das eine, indem sie sich in ihren Erweisen stets selber gibt, so daß die *Hilfe mit dem Helfer verschmilzt*; das andere, indem sie den von ihrem Inkognito Betroffenen *in die Gleichzeitigkeit mit sich* hineinzieht.[15]

Wie in einem Brennpunkt treffen hier Not und Hilfe – in vollkommener Entsprechung – aufeinander; und wie in einem – nicht allzu fernen – Spiegel stellt sich hier die religiöse Krisensituation der Gegenwart dar. Denn mit Kierkegaard begann die Perspektivenverschiebung, die zu der von *Heidegger* und *Guardini* ausgearbeiteten *Modal-Anthropologie* führte und als solche von den »Gezeiten« des

Menschseins, also der Möglichkeit seiner Optimierung wie der seiner Selbstentfremdung ausgeht. Und mit Kierkegaards insistenter Anrufung des »Nothelfers« Hiob – »wenn ich Hiob nicht hätte!« – wird zugleich deutlich, daß sich der anthropologische »Fragepunkt« *von dem* »Was« *auf das* »Wo« verlagerte. An die Stelle der klassischen Frage nach dem Wesen trat die nach dem »Aufenthalt« des Menschen, verstanden als die nach seiner sinnerfüllenden Beheimatung und Geborgenheit.[16]

Die Christologie der ›Einübung‹ stößt mit der Wucht einer transverbalen Vergegenwärtigung in das Zentrum dieser Sinnerwartung. Nicht umsonst spannt Kierkegaard den Bogen der Sagbarkeit bis an den Rand des Zerbrechens, wenn er abrupt, ohne Rücksicht auf den Kontext, mit dem Schlüsselwort seiner Abhandlung erklärt: »*Der Helfer ist die Hilfe.*«[17] Wenn die Noterfahrung, die an die Stelle der Sündennot trat, in der bestürzenden Wahrnehmung des Menschen bestand, daß er in der Gefahr des Abfalls von sich selber schwebt, konnte ihm mit keiner kategorialen Gabe, und wäre sie (nach Mk 8,38) so groß wie die ganze Welt, geholfen werden. Dann konnte die einzig zulängliche Hilfe nur in dem bestehen, der sich *in seinen Gewährungen selbst übereignete* und der dazu aufgrund seines *kommunikativen Identifikationsaktes*, durch den er sich von dem durchschnittlichen, dem distanzierenden Modus der Selbstaneignung radikal unterschied, befähigt war.[18]

Die Aktualität dieser Konvergenz von Not und Hilfe wird durch zwei Tendenzen im Spektrum der christologischen Diskussion der Gegenwart hervorgehoben. Einmal durch die vor allem von *Schillebeeckx* ausgearbeitete Entdeckung, daß sich die von Jesus mit den »Zöllnern und Sündern« eingegangene Tischgemeinschaft nicht auf die im moralischen Sinne Angeschlagenen, sondern auf die ins gesellschaftliche Abseits Gedrängten bezieht und daß sich demgemäß auch seine Große Einladung an die Bedrängten und Bedrückten in erster Linie an diese adressiert.[19] Sodann aber auch durch *Blumenbergs* vehementen Angriff auf die traditionelle Deutung der Erlösung als Satisfaktionsakt, der er mit der Begründung darauf den Boden zu entziehen sucht, daß doch der »in seiner Absolutheit ertrinkende« Gott die ganze Sündenschuld der Menschheit »mit einem Federstrich« hätte tilgen können, ohne daß er sich das exorbitante Opfer des eigenen Sohnes hätte abfordern müssen.[20] Vor diesem Hintergrund gewinnen zwei Aussagen des Evangeliums einen ganz unvermuteten Gegenwartsbezug. Einmal das Bildwort vom »geknickten Rohr« und dem

»glimmenden Docht«, mit dem der Mattäus-Evangelist die Vorzugs-
adressaten des Heilswirkens Jesu charakterisiert (Mt 12,20); korre-
spondierend dazu dann aber auch das Selbstzeugnis Jesu, das den Sinn
seiner Todeshingabe in nichts anderem als in einem äußersten Erweis
seiner lebenslang geübten Liebe erkennen läßt:

> Der Menschensohn ist nicht gekommen, um sich bedienen zu lassen,
> sondern um zu dienen ... (Mk 10,45).[21]

Diese ausgesprochenen Spitzenaussagen des Evangeliums lassen
keinen Zweifel daran, daß seine Botschaft über eine ungleich breitere
»Anknüpfungsbasis« verfügt, als sie der moralisch verstandene
Sündenbegriff abzudecken vermag. Und sie lassen nicht minder deutlich erkennen, daß der Tod Jesu nach seiner ursprünglichen Sinndeutung keinem Zweck, auch nicht dem der Satisfaktion für die
Sündenschuld der Menschheit, unterworfen ist, weil er als reiner
Selbstzweck seine Bedeutung in sich selber trägt. In diesem hohen
Sinn könnte man ebensogut sagen, daß er »umsonst« gestorben ist, wie
daß er den Tod als »Sühneopfer« auf sich nahm. Doch offensichtlich
vermochte die kirchliche Heilsverkündigung weder der Anthropologie noch der Christologie bis zu diesem Reflexionsstand zu folgen. Für sie bleibt vielmehr der Schwund des Sündenbewußtseins der
moralische Katastrophenfall der Gegenwart, weil mit ihm der zentrale
Anknüpfungspunkt verlorenzugehen scheint. Doch damit kommt
auch erstmals schon jene »Phasenverschiebung« zum Vorschein, die
sich bei näherem Zusehen immer mehr als das »Basisproblem« der
heutigen Kirchenkrise herausstellt.

Die Erblast der Versäumnisse:
Das unaufgearbeitete Konzil

Aufs ganze gesehen ist die angesprochene Krise jedoch nicht nur
durch Wandlungen der Bewußtseins- und Glaubensgeschichte, sondern auch durch konkrete Vorgänge – und Versäumnisse – des kirchlichen Lebens veranlaßt. Wenn nicht alles täuscht, gehört dazu in erster Linie die »Erblast« des Zweiten Vatikanischen Konzils, dem
sogar seine erklärten Kritiker zugestehen müssen, daß »im guten kein
Weg« hinter seine Entscheidungen zurückführe.[22] Tatsächlich hat das
Zweite Vatikanum als das große, *inspirierende und deshalb mit keiner
Macht der Welt mehr rückgängig zu machende Ereignis der neueren*

Kirchengeschichte zu gelten.[22a] Denn mit ihm erreichte die Kirche die Gleichzeitigkeit mit dem Gang ihrer eigenen Wirkungsgeschichte; mit ihm vollzog sie die missionarische Öffnung zu einer Welt, der sie vorher eher defensiv gegenüberstand; mit ihm trat sie erstmals in einen konstruktiven Kontakt mit den übrigen Konfessionen und Weltreligionen, und mit ihm verschrieb sie sich in innerkirchlicher Hinsicht dem einzig tragfähigen Prinzip des Zusammenlebens: dem *Dialog*. Oder nun mit einer noch einfacheren Formel ausgedrückt: mit ihm vollzog die Kirche die »anthropologische Wende«, und das besagt: sie machte sich die von der neueren Theologie gewonnene Erkenntnis zu eigen, daß in jedem Satz über Gott der Mensch mitgesagt, also das Bekenntnis zur Menschwerdung Gottes wiederholt wird. Im Hinblick auf diese innovatorische Rolle, die dem Konzil mehr noch zufiel als daß es sie bewußt übernahm, ist es nur zu begreiflich, daß alsbald die Kräfte der Beharrung und Reaktion auf den Plan traten, die in der Folge eine wahre Orgie der Kritik entfesselten.[23]

Aus der Fülle der Einwände hoben sich zwei Vorwürfe ab, die deutlicher als andere, wenngleich mit unterschiedlichen Strategien, auf eine Revision des Konzils ausgingen. Ein *erster* suchte seine Leistung mit dem Hinweis darauf zu entwerten, daß es im Unterschied zu allen andern Kirchenversammlungen keine Lehrentscheidungen getroffen habe und deshalb durch einen lehramtlichen Akt überholt werden müsse, der dieses angebliche Defizit durch um so klarere Direktiven auszugleichen habe. Der Vorwurf hebt sich auch dadurch von den übrigen ab, daß er radikaler als alle andern Geist und Zielsetzung des Konzils verfehlt. Wenn seine Absicht darin bestand, die Kirche ins Gespräch mit sich selbst und dem Zeitgeschehen zu bringen, konnte das unmöglich durch dogmatische und normative Festlegungen, sondern einzig und allein durch einen inneren und äußeren Gestaltwandel geschehen. Der Einwand entstammt somit einem fundamentalen Mißverständnis des Konzils, dessen spezifische Leistung gerade nicht in Lehräußerungen und Wegweisungen, sondern in der *Erweckung eines neuen Geistes* bestand, der mehr als alles, was Dokumente und Formeln besagen können, das Überleben der Kirche im kommenden Jahrtausend sichert. Geradezu subversiv mutet demgegenüber die mit dem *zweiten Vorwurf* verbundene Forderung an, daß die fehlgelaufenen Auswirkungen des Konzils bekämpft und durch eine umfassende Gegensteuerung, am besten in Form eines ›Dritten Vatikanums‹, korrigiert werden müßten, zumal sich dahinter die kaum verhüllte Absicht verbirgt, das Zweite Vatikanum von seiner Wirkungsgeschichte her aufzurollen und »unschädlich« zu machen.[24]

Indessen hat es mit diesem zweiten Einwand doch zugleich seine Richtigkeit, sofern man ihn nur *auf das Konzil und seine Entscheidungsträger selbst zurückbezieht.* Denn im Rückblick auf die Wirkungsgeschichte kann den Konzilsvätern der Vorwurf nicht erspart werden, zu wenig für die Vermittlung der von ihnen in die Wege geleiteten Neuorientierung getan zu haben. Nicht nur, daß manche von ihnen, die seine Beschlüsse nur halbherzig mitgetragen hatten, nach Konzilsende offen auf Distanz gingen und daß andere, die sich anscheinend von ihrem eigenen Werk überfordert fühlten, ihre »Konzilsmüdigkeit« unverhohlen zur Schau trugen; auch dort, wo in Form von Regionalsynoden alles für eine angemessene Vermittlung aufgeboten wurde, stand der erzielte Erfolg in keinem Verhältnis zur aufgewandten Mühe. Zweifellos verfiele man einem fatalen Fehlurteil, wenn man dafür das Konzil selbst verantwortlich machen wollte. Indessen läßt sich nicht übersehen, daß die weitsichtige Anregung seines Initiators *Johannes XXIII.,* die überkommene Glaubenswahrheit in einer neuen, auf die gewandelten Zeitverhältnisse abgestimmten Sprache auszusagen, von seinem Nachfolger nicht aufgenommen wurde, so daß in der von ihm bestimmten Konzilsphase restringierende Tendenzen immer häufiger zum Zug kamen.[25] Es liegt auf der Hand, daß sich das schwächend auf den Grundimpuls auswirken mußte und daß diese Schwächung für die Wirkungsgeschichte nicht folgenlos blieb. Die gegenwärtige Konfliktsituation ist damit jedoch noch keineswegs erklärt. Ihre Gründe sind offensichtlich komplexerer Art, die als solche die – unzulängliche – *Vermittlung* der Konzilsimpulse betreffen; davon muß nunmehr die Rede sein.

Zweifellos gehört es zu den wesentlichsten Leistungen des Konzils, daß es den *Dialog zum Prinzip des kirchlichen »Zusammenlebens«* erhob. Dabei dürfte schon die Erinnerung an *Platons* Siebten Brief eine Rolle gespielt haben, dessen Verfasser sich, spiegelbildlich dazu, »vom Zusammenleben« den zündenden Funkensprung erhofft, der leuchtend in die Seele fällt.[26] Wenn angenommen werden darf, daß überdies mit dem Einfluß jener Denker zu rechnen ist, die, mit *Martin Buber* an der Spitze, gegenüber der Einsamkeit der idealistischen Spekulation das Recht des »dialogischen Prinzips« vertraten, hat das zugleich als eine erste – und wichtigste – Frucht der konziliaren Öffnung zu gelten.[27] Indessen erstreckt sich die Bedeutung dieses Prinzips ebenso nach innen wie nach außen. Im kirchlichen Binnenraum setzte es, wenigstens grundsätzlich, der einseitigen Kanalisierung des Informationsstroms ein Ende, aufgrund deren allein die Kirchenspitze in der Rolle der Wortführerin erschien, während sich das Kirchenvolk in die des zum Gehorsam verpflichteten Rezipienten verwiesen sah. Mit der – längst überfälligen – Überwindung dieses »doktrinalen« Modells wuchs die Einsicht, daß schon die stumme Rezeption bereits den Charakter einer dialogischen Stellungnahme hat, die als solche darauf drängt, zur hörbaren Beantwortung der vernommenen Botschaft vervollständigt zu werden. Und gleichzeitig stellte sich die Erinnerung an jene Schriftworte ein, die darauf abheben, daß das verkündete Wort seiner ganzen Zielsetzung zufolge »aufgenommen« (Mk 4,20; Apg 2,41) und »bewahrt« (Lk 11,28) sein will.

Im selben Maß, wie diese Einsicht an Boden gewann, wurde klar, daß es in der Kirche keine zur Passivität verurteilten »Untergebenen«, sondern nur unterschiedliche Partizipanten an dem umfassenden Verständigungsakt gibt, der in der Selbstmitteilung Gottes seinen Ausgang nimmt, durch das kirchliche Lehramt vermittelt wird und darauf ausgeht, vom Kirchenvolk aufgenommen und mit seiner gläubigen Zustimmung erwidert zu werden. Wenn das bruchlos gelingen soll, muß dem Kirchenvolk aber auch Gelegenheit geboten werden, über das Gelingen seines verstehenden Nachvollzugs Rechenschaft zu geben, die dabei auftretenden Schwierigkeiten zur Sprache zu bringen und so mit der Kirchenspitze in einen spontanen Austausch zu treten. Doch dafür traf das Konzil keinerlei Vorkehrungen. Bis zur Stunde fehlt jedes Forum, das der Einleitung, Durchführung und effektiven Gestaltung dieses Austausches dienen könnte. Damit hängt es zweifellos zusammen, daß die Äußerungen der Basis in den sporadischen Fällen, in denen es dazu kommt, unter einem Überdruck erfolgen und aufgrund dessen eruptive, bisweilen sogar aggressive Formen annehmen. Dies polemisch als Aufsässigkeit zu werten und auf mangelnde Loyalität zurückzuführen oder gar, wie es im Fall der ›Kölner Erklärung‹ geschah, als »Rebellion« zu disqualifizieren, ist uneinsichtig, weil es das institutionelle Defizit verkennt, das diese vermeintlichen oder wirklichen Mißstände verursacht.[27a] Jeder großräumige Dialog bedarf eines organisatorischen Rahmens; wenn dieser fehlt, entartet er fast unvermeidlich zum Disput, in dem der Wille zur Selbstdarstellung den zur Verständigung übertönt.

Als eindrucksvolles Beispiel dafür kann das Schicksal der vieldiskutierten *Liturgiereform* gelten, die das Konzil mit der (am

3. Dezember 1963 verabschiedeten) Konstitution über die Liturgie ins Werk gesetzt hatte.[28] Ihre Rezeption war gleichzeitig von einer Überschätzung der Durchsetzungskraft der Neugestaltung wie von einer Unterschätzung der Widerstände bestimmt. Unterschätzt wurden zweifellos die Folgen, die der Verzicht auf die akustische und optische Arkanschranke nach sich zog. Mit der Ersetzung der lateinischen Kultsprache durch die Landessprachen wurde zwar ein Optimum an Verständlichkeit erreicht; dies jedoch unter Preisgabe eines Elements, das die Meßfeier mit dem Nimbus des Sakralen umgeben hatte. Mit der Betonung des Mahlcharakters der Eucharistie, verbunden mit der Umorientierung von Altar und Zelebrant, entstand eine für das Kirchenvolk ungewohnte Nähe und Transparenz, die vielfach als irritierende Aufhebung der gewohnten Distanz, wenn nicht geradezu als ein Akt *kirchlich verordneter »Entsakralisierung«* empfunden wurde. Und war mit dem Schwerpunkt, den die Liturgiereform auf die Wortverkündigung legte, nicht ein Zurückdrängen des Bildelements, also ein Symbolverlust verbunden, der die Erinnerung an die Bilderstürmer der alten und reformatorischen Kirchengeschichte heraufbeschwor?

Die ungleich schwerere Unterlassung entsprang jedoch der naiven Meinung, daß sich die Reform aufgrund ihrer unbestreitbaren Vorzüge von selbst durchsetzen werde. Eine Kultfeier, die sich nicht mehr in dunkler Ferne, sondern vor aller Augen vollzog und zudem erstmals auch wirklich verstanden werden konnte, mußte doch, so schien es, vom Kirchenvolk als eine beglückende Vergünstigung empfunden werden. In diesem Zusammenhang wurden aber nicht nur keine Vorkehrungen getroffen, ihm diese Vorteile auch wirklich vor Augen zu führen; vielmehr kam es zu einem unbegreiflichen Vorgang der Selbstbeschädigung durch die stillschweigende Einführung der »Lesepredigt«, die den mit der Neugewichtung des Predigtwortes erzielten Gewinn praktisch zunichte machte. Im Grunde hätte von der Erschließung der biblischen Reichtümer durch die neue Perikopenordnung ein mächtiger Anreiz ausgehen müssen, das Schriftwort der Gemeinde kompetent und aktuell auszulegen. Nicht umsonst enthielt die Konstitution die Anordnung:

Damit den Gläubigen der Tisch des Gotteswortes reicher bereitet werde, soll die Schatzkammer der Bibel weiter aufgetan werden, so daß innerhalb einer bestimmten Anzahl von Jahren die wichtigsten Teile der Heiligen Schrift dem Volk vorgetragen werden.[29]

Eine ungeahnte *Blüte der Predigtkultur war zu erhoffen.* Statt dessen setzte sich, wie auf geheime Verabredung, allenthalben die Unsitte durch, auf den biblischen Text einen zweiten in Gestalt einer vorgelesenen Glosse, oft noch nicht einmal aus eigener Produktion des Predigers, folgen zu lassen.[30] Das Urteil ließ nicht auf sich warten; nur wurde es nicht mit Worten, sondern »mit den Füßen« gefällt. Denn aller Wahrscheinlichkeit nach war es diese »kerygmatische Verödung«, die den Gottesdienstbesuch auf einen erschreckenden Tiefstand sinken ließ. Demgegenüber erblickt der kritische Außenseiter *Lorenzer* gerade in der von der Liturgiereform bezweckten Weckung von Verständnis und Einsicht das konziliare Verhängnis. Indessen basieren seine Vorwürfe auf der irrtümlichen Annahme, daß die westliche Christenheit ähnlich der östlichen auf die Schau des – sich symbolhaft erschließenden und verhüllenden – Gottesgeheimnisses gegründet sei. Und er hätte sich in dieser Annahme durch keine theologische Position so sehr bestätigt sehen können als durch die auf die »Schau der Gestalt« hingeordnete Sehweise Balthasars, der freilich in seltsamem Selbstwiderspruch die Westkirche als die des Wortes und des Hörens dem östlichen, dem Bild und der Schau verpflichteten Christentum gegenüberstellte.[31]

Wenn das Konzil demgegenüber auf »Verständlichkeit« drängte und in diesem Interesse den in den Augen Lorenzers »selbstmörderischen« Akt der Liturgiereform vollzog, bekannte es sich damit lediglich konsequent zur »westlichen«, über Augustinus auf Paulus zurückführenden Ausgangsposition.[32] Und nicht weniger konsequent war seine vom paulinischen Geist eingegebene, von seinem Kritiker jedoch als Inbegriff der »Symbolvernichtung« gewertete *Konzentration auf das Kreuz*; denn ihr lag die von der Theologie noch keineswegs voll eingeholte Erkenntnis zugrunde, daß die Gottesoffenbarung dort ihren unüberbietbaren Höhepunkt erreichte, wo sie in das vom Licht der Auferstehung erhellte Dunkel des Kreuzes führte.[33] Mit dem Kreuz aber wird kein Symbol vernichtet, sondern ein wenngleich »akustisches« errichtet; denn es ist der *zeichenhaft dargestellte Todesschrei Jesu* und als solcher das einzige Klang-Bild, das in der Todeslandschaft dieser Zeit bestehen kann.[34]

Im Grunde ist damit schon ein weiteres, noch schwereres Defizit angesprochen, in welches das kerygmatische einmündet und das auf eine der wesentlichsten Klärungen des Konzils zurückgeht. Bewußter als je eine Kirchenversammlung zuvor griff es auf das Kernstück der christlichen Glaubensüberzeugung, die in der Erscheinung Jesu

Christi vollendete Gottesoffenbarung, zurück. Und es führte in der Konstitution ›Dei Verbum‹ (vom 18. November 1965) den Offenbarungsgedanken sogar zu einer so vorher nicht erreichten Reflexionshöhe. Während noch das Erste Vatikanum den Offenbarungsinhalt mit den göttlichen »Dekreten« gleichgesetzt hatte, hob es im Sinne seines Vordenkers Rahner vor allem auf die Identität von Offenbarer und Offenbarung ab. Offenbarung ist somit nach christlichem Verständnis ein Akt göttlicher Selbstmitteilung, durch den der sich erschließende Gott die Menschheit ins Geheimnis seines Selbstseins einweihte; denn nach dem Wortlaut der Konstitution gefiel es Gott »in seiner Güte und Weisheit, sich selbst mitzuteilen und das Geheimnis seines Willens kundzutun«.[35] Nicht weniger innovatorisch wirkt der vom Konzil in diesem Zusammenhang gesetzte christologische Akzent. Denn mit einer wiederum so zuvor nicht erreichten Klarheit machte es deutlich, daß Jesus in der Totalität seines Seins und Verhaltens das krönende Ereignis der Offenbarungsgeschichte bildet: in seinem Wort wie in seinem Schweigen, in seinem Handeln wie in seinem Leiden, vor allem aber in seiner – vom Konzil als Gipfel der Offenbarungsgeschichte herausgestellten – Auferstehung.[36]

Eingeschlossen ist in diese wahrhaft innovatorische Klärung eine zumindest indirekte »Ortsbestimmung«, die Auskunft über den – wie man im Anschluß an die Frage des Hiobbuches nach dem »Ort« der Weisheit (28,20–24) sagen könnte – aktuellen »Fundort« der im Gottmenschen an die Welt ergangenen und in seinem geschichtlichen Fortleben präsenten Offenbarung gibt. Daran ist um so mehr gelegen, als dieser Fragenkomplex durch eine nachgerade bürokratische Auslegung der Rede vom »depositum fidei« (1 Tim 6,20) weithin verdunkelt wurde. Demgegenüber findet sich der gesuchte Ort im Sinn der Konzilsaussage nirgendwo anders als in den Herzen der Glaubenden; denn in ihnen ist die Gottesoffenbarung in Gestalt des ihnen (nach Eph 3,17) einwohnenden Christus »aufgehoben« und »verwahrt«. So sehr sie sich in Schrift und Tradition als ihrem authentischen Niederschlag »spiegelt«, kann sie letztlich doch nur aus ihnen »erhoben« werden. Dabei kommt dem kirchlichen Lehramt eine zwar unverzichtbar wichtige regulative, nicht jedoch konstitutive Aufgabe zu, da es in seinen »Propositionen« ganz an den fortlebenden und – wie im weiteren Fortgang noch zu verdeutlichen sein wird – fortlehrenden Christus verwiesen ist. Vorstellungen wie die auf antike Rechtsbegriffe zurückgehende von einer »Deponierung« des Offenbarungsguts stehen zu dieser Ortsbestimmung quer, sofern sie mit dem

Gedanken eines Verfügungsrechts einhergehen. Denn die Gottes-offenbarung ist die ihrem Wesen nach unverfügbare Gewährung dessen, der aus freier, liebender Entschließung sein ewiges Schweigen brach, um der Zeit der Unwissenheit und Knechtschaft ein Ende zu setzen.[36a]

Einen völlig neuen, wenngleich in biblischer und glaubens-geschichtlicher Tradition begründeten Akzent setzte das Konzil schließlich dadurch, daß es den »progressiven« und »dialogischen« Charakter der Gottesoffenbarung betonte. Wie sie darauf ausgeht, immer tiefer verstanden und im gläubigen Mitvollzug angeeignet zu werden, »strebt sie im Gang der Jahrhunderte ständig der Fülle der göttlichen Wahrheit entgegen«.[37] Zu ihrer expliziten Fülle gelangt die Offenbarung somit nach Auffassung des Konzils nur im Maß ihrer fortschreitenden Rezeption, so daß sie geradezu als ein Dialog-geschehen zwischen Gott und der von ihm an- und aufgerufenen Glaubensgemeinschaft erscheint:

> So ist Gott, der einst gesprochen hat, ohne Unterlaß im Gespräch mit der Braut seines geliebten Sohnes, und der Heilige Geist, durch den die leben-dige Stimme des Evangeliums in der Kirche und durch sie in der Welt widerhallt, führt die Gläubigen in alle Wahrheit ein und läßt das Wort Christi in Überfülle unter ihnen wohnen (Kol 3,16).[38]

Damit erweckte das Zweite Vatikanum eine denkbar hochge-spannte Erwartung. Denn das Kirchenvolk durfte – und mußte – damit rechnen, daß die Verkündigung, angefangen von den lehramtlichen Äußerungen bis hinab zur Predigt und Katechese, fortan von dieser Grundeinsicht bestimmt wurde, anders ausgedrückt, daß sie nunmehr in dem Bemühen bestand, ihm die Glaubenswahrheit so zu vermitteln, daß es sich durch sie in ein *kontinuierliches Gespräch mit dem Offenbarungsgott gezogen* sah. Denn nur so entsprach es dem Grund-ansatz der Konstitution, die den dekretorischen Offenbarungsbegriff der Vorzeit dadurch überschritt, daß sie auf das vom Offenbarer ge-wollte Korrespondenzverhältnis abhob: als liebende Selbstüber-schreitung des ewig verborgenen Gottes zielte seine Offenbarung darauf ab, die Menschheit in eine Gesprächs- und Lebensgemeinschaft mit sich einzuladen und aufzunehmen.[39] Abgesehen von einigen Lehräußerungen, zu denen in erster Linie die Enzyklika *Johannes Pauls II.* ›Dives in misericordia‹ (vom 25. November 1980) zu rechnen ist, erfüllte sich diese Erwartung jedoch nicht.[40] Vielmehr kam es gerade an dieser Stelle zu einer Entzweiung von »Angebot« und

»Nachfrage«, also von kirchlicher Doktrin und allgemeiner Glaubenserwartung, die vermutlich mehr als alle konkreten Anlässe für die
gegenwärtige Kirchenkrise verantwortlich zu machen ist.

Das kerygmatische Defizit:
Die frustrierte Glaubenserwartung

Eindrucksvoller hätte der prospektive Offenbarungsbegriff des Konzils nicht bestätigt werden können als durch den Vorgang, der sich
kontrapunktisch zu der beschriebenen »Pathologie des Glaubens«
abzeichnet und mehr als jedes konkrete Symptom auf eine religiöse
Erneuerung hoffen läßt: die *glaubensgeschichtliche Wende*. Sie stellt
sich bei näherem Zusehen als dreifacher Umschichtungsprozeß dar,
der ebenso die Frage der Glaubenserwartung wie die der Glaubensbegründung und nicht zuletzt der Glaubensvermittlung betrifft. Was
diese anlangt, so trat an die Stelle des durch psychologische Einsicht
und gelebte Praxis überholten »Instruktionsmodells« *(Seckler)* eine
neue Auffassung, die sich die effektive Weitergabe des Glaubens vor
allem von inspirativen Eindrücken und konkreten Paradigmen erwartet.[41] Auf diese Umschichtung wirkt bereits die Einsicht hin, daß der
Glaube zu jenen Lebensvollzügen gehört, die im Grunde nur eingeübt,
nicht jedoch mit Hilfe didaktischer Vermittlung »gelernt« werden
können. Dazu kam die sich immer wieder bestätigende praktische
Erfahrung, daß es vor allem die Paradigmen des getätigten Glaubens
sind, von denen der zündende Funke überspringt. Das bringt der
Schlüsselsatz zum Ausdruck: Wir werden zum Glauben bewogen,
nicht erzogen.

Demgegenüber läßt sich der Wandel in der Frage der Glaubensbegründung in die Forderung zusammenfassen: Gib mir Erfahrung,
und ich glaube! Danach setzte sich hier anstelle des traditionellen
Argumentationsmodells ein vornehmlich auf Glaubensempirie gegründetes durch. Damit zog die Glaubenstheorie die Konsequenzen
aus einer Entwicklung, zu der vor allem Guardini durch seine konsequente Betonung des Erfahrungsmoments beim Zustandekommen des
Glaubensaktes beigetragen hatte.[42] Daß er sich dabei gegen anti-
modernistische Bedenken auf die von Pascal im Begriff der »Logik
des Herzens« vollzogene Versöhnung von Gefühl und Vernunft stützen konnte, wurde durch seinen Interpreten *Duss-von Werdt* längst
schon deutlich gemacht.[43] Danach sind es in erster Linie Erfahrungen

des Ergriffen- und Erhobenseins, die zum Glauben verhelfen, so wichtig die argumentative Stützung, insbesondere im Interesse der Glaubensverantwortung, bleibt.[44]

Nicht weniger tief hat sich jedoch die Erwartung gewandelt, die der heutige Mensch in seinen Glauben setzt. Darauf wirkte nicht weniger die Vertiefung des Offenbarungsbegriffs als sein spezifisches Selbstverständnis hin. Die Vertiefung des Offenbarungsbegriffs zunächst; denn im selben Maß, wie sich klärte, daß die Offenbarung als liebende Selbstmitteilung Gottes begriffen sein will, trat die Vorstellung in den Hintergrund, daß von ihr Auskünfte zur Befriedigung der religiösen Neugierde zu erwarten seien. Wenn Gott aus dem Dunkel seiner Verborgenheit hervortritt und sein ewiges Schweigen bricht, dann nicht, um den Menschen über die Verfassung der jenseitigen Reiche, über die Chöre der Engel und das Unwesen der Teufel aufzuklären, sondern um ihm das zu sagen, was für ihn im Interesse eines erfüllten Menschseins unabdingbar ist: *sich selbst*. Wenn es sich aber so verhält, kann sich die darauf abgestimmte Glaubenserwartung letztlich nur auf das Glück einer dialogischen Glaubensbeziehung richten. Auf den sich erschließenden Gott kann dann nur die Erwartung »antworten«, in dem *durch den Offenbarungsakt »eröffneten« Gottesgeheimnis Halt, Heimat und Geborgenheit* zu finden. Darauf bezieht sich die Konzilsaussage, nach welcher Gott zur Menschheit redete, »um sie in seine Gemeinschaft einzuladen und aufzunehmen«.[45]

Da Erwartungen aber mehr noch von Bedrängnissen als von Einsichten eingegeben sind, kommt in diesem Zusammenhang vor allem das gestörte Selbstverhältnis des heutigen Menschen ins Spiel. Ein Riß geht, wie schon *Kierkegaard* in seiner Wiederholungsschrift im Stil einer an die Weltordnung gerichteten Beschwerde deutlich machte, durch ihn hindurch, der ihn vom Faktum seines Daseins trennt und dadurch in ein zuständliches Selbstzerwürfnis versetzt. So wird die Lebensangst nicht nur, wie Jaspers meinte, zu seinem »unheimlichen Begleiter«, sondern zum Stigma, das ihn in seinem Innersten versehrt und seine elementaren Beziehungen verstört. Er lebt nicht nur, um nochmals die Bemerkung Paul Valérys aufzugreifen, mit dem Rücken zur Zukunft, sondern gleichzeitig auch in einer wachsenden Entfremdung von Welt und Mitmensch. Von diesem, weil die Angst die spontanen Kommunikationsformen von Wort und Liebe lähmt und ihn so einer allenfalls surrogathaft überbrückten Vereinsamung verfallen läßt. Aber auch von der Welt, weil sich ihm diese durch die wissenschaftliche Interpretation ebenso verrätselt wie durch die mediale Repräsentation entzieht, und dies auch in ihrer Gestalt als Arbeitswelt, wo der gestaltende Zugriff immer mehr auf Kontrollfunktionen über computerisierte Produktionsformen zusammenschrumpft. Es ist eine Welt, die den Menschen nicht nur auf standardisierte Funktionsweisen festzulegen und dadurch unter sein Niveau zu drücken sucht, sondern die geradezu, mit *Georg Scherer* gesprochen, auf seinen *Untergang als Subjekt* hinarbeitet.[46]

Zu dieser vielfältigen Verstörung kommt jedoch eine nicht minder gravierende Schwächung hinzu. Denn die Kultur holt uns auch in dem Sinne ein *(Wimmel)*, daß sie ihre elementaren Voraussetzungen offenlegt und den kulturstiftenden Elementarakt zur Disposition stellt. Er besteht, in der von *Freud* aufgewiesenen Vertauschung des Lustprinzips mit dem Realitätsprinzip, die aufgrund der damit gewonnenen Distanz zur Schaffung der Schriftkultur und der durch Komparativität entstehenden Kulturleistungen wie Literatur, Philosophie, Wissenschaft und Technik führte.[47] Nicht nur, daß im ständig eskalierenden Medienkonsum die durch den asketischen Elementarakt gewonnene Distanz durch eine – lustvoll genossene – illusionäre Indirektheit abgelöst wird; vielmehr sieht sich der heutige Mensch zunehmend einem Erosionsprozeß ausgesetzt, der seine kulturstiftende Leistung von ihrer Wurzel her angreift. Der Triumph, den er durch seine asketische Weltauslegung errang, schlägt auf ihn in einer Weise zurück, daß ihm das Werk seines Geistes buchstäblich aus den Händen gleitet und er sich anstatt als Schöpfer – als Opfer seiner Welt erfährt.

Jetzt erst kann der eigentliche Grund des damit ursächlich verbundenen Vorgangs genannt werden, der als der progressive »Schwund des Sündenbewußtseins« diagnostiziert wurde. So sehr er vom Hedonismus der »permissiven« Gesellschaft gefördert wird, liegt dieser Grund doch wesentlich im Vitalitätsverlust des heutigen Menschen, genauer gesagt, in seinem gebrochenen Lebenswillen. Wie die »Krankheit zum Tode« von Kierkegaard vorausgefühlt wurde, so dieser Einbruch im Lebenswillen von *Reinhold Schneider*, der als der *»leidende Protagonist« der gegenwärtigen Lebenskrise* zu gelten hat.[48] Was Schneider in seinen unter dem Titel ›Winter in Wien‹ veröffentlichten Tagebuchaufzeichnungen (von 1958) zu Protokoll gab, ist die Geschichte einer Halbierung des Glaubens, den er bei voller Überzeugung von seinen Inhalten nicht mehr »aufrechtzuerhalten« vermochte. Und es spricht für die paradigmatische Bedeutung des von ihm erlittenen »*Glaubensentzugs*«, daß davon gerade die zentrale

Position, der Auferstehungsglaube, betroffen ist. Die vielzitierte Schlüsselstelle lautet:

> Ich weiß, daß Er auferstanden ist; aber meine Lebenskraft ist so sehr gesunken, daß sie über das Grab nicht hinauszugreifen, sich über den Tod hinweg nicht zu sehnen und zu fürchten vermag. Ich kann mir einen Gott nicht denken, der so unbarmherzig wäre, einen todmüden Schläfer unter seinen Füßen, einen Kranken, der endlich eingeschlafen ist, aufzuwecken.[49]

In diesem Geständnis kommt eine »Wurzel« des Glaubens zum Vorschein, von der in der traditionellen Glaubenstheorie noch nicht einmal die Rede war, geschweige denn, daß sie in diese thematisch eingearbeitet worden wäre. Im Schmerz des von ihm erlittenen Entzugs reift jedoch in Schneider die Einsicht: »Ohne Lebensbejahung keine Religion; das Ja zum Leben ist vielleicht die eigentliche Gnade.« Denn:

> Die Frage nach dem Wert des Daseins legt die Axt an die Wurzeln; fällt die Antwort verneinend aus – und warum sollte das nicht geschehen? –, so stürzt alles zusammen.[50]

Was Schneider, vereinsamt und unverstanden, erlitt, ist inzwischen, wie ohne Übertreibung gesagt werden kann, epidemisch geworden. Denn es sind letztlich nicht die Unzuträglichkeiten, Enttäuschungen und Konflikte, die eine wachsenden Anzahl von Christen zum Auszug aus ihrer Kirche, womöglich sogar zum Abfall vom Glauben veranlassen, sondern innere Krisenzustände, zu denen vor allem jenes »Unvermögen zu sich selbst« gehört, das sich wohl am deutlichsten in der abnehmenden Belastbarkeit der hierzulande Lebenden äußert. Daß im religiösen Bewußtsein die lange nachwirkende Lutherfrage nach dem gnädigen Gott durch das Problem des »frommen Rebellen« Hiob verdrängt wurde, der den Tag seiner Geburt verflucht und damit das Band zwischen sich und seinem Schöpfer zu zerschneiden sucht, hängt ebenso mit dem gesunkenen Lebenswillen des heutigen Menschen zusammen wie seine Anfälligkeit für Angstparolen und apokalyptische Schreckensbotschaften. Während der Renaissancemensch die überquellende Lebenslust kaum zu bändigen vermochte, leidet er an einem existentiellen Defizit, an Lebensunlust und Seinsverdrossenheit; denn ihn schreckt der in ihm klaffende Abgrund, der danach schreit, ausgefüllt zu werden, und den er doch nicht einmal zu überdecken vermag.

Aus dieser krisenhaften Selbsterfahrung entwickelt sich seine Glaubenserwartung. Daß sie im Vergleich zu der auf Belehrung über die göttlichen Dinge ausgehenden der früheren Generationen eine neue Richtung nahm und zudem einen bisher unbekannten Dringlichkeitsgrad annahm, geht somit letztlich auf die radikal, von innen und außen her gewandelte conditio humana zurück, in die sich der Mensch dieser Zeit verwiesen sieht. Von außen fühlt er immer noch den Druck der Diktaturen auf sich lasten, die das Gesicht des eurasischen Kontinents auf Jahrzehnte hinaus bestimmten und in Gestalt der sanften Diktatur der Medien die menschliche Szene noch immer beherrschen. Von innen her aber fühlt er sich geschwächt und ausgehöhlt und dadurch den desintegrativen Tendenzkräften der Zeit fast hilflos ausgeliefert.

In diesem Zustand hält er unwillkürlich Ausschau nach einer Hilfe, von der er zugleich weiß, daß sie ihm von keiner innerweltlichen Instanz geboten werden kann, es sei denn, es ginge dabei um die Instanz, die ihm das göttliche Offenbarungswort vermittelt. Denn nur von ihr kann er hier und heute das erhoffen, was den in ihm klaffenden Abgrund wirklich ausfüllt. Heißen Herzens erwartet er von ihr *ein Wort, das seine Zerrissenheit heilt, das die Lebensangst von seiner Seele nimmt, das ihn zu sich selbst und seiner Zukunft ermutigt und ihn mit sich und seiner Welt versöhnt.* Und er erhofft das in der instinktiven Gewißheit, daß dieses befreiende und befriedende Wort bereits an ihn ergangen ist, so daß es nur noch der Initiative der vermittelnden Instanz bedarf, wenn es ihm auch tatsächlich ausgerichtet werden soll. Und er täuscht sich in dieser Annahme nicht! Denn seine Erwartung entspricht vollauf dem ihm vom Konzil eröffneten Offenbarungsverständnis. Danach gilt: Wenn Gott spricht, wie es dieser Deutung zufolge im Wort und Leben Jesu geschah, dann mit der Wirkung, daß der Schmerz der Zerrissenheit und die Schatten der Angst von der Seele weichen und daß statt dessen befreiende Freude und erfüllender Friede ins Menschenherz einziehen. Und es gilt zugleich, daß die kirchliche Vermittlung keine vordringlichere Aufgabe hat, als diese rettende Heilsbotschaft weltweit zu verkünden und einem jeden hörbar zu machen, der dafür, und wäre es nur in der Weise leidvoller Entbehrung, ein Ohr hat.

Doch in dieser ihm weniger durch eine spezifische Interessenlage als vielmehr durch die inneren und äußeren Bedingungen seiner Gesamtsituation eingegebenen Erwartung sieht sich der kirchenorientierte Mensch dieser Zeit zunehmend *enttäuscht.* Was ihm mit wachsendem Nachdruck eingeschärft wird, sind normative, insbesondere auf den Komplex der Familien- und Ehemoral bezogene Vorschriften, die er in seiner übergroßen Mehrheit als problematisch, vielfach sogar als widersprüchlich und unhaltbar empfindet. Was ihn jedoch noch mehr irritiert, ist das Gefühl, daß das, worauf sich seine innerste Glaubenserwartung richtet, nahezu ungesagt bleibt. So gewinnt er den Eindruck, daß sich die kirchliche Lehräußerung zusehends auf das *schmale Segment der Sozial- und Sexualethik verengt.* Und angesichts der Tatsache, daß sich die Begründung vorwiegend auf einen unreflektierten und vom Entwicklungsgang überholten Naturbegriff stützt, fragt er sich betroffen, welcher Stellenwert dabei dem Schriftwort, der persönlichen Gewissensentscheidung und nicht zuletzt der epochalen Tatsache beigemessen wird, daß der Mensch im Begriff steht, Hand an seine eigene Evolution zu legen und diese dadurch in Geschichte zu verwandeln.[50a]

Da es sich bei den eingeschärften Normen hauptsächlich um Fragen der aktiven Geburtenkontrolle handelt, fühlen sich vor allem junge Frauen betroffen, die darin einen neuerlichen Beweis einer unsensiblen, ihre geschlechtsspezifischen Anliegen ignorierenden Behandlung erblicken. Nur reagieren sie darauf nicht mit hörbaren Einwänden und Protesten, sondern mit einem stillschweigenden Exodus aus der Kirche, durch den sich mancherorts die gewohnten Verhältnisse, die durch die unerschütterliche Kirchentreue des weiblichen Bevölkerungsanteils gekennzeichnet waren, jetzt schon in ihr – erschreckendes – Gegenteil verkehren.[51] Und fast noch bedenklicher ist die Reaktion, die der Moraltheologe *Franz Böckle* im Blick auf die meisten Jugendlichen verzeichnet: »Desinteresse und Widerwillen gegenüber jeder Diskussion dieses Themas.« Selbst praktizierende Katholiken, fügt er hinzu, seien der Ansicht, das so heftig diskutierte Problem sei im Grunde »durch die Praxis längst gelöst, man möge sich wichtigeren Fragen zuwenden«.[51a]

Gegenüber diesem eher pragmatischen Urteil traten neuerdings auch Systematiker auf den Plan, aufgeschreckt durch Anzeichen, die auf die Absicht einer lehramtlichen Aufwertung der Enzyklika ›Humanae vitae‹ schließen lassen.[52] Wie der Titel des wohlabgewogenen Memorandums des Dogmatikers *Peter Hünermann* sagt, sieht sein Verfasser eine »dritte Modernismuskrise« heraufdrohen, die sich jedoch nicht wie die erste auf die Ablehnung der neuzeitlichen Prinzipien oder wie die zweite auf die Verwerfung der historisch-kritischen Methode, sondern auf das »so heikle, die Menschen in ihrer Intimsphäre unmittelbar betreffende Feld der Sexualmoral«, zusammen mit der »Frage nach der Stellung der Frauen in der Kirche«, bezieht. Mit einem offenkundigen Seitenblick auf die Gegenwart zitiert der Verfasser in diesem Zusammenhang eine Stelle aus *Hubert Jedins* ›Handbuch der Kirchengeschichte‹, die auf die erste dieser krisenhaften Zuspitzungen eingeht. Danach galt die besondere Gunst des Papstes den »Rittern des Absoluten«, die sich aufgrund wiederholter Ermutigungen in das Bewußtsein steigern konnten, »mit einer besonderen Sendung betraut« zu sein.[53]

Aufschlußreich ist insbesondere der Hinweis auf das Motiv, auf das sich die Kirchenleitung bei der undialogischen, auch vor dem Einsatz administrativer Mittel nicht zurückschreckenden Durchsetzung ihrer Doktrin stützt. Es ist eine »umfassende Kritik der gegenwärtigen technisch-wissenschaftlichen Zivilisation«, die von einem »Geist menschlicher Selbstherrlichkeit und Absolutsetzung« durchwaltet sei. Mit dieser Auffassung scheint sich die Kirchenleitung die einseitige Kritik Guardinis zu eigen gemacht zu haben, die den neuzeitlichen Autonomiegedanken in einer Weise bekämpfte, daß sie damit der Verfestigung heteronomer Strukturen im innerkirchlichen Bereich unwillkürlich Vorschub leistete. Man könnte hinzufügen, daß die Kennzeichnung der heutigen Gesellschaft als »permissiv« und »hedonistisch« zu den gängigen Etikettierungen der Zeitverhältnisse in Kirchenkreisen zählen und daß die westliche Lebenswelt insgesamt als »dekadent«, also in religiösem wie in moralischem Verfall begriffen, angesehen wird.

Diesem Urteil liegt aber nicht nur ein bis zum Anachronismus gespanntes Zeitverständnis zugrunde, sondern auch ein ebenso offenkundiger »Rückstand« in der Einschätzung der conditio humana. Noch immer geht die kirchliche Doktrin, als habe sie gleichzeitig *Giordano Brunos* Rühmung der ›heroischen Leidenschaften‹ und die Lorenzsche Aggressions-These im Ohr, *vom Bild eines von ungezügelten Leidenschaften und nur unzulänglich gehemmten Triebwünschen bestimmten Menschen aus*, obwohl schon Bruno sein Verständnis der »Eroici forori« mit der Einschränkung versehen hatte:

Es ist kein Mitgerissenwerden unter dem Gebot eines unwürdigen Geschicks in den Banden tierischer Triebe, sondern ein vernünftiger Drang, welcher aus der geistigen Durchdringung des Guten und Schönen hervorgeht, das er erkennt und dem er seinerseits durch Verähnlichung gefallen möchte, so daß er sich an dessen Adel und Licht entzünde und einer Eigenschaft und Verfassung teilhaftig wird, durch die er herrlich und würdig erscheint.[54]

Doch abgesehen davon, daß heute selbst in vergleichsweise vitalen Gesellschaften Feindbilder aufgebaut werden müssen, wenn kollektive Aggressionen ausgelöst werden sollen, daß also die *Aggression als Folge der Angst, nicht eines elementaren Triebverhaltens* erscheint, entspricht das unterstellte Konstrukt nicht mehr dem faktisch existierenden Menschen und seinem Selbstverständnis. Wie noch nie in seiner Geschichte fühlt sich dieser vielmehr auf den Prüfstand gestellt und gegenüber den ihn bestimmenden Mächten in die Defensive gedrängt. Das erste brachte es mit sich, daß schon die Frage nach ihm neu gestellt und *von der auf sein Wesen gerichteten klassischen Wasfrage auf die biblische Wofrage (Gen 3,9) zurückgenommen* werden muß, auch wenn diese erst von Kierkegaard zu philosophischen Ehren gebracht und nach dem Urteil *Bubers* von Franz Rosenzweig in ihrer aktuellen Bedeutung entdeckt wurde. Diesem »erstaunlichen Schüler« Cohens bestätigt er:

Aber in dem Verstehen des Du als eines gesprochenen geht er von der dichten Konkretheit seines Sprachdenkens befeuert, bemerkenswert über Cohen hinaus: die wesentliche Gesprochenheit des Du ist ihm in Gottes an Adam gerichtetem »Wo bist du?« gefaßt, und dieses ausdeutend fragt er: »Wo ist ein solches selbständiges, dem verborgenen Gott frei gegenüberstehendes Du, an dem er sich als Ich entdecken konnte?« Daß nun von hier aus innerbiblisch ein Weg zu jenem »Ich habe dich beim Namen gerufen. Du bist mein« sichtbar wird, mit dem Gott sich »als Urheber und Eröffner dieses ganzen Zwiegesprächs zwischen ihm und der Seele« ausweist, das ist Rosenzweigs bedeutungsvoller theologischer Beitrag zu unserer Sache.[55]

Das andere, die Übermächtigung des Menschen durch die in diesem Jahrhundert vorherrschende »strukturelle Gewalt«, auch in ihren persuasiven Erscheinungsformen, erklärt die allseits zu beobachtende *»Verstimmung« seines Lebensgefühls.* Anstatt der ihm nachgesagten Lebenslust beherrscht ihn eine fast schon zuständliche Niedergeschlagenheit, die ebenso eine Verstörung seines Selbstverhältnisses, wie eine Verkümmerung seiner »Außenkontakte« nach sich zieht. Ihm fehlt das elementare Einverständnis mit sich und den Gegebenheiten seines Daseins; bekümmert und depressiv verkrampft er sich in seiner Individualität, unfähig zu spontaner Selbstmitteilung, wagemutigem Einsatz und vorbehaltloser Hingabe. Selbst der Kult, den er mit den Stars des Hochleistungssports zu treiben pflegt, verfolgt insgeheim eine Alibifunktion und damit den Zweck, sich Lebensentwürfe, die durch Idealismus, Einsatzwille und Risikobereitschaft bestimmt sind, möglichst weit vom Leib zu halten. Es ist, als sei der von Reinhold Schneider erlittene Vitalitätsverlust von der im romantischen Bewußtsein aufgebrochenen Identitätskrise eingeholt worden und zu einem Syndrom von höchster Bedrohlichkeit verschmolzen. Nicht umsonst ist den Figuren *Hans Erich Nossacks*, denen diese Existenznot auf den Leib geschrieben ist, ein Dasein nur noch in extremer Rückzugsposition möglich.[56] Diese Figuren verstehen sich nicht mehr, wie der das menschliche Selbstverständnis über Jahrhunderte hinweg bestimmende Mikrokosmos-Gedanke wollte, als Abbreviaturen des Universums; sie fühlen sich vielmehr mit Pascal an dessen »Rand« verschlagen, mit Kierkegaard ungefragt zum Dasein verurteilt, mit Guardini hilf- und ratlos vor das Problem der »Annahme« ihrer selbst gestellt. An einer gleicherweise von Sensibilität wie von Problembewußtsein eingegebenen Stelle bemerkt dieser:

> Es gibt die Auflehnung dagegen, man selber sein zu müssen: Warum soll ich es denn? Habe ich denn verlangt, zu sein? Es gibt das Gefühl, es lohne nicht mehr, man selbst zu sein: Was habe ich denn davon? Ich bin mir langweilig. Ich bin mir zuwider. Ich halte es mit mir selbst nicht mehr aus. Es gibt das Gefühl, mit sich selbst betrogen; in sich eingesperrt zu sein: Nur soviel bin ich, und möchte doch mehr. Nur diese Begabung habe ich, und möchte doch größere, leuchtendere. Immer muß ich das Gleiche. Immer stoße ich an die nämlichen Grenzen.[57]

Aus diesen Worten spricht ein Selbstverständnis, das sich *nur noch exklamatorisch, als Aufschrei und Anrufung,* zu artikulieren vermag.[58] Doch diese Anrufung geht, was das Evangelium betrifft, nicht ins Leere. Vielmehr entspricht ihr aufs genaueste der schon von Kierkegaard vernommene Heilswille, der sich in erster Linie den Menschen des »gebrochenen Herzens« zuwendet, die das Bildwort vom »geknickten Rohr« und dem »glimmenden Docht« (Mt 12,20) im Auge hat. Wenn die lateinamerikanische Befreiungstheologie darauf drängt, daß die dem Evangelium eingeschriebene Freiheitsbotschaft neuentdeckt werden müsse, hätte die abendländische Theologie und mehr noch die kirchliche Verkündigung allen Grund, das Evangelium in dieser Qualität zu erschließen und seinem Adressaten so nahezubringen, daß er sich dadurch seinen Ängsten entrissen, in seinem Selbstwillen bestärkt und mit neuer Hoffnung erfüllt sieht. Und schon bei den ersten Schritten auf diesem Weg würde deutlich, daß die christliche Botschaft so nicht weniger sachgerecht vermittelt werden kann als auf der Basis der Sünden- und Rechtfertigungslehre. Solange sie dieser Erwartung nicht entspricht, trägt sie ihrerseits zur Erhöhung der Spannung bei, die sich dann unvermeidlich in kurzschlußartigen Reaktionen entlädt und das frustrierte Kirchenvolk dazu bringt, sich selbst einen schlechten Reim auf das zu machen, was es in der einzig legitimen Prosa der Lehre und Verkündigung nicht zu hören bekommt.[59]

Der theologische Rückstand:
Die unterbliebene Information

Zu den herausragenden Leistungen des Konzils gehört zweifellos die – im Stil einer Ermutigung gehaltene – *Freigabe der Bibel für die wissenschaftliche Forschung,* neben der gedankentiefen Klärung des Offenbarungsbegriffs das Hauptstück der Konstitution ›Dei verbum‹.[60] Aus den heftigen Diskussionen um den ursprünglich vorgelegten Entwurf kann geschlossen werden, daß bei der Ausarbeitung der endgültigen Fassung die schmerzliche Erinnerung an die Entscheidungen der Bibelkommission um die Jahrhundertwende eine Rolle spielte, die einem kirchlich verordneten Fundamentalismus gleichkamen und einen fast unüberbrückbaren Graben zwischen kirchlicher Doktrin und moderner Hermeneutik aufrissen.[61] Bemerkenswert sind vor allem die Akzente, die bei der Beratung der Neufassung gesetzt wurden: das Verhältnis von Schrift und Tradition müsse als ein sich gegenseitig umschließendes gedacht werden, wobei die Tradition darauf hinwirke, daß die Schrift nicht »toter Buchstabe« bleibe; Wort Gottes sei letztlich allein die Offenbarung, durch die sich die Kirche wie in einem Spiegel wiedererkennen und zu stets reinerer Selbstverwirklichung bewegen lassen müsse; die Bibel und ihre Inspiration aber sei aus der »Geschichte der Selbstkundgebung Gottes« zu verstehen; deshalb beziehe sich ihre Irrtumslosigkeit auf die Heilswahrheiten, die in ihr enthalten sind.[61a] Demgemäß betont der endgültige Text der Konstitution, daß die Bibel, in der Gott »nach Menschenart gesprochen hat«, in dem Sinn aufgefaßt werden müsse, der dem jeweiligen Verfasser der einzelnen Bücher vorschwebte, und daß dabei die unterschiedlichen Redegattungen geschichtlicher, prophetischer oder dichterischer Art zu berücksichtigen seien.[62] Von diesen Hinweisen erhebt sich das Dokument schließlich zu der Aussage:

In der Heiligen Schrift also offenbart sich, unbeschadet der Wahrheit und Heiligkeit Gottes, eine wunderbare Herablassung der ewigen Weisheit, »damit wir die unsagbare Menschenfreundlichkeit Gottes kennenlernen und erfahren, wie sehr er sich aus Sorge für unser Geschlecht in seinem Wort herabgelassen hat«.[63]

Von vergleichbarem Gewicht ist, wie *Enzo Bianchi* hervorhob, die vom Konzil aus alter Tradition übernommene Rede vom »Tisch des Wortes und des Leibes Christi«, sofern der Ausdruck seiner biblischen Herkunft entsprechend nur auf das johanneische Hoheitswort »Ich bin das Brot des Lebens« (Joh 6,34.48) zurückbezogen und als *Inbegriff der zuständlichen Selbstübereignung Jesu* verstanden wird:

> Die Kirche hat die heiligen Schriften immer verehrt wie den Herrenleib selbst, weil sie vom Tisch des Wortes Gottes wie des Leibes Christi ohne Unterlaß das Brot des Lebens nimmt und den Gläubigen reicht.[64]

Die Früchte dieser Freigabe ließen nicht auf sich warten; vielmehr nahm die exegetische Forschung in der Folge einen Aufschwung, der die kühnsten Hoffnungen übertraf und die Bibelwissenschaften, vom Erscheinungsbild her, an die Spitze der theologischen Disziplinen rückte. Indessen machte sie sich offensichtlich nur die Ermutigung des Konzils zu eigen, »das glücklich begonnene Werk mit immer neuen Kräften und ganzer Hingabe im Geist der Kirche fortzuführen«, nicht jedoch die zusätzliche Direktive, auf eine Erneuerung der Predigt hinzuarbeiten und so das Kirchenvolk an den Früchten der Forschung teilnehmen zu lassen.

Dafür waren ungewöhnlich günstige Ausgangsbedingungen gegeben. Denn mit der neuen Perikopenordnung, die das Konzil im Rahmen der von ihm durchgeführten Liturgiereform verfügte, wurde erstmals der ganze Reichtum der biblischen Schriften im Lauf eines Dreijahreszyklus dem Kirchenvolk präsentiert. Für die exegetische Forschung schlug damit die Stunde, ihre Einsichten in Entstehung, Gestalt, Sprachform und Sinn der biblischen Schriften an Prediger und Gläubige heranzutragen, auch wenn dafür zusätzlich zur Predigt eigene Organe geschaffen werden mußten. Der Kairos für einen beiden Teilen, der lehrenden Forschung wie dem hörenden Kirchenvolk gleicherweise zugute kommenden Austausch war unzweifelhaft gekommen. Einrichtungen, so war zu hoffen, mußten entstehen, die Seelsorge und Gemeinden mit den Ergebnissen der Wissenschaft bekanntmachten und dem Gläubigen dazu verhalfen, das naive Leseverhalten, auf das sie sich bisher festgelegt fühlten, mit einem dem Forschungsstand und der eigenen Mündigkeit angemesseren zu vertauschen.

Zwar fehlte es nicht an ebenso sinnvollen wie effektiven Einzelinitiativen. Abgesehen von spontan entstandenen Bibelkreisen wurde in Gestalt von Bildungshäusern und Akademien auch der – mit unterschiedlicher Intensität genutzte – institutionelle Rahmen geschaffen, der sich für den zu erhoffenden Informationsaustausch anbot. Was tatsächlich ins Werk gesetzt wurde, reichte jedoch nicht von ferne hin, das bestehende Wissensgefälle zu überbrücken, das zudem in seiner Tiefe und historischen Belastung unterschätzt wurde. Auch wurde das sich dafür anbietende Instrument der audiovisuellen Medien aufgrund von Vorbehalten und Fehleinschätzungen nur unzulänglich genutzt.[65] Die Folgen konnten nicht ausbleiben. Während die Masse des Kirchenvolks auf einem unzulänglichen Kenntnisstand verharrte, zog sich die Theologie, auch unter dem Druck der ständig wachsenden wissenschaftlichen Herausforderung, auf ihren Eigenbereich zurück, so daß sich die schon immer bestehende Distanz zur Entfremdung steigerte. In den Raum einer lebensfernen Spekulation zurückgezogen, schien sich die Theologie in einem elitären Sonderstatus zu gefallen, anstatt, wie es ihr doch aufgegeben war, die für das religiöse Leben unerläßliche Glaubensreflexion zu leisten. Der Schwierigkeitsgrad der meisten theologischen Untersuchungen, die wiederholt aufbrechenden innertheologischen Kontroversen und öffentlich ausgetragenen Konflikte taten, zusammen mit kirchenamtlichen Maßregelungen profilierter Theologen, ein übriges, den aufgerissenen Graben zu vertiefen.[66]

Die Auswirkung bestand einerseits in einem leisen, aber doch tiefreichenden *Ressentiment des Kirchenvolks gegenüber einer Theologie*, die sich im wissenschaftlichen Besitzstand wußte, aber *keine Bereitschaft zu zeigen schien, ihre Errungenschaften an die Gläubigen weiterzugeben.* Der Tisch der Erkenntnis war überreich gedeckt, für die »Kinder des Hauses« aber fielen kaum ein paar Brosamen ab. Begreiflich, daß wie im Fall der frustrierten Glaubenserwartung *Tendenzen zur »Selbstversorgung«* im Kirchenvolk überhandnahmen, die schließlich zur fundamentalistischen Kurzschlußreaktion führten.[67] Auf der andern Seite blieb aber auch die Antwort der von dem Vorgang mitbetroffenen Kirchenspitze nicht aus. Das *Mißtrauen*, das von der symptomatischen Modernismuskrise her immer schon *auf der theologischen Forschung lastete, nahm akute Formen an*, die sich in der Eröffnung von Lehrverfahren gegenüber »progressiven« oder auch nur von der kirchlichen Lehrmeinung abweichenden Theologen und administrativen Eingriffen in universitäre Prozeduren äußerten. Da die Zahl dieser – meist anonym durchgeführten – Verfahren gegen Theologen, Priester und Bischöfe ständig wachse, entsteht nach Ansicht des Dogmatikers *Wolfgang Beinert* – wie auch anderer um Objektivität bemühter Beobachter der gegenwärtigen Kirchenszene – eine *Atmosphäre der Angst*, die um so schwerer abzubauen sei, als sie letztlich auf die Angst und Besorgnis der Kirchenspitze zurückgehe, die Kontrolle über einen zunehmend pluralistischen und – nach *Helmut Schelsky* – in einer »Dauerreflexion« begriffenen Lebensraum zu verlieren.[68]

Die Auswirkungen erinnern an die Zustände, wie sie im Lauf der Glaubensgeschichte im Gefolge großer Kontroversen aufzutreten pflegten, nur daß sie jetzt von lehramtlichen »Eingriffen« ausgingen, die eine Disziplinierung der theologischen Forschung zum Ziel hatten. Ein *Klima der Verunsicherung, Enttäuschung und Verbitterung* breitete sich jeweils aus, das sich lähmend auf den Gang der Forschung auswirkte und eine *Stagnation des geistigen Disputs* zur Folge hatte.[69] Innovatorische Entwürfe, Vorstöße in theologisches Neuland, wie sie seit Ende des Konzils bis zum Tod *Karl Rahners* an der Tagesordnung waren, sind zu seltenen Ausnahmen geworden. Statt dessen konzentriert sich die Leistungskraft zunehmend auf die Erstellung von Sammelwerken, Lexiken und Handbüchern, die in der Fülle, wie sie jetzt herauskamen, nur zu deutlich erkennen lassen, daß die *Zeit der Kreativität durch eine Epoche der Archivierung* abgelöst wurde. Sie verrät nur zu deutlich, daß an die Stelle des Aufbruchs und der wagemutigen Vorstöße eine vom Sekuritätsstreben getragene Sammlertätigkeit trat, wie sie, geschichtlich gesehen, für geistige Endphasen typisch ist. Ein »alexandrinischer« Zug, der der Konservierung und Verarbeitung des Erreichten den Vorzug vor Innovationen gibt, tritt im Erscheinungsbild der heutigen Theologie zusehends in den Vordergrund. Insofern standen die *Eingriffe von oben in einer fatalen Wechselwirkung mit der Verfassung einer stagnierenden Theologie*. Und es ist schwerlich ein Zufall, daß auch auf sie die für das Zeitgeschehen allgemein geltende Beobachtung zutrifft, wonach sich der *»Olymp« der großen Leitgestalten zusehends entvölkerte*. Erst im nachhinein wird klar, was es bedeutete, als die theologische Forschung noch von Denkern wie Bultmann und Barth, Guardini und Rahner bestimmt und vorangetrieben wurde. Fast hat es den Anschein, als habe die westeuropäische Theologie insgeheim die Hoffnung aufgegeben, die christliche Sache durch mutige Entwürfe in die Zukunft des kommenden Jahrtausends hineinzutragen, ja als bereite sie sich resignierend darauf vor, die geistige Führung an Initiativen zu übergeben, die den Kulturräumen der Dritten Welt entstammen.[70]

Das spirituelle Vakuum:
Die entbehrte Mystik

Auf ein drittes und vermutlich folgenschwerstes Defizit verweist die Frage nach Wesen und Sinn der gegenwärtigen Krisensituation. Denn wie jedes »Tief« der bisherigen Glaubensgeschichte ist auch sie die Ankündigung eines neuen »Hoch«, zumindest aber einer darauf hinführenden Bewegung. Wer die gegenwärtige Szene in ihrer Gesamtheit ins Auge faßt, wird von ihr den Eindruck eines *großräumigen Übergangs* gewinnen.[70a] Wenn die Anzeichen nicht trügen, *steht das Christentum insgesamt im Begriff*, sich von seiner moralischen Selbstdarstellung, in die es nach dem Verlust der dogmatischen Einheit hineinwuchs und die gegenwärtig sein Erscheinungsbild beherrscht, zu verabschieden, um *in seine mystische Zukunft einzutreten.* Da eine derartige Verabschiedung sich niemals reibungslos, sondern immer nur in Stauungen, Konflikten und Brüchen vollzieht, sind die gegenwärtigen Spannungen, die überdies keinen Vergleich mit den großen historischen Konflikten aushalten und deshalb nicht dramatisiert werden sollten, aus der Natur des Übergangs zu erklären. Verständlich wird in dieser Sicht vor allem die moral- und sexualethische Engführung der kirchlichen Doktrin, die nun als nachdrückliche *Manifestation einer sich primär als moralische Autorität verstehenden Kirche* erscheint; verständlich aber auch der Protest der mit der Glaubensreflexion betrauten Instanz, der Theologie, die durch eben diese Engführung die Harmonie von Lehramt und Offenbarungsquelle bedroht sieht.[71] Dabei geht die Annahme der »*Phasenverschiebung*« überdies davon aus, daß sich *in Zeiten des Umbruchs das natürliche Gefälle zwischen Lehramt und Kirchenvolk drastisch vergrößert.* Stärker als im Normalfall wird sich das Lehramt dann seinem inneren Zug – und Auftrag – zur Bewahrung des Tradierten verschreiben, während die Glaubensgemeinschaft in ihrer sensiblen Spitze mit aller Kraft dem Kommenden entgegenstrebt, wenn nicht gar es vorwegzunehmen sucht. So gesehen handelte es sich bei der gegenwärtigen

Konfliktsituation um einen glaubensgeschichtlichen Vorgang, der weder Anlaß zu Schuldzuweisungen noch zu ungebührlicher Dramatisierung bietet. Doch wie kommt es überhaupt zu der behaupteten Lagebestimmung?

In der Hellsichtigkeit seines Hasses hatte *Nietzsche* erkannt, daß auf den Verlust der dogmatischen Einheit im Umbruch der Reformation eine Phase folgte, in der das Christentum zu weltweit ausstrahlendem moralischem Ansehen gelangte. Indessen habe die christliche Moral mit ihrem Postulat der intellektuellen Redlichkeit gerade in dieser Phase ein Prinzip entwickelt – gemeint war unverkennbar die historische Kritik –, an dem sie, sofern es nur auf sie selbst zurückbezogen wurde, unaufhaltsam zugrunde gehen mußte. Insbesondere glaubte er, durch seinen Angriff auf den zum »kategorischen Imperator« stilisierten Gott und auf die ihm als lebensfeindlich erscheinende »Moral« dem Christentum den Todesstoß versetzt und es in einen Zustand der »Selbstauflösung« verwiesen zu haben. Ihm widersprach mit besseren Gründen *Karl Rahner*, als er aus der durchlaufenen Entwicklung auf eine mystische Zukunft des Christentums schloß. Der *Christ der Zukunft*, so versicherte er schon in seiner Erwägung über »Frömmigkeit früher und heute« (von 1968) und dann nochmals, auf der Suche nach »Elementen der Spiritualität in der Kirche der Zukunft« (von 1975), *werde ein Mystiker oder er werde überhaupt nicht sein.*[72] Damit setzte er Nietzsches aggressiver Untergangsprognose die Überzeugung von einem zu seiner eigenen Innerlichkeit erwachenden Christentum entgegen.

Diese Mystik-Prognose läßt sich, ungeachtet ihrer hohen Plausibilität, durch eine theologische Deutung der neueren Geistesgeschichte stützen, sofern sich diese wie ein sich zusehends verschärfender Disput um den ontologischen Gottesbeweis ausnimmt und gleich diesem die Aufstiegsbewegung des Gebetsakts nachvollzieht.[73] Danach erscheint der kartesianische Wahlspruch »Ingenii limites definire« als das Programm einer Exploration des Denkraums, verbunden mit dem Bestreben, im Erdenken des umgreifenden Grenzbegriffs Zugang zur Gottes- und Weltwirklichkeit zu gewinnen.[74] Das gegen diesen Ansatz gerichtete Bestreben *Pascals*, das Steuer herumzuwerfen und den Versuch der denkerischen Vergewisserung Gottes durch die Hinwendung zum »Gott Jesu Christi« zu überholen, scheiterte in der Folge an der Offenbarungskritik der Aufklärung, die in der genialen Nachzeichnung *Heines* in die von ihm selbst heraufbeschworene Verfinsterung des Gottesglaubens hineinführt und die über *Hegels* »spekulativem Karfreitag« bei *Nietzsche* in einer *atheistischen* »*Wiederholung*« *des Todesschreies Jesu*, dem »Gott ist tot« des tollen Menschen, gipfelt.[74a] Dabei erging es Nietzsche der Deutung *Friedrich Georg Jüngers* zufolge tatsächlich wie dem Gekreuzigten selbst, der sich in der Klage über seine Gottverlassenheit an den klammerte, von dem er sich verlassen fühlte:

> Er rief mit einer zu lauten Stimme in den Raum hinaus, daß der alte Gott gestorben sei, mit einer Stimme, in der ein Lauschen ist, ob nicht aus dem Raume ein Ruf, ein Echo zurückkomme.[75]

Da die »Erhebung des Geistes« die Differenz von endlichem und unendlichem Sein durchmessen muß, nimmt sie – auch in dem davon scheinbar unberührten Gebetsakt des Alltags – einen extrem dramatischen Verlauf, der das Ziel zuletzt nur auf dem Weg einer Umpolung des aufgenommenen Verhältnisses erreicht. Anfänglich steht dieser Umschlag ganz im Zeichen der Negation. Dann aber kommt in Gestalt des vermeintlichen Echos auf die eigene Stimme doch eine Antwort. Der Blick wird vom »dunklen Strahl« *(Maximus)* eines Gegenblicks getroffen. Die Suche kommt im Erlebnis eines Heimgesucht- und Angenommenseins zur Ruhe. Das scheinbar dem Sog des Nichts verfallene und deshalb von Anwandlungen der Angst befallene Gebet endet im Eindruck des »nicht mehr Nichts«, der sich zusehends zur Wahrnehmung eines zunächst noch unbestimmten »Es« und davon zu der des entgegnenden »Er« lichtet:

> Und es kann sein, nach langem Warten, wird ganz leise etwas anders. Es ist nicht mehr Nichts. Es ist Etwas … Man kann nicht sagen, was es ist. Und doch ist Er da. Und Er ist Er.[75a]

Als *Guardini* die Stadien der Gebetserfahrung in diesem Sinne deutete, entwarf er mittelbar ein Zeitbild von zunehmender Stimmigkeit. Auf den erstickten Notschrei der Opfer der terroristischen Gewalt, der die Gegenwart erschüttert, gibt es nicht nur die »stellvertretende« Antwort in Gestalt der ihnen von der zeitgerechten Philosophie geliehenen Stimme, wie sie *Horkheimer* einforderte; es gibt darauf neuerdings vielmehr auch die »Antwort von oben« in Form des spektakulären Umbruchs im Ostblock, der den eurasischen Diktaturen bis auf minimale Restbestände ein Ende setzte und, jenseits aller Versuche einer Kausalerklärung, letztlich nur als »Erhörung«, um nicht zu sagen als Selbsterweis göttlicher Geschichtsmacht zu verstehen ist.[76]

Indessen geht es auch bei diesem »*kollektiven Gebet*«, das von der Gegenwartsphilosophie intoniert und von der in vielfältige »Mitleidenschaft« gezogenen Menschheit mitgesprochen wurde, zuinnerst nicht um die Abwendung des Unheils, sondern *um Gott und die Fühlung seiner Wirklichkeit.* Daß es sich tatsächlich so verhält, wird beim Rückgang von der Außensicht der gegenwärtigen Geschichtswende auf ihre Innensicht, näherhin im Blick auf die sich synchron mit ihr vollziehende »Glaubenswende« deutlich. Mit ihr kommt die *pascalsche »Gegensteuerung« erneut zum Zug,* sofern sie sich in ihrem Zentrum auf die Entdeckung des »neuen Gottes« in der Heilsbotschaft Jesu bezieht.[76a] Mit ihrem zentralen Impuls nimmt die Zeitwende somit den Glaubenden – und tendentiell gleicherweise den Suchenden – in das Gottesverhältnis Jesu hinein, verstanden als jene elementare Vergewisserung, die sich die spekulative Tradition vom Erdenken des »unüberdenklich Größten« versprochen hatte. So aber erweist sich die übereignete Gewißheit als Frucht jenes *Umschlags von Sehen zu Gesehensein, Rufen zu Angerufensein, Suchen zu Heimgesuchtsein, der als der »Herzschlag« des mystischen Aktes* zu gelten hat. So gesehen bringt Rahners Mystik-Prognose nur den zentralen Vorgang im – religiös verstandenen – Zeitgeschehen zur Sprache. Wer sich diese Prognose zu eigen macht, wird auf dem Weg einer sich unmittelbar nahelegenden Ausfolgerung die augenblickliche Krise aus der Verabschiedung des moralischen Stadiums und dem Anbruch des Mystischen begreifen lernen, und er wird in ihr überdies das ebenso schmerzliche wie hoffnungsreiche Anzeichen dieses Umbruchs erblicken.

Ebenso klar springt dann aber auch die Tatsache in die Augen, daß hier, auf dem Weg der Christenheit in ihre ureigene Zukunft, der dritte Graben klafft, der sich auf ihr Verhältnis zur mystischen Spiritualität bezieht. Denn abgesehen davon, daß sich der Begriff »Mystik« bei vielen mit der Vorstellung einer irrationalen Gefühlsfrömmigkeit verbindet, gilt das mystische Gottesverhältnis in breiten Kreisen immer noch als Sache einer religiösen Sonderbegabung, wenn nicht gar einer exzeptionellen Berufung. Daß die Botschaft Jesu mit dem Motiv des Gottesreichs, der Gotteskindschaft und Gottesfreundschaft auf eine mystische Beziehung hinarbeitet, blieb unerkannt. Daß Lehre und Lebensleistung des Apostels Paulus nur aus seiner Christusmystik zu erklären sind, wurde ebenso verdrängt wie die Tatsache, daß die größten Theologen der Frühzeit und des Mittelalters, ungeachtet ihrer spekulativen Denkleistung, ja in unauflöslichem Verbund mit dieser,

Mystiker waren.[76b] So schien die Mystik die Landschaft der Durchschnittsfrömmigkeit wie ein in überirdischem Glanz erstrahlendes, aber unerreichbar fernes Felsmassiv zu überragen. Der bewundernde Fernblick darauf stützte sich insgeheim auf diese Einstellung zu ihr. Doch worauf stützte sich angesichts dieser Einstellung die von Rahner gewagte Prognose?

Die christliche Mystik ist von ihren Anfängen an durch zwei Motive gekennzeichnet: durch den Gedanken der »drei Wege« – der Reinigung, der Erleuchtung und der Vereinigung –, auf denen sich der Mystiker in einer dramatischen Aufstiegsbewegung zu Gott »erhebt«, um am Ziel der erstrebten »unio mystica« von Gott mit seinem eigenen Leben beschenkt zu werden; und durch den Gedanken der »mystischen Inversion«, demzufolge das Gottesgeheimnis nicht so sehr errungen als vielmehr erfahren und »erlitten« wird, so daß Gott selbst als das Aktionszentrum des mystischen Geschehens erscheint. In dichterischer Umsetzung wird der Aufstiegsgedanke in *Dantes* ›Göttlicher Komödie‹ entfaltet, wenn der Jenseitswanderer zunächst die Schrecknisse der Hölle und dann die Höhen des Läuterungsberges durchmißt, um schließlich in die Sphären des »Paradieses« entrückt und zur Schau des trinitarischen Gottesgeheimnisses »hingerissen« zu werden.[77] Demgegenüber spiegelt sich das Motiv der Inversion schon in den ältesten Zeugnissen, so etwa in dem Pauluswort: »Jetzt erkennt ihr Gott, oder vielmehr: ihr seid von Gott erkannt« (Gal 4,9); oder in dem pseudodionysischen Grundsatz, daß *Gott mehr durch Leiden als durch Forschen erkannt* wird: non discens, sed patiens divina.[77a]

Wenn man sich von dieser Modellvorstellung her dem Werk *Rahners* nähert, treten fundamentale Positionen seines Denkens wie von selbst in einen mystischen Kontext. Sie betreffen seine Dichtung des Menschseins, sein Verständnis des geistigen Selbstvollzugs und seinen »biblischen Gottesbeweis«, sofern diese nur im Zusammenhang mit seiner Offenbarungstheorie gesehen werden. Wie für das Zweite Vatikanum, zu dessen wichtigsten Vordenkern er gehörte, ist für ihn Offenbarung von ihrem Wesen her ungeschuldete »Selbstmitteilung« Gottes, verstanden als jenes wahrhaft »weltbewegende« Ereignis, durch welches Gott aus freier Entschließung aus seiner Verborgenheit hervortrat und sein ewiges Schweigen brach, um dem Menschen das zu sagen, was ihm erst zur Fülle seines Menschseins verhilft: sich selbst.[78] Da Rahner mit dem zur Reihe der großen Gottesdenker zu zählenden *Nikolaus von Kues* davon ausgeht, daß das Offenbarungsgeschehen schon im Schöpfungsakt, diesem ersten, kreatorischen Selbsterweis Gottes, ein Vorspiel hat, so daß es im Menschenherzen immer schon »anklingt«, sieht er sich zu einer geradezu revolutionär anmutenden Bestimmung des Menschseins geführt.[78a] In kühner Überschreitung der traditionellen Bestimmungsversuche versichert er in seinem ›Grundkurs des Glaubens‹ demgemäß:

Wir kommen ... in die innerste Mitte des christlichen Daseinsverständnisses, wenn wir sagen: Der Mensch ist das Ereignis einer freien, ungeschuldeten und vergebenden, absoluten Selbstmitteilung Gottes.[79]

Im Unterschied zum operationalen Schöpfungsbegriff der Tradition bekennt sich Rahner damit zu einem dialogischen Schöpfungsverständnis, das im Menschen nicht so sehr das »Werk« als vielmehr, wie *Ernst Michel* formulierte, den »Partner« Gottes erblickt, »hervorgerufen« durch die vom Urbeginn alles Seins an erklingende »große Stimme« des sich verlautbarenden, verschenkenden und »verausgabenden« Gottes.[80] Damit gewinnt auch Rahners Verständnis des Menschengeistes, den er schon nach Aussage des Frühwerks in einer beständigen *»Einkehr bei sich selbst«* (reditio in seipsum) begriffen sieht, eine eindeutig mystische Perspektive.[81] Jetzt, im Licht seines Offenbarungsverständnisses, kann er im Blick auf den in Jesus erreichten Gipfel des Menschentums sagen, daß der Mensch im selben Maß zu sich selber komme, wie Gott in seiner offenbarenden Herablassung zu ihm kommt.[82] Ohne daß die Eigenleistung des Menschengeistes bestritten wird, erscheint dessen innerste Lebensbewegung damit als Antwort auf eine an ihn ergangene Zusage. Denn so sehr er auf sein personales Bei-sich-Sein hinarbeiten muß, ist dieses doch letztlich die Frucht einer Initiative, durch welche Gott seinem Streben nach Selbstverwirklichung zuvorkommt.

Demgegenüber entzündet sich Rahners biblische Entdeckung an der Beobachtung, daß die neutestamentlichen Autoren, die ihre Schriften doch ausschließlich zum Ziel der Glaubenserweckung verfaßten, keine Neigung zeigen, diese Zielsetzung argumentativ, also durch Beweisgründe für das Dasein Gottes zu unterbauen, das doch vorausgesetzt werden muß, wenn der Glaube an sein Offenbarungswort zustande kommen soll. Nicht nur, daß sie keine Nötigung empfinden, »sich erst langsam und besinnend den Boden schaffen zu müssen, von dem aus so etwas wie ein Ahnen, Erfühlen oder Erkennen Gottes erst möglich wird«; vielmehr sehen sie sich auch *nicht veranlaßt, stellvertretend für ihre Adressaten einen Argumentationsweg zu*

Gott zu bahnen. Den einzig überzeugenden Erklärungsgrund dafür findet Rahner im *Gottesbewußtsein dieser Autoren,* das sich im Gegensinn zum üblichen aufbaut:

> Nicht sie, die unmittelbare Wirklichkeit der Welt, und ihre offenbare Größe sind es, von denen als einem endgültigen und fixen Posten aus Gott gleichsam nachträglich noch erreichbar wird, sondern umgekehrt: ihre eigene und der Welt Wirklichkeit wird den Männern des Neuen Testaments erst von Gott her wirklich klar und verständlich. Diese Selbstverständlichkeit des Gottesbewußtseins stammt nun weder von einer eigentlichen metaphysischen Reflexion, noch wird es getrübt und unsicher durch das Wissen um das Nichtvorhandensein eines solchen echten Wissens um Gott in der Umwelt des Neuen Testaments.[83]

Es ist somit die mystische Inversion des Gottesbewußtseins, durch die sich für Rahner die auffällige Suspendierung der Frage nach dem Dasein Gottes in den neutestamentlichen Schriften erklärt. Ihren Autoren liegt der Gedanke an eine Ausarbeitung von Gottesbeweisen deshalb fern, weil Gott für sie das Erstgewisse und Erstwirkliche ist, weil sie also, in letzter Vereinfachung gesprochen, von dem im Modus einer Elementargewißheit erfahrenen Gott zur Welt und nicht von dieser zur Überzeugung von Gottes Existenz gelangen. Diese Inversion kann aber ihrerseits, wie der Ansatz Rahners zu Ende gedacht werden muß, nur auf einen von Jesus selbst ausgehenden Impuls zurückgehen, der von ihm in Form einer anhaltenden »*Sprachsuggestion*« auf den Jüngerkreis einwirkte. Im Umgang mit ihm müssen die neutestamentlichen Schriftsteller und insbesondere die von ihnen als Augen- und Ohrenzeugen aufgerufenen Gewährsleute den Eindruck gewonnen haben, daß er nicht nur in seinen Worten, sondern in seiner ganzen Lebensgeschichte und Selbstdarstellung das abschließende Ereignis der Gottesoffenbarung war, den Eindruck also, *im Umgang mit ihm von Gott angenommen, angerufen und angesprochen* worden zu sein. In ihren Schriften aber geben sie dieses Gottesbewußtsein so an ihre Adressaten weiter, daß diese gleichfalls, soweit es nur ihre vorsprachliche Verfasserintention vermag, in diese dialogische Gottesbeziehung hineingenommen werden. Deshalb ist das Fehlen von Gottesbeweisen keine Schwäche, sondern die *spezifische Stärke* dieser Schriften.[84] Wenn man sich dann unter dem Eindruck dieses der exegetischen Forschung vorausgreifenden Gedankens fragt, ob sich von dieser »Unmittelbarkeit zu Gott« auch etwas in Rahners eigenem Schrifttum widerspiegelt, braucht man sich nur die Stelle aus dem

Spätwerk zu vergegenwärtigen, an der er über die Frage ›Was heißt Jesus lieben?‹ meditiert und darauf antwortet:

> Die Liebe zu Jesus Christus hat eine Unbedingtheit, die eben die Unbedingtheit der Liebe des Menschen zu Gott ist, und bedarf darum derselben göttlichen Gnade, wie sie für diese Liebe des Menschen zu Gott notwendig ist, in der der Mensch sich in einer letzten, radikalsten Weise Gott übereignet, ihm sich übergibt und gleichsam in einem ekstatischen Ausbruch aus sich selber den Menschen nicht mehr zu sich selber zurückkehren läßt.[85]

Wer sich im Sinn dieser Stelle »zurückgelassen« hat, wird Rahners theologisches Werk insgesamt als eine einzige »Überredung zu Gott« begreifen. Mit ihm wird er für die Christenheit keine andere als die von ihm angesagte »mystische Zukunft« erwarten. Und dies um so mehr, als er im Maß seiner Partizipation einsieht, daß Rahner mit seiner Prognose nicht nur sensibel auf die glaubensgeschichtliche Entwicklung einging, sondern zugleich die Summe aus den kardinalen Positionen seines Denkens zog. Er wird sich freilich auch daran erinnern, daß Rahner in dieser Frage gerade während seines letzten Lebensjahrzehnts eine Entwicklung durchlief, die ihn von dem Eindruck, an einer »Wegekreuzung« zwischen »charismatischer« und »winterlicher« – geradezu dem »bekümmerten Atheismus« benachbarter – Frömmigkeit angelangt zu sein, zur Entscheidung für die mystische führte.[86] Um so betroffener wird er unter dem Eindruck dieser mühsam gewonnenen Klärung feststellen, daß Rahner auf dem von ihm dann um so bewußter eingeschlagenen Weg kaum Gefolgschaft fand.

Zumindest ist im Mittelfeld der heutigen Theologie keine Tendenz zu verzeichnen, die auf eine Zustimmung zur Rahnerschen Prognose schließen ließe. Bis auf wenige Ausnahmen, die eher zur theologischen Randszene zu zählen sind, erliegt die Gegenwartstheologie, je nach Disziplin, noch immer dem Trend zur Spezialisierung, zur Systematisierung und praktischen Vermittlung. Bezeichnend dafür ist die von *Johannes B. Bauer* veröffentliche Sammlung theologischer Entwürfe, die sich der Rahnerschen Perspektive nur partiell, am deutlichsten bei Moltmann und Schoonenberg annähern.[87] Wenn man hinzunimmt, daß sich, gemessen an dem die heutige Spiritualität beherrschenden Bedürfnis nach mystischer Erfahrung, nur wenige Autoren bereit finden, die Schätze der Mystik von Paulus über die spekulative Mystik der Väterzeit, die beschauliche Mystik des Mittelalters und die sensualistische der Neuzeit zu heben und dem

Kirchenvolk zu vermitteln, klafft hier unverkennbar ein dritter, in seiner Bedrohlichkeit noch kaum erfaßter Graben. Denn das Kirchenvolk wird, besonders in seinem jugendlichen Anteil, nicht darauf warten, bis sich Theologie und Kirche dazu durchringen, seinem Verlangen nach mystischer Vertiefung Rechnung zu tragen; vielmehr wird es, genauso wie im Fall der frustrierten Glaubenserwartung und der ihm vorenthaltenen theologischen Information, zur »Selbsthilfe« übergehen. Und alle Anzeichen sprechen dafür, daß dieser Prozeß längst schon in Gang gekommen ist. Auf die damit angesprochenen Vorgänge muß sich nunmehr das Augenmerk richten, weil die Gefahren und Chancen der gegenwärtigen Situation nur auf der Basis des Wissens um die drohenden Fehlreaktionen zutreffend beurteilt werden können.

Drittes Kapitel:

Die Fehlreaktionen

Das verstörte Kirchenbewußtsein:
Grundformen der Entfremdung

Wer die gegenwärtige Kirchenkrise in den Blick nimmt, kann die Folgerung kaum umgehen, daß sie durch eine so kaum einmal dagewesene *Entfremdung zwischen Kirchenführung und Kirchenvolk* gekennzeichnet ist. Dabei schwingt in dieser Bestimmung die Hypothese, mit welcher *Karl Marx* den Entfremdungsbegriff befrachtet hat, allenfalls am Rand mit.[1] Sie ist vielmehr rein kirchensoziologisch, als Aussage über den inneren Zusammenhang der kirchlichen Lebensgemeinschaft, gemeint. Anstelle der Marxschen Religionskritik bietet sich zur Erläuterung der These weit eher das Resultat an, zu dem sich *David Riesman* durch seine Untersuchung der modernen Massengesellschaft geführt sah. Es steht im kompletten Gegensatz zur Ansicht *Guardinis*, der in der Masse eine Art Schmelztiegel erblickte, in welchem die menschliche Person den Verlust ihrer »Kulturhülle« erleidet und zugleich eine äußerste »Härtung« erfährt.[2] Demgegenüber spricht Riesman – denkbar kontrastiv – von der zunehmenden Vereinsamung des einzelnen in der Masse.[3] Durch die von ihren Institutionen ausgeübte »Außen-Lenkung« gerät das Individuum seiner Darstellung zufolge in einen Zwiespalt von Selbstbestimmung und Anpassung, der es seiner Umgebung in der Weise entfremdet, daß es sich in ihr zunehmend vereinsamt und isoliert fühlt.[4]

Obwohl die These Riesmans auf die Kirchengesellschaft nur partiell zutrifft, vermag sie doch einen wesentlichen Zug der gegenwärtigen Krise aufzuhellen, sofern man den Begriff der »Außen-Lenkung« nur mit dem von *Lübbe* eingeführten der »sozialen Kontrolle« zusammennimmt.[5] Zumindest hat die Krise darin ihre besondere Schärfe, daß sich die Forcierung moralischer Normen in den Lehräußerungen der Gegenwart mit dem Ansinnen verbindet, sie als *vorweggenommene Gewissensentscheidungen* anzuerkennen. Doch im selben Maß, wie sich die äußere Instanz des Lehramts an die Stelle subjektiver Selbstbestimmung zu setzen sucht, verliert das Subjekt jene Identität, die es nur in der Entscheidungskompetenz des Gewissens findet. Die Folge ist eine zweifache: *Einsamkeit und Entfremdung.* Entfremdung im Verhältnis zum lehramtlichen Über-Ich; Vereinsamung im subjektiven Selbstverhältnis. Und nicht weniger einschneidend ist die jeweils emotionale Reaktion. Im Verhältnis zum Lehramt gewinnen Gefühle des Unbehagens und Mißtrauens die Oberhand, während das entmutigte Ich jener Sprachlosigkeit verfällt, die sich wie der Schattenwurf von Angst und Einsamkeit ausnimmt und überdies als eines der auffälligsten Symptome der heutigen Glaubenskrise zu gelten hat.[6]

Wenn man sich vergegenwärtigt, daß sich die Glaubensgemeinschaft nach ihrem biblischen und konziliaren Verständnis in der Zwiesprache mit Gott und sich selbst – und somit als Sprachgemeinschaft – verwirklicht, springt der Ernst der Beschädigung in die Augen, die der Hinweis auf die um sich greifende Sprachlosigkeit verdeutlicht. Gleichzeitig wird klar, daß die angesprochene Entfremdung nicht nur die emotionale Befindlichkeit, sondern den Strukturzusammenhang betrifft. Dabei ist daran zu erinnern, daß schon die Störung der kirchlichen Gefühlssphäre nicht ernst genug genommen werden kann. Denn der Glaube wird nicht nur durch Irrtümer und Irrgänge beeinträchtigt, sondern nicht weniger auch durch emotionale Eintrübungen, da diese einen fast unvermeidlichen Verlust an Spontaneität und Gewißheit nach sich ziehen. Dazu kommt, daß die religiöse »Verstimmung« verhängnisvoll mit der allgemein herrschenden Depression zusammentrifft, so daß die eine verstärkend auf die andere einwirkt. Da jedoch Gefühlen nicht beizukommen ist, muß auf ihre »greifbare« Erscheinungsform, die Entfremdung, genauer eingegangen werden.

Bei genauerem Zusehen lassen sich drei Hauptformen unterscheiden: *eine strukturelle, eine hermeneutische und eine praktische.* Die *strukturelle* hängt mit der Befürchtung der hierarchischen Leitungsgewalt zusammen, daß das Kirchenvolk ihrer Führung entgleite, also einen einschneidenden Verlust an »sozialer Kontrollfunktion« zu erleiden. Daß diese Befürchtung nicht unbegründet ist, wurde erstmals von *Reinhold Schneider* erfahren und im Zusammenhang mit dem von ihm erlittenen Glaubensentzug zum Ausdruck gebracht, den sein nachgelassenes Vermächtniswerk ›Winter in Wien‹

dokumentiert. Zunächst in Form einer noch unbestimmten, dafür jedoch um so umfassender gestellten Frage:

Wer will dieses Phänomen, dieses Herausgleiten aus jeglichem Horizont, widerlegen?[7]

Sodann in dem schon weit konkreteren, unverkennbar auf den kirchlichen »Wahrheitsbereich« bezogenen Geständnis:

Ich fühle mich aus dieser Wirklichkeit, diesem Wahrheitsbereich gleiten, ohne Einwand, immer in Verehrung und Dankbarkeit, ohne jegliche Rebellion, aber eben doch für mich, gezogen von meinem Daseinsgewicht, mit geschlossenen Augen, verschlossenem Mund.[8]

Und schließlich mit einer unüberhörbaren Anspielung auf das Bild vom »Fischernetz« Kirche:

Ohne es zu wollen, aber auch ohne zu widerstreben, gleite ich dem Fischer durch die Maschen.[9]

Dem kann man nur nochmals hinzufügen, daß das, was Schneider in einsamer Grenzposition erfuhr, heute *epidemisch geworden* ist. Und sofern dies zutrifft, ist auch der Tatbestand der strukturellen Entfremdung eingetreten, aufgrund deren das Kirchenvolk in einer alarmierenden »Abdrift« von der Führungsspitze begriffen ist. Im Hinblick darauf ist man versucht, das bekannte Nietzsche-Wort, das die demokratische Gesellschaft mit einer hirtenlosen Herde vergleicht, in sein Gegenteil zu verkehren, weil sich der heraufdrohende Zustand nicht schärfer ansprechen läßt: »Ein Hirt und keine Herde!«[10]
Demgegenüber läuft die *hermeneutische* Entfremdung auf den Tatbestand hinaus, daß die kirchlichen Weisungen nicht einmal mehr verstanden werden. Selbstverständlich gilt das nicht für alle Altersstufen des Kirchenvolks in gleicher Weise, am wenigsten von den oberen, die aufgrund ihrer Erziehung und größeren Bereitschaft zur »Außen-Lenkung« die normative Lebensorientierung immer schon mehr von der Kirche als von säkularistischen Moralvorstellungen erwarteten und sich demgemäß gegenüber den Insinuationen der »permissiven« Gesellschaft als vergleichsweise resistent erwiesen. Ganz anders dagegen die nach der sozialkritischen Bewußtseinswende herangewachsene Jugend, die sich von diesen Tendenzen in einer Weise bestimmen ließ, daß eine normativ geregelte Lebensgestaltung kaum noch akzeptabel erscheint. Auch wenn ihr die Protagonisten des modernen Libertinismus – mit *Pierre Klossowski* und *Georges*

Bataille an ihrer Spitze – kaum noch dem Namen nach bekannt sind, wurde der von diesen vollzogene Traditionsbruch für sie doch zu einer derartigen Selbstverständlichkeit, daß sie die traditionelle Moralität weder von ihren Prinzipien noch ihren Postulaten her nachzuvollziehen vermag.[11]

Auch dafür gibt es einen – wenngleich nur theoretischen – Modellfall. Wie erinnerlich, gab *Rohrmoser* zu bedenken, ob angesichts des radikalen Bewußtseinswandels, der im Vergleich zu Luthers apokalyptisch bestimmtem »Daseinsgefühl« eingetreten sei, seine Frage nach dem gnädigen und vergebenden Gott heute überhaupt noch verstanden werde.[12] Und er fürchtet, daß der Protestantismus durch diesen »Verständigungsverlust« schließlich dazu gezwungen sei, sich anstelle der obsolet gewordenen Luther-Frage die den heutigen Menschen noch erreichenden Fragen durch demoskopische Erhebungen, »soziale Trends und politische Bewegungen vorgeben zu lassen«.[13] Wenn Rohrmoser in der Folge die reformatorische Grundfrage auf die Position des göttlichen Gesetzes und des vom Menschen zu gewärtigenden Gerichts zurückführt, so daß sich der Fragepunkt auf die Alternative »aus Gott oder aus sich selbst heraus« bezieht, wird deutlich, daß der von ihm vermerkte Kommunikationsbruch nicht nur die von ihm als »Kernstück des ganzen Protestantismus« bezeichnete Rechtfertigungslehre, sondern die Grundpfeiler der traditionellen Moralvorstellung betrifft. Was früheren Generationen bis zur Selbstverständlichkeit plausibel war, wird heute kaum noch begriffen.

Aufs engste hängt damit die *praktische* Entfremdung zusammen, die daraus resultiert, daß die Positionen, welche die Kirchenführung mit dem Einsatz ihrer ganzen Autorität zu retten sucht, von der faktisch geübten Lebenspraxis »überholt« und beiseite geschoben sind. Darauf zielt auch der bereits erwähnte Hinweis *Böckles*, wonach für »nicht wenige auch der praktizierenden Katholiken« das Problem der sexuellen Lebensgestaltung »durch die Praxis längst gelöst« und die religiöse Erwartung auf »wichtigere Fragen« gerichtet sei.[14] Auch wenn die im ständigen Wandel begriffene Lebenspraxis niemals als letzte Gewissensnorm gelten kann, muß in diesem Zusammenhang doch erwogen werden, ob sich die kirchliche Doktrin nicht gerade in diesem sensiblen Bereich zu einer Selbstkorrektur verstehen müßte: einmal, weil sie weithin im Verdacht steht, noch immer nicht aus dem Schatten des augustinischen Dualismus hervorgetreten zu sein; sodann – und vor allem –, weil es ihr in der langen Geschichte ihrer Äußerungen noch immer nicht gelungen ist, die menschliche Sexuali-

tät in das Liebesgebot Jesu zu integrieren. Mit vorwiegend prohibi-
tiven Weisungen kann es ihr aber unmöglich gelingen, zum Herzen
des mit sich selbst überworfenen und dem Einfluß desintegrativer
Tendenzen ausgesetzten Menschen dieser Zeit vorzudringen.

Daß sich die Analyse des kirchlichen Entfremdungsprozesses
abschließend nochmals mit dessen emotionalem Aspekt befassen
muß, geht auf den Umstand zurück, daß in den Debatten der jüngsten
Zeit mit dem Reizwort vom »antirömischen Affekt« ein Kriegsbeil
wieder ausgegraben wurde, das von *Hans Urs von Balthasar* im Zug
seiner polemischen Schriften geschaffen worden war.[15] Dabei besteht
die besondere Fatalität – um keinen stärkeren Ausdruck zu gebrauchen
– des von ihm aufgebrachten Kampfbegriffs darin, daß er der Kirchenkritik insgesamt eine affektive Voreingenommenheit unterstellt, auch
wenn sich diese ausschließlich auf Methoden und Strukturen und nicht
etwa, wie im Fall einer emotionalen Gegnerschaft, auf Personen
richtet. Im Gegenteil; denn es gehört nach Balthasar gerade zur
Perfidie der voreingenommenen Kritik, daß sie ein durch Presse und
Massenmedien verbreitetes Vokabular schuf, durch welches person-
gebundene Qualitäten zu institutionellen Gegebenheiten umstilisiert
wurden. Durch diese tendenziöse Verfremdung wird Autorität zu
Autoritarismus, Paternität zu Paternalismus, Tradition zu Tradi-
tionalismus. Demgemäß ist die von den Kritikern beklagte Entfremdung lediglich die Folge ihrer falschen Optik und Fehleinstellung:

> Sie reden in fremden Zungen, sie blicken sich selbst mit fremden Augen an
> und halten sich, da man es ihnen dauernd vorsagt, für »entfremdet«.[16]

Umgekehrt erscheint in dieser optischen Verzerrung der »römische Monolith« als Relikt einer längst überlebten Einheitskultur:
»unzeitgemäß, unrealistisch, prätentiös, dilettantisch, in seinen Äußerungen falsch-rhetorisch, verdeckend-diplomatisch, kurz unglaub-
haft«.[17] Doch handelt es sich dabei offenkundig um ein aus Vorurtei-
len aufgebautes Feindbild, das sich der »kritische Katholizismus«
zurechtlegt, um seine »Sarkasmen« daran abreagieren zu können.

Was Balthasar dem entgegensetzt, läßt freilich auf eine nicht weniger bedenkliche Vereinfachung schließen. So werden *Fritz Leists*
Invektiven gegen den ›Gefangenen des Vatikans‹, bei allem Verständnis für »deren berechtigtes Anliegen«, auf eine Linie mit
Nietzsches vehementen Ausfällen gegen den »Römerbau« der Kirche
gezogen und so als »Bauernaufstand« diskriminiert.[18] Und das »ver-
zerrend propagierte« Lebenszeugnis des späten *Reinhold Schneider*

erscheint als die fatale Folge des Versuchs, das christliche Mysterium ins Zwielicht einer tragizistischen Lebensphilosophie zu tauchen.[19] Einwände erheben sich dann aber vor allem, wenn Balthasar im Versuch, für seine Kritik ein exegetisches Fundament zu gewinnen, einen »antipaulinischen Affekt« in der Gemeinde von Korinth konstruiert, der zunächst sein Ziel dadurch verliert, daß »Paulus als Person« hinter dem »Amt Petri« verschwindet, um dann, wie dieser Ansatz fortzuführen ist, in der Gestalt des »antirömischen Affekts« wieder aufzuleben. Denn damit wäre dieser nicht, wie er doch immer vorgibt, auf Strukturen und Strategien, sondern, wie im paulinischen Präzedenzfall, auf die Person bezogen; denn:

> Dieser antipaulinische Affekt suchte sich vielfache Gründe im persönlichen Charakter und Benehmen des Apostels, in seiner scheinbaren Autokratie – seinem Gegensatz gegen die Ansichten der Jerusalemer Ur-Gemeinde – und wurde schwerlich dadurch besänftigt, daß Paulus sich in langen Selbstverteidigungen ergeht.[20]

Und bedenklicher noch muß es stimmen, wenn sich der Analytiker des »antirömischen Affekts«, schon vor jeder exegetischen Begründung, auf »ein gesundes katholisches Volksempfinden« beruft, das er gegen die Erosion durch die Massenmedien zu verteidigen suche.[21] Denn damit wird offensichtlich eine emotionale Instanz gegen das in Anspruch genommen, was als emotionale Voreingenommenheit denunziert worden war. Fällt aber damit nicht die ganze Konstruktion, so ist dann zu fragen, in sich zusammen, von der durch die Redewendung geweckten fatalen Erinnerung ganz zu schweigen.

Das gestörte Verhältnis:
Das vertikale Schisma

Gegen die Einrede Balthasars wird man davon ausgehen müssen, daß die gegenwärtige Krise in erster Linie als Struktur- und Methodenkrise zu verstehen ist. Wie eine Gegenprobe zu dieser These nimmt sich die Tatsache aus, daß ihre auffälligste Auswirkung in einer Erschütterung des strukturellen Zusammenhalts der Kirche besteht. Man würde es sich freilich zu einfach machen, wenn man die Auswirkung mit der Ursache gleichsetzen wollte. Mag sich im Erscheinungsjahr des ›Antirömischen Affekts‹ (1974) das Unbehagen an der Kirche noch vorwiegend an ihrem »Systemcharakter« entzündet haben, so wirkten die *großen Symbolhandlungen und Aktivitäten der letzten Pontifikate* – die *Niederlegung der Tiara*, die *Papstreisen*, die *Gebetsstunde von Assisi* – doch darauf hin, daß die hierarchischen Strukturen weit weniger als damals Anlaß zu Widerspruch und Aufbegehren wurden. Was die heutige Krise heraufbeschwor, war dagegen eindeutig der *»kerygmatische Dissens«* und erst in zweiter Linie das, was in der Diskussion vielfach als Hauptursache erscheinen mochte: der *Komplex der administrativen Eingriffe* bei Bischofswahlen und akademischen Berufungsverfahren. Aufschlußreich dafür sind die Schlüsselworte, die im Vokabular der Verteidiger aufhorchen ließen. Den Unterzeichnern der ›Kölner Erklärung‹ und ihren Sympathisanten wurde nicht nur der Vorwurf gemacht, daß sie auf ein »alternatives Lehramt« hinarbeiteten, sondern, ungleich radikaler noch, daß sie im Begriff stünden, ein neues »Schisma« heraufzubeschwören.[22] Im ersten Stichwort schwang, auch wenn der Begriff »Lehramt« dafür zu eng gefaßt war, das Eingeständnis mit, daß der Krise tatsächlich eine Störung im Grundverhältnis von Verkündigung und Rezeption zugrunde liegt.

Demgegenüber brachte das zweite, wenngleich unabsichtlich, die strukturellen Konsequenzen auf den Punkt. Was heraufdroht, ist tatsächlich ein Schisma, wenn freilich auch nicht in der traditionellen und zuletzt durch die Unversöhnlichkeit des Altbischofs *Lefèbvre* bewirkten Art, sondern eine Störung im vertikalen Aufbau der Kirchengemeinschaft, wie sie in der Geschichte nur selten, am deutlichsten wohl im Vorfeld des Konstanzer Konzils (1414–18) eingetreten war. Während die traditionellen Schismenbildungen darauf ausgehen, ein Segment aus der organisierten Lebenseinheit der Kirche herauszubrechen, hat die gegenwärtige ihren Schwerpunkt in einer *Lockerung des Zusammenhangs von Spitze und Basis.* Die vom Institut des Papsttums gekrönte Kirchenspitze läuft Gefahr, das sich von ihr zunehmend distanzierende Kirchenvolk zu verlieren, so daß der mit dem umgedrehten Nietzsche-Wort ausgesprochene Katastrophenfall zu befürchten ist: Ein Hirt und keine Herde! Dabei sind die Folgen dieser Sezession für beide Teile gleich verhängnisvoll. *Für die Basis*, weil sie dadurch der Führung durch das Lehramt entgleitet und Gefahr läuft, in eine *religiöse Anarchie* zu versinken. Aber nicht weniger auch *für die Kirchenspitze*, weil sich die längst schon gehegte Besorgnis zu bestätigen scheint, daß ihr Einfluß auf das Kirchenvolk *in unaufhaltsamem Schwinden begriffen* ist.

Indikator für die wirkliche Ursache ist der durch demoskopische Erhebungen bestätigte Tatbestand, daß die Abwanderung weit mehr die Jugend als die ältere Generation betrifft und daß es vor allem die jungen Frauen sind, die sich in erschreckend hoher Zahl von ihrer Kirche trennen. Nur Voreingenommenheit könnte verkennen, daß das entscheidende Motiv dieser stillen Emigration in der kirchlichen Morallehre zu suchen ist, besonders in dem mit wachsendem Nachdruck eingeschärften Verbot der aktiven Geburtenkontrolle, das nach verbreiteter Ansicht eine antifeministische Spitze aufweist, weil es sich in erster Linie gegen das Verhalten der Frauen richtet.[23] Danach liegt der Grund der Strukturkrise eindeutig in der Inkonvergenz von lehramtlicher Äußerung und Glaubenserwartung, konkret gesprochen, in der moral- und sexualethischen Engführung der kirchlichen Doktrin und dem Verlangen des Kirchenvolks, durch eine Botschaft aus der Mitte der Gottesoffenbarung in seiner Angst und Verunsicherung angesprochen zu werden.

In zeitlicher Perspektive könnte das auch mit dem Hinweis auf die gestörte »Synchronie« im kirchlichen Lebensvollzug verdeutlicht werden. Während die Kirchenspitze mit wachsendem Nachdruck auf ihrer moralischen Autorität und Weisungsbefugnis besteht, ist das Augenmerk des Kirchenvolks bereits auf die Inhalte gerichtet, die in der mystischen Selbstdarstellung der Kirche von morgen im Vordergrund stehen. Und in noch größerer Verallgemeinerung könnte man sagen, daß der Grund des Unbehagens in der Anwendung von Methoden liege, gegen die gerade die europäische Kirchengemeinschaft durch den *Leidensdruck, dem sie unter den totalitären Systemen ausgesetzt war, extrem sensibilisiert* wurde. Im Hinblick darauf kann aber nicht oft genug betont werden, daß die Kirche dem Menschen dieser Zeit nichts so sehr wie Akte eindeutiger Selbstunterscheidung von den Praktiken und Methoden totalitärer Systeme schuldet. Zwar ist die Kirche von ihrem Wesen her, wie in der Diskussion der letzten Zeit immer wieder betont wurde, keine Demokratie; sie ist aber noch viel weniger ein Herrschaftssystem nach Art der alten und neuen Diktaturen, einschließlich der persuasiven Diktatur, die von der modernen Medienszene ausgeübt wird.[24] Die Unterlassung dieses Unterscheidungsaktes hätte einen rapiden Autoritätsverlust zur Folge, sofern man nicht mit *Wolfgang Seibel* von einer »Selbstzerstörung« der kirchlichen Autorität sprechen müßte.[25]

Seiner ganzen Natur nach schlägt sich dieser Autoritätsverlust in einem Vertrauensschwund des Kirchenvolks nieder. Indessen ist

dieser nicht wie im Normalfall im Eindruck einer »Führungs-
schwäche« begründet, sondern in dessen Gegenteil: im Gefühl einer
moralischen »Überversorgung«, die von *Bernhard Sutor* mit dem
Wort von der »Hypertrophie« des Moralischen auf den Begriff gebracht wurde.[26] Als »hypertroph« wird dabei insbesondere die Tendenz empfunden, der persönlichen Gewissensentscheidung durch den
Spruch des »authentischen Lehramts« zuvorzukommen. In dieser
Optik scheint sich das kirchliche Über-Ich in einer Weise an die Stelle
des subjektiven Ich zu setzen, daß für dessen Selbstbestimmung kein
Raum mehr bleibt. Das aber wird als doktrinärer Eingriff in den persönlichen Freiheitsraum, um nicht zu sagen als Angriff auf das
Herzstück der dem Laien durch das Zweite Vatikanum zuerkannten
Mitwirkung und Mündigkeit empfunden. Wo dieser sich bisher zu
verantwortungsbewußter Kooperation aufgerufen wußte, sieht er sich
neuerlich in die Rolle des unmündigen Befehlsempfängers abgedrängt. Was *Balthasar* »wehleidigen« Romkritikern als angeblich
weit überzogene Befürchtung unterstellte, ist somit zum nach-
konziliaren Trauma vieler geworden:

> Es ist ein Eingriff in den Bereich der persönlichen Freiheit, es besagt einen
> Rückschritt aus den Gewohnheiten des Gotteskindes in die Zwänge des
> (Gottes?-)Knechtes … Müßte das Papsttum nicht wenigstens ein oder
> zwei Jahrtausende Buße tun, ehe es erneut im Namen Christi mit Forde-
> rungen hervorzutreten wagt?[27]

Auf dem Grund der Strukturkrise breitet sich somit, glaubensgeschichtlich gesehen, die Einsicht aus, daß der innere Zusammenhalt
der Kirche vom selben Verhältnis bestimmt werden müßte, auf welches der Offenbarungsgott hinarbeitet: durch das Verhältnis von liebender Verständigung zwischen Vater und Kind anstelle der bisher
praktizierten Beziehung von gebietender Autorität zu gehorchenden
Untergebenen. Dabei wäre diese Einsicht nicht nur vom neutestamentlichen Gottesverhältnis gestützt, sondern nicht weniger vom
Umgang des größten Vermittlers der christlichen Botschaft, des Apostels Paulus, mit seinen Gemeinden.[28] So »autoritär« Paulus mit seinen
Adressaten oft ins Gericht geht, spielt er ihnen gegenüber doch niemals eine andere Autorität als die der väterlichen Liebe aus; und so
vehement er sie auch immer zur Ordnung ruft, versteht er sich doch
niemals als Herrn ihres Glaubens, sondern immer nur als Diener ihrer
Freude:

Und hättet ihr auch ungezählte Erzieher in Christus, so doch nicht viele Väter. Denn in Christus Jesus bin ich durch das Evangelium euer Vater geworden (1 Kor 4,15).

Nichts ist deshalb dem Ziel einer Neukonsolidierung der Kirchengemeinschaft abträglicher als der Versuch, das obsolet gewordene Disziplinierungsmodell neu zu etablieren. Abgesehen davon, daß sich diesem Versuch der Gedanke an *Calvins* theokratisches Kirchenregiment als abschreckendes Erinnerungsbild entgegenstellt, stößt er bei dem durch die diktatorischen Systeme hindurchgegangenen Menschen dieser Zeit auf geradezu allergische Abwehrreaktionen. Und er weiß sich dabei zugleich von der besseren Einsicht geleitet. Denn der Gegensatz zu Disziplin ist nicht Zuchtlosigkeit, sondern Verantwortung. Und der Vater Jesu Christi sucht – nach einem der großen Worte des Johannesevangeliums – den zu ihm frei aufblickenden Partner, der ihn »im Geist und in der Wahrheit anbetet« (Joh 4,23f) so wie Jesus selbst darauf ausgeht, die Seinen aus unwissenden Knechten in mitwissende Freunde zu verwandeln (15,15).

Doch während sich die Strukturkrise in dem Maß klärt, wie man ihr auf den Grund geht, verhält es sich mit ihrem emotionalen Ausdrucksfeld gerade umgekehrt dazu. Hier ist als »Bodensatz« des umsichgreifenden Vertrauensschwunds ein leises, aber unübersehbares Mißtrauen auszumachen, das sich auf die kirchenamtliche Argumentation bezieht und hinter dem erklärten Sinn ihrer Aussagen einen disziplinierenden Hintersinn vermutet. Zum Einstieg in diesen delikaten Problemkreis können am besten die Entscheidungen der von Leo XIII. durch das Apostolische Schreiben ›Vigilantiae‹ (vom 10. Oktober 1903) konstituierten Bibelkommission verhelfen, die ihrer Zielsetzung zufolge die exegetische Forschung fördern sollten, in der Rückschau auf ihren Effekt gesehen jedoch einem *kirchlich verordneten Fundamentalismus gleichkamen.* So war die mosaische Herkunft des Pentateuch schon zum Zeitpunkt der Erklärung (1906) kaum noch zu vertreten und nicht erst im Jahr der formellen Revision (1948).[29] Nicht anders steht es um die Erklärung zur Frage der Urheberschaft der Jesusreden im Johannesevangelium (vom 29. Mai 1907), der Pastoralbriefe (vom 12. Juni 1913) und des Hebräerbriefs (vom 24. Juni 1914), die allesamt im Sinn der kirchlichen Tradition entschieden wurden, als die Gegengründe bereits ein erdrückendes Gewicht gewonnen hatten.[30] Gemessen an den menschlichen Tragödien, die diese Entscheidungen in zahlreichen Forscherleben im

Gefolge hatten, urteilt *Herbert Haag* ebenso zurückhaltend wie milde, wenn er dazu bemerkt:

> Diese Entscheidungen haben die katholische Exegese zweifellos vor manchem Irrweg bewahrt, haben aber ebenso sicher manchen gläubigen Exegeten in einen ernsten Zwiespalt versetzt, das mutige Forschen vieler unterbunden und damit der katholischen Auslegung auf Jahrzehnte hinaus verunmöglicht, die neuen Ergebnisse der Wissenschaft für die biblische Lehre voll fruchtbar zu machen.[31]

Das verdichtet sich zu dem Eindruck daß die Entscheidungen nicht so sehr das Interesse der Forschung als vielmehr das der *Konstituierung eines geschlossenen und gegen die historische Kritik abgeschirmten Bewußtseinsraums* zum Ziel hatten, daß sie also von ihrem Grundansatz her disziplinierend gemeint waren. Schwerlich könnte man von da den Rückschluß auf die heutige Kontroverse, die um den Komplex von ›Humanae vitae‹ entbrannte, wagen, wenn nicht die Entgleisung des vatikanischen Moraltheologen *Carlo Caffara*, der die Kontrazeption mit Mord verglichen hat, dazu Anlaß gäbe. Zu deutlich tritt in seiner Äußerung die Tendenz zutage, die kirchliche Doktrin in Form einer »Schocktherapie« zu verabreichen, die den ungeheuerlichen Vorwurf bewußt einsetzt, um das Gewissen der Betroffenen wachzurütteln und in eine heilsame Unruhe zu versetzen. Zweck der Äußerung ist somit offensichtlich eine Reaktivierung des Sündenbewußtseins, und das in eben dem Intimbereich, der durch die kollektive Exkulpierung der kirchlichen Ordnungskompetenz am stärksten zu entgleiten schien. Wenn Caffara in seinen Rechtfertigungsversuchen betont, daß es ihm bei seiner Äußerung nicht um Akzeptanz, sondern allein um die von ihm vertretene »Wahrheit« gehe, gerät überdies die Begründung ins Zwielicht.[32] Denn im Blick auf die sich in allen Bereichen, angefangen vom naturwissenschaftlichen und historischen bis hin zum philosophisch-theologischen, durchsetzende Einsicht in die konstitutive Mitbeteiligung des denkenden Subjekts an den orientierenden Sinnentwürfen muß man sich fragen, aus welchem Grund die kirchliche Morallehre noch immer an einem Naturbegriff festhält, der noch nicht einmal ansatzweise die Konsequenzen aus dem Vorstoß in den subatomaren Bereich und aus dem modernen Geschichtsverständnis in sich aufgenommen hat. Und diese Frage gewinnt noch an Dringlichkeit angesichts der Tatsache, daß der Mensch, wie bereits hervorgehoben, im Zeitalter der Gentechnik im Begriff steht, Hand an die eigene Evolution zu legen und diese dadurch in Geschichte zu verwandeln. Nicht umsonst erhoben Naturwissenschaftler wiederholt ihre Stimme, um das Lehramt vor einem »biologischen Kurzschluß« zu warnen und gleichzeitig Einspruch gegen eine auf einen obsolet gewordenen Naturbegriff gestützte Ableitung zu erheben.[33]

Was den Zusammenhalt von Kirchenführung und Kirchenvolk bedroht, ist somit dessen – durch die Auswahlkriterien bei einer Reihe von Bischofsernennungen bestärkte – Besorgnis, *mit einer Disziplinierungsstrategie konfrontiert zu sein,* die den Gläubigen in seiner Moralität, konkret gesprochen in seinem Intimverhalten zu erfassen und auf die traditionelle Linie der Heilsvermittlung zu bringen sucht. Doch darauf reagiert dieser nicht etwa mit Betroffenheit und Erschütterung, sondern mit einer allergischen Abwehrreaktion, da er wie jede Form einer »sozialen Kontrolle« auch diese als *Eingriff in seine Selbstbestimmung* und Eigenverantwortlichkeit empfindet.[34] Zu der von *Lübbe* beobachteten Tatsache, wonach die soziale Kontrollfunktion der Kirche in signifikantem Schwinden begriffen ist, kommt somit die andere hinzu, die man als die *schwindende Akzeptanz dieser Kontrollfunktion* bezeichnen könnte. Nicht als werde damit die moralische Autorität der Kirche in Frage gestellt; die Fatalität besteht vielmehr in den wiederholten Äußerungen des Lehramts, die auf eine Suspendierung der Gewissensreflexion zugunsten seiner Weisungen abzielen.[35]

Aufs neue bestätigt sich damit die zwischen Lehramt und allgemeinem Glaubensbewußtsein zu beobachtende »Phasenverschiebung«, die an dieser Stelle in einen »Strukturbruch« umzuschlagen droht. Während das Lehramt seine Weisungsrechte in einer als besonders »einschneidend« empfundenen Weise zur Geltung bringt, weicht das Glaubensbewußtsein von der damit bezeichneten »Sprachebene« in zweifacher Hinsicht ab. Einmal dadurch, daß es im Vorgriff auf das mystische Stadium vor allem nach einer »Vorwärtsorientierung« und nach Hilfen zur spirituellen Erneuerung verlangt. Sodann aber auch dadurch, daß es sich stärker als vielleicht je zuvor von der Existenznot des gläubigen Menschen bestimmen läßt. Dadurch geraten insbesondere die Bischofskollegien in eine Zerreißprobe. So wenig die Bindung an die päpstliche Primatialgewalt in Frage gestellt werden darf, ist es doch mit dem von zahlreichen Vertretern des bischöflichen Amtes versuchten Balanceakt nicht getan. Vielmehr werden sie dem gewandelten Glaubensbewußtsein – und Selbstverständnis – des Kirchenvolkes Rechnung tragen müssen, wenn sie nicht zu den Vorzugsopfern des »vertikalen Schismas« werden sollen.

Vor allem aber vermag die drohende Diastase im Gefüge der Kirche die *Fehlreaktionen* zu erklären, die mit wachsender Deutlichkeit in Erscheinung treten. Denn die Störung im Kontakt mit der Spitze hat fast unvermeidlich den *Verlust der Glaubenseinheit* im Gefolge, die als die unmittelbarste Wirkung der hierarchischen Führungsgewalt zu gelten hat. Und wie es in der Kirchengeschichte stets der Fall war, beginnt der Verfall der Einheit *nicht mit offenen Häresiebildungen, sondern mit Wucherungserscheinungen*, die jedesmal dann auftraten, wenn sich im glaubensgeschichtlichen Ablauf häretische Innovationen anbahnten. Ihnen ging jedesmal eine Phase der Verunklärung, nicht selten auch der enthusiastischen Überhitzung voran, in die dann der spaltende Gedanke wie ein Kristallisationskern in die bereitstehende Lauge hineinfiel. Da es sich dabei um kein unabwendbares Entwicklungsgesetz, sondern lediglich um einen wiederholt zu beobachtenden Ablauf handelt, heißt das keineswegs, daß die sich abzeichnenden Fehlreaktionen als Vorstufen zu einer neuen Häresie angesehen werden müssen. Wohl aber haben sie den Charakter von Alarmsignalen, die als solche wahrgenommen, in ihrer Bedeutung identifiziert und mit sinnvollen Gegenstrategien beantwortet sein wollen. Doch worin bestehen sie?

Fehlformen der Selbstversorgung: Die Trivialisierung des Glaubens

Den Einstieg in den – trüben – Problemkreis der ersten Fehlreaktion ermöglicht noch am besten ein Blick in die Rezeptionsgeschichte der päpstlichen Verlautbarungen der letzten Jahre. So rief *Johannes Paul II.* während seiner ersten Deutschlandreise (von 1980) wiederholt zum Aufbau einer »Zivilisation der Liebe« auf, und er entwarf damit das christliche Gegenkonzept zu einer auf die Mentalität des Klassenkampfes gegründeten Gesellschaftsordnung.[36] Doch soviel für diesen mit großer Dringlichkeit vorgetragenen Appell sprach; er blieb ohne vernehmliche Resonanz, vor allem dort, wo er in erster Linie hätte aufgenommen werden sollen: im Raum der christlich orientierten Kulturarbeit und Politik. Wenn dieser Appell womöglich als Überforderung empfunden wurde und deshalb unbeantwortet blieb, gilt dies gewiß nicht von dem zweiten, der sich als »leidenschaftlicher Anruf« an alle modernen Menschen richtet:

Habt keine Angst! Öffnet, ja öffnet Christus weit die Türen! Öffnet die Grenzen der Staaten, der ökonomischen und politischen Systeme, die Bereiche der Kultur, der Zivilisation, der Entwicklung seiner heilbringenden Macht. Habt keine Angst! Christus weiß, »was im Menschen ist«. Er allein weiß es! Der Mensch weiß heute oft nicht, was er in sich trägt im Tiefsten seiner Seele und seines Herzens. Darum fühlt er sich oft unsicher hinsichtlich des Sinnes seines Lebens auf dieser Erde. Er wird von Zweifeln befallen, die zur Verzweiflung werden. Laßt darum Christus – ich bitte und flehe euch demütig und vertrauensvoll an –, laßt ihn zu den Menschen sprechen. Er allein hat Worte des Lebens, ja, des ewigen Lebens![37]

Zwar besteht auch in diesem Fall die Tragik in der ausbleibenden Resonanz, mehr aber noch darin, daß sich Johannes Paul II. mit eben diesen Worten schon zu Beginn seines Pontifikats auf die Existenznot und Glaubenserwartung des heutigen Menschen eingestimmt hatte, ohne daß ihm jene Zustimmung antwortete, die ihn in dieser Position bestätigt und festgehalten hätte. Auf das Grundproblem zurückbezogen heißt das, daß heute offensichtlich nicht nur eine Verständnishemmung gegenüber der moralischen Doktrin besteht, sondern sogar gegenüber einer Botschaft, die dem Adressaten buchstäblich aus dem Herzen gesprochen ist. Fast schlagartig wird damit klar, daß die heutige Kirchenkrise eine ungleich längere Vorgeschichte hat, als die für sie verantwortlich gemachten »Gründe« erkennen lassen. Zwar drang sie erst neuerdings ins allgemeine Bewußtsein; doch bestimmte sie insgeheim schon seit längerem die Reaktionen, die deshalb fast unvermeidlich zu Fehlreaktionen entarteten.

Auf die Spur des Entstehungsprozesses dieser Fehlreaktionen führt die gängige Rede von der »religiösen Selbstversorgung«, zu der sich das Kirchenvolk unter dem Druck der gegenwärtigen Krise veranlaßt sehe. Sie setzt, genaugenommen, einen Akt des *Rückzugs auf die basalen »Vorformen« des Glaubens* und der Religiosität voraus, der unwillkürlich an *Schneiders* Vorliebe für das Dunkel der »Krypta« der kirchlich gestalteten Frömmigkeit erinnert, aber auch an *Blumenbergs* Zuwendung zu den »Höhlen des Lebens«, die sich wie eine Begehung der Szenerie des platonischen Höhlengleichnisses in umgekehrter Richtung ausnimmt.[38] Diese Querverbindungen müssen schon deshalb berücksichtigt werden, weil erst durch sie die regressiven Tendenzen ersichtlich werden, die in dem Maß die Oberhand gewinnen, wie sich der Zusammenhang zur Führungsspitze lockert. Zwar soll damit keineswegs »der Teufel an die Wand gemalt« werden; doch drängt sich an dieser Stelle zur Verdeutlichung ein Bildgedanke auf, der dem des an die Wand gemalten Teufels beängstigend nahekommt. Er wurde von *Balthasar* an der zweifellos bizarrsten Stelle seines die ›Herrlichkeit‹, die ›Theodramatik‹ und die ›Theologik‹ umfassenden Monumentalwerks in Szene gesetzt, wenn er Christus auf seinem Gang durch die Hölle auf die von ihm »Effigien« genannten Fehl- und Zerrformen verlorenen Menschentums treffen und diese durch seine »erlösende« Zuwendung in die Anonymität versinken läßt. Wörtlich heißt es von diesen Schattenwürfen der Sünder im Grund der Hölle:

Die Effigien gleichen einem hohlen Abdruck, wie wenn ein Körper im Sand gelegen hat. Sie haben verschiedenste Aspekte. Sie können durch das Vorüberschreiten des Herrn »bereinigt«, »ausgelöscht« werden, so daß sie »ins Anonyme versinken« ... Es gibt auch die Effigien von noch Lebenden; wenn der Herr sich über sie legt, wie der Mann über die Frau, bräutlich, erhalten sie Teil an dem für den Betreffenden am Kreuz gewirkten Heil ... Manche rufen nach dem Herrn: sie möchten ausgelöscht werden; oft bleibt davon wie ein Rahmen, eine Erinnerung bis zum Jüngsten Gericht; zudem erhält die Effigie, vom Herrn berührt, einen Sinn innerhalb des Kampfes des Menschen gegen die Sünde in der Welt ... Manche »schreien gleichsam nach der Gegenwart des Heiligen« und werden durch den Herrn »entpersönlicht«.[39]

Zwar bildet dieser unvermutete Absturz aus der luziden »Ideenschau« der Theo-Logik keinen wirklichen Einwand gegen Balthasars Hauptwerk, auf das noch immer die Feststellung zutrifft, daß es das Flachland der theologischen Tagesliteratur wie ein riesiges, in abweisendem Glanz erstrahlendes Gebirgsmassiv überragt. Indessen gilt auch von ihm, daß die Stabilität des Ganzen nicht größer ist als die Festigkeit des schwächsten Glieds und daß das Ganze ins Zwielicht gerät, wenn es auch nur an seinen Rändern von sachfremden, aus opaken Quellen geschöpften Interpretamenten überwuchert wird.[40] Gerade darin aber ist die Episode durchaus *symptomatisch für die Gefahrenzone, in welche der Weg der religiösen Selbstversorgung hineinführt.*[41] Näher besehen ist dieser Weg von der durchgängigen Tendenz bestimmt, die als abstrakt und erfahrungsfremd empfundene Begrifflichkeit, zu der sich der theologische Gedanke in einem langwierigen Klärungsprozeß erhob, *mit dem Dunkel einer halbmythi-*

schen Bilderwelt zu vertauschen. Im Fall der angesprochenen Effigien-Szene steigert sich das sogar noch zu der magischen Vorstellung, daß in die Taten und Untaten des Menschen Elemente seines Selbstseins einfließen, die, losgelöst von ihm, ein »unterschwelliges« Eigenleben führen.[42] Doch worin bekundet sich diese Tendenz im religiösen Denken der Gegenwart?

Bevor man die Antwort in der durch die Begriffe »Remythisierung« und »Trivialisierung« bezeichneten Richtung sucht, sollte man sich das durch die Lebensleistung Jesu geschaffene Proprium der christlichen Botschaft vergegenwärtigen, weil nur so der drohende Identitätsverlust auszumessen ist.[43] Bei aller Kontinuität seines Denkens mit der prophetischen und spirituellen Überlieferung Israels erwies sich Jesus dadurch als der größte Revolutionär der Religionsgeschichte, daß er es wagte, in die allen Religionen – einschließlich seiner eigenen – gemeinsame Antithetik der Gottesvorstellung und insbesondere in die Ambivalenz der religiösen Grunderfahrung einzugreifen. Während die Menschheit ihre ganze Geschichte hindurch zwischen dem Gott der liebenden Erbarmung und der furchterregenden Strafgerichte schwankte, *tilgte er – ersatzlos – den Schatten des Grauenerregenden aus dem Bild Gottes, um darin das Antlitz des bedingungslos liebenden Vaters zum Vorschein zu bringen.* Und er vollbrachte das, wie die Wendung bereits erkennen läßt, durch die Macht eines einzigen Wortes, mit der alle Schatten der Gottesangst beiseite räumenden Zärtlichkeitsanrede »Abba, Vater!«. Damit vollzog er den entscheidenden und unüberholbaren Durchbruch ins Gottesgeheimnis, den Einstieg in den Quellgrund der Offenbarung, die Hinordnung des Glaubens auf die göttliche Selbstzusage. Daran muß sich die Christenheit sowohl hinsichtlich ihrer Gottesvorstellung wie ihrer Glaubensvermittlung und Lebenspraxis ständig bemessen. Und wie hinsichtlich dieser gefragt werden muß, wie es dazu kommen konnte, daß das Instrumentarium der Repression, der Disziplinierung und der Angstsuggestion in die kirchlichen Verhaltensformen eindringen konnte, muß die Zusatzfrage nach der *Übereinstimmung der Gottesvorstellung mit dem von Jesus aufgerichteten Vaterbild* gestellt werden. Im Hinblick darauf läßt sich aber die Feststellung nicht umgehen, daß die Rede von der »*Mütterlichkeit Gottes*«, zumindest in ihrem *radikal feministischen Verständnis*, als verhängnisvoller Abfall von dem durch Jesus erkämpften, verkündeten und mit seinem Blut besiegelten Gottesbild zu werten ist. Mit der Favorisierung von Vorstellungen, die auf die Wiedererweckung archaischer Bilder von einer

»Muttergottheit« abzielen, ist somit, an der von Jesus eingesetzten Zielmarke gemessen, der entscheidende Schritt zur Trivialisierung des Religiösen getan. Daran läßt zumindest die von *Capra* angesprochene Form feministischer Frömmigkeit keinen Zweifel:

> Die feministische Spiritualität beruht auf dem Bewußtsein des Einsseins aller lebenden Formen und ihres zyklischen Rhythmus von Geburt und Tod, woraus sich ein Verhalten gegenüber dem Leben ergibt, das zutiefst ökologisch ist. Wie zahlreiche feministische Autoren in jüngster Zeit hervorgehoben haben, scheint das Vorstellungsbild einer weiblichen Gottheit diese Art von Spiritualität mehr zu verkörpern als das eines männlichen Gottes. Tatsächlich ging die Verehrung weiblicher Gottheiten in vielen Kulturen, unsere eigene Kultur einbezogen, der von männlichen Göttern voraus. Sie mag auch ein Zug der Naturmystik der alten taoistischen Überlieferung gewesen sein.[44]

Der damit bekundete Absturz von der Gottesverkündigung Jesu besteht darin, daß das von ihm erschlossene Vatersein Gottes zu einer geschlechtsspezifischen Qualität erklärt und als solche der – angeblich – unterdrückten Weiblichkeit Gottes entgegengestellt wird. Im feministischen Plädoyer für diese geht es somit letztlich um den Versuch, *das Gottesbild Jesu im Horizont naturreligiöser Vorstellungen zur Disposition zu stellen*, wenn nicht sogar darum, es durch das Bild der archaischen Muttergottheit zu überlagern. Da sich »trivial« von dem herleitet, was biblisch ausgedrückt »auf den Wegekreuzungen« (Mt 22,9) verhandelt wird, was also dem religiösen »Volksempfinden« entspricht, ist hier tatsächlich der Extremfall von Trivialisierung gegeben. Denn tiefer kann man von der Höhe, auf die der Gottesgedanke durch Jesus geführt wurde, nicht herabsteigen als zu den im Bereich der Naturreligion angesiedelten Vorstellungen, insbesondere dann, wenn sich damit wie bei Capra die Absicht verbindet, die Rückkehr vom späteren »androzentrischen« Gottesbild zu früheren weiblich-mütterlichen Vorstellungen in Gang zu bringen.

Daß dieses Modell noch nicht einmal auf die alttestamentlichen Aussagen zutrifft, wurde von *Othmar Keel* in subtilem Aufweis gezeigt.[45] Danach stehen die deuteronomistischen, vom Gedanken der Vertragstreue und Vergeltung getragenen Konzepte in einem leisen, aber tiefgreifenden Konflikt mit dem prophetischen Bild von einem unabhängig vom menschlichen Verhalten, um seiner selbst willen liebenden Gott, der sein Bundesvolk mit Huld und Zärtlichkeit umfängt und wie eine Mutter alles daransetzt, daß das Werk seiner

Weisheit, Macht und Güte nicht untergehe. Dieses Gottesbild bedarf keiner feministischen »Berichtigung«, am wenigsten durch Eintragung muttergottheitlicher Züge. Erst recht gilt das von dem Gott, der sich am lichtvollsten im Verhalten dessen enthüllt, dem das Elend des Volkes »zu Herzen geht« (Mk 8,2), der die Kinder in seine Arme schließt (Mk 10,16), der die Zärtlichkeit der Sünderin entgegennimmt, über das vom Untergang bedrohte Jerusalem in Tränen ausbricht (Lk 19,41) und der, nach der Lukaspassion, mit Worten der Vergebung und Ergebung stirbt (Lk 23,34+46), so daß von ihm mit *Nietzsche* geradezu gesagt werden kann: »er bittet, er leidet, er liebt mit denen, in denen, die ihm Böses tun«.[46] Mehr noch: *Wer im Gott Jesu Christi das Moment der Mütterlichkeit vermißt, hat den Sinn seines »Vaterseins« nicht begriffen*, das seiner ganzen »Autorität« zufolge darauf abzielt, jenes kindliche Einvernehmen mit ihm zu stiften, das durch keine mütterliche Zuwendung an Intimität, Glück und Geborgenheit überboten werden kann. Wenn also das feministische Korrektiv etwas leistet, dann vor allem als Anfrage, ob sich die lehramtlich gesteuerte Verkündigung tatsächlich auf der Höhe des von Jesus entborgenen Gottesbildes hielt und nicht vielmehr – im Sinn der wiederholt erhobenen Vorwürfe – in andromorph-patriarchale Vorstellungen verfiel. Sie zu bekämpfen liegt aber nicht nur im Interesse der dadurch ins Abseits gedrängten und um ihren inspirativen Einfluß gebrachten Frau, sondern ebensosehr in dem der Botschaft Jesu, die durch die Vermännlichung seines Vaterbilds nicht weniger schwer verfälscht würde als durch seine feministische Übermalung.

Auch die gegen den tiefenpsychologischen Ansatz *Eugen Drewermanns* erhobenen Bedenken laufen letztlich auf den Trivialisierungsvorwurf hinaus. Daran lassen die hauptsächlichen Anklagepunkte keinen Zweifel: seine therapeutische Auslegung des Christentums – so der erste – reduziere die heilsgeschichtlichen Fakten zu Symbolen der Selbstfindung und des Selbstverlustes, denen in seiner Deutung das spezifisch Christliche, die heilsvermittelnde Effizienz, verlorengehe. Demgemäß sinke bei ihm der heilsgeschichtliche Rahmenbegriff der linearen, von der Schöpfung auf die endzeitliche Wiederherstellung aller Dinge zulaufenden Geschichte auf ein Bild unter Bildern herab; damit aber entfalle – so der zweite Anklagepunkt – die christliche Grundkategorie und mit ihr der Ernst des Personseins in seiner unverfügbaren Einmaligkeit. Wo sich mit dieser Kritik der Vorwurf einer neognostischen Einfärbung der Heilsbotschaft verbindet, wird Drewermann unverkennbar den New-

Age-Propheten zugeordnet und damit in die Ecke trivialisierender Vereinfacher abgedrängt. Der dritte – und vermutlich entscheidende – Anklagepunkt bezieht sich schließlich auf seine These, daß das Christentum dem von Grund auf geängsteten Menschen nur dann vollgültig vermittelt werden könne, wenn es ihm nicht mehr wie bisher als die Botschaft der Sündenvergebung, sondern der Angstüberwindung nahegebracht werde. Für die Gesprächssituation ist es bezeichnend, daß sich durch diese These in erster Linie die mit der theologischen Diskussion des Todesverständnisses Jesu weniger vertrauten Philosophen alarmiert fühlen, die bei Drewermanns Reduktion des Komplexes »Sünde« auf das Phänomen der menschlichen Urangst nicht nur um die freie Selbstbestimmung des Menschen, sondern mehr noch um die anthropologische Ansatzstelle für die – als Rechtfertigung verstandene – Erlösung fürchten.[47]

Wenn Drewermann bei seinem Entwurf vom psychologischen Tatbestand des fehlenden Sündenbewußtseins ausgeht, wie es der Vorwurf, er begünstige die »Fluchtversuche eines Unschuldswahns« *(Splett)*, zu bestätigen scheint, prallen die Angriffe an ihm ab, weil nach allen Symptomen am Faktum der »strukturellen Exkulpierung« nicht zu zweifeln ist und weil damit über das Phänomen Sünde weder im negativen noch positiven Sinn entschieden wird. Und wenn er seinen Ansatz lediglich als Alternative zur historisch-kritischen Methode verstanden haben will, kann ihm auch daraus kein Vorwurf gemacht werden, weil Alternativen zur historischen Kritik, die mit einem zwar exakten, jedoch kategorial verengten Instrumentarium zu Werke geht, längst überfällig sind. Gleiches gilt schließlich von seinem Beitrag zur Bestimmung dessen, was dem Glauben letztlich entgegensteht. Denn der *wahre Gegensatz des Glaubens* ist, wie vor dem Hintergrund des verstummenden Atheismus längst schon deutlich geworden sein sollte, *nicht der Unglaube, sondern die Angst.* Insofern rührt Drewermanns These an ein theologisches Schlüsselproblem, da die Glaubensbegründung heute, so sehr dafür die szientifischen Schritte des fundamentaltheologischen Beweisgangs nach wie vor ins Gewicht fallen, mit Akten der Angstüberwindung und Vertrauenserweckung einsetzen muß.[48]

Doch so weit man im Zugeständnis gehen mag, bleibt doch der anfängliche Einwand bestehen. Denn die psychoanalytische Methode wirkt sich nicht weniger reduktiv als die historisch-kritische aus, nur mit dem Unterschied, daß sie die »Originalität« Jesu, verstanden als seine spezifische Lebensleistung, schmälert, während jene, zumindest in ihrer radikalen Anwendung, seiner Historizität Abbruch tut. Die »Träume«, mit denen der Christenglaube nach Drewermann die – als Fortwirksamkeit verstandene – Wirklichkeit Jesu interpretierte, sind im Prinzip dieselben, mit denen das mythenschaffende Ingenium der Menschheit ihre geschichtlichen Heils- und Unheilserfahrungen immer schon zu verarbeiten suchte. Das aber läuft im Effekt auf eben jene Nivellierung der Botschaft hinaus, die der Trivialisierungsvorwurf im Auge hat.

Wie eine partielle Bestätigung seines Ansatzes wirkt die – wie in allen Krisenzeiten so auch heute ins Kraut schießende – religiöse Trivialliteratur, die ihre Themenvorgabe ebenso den heimlichen Ängsten der Zeit entnimmt, wie dies für die profane Gattung nachgewiesen wurde.[49] Demgemäß gehören eschatologische Angstvisionen – womöglich in Anlehnung an *Solowjews* ›Kurze Erzählung vom Antichrist‹ –, Gespräche mit Heiligen und Armen Seelen, vor allem aber Horrorgeschichten von Fällen historischer und zeitgenössischer Besessenheit zu den erklärten Vorzugsthemen dieser auf die Zukunfts- und Lebensangst ihrer Leserschaft abgestimmten Literatur. Und sie kann dabei sogar, abgesehen von Solowjews nicht allzu hoch anzusetzender Endzeitdichtung, auf so hohe Vorbilder wie *Dostojewskij*, dessen ›Dämonen‹ dem Motto und Ausklang des Werkes zufolge als »Exorzismus« inszeniert sind, und *Bernanos* mit seiner an der Grenze von Glaube und Dämonologie angesiedelten ›Sonne Satans‹ als Alibi verweisen.[50] Indessen muß auch bei der auf »Erscheinungen« und »Botschaften« bezogenen Marienliteratur mit einem unterschwelligen Angstkomplex – des unbewältigten Verhältnisses zur Frau – gerechnet werden, der sich in der Gleichzeitigkeit von Sublimierung und Gerichtsandrohungen – bis zur absurden Anrufung Marias als »Unsere Liebe Frau von den Drohungen« – äußert. So gesehen wirkt in der religiösen Trivialliteratur der Gegenwart die »heimliche Todeserotik« *(Schindler)* der ›Nazarener‹ nach, mit denen die christliche Kunst erstmals den Anschluß an den großen Entwicklungsgang verlor und infolge dieser Abkoppelung einem Zug zur Anempfindung, Imitation und – Dekadenz verfiel.[51]

Von der Macht der gegenwärtigen Trivialisierungstendenzen vermittelt aber erst die Tatsache einen vollen Begriff, daß sich nicht nur die Literatur, sondern *sogar die Verkündigung* in ihr Fahrwasser ziehen ließ. Das geschah *mit der stillschweigenden Einführung der »Lesepredigt«*, durch welche die vom Konzil ins Werk gesetzte Liturgiereform ihren bisher schwersten Rückschlag erlitt. Wie der fast gleichzeitige Einzug dieser kerygmatischen Unform in beiden Konfessionen erkennen läßt, kamen dabei zweifellos pastorale Zwänge von großem Gewicht ins Spiel. Doch dürfte sich darauf nicht weniger auch die moderne Medienszene ausgewirkt haben, die mit ihren gleicherweise geglätteten und perfektionierten Sendungen Modelle des Rede- und Spielverhaltens schuf, die in ihren Rezipienten jeden Mut zu spontaner, kreativer Leistung ersticken, da diese den Vergleich mit dem als »Norm« empfundenen Medienprodukt doch niemals bestehen kann. Das führt den heutigen Prediger fast unausweichlich zu der »Zwischenlösung«, daß er einen vorgefertigten Text, oft nicht einmal aus eigener Produktion, »verliest«, der dem Anschein der von seinem Dienst geforderten Mündlichkeit genügt, gleichzeitig aber ein Maximum an Perfektion gewährleistet.

Diesen Vorteil erzielt er jedoch um einen unerträglich hohen Preis. Denn an die Stelle der Predigt, die ihrer zentralen Sinnbestimmung zufolge die Rückübersetzung der im Evangelientext dokumentierten Verkündigung Jesu in ihre originäre Mündlichkeit leisten sollte, tritt nun – wenngleich vorgetragen – ein zweiter und seiner Natur nach notwendig inferiorer Text, so daß das Kirchenvolk anstelle der Rückübersetzung eine qualitativ abfallende Textfolge zu hören bekommt. Indessen ergibt sich das angedeutete Gefälle nicht nur aus dem Rangunterschied zwischen dem Autor der Evangelienlesung und dem menschlichen Verkündiger, sondern ebenso aus den strukturellen Gegebenheiten der Lesepredigt. Sie muß sich, um ungeachtet ihrer schriftlichen Fixierung verständlich zu sein, einer möglichst einfachen – und notwendig vereinfachenden – Diktion bedienen; und sie muß – entsprechend heutiger Hörgewohnheiten – ihre Aussage ohne Rücksicht auf den Schwierigkeitsgrad des »Ausgangstextes« auf einen möglichst geringen Umfang beschränken. Dieser zweifache Zwang zieht eine unvermeidliche Trivialisierung der Aussage nach sich, die durch keine noch so gut gemeinte rhetorische »Aufbesserung« ausgeglichen werden kann. Denn der Verfasser der Lesepredigt steht von seiner kerygmatischen Position her unverwandt an jener Schwelle, vor die sich *Paulus*, der größte Verkünder der Christenheit, nur ein einziges Mal gestellt sah, als er im Galaterbrief in die Klage ausbrach:

Ich wollte, ich könnte bei euch sein und mit anderer Stimme euch zureden; so aber bin ich ganz ratlos (Gal 4,20).[52]

So gesehen bewirkt die Lesepredigt das exakte Gegenteil von dem, was sie sich – wie jede andre Form der Verkündigung – zur Aufgabe setzt. Sie errichtet eine *Sprachbarriere dort, wo ein Maximum an sprachlicher Vermittlung und Kommunikation entstehen sollte.* Dabei besteht der durch sie angerichtete Schaden nicht so sehr in dem, was sie bewirkt, als vielmehr in dem, was durch sie unterlassen wird. Aus diesem Defizit erklärt sich weit mehr als aus der vielfach beklagten »emotionalen Unterkühlung«, daß die Gottesdienste ihre Attraktivität eingebüßt haben und im Grunde nur noch von denen besucht werden, die aus religiösem Pflichtbewußtsein teilnehmen, nicht aber von denen, die aufgrund ihres liturgischen Vorverständnisses auf ein Wort warten, das ihnen wie den Hörern der ersten Pfingstpredigt »ins Herz schneidet« (Apg 2,37) und sie dadurch zu der immer neu zu vollziehenden Umkehr bewegt.

Die krasseste Form der Trivialisierung liegt aber zweifellos in den nach den Prinzipien der Reklametechnik strukturierten religiösen Sendungen – insbesondere nordamerikanischen Ursprungs – vor, für die sich der Begriff der ›Electronic Church‹ einbürgerte.[53] Von ihren Gestaltern unbemerkt überlagern sich bei ihr die Probleme der audiovisuellen Vermittlung mit denen der religiösen Kommunikation. Hat diese immer schon gegen die Sprachbarrieren anzukämpfen, die sich dem Wort von Gott im Medium der Menschensprache entgegenstellen, so tritt nun, in der elektronischen Übertragung, die mit dieser gegebene strukturelle Inversion hinzu.[54] Sie betrifft zunächst die Suspendierung der Denklogik durch eine auf archaische Verständigungsformen zurückbezogene Bildlogik. Die aber schlägt den Rezipienten um so rascher in ihren Bann, als die Sendung, mit *Postman* gesprochen, im Stil des »Showbusiness« arrangiert wird.[55] Darin steht das Medium sogar in einer gewissen Affinität zur Verkündigungssprache Jesu, der, wie die Gegenwartstheologie neu entdeckte, seine Botschaft vorzugsweise durch Bildworte und Gleichnisse an die Menschen herantrug.[56] Während er jedoch mit seinen Bildern ein Maximum an Entrückung und Gottesnähe bewirkte, hat die Audiovision nach *Hartmut von Hentig* das genaue Gegenteil im Gefolge: das allmähliche Verschwinden der Wirklichkeit, oder deutlicher noch ausgedrückt: die Verwandlung der Realität in Traum und Show.[57] In instinktiver Wahrnehmung dieser »Bodenlosigkeit« nimmt die ›Electronic Church‹ ihre Zuflucht zu Surrogaten und Klischees des Religiösen, wobei sie vor massiven Showeffekten, die sich im Einzelfall bis zu simulierten Heilungswundern steigern, nicht zurückschreckt. Doch beweisen diese Grenzfälle nur nach Art von Extremen die Gesamttendenz, die in der Herabsetzung der religiösen Aussage auf ein Niveau besteht, das sich auf die angenommene Sensationsgier der Rezipienten abzustimmen sucht und dabei auf immer primitivere Techniken verfällt, die sich von denen der Werbe- und Magazinsendungen kaum noch unterscheiden. Doch auch hier besteht die eigentliche Gefahr nicht schon in der Trivialisierung als solcher, sondern darin, daß diese aufgrund des bewußtseinsbildenden Einflusses der elektronischen Medien zu normativer Geltung gelangen könnten.

Der hermeneutische Irrgang:
Der neue Fundamentalismus

Zweifellos hat die Anfälligkeit des Kirchenvolks für diese – vielfach bis an den Rand der Pseudoreligiosität getriebene – Trivialisierung eine ganze Reihe von Gründen. Einer der wesentlichsten aber dürfte in seiner *Abhaltung von den Ergebnissen der theologischen Forschung* zu suchen sein. Damit ist um so mehr zu rechnen, als der an die Theologie gerichtete Aufruf des Zweiten Vatikanums zur wissenschaftlichen Erschließung der biblischen Texte auch vom Kirchenvolk vernommen wurde, zumal er sich mit der ausdrücklichen Forderung verband,

> daß möglichst viele Diener des Wortes in den Stand gesetzt werden, dem Gottesvolk mit wirklichem Nutzen die Nahrung der Schriften zu reichen, die den Geist erleuchtet, den Willen stärkt und die Menschenherzen zur Gottesliebe entflammt.[58]

Die konziliare Ermutigung stieß bei der Bibelwissenschaft aus zwei Gründen auf lebhafte Resonanz: einmal, weil sie einer Zurücknahme der auf ihr jahrzehntelang lastenden Restriktionen gleichkam; sodann aber nicht weniger, weil sich mit ihr das Ansinnen verband, das gesamte Leben, die theologische Forschung eingeschlossen, von dem gewonnenen Verständnis des Offenbarungswortes her neu zu konzipieren. Nach *Otto Semmelroth* und *Maximilian Zerwick* macht die Konstitution vor allem deutlich, daß sich die Kirche entschiedener als bisher als die Gemeinde der gemeinsam auf das Wort Gottes Hörenden begreift:

Darin ist auch der andere Gesichtspunkt enthalten, daß hier offiziell bestätigt wird, Gotteswort sei nicht nur ein Ereignis vor Jahrtausenden und werde nicht nur durch die Predigt der Kirche in seinem Inhalt erschlossen, sondern sei durch die Heilige Schrift der Kirche als Institution selbst eingesenkt und der aktuellen Predigt vorgegeben.[59]

Für die Theologie stellt sich damit ein Konstitutions- und Konzeptionsproblem erster Ordnung. Mit einer Entschlossenheit, wie sie in ihrer Geschichte wohl nur von *Origenes* und *Bonaventura* erreicht wurde, muß sie sich vergegenwärtigen, daß ihr *die zu verhandelnde Sache nur im Modus des Zugesprochenseins gegeben* ist, weil diese »Sache« in nichts anderem als dem Zuspruch des sich offenbarenden Gottes besteht.[60] Vermutlich erklärt sich daraus, daß die Frage nach den gültigeren »Modellen« *(Dulles)* und »Paradigmen« *(Küng)* mit wachsender Dringlichkeit erörtert wird und daß das Problem des kategorialen Systems und der philosophischen Erkenntnishilfen zunehmende Beachtung erfährt.[61] Im Zug – um nicht zu sagen: unter dem Druck – dieser Selbstreflexion wurde dem konziliaren Interesse schließlich doch nicht jener Stellenwert eingeräumt, der in seiner Konsequenz zum Abbau der zwischen Kirchenvolk und Theologie bestehenden Schranken geführt hätte. Und schon gar nicht kam es zu jener Umstrukturierung der Theologie, die erforderlich gewesen wäre, wenn sich der Mensch in ihren Aussagen hätte gespiegelt und beantwortet fühlen sollen.

Indessen blieb das Postulat des Konzils unvergessen, wonach »der Zugang zur Heiligen Schrift für die an Christus Glaubenden weit offen stehen« müsse.[62] Zusammengenommen mit dem Abstoßungseffekt, der vom Schwierigkeitsgrad der meisten theologischen Publikationen ausging, steigerte das in beträchtlichen Kreisen des Kirchenvolks die Neigung, das, was ihm – vermeintlich oder tatsächlich – vorenthalten wurde, *im spirituellen »Alleingang«* anzustreben. Ermutigend mußten sich in diesem Sinne vor allem Äußerungen wie diejenigen von *Nikolaus Lobkowicz* auswirken, wonach es das unbestreitbare Recht eines jeden Bibellesers sei, sich unmittelbar, auch ohne die »Lesehilfe« der wissenschaftlichen Exegese, mit den biblischen Texten zu befassen.[63] So wenig an der Richtigkeit dieses Satzes zu zweifeln ist, übersieht er doch die mit dem Alleingang verbundene Gefahr, wie sie dann der Fortgang der Entwicklung nur zu deutlich vor Augen stellte. In ihrer Ratlosigkeit fielen vornehmlich traditionsbewußte Gläubige dem Funkenflug zum Opfer, der von dem sich weltweit ausbreitenden

Fundamentalismus ausgeht.[64] Daß dabei die Suggestion, die sowohl vom nordamerikanischen wie insbesondere vom islamischen Fundamentalismus, trotz dessen grausamer Selbstdarstellung im theokratischen System des Ayatolla Khomeini, eine ebenso große Rolle spielt wie die restaurativen Tendenzen des innerkirchlichen Integralismus, steht außer Zweifel.[65]

Einfallstore findet dieser Fundamentalismus demgemäß überall dort, wo im Sinne einer unvordenklichen Inklination *das Wort mit einer Lehre verwechselt und der Institution der Vorrang vor dem Menschen gegeben* wird, vor allem aber auch dort, wo sich in der Optik des Kirchenvolks der Unterschied zwischen Christentum und Islam verwischt und damit übersehen wird, daß nur dieser den Tatbestand einer primären Schriftenreligion erfüllt.[66] Nach islamischer Legende empfing Mohammed den auf ein Seidentuch geschriebenen himmlischen Koran aus Engelhand, die ihm den heiligen Text solange auf das Gesicht preßte, bis er sich, gegen seine anfänglichen Einwände, zu seiner Entzifferung befähigt fühlte. Im Zentrum des Christentums erscheint demgegenüber – wie auf dem Schweißtuch der Veronika – das Antlitz Jesu, in dem sich das Gottesgeheimnis auf derart unüberbietbare und zugleich elementar menschliche Weise klärt, daß *jeder Text immer nur als nachträgliche Dokumentation dieser primordialen Selbstmitteilung* gelten kann.[67]

Der Kurzschluß des christlichen Fundamentalismus beginnt damit, daß er in Verkennung dieses Tatbestands das *Schriftwort mit der Offenbarung gleichsetzt* und überdies davon ausgeht, daß er sich seiner Wahrheit *in direktem Zugriff*, ohne die Hilfe wissenschaftlicher Vorklärung und theologischer Interpretation, versichern kann.[68] Dabei handelt es sich allerdings bei dieser vermeintlichen Voraussetzungslosigkeit um eine Selbsttäuschung. Denn selbstverständlich läßt sich auch der darauf pochende Bibelleser von seiner eigenen Hermeneutik leiten. Zum einen nimmt er das Gesagte so, als gehe es dem biblischen Wort um einen bloßen Tatsachenbericht, »für bare Münze«, blind für die vom Konzil hervorgehobene Vielfalt der Aussage- und Darstellungsformen, aber auch unberührt vom ausdrücklichen Selbstzeugnis der Texte, durch das sie sich als »Bekenntnisschriften« zum Ziel der Glaubenserweckung ausgeben. Sodann läßt er sich bei seiner Lektüre so sehr vom alltäglichen Leseverhalten bestimmen, daß ihm die – zuletzt von *Walter Jens* herausgestellte – literarische Qualität der Texte, die einen ihrem Stil entsprechenden Nachvollzug erfordern, weithin entgeht.[69] Vor allem aber erwartet er von ihnen im Grunde nur eine Bestätigung des bereits »Vorgewußten«, nicht aber jenes Korrektiv vorgefaßter Meinungen, als das sie sich tatsächlich verstehen. Kompensiert wird diese uneingestandene, aber doch dunkel gefühlte Unzulänglichkeit durch ein starres, oft bis zum Fanatismus gesteigertes Festhalten am »toten Buchstaben« und dem mit ihm gegebenen »Literalsinn« der Texte. Dabei entgeht dem fundamentalistischen Bibelleser die fatale Nähe seines Standpunkts zu dem der historischen Kritik, die, wenngleich aus völlig entgegengesetzter Absicht, auf einer vergleichbaren »Faktensuche« begriffen ist. Um so sicherer fühlt er sich in seiner Ablehnung der wissenschaftlichen Forschung, die er kurzerhand verdächtigt, die pietätvolle Glaubensüberzeugung an den Geist hemmungsloser Kritik auszuliefern und dadurch das Werk der religiösen Subversion zu betreiben. Besonders wohltuend klingt es ihm dann in den Ohren, wenn ihm, gleichgültig mit welcher Kompetenz und wissenschaftlicher Rechtfertigung, das »Ende der historisch-kritischen Methode« angesagt wird, wie dies Mitte der siebziger Jahre, wenngleich ohne jede Wirkung, tatsächlich geschah.[70] Indessen spricht aus dieser Einstellung so vieles an Verdrängung und Ressentiment, daß die Frage nach ihrer Herkunft und Motivation, nicht zuletzt aber auch nach den Gründen des Überhandnehmens fundamentalistischer Tendenzen, unumgänglich wird.

Um dabei einzusetzen, so spielt die Verunsicherung durch Liberalismus und Pluralismus, den Vorzugszielen ultrakonservativer Polemik, zweifellos die Hauptrolle. Demgemäß empfiehlt sich der neue Fundamentalismus dem irritierten Kirchenvolk dadurch, daß er jenem einen strengen Gehorsamsglauben und diesem ein geschlossenes, auf die kirchliche Autorität gegründetes Glaubenskonzept entgegensetzt.[71] Zu seiner wachsenden Akzeptanz, auch in den theologischen Randbezirken, trugen aber nicht wenig auch zwei subtilere Formen bei, die um so mehr hervorgehoben werden müssen, als sie in der bisherigen Diskussion kaum einmal dingfest gemacht wurden.[72]

Angesprochen ist damit fürs erste der »*spirituelle*« *Fundamentalismus Hans Urs von Balthasars*, der sich Guardinis unmethodische Verwerfung der historischen Kritik mit geradezu methodischer Strenge zu eigen machte, ohne jedoch wie Guardini eine eigene Methode zu entwickeln, es sei denn, daß man den von ihm allenthalben angelegten Raster seiner Sendungs- und Gehorsamsideologie als eine Art »Ersatzmethode« gelten läßt.[73] Entschiedener konnte seine Absage kaum erfolgen als in der ironischen Nachzeichnung der historisch-kritischen Lesart des Evangeliums, wie er sie unter dem Titel ›Exegese und Dogmatik‹ skizziert:

> Wer mit form- und redaktionsgeschichtlich geschulten Augen den Evangelientext liest, stößt bei jeder Perikope, oft bei jedem Vers auf Risse, Nähte, Flickwerk, künstliche Verklammerungen und »Verwerfungen« geologischer Schichten; hinter fast jedem Wort liegt eine dramatische Geschichte, die sich meist in den vordersten Schichten aufklären läßt, sich aber dann, je näher man der Urform, dem Reden, Tun und Sein des historischen Jesus kommt, ins Unsichere, zuweilen in ein völliges Dunkel entzieht.[74]

Das bringt den »einfachen« Leser und Beter in eine schlimme Situation; muß er doch fürchten, daß sein Glaube zuletzt »auf tönernen Füßen« steht. Doch diese Befürchtung wird gegenstandslos angesichts der das balthasarsche Werk durchwaltenden höheren Evidenz, die dadurch noch gewinnt, daß sie sich bei genauerem Zusehen als eine »übernommene« darstellt.[75] Selbst der kritische Zweifel, ob die johanneische Seh- und Leseweise als »richtige Auslegung der synoptischen Theologie« gelten könne, wird dann niedergeschlagen durch die Gewißheit:

> Schließlich war doch Johannes dabei, und seine Ehrfurcht vor dem Herrn und vor der Kirche hätten ihm nie erlaubt, freihändig an der Lehre des Herrn weiterzuzeichnen.[76]

Was im Werk Balthasars diese irritierenden »Sperren« gegenüber der exegetischen Forschung wiederholt in Vergessenheit geraten läßt, ist sein kunstvoller Umgang mit den biblischen Aussagen, seine Fähigkeit zur Gestaltung faszinierender Arrangements, denen die seinem Gesamtentwurf entsprechende Deutung dann wie in einem Diagramm zu entnehmen ist. Derartige Durchblicke gelingen ihm sogar dort, wo ihm der Gegenstand, wie etwa im Fall der Sprachwelt der Gleichnisse, wegen seines schauenden Grundverhältnisses verschlossen bleibt.[77] Wie seine heimliche Orientierungsfigur nimmt auch er auf den Höhepunkten seines als »theologische Ästhetik« konzipierten Werks den Leser in eine intuitive Schau hinein, auch wenn es sich bei ihm, anders als bei Guardini, um »übernommene« Ein-Blicke handelt.

Im Unterschied zu der verebbenden Suggestivität dieses Werks geht von dem durch *Rainer Riesner* vertretenen *»hermeneutischen« Fundamentalismus* eine zunehmende Breitenwirkung aus. Wie seine

Untersuchung ›Jesus als Lehrer‹ (von 1981) zeigt, sucht er im Zug evangelikaler Tendenzen den Abstand zwischen Jesus und den neutestamentlichen Schriften signifikant zu verkürzen und diese sowohl chronologisch als insbesondere auch überlieferungstechnisch möglichst nah an die ursprüngliche »Lehre« heranzurücken.[78] Im selben Maß, wie sich dadurch der interpretatorische Spielraum verengt, gewinnen die *Texte das Gewicht authentischer, mehrheitlich von Jesus selbst herrührender und von seiner Autorität stigmatisierter Aussagen*. Doch so verdienstvoll es ist, die Kontinuität der originären Jesusüberlieferung auf einen festeren Boden zu stellen, als das mit Hilfe des von der Formgeschichte eingeführten »Unähnlichkeitskriteriums« gelingt, erlegt Riesner für den von ihm erstrebten Gewinn einen allzu hohen Preis, der nicht besser als mit der Befürchtung *Luthers* illustriert werden kann, daß aus Jesus »ein Mosen« und aus dem Evangelium »ein Gesetzbuch« gemacht werde, sofern man anstelle von »Gesetzbuch« nur »Lehrbuch« setzt.[79] Dann klingt es fast wie eine Selbstbezichtigung, wenn Riesner resümiert:

> Am Anfang des Christentums stand ein Lehrer, der nicht allein alttestamentliche, sondern auch die Lehrweisen seiner hellenistisch-jüdischen Umgebung anwandte … In Meister-Schüler-Gesprächen erläutert Jesus seine Verkündigung … und prägte bei dieser Gelegenheit seinen Jüngern auch die Lehrsummarien ein … Als »Gesandte« Jesu gaben die Jünger seine Botschaft mit Hilfe der Lehrsummarien weiter, die sich ihnen als seinen ständigen Begleitern durch häufige Wiederholung eingeprägt hatten. Darüber hinaus bereitete Jesus sie auch durch eine besondere Sendungsinstruktion auf ihre Aufgabe vor.[80]

In dieser Darstellung tritt nicht nur der *Botschafter*, über dessen Macht-Wort sich die Zuhörer »entsetzten« (Mk 1,27), ungebührlich *hinter dem Lehrer zurück*; vielmehr droht auch der von ihm als geistige Nachfolge geforderte *Glaube zur bloßen »Instruktion«* herabzusinken. Auf den Umgang mit dem Schriftwort bezogen, läuft das im Endeffekt dann aber auf eine zumindest grundsätzliche Rechtfertigung des fundamentalistischen Leseverhaltens hinaus. Wie bei Balthasar kann sich der »einfache« Leser und Beter auch hier an den biblischen Wortlaut »halten«, ohne die ihn oft genug eher verwirrende Interpretationshilfe der theologischen Forschung in Anspruch nehmen zu müssen.[81]

Verständlich wird die fundamentalistische Reaktion im Vollsinn wohl erst, wenn man sie auf ihr Prinzip zurückverfolgt. Und das besteht, in letzter Vereinfachung ausgedrückt, in der *Verwechslung des Glaubens mit einer Ideologie.* Nach der von *Anton Grabner-Haider* vorgelegten Strukturanalyse sind Ideologien zum Zweck der Bewußtseinssteuerung entworfene »geschlossene Systeme«, die, weil sie gleichzeitig Welt- und Lebensorientierung bieten, nur ungenau zwischen Tatsachen- und Wertaussagen unterscheiden und *im Interesse ihrer Plausibilität Feindbilder entwerfen,* gegen die sie die Aggressionen ihrer Anhänger mobilisieren.[82] Bei ihrer Durchsetzung spielt der Einsatz der *Macht* eine so große Rolle, daß sie geradezu als *deren pseudorationale Selbstdarstellung* angesehen werden können.[83] Demgemäß hat der Einzug der Ideologie in den Glaubensraum eine denkbar tiefgreifende Deformation im Gefolge. Der lebendige Organismus der Glaubenswahrheiten, die sich nach einer Aussage des Ersten Vatikanums gegenseitig beleuchten und erklären, verwandelt sich dann *in ein System nicht hinterfragbarer Sätze,* die als solche »feststehen« und dadurch jeder Interpretation entzogen sind. Um so mehr bieten sie sich dazu an, als »Waffen« verwendet und im weltanschaulichen Kampf eingesetzt zu werden. Ideologien gehören jedoch immer schon zum Erscheinungsbild und gedanklichen Instrumentarium totalitärer Systeme, die als solche einer auf das Offenbarungsprinzip gegründeten Glaubensgemeinschaft denkbar fremd gegenüberstehen. Mit ihrer Hilfe versuchen Diktaturen immer schon das freie Denken in ihrem Machtbereich zu unterdrücken und die Meinungsbildung ihrer Untergebenen unter ihre Kontrolle zu bringen. In diesem Jahrhundert der menschenverachtenden Herrschaftssysteme kann aber dem Christentum nichts Schlimmeres widerfahren, als mit einem derartigen System und seinem Zugriff auf das geistige Leben verwechselt zu werden. Deshalb schuldet es, wie in diesem Zusammenhang nochmals betont werden muß, der Menschheit heute kaum etwas so sehr wie Akte eindeutiger Selbstunterscheidung von jeder Form des politischen und weltanschaulichen Totalitarismus.[84]

Bei diesem Unterscheidungsakt könnte der Anfang kaum glaubhafter als mit Initiativen gemacht werden, die auf die Überwindung des fundamentalistischen Kurzschlusses und die Überbrückung seiner Ursache, der »hermeneutischen Differenz«, abzielen. Wege müßten erkundet und beschritten werden, auf denen das wissenschaftlich erklärte Schriftwort, wie es von der Konzilsaussage gefordert worden war, so an das Kirchenvolk herangetragen wird, daß es sich dadurch in seinem Glaubensverständnis bestärkt und gefördert fühlt; Wege, auf denen Glauben und Theologie versöhnt werden, so daß diese wieder als der Spiegel erscheint, in welchem sich der Glaube verstehen und so in seiner Weisheit wahrnehmen lernt.

Ein erster Schritt bestünde schon in dem – kritischen – Hinweis auf die dem Fundamentalismus zugrundeliegende Traditionsflucht. Denn der fundamentalistische Bibelleser weigert sich, die schon von den Evangelien, erst recht aber von den Paulusbriefen vollzogene Unterscheidung eines faktenbezogenen »historisch-verbalen« Schriftsinns von einem typologischen und mystischen zu akzeptieren.[85] Vor allem aber setzt er sich damit in erklärten Widerspruch zum Schriftverständnis des Konzils, das – im Sinne der Gesamttradition biblischer Hermeneutik – darauf besteht, daß bei der Erklärung des Schriftworts die »umweltbedingten Denk-, Sprach- und Erzählformen« zu berücksichtigen seien, weil nur so der »condescensio« Gottes Rechnung getragen werde.[86] Indessen gilt das nicht nur für den Wortlaut, sondern mehr noch für den Geist des Konzils; denn dieses vollzog im Bewußtsein der universalen Sendung des Christentums die prinzipielle Öffnung der Kirche zur Welt, während sich der Fundamentalist in erklärtem Gegenzug dazu in ein »hermetisch abgeriegeltes« Gedankensystem einschließt, das sich nach außen hin defensiv und polemisch, keinesfalls aber kommunikativ verhält.[87]

Der Grund des angesprochenen Problemzusammenhangs wird aber wohl erst dann berührt, wenn man die Affinität des fundamentalistischen Konzepts zu den kulturtheoretischen Ansätzen ins Auge faßt, wie sie von völlig konträren Positionen aus von *Herbert Marcuse* und *Walter Wimmel* entwickelt wurden.[88] Die Nähe zu Marcuse betrifft seinen Begriff vom »*abgesperrten Universum der Rede*« und damit seine Kritik des verengten Kommunikationsfeldes unter den Rahmenbedingungen einer von Macht- und Geldinteressen beherrschten Gesellschaft.[89] Demgegenüber erscheint der Fundamentalismus, auf die These Wimmels bezogen, als Symptom des auf die Gegenwart durchschlagenden kulturgeschichtlichen Prinzips der Textualität. Denn aufgrund seiner – in der audiovisuellen Medienszene eigentümlich gebrochenen – Wiederkehr will die *Gegenwart insgesamt als* »*Großtext*« gelesen werden, auch und gerade in den damit angesprochenen Restriktionen. Danach liegt es im Wesen der zum kulturellen Großtext führenden Schriftlichkeit, daß sie, indem sie die Fixierung, Bewahrung, Weitergabe, Verbreitung und Fortsetzung des Gedachten ermöglicht, den Geist ebenso »formt« wie »prägt« und »stabilisiert«.[90] Textualität ist somit ebensosehr ein Prinzip der

Öffnung und Fortbildung wie der Normierung, Eingrenzung und Verhärtung. Und in diesem Gesichtspunkt kommt der Ansatz Wimmels zumindest tangential mit dem Konzept des »abgesperrten« Kommunikationsfelds überein, in das sich der vordergründig mit den bestehenden Verhältnissen versöhnte, dadurch aber der tatsächlichen Wirklichkeit entwöhnte Mensch der gegenwärtigen Lebenswelt eingrenzt. Fundamentalismus aber ist dann eine Denk- und Lebensform, die sich aufgrund eines progressiven Wirklichkeitsverlusts den kulturgeschichtlich vorgegebenen und gesellschaftlich verhängten Zwängen unterwirft, um sich in der dadurch gebildeten Zitadelle gegenüber dem Geschichtsgang abzuschirmen. Seine Intoleranz erklärt sich dann aus dem Bestreben, den in der Abschirmung gewonnenen »Frieden« durch die Herausforderung des Geschichtsgangs in seinen unterschiedlichen Formen, auch in seiner Gestalt als Auslegungsgeschichte, nicht beeinträchtigen zu lassen.

Auf die kirchliche Szene zurückbezogen, kommt die fundamentalistische Vorentscheidung vor allem einer Verweigerung gegenüber den im Zweiten Vatikanum gebündelten und für das religiöse Leben fruchtbar gemachten Tendenzen gleich. Doch ist der damit vollzogene »Gründungsakt« so erst zur Hälfte ausgeleuchtet. Zu seiner Vollständigkeit gehört die Beobachtung, daß die *Absage an das Zweite Vatikanum den Zweck einer um so entschiedeneren Anknüpfung an die erste Kirchenversammlung im Vatikan* verfolgt. Einen zusätzlichen Akzent gewinnt dieser Rückbezug, wenn man mit *Niewiadomski* davon ausgeht, daß das Erste Vatikanum selbst zahlreiche Kriterien einer fundamentalistischen Konzeption aufweist.[91] So gesehen folgt der Rückbezug einem Mechanismus, den *Elisabeth Gössmann* als den klassischen Weg epochaler Identitätsfindung beschrieb.[92] Er besteht im Anschluß an eine idealisierte Vorvergangenheit, die durch die Absage an die unmittelbare Vorzeit tendenziell aus ihrer Ferne herangeholt wird. Nach alledem stehen sich in der gegenwärtigen Neuauflage des Konflikts von »Antiqui« und »Moderni«, der durch den von den Traditionalisten immer wieder erhobenen »Modernismusverdacht« als solcher bestätigt wird, *letztlich zwei Formen kirchlicher Identitätssuche* gegenüber: die *»traditionalistische«*, die sich dieser Identität durch Akte der Abgrenzung und Restauration zu versichern sucht, und die vom Konzil insinuierte, die sich die *Identität* umgekehrt *von Akten der Öffnung und Entäußerung* verspricht. So sehr sich die erste Form denen nahelegt, die – nicht ohne Grund – vor dem Pluralismus und Säkularismus der Gegenwart zurückschrecken, weil sie sich dadurch in ihrer Glaubensfestigkeit bedroht fühlen, läßt sich doch ebensowenig bestreiten, daß der vom Konzil beschrittene Weg, auf seinen Anfang zurückverfolgt, der Weg Jesu ist.[93]

Die spirituelle Ersatzleistung:
Der Einbruch der Pseudoreligionen

Zu geradezu dramatischen Einbrüchen in die Glaubenswelt führte der dritte Kurzschluß, mit dem das Kirchenvolk auf seine Abhaltung von der mystischen Spritualität reagierte. Denn auch der einfache Christ konnte die liturgischen Worte »In ihm leben wir, bewegen wir uns und sind wir« (nach Apg 17,28), von dem durch die Menschwerdung Gottes vollzogenen »wunderbaren Tausch«, von seiner Berufung zur Gotteskindschaft und die Bitte um das »Einswerden« aller im Heiligen Geist auf die Dauer nicht hören, ohne daß er sich dadurch auf die Spur einer mystischen Spiritualität geführt sah, zu schweigen von den Anstößen, die er durch seine Berührung mit der paulinischen Christusmystik und ihrem Pathos des Ergriffenseins von dem lebendigen Inbegriff der Liebe und des Friedens empfing. Und selbst in dem Fall, daß ihm diese Impulse nicht bewußt geworden wären, hätte er sich doch dem Einfluß des mystischen Aufbruchs unmöglich entziehen können, der sich seit einigen Jahrzehnten weltweit ereignet. Das eine wie das andere mußte ihn in dem Eindruck bestärken, daß ihm der Zutritt zum Allerheiligsten des Christseins verwehrt und ihm so die kostbarste Frucht des Glaubens vorenthalten worden sei. So konnte es nicht ausbleiben, daß er auch auf diesem Sektor zur Selbsthilfe überging.

Stimuliert wurde diese Reaktion durch das sich in zahlreichen Symptomen ankündigende Ende der auf Schriftlichkeit gegründeten rationalen Weltauslegung, wie es mit der Wucht und Eindringlichkeit eines Mysterienbildes von *Marc Chagall* in seinem Gemälde ›*Der Engelsturz*‹ (von 1947) beschworen wurde.[94] Wie in dem von einem verfinsterten Himmel herabstürzenden Engel die beiden apokalyptischen »Zeichen«, die sternengekrönte Frau und der feuerrote Drache, in ein einziges Bildsymbol zusammengefaßt sind, kündet sich im Einbruch der hereinbrechenden Vernichtungsgewalten der Einzug des weiblichen Prinzips in eine von männlicher Rationalität beherrschte Lebenswelt an: mit allen Zeichen des Entsetzens wendet sich der

Rabbi, mit der geretteten Thorarolle in Händen, von der Schreckens- und Hoffnungsszene ab. So sind in dieser »Welt im Feuer« die Zeichen des Endes mit denen eines Neubeginns eigentümlich vermischt. Demgemäß nimmt sich der Ausklang des mit diesem Titelwort überschriebenenen Lebensberichts von *Alfons Rosenberg* wie ein Kommentar zu Chagalls Gemälde aus. Im Grunde habe er die Welt kaum je anders »als im Feuerbrand stehend« erfahren. In einer Kettenreaktion von Krisen gehe unwiderruflich alles unter, was die bisherige Weltorientierung und Daseinsgestaltung betrifft:

> Im Feuer der Krisen und der Schrecken wird aber auch eine neue Welt geboren. Ob diese eine bessere sein wird, möge dahingestellt sein. Denn die vollkommene Welt, welche die Menschheit seit Jahrtausenden ersehnt, wird jedenfalls nach dem zweiten Petrusbrief aus dem Feuer nicht als eine zeitliche, sondern endzeitliche hervorgehen. Und von jener zu erwartenden Welt spricht auch Jesus, wenn er verheißt, er wolle ein Feuer auf die Erde werfen, wobei er einschränkend hinzufügte, er wollte, es brennte schon. Dies aber weist darauf hin, daß dieses Gottesfeuer noch nicht jetzt, sondern dereinst »brennen« werde. In diesem »Feuer« ist zugleich die Geburtsstätte neuer Erkenntnisse, neuer Weisen zu lieben. Darum ist es gut, ein Kind des Feuers zu sein. Was einem im Feuer verbrennt, ist nie mehr zurückrufbar, und nichts kann das durch den Verlust der geliebten Menschen, der Überlieferung entstandene Leiden auslöschen. Dennoch, das Leiden ist die Geburtsstätte gegensatzloser Freude.[95]

Selbstverständlich ließen auch die Propheten und Propagandisten dieses Umschwungs minderen Ranges nicht auf sich warten. Lautstark verkündeten sie den Anbruch der »Wendezeit«, den Aufgang einer besseren Welt, die Entstehung eines neuen Denkens und einer vom Wandel der religiösen Selbsterfahrung getragenen Spiritualität.[96] Die von dieser Verheißung ausgehende Suggestion war um so stärker, als sie gegenüber der eskalierenden Spezialisierung der Wissenschaften auf ein »holistisches«, ganzheitliches, die Einzelperspektiven übergreifendes Bewußtsein drängte, gegenüber der dominierenden Intellektualität auf dem Recht der Erfahrung bestand und gegenüber einer exzessiven Persönlichkeitskultur die Aufhebung des Ich in kollektive und kosmische Zusammenhänge in Aussicht stellte.

Der Überdruß an einer im menschlichen Personsein zentrierten Wertwelt kam nicht von ungefähr. Ihm hatten nicht nur Marx und Nietzsche bei aller Gegensätzlichkeit der Standpunkte durch ihre *systematische Abwertung der personalen Subjektivität* vorgearbeitet; vielmehr war in einer auf Leistung und Konsum ausgerichteten Gesellschaft der Mensch schon längst nicht mehr als Person, sondern nur noch als Produzent und Konsument gefragt. Und in Gestalt der elektronischen Medien hatte sich diese Gesellschaft zudem das bisher perfekteste Instrument geschaffen, mit dem sie die Rezipienten allabendlich zu standardisierten Denk- und Verhaltensformen überredet. Die Folgen konnten nicht ausbleiben. Als wäre unversehens ein Damm gebrochen, hielten asiatische Vorstellungen, insbesondere aus dem Bereich der Zen-Meditation, auf breiter Front Einzug in die »personenentfremdete«, von postmoderner Indifferenz untergrabene Lebenswelt. Dabei wirkte die Abwertung des Personalen mit dem spirituellen Defizit verhängnisvoll zusammen. Gleichzeitig verunsichert und frustriert sah eine unverhältnismäßig große Anzahl von Christen in den asiatischen Meditationsformen einen Weg, »Gott bis an die Grenzen« der seelischen Möglichkeiten entgegenzukommen, zumal sie sich darin durch Vermittler vom Rang *Enomya-Lassalles* bestätigt sehen durften.[97]

Der sich anbietende Weg erschien um so verheißungsvoller, als das *kosmische Christusbild*, auf das sich diese Spiritualität in freier Verarbeitung paulinischer, theosophischer *(Böhme)* und sophiologischer *(Solowjew)* Motive mit der Gedankenwelt *Teilhard de Chardins* berief, Brücken in alle Richtungen historischer und neu entstandener Religiosität zu schlagen schien.[98] Dahin tendierte bereits der religiöse Entwurf, den *Eduard Spranger* in einem Kreis Berliner Widerstandskämpfer entwickelte und kurz nach Kriegsende unter dem Titel ›Die Magie der Seele‹ veröffentlichte.[99] Ihm ging es dabei um die Wiederentdeckung des der rationalen, moralistischen, spekulativen und historischen Auslegung vorgeordneten Christentums, das er im Versuch, den den geschichtlichen Ausgestaltungen vorausliegenden Kernbestand zu treffen, als das »magische« bezeichnete: ein *Christentum des inneren Kraftgewinns, der Teilhabe am gottgeschenkten Leben*, der Überwindung der kategorialen Trennungen, der Begegnung und Einsfühlung:

> Diese geheimnisvolle Uridentifikation spüren wir ahnungsweise in der Reinheit des Herzens. Ist dieses tiefste Wunder einmal geschehen – »welches geschieht durch Gnade« –, so ist eine unendliche Kraft in die Seele übergeströmt, und jede innerweltliche Liebe empfängt nun von hier aus ihre Heiligung; sie wird zu einem amare in Deo, einem Lieben in Gott.

Man kann es niemandem beschreiben, der es nicht mit magischer Gewalt selbst erfahren hat, weil eben die bloße Berührung mit der Außenwelt keine Bilder dafür hergibt. Nur in der schweigenden Innerlichkeit leuchtet dies Licht auf.[100]

Den vollen Ton der kosmischen Christologie trifft jedoch erst *Alfons Rosenberg*, der sich mit Spranger für eine *Rehabilitierung des Begriffs »Magie«* einsetzt.[101] Er sieht Jesus zweifach als eine Gestalt des Überstiegs: Zuerst des Judentums, sofern er als der seinem »Vater« gehorsame Sohn den Vätern den Gehorsam aufsagt und sich anstatt durch die Berufung auf die »Thora« durch den Hinweis auf seine Berufung durch Gott legitimiert.[102] Sodann – und vor allem – der Menschheit insgesamt, sofern in ihm und seiner geschichtlichen Erscheinung der »Zielpunkt der gesamten Menschenentwicklung« vorweggenommen ist. Daraus erklärt sich die »Fremdheit Jesu, dieses Erstlings des künftigen Menschen«, daraus aber auch die Unausweichlichkeit seines Todesgeschicks:

> Wie es beim Stand des damaligen Menschseins nicht anders sein konnte, wurde das so Erschienene verworfen. Jesus war demnach nicht nur der Mensch – dies war er, insofern er Jude war –, sondern darüber hinaus »der Sohn des Menschen«, nämlich die Präformation dessen, was durch göttliche Berufung aus dem Menschen hervorgehen soll. Wie sich einmal der Mensch durch einen Gnadenakt von der Gattung der Tiere abhob, so soll sich, das sagt uns der Erstling Jesus an, dereinst der künftige, gottdurchwirkte Mensch vom jetzigen, so vielfach verdunkelten, der Gewalt des Bösen in seinem Innern ausgelieferten Menschen abheben … Sollte dieser Schöpfungsakt, dessen einziger Repräsentant Jesus gewesen ist, nicht einen neuen Schöpfungsakt im Menschenreich schlechthin ankünden oder mehr noch: geradezu bewirken?[103]

So sehr dieses »universalisierte« Christusbild dazu angetan war, den Glauben auch denen nahezubringen, die im Begriff standen, sich dem neu aufkommenden Weltgefühl, vor allem in Gestalt der ökologischen Bewegung, zu verschreiben, beschwor sie zugleich die Gefahr herauf, die bereits in der christlichen Frühzeit aufgebrochen war. Wie sich damals in der Randzone der kosmischen Christologie der neutestamentlichen Spätschriften (Kol 1,15ff; Eph 1,10; Hebr 1,2f) gnostische Vorstellungen ansiedelten, die den Christenglauben in Theosophie und Mythos auflösten, brachte es die »kosmische Öffnung« nunmehr mit sich, daß eine Überfremdung des

Glaubens einsetzte, die einem Stoß in seine Herzmitte gleichkam. Als sei die Fähigkeit zur Unterscheidung der Geister (1 Kor 12,10) in ihnen erloschen, neigte – und neigt – eine erschreckend große Anzahl von Christen dazu, den Auferstehungsglauben gegen den im östlichen Kulturraum beheimateten Reinkarnationsgedanken auszutauschen.[104]

Der Zusammenhang mit den Modellen einer »kosmischen« Bewußtseinserweiterung ist ebenso evident wie der Gegensatz zur christlichen Glaubenslehre. Denn in jedem Fall gerät das Beziehungssystem aus den Fugen, in welchem sich die menschliche Identitätsfindung, das Kernstück der christlichen Anthropologie, vollzieht. Während die neuen »Kosmiker« – als solche hatten sich bekanntlich die auf das »Weltgefühl« eingeschworenen Expressionisten bezeichnet – nach Art von *Ernst Benz* geistige Sternenreisen in Aussicht stellen, wie sie *Franz Werfel* in seiner hintergründigen Zeitsatire ›Der Stern der Ungeborenen‹ (von 1946) ironisiert hatte, dehnen die Vertreter der Reinkarnationslehre die »Bühne« der menschlichen Selbstdarstellung in historische Dimensionen aus. Für sie ist das Menschenleben eine vielfach und nach Maßgabe des »Karma« unter jeweils unterschiedlichen Bedingungen durchzuspielende Rolle, die sich mit der Hoffnung verbindet, beim nächsten Anlauf besser bewältigt werden zu können.[105] Wer aber so von seinem Dasein denkt, hat den »Ernst« nicht begriffen, der sich ihm nach einem hellsichtigen Guardini-Wort durch das jahrhundertelange Miterleben der »Christus-Existenz« auferlegte.[106] Er verfällt, sofern er den Gedanken aus einem vom Christus-Ereignis nicht stigmatisierten Kulturkreis übernahm, einem tiefgreifenden Identitätszweifel, weil er gerade das aus dem Auge verlor, was die Vorstellung vom Menschen in seinem eigenen Bereich auszeichnet: das Wissen um die Unvertretbarkeit und Würde der personalen Existenz.

Nicht umsonst stieß die Lehre von der Wiedergeburt schon in der Väterzeit auf entschiedenen Widerspruch, vor allem bei *Tertullian*, der durch sie den Auferstehungsglauben bedroht sah, zweifellos auch in der Erkenntnis, daß die Hoffnung auf ein »erneutes« Geborenwerden dem Glauben an eine Wiedergeburt »von oben«, wie ihn das Johannesevangelium entwickelt, den Boden entzieht.[107] Im Hinblick darauf ist es ein bedenkliches Anzeichen von Glaubensschwäche, wenn Teile der heutigen Christenheit dazu neigen, das *Kernstück ihres Glaubens gegen die Reinkarnationsvorstellung auszutauschen*. Wie aber sollten sie von dieser offensichtlich mit großer Suggestionskraft auf sie eindringenden Idee zurückgehalten werden, wenn sie den

Reichtum der christlichen Mystik allenfalls von seiner spektakulären Randzone, an der das tiefen- und parapsychische Beiwerk die Sache oft bis zur Unkenntlichkeit verdeckt, nicht jedoch von seiner Mitte her kennenlernen?

Wenn es bei diesem Mißverhältnis nicht bleiben soll, muß die Hinwendung zur Fremd- und Pseudomystik, zusammen mit dem ganzen Komplex der Fehlreaktionen, als Symptom eines Defizits begriffen und verarbeitet werden. Dann verbindet sich mit ihr insgeheim die Absicht, auf eine Entbehrung aufmerksam zu machen, unter welcher das Kirchenvolk offensichtlich schon seit längerem leidet. Und die sich daraus ergebende Aufgabe bestünde dann darin, Wege auszukundschaften, auf denen das sich fast schon pathologisch äußernde Verlangen durch spirituelle Initiativen aus dem kirchlichen Eigenbereich befriedigt werden könnte. Mit dem Begriff »Initiative« ist dabei freilich auch schon angedeutet, daß es mit einem bloßen Rückverweis auf die große mystische Tradition der Christenheit nicht getan ist. Denn in der Tatsache, daß sich mit derartigen Anleihen vielfach auch ökologische Interessen verbinden, kommt unverkennbar der fast paradox anmutende Wunsch des Kirchenvolks zum Ausdruck, die ersehnte Innerlichkeit mit dem sozialen Engagement und der Verantwortung für die vom Menschen ausgebeutete und zerstörte Natur zu verbinden.

Das spitzt sich letztlich auf die Zielvorstellung von einer Mystik zu, die sich von der esoterischen Form, die ihr Vergangenheitsbild prägte, aufs nachdrücklichste unterscheidet. Mit der Suche nach Zugangswegen wird sich somit die Einsicht verbinden müssen, daß diese nur in Form einer mühsamen Anbahnung beschritten werden können. Hilfreich könnte sich dabei das Faktum erweisen, daß sich mystische Elemente ebenso im Denken Heideggers wie in der Dichtung Celans (*Pöggeler*) und spurenhaft in einer ganzen Reihe von Zeugnissen zeitgenössischer Literatur und Kunst nachweisen lassen (*Kurz*); hilfreicher noch die These *Hans Dieter Zimmermanns*, welche die gesamte Moderne »aus dem Geiste der Mystik« entstanden sieht.[108] Indessen hat sich damit die Perspektive insgesamt von der Diagnose zur Therapie verschoben, deren Möglichkeiten und Grenzen nunmehr zu bedenken sind.

DRITTER TEIL

Therapie

Überleitung

Die Konturen der Lösung

Der Sinn einer Diagnose ist, abgesehen von letalen Befunden, die Therapie. Deshalb ist die Strukturanalyse der Kirchenkrise erst dann sinnvoll zu Ende gebracht, wenn es gelingt, daraus Konsequenzen zum Ziel ihrer Überwindung abzuleiten. Nur müssen diese dann auch wirklich auf das diagnostische Ergebnis abgestimmt und nicht etwa, wie es sich aus Gründen der Solidarität oder gar der Opportunität nahelegen könnte, auf die Beseitigung von Symptomen beschränkt werden. Das aber wäre der Fall, wenn das gängige Modell der Konfliktlösung, der Kompromiß, unter der Hand an die Stelle einer wirklichen Lösung träte.

Für den vielfach geforderten Kompromiß sprechen durchaus plausible Gründe, die indessen, genauer besehen, allesamt vom Wunsch einer möglichst baldigen Wiederherstellung des gestörten Gleichgewichts eingegeben sind und diesem Wunschziel nur allzu bereitwillig die Mühe einer wirklichen Aufarbeitung opfern. Dabei ist der Wunsch nur zu verständlich. Denn der Gedanke an einen zwischen der Kirchenführung und der Basis aufgebrochenen Konflikt, gar in der zugespitzten Form der These eines vertikalen Schismas, widerspricht nicht nur dem gewohnten Bild einer monolithischen Kirche, sondern mindestens ebensosehr der populistischen Vorstellung, daß sich die Kirchengesellschaft durch innere Geschlossenheit, zumindest aber durch ein funktionstüchtiges Krisenmanagement von den notorisch zerklüfteten und zerstrittenen Gesellschaftsformen profaner Art unterscheiden müsse. Und zweifellos verbirgt sich hinter diesem Wunschbild auch die sogar von Gegnern und Kritikern gehegte Hoffnung, daß sich die Kircheneinheit beispielgebend, wenn nicht gar versöhnend auf die profanen Konfliktfelder auswirken möge. Daran gemessen wird das Bild einer unter Strukturkrisen leidenden Kirche als Irritation, zumindest aber als Inbegriff einer enttäuschten Hoffnung weit über den kirchlichen Lebensbereich hinaus empfunden. In diesem selbst aber wird die Strukturkrise geradezu zum Ärgernis, das insbesondere die traditionsorientierten Teile des Kirchenvolks befremdet und verstört.

Wenn sich aber die kompromißhafte Egalisierung als kurzschlüssig erweist, kann die *legitime Lösung nur auf dem Weg einer Vorwärtsstrategie* erzielt werden. Dann geht es darum, die aufgebrochenen Gräben durch Konzepte zu schließen, die den unumgänglichen *Brückenschlag im Sinn eines innovatorischen Vorgriffs* anstreben. Die gesuchte Vermittlung liegt dann nicht in der Mitte der Gegenpositionen, sondern im Scheitelpunkt einer sie überwölbenden Synthese, wie es der Konzeption der aristotelischen »Mesotes« entspricht.[1] Danach ist die von diesem »Ethos« gekennzeichnete Tugend ein Kraftakt, der darin gipfelt, ein durch Extreme gebildetes Spannungsverhältnis auszuhalten und einem Ausgleich entgegenzuführen. Was die aristotelische Tugendlehre für die Bewältigung menschlicher Spannungsverhältnisse glaubhaft machte, gilt zweifellos gleicherweise für das Zustandekommen künstlerischer und denkerischer Innovationen, die ihrerseits als die herausragenden »Tugenden« des menschlichen Geisteslebens gelten können. Auch sie haben den Charakter ausgehaltener und zu einer höheren Synthese vereinbarter Gegensätze, gleichviel, ob ihr Schöpfer, wie dies von Bach, Goethe, Beckmann und Hindemith angenommen werden darf, die große Tradition gegen den Zug ins Kommende zu behaupten oder, wie dies auf Anselm, Descartes und Beethoven zutreffen dürfte, tradierte Modelle in ihre noch unerschlossene Bedeutung zu entfalten suchte.[2] Wie aber könnte sich eine innovatorische Lösung im konkreten Fall gestalten, und worauf könnte sich der Versuch, sie überhaupt zustande zu bringen, berufen und stützen?

In der Zusatzfrage klingt das Bedenken an, ob unter den gegebenen Bedingungen Lösungsmodelle in Form von Innovationen überhaupt möglich sind. Wenn diese, wie man doch annehmen sollte, das Bestehen eines Minimalkonsenses oder doch wenigstens des Willens zu konstruktiver Auseinandersetzung zur Voraussetzung haben, besteht zu berechtigten Zweifeln Anlaß. Und diese betreffen sowohl die Position der Kirchenführung als auch das Verhalten des Kirchenvolks. Was jene anlangt, so ist sie trotz gelegentlicher Beteuerung der Dialogbereitschaft durch kaum etwas so genau gekennzeichnet wie durch den Versuch, den Begriff der »Restauration«, der durch die Rede vom »restaurativen Charakter der Epoche« eine extrem negative Sinnbestimmung erfahren hatte, zumindest im kirchlichen Sprachgebrauch aufzuwerten und ihm etwas von der orientierenden Funktion zurückzuerstatten, die er ursprünglich, im Zug seiner politischen Konzeption, besaß.[3] Was aber die Reaktion des Kirchenvolks angeht, so erlauben die vereinzelten Proteste deswegen keinen verläßlichen Rückschluß, weil sie in der Hauptsache »mit den Füßen« erfolgt, also in Form einer stillschweigenden – inneren und äußeren – Emigration.[4] In diesem strukturell durch Resignation und Abkehr gekennzeichneten Spannungsfeld besteht aber, wie nicht begründet zu werden braucht, kein Boden für Innovationen. Indessen ist gegen deren Möglichkeit damit nicht das geringste bewiesen. Denn innovatorische Entwürfe kamen noch nie aufgrund von Oberflächenkonflikten zustande, es sei denn, daß sich in diesen symptomatisch Prozesse bekunden, die sich in den Tiefenstrukturen abspielen. Tatsächlich aber spricht alles dafür, daß das auf die gegenwärtige Kirchenkrise zutrifft. Sie ist keineswegs nur die Folge von taktisch-administrativen Mißgriffen, die das Bewußtsein der Zusammengehörigkeit, Verbundenheit und Glaubenseinheit niemals so tief hätten verletzen können, wenn davon nicht jene traumatischen Komplexe berührt worden wären, die mit der säkularistischen Unterwanderung des Glaubensbewußtseins zusammenhängen. Mit gutem Grund weist *Peter L. Berger* darauf hin, daß der *Säkularisierungsprozeß auch eine »subjektive Seite«* aufweise:

> So wie es eine Säkularisierung der Gesellschaft und der Kultur gibt, gibt es auch eine Säkularisierung des Bewußtseins. Damit ist gemeint, daß der moderne Westen eine wachsende Anzahl von Personen schafft, die die Welt und ihr Leben ohne die Wohltat religiöser Interpretation besehen.[5]

Mit diesem Hinweis gibt Berger dem Begriff der »Glaubensanalyse« eine Wendung, die ihn ebenso weit von seiner ursprünglichen Begriffsbestimmung entfernt, wie sie ihn dem Bedeutungsfeld der »Psychoanalyse« annähert, und die in ihrer Aktualität nicht zuletzt dadurch unterstrichen wird, daß sie im Denken *Ludwig Wittgensteins* eine auffällige Parallele hat, vor allem in der geradezu programmatisch klingenden These seiner ›Philosophischen Untersuchungen‹ (von 1958):

> Der Philosoph behandelt eine Frage; wie eine Krankheit (§ 255).[6]

Wie alle christlichen Notstände reißt die gegenwärtige Kirchenkrise aber nicht nur jene »Tiefen« auf, in denen das Glaubensbewußtsein in leidvoller Betroffenheit durch das Zeitgeschehen steht, sondern auch jene »Hintergründe«, aus denen es sich immerfort *regeneriert.* Wenn die Diagnose zu einer Therapie führen und durch sie zum Ziel gebracht werden soll, muß sich der Blick nunmehr auf die damit angesprochenen Daten konzentrieren. Ihrer ganzen Natur nach sind das in erster Linie Gegebenheiten, die mit der zeitbedingten Umschichtung des Glaubensbewußtseins zusammenhängen und insofern als die *Möglichkeitsbedingungen der angestrebten Lösungsmodelle* zu gelten haben. Wenn diese, wie angenommen, den Charakter von »Integrationsmotiven« im Sinn der aristotelischen Mesotes haben, wird sich die Suche vor allem auf jene prozessualen Entwicklungen richten müssen, die hinter den auseinanderstrebenden Tendenzen im kirchlichen Oberflächenbild zu vermuten sind. Es sind Entwicklungen, die das Selbstverständnis des Glaubens, seine operationale Selbstdarstellung und seine theoretische Selbstreflexion, die also das *Erscheinungsbild der Liebe und der Gegenwartstheologie* betreffen. Beim Durchgang durch diese Felder wird sich der Blick dann ganz von selbst auf die *gewandelte Spiritualität* und ihren *mystischen Beweggrund* richten. Doch ist damit der Kreis der Vorüberlegungen bereits in Richtung auf die Motivanalyse überschritten, da diese nicht ohne die Rückfrage nach dem Beweg-Grund in Angriff genommen werden kann.

Erstes Kapitel

Die Selbstkorrektur

Die Rahmenbedingung:
Der glaubensgeschichtliche Prozeß

Bei der Suche nach Lösungsimpulsen wird man sich zunächst nochmals an die Doppelantwort zu erinnern haben, die *Kierkegaard* auf das
Heinesche Postulat der »Abschaffung der Sünde« gab.[7] Sie bestand
zuerst, analytisch gesehen, im Rückgang von der Lutherfrage nach
dem gnädigen Gott auf das Hiobsproblem, also in der Reduktion der
Sündennot auf die ihr vorausliegende »Krankheit zum Tode«, verstanden als jenes konstitutive Selbstzerwürfnis des Menschen, der sich
von der Last des eigenen Daseins überfordert fühlt. Ihrem mystischen
Bedeutungskern zufolge bestand sie vor allem aber in der Entdeckung,
daß in der christlichen Heilsbotschaft immer schon der Helfer bereit-
stand, der der menschlichen Hinfälligkeit mit der Gabe seiner
Selbstübereignung entgegenkommt. Auf die gegenwärtige Kirchenkrise bezogen, führt das zur Entdeckung der *zwischen Spitze und Basis
eingetretenen* »Phasenverschiebung«, mit der die Krise nun erstmals
in einem »versöhnlichen« Aspekt erscheint. Während die Kirchenführung unter dem Eindruck der von ihr als dekadent, zumindest aber
als hedonistisch und permissiv beurteilten Gesellschaft, zweifellos
aber auch im Bestreben, den wirksamsten Hebel der »sozialen Kontrolle« nicht aus der Hand zu verlieren, mit wachsendem Nachdruck
auf ihrer moralischen Position besteht, ist das Kirchenvolk, wenn
sicher auch nur in seiner sensiblen Spitze, bereits im Übergang ins
kommende Stadium der gesamtchristlichen Entwicklung begriffen.
    Über die Natur dieses Stadiums kann aber längst schon kein
Zweifel mehr bestehen, nachdem *Karl Rahner* von der Bühne seines
Lebens mit dem prophetischen Wort abtrat, daß der Christ der Zukunft
entweder ein Mystiker oder überhaupt nicht sein werde.[8] So gesehen
stehen sich im gegenwärtigen Konflikt letztlich zwei Aspekte der

Selbstdarstellung des Christentums gegenüber, wobei der »moralische« vom »mystischen« ebensosehr überholt wird, wie dieser an ihn zurückgebunden bleibt. Daß in dieser Sicht der Entwicklung die Kirchenspitze verglichen mit der Basis in einer »verzögerten« Position erscheint, ist um so begreiflicher, als sie aufgrund der ihr zukommenden Funktion der Traditionsbewahrung immer schon das Recht der Beharrung und Kontinuität vertritt. Ein Moment der Kritik kommt bei dieser Verhältnisbestimmung nur insofern ins Spiel, als das Beharren auf der moralischen Position auf eine mangelnde Sensibilität in der Einschätzung der Zeitverhältnisse und der tatsächlichen Verfassung des Kirchenvolks schließen läßt.

Der zweifellos gewichtigste Einwand gegen diese These besteht in der ernüchternden Feststellung, daß von einem erkennbaren Einstieg ins mystische Stadium allenfalls in Form von spurenhaften Ansätzen, nicht jedoch einer greifbaren Glaubensbewegung die Rede sein kann. Ihm kann allenfalls mit der Feststellung die Spitze abgebrochen werden, daß der Aufweis, wenn er das Gesamtphänomen erfassen soll, *von dessen »Untergrund« her* geführt werden muß. Darin aber kommt die Kierkegaardsche Existenzdeutung mit der – psychologisch gefaßten – Glaubensanalyse und der Sache der Mystik überein. Ihr gemeinsamer und ständig einbehaltener Gegenwurf ist – die *Angst*. Sie liegt, wie *Kierkegaard* in seinem ›Begriff Angst‹ (von 1844) selbst entdeckte, der »Todeskrankheit« Verzweiflung zugrunde; sie ist der wahre *Gegensatz des Glaubens*, der als solcher ebenso in den Glaubensvollzug wie in dessen vollständige Theorie eingehen muß; und sie beherrscht insbesondere das Ausgangsstadium der drei mystischen Wege, die auf ihrer untersten Strecke, dem »*Weg der Reinigung*«, den *Abgrund menschlicher Existenz- und Gottesnot durchmessen*. Erinnert sei in diesem Zusammenhang lediglich an den illustrativen Beitrag, den *Dante* dazu insofern leistet, als ihm in den Schrecknissen des ›Inferno‹ die eigene Verlorenheit in ständig sich verdüsternden Bildern der Verstörung, Verhärtung und Verlorenheit entgegentritt. Was er zu Gesicht bekommt, drückt *Heinrich Seuse* in dem Schmerzensruf aus:

O weh, zarter Herr, es ist alles gering zu wägen, was ich leide, gegen das eine, daß ich dein väterliches Antlitz erzürnt habe. Denn das ist mir eine Hölle und ein Leiden über allem Leiden … Vor bitterer Scham getraue ich meine Augen nicht mehr zu erheben. Mein Mund muß vor ihm verstummen in Liebe und Leid. Wie ist mir in dieser weiten Welt so eng! O Gott, wäre ich doch in einem weiten wilden Wald, daß mich niemand sähe noch hörte, bis ich mich ausgeschrien hätte nach all meines Herzens Begierde, auf daß meinem armen Herzen dann leichter würde. Denn anderen Trost habe ich nicht mehr.[9]

Überboten wird dieser Notschrei des mittelalterlichen Mystikers allenfalls durch das berühmte Geständnis *Luthers*, der dabei den Stil der paulinischen ›Narrenrede‹ (2 Kor 12,2ff) übernimmt, um ein Maximum an Glaubhaftigkeit zu erreichen:

Auch ich kenne einen Menschen, der, wie er versichert hat, öfter solche Strafen erlitten hat, zwar während nur ganz kurzer Zeitdauer, aber so ungeheure und höllische, wie keine Zunge zu sagen, keine Feder zu schreiben und niemand zu glauben vermag, der es nicht selbst erfahren hat; so daß, wenn diese Qualen bis zu Ende durchlitten würden, er völlig zugrunde ginge und alle Gebeine zu Asche würden. Da erscheint Gott furchtbar in seinem Zorn und samt ihm gleicherweise die gesamte Kreatur. Da gibt's keine Flucht, keinen Trost, weder innerlich noch äußerlich, sondern alles klagt an. Da heult er dann diesen Vers: ›Verworfen bin ich vor deinen Augen‹ (Ps 31,23). Und er wagt nicht einmal zu sagen ›Herr, straf mich nicht in deinem Grimm!‹ (Ps 6,2)[10]

Das Bekenntnis Luthers ist um so beweiskräftiger, als es den Hintergrund für die Schilderung seines Durchbruchs zur befreienden Lesart des Römerworts von der Gerechtigkeit aus dem Glauben (3,21f) bildet, den er nun wiederum, und jetzt sogar in ausdrücklichem Rückbezug auf Paulus, im Sinn des mystischen Höhepunkts der ›Narrenrede‹ stilisiert. In ihrer symptomatischen Bedeutung bringt die Stelle jedoch den Problem- und Leidensdruck zur Sprache, unter dem das mystische Erlebnis, damals wie heute, zustande kommt. Es hat, im Zusammenhang der drei Wege gesehen, den Charakter des Aufstiegs von Erfahrungen der Verlorenheit zum Glück der Gotteinung, oder einfacher ausgedrückt, den Charakter der Angstüberwindung. Von diesem Impuls ist jedoch noch unmittelbarer der Glaube betroffen, der als der wahre Gegensatz – und Überwinder – der Angst zu gelten hat. Es ist somit die Angstbefallenheit des heutigen Menschen, durch welche – soweit krisenhafte Ursachen ins Spiel kommen – die religiöse Szene in Bewegung gesetzt und die glaubensgeschichtliche Entwicklung in Gang gebracht wird.[11]

Von dieser Verursachung her wird einsichtig, weshalb der breiträumige Umschichtungsprozeß, der den Begriff der »Glaubens-

wende« geradezu aufdrängt, in erster Linie die gewandelte Glaubenserwartung betrifft. Sie richtete sich in einer Zeit, in welcher der von
Buber kritisierte »Satz-Glaube« im Vordergrund stand, zweifellos auf
die vom Glauben erhoffte Einsicht in das Gottesgeheimnis und die
»göttlichen Dinge«. Dabei mochte eine ferne Nacherinnerung an den
frühscholastischen Begriffe des »intellectus fidei« mitgespielt haben,
der sich mit dem Anspruch auf rationale Erhellung der Glaubensgeheimnisse verband.[12] Ungleich stärker wirkten sich in diesem Sinn
jedoch die Akzente aus, die *Pierre Rousselot* mit seinem Wort von den
»Augen des Glaubens« und *Karl Adam* mit der Erneuerung des traditionellen Begriffes »Glaubenslicht« im apologetischen Disput der
Gegenwart setzten.[13] Obwohl beide das »Licht«, dem sie das Wort
redeten, nur auf die Anbahnung des Glaubens bezogen, konnte es beim
Einsatz derart suggestiver Metaphern nicht ausbleiben, daß sich die
von ihnen geweckte Erwartung in der Folge auch auf die Glaubensinhalte bezog. Dazu hatte sogar das Erste Vatikanum, so sehr es auf die
Undurchschaubarkeit dieser Inhalte abhob, eine Perspektive eröffnet,
als es, wie bereits erwähnt, vom inneren Verweisungskontext der
Glaubensmysterien und ihrem Zusammenhang mit dem Sinnziel des
Menschseins sprach und von deren Beachtung eine »gewisse Einsicht« in ihren Wahrheitsgehalt erhoffen ließ.[14] Doch unabhängig
davon war die Glaubenserwartung des Kirchenvolks immer schon auf
Einblicke in den »göttlichen Bereich« gerichtet, wobei das besondere
Interesse den Stufen der jenseitigen Beseligung und, wohl mehr noch,
den Formen der Läuterung und Verdammnis galt.[15]

In eklatantem Unterschied dazu ist die aktuelle Glaubenserwartung von der Existenzkrise des heutigen Menschen, insbesondere von seiner Lebensangst und Identitätsnot, diktiert. Demgemäß
erhofft sie vom Glauben in erster Linie die Erweckung jenes
»*Urvertrauens*«, das von der modernen Psychologie schon für den
familiären Lebenskontext als die unerläßliche Voraussetzung einer
gelingenden Lebensgestaltung erwiesen wurde.[16] Diese Erkenntnis
verbindet sich in ihr mit der Zuversicht, daß das, was das Leben vielen
schuldig bleibt, dem Glaubenden von Gott gewährt wird. Im Kontext
des modernen Glaubensdisputs ergibt sich damit eine überraschende
Konstellation. Während *Buber* noch um die Jahrhundertmitte gegen
die Christen den Vorwurf erhob, daß sie im Vergleich zum Glauben
der Propheten, den auch Jesus geteilt habe, auf die Stufe einer
abkünftigen, auf die satzhaft umschriebenen Inhalte bezogenen
Glaubensweise abgesunken seien, konzentrierte sich die christliche

238

Glaubenserwartung inzwischen so sehr auf die von ihm als Idealform herausgestellte „emuna", daß er, sähe er sich mit der heutigen Situation konfrontiert, den Eindruck gewinnen müßte, mit seinem Angriff offene Türen eingelaufen zu haben.[17]

Während der Wandel der Glaubenserwartung so sehr von der menschlichen Existenznot diktiert ist, daß darüber sogar die religiösen Antriebe außer acht gelassen werden durften, verhält es sich beim neuen Profil der Glaubensbegründung gerade umgekehrt. Hier ist das spirituelle Verlangen derart bestimmend, daß damit verglichen die klassische Anbahnung auf dem Argumentationsweg in den Hintergrund tritt. Mehr noch: der Wandel läßt sich in diesem Fall am besten mit der Zurückdrängung des bisher geltenden Modells zugunsten des neuen beschreiben. Das aber besteht eindeutig in der dominierenden Rolle, die dem *Erfahrungsmoment in der gegenwärtigen Form der Glaubensanbahnung* zukommt. Das hat nicht das geringste mit einer Psychologisierung des Glaubens, wie sie die Kirche während der Antimodernismuskampagne befürchtete, zu tun. Es heißt noch nicht einmal, daß die argumentativen Hilfen zugunsten eines rein emotionalen Verhältnisses beiseite geschoben werden. Bei der Aufwertung des Erfahrungsmoments geht es vielmehr um die Wiederentdeckung des in der traditionellen Fundamentaltheologie vergessenen Zusammenhangs von Glaube und Gebet. Seine Verdrängung bildet die Schattenseite in der Rezeptionsgeschichte des anselmischen Gottesbeweises. Sie setzt bekanntlich schon bei Lebzeiten Anselms ein, wenn die mit dem Unbegriff der »verlorenen Inseln« operierende Gegenschrift des *Gaunilo von Marmoutier* den Eindruck erweckt, daß das Argument aus seiner Einbettung in den Gebetskontext herausgelöst, auf seine konklusionsartige Grundform reduziert und von da her widerlegt werden könne. Und sie bildet noch den Hintergrund der gleichsinnigen Widerlegungsversuche des Thomas von Aquin, von Kant und den Vertretern der analytischen Philosophie.[18] Dabei hatte doch schon Heine darauf hingewiesen, daß Anselm seinen Beweis in einer »rührenden Gebetform« vorgetragen habe, während Hegel diesen Gedanken dahin erweiterte, daß allen Gottesbeweisen solange »etwas Schiefes« anhafte, als sie nicht im Geist der betenden »Erhebung des Geistes« entwickelt werden. Der gegenwärtigen Diskussion des anselmischen Arguments aber hielt *Raymund Klibansky* die auf die *»Gebetform«* abhebenden Fragen entgegen:

Ist dieses Gebet nur eine Form? Gehört das Gebet nicht wesentlich zum Anliegen Anselms?[19]

Was Klibansky nur zu fragen wagt, formuliert *Buber* in einem Schlüsselwort seiner Abhandlung ›Gottesfinsternis‹ als These, die aufs genaueste den Kernpunkt des vergessenen Zusammenhangs trifft:

> Gebet im prägnanten Sinn nennen wir jenes Sprechen des Menschen zu Gott, das, um was immer auch gebeten wird, letztlich die Bitte um Kundgabe der göttlichen Gegenwart, um das dialogische Spürbarwerden dieser Gegenwart ist.[20]

Demnach verbindet sich mit dem Gebet, das sich damit seine eigene Basis schafft, die Option, daß der angerufene Gott – und in allem Beten geht es für Buber wie schon (nach Röm 8,26) für Paulus um Gott – auch wirklich sei und sich dem Beter als das ihm entgegnende Gegenüber erweisen möge. Der Zusammenhang mit dem Glaubensproblem aber stellt sich dann her, wenn man den Ausdruck »*Kundgabe*« nicht nur auf den Existenzerweis Gottes, sondern, wie es schon im Interesse des nach Gott rufenden Beters liegt, auf die von ihm erhoffte *Selbstmitteilung* bezieht. Denn einer Anrufung geschieht durch eine bloße Realitätserfahrung, so wichtig diese für sie ist, noch nicht voll Genüge, da sie ihrer innersten Sinnerwartung zufolge eine *Antwort* erhofft. Auf geradezu paradigmatische Weise verdeutlichen das zwei alttestamentliche Schlüsselszenen, die in ihrem Zusammenhang gesehen einen Einblick in die Stufenfolge der Offenbarungsgeschichte gewähren. Beide Male geht es um die Mitteilung des göttlichen Namens, die sich hier wie dort auf das geheimnis- und machtvolle Wesen des Erscheinenden bezieht. Doch im ersten Fall, der Erzählung von Jakobs nächtlichem Kampf (Gen 32,23–33), wird die Bitte abschlägig beschieden – »Warum fragst du nach meinem Namen?« (32,30) –, vermutlich deshalb, weil der in vorreligiös-magischen Vorstellungen befangene Fragesteller nicht richtig fragt.[21] Dennoch geht er nicht leer aus: anstelle des Namens empfängt er den Segen seines unheimlichen, immer deutlicher in göttlichen Dimensionen erscheinenden Gegners und zuletzt, wie in Form einer spiegelverkehrten Antwort, den neuen Namen »Gottesstreiter«.[22] Was hier offenbleibt, geht auf der nächsten Stufe, der Gotteserscheinung am brennenden Dornbusch (Ex 3,1–15), in Erfüllung. Das »große Zwiegespräch« zwischen Gott und dem widerstrebenden Offenbarungsempfänger steigert sich wiederum zu der die Zweifel des Volkes artikulierenden Frage: »Was ist's um seinen Namen?« (3,13) Indem Gott der in diese Frage eingeschlossenen Bitte entspricht, bringt er das Gespräch mit Mose in einer Weise zum Abschluß, daß die rettende Heilstat ihren Anfang nehmen kann.[23] Der Unterschied der beiden Stufen läßt sich dahin bestimmen, daß Jakob auf der Stufe des Gebets verharrt, während Mose, der Empfänger des Namens, zur Höhe des Glaubens emporsteigt. Da aber beide nach dem Namen fragen, wird deutlich, daß das Gebet so sehr in der Hinordnung auf den Glauben gesehen sein will, daß beide gegenseitig beschrieben werden können: das *Gebet als die Vorform des Glaubens und dieser als die Vollendung des Gebets.*

Im Licht dieser Entdeckung wirkt der traditionelle Argumentationsweg wie eine freitragende Konstruktion, deren »Unterbau« noch weithin im dunkeln liegt. Daran ändert auch die Tatsache nichts, daß sich die erste Etappe des Argumentationswegs, die »demonstratio religiosa«, mit dem Instrumentarium der klassischen Gottesbeweise um die Beglaubigung der Existenz Gottes bemühte. Denn in der Art, wie die heutige Glaubenserwartung nach Gott fragt, verbindet sich das Problem der Vergewisserung Gottes mit dem der menschlichen Existenz. Mit der Gewißheit, daß Gott existiert, sucht der heutige Christ zugleich den tragenden Boden, auf dem er selber steht. Insofern verschmilzt für ihn die Gottesfrage mit dem Streben nach jener *vertrauenden Zuversicht*, die er als die *Grundbedingung eines geglückten, sinnerfüllten Daseins* empfindet. In seinem Verlangen nach Gottesgewißheit geht es ihm zugleich um die Rechtfertigung der eigenen Existenz, mit *Guardini* gesprochen, um den Grund für die »Annahme seiner selbst«.[24] Es muß dahingestellt bleiben, ob sich das »geheime Erdbeben« und das »Ringen um antwortlose Fragen«, von dem in einem Antwortschreiben *Reinhold Schneiders* an Guardini die Rede ist, auch auf diesen Problemkreis bezieht.[25] Um so sicherer ist es dagegen, daß Schneider mit seiner These »ohne Lebenswille kein Glaube« in dieselbe Richtung vorstößt.[26] Mit der Hellsichtigkeit eines Erkunders, dem die unter Schmerzen gewonnene Erkenntnis freilich selbst nicht mehr helfen konnte, macht er, zusammen mit andern Grenzgestalten, unter denen in erster Linie *Simone Weil* zu nennen ist, den Wandel im Profil der heutigen Glaubensbegründung deutlich. Stimuliert von Erfahrungen der Identitäts- und Existenznot, wirkt sie darauf hin, daß der Begriff »Fundamentaltheologie« gegen die bisher bestehenden wissenschaftstheoretischen Bedenken nun doch in seinem vollen, buchstäblichen Sinn verstanden werden kann.[27]

Mußte die Bezeichnung bisher gegen die Vorstellung abgesichert werden, daß sie sich auf das Prinzip und die mit dem göttlichen Offenbarungswort gegebene »Grundlage« der Theologie beziehe, so gewinnt sie jetzt eben doch einen »fundamentierenden«, jedoch *auf die menschliche Prämisse des Glaubensaktes bezogenen* Sinn. Und der betrifft die von Guardini aufgeworfene Frage nach der »*Annahme seiner selbst*«, ohne deren positive Beantwortung die Annahme des Offenbarungswortes und damit der Glaube undenkbar ist. Damit ist auch schon angedeutet, daß von dieser Neubestimmung der Aufbau der Theologie mitbetroffen ist. Wenn an ihrem Ausgangspunkt so nach Gott gefragt werden muß, daß die mit dieser Frage verbundene Option das menschliche Selbstsein mit umgreift, kann sich die darauf antwortende Theologie nicht mehr im Sinn eines geschlossenen Systems gestalten. Sie wird sich vielmehr im Bruch mit ihrem wissenschaftstheoretischen Systeminteresse, jedoch ohne Preisgabe ihres Wissenschaftscharakters, so auf den Menschen zurückbeziehen müssen, daß dieser in ihr geistige Unterkunft und Geborgenheit findet. Und sie wird sich in diesem Sinne um so mehr umstrukturieren müssen, als sie nur so dem entspricht, was sie ihrer innersten Sinnbestimmung nach ist: die spekulative Selbstdarstellung der kirchlichen Glaubensgemeinschaft, die nach dem Schlüsselwort des Epheserbriefs darauf angelegt ist, die von ihr Umgriffenen zum Vollalter Christi heranreifen zu lassen (Eph 4,13).

Mit der Glaubenserwartung und Glaubensbegründung zusammen ist aber auch die Glaubensvermittlung in einem unverkennbaren Wandel begriffen. Er ist, wie längst schon bemerkt wurde, negativ durch die *Verabschiedung des »Instruktionsmodells«* gekennzeichnet, das im Sinne der inzwischen obsolet gewordenen Indoktrinations- und Disziplinierungskonzepte davon ausging, daß der Glaube nach Art eines wissenschaftlichen Gegenstands oder gar einer Technik lehrhaft vermittelt werden könne.[28] Bei der Rückfrage nach der Entstehung des Instruktionsmodells ist es freilich mit Hinweisen auf die traditionellen Unterweisungsverfahren nicht getan. Vielmehr wird man bei der Ausschau nach einer klärenden Auskunft zunächst auf *Lessing* zurückgehen müssen, der den Bruch zwischen Vernunft und Offenbarungsglauben durch ein »pädagogisches« Versöhnungsmodell, wie er es in seiner ›Erziehung des Menschengeschlechts‹ (von 1777) entwickelte, zu überbrücken suchte. Sein Grundgedanke, daß die Offenbarung dem Menschengeschlecht nichts gibt, worauf es nicht auch, sich selbst überlassen, selbst gekommen wäre, sondern daß sie es ihm zur Vermeidung mühsamer Umwege »nur früher« gegeben habe (§ 4), schließt bereits die Vorstellung von einer lehrhaften Übermittlung ein.

Seinen Anfang aber nahm das Instruktionsmodell zweifellos schon zu Beginn der Neuzeit, und zwar aufgrund einer Verflechtung von reformatorischem und kartesianischem Gedankengut, die ihrerseits durch eine stillschweigende Unterwanderung des katholischen Denkens durch eben jene Elemente zustande kam, gegen die es sich zunächst mit allen Mitteln abzusperren suchte. Durch die Wucht der Lutherfrage nach dem gnädigen, die Schuld des Sünders vergebenden Gott geriet es zunächst in einen »soteriologischen« Zugzwang, dem in der Folge das Trienter Konzil durch den Entwurf einer eigenen, dem reformatorischen Modell ebenso widersprechenden wie verpflichteten Rechtfertigungslehre zu entsprechen suchte. Wie *Rainer Specht* zu zeigen vermochte, drangen nach langer Verzögerung aber auch kartesianische Vorstellungen wie insbesondere die von der auf dem Zweifelsweg erreichbaren Gewißheit in den katholischen Denkraum ein.[29] In dem Maße, wie diese bewußtseinsbildend wurden, ergab sich dann aber für die religiöse Grundfrage ein »Beweisnotstand«, der vor jedem weiteren Schritt aufgearbeitet werden mußte. In seinem Kern ging es um folgende drei Fragen:

Gab es überhaupt den gnädigen Gott? War er, falls sich seine Existenz beweisen ließ, auch wirklich gnädig? Und wo war, falls beides als gegeben angenommen werden durfte, seine verzeihende Gnade zu erlangen?

Daraus entstanden die *drei klassischen Beweisgänge* der auf das Problem der Glaubensbegründung und Glaubensvermittlung konzentrierten Fundamentaltheologie. Der Beweisgang der »demonstratio *religiosa*« zunächst, der sich mit dem Aufweis der Existenz eines überweltlich-personalen Gottes befaßte; der Beweisgang der »demonstratio *christiana*« sodann, der sich auf das Problem der Möglichkeit, Wünschbarkeit und Tatsächlichkeit einer Gottesoffenbarung bezog und die Gestalt Jesu als den unüberbietbaren Gipfel der Selbstoffenbarung Gottes zu erweisen suchte; und schließlich der Beweisgang der »demonstratio *catholica*«, der sich darauf konzentrierte, die Kirche als die von Christus eingesetzte Wahrerin und Verwalterin der Gottesoffenbarung glaubhaft zu machen. Argumentationsziel dieses dreifachen Beweisgangs war die Erarbeitung des *Glaubwürdigkeitsurteils* (iudicum credibilitatis), verstanden als die Schlußfolgerung, daß die von der Kirche vorgelegte und durch die Beweisgänge als glaubwürdig erwiesene Gottesoffenbarung auch tatsächlich gläubige Zustimmung verdiene.[30]

Im Hintergrund stand – bei Luther wie bei Descartes – die *spät-*

mittelalterliche Verdüsterung des Gottesbildes, die in der ungeheuerlichen Verzerrung des ›Dies irae‹ und des Jüngsten Gerichts von *Michelangelo* sogar Jesus als den »Rex tremendae majestatis« erscheinen ließ, so wie sie Gott selbst als den Inbegriff der den Menschen niederzwingenden und verendlichenden Übermacht *(Krüger)* begriff.[31] Das war der Gott, dem der sündige Mensch – wie es *Luther* in seinem »Turmerlebnis« aufgegangen war – allenfalls noch mit dem Akt eines bedingungslos vertrauenden »Fiduzialglaubens« in den drohend erhobenen Arm fallen konnte. Und es war zugleich der Gott, der im Sinn des anselmischen Beweisgangs als der »unüberdenklich Größte« gedacht werden mußte, wenn ihm der Denkakt genügen und, wie es diesem Interesse entsprach, ihn in seiner allbeherrschenden Wirklichkeit erfassen wollte. War das aber auch der Gott Augustins, in dem das unruhige Menschenherz seine Erfüllungsruhe findet; war es der »Vater des Erbarmens und Gott allen Trostes« (2 Kor 1,3), den Paulus anrief; und war es insbesondere der Gott Jesu Christi, der ungeachtet seiner Unerforschlichkeit und Größe den Menschen in ein Kindesverhältnis zu sich zieht?

Die Gründe, die zur Verabschiedung des Instruktionsmodells führen, liegen zu offen auf der Hand, als daß sie erst gesucht werden müßten. Sie bestanden, von der Peripherie zum Zentrum hin gesprochen, in der weltweiten *Autoritätskrise, im emanzipatorischen Selbstverständnis* des heutigen Menschen, vor allem aber in der *Glaubenserwartung*, die sich deshalb einer lehrhaften Vermittlung widersetzte, weil sie, stimuliert durch das Offenbarungsverständnis des Konzils, auf die – dialogische – Selbstmitteilung Gottes gerichtet war. Um dabei einzusetzen, so entzog der Gedanke, daß sich das Gottesgeheimnis abschließend und unüberbietbar im Wort und Schweigen, im Handeln und Leiden, zumal aber in Kreuz und Auferstehung Jesu enthüllte, dem traditionellen Konzept ebenso unmerklich wie unaufhaltsam den Boden. Denn so sehr unter den Bedingungen der modernen Informationsgesellschaft an lernbaren Fakten gelegen war, konnte die Einladung zum Glauben der tieferen Einsicht in den Zusammenhang zufolge doch unmöglich im Stil eines Lernprozesses erfolgen. Nicht zuletzt spielte dabei auch die Erkenntnis mit, daß es sich im Fall des Glaubens sowenig wie in dem des Gehens und Sprechens um eine lernbare Technik, sondern um ein Urvermögen des Menschen handelt, das ihm deswegen nicht anerzogen werden kann, weil es lediglich »erweckt« zu werden braucht.

Verstärkend kam das emanzipatorische Selbstverständnis des

heutigen Menschen hinzu, das in *Kants* Aufruf »Habe Mut, dich deines eigenen Verstandes zu bedienen!«, den er selbst zum »Wahlspruch der Aufklärung« deklarierte, seinen programmatischen Ausdruck gefunden hatte und dessen kirchliche Rezeption zur späten Wiederentdeckung der christlichen Mündigkeit führte.[32] Dieser Selbsteinschätzung mußte die lehrhafte Glaubensvermittlung als Reduktion erscheinen, wie sie nur der kindlichen Bewußtseinslage angemessen ist. Nicht umsonst erblickt die moderne Fundamentaltheologie hierin den entscheidenden Grund, der zum »Wandel des instruktionstheoretischen Offenbarungsverständnisses zu einem personal qualifizierten kommunikationstheoretischen« führte.[33] Daß der von Kant ausgehende Denkanstoß im kirchlichen Binnenraum erst heute zu dieser Wirkung gelangte, hängt zweifellos mit der verzögerten Rezeption der Aufklärung zusammen, entscheidend jedoch mit dem *Einbruch der Autoritätskrise*, die als die *tiefste Zäsur im Geistesleben der Gegenwart* zu gelten hat. Dabei bestand die Paradoxie des Vorgangs darin, daß von dieser Krise die Autorität des Lehrers am wenigsten betroffen war, so wenig, daß *Hans-Georg Gadamer* schon inmitteln des Umbruchs den philosophischen Versuch einer »Rehabilitierung von Autorität und Tradition« ins Werk setzen konnte.[34] Anspruch auf diese Rehabilitierung hat freilich nicht der Vermittler doktrinaler Sentenzen, sondern der Lehrer in jenem hohen Sinn, den *Kierkegaard* dort gegeben sieht, wo »Gott selbst der Lehrer ist«.[35] Indessen sucht diese hermeneutische Autorität gerade nicht den unterwürfigen, auf die Worte des Lehrers schwörenden Schüler, sondern, mit einem Gipfelwort der johanneischen Abschiedsreden gesprochen, den verstehenden Freund (Joh 15,15). Und damit öffnet sich auch schon die Perspektive, in der sich die Umrisse einer zeitgerechten Lösung des Vermittlungsproblems abzeichnen.

Den Schlüssel dazu bietet der Verstehensbegriff, der dann allerdings, zusammen mit der Vorstellung eines partnerschaftlichen Einvernehmens, auch die der – als Kraftakt gedachten – Toleranz umfassen muß. Wer zu verstehen sucht, erstrebt dem ganzen Aktsinn seines Bemühens zufolge die Ebenbürtigkeit mit dem Autor, sofern sich damit nicht sogar, wie schon *Schleiermacher* erkannte, der Anspruch verbindet, diesen in seinem Selbstverständnis zu überschreiten.[36] Wichtiger aber noch ist die kaum beachtete Tatsache, daß der Verstehensakt mit dem Willen beginnt, *das Anderssein des anderen auf sich zu nehmen*, bis aus dem Tragenden der Getragene wird. Fürs erste gewinnt damit schon der Begriff der Mündigkeit neue, insbesondere für das kirchliche Zusammenleben wichtige Dimensionen. Zum Streben nach Partnerschaft tritt kontrapunktisch die Pflicht, die gerade im Kirchenraum immer wieder empfundene Last des Fremd- und Andersartigen an- und auf sich zu nehmen.[37] Wo sich diese Denkweise durchsetzt, wandelt sich dann aber auch schon das Bild der Glaubensvermittlung. Sie kommt dann nicht mehr auf dem Weg der Unterwerfung unter eine aus der Position besser informierter Überlegenheit entgegentretende Autorität zustande, sondern auf dem Weg des Einvernehmens, das sich im gemeinsamen Besitz der einen Wahrheit erfüllt. In dieser Partizipation besteht die Ebenbürtigkeit, auf die der Verstehensversuch ausgeht.

Was dazu verhilft, macht ein nachgelassenes Nietzsche-Wort deutlich, das sich wie die nachgeschobene Begründung zu Schleiermachers Postulat ausnimmt. Kommt es nach diesem darauf an, *den Autor besser zu verstehen, als sich dieser selbst* begriff, so betont Nietzsche, daß sich der Verstehensakt *nur vordergründig auf den Text, letztlich aber auf den in ihm redenden Autor* bezieht:

> Das Verständlichste an der Sprache ist nicht das Wort selber, sondern Ton, Stärke, Modulation, Tempo, mit denen eine Reihe von Worten gesprochen werden – kurz die Musik hinter den Worten, die Leidenschaft hinter dieser Musik, die Person hinter dieser Leidenschaft: alles das also, was nicht geschrieben werden kann.[38]

Wenn aber dieser hellsichtigen Stelle zufolge schon das Sprachverstehen nur durch die vom Autor ausgehende Suggestion zustande kommt, dann erst recht die *Glaubensvermittlung*. In diesem Fall lebt das Wort so sehr vom suggestiven Selbstzeugnis der Person, daß es vielfach des Wortes nicht einmal bedarf, um dieses Zeugnis wirksam werden zu lassen. So wichtig, wie bereits betont, die belehrende Unterweisung gerade unter den Bedingungen der gegenwärtigen Informationsgesellschaft bleibt, geht die wirksamste Form der Glaubensvermittlung doch zweifellos von modellhaft empfundenen Gestalten, also vom paradigmatisch gelebten Glauben, aus. Sie müssen deshalb in Geschichte und Gegenwart erkundet und, wie es das Evangelium fordert, »auf den Leuchter gestellt« werden, wenn das Werk der Glaubensvermittlung auch heute seinen Fortgang nehmen soll. Im Hinblick darauf aber läßt sich der mit der Verabschiedung des Instruktionsmodells beginnende Wandel der Glaubensvermittlung auf eine ebenso einfache wie programmatische Formel bringen; sie lautet:

Wir werden zum Glauben bewogen, nicht erzogen!

Die theologische Gegensteuerung:
Der regenerative Vorgang

Durch kaum etwas bestätigt sich die Bestimmung der Theologie, die spekulative Selbstreflexion des Glaubens zu leisten, so eindrucksvoll wie durch die Tatsache, daß auch sie in einer der Glaubenswende entsprechenden Bewegung begriffen ist. An ihrem äußeren Erscheinungsbild ist dieser Tatbestand freilich nicht ohne weiteres abzulesen. Denn dieses Bild erweckt eher den Eindruck eines zentrifugalen Pluralismus als den eines »konzentrativen« Prozesses, wie ihn *Walter Kern* in einem denkwürdigen Durchblick diagnostizierte.[39] Indessen hatte *Balthasar* in den Prolegomena zu seiner ›Theodramatik‹ (von 1973) Fixpunkte im diffusen Erscheinungsbild der Gegenwartstheologie ausgemacht, die Kerns Beobachtung nachdrücklich bestätigten.[40] Als bedeutsamste Innovationen nannte er die Betonung des »Ereignishaften«, verstanden als der Einbruch des Transzendenten im horizontalen Geschichtsgang, das auf die »Zeit Jesu« zulaufende »Geschichtliche«, die als dramatisches Handlungsfeld verstandene »Orthopraxis«, das als einer »der fruchtbarsten Neuansätze christlichen Lebens und Denkens« anzusehende dialogische Prinzip, das als »Vor-Wort« zur Theodramatik anerkannte »Politische« und das nun gegen die von ihm ursprünglich erhobenen Bedenken als Sammlungsruf für die »gestaltungsfreudigen Kräfte der heutigen Theologie« rehabilitierte »Futurische«.[41] Indessen ist es mit diesen sporadischen Hinweisen nicht getan; vielmehr gilt es, der Gesamtbewegung auf die Spur zu kommen, in der die – nach Kern und Moltmann – ihrem »Brennpunkt« entgegenstrebende Gegenwartstheologie begriffen ist.[42]

Wenn man auch nur den von *Thomas Kleinspehn* analysierten »flüchtigen Blick« auf das Erscheinungsbild der Gegenwartstheologie wirft, ist die vermutete Gesamtbewegung unschwer auszumachen.[43] Auch wenn der suchende Blick dabei als »ordnender Faktor« mit ins Spiel kommen sollte, ist am Realitätswert des Wahrgenommenen doch nicht zu zweifeln. Was zuerst in die Augen springt, ist dann die – im Kontext der »anthropologischen Wende« zu sehende und von ihr letztlich verursachte – großräumige Wiedereinholung der Dimensionen, die von der Theologie im Zug ihrer wissenschaftlichen Ausgestaltung nacheinander abgestoßen wurden: der *therapeutischen* zunächst mit der Folge, daß die dialogische Heilszuwendung zum »Wunderbeweis« herabsank; der *ästhetischen* sodann, deren Ausgrenzung den Siegeszug der »Konklusionstheologie« nach sich zog; und schließlich der *sozialen*, deren Verlust zur Entstehung einer durch Eigennamen charakterisierten »Individualtheologie« führte.[44]

Daß dieser dreistrahlige Prozeß letztlich in der anthropologischen Wende begründet ist, wird durch seine Zielsetzung bestätigt, die eindeutig auf die Verabschiedung der Systemtheologie ausgeht. Mag dabei auch an Einflüsse nach Art von *Adornos* »negativer Dialektik« und *Nietzsches* »Experimental-Philosophie« zu denken sein, so ist doch in erster Linie mit einer Fernwirkung von *Kierkegaards* Systemkritik zu rechnen, da dieser deutlicher als die Späteren auf die »Unbewohnbarkeit« eines jeden Systemgebäudes hinwies.[45] Demgemäß ist den dem Wiedereinholungskonzept verpflichteten Entwürfen die Abkehr vom Systemgedanken auf die Stirn geschrieben. Das gilt schon, um es rückläufig anzudeuten, von der von *Metz* und *Moltmann* ausgearbeiteten ›Politischen Theologie‹, die diese Abkehr nicht deutlicher als durch ihre Fortentwicklung zur »Befreiungstheologie« dokumentieren konnte. Es gilt ebenso von dem großangelegten *Triptychon Balthasars* aus ›Herrlichkeit‹, ›Theodramatik‹ und ›Theologik‹, das nach ausdrücklicher Bekundung seines Schöpfers als »Dombau« mit betont vertikaler Tendenz begriffen sein will.[46] Vor allem aber prägt der Systemverzicht die erst in Umrissen sichtbar werdende »*Therapeutische Theologie*«, die geradezu davon lebt, daß sie das zur Doktrin vergegenständlichte Heil auf seine dialogische Zuwendung zurückführt.[47]

Inzwischen forderte *Hans Küng* für eine Theologie, die »Auschwitz, Hiroshima und den Archipel Gulag im Rücken« hat, einen *Paradigmenwechsel*, den er als Ablösung der bisher vorherrschenden Erklärungsmodelle zugunsten eines neuen »Paradigmas« verstehen möchte.[48] Damit lenkte er den Blick auf den Wandel des theologischen »Makromodells«, also der mit dem Eintritt des Christentums in den hellenistischen Denkraum vorherrschend gewordenen Grundperspektive. Wenn nicht alles täuscht, steht die Gegenwartstheologie tatsächlich im Begriff, die *Verdrängung der paulinischen »Kreuzesweisheit« durch die auf den Logosgedanken gegründete Inkarnationstheologie*, deren Durchbruch gemeinhin, wenngleich mit zweifelhaftem Recht, auf die Abhandlung des frühen *Athanasius* ›De incarnatione‹ (von 336) zurückgeführt wird, *rückgängig* zu machen.[49] Der »Erfolg« des altchristlichen Perspektivenwechsels bestand vor allem darin, daß damit der metaphysische Seinsbegriff und, Hand in Hand damit, das Analogieprinzip in den theologischen Denkraum Einzug hielt und in der Folge zur Ausgestaltung einer mit den Wissenschaften gesprächsfähigen Systemtheologie führte. Nicht zuletzt gewann der Neuansatz dadurch an Plausibilität, daß nunmehr die Lebens- und Wirkgeschichte Jesu nicht mehr, wie bei Paulus, von ihrem Ende in Kreuz und Auferstehung, sondern von ihrem Ausgangspunkt her erzählt und ausgelegt wurde.

So erklärt es sich, daß das Inkarnationsmodell trotz wiederholter Versuche einer »Gegensteuerung«, wie sie insbesondere von Luther, Kierkegaard und Karl Barth – mit abfallender Intensität – unternommen wurde, bis in die Gegenwart hinein vorherrschend blieb. Im Falle der von *Kierkegaard* entworfenen Passionstheologie wird man sich sogar fragen müssen, ob er mit seinem Gedanken an das von dem »Gott in Knechtsgestalt« getragene Leiden zuletzt nicht ebenso dem Inkarnationsmodell verhaftet blieb, wie dies *Hans Urs von Balthasar* zumindest partiell für den späteren *Barth* glaubhaft zu machen suchte, der im Vergleich zu dem »unweltlichen asketischen und polemischen« Christentum Kierkegaards in diesem das »über alle Natur aufstrahlende und alle Verheißung erfüllende« Offenbarungslicht aufstrahlen sehe.[50] So mußte die Theologie wohl zuerst einmal, wie im Sinne Küngs zu sagen ist, die die Menschheit in ihrem Menschsein in Frage stellenden Geschichtserfahrungen dieses Jahrhunderts »im Rücken« haben, bis ihr deutlich wurde, daß sie das Heil nur im Blick auf das Kreuz Christi überzeugend zur Geltung bringen kann, weil die *Theodizeefrage*, die *durch den organisierten Völkermord eine ungeheuerliche Zuspitzung* erfuhr, nur von dort her beantwortet werden kann. Es liegt ganz im Zug dieser Umorientierung, wenn *Jürgen Moltmann* versucht, die Sache der Theologie wieder auf den »Brennpunkt« des Kreuzes zu versammeln und die »Gotteserfahrung des gekreuzigten Christus zum Zentrum aller ihrer Gottesgedanken« zu erheben.[51]

Es liegt auf der Hand, daß von diesem Umbruch auch die von Küng angesprochenen »Mikrostrukturen« betroffen sind, daß also der gegenwärtige Gestaltwandel der Theologie erst mit einem Austausch der Denkformen sein Ziel erreicht. Das Gefühl für diese Notwendigkeit entwickelte sich vor allem im Zusammenhang mit der »Enthellenisierungsdebatte«, die auf die Gegensätzlichkeit von biblischen und hellenistischen Denkformen abhob und auf einen Kategorienwechsel drängte. Ins Zentrum dieses Problemfelds stößt eine Bemerkung, mit der *Claude Tresmontant* die *Unvereinbarkeit des auf Univer-*

salisierung ausgehenden griechischen Denkens mit dem biblischen
»Zuviel« an Zufälligkeiten, Besonderheiten und Ereignissen unter-
strich:

> All unsere tief eingewurzelten, von den Griechen ererbten Denk-
> gewohnheiten sträuben sich gegen diesen Weg durch den Bereich des
> Existenten, um durch dieses eine Wahrheit zu erweisen, gegen diese
> Geburt der Wahrheit, diese Sichtbarmachung der Wahrheit in und durch
> eine einzelne existente und konkrete Wirklichkeit ... Kurzum: für eine
> Metaphysik enthält die Bibel zuviel Historie, zuviel Geographie, zuviel
> Fakten.[52]

Auf je andere Weise machten die theologischen Korrektive die
Notwendigkeit eines Kategorienwechsels geltend. So sprach *Johann
B. Metz,* herausgefordert durch Auschwitz, in schroffer Abgrenzung
von der platonischen Anamnesislehre von der für ihn zentral gewordenen Formel der »gefährlichen Erinnerung« an die Heilstat Jesu.[53]
Ebenso wird man, wenngleich in offenem Widerspruch zum Selbstverständnis des Autors, daran festhalten müssen, daß *Balthasars*
Versuch, die Sache der Theologie auf das Bild in seiner Urgestalt als
»Schau der Herrlichkeit« zu begründen, mit innerer Konsequenz den
in der ›Theodramatik‹ vollzogenen Kategorienwechsel nach sich
zog.[54] Wenn man dem Schöpfer der Trilogie auch abnehmen darf, daß
es ihm bei der Konzeption und Ausarbeitung des Werks keinesfalls um
einen revolutionären Umbruch zu tun war, bringt er sich doch schon
durch die Wahl seines Ausgangspunkts in die Nähe dessen, was *Kuhn*
mit seiner Strukturanalyse wissenschaftlicher Revolutionen im Sinn
hatte, wenn freilich auch nach Art eines »rückwärtsgewandten Propheten«, dessen Tat auf die Kompensation einer weit zurückliegenden
Selbstbeschädigung abzielt. Tatsächlich gilt von seiner ›Herrlichkeit‹
uneingeschränkt dasselbe, was *Henning Schröer* von Heideggers
Ontologie behauptet: sie ist »visuell angelegt«; Wahrheit ist für sie die
»Lichtung« des sich aus freier Huld entbergenden Gottesgeheimnisses.[55]
Damit widersetzte er sich dem von der spekulativen Theologie
betriebenen Ikonoklasmus so entschieden, daß er sich in der Folge,
wollte er nicht einer Inkonsequenz verfallen, auch zum Austausch des
begrifflichen Instrumentariums veranlaßt sah. So traten in der ›Theodramatik‹ an die Stelle der klassischen Denkformen die strukturierenden Begriffe Bühne, Rolle und Spiel, die keineswegs nur der
Verdeutlichung, sondern der innovatorischen Erschließung des Heils-

geschehens dienten. Wenn Balthasar sein Verfahren dann allerdings mit dem Motto rechtfertigt: »Wer mehr sieht, hat recht«, begibt er sich ins Einzugsfeld jener Sehweise, die nach Kleinspehn auf die Etablierung einer Machtposition ausgeht und sich dadurch dem wissenschaftlichen Diskurs entzieht.[56] Daß diese Zielsetzung nahezu unkenntlich blieb, erklärt sich vermutlich aus dem vorherrschend vertikalen Aufbau der Trilogie, der ihre »Querverbindungen«, verstanden als ihre anthropologischen, sozialen und nicht zuletzt auch wissenschaftlichen Implikationen, gegenüber der Grundrichtung zurücktreten läßt.[57]

Den *tiefsten Einschnitt in das kategoriale System erzwingt* jedoch das *therapeutische Kontrastmodell.* Denn mit seinem »flußabwärts« strebenden, auf das »Wesen« der Dinge gerichteten Zug widersetzt sich das klassische Denken jener »Vergegenwärtigung«, um die es dem therapeutischen Neuansatz vornehmlich zu tun ist. So sehr es von der staunenden Seinswahrnehmung getragen ist, bleibt es doch gleichzeitig, wie *Rosenzweig* gegen den idealistischen Ansatz geltend machte, der »Starrheit des Staunens« verhaftet, die es seine Erkenntnisse immer nur in Akten ausgrenzender Vergegenständlichung gewinnen läßt.[58] Erst wenn es gelingt, die erfragten Dinge so aufzurufen, daß sie im Strom des Geschehens verbleiben, kann mit *Wittgenstein* im Ernst vom therapeutischen Sinn philosophischer Analysen gesprochen werden, so daß im Sinn seines therapeutischen Verständnisses philosophischer Analysen tatsächlich gesagt werden kann, der Philosoph behandle eine Frage »wie eine Krankheit«.[59]

Mit dem Kategorienwechsel ist zwar das Ziel, aber *noch nicht das Ende* des Unternehmens erreicht. In welcher Richtung das Ziel noch überschritten werden muß, deutet *Barth* an, wenn er im Zug seiner Analogiekritik den Vorwurf erhebt, daß der metaphysische Seinsbegriff Gott einem Ordnungsschema unterwerfe, das ihn auf ein spekulatives Vorverständnis festlegt und ihm dadurch den Weg zu freier, unverfügbarer Selbstkundgabe verbaut.[60] In diesem letzten Schritt geht es somit darum, *den auf der christlichen »Sache«* *lastenden Bann* der spekulativen, hermeneutischen und kultischen Vergegenständlichung aufzuheben, so daß sie im Sinne *Guardinis* wieder *jenseits aller Wesensbestimmungen erkennbar* wird; denn darauf besteht er, wenn er in der Schlüsselstelle seines ›Wesen des Christentums‹ versichert:

Es gibt keine abstrakte Bestimmung dieses Wesens. Es gibt keine Lehre, kein Grundgefüge sittlicher Werte, keine religiöse Haltung und Lebensordnung, die von der Person Christi abgelöst und von denen dann gesagt werden könnte, sie seien das Christliche. Das Christliche ist Er selbst; das, was durch Ihn zum Menschen gelangt, und das Verhältnis, das der Mensch durch Ihn zu Gott haben kann.[61]

Mit diesem Hinweis auf die aus den Wesensbestimmungen hervortretende und sich in allen Vermittlungsstrukturen bekundende Gestalt Jesu ist zugleich die »Achse« sichtbar gemacht, um die sich die glaubensgeschichtliche Wende und die durch sie erzwungene theologische Selbstkorrektur bewegen. Im Hinblick darauf ist das Wort von der *Neuentdeckung Jesu im gegenwärtigen Glaubensbewußtsein* und seiner theologischen Reflexion nicht zu hoch gegriffen. Im Gegenteil; es müßte, wenn der Vorgang zulänglich beschrieben werden soll, sogar noch durch eine »Spontanaussage« überboten werden. Und dann müßte man geradezu von einer *Selbstvergegenwärtigung Jesu im Glauben und Unglauben der Gegenwart* sprechen, auch wenn deren Wahrnehmung durch noch so viele Irritationen erschwert und verdunkelt wird. Doch wenn das Gerüst der traditionellen Wesensbestimmungen fallen muß, bleibt nur der Rekurs auf den, der sich in allen Deutungen, Entwürfen und Theoremen letztlich selbst zu verstehen gibt. In ihm ist somit der Grund und das Gesetz des großen Umschichtungsprozesses in Glaube und Theologie zu suchen, auch wenn dem gleichzeitig noch so viele Zeittendenzen entgegenwirken. Und er allein ist der Beweggrund der Hoffnung, daß die gegensinnigen Zeittendenzen, angefangen vom Säkularismus bis hin zur gegenwärtigen Kirchenkrise, nicht das letzte Wort behalten, sondern sich früher oder später der Macht beugen müssen, die sich im glaubensgeschichtlichen wie im theologischen Prozeß der Gegenwart bekundet.

Der moralische Zugewinn:
Die Dimensionen der Liebe

Auf dem Höhepunkt seiner Barth-Monographie gesteht *Balthasar* in sichtlicher Betroffenheit:

> Übermacht der Liebe: Zorn und Gericht als Formen der Liebe: hier horchen wir auf. Sollte dies der Kern der Botschaft Karl Barths sein – und er ist es –, wie steht es dann um diese Theologie? Ist sie echte, vielleicht die einzig echte Theologie …? Wir haben uns hoch erhoben. Vielleicht zu hoch? Gibt es hier Schranken, die eine theologia viatorum zu respektieren hat? Hat Barth sie überrannt …? Ist diese Lehre möglich? Ist sie biblisch begründet, vielleicht gar die wahre Deutung des Offenbarungswortes? Eine Deutung, die Jahrtausende verschüttet lag und nun, wie Lava aus Urgründen, ans Licht heraufquoll?[62]

Barth selbst stehe »wie geblendet« vor seiner Entdeckung, durch die er sich von der gesamten Tradition ausgegrenzt fühle, obwohl er mit ihr »unter dem Schein einer Neuerung« nur das in Wahrheit »Naheliegendste« vertrete.[63] Als blendendes Licht mußte er seine Entdeckung empfinden, weil er aus der von der calvinistischen Prädestinationslehre verdüsterten Tradition kam. Daß die Entdeckung jedoch unabhängig von allen theologiegeschichtlichen Traditionen »an der Zeit« war, beweist die Tatsache, daß sie zweifach wiederholt wurde. Zunächst in der Offenbarungstheorie Karl Rahners, die in der Erkenntnis gipfelt, daß die offenbarende Selbstmitteilung Gottes nicht »instruktiv«, als Belehrung über Gegenstände der religiösen Neugierde, sondern »eruptiv«, also als freie Selbstmitteilung des ewig verborgenen Gottesgeheimnisses und damit als »Lichtung« der bedingungslosen, unbedingten Liebe, zu verstehen ist.[64]

Zum gleichen Ziel führt auch die von *Willi Marxsen* ausgelöste Diskussion über die wechselnden Deutungsmuster, mit deren Hilfe die Urgemeinde das alle Vorstellung sprengende Ereignis der Todüberwindung Jesu einzukreisen suchte.[65] Denn erst am Ende eines dramatischen, hauptsächlich durch Paulus vorangetriebenen Prozesses stand der Begriff Auferstehung, während noch der Christushymnus des Philipperbriefs (2,9) im Sinn einer älteren Deutungsweise von der »*Erhöhung« des Gekreuzigten* sprach.[66] Indessen wurde die »Frage nach der originären Bezeichnung« der österlichen »Widerfahrnisse« von der in erster Linie durch *Paul Hoffmann* repräsentierten Forschung noch einmal anders, und jetzt im engeren Anschluß an das

Damaskuserlebnis des »antwortenden Osterzeugen« Paulus, beantwortet.[67] In der Schlüsselstelle des Galaterbriefs spricht Paulus aber – und dies zweifellos in sorgfältig abgewogener Wortwahl – davon, daß ihm Gott das Geheimnis seines Sohnes »geoffenbart« habe (Gal 1,15f).[68] Was ihm in seinem Ostererlebnis »ins Herz gesprochen wurde«, war aber, wie der sensible Darsteller dieser Zusammenhänge Hans Kessler zu verstehen gibt, das durch die Todeshingabe Jesu gleicherweise erschlossene wie beantwortete Geheimnis der bedingungslosen Liebe Gottes, das nach der Zeit der Furcht die Sonne der an keine Vorleistung gebundenen Erbarmung über der todverfallenen Welt aufgehen ließ.[69]

Das kommt einer nachträglichen Bestätigung *Kierkegaards* gleich, wenn er das Gottesverhältnis des Christen auf das göttliche Selbstverhältnis zurückführt und dies mit dem Satz begründet:

> Wie seine Liebe der Grund ist, muß die Liebe auch das Ziel sein; denn es wäre ja ein Widerspruch, wenn Gott einen Beweggrund hätte, dem sein Ziel nicht entspricht. Die Liebe muß sich also auf den Lernenden richten und darauf ausgehen, ihn zu gewinnen. Denn erst in der Liebe wird das Verschiedene gleichgemacht; erst in der Gleichheit und Einheit ist Verstehen, und ohne das vollkommene Verstehen ist der Lehrer nicht der Gott, falls der Grund nicht beim Lernenden zu suchen ist, der nicht wollte, was ihm ermöglicht wurde.[70]

Und er wird durch die heutige Forschung erst recht bestätigt, wenn er im Anschluß an ein von Jesus selbst gewähltes Bild (Lk 13,34f) dessen Liebe mit dem Verhalten der Henne vergleicht, die ihre Küken unter ihren Flügeln birgt, und diesen Bildgedanken mehr noch auf seinen Tod als auf sein Leben bezieht; denn:

> Einen Lebenden vermag der Tod ja beiseite zu schaffen; indes ein Toter kann unmöglich beiseite geschafft werden, und somit kann dir niemand deine Zuflucht rauben. Selbst wenn die Gerechtigkeit, aufs höchste gesteigert, von dir die Todesstrafe verlangen würde – sie ist bereits erlitten: sein Tod ist deine Zuflucht! Unendliche Liebe! Man spricht von den Taten der Liebe, und da könnten viele genannt werden, wenn aber von der Tat der Liebe gesprochen wird oder von der Liebestat, so ist es nur die eine, und, wunderbar genug, du weißt sogleich, wovon die Rede ist, von ihm, von Jesus Christus und seinem Versöhnungstod, der die Menge der Sünden deckt.[71]

So sehr Kierkegaard der Überzeugung Guardinis zustimmen würde, daß das »Wesen des Christentums« nur an der Gestalt Jesu abgelesen, aus seinem Mund vernommen und in seinem Antlitz erschaut werden könne, müßte in der Konsequenz dieser Stellen dem doch noch hinzugefügt werden: das »Wesen« des Christentums ist die in Jesus Gestalt und Ereignis gewordene ewige Liebe! Mit dieser Bestimmung gewinnt die Orthopraxis aber ein derartiges Übergewicht über alles, was die Glaubenstheorie ans Licht zu bringen vermag, daß die Frage nach dem religiösen Vorgang im Leben der Gegenwart auf das Schicksal der Liebe ausgeweitet werden muß, wenn sie zulänglich beantwortet werden soll. Eine erhebliche Schärfung erfuhr diese Frage durch die (auf Mt 24,12 gestützte) Prognose *Guardinis*, daß die Einsamkeit im Glauben furchtbar sein und die Liebe »aus der allgemeinen Welthaltung verschwinden« werde, auch wenn sich diese pessimistische Perspektive bei ihm mit der Hoffnung verband, daß die auf die Zwischenmenschlichkeit und Gottesbeziehung zurückgenommene Liebe in ihrer Kostbarkeit, Ursprünglichkeit und dem »Geheimnis ihres letzten Warum« neuentdeckt werde.[72]

In dieser Hoffnung hat sich Guardini nicht getäuscht; die von ihm erwartete Neuentdeckung vollzog sich sogar zweistrahlig, sowohl im Bereich der Theologie als auch in dem der christlichen Lebenspraxis. Was die Theologie betrifft, so erhob *Alexandre Ganoczy* die sorgfältig unterbaute Forderung, daß die *Liebe ebensosehr als das Prinzip der spirituellen wie der wissenschaftlichen Theologie* zu gelten habe.[73] Der spirituellen Theologie zunächst, sofern diese, »je nach Zeitsituation, das Praktischwerden des christlichen Glaubens zu formulieren, zu begründen und zu erhellen« habe.[74] Im Sinn dieser Grundlegung komme es in erster Linie darauf an, das neutestamentliche Verständnis des Wortes, wie es sich in dem johanneischen Identifikationssatz »Gott ist Liebe« (1 Joh 4,8.16) bekunde, gegen seine Mißdeutung als theologische »Wesensaussage« abzugrenzen. Denn dem Kontext der Stelle gehe es primär um eine Letztbegründung der christlichen Bruderliebe, die ihre innerste Rechtfertigung und Motivation erst in dem Gedanken findet, »daß Gott selbst ein Liebender ist, daß sein Handeln ein ›liebevolles Handeln‹ ist, daß er sich auf die Welt mit einer vorbehaltlosen Liebe bezieht«.[75] Nicht um eine abstrakte, von Welt und Geschichte absehende Bestimmung des letzten Seinsgrundes gehe es, sondern um die Verankerung der dem Nächsten geschuldeten Liebe in dem, der Träger, Modell und innerste Ermöglichung der Bruderliebe ist.[76]

Demgegenüber ist für Ganoczy die Begründung der wissenschaftlichen Theologie auf das Prinzip Liebe an die Frage nach ihrer Erschließungsfunktion, also ihres Beitrags zur Wahrheitsfindung, zurückverwiesen.[77] Zwar geht die Philosophie seit Platon davon aus, daß ihre Erkenntnis mit Akten des Staunens ihren Anfang nimmt; vermutlich weiß aber die Menschheit mindestens ebensolange darum, daß das Gottes- und Weltgeheimnis, wie es dann Pseudo-Dionysius formulierte, mehr noch durch Leiden als durch Forschen erschlossen wird. Und zweifellos behält auch Guardini darin recht, daß ebenso die Sorge zur tieferen Erkenntnis eines Menschen führen kann, sofern sie mit seinem Sein zusammen auch dessen Werdemöglichkeiten in den Blick nimmt.[78] Mit nicht geringerem Recht hebt aber Ganoczy darauf ab, daß dem Liebenden »die Augen aufgeschlossen« werden, daß also das »erkenntnisleitende Interesse« mit Akten liebender Zuwendung und Anteilnahme seinen Anfang nimmt.[79] Insofern ist sein Versuch, die spirituelle Theologie zusammen mit der wissenschaftlichen auf das *Prinzip Liebe zurückzuführen*, schon aus erkenntnistheoretischen Gründen gerechtfertigt. Aus systematischer Perspektive wäre dem noch hinzuzufügen, daß damit dem Modellgedanken von einer *»kreisförmigen« Theologie*, wie ihn *Nikolaus von Kues* im Anschluß an ältere Traditionen in seiner Schrift ›Vom Sehen Gottes‹ entwickelt, Genüge geschähe.[80] Denn damit würde der zentrale Inhalt der Theologie, den die Rede vom Christentum als der Religion der Liebe anspricht, auch zu ihrem strukturierenden Prinzip. Und die in diesem Sinn gestaltete Theologie würde schließlich zum spekulativen Abbild dessen, was nach Augustin das innerste Leben der Kirche ausmacht: *Unus Christus amans seipsum.*[81]

Was im Bereich der Theologie noch weithin im Stadium des Entwurfs steckenblieb, ist auf dem Feld der christlich orientierten Lebenspraxis bereits zum greifbaren Ereignis geworden. Denn ungeachtet der moralischen Dekadenzerscheinungen, die das Bild der Gegenwart nicht anders als das vergleichbarer Spätzeiten bestimmen, ist ein Faktum zu verzeichnen, für das es in den Vergleichsfällen kaum eine Parallele gibt: das dimensionale Wachstum der Liebe! Zwar ist die »Kultur der Liebe«, für die sich die Päpste der beiden letzten Pontifikate aussprachen, noch reines Wunschbild; doch läßt sich der »Erwärmungsprozeß« nicht übersehen, der das von Guardini befürchtete »Erkalten der Liebe« Lügen straft und statt dessen den Eindruck ihres »dimensionalen Wachstums« vermittelt. Der ethische Fortschritt, den Kulturkritiker vom Rang *Jakob Burckhardts* bestritten, scheint somit doch nicht realitätsfernes Ideal geblieben, sondern mit andern Menschheitsträumen zusammen vom Himmel der Utopien auf die Erde der Lebenswirklichkeit herabgestiegen zu sein, auch wenn sich dafür, wie der Kritik zuzugestehen ist, eher negative Argumente als positive Fakten ins Feld führen lassen.

Die negative Bestandsaufnahme bezieht sich auf ein Phänomen, das unmittelbar an eins der großen Hoffnungszeichen der Gegenwart, an das Verstummen des militanten Atheismus, erinnert. Es betrifft die Tatsache, daß die von der marxistischen Ideologie als Hebel sozialer Neugestaltung geforderte *Klassenkampfmentalität zusehends an Boden verliert.* An die Stelle der auf gesellschaftliche Konflikte und Rivalitäten aufbauenden Strategien trat die Einsicht, daß die gesellschaftlichen Probleme letztlich nur auf der Basis von Kooperation und Solidarität gelöst werden können. Im Zusammenleben der Völker führte das zu der aus den bitteren Leiderfahrungen des Jahrhunderts geschöpften Einsicht, daß mit Polarisierungen und Feindbildern nur neue Katastrophen heraufzubeschwören, aber keine Probleme zu lösen sind. Und mögen sich mit dem Konzept der Entwicklungshilfe auch noch so oft neokolonialistische Zielsetzungen verbinden, so läßt sich doch keinesfalls bestreiten, daß damit erstmals ein Konzept der Förderung an die Stelle des traditionellen der Ausbeutung getreten ist. So wenig übersehen werden kann, daß der ethische Fortschritt in diesem Negativbereich nicht wesentlich über den Standard bloßer Programmatik hinauskam, berechtigt doch der sich damit bekundende Wandel in der Denkungsart eine Wende, die angesichts der Exzesse der nationalistischen und kolonialistischen Mentalität während der ersten Jahrhunderthälfte nicht hoch genug veranschlagt werden kann.

Im Vergleich zu diesen deutlicheren Fortschritten in der gesellschaftlichen Programmatik sind die im *Feld der praktizierten Mitmenschlichkeit* weniger spektakulär, aber doch so gewichtig, daß sie im Rahmen einer ethischen Gesamtbilanz keinesfalls unberücksichtigt bleiben dürfen. Hier betrifft der Fortschritt in erster Linie den neuen Stellenwert, den die *Behinderten, Alternden und Sterbenden* in der gesellschaftlichen Einschätzung erlangten. Zur Verstärkung dieser vergleichsweise schwach hervortretenden Tendenz kann ihre literarische Anbahnung verhelfen, die sich bis auf die romantische Dichtung mit ihrer Sensibilität für das beschädigte, gebrochene und unter sein Niveau gedrückte Menschsein zurückverfolgen läßt. Als eine Art Vorspiel dazu kann schon die schemenhafte Gestalt der Mignon aus

257

Goethes ›Wilhelm Meisters Lehrjahre‹ gelten, die, widergespiegelt in dem mädchenhaften »Knaben Erwin« in *Eichendorffs* ›Ahnung und Gegenwart‹, die Brücke zur romantischen Dichtung schlägt.[82] In beiden Fällen sind es durch krankhafte Züge geprägte, am Rand der Lebensmöglichkeit angesiedelte Gestalten, die, mit *Paul Klee* gesprochen, »dem Herzen der Schöpfung« näherstehen als üblich und gerade so einen entscheidenden Einfluß auf die Bewußtseins- und Lebensgeschichte der jeweiligen Helden ausüben. Da Erwin von seiner Umgebung für verrückt gehalten wird und sich von ihr auch tatsächlich »wie durch Glas« getrennt und in einen Weltinnenraum verwiesen sieht, führt von hier ein Weg zu *Dostojewskijs* ›Der Idiot‹ (von 1869) und *Hauptmanns* ›Der Narr in Christo Emanuel Quint‹ (von 1910) samt ihren modernen Nachspielen in *Heinrich Bölls* ›Ansichten eines Clowns‹ (von 1963) und dem Musical ›Godspell‹ (von 1970) und damit zu den dichterischen Versuchen, die Gestalt Jesu im Medium einer ausgesprochenen Randfigur der menschlichen Lebensszene darzustellen.[83] Zu Gesicht und Ohr gebracht wird dieses Motiv durch *Rouaults* vehemente Beschwörung des clownhaft verfremdeten Menschseins, am eindringlichsten in der Variationenfolge seines ›Miserere‹ (von 1948) und durch *Ravels* bizarre Schilderung des zwischen Lachen und Weinen schwankenden »Gracioso« in der Alborada seiner ›Miroirs‹ (von 1905).

Zweifellos ging von der Wahl dieses »Mediums« eine bewußtseinsverändernde Wirkung aus, die im Endeffekt zu einer *Neubewertung des geistig behinderten Menschen* führte. Angesichts der wachsenden *Suggestion, die Nietzsche auf das heutige Denken ausübt*, darf in diesem Zusammenhang auch die Tatsache nicht unterschätzt werden, daß sich dieser erklärte Experimental-Philosoph bewußt in die Narrenrollen hineinspielte, um aus dieser Randposition die Wahrheiten vortragen zu können, die nach seinem Verständnis auf anderem Weg nicht mehr zu vermitteln waren. Deshalb wirft er im »Lied der Schwermut«, das er im letzten Teil seines ›Zarathustra‹ anstimmt, die zuvor getragenen Masken ab, um die äußerste Gegenposition des »Narren« zu beziehen:

Nur Narr! Nur Dichter!
Nur Buntes redend,
Aus Narren-Larven bunt herausschreiend,
Herumsteigend auf lügnerischen Wort-Brücken,
Auf bunten Regenbogen,

Zwischen falschen Himmeln
Und falschen Erden,
Herumschweifend, herumschwebend, –
Nur Narr! Nur Dichter![84]

Es war der Nachblüte der romantischen Märchenpoesie in Gestalt der Märchen-Almanache von *Wilhelm Hauff* vorbehalten, dem körperlich behinderten Menschen auf literarischem Weg zu einer gerechteren Würdigung zu verhelfen. Auch wenn *Hans-Heino Ewers* die Hauffschen Märchen zu Recht der bürgerlichen Vorstellungswelt so stark angepaßt sieht, daß von ihnen keine Störung der Verhältnisse ausgehen kann, geschweige denn, daß in ihnen die Erinnerung an eine archaische Welt bedrohlich aufblitzt »und die verständige aus den Fugen« hebt, liegt doch die pädagogische Absicht des Dichters offen zutage.[85] Das ist schon die erklärte Absicht der weniger geglückten ›Geschichte von dem kleinen Muck‹, die den jugendlichen Spöttern Respekt vor dem kleinwüchsigen, aber durch seine abenteuerlichen Erlebnisse weise gewordenen Mann einzuflößen sucht; vor allem aber spricht diese sozialkritische Tendenz aus einer Zwischenbemerkung zu ›Zwerg Nase‹, die das erzählte Mißgeschick dem Leser als mahnenden Spiegel vorhält:

In jener Stadt gibt es, wie überall, wenige mitleidige Seelen, die einen Unglücklichen, der zugleich etwas Lächerliches an sich trägt, unterstützen. Daher kam es, daß der unglückliche Zwerg den ganzen Tag ohne Speise und Trank blieb und abends die Treppen einer Kirche, so hart und kalt sie waren, zum Nachtlager wählen mußte.[86]

Während der Hauffsche Zwerg unter der ihm auferlegten Mißgestalt leidet, geht die Kleinwüchsigkeit seines modernen Pendants, des körperlich »zurückgebliebenen« Oskar Matzerath in dem Roman ›Die Blechtrommel‹ von *Günter Grass* (von 1959) – bezeichnend für die Steigerung des Motivs – auf einen Akt der Verweigerung und des Protestes gegenüber seiner Umwelt zurück.[87] Schon im Augenblick seiner Geburt verliert der spätere Blechtrommler alle Lust am Leben; und an seinem dritten Geburtstag beschließt er in aller Form, an seiner Größe festzuhalten und sich dadurch den Wünschen der Erwachsenenwelt zu entziehen:

Um nicht mit einer Kasse klappern zu müssen, hielt ich mich an die Trommel und wuchs seit meinem dritten Geburtstag keinen Fingerbreit mehr, blieb der Dreijährige, aber auch Dreimalkluge, den die Erwachsenen alle überragten, der den Erwachsenen so überlegen sein sollte, der seinen Schatten nicht mit ihrem Schatten messen wollte, der innerlich und äußerlich vollkommen fertig war, während jene noch bis ins Greisenalter von Entwicklung faseln mußten, der sich bestätigen ließ, was jene mühsam genug und oftmals unter Schmerzen in Erfahrung brachten, der es nicht nötig hatte, von Jahr zu Jahr größere Schuhe und Hosen zu tragen, nur um beweisen zu können, daß etwas im Wachsen sei.[88]

Was Grass in seinem literarischen Panoptikum bietet, ist die Welt aus der Froschperspektive eines auf Banalitäten, Absurditäten und Obszönitäten gerichteten Infantilismus, der umgekehrt, im Blick auf das referierende Medium, wie es im Schlußteil des Romans heißt, »das zerstörte Bild des Menschen anklagend, herausfordernd, zeitlos und dennoch den Wahnsinn unseres Jahrhunderts ausdrückend« spiegelt.[89] Das ist nicht ohne ironische Verfremdung gesagt; dennoch wird hier etwas auf den Begriff gebracht, was zu Beginn des Romans anklingt, wenn die Überlegenheit des Blechtrommlers damit begründet wird, daß er sich im Unterschied zu den Erwachsenen allem verweigert, was mit Entwicklung, Erfahrung und Bestätigung zu tun hat.[90] Es ist der Umriß eines jenseits der Prinzipien der traditionellen Persönlichkeitskultur gelingenden Menschseins, denen der Autor durch seinen Trommler eine Absage erteilt, weil sie sich durch die politischen und geistigen Katastrophen des Jahrhunderts selbst widerlegt hatten. Da er sich der Gebärde des Moralisten widersetzt, liegt es ihm fern, aus der Verneinung der überkommenen Prinzipien ein Hoffnungszeichen abzuleiten. Dennoch dürfen in diesem Zusammenhang die Hinweise nicht übersehen werden, durch die sich die ›Blechtrommel‹ den romanhaften Darstellungen Jesu im Medium »gestörter« Existenzen annähert. Im Schlußteil des Romans posiert Oskar als Modell »für Jesus«, nachdem der Leiter einer Malklasse seinen Schülern befohlen hatte:

> Zeichnet ihn nicht, den Krüppel, schlachtet ihn, kreuzigt ihn, nagelt ihn mit Kohle aufs Papier![91]

Und in der schockierenden Kirchenszene des ersten Teils, in welcher Oskar der Figur des Jesuskindes die Blechtrommel umhängt, fragt er sich, ob er nicht im Vergleich zu dem in der Figur Dargestellten der »echtere Jesus« sei, »falls er nicht doch noch trommelt«.[92] Damit schließt sich nicht nur der Ring zu Dostojewskijs ›Idiot‹ und Hauptmanns ›Narr in Christo‹; vielmehr ergibt sich aus alledem nun doch so etwas wie eine Botschaft, die, auf den vom Roman selbst bezeichneten Punkt gebracht, einen *zur abendländischen Persönlichkeitskultur querlaufenden Weg der Identitätsfindung* bezeichnet. Es ist im Unterschied zum traditionellen Weg des Werdens, der Erfahrung und der gesuchten Bestätigung der Weg aus dem Fundus der »Vorgegebenheiten« des menschlichen Daseins, oder nun mit einem geläufigeren Begriffspaar ausgedrückt, der Weg des Seins im Unterschied zu dem des Habens. Was Zeitkritiker wie *Gabriel Marcel* und *Erich Fromm* einer dem Konsumrausch verfallenen Gesellschaft ins Stammbuch schrieben, erscheint aus der Sicht der ›Blechtrommel‹ somit als die ebenso stumme wie unüberhörbare Botschaft der Behinderten: in ihrer Distanz zur gegenwärtigen Lebenswelt verweisen sie *auf die Möglichkeit eines distanzlosen, aus den Quellen seiner Vorgegebenheiten schöpfenden Menschseins.*[93]

Zur optischen Verstärkung des ethischen Zugewinns verhilft aber auch die Frage nach den Motiven. Wie an anderer Stelle stehen auch hier anthropologische und christologische Beweggründe miteinander im Bund. Daß den gesellschaftlichen Randsiedlern, angefangen von den Behinderten bis hin zu den Asylsuchenden, kurz den Nichtintegrierten, ein neuer Stellenwert zugebilligt wird, hängt zweifellos mit dem durch Elemente der Desintegration gekennzeichneten Lebensgefühl des heutigen Menschen zusammen. Je stärker er von Gefühlen der Entfremdung befallen wird, gewinnt er ein Interesse und auf dessen Basis eine Sympathiebeziehung zu den ihm in gesellschaftlicher Fremdheit Entgegentretenden. Insofern wird man davon ausgehen müssen, daß *neben dem philosophischen Staunen,* der von Guardini hervorgehobenen *Sorge, der Dankbarkeit und Liebe auch das Erlebnis der Entfremdung erkenntnisbedingend* wirksam werden kann, und wäre es auch nur dadurch, daß es eine Beziehung der Solidarität zu allem stiftet, was den Stempel des Fremdseins an sich trägt. Darin mag auch ein Grund dafür liegen, daß sich der Christ, der dem Wort des Evangeliums zufolge »nicht von der Welt« ist (Joh 17,14ff), in einer besonderen Affinität zu den Fremden und gesellschaftlich Ausgegrenzten begriffen sieht. Seine nachdrücklichste Bestätigung findet dieser Tatbestand im Gleichnis vom Weltgericht (Mt 25,31 bis 46), das Rettung oder Verderben vom Verhalten zu den »Erniedrigten und Beleidigten« abhängig macht und das mit dem die gewohnten Wertungen umstoßenden Satz des endzeitlichen Richters begründete:

Was ihr einem meiner geringsten Brüder getan habt, das habt ihr mir getan (25,40).[94]

Das Gleichnis verhilft auch zu einer genaueren *Differenzierung der »Entfremdeten«*, auf die sich das neuerwachte ethische Interesse richtet. Es sind neben den körperlich und geistig Behinderten die Obdachlosen und Asylanten, die Aussiedler und Opfer der weltweiten Emigrations- und Fluchtbewegung. Und es sind die Notleidenden der Dritten Welt, die längst schon ins Interessenfeld der sich erweiternden Nächstenliebe getreten waren, bevor die Politik im Übergang vom ausbeuterischen Kolonialsystem zu einer neuen Solidarität der Völker in Form der Entwicklungshilfe Konsequenzen aus den gewandelten Verhältnissen zog.

Mit dem Stichwort »Ausbeutung« tritt ein letzter Bereich des dimensionalen Wachstums der Nächstenliebe in den Blick: die vom Menschen bis zur drohenden Erschöpfung der Material- und Energiereserven »genutzte« und durch die Folgen dieser technischen Nutzung verwüstete *Natur*. Daß ihre Beschädigung für eine wachsende Anzahl insbesondere jugendlicher Menschen nicht nur zum Anlaß bekümmerten Nachdenkens, sondern, soweit eigene Mitverantwortung ins Spiel kommt, echter Gewissensreaktionen geworden ist, gehört zu den erstaunlichsten Tatbeständen eines sich zusehends vom Bereich der individuellen Entscheidungen auf strukturelle Gegebenheiten verlagernden Ethos. Wenn die Befreiungstheologie in diesem Zusammenhang von der »strukturellen Sünde« spricht, meint sie ein Fehlverhalten, das bereits im Weltentwurf und Gesellschaftskonzept des neuzeitlichen Denkens seinen Anfang nimmt. So gesehen wird die neuerwachte Sensibilität zur Anfrage an die neuzeitliche Lebenswelt, ob sie sich mit ihrer Vorentscheidung für das Herrschaftswissen nicht auf jene »abschüssige Bahn« begab, die *Nietzsche* im Auge hatte, als er von der Tat des Kopernikus bemerkte, daß mit ihr die *Sache des Menschen insgesamt »auf eine schiefe Ebene geraten«* sei.[95] Indessen könnte sich diese Frage nicht stellen, wenn von der Betroffenheit durch das Leid des – und der – »Anderen« nicht eine erkenntnisweckende Wirkung ausginge.

Das wird noch deutlicher, wenn jene Fälle hinzugenommen werden, in denen dem Teilnehmenden das »Anderssein« seiner selbst entgegentritt. Sofern er sich aus seiner Zugehörigkeit zur Leistungsgesellschaft begreift, ist dies zunächst das Alter, das mit dem Erleiden jenes *»Sozialtodes«* einsetzt, der für viele das Ende ihrer Berufstätigkeit verdüstert. Hier gewinnt die Anteilnahme insofern eine neue Qualität, als sie sich nicht mit Akten der Betreuung begnügt, sondern spontan auf Hilfen zu neuer Sinnfindung konzentriert. Da der Lebenssinn zu jenen höchsten Vergünstigungen zählt, die durch das Moment der Unteilbarkeit gekennzeichnet sind, die man also nur mit allen andern zusammen oder überhaupt nicht haben kann, läßt das darauf schließen, daß ihr der Wille zur Identifikation zugrunde liegt.[96] Ungleich mehr gilt das für den Umgang mit Sterbenden, die, nicht zuletzt aufgrund der Ambivalenz des medizinischen Fortschritts, nachdrücklicher als je zuvor ins Blickfeld der menschlichen Mitverantwortung treten.[97]

Hier führt die Anteilnahme am Zustand des an die Lebensgrenze Gelangten unvermeidlich zur Konfrontation mit dem eigenen Tod und zur Einweihung in den durch ihn erschlossenen Sinn.[98] Doch dazu könnte auch die Todesbetroffenheit nicht verhelfen, wenn der Anteilnahme an den Formen des »entfremdeten« Daseins nicht insgesamt ein Erkenntniswert zukäme, der, nach einer Reihe von Anzeichen zu schließen, zunehmend ins Bewußtsein der Gegenwart tritt. In der Endphase einer Zeit, die sich Erkenntnis ausschließlich von Akten der Vergegenständlichung, der Unterscheidung und Verknüpfung versprach, setzt sich wieder die altchristliche Einsicht durch, daß sich das Gottes- und Weltgeheimnis mehr noch dem Leidenden als dem Forschenden erschließt.[99] Unter diesem Gesichtspunkt muß das dimensionale Wachstum der Nächstenliebe in einem größeren Zusammenhang gesehen werden. Alles spricht dann dafür, daß damit eine Wiederentdeckung des Leidens in Gang gekommen ist. Das *Leiden muß neu entdeckt werden, weil nur so der Bann des Herrschaftswissens und seiner selbstzerstörerischen Folgen gebrochen* werden kann.

Zweites Kapitel

Die Zielmarken

Das Prinzip der Erneuerung:
Der fortlebende Christus

Wenn jemals, dann kommt es im anvisierten Fall von Therapie nicht so
sehr darauf an zu helfen, als vielmehr sich helfen zu lassen. Helfer in
Glaubensdingen aber ist zuletzt immer nur der, der die christliche
Glaubensmöglichkeit eröffnet und inhaltlich bestimmt hat und der
deshalb im Hebräerbrief der »Wegbereiter und Vollender« des Glaubens genannt wird (12,2). Insofern muß der Fortgang dieses Entwurfs
notwendig den Charakter einer Invokation annehmen. Darauf zielten
insgeheim alle bisherigen Schritte hin: die analytischen des ersten
Teils, die der Ausräumung der aus der geistigen Situation erwach-
senden Widerstände dienten; ebenso aber auch die diagnostischen des
zweiten Teils, die sich zwar nur im Bereich der glaubensspezifischen
und kircheninternen Irritationen ergingen, dabei jedoch die Ansatz-
stellen für positive Lösungsmodelle zu erkunden suchten.[1] Wenn sich
der Gedankengang jedoch zur Anrufung gestalten soll, muß zunächst
noch ein Hindernis beseitigt werden, das weder aus den situativen
Gegebenheiten noch aus den krisenhaften Fehlentwicklungen, sondern aus der Glaubensgeschichte selbst erwuchs.

Das spirituelle Mißgeschick, unter dem die gegenwärtige Christenheit mehr als ihr bewußt ist leidet, besteht darin, daß Jesus im Lauf
der glaubensgeschichtlichen Entwicklung *in den Schrein einer me-*
thodischen, doktrinalen und kultischen Vergegenständlichung einge-
schlossen wurde. Der *methodischen* zunächst; und dies im Gefolge der
historischen Kritik, die ihn in die Gegenständlichkeit welt- und heilsgeschichtlicher Gestalten abdrängte, um ihn von seiner kerygmatischen Überhöhung abgrenzen und in seinem historischen Gewesensein erfassen zu können. Der *doktrinalen* sodann, durch welche Jesus
zwar keineswegs, wie *Harnack* argwöhnte, zu einem »metaphysi-

265

schen Gespenst« wurde, die ihn aber doch durch die dogmen-
geschichtlichen Bestimmungen auf eine Begrifflichkeit festlegte, in
der das »An sich« sein »Für uns« eindeutig überwog. Und schließlich
der *kultischen*; denn so sehr die christliche Kultfeier »Verkündigung«
des Todes Jesu bis zu seiner Wiederkunft ist (1 Kor 11,26) und somit
aus dem Mitvollzug seiner Todeshingabe lebt, wurde sie im Lauf der
Liturgiegeschichte doch immer mehr zur feiernden Verehrung seiner
göttlichen Macht und Herrlichkeit. Zwar stand in ihrem Zentrum stets
der an die Seinen Hingegebene, der sich ihnen in einer Weise übereignete, daß sie daraus Kraft zum Leben, Trost im Leiden und Hoffnung auf ihr endzeitliches Heil schöpfen konnten; doch konzentrierte
sich die Feier, vor allem im ostkirchlichen Bereich, zusehends auf die
Gestalt des der Kultgemeinde entgegentretenden »Herrn«, der die
Huldigung der Feiernden entgegennahm.

Den Differenzpunkt dieser Entwicklung bezeichnet das durch
seine nachhaltige Rezeption ausgezeichnete Jesusbuch *Guardinis*, das
die kultische Vergegenständlichung Jesu schon in seinem suggestiven
Titel ›Der Herr‹ (von 1937) zum Ausdruck bringt.[2] Dabei besteht die
offenkundige Tragik dieser Gestaltzeichnung darin, daß sie aus der
methodischen und doktrinalen Vergegenständlichung Jesu herausführt, um sich dann schließlich doch in der kultischen zu verfangen.
Das eine gelingt ihr, sofern sie an die Stelle der historischen Ausgrenzung ein Verfahren der einfühlenden Wahrnehmung setzt; das
andere, sofern sie den Glauben an Jesus als Anschluß an ihn und als
einen Akt der »Nachfolge« beschreibt.[3] Darin liegt nicht nur die besondere Qualität, sondern auch die starke Ausstrahlung dieses Jesusbuchs. Die Anbahnung des Glaubens vollzieht sich nach Guardini
nicht so, »daß drüben Christus stünde und hier wir« und alles auf den
Entschluß ankäme, zu ihm hinüberzugehen. Vielmehr trifft das
Umgekehrte zu:

> Wir müssen uns aus uns selbst loslassen und uns hinüberwagen. Darauf
> rechnend, daß er uns auffangen und zu sich ziehen werde. Wenn wir so
> denken und hoffen, dann ist, und sei es auch nur im ersten Anfang, schon
> das geschehen, worauf wir hoffen. Denn auch nur hoffen, Er werde uns
> geben, daß wir an Ihn glauben können, können wir nur, wenn Er es uns
> irgendwie schon gegeben hat.[4]

Seinen innersten »Grund« aber hat dieser Weg darin, daß *Christus
die »Wesensheimat« des Glaubenden* ist, die er aufsuchen muß, wenn
er sein Eigenes und »Eigentliches finden will«. Denn Glauben heißt in

dieser subtilen Zuspitzung, sich selbst in Christus wiederfinden und sich aus seiner Zuwendung »entgegennehmen«.[5] Denn er ist (nach Joh 14,6) »der Weg« im Sinn eines »Wesens-Überschritts«, den der Gottmensch »nicht nur vollzieht, sondern ist, und in den Er den Menschen hineinzieht, der im Glauben zu Ihm kommt«.[6] In Christus hört der Radikal-Andere, Gott, auf, »ein Anderer« zu sein, so wie er selbst ungeachtet der Tatsache, daß er sich jeder Ein- und Zuordnung entzieht und jeder »Psychologie« überhoben ist, sich als der »Nicht-Andere« erweist, der den Glaubenden erst vor sich selber bringt und ihm zur Ausprägung seiner gottgewollten Wesensgestalt verhilft.[7]

Dennoch kann von diesem Jesus nicht gesagt werden, daß er sich zu Gott durchgekämpft und im Akt seines »Wesensüberschritts« sein ewiges Gottsein menschlich angeeignet habe. Bei diesem Akt handelt es sich vielmehr um eine Bewegung im Binnenbereich des Gottesgeheimnisses, also um die Kundgabe der ewigen Hingabe des Sohnes an den Vater. Das bringt Jesus bei aller Intimität des »in Christus« letztlich doch auf eine *subtile Distanz zum Glaubenden,* durch die er *zwar Gegenstand* und »Vollender« des Glaubens ist, *nicht jedoch,* wie mit der Hebräerstelle (12,2) ergänzt werden müßte, auch *sein »Wegbereiter«,* der die »Last« des Glaubens mit dem Glaubenden zusammen trägt.[8] Auf eine nahezu quälende Weise wird das an der Stelle deutlich, die auf den Unterschied der Augen- und Ohrenzeugen und der an die kirchliche Vermittlung Verwiesenen, also auf den Unterschied der »Schüler erster und zweiter Hand« *(Kierkegaard)* eingeht, und den Gedanken an eine Bevorzugung der Zeitgenossen mit dem Argument verneint, daß im Verhältnis zu Jesus letztlich *nur der Gehorsam* gegenüber seinen Forderungen entscheide. Der Aussage kommt ein um so höherer Stellenwert zu, als sie sich – als eine der wenigen Stellen im Gesamtwerk[9] – mit der Autobiographie ihres Verfassers berührt, der seine menschliche und religiöse Identität im Gedanken an das »Weggeben der Seele«, also an die Selbstübereignung an die Kirche, gefunden hatte:

Also irrt man doch wohl, wenn man denkt, die unmittelbare Begegnung mit Christus müsse wie mit Gewalt in den Glauben reißen. Wahrscheinlich löst man dabei das eigentlich Geforderte, nämlich den Gehorsam, die Anstrengung, die Verantwortung des Glaubens auf und meint, es gehe mit unmittelbarem Enthusiasmus. Das wird ein ähnlicher Irrtum sein, wie wenn man denkt, falls Gott einen unmittelbar mit seinem Licht durchstrahlen wollte, würde alles leicht sein. Was würde denn leichter sein? Die

Entscheidung? Das Hinausgehen aus dem Eigenen in das, was Gottes ist? Der Gehorsam? Das Hergeben der Seele …? Wenn wir denken, das unmittelbare Zusammentreffen mit Jesus hätte uns abgenommen, was im tiefsten Grunde die Anstrengung und Gefahr des Glaubens ausmacht, dann haben wir Jesus falsch gedacht. Das hätte Er niemals getan. Hätte sich Ihm aber jemand im Enthusiasmus angeschlossen, dann wäre die Krise sicher nachgekommen. Er hätte sich, einmal zugespitzt gesagt, vom »unmittelbaren Jesuserlebnis« ablösen und zum Glauben an Jesus Christus, das menschgewordene Wort, den Boten Gottes bekehren müssen.[10]

Welches Christusbild dieser Stelle zugrunde liegt, läßt deutlicher als sie selbst die Schrift ›Das Bild von Jesus dem Christus im Neuen Testament‹ (von 1936) erkennen, die Guardini dem Jesusbuch ›Der Herr‹ als eine Art Prolegomena vorausschickte:

Dieser Christus ist Trost und Drohung zugleich. Er ist der Herr. Er ist die Wahrheit, aber auch die Macht. Er ist der Sinn, aber auch die Wirklichkeit. Er wird sein, wenn nichts Irdisches mehr ist; wird siegen, richten und vollenden.[11]

Bei aller Eindrücklichkeit fällt dieses Christusbild doch durch die *Verklammerung von Trost und Drohung* ebenso hinter die Aussage des Evangeliums wie hinter das heutige Glaubensbewußtsein zurück. Denn dieses entdeckte in Jesus den »Helfer« und »Freund«, der die *menschliche Lebensangst von ihrer Wurzel her beseitigte*, indem er der von religiösen Drohbildern erschreckten Menschheit den Gott der bedingungslosen Liebe verkündete. Und dem entsprach vollauf die theologische Forschung, sofern sie unter der Hülle späterer Funktionalisierungen die Umrisse dessen freilegte, der die Menschheit, mit *Joachim von Fiore* gesprochen, aus dem Stadium der Knechtschaft und Furcht in das der Freiheit, der Hoffnung und der Gotteskindschaft führte. Die Resonanz, die Guardini nach einem Tiefpunkt seiner Wirkungsgeschichte neuerdings zurückgewinnt, ist aber nur ein Anzeichen neben andern, daß der *Fortschritt des Glaubensbewußtseins zu seinem Ursprung von Widerständen und Rückschlägen bedroht* ist. Bei dieser Unentschiedenheit wird es zweifellos solange bleiben, als die dreifache Vergegenständlichung nicht überwunden ist, die das Verhältnis Jesu zu seinen Gläubigen bis zur Stunde belastet. Deshalb heißt das Gebot der Stunde: »Heraus aus dem Schrein!« Dieser Appell richtet sich in letzter Konsequenz gegen die Barriere, die sich diesseits der methodischen, doktrinalen und kultischen Fixierung erhebt und mit dem Zwiespalt im Gottes- und Jesusbild zusammenhängt, in welchem sogar Guardini, ungeachtet der von ihm ausgehenden Neuerungsimpulse, befangen blieb. Was aber kommt zum Vorschein, wenn es gelingt, den angesprochenen Bann zu brechen?

Die Antwort lautet, mit einer fast verschollenen und nie wirklich reflektierten Formel gesprochen: der *fortlebende Christus!* Dabei spricht es für die fortschrittliche Retrovertiertheit Guardinis, daß gerade ihm ein wichtiger Hinweis entnommen werden kann. Im Anschluß an die Epheserstelle (4,13), die vom gemeinsamen Heranreifen der Glaubenden zum Vollmaß der Fülle Christi spricht, erklärt er:

Die Gestalt, die den Christen zum Christen macht, die in allen seinen Äußerungen durchdringt, alle verschiedenen Vorgänge seines Lebens zu einer Einheit zusammenbindet, in Allem wiedererkannt werden soll, ist der Christus in ihm. In jedem Einzelnen anders, nach der Weise seines Wesens: anders im Mann als in der Frau, anders im Kind als im Erwachsenen, anders in dieser Begabung als in jener ... Durch alle Mannigfaltigkeit und allen Wechsel hindurch geht ein Zusammenhang des Werdens, ein Wachstum. In jedem Christen lebt Christus gleichsam sein Leben neu: ist zuerst Kind und reift dann heran, bis Er das volle Alter des mündigen Christen erreicht. Darin aber wächst Er, daß der Glaube wächst, die Liebe erstarkt, der Christ sich immer klarer seines Christseins bewußt wird und mit immer größerer Tiefe und Verantwortung sein christliches Dasein lebt.[12]

Im zweiten, nur fragmentarisch veröffentlichten Anlauf zu seiner Christologie vereinfacht Guardini das in den Satz: »Christus, der sein Leben geschichtlich einmal gelebt und abgeschlossen hat, lebt es in jedem Menschen noch einmal.«[13] Im Gedanken an das Ganze, auf das der Blick Guardinis stets gerichtet war, müßte das jedoch unverzüglich durch den Zusatz ergänzt werden: nicht in subjektiver Parzellierung, sondern so, daß das sich in den Einzelnen ereignende Christusleben eine umfassende Ganzheit bildet, die als solche nicht nur das »Thema des christlichen Existierens«, sondern das der gesamten Welt- und Heilsgeschichte ist. Das ist, in synchroner Perspektive gesehen, die paulinische Vorstellung vom kollektiven, alle Strukturen und Lebensäußerungen der Kirche umgreifenden und durchseelenden Christus, für den sich – von »mysterion« abgeleitet – die Rede vom »mystischen Christus« einbürgerte; es ist in der Fortbildung dieses Ansatzes die

Vorstellung von dem »ganzen Christus«, die *Augustin* zum Gedanken des »unus Christus amans seipsum« verinnerlichte; und es ist, in letzter Steigerung, die aus der Gegensicht entwickelte Vorstellung, die *Bossuet* in die kühnen und nach seinem eigenen Verständnis nur im Geist der Liebe verständlichen Worte faßte:

> Jesus Christus trägt uns in sich; und wir sind, wenn ich so sagen darf, mehr sein Leib, als es sein eigner Leib ist. Was in seinem göttlichen Leibe vorgeht, ist reale Vorbildung dessen, was sich in uns vollziehen soll.[14]

Unter dem Eindruck, in einer »greisenhaften«, ihrem fast schon absehbaren Ende entgegengehenden Welt zu leben und seiner davon geprägten Geschichtstheorie war Augustin freilich gehindert, diese synchrone Sicht zu einer diachronen fortzuentwickeln.[15] Um so wichtiger ist die Erinnerung an die geschichtstheologische Leistung Bossuets, die nach *Löwith* in der Einbeziehung des Vorsehungsgedankens bestand, so daß nun Geschichte, ungeachtet der seltsamen »Mischung von Zufall und Schickung«, in der sie ständig begegnet, als ein sinnvolles Geschehen denkbar wurde.[16] Dieser »Sinn« ist für Bossuet, wie erinnerlich, das Kreuz, verstanden als die in ihm gipfelnde und sich geschichtlich stets neu ereignende Lebenstat Jesu. Das ist schon fast mehr in der Vorschau auf *Gertrud von Le Fort* als im Rückblick auf Bossuet gesagt, da die angesprochene Geschichtskonzeption erst in ihrem dichterischen Werk zur vollen Ausgestaltung gelangte.[17] In ihrer Sicht der Zusammenhänge ist die *synchrone Vorstellung Augustins definitiv zu ihrem diachronen Gegenbild* fortentwickelt. So überrascht es nicht, daß an entscheidender Stelle ihres Werks in aller Form vom »fortlebenden Christus« die Rede ist. Da in den Schreckenstagen der Französischen Revolution, von der die ›Letzte am Schafott‹ berichtet, die Angst bereits zum bestimmenden Faktor aller Verhältnisse geworden ist, verfügt der Ordensobere der Titelheldin, daß den Postulantinnen der Ordensname »de Jésus au jardin de l'Agonie« beigegeben werde; und er begründet seine Entscheidung mit dem Hinweis, daß sich der fortlebende Christus »gegenwärtig gleichsam im Garten Gethsemani« befinde.[18]

Wenn sich der Geschichtsgang in der Sicht Le Forts als eine den Wechsel der Zeiten durchgreifende Rekapitulation der Lebensgeschichte Jesu darstellt, so daß jede Epoche ihre innerste Sinnzuweisung aus der ihr zugeordneten Phase empfängt, stellt sich ein noch engerer Zusammenhang zu dem Gedanken *Guardinis* her, wonach Christus in jedem Christen sein Leben neu durchlebt, angefangen von seinem Kindsein bis zum Vollalter der Mündigkeit.[19] Denn im Vergleich damit erscheint die Le Fortsche Geschichtskonzeption lediglich als Ausweitung desselben Modellgedankens von der Individual- zur Weltgeschichte. Und wie im Fall Augustins wird man sich auch hier fragen müssen, was Guardini hinderte, seinen Ansatz in diesem Sinne auszufolgern. Die Erklärung dürfte sich von der für Augustin gefundenen kaum unterscheiden. Denn die in ›Das Ende der Neuzeit‹ entwickelte Geschichtsperspektive ist bei aller Hellsichtigkeit zu pessimistisch, so daß für eine christologische Deutung kein Raum bleibt. Zwar rechnet auch Guardini mit einem Überleben von Glaube und Liebe, jedoch nur noch in der zurückgenommenen Form der religiösen Selbstbehauptung und des zwischenmenschlichen Zeugnisses, nicht jedoch als Gestaltungsmächte der gesellschaftlichen Lebenswelt. In diesem Sinne versichert er:

> Die Einsamkeit im Glauben wird furchtbar sein. Die Liebe wird aus der allgemeinen Welthaltung verschwinden (Mt 24,12). Sie wird nicht mehr verstanden noch gekonnt sein. Um so kostbarer wird sie werden, wenn sie vom Einsamen zum Einsamen geht; Tapferkeit des Herzens aus der Unmittelbarkeit zur Liebe Gottes, wie sie in Christus kund geworden ist.[20]

Doch selbst wenn Guardini diese Radikal-Prognose nicht gewagt hätte, ließen schon seine Prämissen kein positiveres Urteil zu. Denn die Epoche, die er als nach-neuzeitliche heraufziehen sieht, ist durch Kriterien gekennzeichnet, die dem Christentum keinen gestalterischen Einfluß mehr bieten. Nicht nur, daß er mit der Entstehung einer Kultur rechnet, die sich noch nicht einmal mehr begrifflich unter das subsumieren läßt, was bisher als Kultur galt; dem entspricht auch das durch technische Ausbeutung und hemmungslosen Tourismus deformierte Umfeld des Menschen: eine »nicht-natürliche« Natur und nicht zuletzt der Mensch der Zukunft selbst, der im Vergleich zu seinem neuzeitlichen Idealbild als »nicht-human« gekennzeichnet werden muß.[21] Indessen war sein christologischer Ansatz zu stringent, als daß er lediglich auf der Ebene einer dichterischen Widerspiegelung hätte fortgeführt werden dürfen. Ihn in seiner geschichtstheologischen Relevanz begriffen und zu einem großräumigen Konzept entfaltet zu haben, ist eine der herausragenden Leistungen *Hans Urs von Balthasars*, auch wenn sein Entwurf einer Geschichtstheologie, ›Das Ganze im Fragment‹ (von 1963) betitelt, auf Guardini nicht ausdrücklich Bezug nimmt.[22]

Ohne daß die Zeiten formell im Sinn der Lebensgeschichte Jesu gegliedert würden, entwirft Balthasar doch eine *Stadienlehre des ewigen Wortes*, die jede Zeit – mit *Leopold von Ranke* gesprochen – »unmittelbar zu Gott« und seiner Offenbarung erscheinen läßt. Auch dort, wo eine Epoche im Zeichen des kindlichen Spielverhaltens steht und nichts von der Vollgestalt des zum Vollalter gereiften Mannes, geschweige denn von der Dramatik des Leidenden erkennen läßt, ist ihr die ungeschmälerte Fülle der Wahrheit zugesagt, so wie den an die Mannesreife und Passion Jesu verwiesenen Epochen die Naivität des Kindseins erhalten bleibt. Wer zu diesem Geschichtsverständnis gelangen will, muß versuchen, *im Ende den Anfang und in diesem die mit ihm beginnende Vollendung* zu sehen:

> Er muß lernen, im Kind schon den Leidenden, aber auch den Verherrlichten, das ewige Kind zu sehen und, mit dem Kind immer neu verkindlicht, in die ewige Kindschaft hineinzuwachsen.[23]

Ebenso hatte es schon, wenngleich eingegrenzt auf die Perspektive des Kirchenjahrs, *Przywara*, der Schöpfer und Anreger dieser Geschichtskonzeption, gesehen, wenn er fragt, ob das Spiel des Knaben nicht im Keim schon das Werk des Mannes enthält, und daraus für das Kirchenjahr folgert:

> So ist es wohl wahr, daß wir jetzt nicht mehr im Advent leben, nicht mehr in der Weihnacht, nicht mehr in den Schaudern von Getsemani und Golgota, nicht mehr in den Jubelstürmen von Ostern und dem Feuer von Pfingsten, sondern Glieder sind Christi, der zur Rechten des Vaters sitzt …, so daß die Ruhe des ewigen Sabbats bereits in unser Leben hineinatmet. Aber diese Reife der Zeit nach Pfingsten zieht ihr Leben aus Advent und Weihnacht und Fastenzeit und Ostern, wie Pflanze und Baum in der Kraft ihrer Wurzel wachsen; und die alljährliche Wiederkehr dieser Zeiten ist nur dieses Hinaufquellen des Lebens der Wurzel.[24]

Um im Bild Przywaras zu bleiben, gingen somit aus der Wurzel seines Grundgedankens zwei kontrastierende und sich doch gegenseitig ergänzende Modellvorstellungen hervor: die auf altchristliche Tradition zurückverweisende Konzeption Balthasars, die eine Epochengliederung nach den – mit der Kindheit beginnenden und in Kreuz, Auferstehung und Himmelfahrt endenden – Lebensstadien des göttlichen Wortes insinuiert; und das Le Fortsche »Gegenmodell«, das die Stationen der Lebensgeschichte Jesu der Epochengliederung zugrunde legt. Obwohl keine der beiden Konzeptionen vom theologischen Geschichtsdenken der Gegenwart aufgegriffen oder gar fortgebildet wurde, verbietet es die gedankliche Dignität der Entwürfe, sie in dieser Unausgeglichenheit stehen zu lassen.[25]

Wenn die beiden Perspektiven vereinbart werden sollen, dann nach Lage der Dinge nur mit Hilfe eines personalen Mediums. Dafür kommt aber nur der in Betracht, der die von Balthasar zugrunde gelegten Lebensphasen durchlief und dessen Lebensgeschichte Le Fort ihrer Geschichtsdeutung zugrunde legte. Das aber ist nicht schon der historische Jesus, da ein für den gesamten Geschichtsverlauf wirksames Medium gesucht ist, sondern nur der in seiner Wirkung gegenwärtige, die Gemeinschaft der Seinen in sich zusammenfassende und durch sich belebende, also der fortlebende Christus. Beim Versuch einer genaueren Profilbestimmung ist dem eingeschlagenen Verfahren ein hilfreicher Hinweis zu entnehmen. Denn es gestaltete – und gestaltet – sich spiegelbildlich zum Ideal der griechischen ›Mesotes‹, die gegensätzliche Elemente auf dem Weg einer »Überhöhung« in sich vereinbart.[26]

Im Unterschied dazu ging es bei dem Versuch, die kontrastierenden Geschichtsmodelle zu vereinbaren, um einen »Rückgriff« auf jenen fortwirkenden Geschichtsgrund, der eine christologisch geortete Zeitenfolge überhaupt erst denkbar macht. Dabei unterschied sich dieses Verfahren von jeder Form eines »archäologischen« Rückgangs dadurch, daß er sich mit dem Verlangen nach Verinnerlichung verband. Der Rückgriff hatte insofern, mit dem von *Walter Kern* erarbeiteten Diagramm theologischer Tendenzen gesprochen, »konzentrativen« Charakter. *Mit jedem Schritt in Richtung auf den fortlebenden Christus treten die »gegenständlichen« Bestimmungen zurück,* um Erfahrungen des Ergriffen- und Übernommenseins Raum zu geben. Daß einzelne Epochen im Zeichen des Kindseins, andere in dem der Mannesreife und wieder andere in dem der Passion Jesu stehen, erscheint nun immer weniger als Folge eines übergeordneten Dispositionsprinzips, sondern als Ausdruck des Fortwirkens Jesu in ihnen. Auf einem Höhepunkt seiner Bekenntnisse bringt *Augustin* das in seiner unnachahmlichen Sprache zum Ausdruck, nachdem er zuvor den Zwiespalt des sich selbst überlassenen Menschenherzens – »Wohin hätte denn mein Herz vor meinem Herzen fliehen sollen?« – beschworen hatte:

Zu uns herabgestiegen ist unser Leben, hat unsern Tod auf sich genommen und ihn durch die Fülle seines Lebens getötet. Und mit Donnerstimme hat er uns zugerufen, von hier zu ihm in jenes geheimnisvolle Heiligtum zurückzukehren, von dem er zuerst in den Schoß der Jungfrau herabgestiegen war, um sich der menschlichen Natur anzuvermählen ... So durchlief er seine Bahn und rief durch Worte und Taten, durch seinen Tod und sein Leben, durch seine Herabkunft und seine Himmelfahrt, daß wir zu ihm zurückkehren sollten. Und er entschwand unseren Blicken, damit wir wieder in unsre Herzen einkehren und dort ihn finden möchten. Ja, er ist hingegangen, und siehe, hier ist er! Nicht lange wollte er bei uns bleiben, und doch hat er uns nicht verlassen. Denn er ging nur dorthin, von wo er nie weggegangen war, weil die Welt durch ihn geworden ist und weil er, der in dieser Welt war, in sie kam, um die Sünder selig zu machen.[27]

Das vertieft die vor- und nachaugustinische Tradition zu dem Gedanken, daß der Glaubende Christus in sich aufnimmt, der im Maß, wie sich sein Glaube entfaltet, in ihm heranwächst und zur vollen Jugendkraft gelangt, ohne den Verfall des Alters befürchten zu müssen.[28] Daß diese Vorstellung keineswegs in die Enge des Subjektivismus führt, wird von den Vätern immer wieder unterstrichen, am deutlichsten von *Methodius von Philippi*, der als den eigentlichen »Ort« der Gottesgeburt die Kirche bezeichnet.[29] Was Jesus bei der Taufe durch die Himmelsstimme zugesprochen wurde, betraf die ganze Gemeinschaft der an ihn Glaubenden; das Wort der Himmelsstimme wollte ihnen zu Bewußtsein bringen, daß der ewige Gottessohn zum Prinzip ihres geistlichen Lebens werden und *durch den Glauben in ihnen heranwachsen und zur Reife gelangen* sollte.[30] So gesehen zogen die Initiatoren der heutigen Geschichtstheologie nur die Konsequenzen aus einem längst vorgegebenen Gedanken, der vermutlich von den Vätern selbst schon ausgeformt worden wäre, wenn ihnen die geschichtliche Dimension des Christentums mit vergleichbarer Deutlichkeit vor Augen gestanden hätte.

Vor dem Hintergrund des Vergegenständlichungsproblems ergibt sich daraus als zwingende Schlußfolgerung: der *fortlebende Christus ist das mystische Personzentrum* und damit das *Zentralsubjekt des gesamten Glaubenslebens.* Wie die Ausdrucksweise andeutet, ist damit der von der romantischen Theologie entwickelte Gedanke eines umgreifenden und zugleich mystisch integrierten Gesamtsubjekts voll aufgenommen.[31] Denn der Rückgang von der Vergegenständlichung in die subjektive Innerlichkeit kann, wenn er nicht revolutionären Charakter annehmen soll, nur stufenweise gedacht werden. Insofern wird sich die Integration des zu Inhalten, Definitionen und Sätzen vergegenständlichten Glaubens in den »Glauben« des fortlebenden

Christus organisch nur über Vorformen hinweg vollziehen können. Dazu gehört eindeutig die Vorstellung von einem *kollektiven, die Vielzahl der individuellen Akte in sich zusammenfassenden Glaubenssubjekt*, wie sie Möhler in einem Schlüsselwort seiner ›Einheit in der Kirche‹ (von 1825) umschrieb und wie sie – nach *Claus Bussmann* – von der lateinamerikanischen Befreiungstheologie wiederentdeckt wurde.

Doch das von der Liebe gebildete »Ganze«, das nach *Möhler* die Größe des Gottesgedankens allein zu fassen vermag, ist allenfalls sein Sensorium, noch nicht sein Subjekt. In Analogie zu dem augustinischen »unus Christus amans seipsum« muß dieses vielmehr christologisch, als ein Akt der Selbstverständigung des ganzen Christus, gedacht werden. Dabei gehört es zu der Richtigkeit dieses Gedankens, daß er gerade nicht vergegenständlichend gefaßt, sondern dem »überantwortet« wird, der als das wahre Glaubenssubjekt entdeckt wurde. Den fortlebenden Christus denken, heißt somit, diesen Gedanken in Übereinstimmung mit seinem Selbstbegriff bringen, heißt, durch diesen Gedanken in sein Selbstbewußtsein eingehen. Den fortlebenden Christus begreift nur, wer seine Vorstellung von ihm als Vorbegriff versteht, der darauf angelegt ist, von ihm aufgenommen und angeeignet zu werden. Nur einem in der Vergegenständlichung erstarrten Denken kann das kühn oder gar vermessen vorkommen. Für *Paulus* ist es dagegen eine christliche Selbstverständlichkeit. Ihm zufolge »versteht es sich« für den Glaubenden, daß er seine Gotteserkenntnis als Frucht eines vorgängigen Gedachtseins durch Gott begreift; deshalb erklärt er den Adressaten seines Galaterbriefs:

Jetzt erkennt ihr Gott, oder vielmehr: ihr seid von Gott erkannt (4,9).[32]

Wie Paulus im Ersten Korintherbrief (8,2f) hinzufügt, will er diese Aussage als Korrektiv verstanden wissen, durch das der Gottesgedanke der Adressaten erst zu seiner Richtigkeit gelangt. Für das Problem der Glaubensgeschichte besagt das, daß sie erst im Rückbezug auf den fortlebenden Christus richtig in den Blick gebracht ist. Denn erst im Medium dieses Gedankens erschließt sich die Innensicht dessen, was sonst nur in theologischer Begrifflichkeit über sie ausgesagt werden kann. So erhellend es ist, die einzelnen Epochen unter dem Gesichtspunkt der Lebensstadien und Lebensgeschichte Jesu zu sehen, ist die vollgültige Perspektive doch erst dann gewonnen, wenn es gelingt, die *Entwicklungen und Ereignisse als sein Wachsen, Reifen und Leiden in der Geschichte* zu begreifen. Was *Nietzsche* an der

bewegendsten Stelle seines ›Antichrist‹ vom Verhältnis Jesu zu seinen
Peinigern sagt, gilt zweifellos erst recht von seinem Verhältnis zu den
Suchenden, Glaubenden und Irrenden: »er bittet, er leidet, er liebt« mit
ihnen und in ihnen.[33]

Ihr Suchen wäre nie in Gang, geschweige denn vom Fleck gekommen, wenn sie nicht von ihm »heimgesucht« worden wären; in
ihren Gebeten *ruft er*, wie dies »ein für allemal« in dem von ihm
vollzogenen religionsgeschichtlichen Durchbruch geschehen war,
Gott beim Vaternamen an. In ihren Irrungen und Verfehlungen *leidet
er*; in ihrem Glauben *erkennt er sich wieder*; in ihrer Liebe schließt
sich der Ring des »*unus Christus amans seipsum*«. So gewinnt die
Geschichte tatsächlich einen christologischen Sinn; dies jedoch nicht
nach Art eines ihr zugrundeliegenden Plans, sondern dadurch, daß sich
in ihr das Leben Jesu nachvollzieht. Daß dieser Sinn nicht »festgestellt« werden kann, ist somit kein Defizit, sondern ein Vorzug. Denn
»*Sinn*« heißt in diesem Fall, *sich zurück-besinnen* auf den, der in dieser
Geschichte bittet, leidet und liebt.

Auf den Ausgangsgedanken von der dreifachen Vergegenständlichung Jesu zurückbezogen ist nunmehr die Tür gefunden, die aus
dem damit gebildeten Schrein herausführt. An dieser Stelle gestaltet
sich der Gedankengang erstmals aus innerer Notwendigkeit zu einem
Plädoyer. Angesichts der Vernachlässigung, die dem Theorem vom
fortlebenden Christus im theologischen Denken der Gegenwart widerfuhr, kann davon zuletzt nur noch desiderativ und appellativ gesprochen werden. Insofern korrespondiert nunmehr dem Aufruf »Heraus
aus dem Schrein!« ein zweiter, der zur Wiederentdeckung des fortlebenden Christus auffordert. Denn nur so ist es dem angemessen, der
in der von ihm eröffneten und strukturierten Geschichte lebt und unter
ihren defizitären Erscheinungen leidet, nicht zuletzt auch darunter,
daß er noch allzusehr als ihr Thema und nicht als ihr Subjekt begriffen
wird.

Das Sensorium:
Der Sensus fidelium

Auf dem Vorbegriff des kollektiven Glaubenssubjekts liegt – ungeachtet seiner Vorläufigkeit – auch insofern ein besonderer Akzent, als
mit ihm die *Frage nach dem registrierenden und rezipierenden
Sensorium* thematisch aufgeworfen ist. Im Vergleich zum Zentralsubjekt ein Vorbegriff, ist er als solcher ein erkenntnistheoretischer

Rahmenbegriff, der darauf drängt, mit konkreten Bestimmungen ausgefüllt zu werden. Ein erster Schritt dazu ist schon getan, wenn man im Sinne Möhlers davon ausgeht, daß mit ihm die Perspektivität der individuellen Glaubenssicht überwunden werden soll. In diesem Interesse konvergiert dieser Ansatz mit der Tendenz der Politischen Theologie, aus der Privatisierung – und Kommunikationshemmung – der neuzeitlichen Glaubensform herauszuführen. Insofern war es nur konsequent, daß sich auch die aus ihr hervorgegangene Befreiungstheologie den Gedanken zu eigen machte, auch wenn es in der Absicht geschah, das Befreiungskonzept als Intuition des Volkes auszugeben und ihm dadurch größere Durchschlagskraft zu verleihen. War es Möhler mehr um die möglichst expansive Fassung des Gedankens zu tun gewesen, so geht es hier offensichtlich mehr um sein gesellschaftliches Gewicht und seinen möglichen Einfluß auf die sozialen und politischen Verhältnisse.

Im Grunde reagiert die Version der Befreiungstheologie – insbesondere im Rückbezug auf ihren westeuropäischen Entstehungsraum – auf den signifikanten Wirkungsverlust, den die Religion als Gestaltungskraft des öffentlichen Lebens erlitt und der es dahin brachte, daß sie, zumindest nach Lübbe, in die gesellschaftlichen »Nischen« abgedrängt wurde. So gesehen setzt schon der Ansatz Möhlers die defizitäre Entwicklung der Mitmenschlichkeit voraus, die den Gang der ausgehenden Neuzeit in Aktion und Reaktion bestimmte. Bevor die Entwicklung in das Extrem des Kollektivismus umschlug, versuchte er, wenngleich vergeblich, der individualistischen Aufsplitterung mit dem Desiderat einer auf das Prinzip Liebe gegründeten Glaubenseinheit zu begegnen. Der tatsächliche Verlauf führte jedoch nur zu einer zusätzlichen Verschärfung des von ihm angegangenen Problems, insbesondere in Form einer Kommunikationshemmung, die geradezu eine tabuisierende *Ausgrenzung des Religiösen aus dem heutigen Sprachfeld* nach sich zog.[34]

Wenn es zutrifft, daß Leiden ebenso erkenntnisstiftend wirkt wie das philosophische Staunen oder die erzieherische Sorge, daß also am Anfang neuer Entdeckungen Erlebnisse der Entbehrung stehen, erklärt sich daraus auch die Tatsache, daß sich kompensatorisch zu diesem Kommunikationsverlust die Wiederentdeckung der Mitmenschlichkeit und des Gesprächs, vor allem im Feld des dialogischen Denkens, ereignete. Maßgeblich an diesem denkerischen »Umbruch« war neben Ferdinand Ebner und Franz Rosenzweig insbesondere *Martin Buber* beteiligt.[35] Unter diesen Initiatoren nimmt Buber insofern eine Vorzugsstellung ein, als er der wiederentdeckten Mitmenschlichkeit eine anthropologische und erkenntnistheoretische Zuspitzung gab. Für ihn, der sich in seiner Untersuchung über ›Das Problem des Menschen‹ (von 1948) mit den wichtigsten Modellen der klassischen Anthropologie auseinandersetzte, verwirklicht sich das Menschsein letztlich in Akten der gegenseitigen Zuwendung und dialogischen Zusage. Denn der Mensch bedarf der Bestätigung durch seinesgleichen; und gerade darin unterscheidet er sich vom Tier in der Unfraglichkeit seines Daseins:

> Anders der Mensch: aus dem Gattungsbereich der Natur ins Wagnis der einsamen Kategorie geschickt, von einem mitgeborenen Chaos umwittert, schaut er heimlich und scheu nach einem Ja des Seindürfens aus, das ihm nur von menschlicher Person zu menschlicher Person werden kann; einander reichen die Menschen das Himmelsbrot des Selbstseins.[36]

Diese Einsicht steigert Buber zunächst zur Vorstellung von dem aus der dialogischen Beziehung entspringenden »Zwischenmenschlichen«, in dem sich die Verbundenheit von Ich und Du zu einem »Dritten« erhebt, das die korrespondierenden Akte gelingen läßt, bisweilen sogar die Regie über sie übernimmt, ohne eine andere Existenz zu haben als die der dialogischen Relation. Mit *Alexander von Villers*, dem Verfasser der ›Briefe eines Unbekannten‹ (von 1877), teilt er den »Aberglauben an den Zwischenmenschen«, von dem es in einem dieser Briefe (vom 27. Dezember 1877) heißt:

> Wer aber denkt, fühlt und spricht, das ist der Zwischenmensch, und ihm gehören die Gedanken; das macht uns frei.[37]

Den Gedanken des »Zwischenmenschlichen« hätte Buber schwerlich fassen können, wenn ihm dabei nicht die Erinnerung an die aus der theologischen Vermittlungsproblematik hervorgegangene Vorstellung von der »Schechina«, der göttlichen Einwohnung, vor Augen gestanden wäre. In Bubers einzigem Roman, ›Gog und Magog‹ betitelt, verfaßt sich der Gedanke sogar zu einer gestalthaften Erscheinung, die sich mit den Worten präsentiert:

> Ich bin ermattet, denn ihr habt mich gehetzt. Ich bin siech, denn ihr habt mich gepeinigt. Ich bin beschämt, denn ihr verleugnet mich ... Wenn ihr einander feind seid, hetzt ihr mich. Wenn ihr einander verleumdet, verleugnet ihr mich. Jeder von euch verbannt seine Gefährten, und so verbannt ihr mitsammen mich ...[38]

Das ist die Botschaft des in seiner Gegenwart verfehlten und in seiner Nähe verkannten Heils. Gleichwohl versichert die geheimnisvolle Gestalt: »Ich bin in Wahrheit bei euch.« Dabei will dieser Ausspruch auch dahin verstanden werden, daß dort, wo die Nähe der Schechina fühlbar wird, die Wahrheit aufscheint. Ihr gehören die Gedanken; indem sie das menschliche Denken umhegt, macht sie es für die Einsicht in die letzten Zusammenhänge frei.[39] Glaubensgeschichtlich konkretisierte sich dieser Übergang in den erkenntnistheoretischen Aspekt durch die *Sublimierung der Schechina zur Weisheit*. So sehr deren spekulative Fassung, wie *Gerhard von Rad* betont, aus der altisraelitischen Erfahrungsweisheit hervorging, bedurfte es doch einer zweifachen »Prägung«, damit sie ihre Vollgestalt gewinnen konnte. Die eine bestand in der Herausforderung durch die »Weisheitslehre« der griechischen Philosophie, die sich in dem unter der Seleukidenherrschaft unternommenen Hellenisierungsversuch zu Formen politischer Erpressung steigerte; die andere in dem Eindruck religiöser Entbehrung und Orientierungslosigkeit, dem die Klage des 74. Psalms über das Ausbleiben der »weisenden Zeichen« und »prophetischen Stimmen« bewegenden Ausdruck verlieh.[40]

Wenn es dem religiösen Ingenium Israels in der Folge gelang, die »Not« dieser Entbehrung in die »Tugend« der – gestalthaft erschauten – Weisheit umzusetzen, so vor allem deshalb, weil ihm in und mit dem Bild der Schechina die ideelle »Hohlform« vor Augen stand, in die es die »Masse« seiner weisheitlichen Erfahrungen zu gießen vermochte. So wurde die Weisheit für das nachexilische Denken von ihrer Entstehung her zum spekulativen Medium, in dem es zunächst die große Heils- und Gerichtserfahrung der Vorzeit und schließlich das Ganze der welthaften Gegebenheiten reflektieren lernte.[41] Ihren Niederschlag fand diese »disputatio mundi« in der alttestamentlichen Weisheitsliteratur, die neben Zeugnissen der in Jahrhunderten gespeicherten Erfahrungsweisheit luzide Durchblicke durch den Geschichtsgang Israels (Wsh 10–19) sowie eine Fülle von Aussagen über die Weltschöpfung (Spr 8,22–31; Sir 24,1–22), die Weltordnung (Job 38–41) und den Sinn und Widersinn des Daseins (Koh 3–6) enthält. An dem mit ihrem Erkenntnisprinzip erhobenen Anspruch läßt die alttestamentliche Weisheitslehre keinen Zweifel. Er erhellt nicht nur aus den vereinzelten Stellen, die auf ein Konkurrenzverhalten zur griechischen Philosophie und Ethik schließen lassen (Sir 24,23–34), sondern weit mehr noch aus dem Selbstruhm der Weisheit im Spruchbuch (8,1–36) und insbesondere aus ihrer Präsentation im Buch der Weisheit:

> Sie ist ein Hauch der Gotteskraft und reiner Ausfluß der Herrlichkeit des Allbeherrschers; keine Befleckung kann an sie rühren. Denn sie ist ein Abglanz des ewigen Lichts, ein makelloser Spiegel des Gottwirkens und ein Abbild seiner Güte. Obwohl auf sich selbst gestellt, vermag sie doch alles, und so sehr sie in sich selbst verbleibt, erneuert sie doch das All. Von Geschlecht zu Geschlecht geht sie in heilige Seelen ein und bildet sie um zu Gottesfreunden und Propheten (7,25ff).

Dieser Bestimmung zufolge erfüllt die Weisheit ebenso wie der philosophische Denkakt den Tatbestand der »Reflexion«, dies jedoch nicht in Form der Besinnung auf die die Erkenntnis ermöglichenden Gründe und das erkennende Subjekt, sondern als *Widerspiegelung des göttlichen Wahrheitsgrundes*. Wer im Horizont der Weisheit denkt, denkt in seinem Licht. Er versteht die gewonnenen Einsichten als Einweihung ins Gottesgeheimnis, im charismatischen Grenzfall sogar als die damit verliehene Befähigung, das mitgeteilte Geheimnis in »geistgegebenen« Worten (1 Kor 2,13) auszusagen. Kennzeichnend für diese Weisheits-Erkenntnis ist somit die *mystische Inversion*. Dieser Umstrukturierung in vertikaler Richtung entspricht jedoch ein nicht geringerer Wandel der Horizontalbeziehung. Gestaltet sich der Denkakt hier im Normalfall zur »co-agitatio«, also zum Versuch, die ihm entgegenstehenden Ansichten in seinem Gesichtskreis »einzutreiben«, so gewinnt er unter Führung der Weisheit den Charakter eines Sich-Wiedererkennens im Andern. Die konkurrierende Ansicht erscheint dann als perspektivische Ergänzung der eigenen; und daraus entwickelt sich, wenn keine Störung dazwischentritt, jene Horizonterweiterung, die *Möhler* mit dem schon wiederholt erwähnten Satz anzielt:

> In der Liebe erweitern wir uns, die Einzelwesen, zum Ganzen: die Liebe erfasset Gott.

Einsichtig wird dieser Satz freilich nur, wenn man mit *Eberhard Jüngel* aus dem liturgischen Motto ›Ubi caritas et amor – Deus ibi est‹ die Folgerung ableitet: »Ubi amor, ibi oculus!«[42] Das ist die radikale Gegenthese zur Sprichwortweisheit, wonach die Liebe blind macht. Und doch besteht zwischen beiden Positionen kein unüberbrückbarer Gegensatz. Denn die Liebe ist »blind«, sofern sie sich blenden läßt vom Glanz des in seiner Schönheit erstrahlenden Geliebten. Die

Blendung ist der Preis dafür, daß sie an ihm das wahrnimmt, was dem Alltagsblick entgeht. Dabei ist der wahrnehmende Blick, wie Jüngel verdeutlicht, »nicht vor dem erblickten Geliebten da«; er entsteht vielmehr, indem das Auge auf ihn fällt.[43] Im Fall der Liebe zu Gott muß die Initiative freilich von ihm ausgehen. Dann ist der Hinblick auf ihn, mit der Cusanus-Schrift ›De visione Dei‹ gesprochen, nur der Reflex des Gesehenseins durch ihn. Dazu mag er, abgesehen von dem von ihm selbst erwähnten optischen Anlaß, von der Anrufung im ›Proslogion‹ des *Anselm von Canterbury* angeregt worden sein:

O höchstes und unzugängliches Licht, o volle und selige Wahrheit: wie fern bist du mir, wie nah bin ich dir! Wie entrückt bist du meinem Blick, wie gegenwärtig bin ich deinem Blick![44]

Diese Spannung überwindet der Kusaner durch die Einsicht, daß sich nur der Gott zuwenden kann, dem die ewige Liebe mit ihrem Blick zuvorkam. Dadurch verwandelt sich die vom Menschen empfundene Ferne in ihr Gegenteil, so daß der Kusaner auf einem Höhepunkt seiner Schrift geradezu sagen kann:

Was ist dein Sehen anderes, Herr, wenn du mich mit den Augen der Liebe anschaust, als daß du von mir gesehen wirst? Indem du mich siehst, gewährst du, daß du, der verborgene Gott, von mir gesehen wirst. Denn niemand kann dich sehen, es sei denn, du gewährst, daß du gesehen wirst. Dich sehen besteht somit darin, daß du den siehst, der dich erblickt.[45]

Weisheit ist somit *sehend gewordene, durch ein göttliches Vor-Wissen zur Erkenntnis befähigte Liebe.* Im Unterschied zum philosophischen Erkenntnisakt, der sich in seinem Vorverständnis auf den alles Wißbare umgreifenden Seinsbegriff bezieht, verdankt die weisheitliche Erkenntnis ihre Einsichten somit dem – nach Cusanus – mit seinem Sehen identischen Gott. Aus biblischer Sicht ist dieses als Selbstmitteilung zu denkende Sehen Gottes gleichbedeutend mit seiner Offenbarung. Weisheit besagt somit Erkennen im Horizont und Licht der Gottesoffenbarung. Als solche ist sie der *Erkenntnisgrund, aus dem das kollektive Glaubenssubjekt schöpft.* Und das gesuchte Sensorium besteht, so gesehen, in der Wechselbeziehung von beiden. In der als Erkenntnisgrund begriffenen Weisheit »spiegelt« sich das, was an Offenbarungsgehalten den Glauben der Kirche jeweils angeht. Vom Rand her ist das zweifellos auch durch die wechselnden soziokulturellen Verhältnisse mitbedingt. Nicht umsonst forderte das Zweite Vatikanum Hirten und Hörer dazu auf, die drohenden, warnenden oder auch ermutigenden »Zeichen der Zeit« zu beachten. Als innerstes Dispositionsprinzip kommt jedoch nur der fortlebende Christus in Betracht. Aus seiner Präsenz im Geschichtsgang ergibt sich in letzter Hinsicht, was für den Glauben jeweils »an der Zeit ist«. Mit ihm steht das Sensorium in innerster Korrespondenz. Seinen Niederschlag aber findet dieser Dialog im fortwährenden Wandel der Glaubensgeschichte. Als Quellgrund der Inspiration ist der fortlebende Christus dabei gleichzeitig der Garant dafür, daß in diesem Wandel die Identität des Glaubens mit sich selbst bewahrt bleibt. Ungeachtet dieser ebenso einfachen wie durchsichtigen Grundverhältnisse bleibt jedoch die Frage nach der *Konkretisierung*. Wie stellt sich der Vorgang der Wahrheitsfindung im kirchlichen Leben und insbesondere im theologischen Disput dar?

Diese Frage suchte *Karl Rahner* in seinem ›Fragment über die kollektive Findung der Wahrheit‹ zu beantworten.[46] Organ der Wahrheitsfindung ist für ihn das *Ensemble der sich im Kirchenraum abspielenden Formen kollektiver Verständigung*, also Disput, Diskussion, Meinungsstreit, zuletzt aber der liebende, sorgende, Verantwortung übernehmende und sich dadurch öffnende Mensch als »der Ort, an dem das Ganze sich versammelt« und ihn, den Sammelnden, zugleich als das Umfassende überragt.[47] Dabei zeichnet sich auf beiden Ebenen die gleiche Grundfigur ab; denn bei der Verständigung fallen »Ausgang und Ziel« seltsam zusammen, und im menschlichen Gespräch geht es darum, die Einsicht des andern »als die eigene zu erkennen« und die eigene Position »den anderen als die seine erkennen zu lassen«.[48]

Unausgesprochen steht im Hintergrund dieser Überlegungen der Gedanke, daß dem Glaubenden nichts mitgeteilt und »gelehrt« werden kann, was er nicht aufgrund seiner primordialen Einweihung ins Gottesgeheimnis bereits wüßte, weil der in dieser kollektiven Einbettung gesehene Glaube letztlich als Teilnahme an der ewigen Selbstverständigung Jesu – unus Christus sciens seipsum – begriffen sein will. Von dieser »Hintergrundsideologie« her stellt sich dann für Rahner die Frage nach dem Sinn der doktrinalen und zumal der dogmatischen Formel. Sie ist ebenso unerläßlich und »lebenswichtig« wie entbehrlich. Unerläßlich, weil sie das Ziel der kollektiven Wahrheitsfindung bezeichnet; entbehrlich, weil sie der Sache gegenüber stets »inadäquat« bleibt und sich deshalb mit der Bereitschaft verbinden muß, in »Offenheit nach vorne« auf eine gültigere Formel hin überholt zu werden.[49] Dennoch ist ihr Wahrheitswert eminent; nur liegt die von ihr gemeinte Wirklichkeit nicht in ihr selbst, sondern in der von ihr evozierten Zwischenmenschlichkeit. Das *grenzt die kirchliche Dogmatisierung von jeder ideologischen Festschreibung ab.* Deshalb bleibt sie im Unterschied zu dieser ein Akt der der Wahrheit verpflichteten Freiheit. Deshalb trägt die kirchliche Formel die Verheißung in sich, im Maß ihres Verständnisses der Wahrheit näher zu bringen und so das Werk des Gottesgeistes zu betreiben, der »in alle Wahrheit einführt« (Joh 16,13). Während die ideologische Proposition beengt und ängstet, läßt sie aufatmen; darin unterscheidet sie sich am fühlbarsten von jeder Form geistiger Indoktrination und Kontrolle. Das aber ist nach Rahner zuletzt darin begründet, daß sich in den dogmatischen Definitionen eine Einweihung ins Gottesgeheimnis vollzieht, das auch noch durch die Ritzen der »schiefen oder halb verstandenen Formel zu dringen vermag«, um sich einen Weg in die Mitte des Menschen zu bahnen, dorthin, wo er sich findet, indem er sich mitteilt, und aussagt, indem er sich setzt.[50]

Bei aller damit gewonnenen Klärung läßt die – ausdrücklich als Fragment gekennzeichnete – Reflexion doch Fragen offen. Die wichtigste betrifft die subjektive Vermittlung, da nun zwar deutlich wurde, wie sich die Verständigung des Sensoriums mit dem fortlebenden Christus vollzieht, nicht jedoch, *wie die kollektiv gefundene Wahrheit an das Glaubensbewußtsein des einzelnen weitergegeben* wird. Ist das Sache der Instanz, die sich in ihren Entscheidungen um die für alle geltende Wahrheit bemüht, und bleibt dann deren Korrespondenz mit dem fortlebenden Christus für den einzelnen im Verborgenen? Oder vollzieht sich seine Teilnahme an der Selbstverständigung Jesu so, daß er sich im Medium der kirchlichen Führung vom fortlebenden Christus persönlich inspiriert weiß? Wenn aber das der Fall sein sollte, wie gestaltet sich dann diese Partizipation konkret? Oder nun noch einfacher gefragt: *Wer verhilft dem Glaubenden zur Akzeptanz der Lehre*; wer lehrt ihn glauben?

Die zentrale Instanz:
Das Magisterium internum

Mit der Frage nach der zentralen Instanz begibt sich der Gedankengang definitiv auf die Suche nach konstruktiven Lösungsmodellen für
die gegenwärtige Konfliktsituation. Da geschichtliche Prozesse
grundsätzlich nicht rückgängig gemacht werden können, verbieten
sich Konstrukte, die den Charakter rückwärtsgewandter Kompromiß-
formeln aufweisen. Denn sie würden der mit jeder Krise gegebenen
Chance nicht gerecht. Wenn diese wahrgenommen werden soll, muß
die Lösung vielmehr auf dem entgegengesetzten Weg eines prospek-
tiven Entwurfs gesucht werden. Nur von der von *Rahner* geforderten
»Offenheit nach vorne« ist eine wirkliche Abhilfe zu erwarten. Wenn
diese leisten soll, was der Name verspricht, muß sie somit – im Sinn
der aristotelischen »Mesotes« – auf dem Weg einer überhöhenden
Vereinbarung von Gegensätzen gewonnen werden. Die Barriere, die
es hier zu überbrücken gilt, betrifft das Spannungsfeld, das durch die
Begriffe »fortlebender Christus« und »kirchliches Lehramt« ausge-
messen wird. Denn der zweite erhebt den Anspruch, daß der Glaube
des Kirchenvolks der Führung und Unterweisung durch die
hierarchische Spitze bedarf, wenn er in der Gemengelage mit den
ständig wechselnden Weltanschauungen und Ideologien nicht um
seine Identität kommen soll, während der erste insinuiert, daß der in
der Kirche fortlebende Christus seine Präsenz gerade auch dadurch
erweist, daß er die Seinen im Glauben an ihn und in der Verankerung
in seiner Wahrheit erhält. Doch wie ist dieser Gegensatz im Sinne einer
Vorwärtsstrategie zu vereinbaren?

Wenn auf diese Frage eine hilfreiche Antwort gefunden werden
soll, muß man sich vergegenwärtigen, daß im Horizont des christlichen Denkens die *prospektive Lösung oft in der Rückbesinnung auf
den Ursprung* gefunden wird, da das Glaubensbewußtsein im Ausgriff
nach vorne immer nur das einholen kann, was ihm im Ereignis der
Gottesoffenbarung zugesprochen worden ist und da, heilsökonomisch
gesprochen, die Endzeit im Ereignis der Auferstehung Jesu bereits
vorweggenommen ist. Zur Vollständigkeit dieses Befunds gehört aber
auch die tragische Tatsache, daß es unter den im jahrhundertelangen
Aneignungsprozeß gewonnenen Einsichten *Lichtblicke* gab, *die dann
wieder in Vergessenheit gerieten,* daß die Theologiegeschichte neben
»angenommenen« Erkenntnissen auch solche kennt, die beiseite-
geschoben, übergangen oder gar verdrängt wurden, so daß sich die

Akte der Rückbesinnung auch auf diese »liegengebliebenen« Wahrheiten beziehen müßten. Vermutlich geht man nicht fehl, wenn man die von *Johann B. Metz* wiederholt geforderte »Gedächtniskultur« auch mit dem Desiderat der Wiedergewinnung dieses »Strandguts« der Glaubensgeschichte in Zusammenhang bringt.[51] Nicht zuletzt berechtigt dazu seine Vorstellung, daß diese »Solidarität nach rückwärts« insbesondere »den Toten und Besiegten« zu gelten habe und damit den von der bisherigen »Siegergeschichte« Vernachlässigten und Beiseitegeschobenen.[52]

Da bei dieser Rückbesinnung, wie die Rede von der »gefährlichen Erinnerung« erkennen läßt, offensichtlich eine emotionale Barriere zu überwinden ist, wird es mit dem bloßen Hinweis auf verlorengegangenes und in Vergessenheit geratenes Traditionsgut nicht getan sein. Aus dem Lebensstrom der Glaubensreflexion ausgegliedert, sanken die vergessenen Gehalte vielmehr zu musealen Relikten herab, so daß es zu ihrer Wiederbelebung einer besonderen, nicht zuletzt auch sprachlichen Anstrengung bedarf. Mehr noch als bisher werden deshalb in die Erörterung appellative Elemente einfließen müssen. Was zur Rede steht, wird deshalb aus sachlicher Nötigung den Charakter einer »Überredung« annehmen. Denn nur unter dieser Voraussetzung besteht eine Chance, die zu Relikten depotenzierten Gehalte wieder in ihre ursprüngliche Funktion einzusetzen. Das gilt vor allem für die Figur, auf deren Wiederentdeckung die ganze Energie angesetzt werden muß, da sie allein eine Überbrückung des anvisierten Gegensatzes und dadurch die Überwindung der gegenwärtigen Krise verspricht: die *Figur des »inwendigen Lehrers«*. Was ist damit konkret gemeint?

Grundsätzlich geantwortet: die *Erfahrungsform, durch welche der fortlebende Christus ins subjektive Bewußtsein des Gläubigen tritt.* Paulinisch ausgedrückt: der »Christus in uns«; johanneisch: der Beistand (Paraklet), der an alles erinnert und in alle Wahrheit einführt.[53] Zwar mahnt auch der synoptische Jesus: »Laßt euch nicht Lehrer nennen; denn einer ist euer Lehrer: Christus« (Mt 23,10); und die gleichfalls aus der Position des Erhöhten gesprochene Zusicherung an die Verfolgten: »Nicht ihr seid es, die dann reden, sondern der Geist eures Vaters ist es, der in euch spricht« (Mt 10,20), läßt keinen Zweifel daran, daß diesem »Lehramt« keine zeitlichen Grenzen gesetzt sind. Eine ausgearbeitete Deutung des Magisterium internum bieten jedoch erst die paulinischen und johanneischen Schriften. Wie ein Schlüssel dazu wirkt die sprachphilosophische Deutung, die – nach *Werner*

Beierwaltes – Johannes Scotus Eriugena der Geistverheißung an die Verfolgten gab.[54] Dabei nähert er sich dem Verständnis der Stelle auf dem Umweg über zwei Abwandlungen des Herrenwortes an. Die erste lautet: »Nicht ihr seid es, die leuchten, sondern der Geist eures Vaters ist's, der in euch leuchtet«; und die zweite: »Nicht ihr seid es, die mich erkennen, sondern ich selbst erkenne in euch durch meinen Geist mich selbst.«[55]

Das aber entspricht schon so sehr der Formel von dem sich in seiner Kirche wiedererkennenden und wiederliebenden Christus, daß sich der Blick schon hier auf ihren Urheber, *Augustin*, richtet. Indessen hätte sich dieser schwerlich zur Idee des »inwendigen Lehrers« erheben können, wenn sie ihm nicht in vorgeformter Gestalt im Kontext der paulinischen Christologie entgegengetreten wäre. Zunächst in vorwiegend subjektiver Tönung; denn auf dem Höhepunkt seiner Verkündigung weiß sich der Apostel so sehr von dem in ihm wohnenden Christus inspiriert, daß er sein Wort als dessen Verlautbarung, Zuspruch, Mahnung (2 Kor 5,20) und Urteil (1 Kor 5,4f) begreift. Und weil er dabei den Unterschied zu seiner eigenen Meinung nie aus dem Auge verliert (1 Kor 7,12), läßt er sich sogar auf das Ansinnen ein, Beweise dafür zu liefern, daß Christus tatsächlich durch ihn spricht (2 Kor 13,3). Ins »Soziale« weitet Paulus dieses Verhältnis, wenn er von seinem eigenen Ergriffensein (Phil 3,12) auf das seiner Adressaten schließt. Wie er sich zur Erbringung von »Beweisen« bereitfand, fordert er nun die Korinther auf:

> Erprobt euch selbst, ob ihr im Glauben fest steht; prüft euch doch selbst! Erseht ihr denn nicht an euch selbst, daß Christus in euch ist? Wenn nicht, dann hättet ihr die Probe nicht bestanden (2 Kor 13,5f).

Den aufgrund dieser Selbstprüfung Bewährten aber gilt, wie Paulus im Römerbrief in geistvoller Verwendung alttestamentlicher Zitate sagt:

> Die Glaubensgerechtigkeit spricht: Sag nicht in deinem Herzen: Wer steigt zum Himmel empor? Nämlich: um Christus herabzuholen. Oder: wer steigt zur Unterwelt hinab? Nämlich: um Christus heraufzuholen. Vielmehr versichert sie: Nahe ist dir das Wort; es ist in deinem Mund und in deinem Herzen (Röm 10,6ff).

Damit legt der Apostel den Grund für seine zentrale Glaubensbestimmung, die keinen Zweifel darüber läßt, daß sich das »Wort« auf das Geheimnis des auferstandenen Gottessohnes bezieht, wie es ihm in der Gnadenstunde von Damaskus ins Herz gesprochen wurde (Gal 1,15f) und seinem Verständnis zufolge den »Inhalt« bildet, den der christliche Glaube letztlich umkreist. In kunstvoller Verschränkung der Satzglieder bringt das die anschließende Aussage zum Ausdruck:

> Wenn du mit deinem Mund Jesus als den Herrn bekennst und in deinem Herzen glaubst, daß Gott ihn von den Toten erweckt hat, erlangst du das Heil. Denn mit dem Herzen glaubt man zur Gerechtigkeit und mit dem Mund bekennt man zum Heil (Röm 10,9).[56]

Doch Paulus ist so wenig biographisch einzugrenzen, wie sich seine Botschaft auf eine »Lehre« reduzieren läßt. Wie *Otto Kuss* auf einem Höhepunkt seines Paulusbuchs (von 1971) deutlich machte, lebt er vielmehr der Überzeugung, daß er mit seinen Aussagen nur die »Spitze des Eisbergs« berührt, dessen »Masse« sich in räumlicher wie in zeitlicher Hinsicht ins Unabsehbare dehnt.[57] Aus dieser Einsicht ergibt sich, zumindest mittelbar, daß auch zwischen dem Selbstzeugnis des Apostels und seiner Lehre, schärfer ausgedrückt, zwischen ihm und seinen Gemeinden nicht exakt unterschieden werden darf, weil seine »Vaterschaft« (1 Kor 4,14ff) der »Kinder« bedarf, um als solche gelten zu können, und weil seine Gemeinden ihr volles Leben erst dadurch gewinnen, daß er sie umsorgt und, wie er im Philipperbrief versichert (1,7), in seinem Herzen trägt. Mit ihnen zusammen weiß er sich in die verborgene Gottesweisheit eingeweiht (1 Kor 2,7f), mit dem beschenkt, was kein Auge geschaut, kein Ohr vernommen und keines Menschen Herz jemals empfunden hat (1 Kor 2,9) und das zu Worten ermächtigt, wie nur der Gottesgeist sie lehrt (1 Kor 2,13). Was er verkündet, entstammt somit dem Quellgrund, der durch die Selbstoffenbarung Gottes in Christus erschlossen wurde; es hat seinen Inhalt in dem, in welchem der getreue Gott sein lebendiges »Ja« zu seinen Verheißungen sprach (2 Kor 1,19); und es wird uns übereignet durch den Geist, in dem wir »Zugang zum Vater« haben (Eph 2,18). Doch darin schattet sich bereits unverkennbar das Bild des sich in den Seinen wiederkennenden und wiederliebenden Christus voraus, wie es dann formell von Augustin ausgearbeitet wurde.

Daran gemessen setzt die johanneische Umschreibung des Magisterium internum lediglich neue Akzente. Während sie das Moment der »Lehre« stärker hervorhebt, lockert sie die Verbindung zwischen Jesus und dem Geist, so daß dieser stärkeres Eigenprofil gewinnt. Zwar »entquillt« der Geist dem Herzen des Heilbringers

(7,37f), und er bleibt die Gabe, die der Vater in seinem Namen senden wird (14,26); auch wird er »nicht von sich aus reden, sondern was er hört, wird er reden und das Kommende verkünden« (16,13). Doch muß Jesus gehen, damit er kommen kann (16,7), um dann mit der Welt ins Gericht zu gehen (16,8ff) und die Jünger an alles zu erinnern, was er ihnen gesagt hat (14,26). So ist der Geist, deutlicher als bei Paulus, ein eigenständig handelndes Agens, das jedoch in seinem Wirken so sehr an Jesus zurückverwiesen ist, daß schließlich das Bild eines *spirituellen* »Konsortiums« entsteht und so die Rede von dem Magisterium internum nun vollends gerechtfertigt erscheint. Nur darf nicht darüber in Vergessenheit geraten, daß die das Profil des Konsortiums bestimmende Figur des »inwendigen Lehrers« formell erst bei *Augustin* auftaucht und auch bei ihm, systematisch gesehen, erst über Vorformen erreicht wird.[58]

In den Schriften der Ablösung und Neuorientierung, die er unter dem Eindruck seiner »Bekehrung« verfaßte, spricht Augustin in Form von Vorbegriffen und »Vorempfindungen« (*Perl*) von der Wahrheit als der »höchsten Lehrerin für alle«, während er gleichzeitig als *höchste Instanz der Wahrheitsvermittlung* nur den gelten läßt, »von dem es heißt, daß er im inneren Menschen wohnt: Christus, die unwandelbare Kraft und Weisheit Gottes«.[59] Wie das Stichwort »Weisheit« erkennen läßt, steht Augustin dabei aber auch im Wirkungsfeld jener biblischen Tradition, die das Spannungsverhältnis von Transzendenz und Immanenz, von göttlicher Abgeschiedenheit und Geschichtsmächtigkeit durch den Entwurf von Zwischengliedern zu überbrücken suchte und in diesem Interesse die Vorstellung vom »Engel Jahwes«, von der als spirituelle Einwohnung Gottes gedachten »Schechina« und schließlich die der spekulativen Weisheit entwickelte.

Den Durchbruch zur Vollgestalt vollzog Augustin jedoch erst im Zwiegespräch mit seinem Sohn *Adeodat*, das thematisch ›Vom Lehrer‹ handelt und in dem Gedanken gipfelt, daß alles Verständnis letztlich ihm zu danken ist, so daß jede menschliche Unterweisung nur dazu dient, als Anleitung und Anstoß ihm Gehör zu verschaffen; denn:

> Er selbst ist es, der uns belehrt, er, der uns durch Menschen mit Hilfe äußerer Zeichen unterweist, damit wir, nach innen zu ihm zurückgekehrt, uns seine Lehre zu eigen machen.[60]

Ihren Höhepunkt erreicht die Schrift in der Replik des frühvollendeten Gesprächspartners, dem Augustin eine »schreckenerregende« Begabung nachrühmt:

Ich habe durch deine Worte verstehen gelernt, daß ein Mensch durch Worte nur Anregungen darüber empfängt, wie er sich belehren soll, weil die Sprache nur einen kleinen Teil von dem mitzuteilen vermag, was ein Sprechender sich denkt. Klar geworden ist mir insbesondere, daß immer dann, wenn ein Lehrer Wahres sagt, derjenige allein uns belehrt, der uns durch die äußeren Worte von seinem Wohnen in unserem Inneren in Kenntnis setzt. Ihn will ich mit seiner Gnadenhilfe lieben, und dies mit umso heißerer Glut, je mehr ich in der Lehre Fortschritte mache.[61]

In der Folge wendet sich Augustins Aufmerksamkeit dem Zuspruch dieses inwendigen Lehrers zu, den er vor allem im Gebetswort der Psalmen zu vernehmen glaubt:

Gut sollten wir diese Stimme kennenlernen – diese glücklich singende, diese stöhnende, diese in Hoffnung aufjubelnde, in ihrem gegenwärtigen Zustand aber seufzende Stimme – gut sollten wir sie kennenlernen, zuinnerst vernehmen, um sie uns zu eigen zu machen.[62]

Mit dieser Schlußwendung weist die Deutung zugleich auf *Nikolaus von Kues* voraus, der diese Aneignung als Impuls zur Selbstaneignung versteht:

Während ich in schweigender Betrachtung verharre, sprichst du, Herr, in mein Herz hinein: Sei du dein eigen, dann werde ich dein eigen sein.[63]

Das wirkt wie die Einlösung dessen, was sich der Kusaner am Ende der ›Docta ignorantia‹ von der Eingebung des inwendigen Lehrers und der Erschließungskraft des ihm übergebenen Denkens versprach:

Wer in Jesus eingeht, vor dem weicht alles zurück, und weder die Schriften noch diese Welt können ihm Schwierigkeiten bereiten, weil er durch den ihm einwohnenden Geist Christi in Jesus umgewandelt wird, das Ziel alles geistigen Verlangens.[64]

Während die Cusanus-Stellen der Identitätsnot des neuzeitlichen Menschen entgegenkommen, geht Augustin im Fortgang seines Psalmenkommentars auf dessen Lebensangst ein, der er, zumal in ihrer Steigerung zur Todesangst, eine besondere Sensibilität für die innere Stimme zuerkennt:

Er hebt das Ohr zu jenem inneren Rufe Gottes, hört inwendig den geistigen Gesang; denn es dringt etwas durch das Schweigen zu ihm herab, so daß er, wenn immer er jenen Klang vernimmt, von Ekel ergriffen wird über den Lärm der Leibeswelt und dieses ganze Erdenleben ihm wie ein Getümmel erscheint, welches das Vernehmen dieses süßen, unvergleichlichen, unaussprechlichen Klangs von oben behindert.[65]

Wenn Augustin von der »stöhnenden« und der »in ihrem gegenwärtigen Zustand seufzenden Stimme« spricht, fließen ihm unwillkürlich Wendungen aus der paulinischen Geistlehre ein, so daß der Zusammenhang mit ihr nun in aller Form gegeben ist. Zwar ist auch für *Paulus* der »für uns zur Weisheit gewordene« Christus (1 Kor 1,30) der wahre Lehrer der Seinen; doch übt er diese Funktion durch den von ihm »gegebenen« Geist aus, der, paulinisch gesehen, primär als seine pneumatische Selbstmitteilung zu gelten hat. Der Geist aber beginnt sein Werk damit, daß er in der Gebetsnot des Christen Abhilfe schafft. Für Paulus ist der Glaube zwar – wie er dies bei seinem eigenen Offenbarungsempfang erfahren hatte – die Frucht einer ungeschuldeten Gottestat und insofern ein unableitbarer Neubeginn im Menschenherzen.[66] Indessen vollendet sich nach paulinischem Verständnis im Glauben das, was im Gebet seinen Anfang nimmt, es ist das Fundament, das den Turmbau des Glaubens trägt.

Über dem Gebet aber liegt nach Paulus der Schleier der Ratlosigkeit; »denn wir wissen nicht, um was wir beten sollen« (Röm 8,26), weil wir uns gemeinhin, wie diese harte Desillusionierung zu ergänzen ist, in Sinn und Inhalt unseres Betens täuschen. Denn im Gebet geht es nach paulinischem Verständnis gerade nicht um die Beseitigung menschlicher Notstände, sondern – um Gott. Das Gebet ist, wie immer es veranlaßt sein mag, in letzter Hinsicht Bitte um Selbstkundgabe Gottes, um Fühlung seiner Retterhand, um Einbeziehung in seine tragende Wirklichkeit. Daran läßt die Intervention des Geistes keinen Zweifel. Indem er, wie die Römerstelle versichert, »seufzend« für die Heiligen vor Gott »eintritt«, übernimmt er die Sache des Gebets aus der Hand des Menschen, um sie zu der seinen zu machen. So ist das Gebet in dieser Sicht nicht das in ihm seit alters gesehene Verhältnis des Menschen zu Gott, sondern ein Verhältnis Gottes zu Gott, der damit die menschliche Gebetsnot behebt.

Mit seiner Ratlosigkeit steht der Beter in einem zweifachen Zusammenhang. Einmal mit der unter dem Sklavenjoch der Vergänglichkeit »seufzenden und stöhnenden« Kreatur (Röm 8,18–23); sodann mit dem im Stadium der Unmündigkeit befindlichen »Erben« (Gal 4,1), mit dem unmittelbar der unerlöste, von den »Weltelementen« versklavte Mensch gemeint ist, mittelbar aber auch der Gottessohn, der sich den Bedingungen des Menschseins – »aus einer Frau geboren, dem Gesetz unterstellt« (Gal 4,4) – unterwarf, »damit wir die Einsetzung zu Söhnen« (Gal 4,5) und die dem Stand der Sohnschaft eigene Mündigkeit erlangten.[67] Darauf legt Paulus alles Gewicht, wenn er folgert:

> Weil ihr nun Söhne seid, sandte Gott den Geist seines Sohnes in unsre Herzen, der ›Abba, Vater!‹ ruft. So bist du nicht mehr Knecht, sondern Sohn; wenn aber Sohn, dann auch Erbe durch Gott (Gal 4,6f).[67a]

In diesem Ruf erreicht das Gebet den Gipfel seiner Erhebung; mehr noch, überschreitet es sich in die Dimension des Glaubens hinein. Denn erst im Glauben findet die aus der Ratlosigkeit des Beters gestellte Gottesfrage ihre definitive Antwort. Und diese Antwort besteht in der Selbstzusage Gottes, die seiner Anrufung als Vater vorangeht. So wiederholt sich in jedem Glaubensakt der von seinem Abba-Ruf besiegelte Durchbruch Jesu aus der Sphäre der knechtischen Furcht in die Herzmitte der göttlichen Liebe. Und die vom Geist bewirkte »Mündigkeit« besteht letztlich in der Ermächtigung des Glaubenden, die diesen Durchbruch bestätigende Abba-Anrede mitzusprechen.

Was bei Paulus in die Zweiheit von Christus und Pneuma auseinanderzutreten scheint, wird als Einheitsgeschehen begreiflich, wenn man den patristischen Gedanken von der »Gottesgeburt« hinzunimmt und den mystischen Mitvollzug demgemäß als dessen Ausgestaltung begreift. Wie *Hugo Rahner* in seiner Aufarbeitung des Motivs nachwies, wird für *Maximus Confessor* der Logos in uns zum »Kind des Glaubens«, da er erst in der beseligenden Gottesschau zu seiner vollen Identität gelangt.[68] Indessen hatte zuvor schon *Gregor von Nyssa* in seinem Hoheliedkommentar den Gedanken noch reicher entfaltet, wenn er versichert:

> Das in uns geborene Kind ist Jesus, der in denen, die ihn aufnehmen, auf unterschiedliche Weise heranwächst in Weisheit, Alter und Gnade. Denn er ist nicht in jedem der gleiche. Nach dem Gnadenmaß dessen, in dem er Gestalt annimmt und nach der Fähigkeit des ihn Aufnehmenden erscheint er vielmehr als Kind, dann als Heranwachsender und schließlich als Vollendeter.[69]

Vor diesem Hintergrund vervollständigt sich das christologische Spiegelbild, das der Galaterstelle zugrunde liegt: der unmündige »Erbe« bricht zu der vom Vater festgesetzten Stunde ins volle Sohnesbewußtsein durch, indem er seinen Gott erstmals im Vollbewußtsein des gewählten Ausdrucks mit dem Vaternamen anruft. Der Heilsweg des Glaubenden gestaltet sich demgemäß zum *progressiven Mitvollzug dieser Werdegeschichte*. Am Anfang ist er lallendes Kind. Dann wächst er hinein in jenes Bewußtsein gottverwandter Zugehörigkeit, das den Zwölfjährigen in der lukanischen Kindheitsgeschichte verwundert zurückfragen läßt: »Wußtet ihr nicht, daß ich dorthin gehöre, wo mein Vater ist!« (Lk 2,49); und schließlich drängt sich ihm das Wort auf die Lippen, das das von langer Hand Gefühlte in sich zusammenfaßt und artikuliert: »Abba, Vater!« Es ist das Wort, zu dem ihn der »Geist der Sohnschaft« (Röm 8,15) bewegt und ermächtigt. Mit ihm geht er – im Maß seiner Fassungskraft – in das Gottesbewußtsein Jesu ein. Dabei besagt »im Maß seiner Fassungskraft«, daß das, was für Jesus Verständigung mit dem Vater besagt, für ihn den Charakter der schrittweisen Einweisung ins Gottesgeheimnis hat. So gilt für ihn das Schlußwort des Abschiedsgebets, das die johanneischen Jesusreden beschließt:

> Ich habe ihnen deinen Namen kundgetan und werde ihn weiterhin kundtun, damit die Liebe, mit der du mich geliebt hast, in ihnen sei und ich in ihnen (Joh 17,26).[70]

Genausowenig wie die Verheißung, daß der von Jesus gesandte »Beistand« das »Zukünftige« verkünden werde (Joh 16,13), stellt dieses Wort neue Offenbarungen in Aussicht, am wenigsten nach Art derer, die sich in Geheimniskrämerei ergehen, wo Jesus von Eröffnung und Mitteilung spricht, und die mit Drohungen schrecken, wo er zu trösten und aufzurichten sucht. Vielmehr handelt es sich, wie *Schnackenburg* für die Parallelstelle nachwies, um die auf Jesus zurückgespiegelte Legitimation jener »Herrenworte«, in denen sich die geistbegabte Urgemeinde die Jesusbotschaft unter den Anforderungen ihrer aktuellen Situation aufs neue zusprach.[71]

In dieser Sicht ist der inwendige Lehrer auch ein Prinzip der Scheidung und Unterscheidung. Mit der von ihm ausgehenden »Glaubensanmutung«, dem »pius credulitatis affectus«, erweckt er zugleich einen – mit dem noetischen Gewissen vergleichbaren – Instinkt für das, was seiner offenbarenden Selbstmitteilung entspricht oder widerspricht. Wenn sich Paulus bei allem Wissen um die Grenzen seiner Urteilsfähigkeit auf seinen Geistbesitz beruft – »Ich denke aber doch, daß ich den Geist Gottes besitze« (1 Kor 7,40) –, liegt das durchaus auf derselben Linie.[72] Die Hauptfunktion des inwendigen Lehrers besteht indessen in dem, was sein Name verspricht: in der

Erschließung seiner Wahrheit und der Unterweisung in ihr. Angesichts der von einem gehobenen Fundamentalismus ausgehenden Tendenz, Jesus zum Vertreter einer lernbaren und durch eine formelle Unterrichtstechnik vermittelten Doktrin zu stilisieren, muß hier freilich ein scharfer Trennungsstrich gezogen werden. Denn hier droht in der Tat die bereits von Luther angesprochene Gefahr, daß Jesus zu einem »Mosen« herabgestuft und das Evangelium in ein »Gesetzbuch« pervertiert werde: die Gefahr der Ideologisierung des Glaubens und seiner Instrumentalisierung zu einem Mittel der Beherrschung und Disziplinierung.[73]

Wie der historische Jesus in unverkennbarem Gegensatz zu dieser Schablonisierung prophetischer Künder, im Einzelfall auch erweckender Gesprächspartner war, hat die Unterweisung des inwendigen Lehrers in erster Linie den Charakter des evozierenden Zuspruchs, der erhellenden Lesehilfe und des bewegenden Impulses. Zu allem, was auf eine Ideologisierung des Glaubens hinausläuft, verhält er sich dagegen als entschiedenes Korrektiv. Damit sind aber auch schon die Grunddaten für die beiden Felder gegeben, auf die das mit ihm gefundene Prinzip seiner ganzen Tendenz zufolge bezogen sein will. Sofern von ihm Impulse ausgehen, ist dies zunächst der Bereich der *Spiritualität*; sofern sein Zuspruch, wie sein Name sagt, »belehrt«, geht es um den Bereich der *Theologie*, der nicht weniger als der spirituelle vom Prozeß der religiösen Entfremdung betroffen ist und deshalb ebenso wie dieser einer innovatorischen Initiative bedarf.

Das theologische Desiderat: Eine divinatorische Theologie

Das Ideal des inwendigen Lehrers wirft ein grelles Licht auf die krisenhafte Situation der Gegenwartstheologie, die, so paradox es klingt, am vernehmlichsten in ihrer Sprachlosigkeit nach einer strukturellen Neugestaltung schreit. Obwohl dieses Verstummen erst heute, angesichts der dramatischen Glaubens- und Zeitenwende, auffällt, kündete es sich schon des längeren an: seitdem auf die großen Entwürfe der Nachkriegszeit, angefangen mit der Theologie der Hoffnung *(Moltmann)*, der politischen Theologie *(Metz)* und der lateinamerikanischen Befreiungstheologie *(Boff)* bis hin zu *Balthasars* Theologischer Ästhetik, *Rahners* Transzententaltheologie und der in ersten Umrissen ausgearbeiteten therapeutischen Theologie nichts Vergleichbares folgte, während gleichzeitig ein beängstigender Eifer ans Werk geht, die während der letzten Jahrzehnte erzielten Forschungsergebnisse zu archivieren und lexikographisch aufzubereiten.[74]

Ist das noch immer die Folge der durch die Namen *Küng, Boff* und *Drewermann* gekennzeichneten Konfliktfälle, die wie alle administrativ »bewältigten« Lehrdiskrepanzen der Vorzeit eine Phase bleierner Stagnation nach sich zogen?[75] Kündet sich in diesem bedenklichen Kodifizierungseifer ein Versiegen der Kreativität und des investigatorischen Ingeniums an, das auf eine resignative Selbsteinschätzung der heutigen Theologie, womöglich sogar auf ihre stillschweigende Selbstverabschiedung zugunsten der lateinamerikanischen, asiatischen und afrikanischen Zentren eines lebendigeren Glaubens schließen lassen? Oder beweist sie damit nur aufs neue ihre schicksalhafte Verwiesenheit an das kirchliche Lehramt, das in vergleichbarer Rat- und Sprachlosigkeit dem zeit- und glaubensgeschichtlichen Umbruch gegenübersteht?[76]

Bei genauerem Zusehen handelt es sich jedoch um ein zweistrahliges Problem, da sich Gesicht und Stimme der Theologie gleichzeitig dem Kirchenvolk und dem Lehramt zuwenden. Während sie diesem mit ihrer Kreativität verpflichtet ist, hält sie jenem mit ihren Erkenntnissen den Spiegel vor Augen, der ihm zu einem reflexen Glaubensverständnis verhilft. Die derzeitige Sprachlosigkeit signalisiert indessen nur in akuter Form die schon seit längerem eingetretene Entfremdung, von der die Theologie in ihrem beiderseitigen Verhältnis, in dem zum Lehramt nicht weniger als dem zum Kirchenvolk, betroffen ist. Weil sie diesem die erhofften Auskünfte, Klärungen und Wegweisungen schuldig bleibt, behilft es sich mit fragwürdigen »Ersatzleistungen«, die in ihrer Mehrzahl auf eine Trivialisierung des Glaubens hinauslaufen. Und weil eine vergleichbare Sprachbarriere den Dialog mit dem Lehramt behindert, verfällt dieses zunehmend der Tendenz, die Ergebnisse der theologischen Forschung zu präjudizieren, anstatt sie einzufordern und als Anregungen und Hilfen für seine Äußerungen in Anspruch zu nehmen.[77]

Diese zweifache Entfremdung verstärkte rückläufig die in der Theologie immer schon bestehende Neigung, sich in ein *aus dem kirchlichen Gesamtzusammenhang ausgegrenztes Eigenleben* zurückzuziehen. Wenn in ihrem Erscheinungsbild zum Befremden gerade der heutigen Rezipienten triumphalistische Züge hervortreten, hat das durchaus als Folge und Symptom dieser Distanzierung zu gelten. Bisweilen wird sich die im Rückzug in die Abgeschiedenheit elitärer Spekulation und spekulativer Autarkie begriffene Theologie geradezu zum Selbstzweck. Dabei lockert sich ihr Verhältnis zum Menschen in einem Grad, daß sie Gefahr läuft, das Ereignis, das sie als Gegenwartstheologie konstituierte, die »anthropologische Wende«, rückgängig zu machen. Nicht zuletzt zeigt sich dieser strukturelle Triumphalismus, in den sie dabei verfiel, bei der Behandlung der ins gesellschaftliche – auch kirchengesellschaftliche – Abseits Gedrängten, der »Bedrückten«, an die sich die Große Einladung Jesu (nach Mt 11,28) vornehmlich richtete, und der »Schwachen«, für die Paulus (nach Röm 14,1–15,13) besondere Rücksicht forderte. Während das Evangelium – um nur ein Beispiel hervorzuheben – einer vergeblichen Jüngerberufung in der Perikope vom ›Reichen Jüngling‹ (Mk 10,17–31) größte Aufmerksamkeit zuwendet, geht die klassische Fundamentaltheologie auf das *Problem der gescheiterten Glaubensversuche* nicht einmal ansatzweise ein.[78] Insofern fällt der von der Kirche der Armen mit wachsender Dringlichkeit erhobene Triumphalismusvorwurf, mit anderen an die Adresse der Kirche gerichteten Beschwerden zusammen, durchaus auch auf die Theologie zurück.[79]

Mit einem Gewaltstreich ist diesem Mißverhältnis freilich um so weniger abzuhelfen, als es sich dabei um Ergebnisse einer Entwicklung von langer Hand handelt. Auf ihrem Weg durch die Geschichte geriet die theologische Spekulation zunehmend unter den Druck von Philosophie und Wissenschaft, die ihr nicht nur die traditionelle Spitzenstelle in der Phalanx der Fakultäten streitig machten, sondern ihr geistiges Mitspracherecht insgesamt in Frage stellten. Nicht umsonst konnte *Kant* in seiner Schrift ›Der Streit der Fakultäten‹ (von 1798) mit der Beschreibung des Rangstreits von Theologie und Philosophie die ironische Frage verbinden, »ob diese ihrer gnädigen Frau die Fackel vorträgt oder die Schleppe nachträgt«, ob sich also die traditionelle Rangbestimmung nicht längst schon in ihr Gegenteil verkehrte.[80] Dabei hatte die Theologie im Interesse ihrer Selbstbehauptung längst schon *ganze Dimensionen aufgegeben*, um ihren Wissenschaftscharakter unter Beweis zu stellen: nach der therapeutischen die ästhetische und nach dieser die soziale, so daß sie als der subjektive Entwurf ihres jeweiligen Schöpfers erschien. Im Interesse ihrer Argumentationsfähigkeit wurde sie, mit *Max Seckler* gesprochen, »rational, diskursiv und argumentativ«.[81] Nach dem Modell der großen philosophischen Systeme von Platon bis Hegel gestaltete sie sich immer konsequenter zur »Systemtheologie« aus.[82] Als solche aber zog sie sich – mehr noch als vergleichbare Ideengebäude – den Vorwurf der »Unbewohnbarkeit« zu, wie ihn der größte System-kritiker der ausgehenden Neuzeit, *Kierkegaard,* mit dem ironischen Bildgedanken erhoben hatte:

> Den meisten Systematikern ergeht es in ihrem Verhältnis zu den Systemen wie einem Mann, der ein ungeheures Schloß errichtet, selbst aber daneben in einer Scheune wohnt: sie leben nicht selber in dem ungeheuren systema-tischen Gebäude.[83]

Als habe sie diesen Vorwurf im Ohr, unterwarf sich die Gegen-wartstheologie einem *Prozeß der Selbstkorrektur,* der in den er-wähnten Komplementärentwürfen einer therapeutischen *(Beinert),* ästhetischen *(Balthasar)* und politischen Theologie *(Metz)* seinen weithin sichtbaren Ausdruck fand.[84] Angesichts dieser Sachlage ist es jedoch mit einer Selbstkorrektur nicht getan, da diese lediglich auf eine Rekonstruktion dessen hinausläuft, was im Zug des Szienti-fizierungsprozesses abgestoßen worden war, nicht jedoch auch schon auf die von der gegenwärtigen Stunde geforderte *Neukonzeption.* Doch gerade darauf kommt es an, wenn die Diastase überwunden, der organische Lebenskontext wiederhergestellt und die Synchronie mit dem Gang der Glaubens- und Zeitgeschichte zurückgewonnen werden soll. Dazu reicht eine Revision nicht aus; es bedarf vielmehr einer innovatorischen Überschreitung des bisherigen Konzepts. Was nottut, ist, um es auf den Begriff zu bringen, eine *divinatorische Theologie,* die gleicherweise auf das an sie ergehende Offenbarungswort wie auf den aus einer von Hoffnungen und Ängsten zerrissenen Lebenswelt aufsteigenden Notschrei antwortet und überdies auf den Anruf der glaubens- und zeitgeschichtlichen Entwicklung achtet. Doch wie gestaltet sie sich konkret?

In einem ersten Schritt muß von den *Kriterien* die Rede sein, die sie kennzeichnen und zugleich von der traditionellen Systemgestalt un-terscheiden. Als divinatorisch muß sie im Unterschied zu dieser *aporetisch, responsorisch und invokativ* verfahren. In einem zweiten Schritt geht es, mit Hans Küng gesprochen, um die Klärung des sie zuinnerst *bestimmenden Paradigmas.* In der Konsequenz dessen gilt der dritte Schritt der Bestimmung ihrer *Perspektive* und in engem Zusammenhang damit der ihr angemessenen *Denkform.* In einem letzten Schritt geht es schließlich um den Versuch einer *Verifizierung,* der sich rückläufig auf die – im Vorigen herausgestellte – Figur des inwendigen Lehrers, sodann auf maßgebliche Entwürfe der Gegenwartstheologie, zuletzt und vor allem aber auf das Modell der paulinischen Kreuzestheologie bezieht, die als solche auf die Ausgangsfrage nach dem »aporetischen« Charakter der gesuchten Innovation zurückverweist.

Diese muß, wie in einer ersten Annäherung zu sagen ist, *aporetisch* verfahren, weil sie nur so den zeitgeschichtlichen Gegebenheiten und insbesondere den Bedingungen entspricht, unter denen Gott heute geglaubt, gedacht und verkündet werden kann. Denn die Verhältnisse haben weithin den *Charakter von Grenzsituationen* angenommen. Wie sich die Distanz von Möglichkeit und Wirklichkeit fühlbar verringerte, so sind die der Denk- und Machbarkeit gezogenen *Grenzen* näher ins Mittelfeld der Gegebenheiten hereingerückt. Das gibt dem Dasein das vielfach als apokalyptisch empfundene, zutiefst dialektische Gepräge. Die Grenzen bilden nicht mehr den Horizont, sondern sein Geäder. Die *Welt wird zum Abgrund ihrer selbst.* An den Rändern des Universums registriert die Astrophysik die Entstehung neuer Systeme. Der Vorstoß ins Atom-Innere förderte eine den klassischen Materiebegriff sprengende Teilchenwelt zutage. Gott, den die Tradition der negativen Theologie »jenseits von allem« suchte, wird von einer neuerwachten Sensibilität inmitten des Alltags entdeckt.[85] So sehr das heutige Weltgefühl *Joseph Bernhart* darin zustimmt, daß er das Welt- und Menschsein vom Schatten Gottes durchkreuzt sah, ist seinem Verständnis nach doch, wie ein halbverschollener Dramentitel sagte, das Dunkel »Licht genug«, um darin die Spuren des Göttlichen zu entdecken.[86]

Dieser von ihrem ureigenen Antagonismus zerrissenen Welt entspricht, zumal nach Auschwitz, nur eine Theologie, die mit der von der Kritischen Theorie entwickelten »negativen Dialektik« aporetisch verbleibt und dadurch die Wunde des Unversöhnlich-Unannehmbaren offenhält; eine Theologie, die sich im Sinn des warnenden Herrenworts (Lk 11,47f) verbietet, dort, wo das Unausdenkliche der Fall ist, überhöhende und versöhnende »Denkmäler« zu bauen, weil so nur das Gefühl für die im Grund des Daseins waltende Negativität, die Bernharts Titelwort ›Chaos und Dämonie‹ meinte, abgestumpft würde.[87] Damit ist der Suche nach überbrückenden Lösungsmodellen keineswegs Einhalt geboten, wohl aber mit der Tatsache Ernst gemacht, daß die menschliche Leidensgeschichte gerade in diesem Jahrhundert Fakten auftürmte, die sich jedem spekulativen Lösungsversuch widersetzen. Insbesondere verkörpert Auschwitz das von *Reinhold Schneider* vorausgefühlte »Ende der Theodizee« *(Görres),* das nach einer überbegrifflichen Beantwortung der damit aufgeworfenen Menschheitsfrage schreit.[88]

Wenn man diesen Schrei im Ohr hat und gleichzeitig davon ausgeht, daß er mit allen Stimmen zusammen, die sich jemals für und zu Gott erhoben, im Todesschrei des Gekreuzigten aufgenommen ist, hat man auch schon den Grund für den *responsorischen* Charakter des divinatorischen Theologieentwurfs berührt. Im Unterschied zur Systemtheologie muß die divinatorische ebenso aus äußerer wie innerer Veranlassung »responsorisch« sein. Dabei ergibt sich der äußere Grund aus ihrer »Verantwortung« gegenüber dem Zeitgeschehen, insbesondere gegenüber jenen Vorkommnissen, die als der Katastrophenfall einer auf die Prinzipien der Humanität, Gerechtigkeit und Freiheit gegründeten Lebensordnung zu gelten haben. Demgegenüber hat der innere Grund mit ihrer »Sprachfähigkeit« zu tun. Denn nach einem Schlüsselwort des *Irenäus von Lyon* »übernehmen sich diejenigen, die das unaussprechliche Geheimnis der Geburt Jesu aus Gott auszuloten suchen«; ja, sie bringen sich geradezu in den Anschein, »Geburtshelfer bei seinem Hervorgang gewesen zu sein«.[89] Danach ist die bis in die Gegenwart hinein herrschend gebliebene Inkarnationstheologie – bei aller Argumentations- und Disputfähigkeit – letztlich zur *schweigenden Verehrung* des von ihr zum Ausgangs- und Mittelpunkt gewählten Geheimnisses angehalten. Demgegenüber muß das divinatorische Modell von seinem innersten Prinzip her *redefähig* sein. Dieser Forderung kann es nur dann genügen, wenn es sich nach dem Vorbild des paulinischen Urentwurfs auf das Kreuz als den sichtbar gewordenen Todesschrei Jesu bezieht. Wie aber kann sich die ihm abverlangte Sprach- und Dialogfähigkeit aus einem Schrei herleiten, der im Schweigen des Todes erstickte?

Mit dem großen Passionswort des Hebräerbriefs geantwortet: Weil der, der unter Tränen nach dem schrie, der ihn vom Tod erretten konnte, erhört und aus seiner Todesnot befreit wurde (Hebr 5,7).[90] In dieser Aussage erreicht die Christologie des Hebräerbriefs ihre größte Annäherung an Paulus, der sich geradezu zum »Hörer« dieser – dialogischen – Erhörung erklärt, wenn er in seinem zentralen Selbstzeugnis versichert, daß ihm in der für ihn lebensentscheidenden Erweckungs- und Berufungsstunde das Geheimnis des Gottessohns »ins Herz gesprochen« worden sei (Gal 1,16). Für ihn ist die Auferstehung des Gekreuzigten – und sie ist mit seiner »Erhörung« gemeint – das abschließende und krönende Offenbarungsereignis, das ihn (nach 2 Kor 4,13) zum Reden ermächtigt, weil es durch ihn, den

»antwortenden Zeugen«, weltweit verkündet werden will.[91] Als »responsorisch« erweist sich sein Ansatz aber auch darin, daß er bei seiner Verkündigung Mal um Mal auf den von seiner Predigt ausgelösten *»Rückmeldeeffekt«*, also auf die Anfragen, Reaktionen und Komplikationen der Gemeinden eingeht, um dazu klärend, verdeutlichend oder zurechtweisend Stellung zu beziehen. Die vertikale Kanalisierung der Botschaft, wie sie bis in die Gegenwart hinein das kirchliche Sprachfeld bestimmt, ist ihm von Prinzip und Instinkt her fremd.[92]

Zur vollen Abstimmung auf das paulinische Modell verhilft jedoch erst das dritte Kriterium, das den *invokativen* Charakter der divinatorischen Theologie betrifft. Mittelbar greift sie damit in die immer noch offene Frage nach der *Sinnbestimmung der Theologie* ein, unmittelbar in die noch ungleich *prekärere Suche nach ihrem Gegenstand*. Was die Sinnbestimmung anlangt, so sprach sich der Fundamentaltheologe *Gottlieb Söhngen* mit überzeugenden Gründen für eine Rückbesinnung auf den paulinischen Begriff der »Gottesweisheit« aus, da die Theologie das Gottesgeheimnis nicht wie die Metaphysik im Horizont des Seinsbegriffs, sondern in seinem eigenen, durch seine offenbarende Selbstmanifestation sichtbar gewordenen Licht bedenke.[93] Wenn die Bezugsstelle (1 Kor 2,7) von der »Gottesweisheit im Geheimnis« spricht, grenzt sie sich von der – aus dem Staunen geborenen – »Weltweisheit« ab, um sich ganz auf das *Kreuz als Erkenntnisgrund* zu beziehen. Denn für Paulus legte sich das Gottesgeheimnis nirgendwo vernehmlicher aus als im Antlitz des Gekreuzigten und Auferstandenen (2 Kor 4,6). Von ihm weiß er sich erblickt und angerufen, mit ihm beschenkt und zu ihm hingerissen, so daß ihm sein ganzes Dasein in dem Wunsch besteht, diese göttliche Selbstmitteilung immer umfassender zu begreifen (Phil 3,12) und den »für uns zur Weisheit, Gerechtigkeit, Heiligung und Erlösung« Gewordenen kennenzulernen (1 Kor 1,30). Deswegen ist sein Denken in einem ständigen »Exzeß« begriffen; deswegen erhebt sich sein Wort zu wahren Sprach-Ekstasen. Deswegen ist seine Aussage zuinnerst »invokativ«.

Etwa gleichzeitig mit Söhngen plädierte *Adolf Kolping* – und darauf bezieht sich das dritte Kriterium unmittelbar – für die *Wiederbelebung der scholastischen Gegenstandsbestimmung*, die, wenngleich aus objektivistischem Verständnis, von *Gott als* dem *»Subjekt« der theologischen Erkenntnis* sprach.[94] Zwar ging sie dabei vom göttlichen Beziehungsgrund als dem im Erkenntnisakt zu Ergründenden aus; wenn sie diesen jedoch mit Thomas von Aquin mit dem göttlichen Selbst-Bewußtsein (quod notum est sibi soli de seipso) gleichsetzte, bezog sie den theologischen Gedanken doch insgeheim in einer nachgerade idealistischen Weise auf Gott zurück, so daß der theologische Erkenntnisweg hintergründig als ein Selbstbewußtwerden Gottes im menschlichen Erdenken seines Geheimnisses erscheint.[95] Richtig an dieser fraglos überzogenen Verhältnisbestimmung ist zumindest ihr Grundsatz, wonach Gott nur in dem Maß erkannt werden kann, wie er sich in seiner Selbstmitteilung zu erkennen gibt; denn:

> Jetzt erkennt ihr Gott, oder vielmehr: ihr seid von Gott erkannt (Gal 4,9).

Für die Gegenstandsfrage besagt das, daß der Theologie die von ihr zu verhandelnde »Sache« im höchsten Sinn des Ausdrucks »*gegeben*« *und* »*zugesprochen*« ist, ja daß deren Gegebensein geradezu *in ihrem* »*Zugesprochensein*« besteht.[96] So hoch sich der Menschengeist auf dem Weg der Begrifflichkeit dem Gottesgeheimnis anzunähern vermag, wird er doch auf der letzten Stufe seiner Erhebung die Begriffssprache abwerfen müssen, um das Ziel seiner Annäherung *betend und* »*anrufend*« zu erreichen. Es ergeht ihm dabei wie *Dante* auf seiner Jenseitsreise: So hoch ihn nach der Verabschiedung der durch Vergil verkörperten Poesie die ihm in der Gestalt der Beatrice erscheinende Theologie trägt, wird ihm die Schau des Menschenantlitzes Jesu im Zentrum des trinitarischen Geheimnisses doch erst aufgrund des Gebets zuteil, das der Mariensänger Bernhard an die Königin des Himmels richtet. Überwältigt von der Schau des göttlichen Angesichts berichtet Dante:

> So stand ich bei der plötzlichen Erscheinung:
> Ich wollte, wie sich Kreis und Bild bedingen,
> Erkennen, und die Bild- und Kreisvereinung.
>
> Doch dazu reichten nicht die eigenen Schwingen,
> Wenn nicht ein Blitzstrahl meinen Geist durchdrungen,
> Um darin die Erfüllung ihm zu bringen.[97]

Nur an der *Peripherie* ihrer Wissenschaftsgestalt ist die Theologie als »sermo de Deo« durch ihre diskursive Denkanstrengung geprägt; in ihrem *Herzstück* ist sie – wie der von ihr reflektierte Glaubensakt – mystisches Ergriffensein von dem sich mitteilenden Gott, Anrufung seiner wortgewordenen Wahrheit und Schau seines sich ihr in der Lebens- und Leidenstat Jesu zuwendenden Angesichts *(Bonaventura)*.[98] Anders als die auf Geltungen und Normen bezogene Vernunfterkenntnis ist sie auf eine antlitzhaft aufscheinende Wahrheit im Sinn der augustinischen Rede von der »facies veritatis« bezogen, genauer noch gesagt, auf ein »Antlitz«, von dem sie sich erblickt und angesprochen, gerade so dann aber auch auf den invokativen Weg gewiesen weiß.

Damit ist bereits über das der divinatorischen Theologie eingeschriebene *Paradigma* entschieden und zugleich geklärt, daß sie als solche nur aufgrund eines Paradigmenwechsels konzipiert werden konnte. Das Antlitz, zu dem sie aufschaut und dem sie ihre tragende Inspiration entnimmt, ist (nach 2 Kor 4,6) das *des vom Tod Auferstandenen*. Sofern sie sich ihm in konsequenter Abkehr vom bisher vorherrschenden Inkarnationsparadigma zuwandte, vollzog sie die entscheidende »Kehre«, die sie ebensosehr in Übereinkunft mit dem Glaubens- und Zeitgeschehen brachte, wie sie ihren Namen und ihre grundlegende Denkform rechtfertigt. Denn sie steht und fällt mit der Annahme, daß der gegenwärtige Augenblick durch eine *einzigartige Konvergenz von Zeit- und Glaubensgeschichte* gekennzeichnet ist, daß es also im Herzen des Zeitgeschehens um eben das geht, was auch die glaubensgeschichtliche Stunde »geschlagen hat«. Die »Stunde nach Auschwitz« – der Name verstanden als Inbegriff der dieses Jahrhundert prägenden Exzesse der Unmenschlichkeit – aber ist, wie niemand klarer als *Gertrud von Le Fort* erkannte, synchron mit der sich in zeitgeschichtlicher »Wiederholung« ereignenden *Passion* und *Auferstehung* Jesu.[99] Der heilsgeschichtlichen Tatsache, daß der fortlebende Christus die Todesangst und Verherrlichung des geschichtlichen Jesus durchlebt, entspricht es vollauf, daß sich die gewandelte Glaubenserwartung auf Impulse der Angst- und Todesüberwindung richtet und daß das glaubensgeschichtliche Zentralereignis als das der »*spirituellen Auferstehung Jesu im Glauben und Unglauben der Gegenwart*« beschrieben werden kann.[100]

Darauf kann sich ein Theologieentwurf nur einstimmen, wenn er sich konsequent am paulinischen Paradigma orientiert. »Konsequent« bedeutet: im Bewußtsein des damit Aufgegebenen, angefangen von der exakten, auf Wesensbestimmungen ausgehenden Begrifflichkeit bis hin zu dem gedanklichen Reichtum, den das dem Wesensdenken eingestiftete Analogieprinzip erschließt. Diesem Verlust steht freilich ein nicht hoch genug zu veranschlagender *Gewinn an Sprachlichkeit* gegenüber. Denn mit ihrem tragenden Paradigma ist die dem Wesensdenken verpflichtete Theologie an ein Mysterium verwiesen, das, wie die in ihrer theorie- und theologiekritischen Bedeutung kaum zu überschätzende Irenäusstelle aus ›Adversus haereses‹ versichert, in einem letzten Sinn nicht zur Sprache gebracht, sondern nur schweigend verehrt werden kann.[101] Im Unterschied dazu ist das in die Herrlichkeit des Auferstandenen »aufgehobene« Kreuz, paulinisch gesehen, eine *Quelle der Inspiration* und als solche ein unerschöpflicher Antrieb zu deutender Bezeugung dessen, was in diesem Geheimnis mitgeteilt, übereignet, geklärt und gedeutet wird. Demgemäß verfährt die divinatorische Theologie von ihrem grundlegenden Denkansatz her intuitiv, aufschauend, wie der Hebräerbrief mahnt, zum »Wegbereiter und Vollender des Glaubens, der angesichts der vor ihm liegenden Freude, ungeachtet der Schande, das Kreuz auf sich nahm und sich zur Rechten des Thrones Gottes setzte« (Hebr 12,2). Sofern dieses »Aufschauen« mit in den Begriff »divinatorisch« eingeht, ist die so gekennzeichnete Theologie geradezu dadurch bestimmt, daß sie *ihre Denkform* – die divinatorische Intuition – *zu ihrem Gestaltprinzip* erhebt.

Dem steht durchaus nicht die Erfahrungstatsache entgegen, daß es dem zum Kreuz Aufblickenden und erst recht dem von da auf das Zeitgeschehen dieses Jahrhunderts Zurückblickenden zunächst einmal »die Sprache verschlägt«, bis er begreift, daß sich in und mit dem zeitgeschichtlichen Widerschein des Kreuzes zuletzt doch noch ein – wenngleich rational nicht dingfest zu machender – Sinn im Abgrund des Unbegreiflich-Widersinnigen abzeichnet, und bestünde er auch nur darin, daß sich aus der Leidensgeschichte der verstummten Opfer der Unmenschlichkeit eine – im Licht des Kreuzes sichtbar werdende – Spur bis hin zu der unverhofften Selbstbefreiung der Unterdrückten, dieser überwältigenden »Lichtung« am Ende eines zweiten »saeculum obscurum«, zieht. So gewinnt heute das paulinische Bekenntnis zu dem »Wort vom Kreuz« (1 Kor 1,18) eine ungeahnte, nicht zuletzt auch das darauf abgestimmte divinatorische Theologiekonzept rechtfertigende Aktualität.

Gegenüber einer dem Wesensdenken verhafteten Theologie ist die divinatorische, wie sich aus dem Gesagten ergibt, aber auch im Gegensinn zur bisherigen *vorwärts orientiert*. Wie es am eindrucksvollsten der an die vorsokratische Frage nach der »archê« erinnernde Eingang des Johannesprologs bestätigt, ist die Inkarnationstheologie primär der Retrospektive verhaftet.[102] Mit dem griechischen Wesensdenken fragt sie vornehmlich nach dem »Wesen« und den »Wesenseigenschaften« Gottes, nach der hypostatischen Einung der beiden »Naturen« in Christus, nach dem Geheimnis der »Wesensverwandlung« in ihrer Eucharistielehre und nach dem normativen Charakter der »Natur« in ihrer ethischen Argumentation. Das »*Wesen*« aber ist nach Hegel das »*Gewesene*«, das zumindest hypothetisch aus dem Kontext der geschehenden Wirklichkeit ausgegliedert wird, um *in vergegenständlichender Rückschau erblickt* und definitorisch bestimmt zu werden. Es ist somit der das »objektive« Vorgegebensein überbetonende Gegenstandsbegriff, der die traditionelle Theologie in die Retrospektive verweist.

Dazu kommen gleichsinnige »Zwänge« methodologischer und struktureller Art. Zunächst in Gestalt der *historischen Kritik*, die dem Interesse des – seinem Strukturgesetz zufolge durchaus kritischen – Glaubens nicht etwa, wie ihr gemeinhin unterstellt wird, mit ihrer kritischen Komponente entgegensteht, um so mehr jedoch mit ihrem faktizistischen Geschichtsbegriff, der nur das historisch dingfest Gemachte als wirklich gelten läßt. Sodann in Form ihrer insbesondere auf dem Sektor der Glaubensbegründung hervortretenden Tendenz, ihre Positionen *im Rückgriff auf »Vorgegebenes«* argumentativ zu stützen: im Fall der *Gottesbeweise* im Rückgriff auf das welthaft Gegebene; im Fall der *christologischen Argumentation* im Rückgriff auf die wunderbare Selbstlegitimation Jesu; im Fall der *»demonstratio ecclesiastica«* im Rückgriff auf die von der Kirche bewiesene geschichts- und krisenüberdauernde Überlebenskraft.

Verstärkt wird diese »orphische« Seh- und Denkweise noch durch *strukturelle Nötigungen*. Durch den inkarnatorischen Ansatz dem – nach Irenäus – unausdenklichen Geheimnis der Menschwerdung Gottes verpflichtet, geriet die traditionelle Theologie in einen vielfältigen Legitimationszwang, der in Gestalt der Theodizee das Gottes- und Weltgeheimnis, in Gestalt der Rechtfertigungslehre das Motiv des göttlichen Heilswerks und in Gestalt der von *Ludwig Muth* betriebenen Suche nach dem Grund der göttlichen Verfasserwirksamkeit ihre Quelle betraf. Im einzelnen verfaßte sich dieser Zwang zu folgenden in Spruch und Widerspruch verhandelten Grundfragen:

Cur Deus? *(Kant)*
Cur Deus homo? *(Anselm)*
Cur Deus creator? *(Blumenberg)*
Cur Deus auctor? *(Muth)*[103]

Unüberhörbar klingt in diesen Fragen das Erkenntnismotiv des Staunens durch, dies jedoch in der Zuspitzung zu jener »bestürzten Betroffenheit«, die *Franz Rosenzweig* von der »Starrheit des Stau-

nens« und seinem Zug zur Vergegenständlichung des Wahrgenommenen sprechen ließ.[104] Im Blick auf dieses »Erstarrungsmoment« ist
anzunehmen, daß die Inkarnationstheologie vor allem durch ihren
noetischen Ansatz in die Retrospektive gebannt und dadurch auf eine
primär »anamnetische« Denkweise festgelegt ist. Bei aller Effizienz –
und Unerläßlichkeit – dieser Perspektive ist es doch letztlich ihr zuzuschreiben, daß es ihr im Unterschied zu der geradezu unter einem
»Verzögerungstrauma« leidenden Glaubensreflexion des Urchristentums schwer fällt, den auf die Parusie bezogenen Aussagen des
Evangeliums Rechnung zu tragen, so daß ihr die Eschatologie zum
stürmischen »Wetterwinkel« *(Balthasar)* gerät.[105] Und mehr noch
dürfte es sich daraus erklären, daß sie die *auf Vergegenwärtigung
drängenden Motive* der Heilsbotschaft nicht so herauszustellen vermag, wie es der auf spirituelle Erfüllung gerichteten Glaubenserwartung des Kirchenvolks entspricht.

Anders als diese »abendliche« Denkweise ist die divinatorische
Theologie von ihrem Grundansatz her »*cognitio matutina*«,
prospektiv, dem Glaubens- und Zeitgeschehen in seiner futurischen
Offenheit zugewandt. So sehr sie sich an das historische Ausgangs-
faktum des Glaubens, die Gottesoffenbarung im Sein und Leben Jesu,
zurückgebunden weiß, sucht sie ihr Ziel doch, der erleuchteten Wegweisung des *Maximus Confessor* gehorchend, in einer konsequenten
»Vorwärtsbewegung«; denn – so ergänzt *Kleist* seine Warnung, »den
Ursprung so zu suchen, als ob er im Rücken läge« – »das Paradies ist
verriegelt und der Cherub hinter uns; wir müssen die Reise um die
Welt machen, und sehen, ob es vielleicht von hinten irgendwo wieder
offen ist«.[106] Bei dieser grundsätzlichen Kehre darf sie es freilich nicht
bewenden lassen; vielmehr muß sie lernen, *in Prognosen zu denken*
und, wie Rosenzweig forderte, das »*nennende*« *Denken einzuüben*,
das die Dinge zu faßbarer Selbstmanifestation »aufruft«, ohne sie nach
Art des Wesensdenkens aus dem fortschreitenden Geschehenskontext
auszugliedern. Wenn es ihr außerdem gelingt, durch *alternative Les-
arten der biblischen Texte* den von der historischen Kritik ausgehenden Methodenzwang zu kompensieren, wird sie nicht nur mit dem
Gang der Glaubens- und Zeitgeschichte Schritt halten, sondern auch
eine Gestalt gewinnen, die sich vom Aufbau der Systemtheologie
durch das *Moment der »Bewohnbarkeit«* unterscheidet. Damit antwortet sie, ihrer Zielsetzung entsprechend, ebenso auf den Anruf von
oben wie auf Anfragen des Kirchenvolks; damit hat sie auch schon den
entscheidenden Brückenschlag zu diesem vollzogen und die gegen-

wärtige Entfremdung, zumindest prinzipiell, überwunden. Wird sie sich dabei aber auch auf Vorgaben und Vorbilder stützen können? Das ist die Frage nach ihrer – wissensoziologischen – *Verifikation.*

In erster Instanz richtet sich diese Frage an den *inwendigen Lehrer*, der sich gleicherweise als Schlüsselfigur der glaubensgeschichtlichen Wende wie deren theoretischen und spirituellen Ausfolgerungen erwies. Daß er die invokative Redeform bestätigt, erhellt schon daraus, daß er den Glaubenden durch seinen Zuspruch dazu ermächtigt, in die Anrufung einzustimmen, mit der sich Jesus als Protagonist der Seinen – und der durch ihn erneuerten Menschheit – Zugang zum Herzen Gottes verschaffte. Wenn die Gebetssprache, zu der er anleitet, darin gipfelt, daß sie Gott »Vater« nennt, ist damit der *exemplarische Fall der »Gottesrede«* überhaupt statuiert.[107] Im Grunde wird damit aber auch der *responsorisch-dialogische Charakter* der anvisierten Theologie bestätigt. Wer Gott anruft, um von ihm in seiner innersten Sinnerwartung beantwortet zu werden, wird den *Dialog grundsätzlich zum Prinzip seiner Beziehungen,* insbesondere auch zur Gemeinschaft der Mitglaubenden und damit der Kirche, erheben. Das gilt dann aber auch von dem durch die gegenwärtige Kirchenkrise belasteten Verhältnis zu den Direktiven des kirchlichen Lehramts. Sofern der inwendige Lehrer – so schon der an der Schwelle zur Hochscholastik stehende *Philipp der Kanzler* – zur verstehenden Aneignung der vom »magister exterior« ausgehenden Anweisungen und damit zur Glaubenszustimmung verhilft,[108] stiftet er dort Verständnis und Einvernehmen, wo die Kritik argwöhnisch das »Vernunftopfer« blinder Unterwerfung vermutet.[109] Schönster Beleg seines dialogischen Wirkens ist jedoch das Schlußwort der thematischen Augustinus-Schrift, wenn Adeodat die durch äußere Belehrung immer nur angeregte Einsicht einzig dem zuschreibt, der durch seinen Beistand zur Akzeptanz des verbal Vernommenen verhilft.[110]

Schließlich läßt sich auch das *aporetische* Moment der divinatorischen Theologie auf den Zuspruch des inwendigen Lehrers zurückführen, sofern dieser nur auf die von *Nikolaus von Kues* vernommene *»große Stimme«* der göttlichen Selbstoffenbarung bezogen und so als das inwendige Echo des Todesschreies Jesu begriffen wird. In diesem Sinne vertiefte *Johann Georg Hamann* das augustinische Konzept, als er unter dem Eindruck mystischer Solidarität in einem von biblischen Anspielungen geprägten Selbstzeugnis (vom 31. März 1758) bekannte:

Ich fühlte mein Herz klopfen, ich hörte eine Stimme in der Tiefe desselben seufzen und jammern, als die Stimme des Bluts, als die Stimme eines erschlagenen Bruders, der sein Blut rächen wollte, wenn ich selbiges beizeiten nicht hörte und fortführe, mein Ohr gegen selbiges zu verstopfen ... Ich fühlte auf einmal mein Herz quellen, es ergoß sich in Tränen und ich konnte es nicht länger – ich konnte es nicht länger meinem Gott verhehlen, daß ich der Brudermörder, der Brudermörder seines eingeborenen Sohnes war. Der Geist Gottes fuhr fort, ungeachtet meiner großen Schwachheit, ungeachtet des langen Widerstands, den ich bisher gegen sein Zeugnis und seine Rührung angewandt hatte, mir das Geheimnis der göttlichen Liebe und die Wohltat des Glaubens an unsren gnädigen und einzigen Heiland immer mehr und mehr zu offenbaren.[111]

Indessen können auch die Tränen der Rührung und die Gefühle der Verbundenheit »nicht verhehlen«, daß hier die *Aporien der religiösen Existenz* aufgerissen werden. In der Szene aus der biblischen Urgeschichte erkennt der vom Gotteswort Ergriffene das ihm drohende Gericht, doch weiß er in seiner Verhärtung zugleich um die Nähe des göttlichen Erbarmens und um das Seufzen des für ihn eintretenden Geistes. In das Gefäß seiner Schwachheit ergießt sich die Fülle himmlischer Tröstung, und im niederschmetternden Erlebnis seiner Schuld gewinnt er den Gottessohn zum Bruder. Damit kommt ein bisher verborgener oder doch nicht hinreichend deutlich gewordener Zug ans Licht, der den »*Leidenston*« im Zuspruch des inwendigen Lehrers und damit seine Übereinstimmung sowohl mit dem Todesschrei des Gekreuzigten als auch mit dem Stöhnen der unter das Todesjoch gebeugten Kreatur betrifft. Nicht umsonst ist die Konstitution der divinatorischen Theologie an die Ablösung des bisher dominierenden Inkarnationsparadigmas durch das der paulinischen Kreuzesweisheit gebunden. Damit aber zieht sie nicht nur mit den sensibelsten Zeitbestimmungen wie insbesondere derjenigen von Le Fort und Reinhold Schneider gleich; vielmehr entspricht sie so auch der religionsgeschichtlich gesehen einzigartigen Tatsache, daß das Christentum als einzige Weltreligion es wagte, das *Symbol der extremen, wenngleich überwundenen Negativität, das Kreuz, zu seinem Zentrum* zu erheben.

Wendet man sich auf der Suche nach bestätigenden Modellen von hier aus dem weiten Feld der Gegenwartstheologie zu, so springt als erstes die von *Max Seckler* in der Rahnerschen »Grundkursidee« entdeckte »sapientiale Theologie« in die Augen, die sich seiner Bestimmung zufolge von der traditionellen sowohl hinsichtlich der »Literaturgattung« als auch konzeptionell unterscheidet.[112] Hatte sich *Rahner* schon durch die Idee von der »kollektiven Findung der Wahrheit« von der subjektivistischen Engführung der bisherigen Theologie abgelöst, so liegt seinem ›Grundkurs des Glaubens‹ (von 1976) nach Secklers subtil geführtem Nachweis eine wenigstens in Umrissen sichtbare Neukonzeption zugrunde.[113] Sie hat ihr Eigenprofil darin, daß sie die theologischen Denkvollzüge nach Art einer ersten Wissenschaft von ihrer »wurzelhaften Einheit her erstmals zu ergreifen« sucht.[114] Im Sinn ihrer unterschwelligen Orientierung an *Thomas von Aquin* versteht sich diese Konzeption als Einsicht (intellectus), der es um die Erhebung der »Ursätze« zu tun ist, als Diskurs (scientia), der die argumentative Verarbeitung leistet, und als Weisheit (sapientia), die das Ganze der Erkenntnisbemühung bestimmt und umgreift.[115] Unterscheidet sich dieser sapientiale Theologieentwurf schon durch seinen ganzheitlichen Charakter von dem spezialisierten und in Disziplinen aufgefächerten traditionellen Konzept, so erst recht durch sein *literarisches Genus*, das zwar den Rang der Wissenschaftlichkeit beansprucht, dies jedoch »in der Weise des Vorwissenschaftlichen«.[116] So unbestimmt die von Rahner gebrauchten Wendungen wirken, ist die Tendenz doch eindeutig, die durch die Wissenschaftsgestalt gebildete Barriere niederzulegen, um dem Einzuweihenden unmittelbaren *Zutritt zum denkerischen Mitvollzug* zu eröffnen. Mit der Qualifizierung dieser Literaturgattung als »mystagogisch« wird sich die Tendenz am zutreffendsten bestimmen lassen, sofern man damit nur den Gedanken theologischer Strenge verbindet.

Als Brücke zur divinatorischen Theologie kann dieser Ansatz insofern gelten, als er als wissenschaftlich »reflektierte Unwissenschaftlichkeit« den *Kontakt zum nachvollziehenden Menschen* sucht und sich nach einer von Seckler übernommenen Wendung »ständig im Rahmen unmittelbarer Existenzverantwortung« bewegt.[117] Indessen bleibt er gleichzeitig durch seine konzeptionelle Geschlossenheit und die in den neun »Gängen« des Werkes durchgehaltene Linearität des Aufbaus so sehr *der Systemtheologie verhaftet*, daß alles dafür spricht, *vergleichbare Entwürfe* in die Erwägung einzubeziehen. Was sich unter diesem Gesichtspunkt im Panorama der theologischen Neuansätze abzeichnet, ist eine in geradezu dramatische Bewegung geratene Szene, in der die vordringende Dynamik die statischen »Restbestände« eindeutig überlagert. In Gestalt der von *John B. Cobb* und

David R. Griffin entworfenen »Prozeß-Theologie« wurde dieser Tatbestand sogar zum Prinzip einer theologischen Gesamtkonzeption erhoben.[118] Gestützt auf den Grundgedanken *Whiteheads*, wonach sich die Objekte der wirklichen Welt – anders als in dem von stabilen Gegebenheiten ausgehenden platonisch-aristotelischen Weltentwurf – aus Prozessen herleiten, versuchen die Verfasser, die Theologie konsequent auf den als die »erwidernde Liebe« verstandenen Gott zu begründen, und dies in erklärtem Widerspruch zum scholastischen Denkansatz, der Gott lediglich in den Anschein des Mitleids gelangen ließ, während er tatsächlich in leidensunfähiger Autarkie thronte.[119] So erst konnte die Theologie nach Überzeugung der Autoren in Übereinstimmung mit dem biblischen Gottesbild und dem wirklichen Weltgeschehen gebracht werden: mit dem Bild des sich an den Menschen und seine Geschichte verschenkenden Gottes und seiner Erfahrung in einem »begreifenden Ergriffensein« (Phil 3,10); und mit dem »prozessualen« Weltgeschehen, das unentwegt von einem Stadium ins andere übergeht.[120] Demgegenüber gehe ein statisches Denken der Ansicht ihres Gewährsmanns Whitehead zufolge »gegen die Natur des Universums selber an«.[121]

Mit der Abkehr von der Statik zugunsten einer dynamischen Selbstdarstellung verliert die Theologie – einschließlich des Rahnerschen Grundkurs-Konzepts – aber unvermeidlich ihre uniforme Geschlossenheit, während sie sich gleichzeitig, je nach Schwerpunkt und Methode, in eine Vielfalt von Einzelaspekten auffächert.[122] Wie eine wissenschaftstheoretische Unterbauung dieses pluralistischen Bildes wirken die Gedanken, die der amerikanische Fundamentaltheologe *Avery Dulles* entwickelte.[123] In seinen Untersuchungen über Kirchen- und Offenbarungsmodelle erbringt er den Nachweis, daß der theologische Gedanke immer schon mit unterschiedlichen Modellvorstellungen arbeitet, so etwa wenn er die Kirche als Institution, als »Leib« oder als »Sakrament« begreift oder wenn er die Gottesoffenbarung als Lehre, als Ereignis, als mystische Erfahrung oder als Eröffnung eines neuen Bewußtseins deutet.[124] Den Anschluß an die Prozeß-Theologie aber gewinnt Dulles dadurch, daß er unter Berufung auf den Erkenntnistheoretiker *Michael Polianyi* den Übergang von einem zurückgelassenen Modell zu einem neuen als eine denkerische »Bekehrung« versteht, und dies in ausdrücklichem Rückbezug auf das Paulus-Wort, das von der Verabschiedung der alten Wertwelt und dem lichtenden Ergriffensein durch Christus spricht (Phil 3,7–10).[125]

Auf gleichsinnige Weise reagiert auch *Hans Küng*, wenn er für einen »Paradigmenwechsel« im theologischen Denken plädiert, nur daß er sich dabei, wie schon der Ausdruck erkennen läßt, auf *Thomas S. Kuhns* Deutung der wissenschaftlichen Revolutionen bezieht.[126] Zusammengenommen mit den von *Johannes B. Bauer* aufgerufenen Entwürfen einer »*nachidealistischen*« (Metz), ökumenischen (Fries), feministischen (Gössmann), dem *Prinzip Hoffnung verpflichteten* (Moltmann) und *eschatologisch* orientierten *(Sauter)* Theologie verfaßt sich das zu einem von erheblicher Dynamik geprägten Gesamtbild. Und doch entsteht dabei keineswegs der Eindruck einer drohenden Zersplitterung und Auflösung. Ihm wehrt schon *Piet Schoonenberg* mit seiner These, daß der wirkliche *Weg in die Zukunft stets einer Rückkehr zum Ursprung* gleichkommt.[127] Und vollends macht *Eberhard Jüngel* diese Befürchtung mit dem bekenntnishaften Satz zunichte, daß wie jede Theologie auch die seine nur in dem denkenden Versuch bestehen könne, das »göttliche Ja nachzubuchstabieren«, das Gott (nach 2 Kor 1,19f) gerade in dem zur Welt sprach, der wie kein anderer dem »Widerspruch der Sünder« (Hebr 12,3) ausgesetzt war.[128]

Die meisten der angesprochenen Entwürfe kommen in der Tendenz überein, alteingewurzelte Vorurteile und überlebte Relikte abzustoßen, um desto leichter theologisches Neuland gewinnen zu können. So machen sie sich allesamt das von *Dulles* aufgestellte *Postulat der »Bekehrung«* zu eigen. Das gilt schon von der *Prozeß-Theologie*, sofern sie sich von dem »kategorischen Imperator« *(Nietzsche)* distanziert, um sich dem Gott der »erwidernden Liebe« zu verschreiben. Es gilt des weiteren von der *ökumenischen und feministischen Theologie*, sofern die eine den theologischen Konfessionalismus und die andere das »maskuline Prinzip« zu überwinden sucht. Und es gilt erst recht von den Entwürfen, die sich im Bruch mit platonischen und historistischen Denkformen einem »*nachidealistischen*« und »*eschatologischen*« Denken verschreiben.[129] Dieser Eindruck vertieft sich noch, wenn man den Prozeß der Selbstkorrektur hinzunimmt, durch den die Gegenwartstheologie die auf ihrem Weg zur Wissenschaftsgestalt aufgegebenen Dimensionen wieder einzuholen sucht. Hier wird dann auch die Zielrichtung des Vorgangs deutlich. Sie gilt, was die politische Theologie betrifft, dem *homo socialis*, was die ästhetische Theologie anlangt, dem *homo pictor (Jonas)* und, aus der Perspektive der therapeutischen Theologie gesehen, dem *homo patiens*, also dem Menschen im Ganzen seiner

Lebensvollzüge, seiner Gestaltungskräfte und seiner durch Krankheit und Todverfallenheit bestimmten Kontingenz. Auch die »Mitte«, auf die sich der Prozeß der Selbstkorrektur zubewegt, tritt nun mit hinlänglicher Klarheit in Erscheinung. Sie wurde am deutlichsten von *Cobb* und *Jüngel* bestimmt. Durch den einen, sofern er die von ihm vertretene Prozeß-Theologie auf den Gedanken der »*erwidernden Liebe*« Gottes ausgerichtet sieht; und durch den andern, sofern er den Kern seines Entwurfs darin erblickt, das *große »Ja« nachzubuchstabieren*, das Gott im Widerspruch der Welt zu dieser sagte. Wie in einer Vorausschattung kommen darin dann aber auch schon die Konturen eines auf die menschlichen Bedrängnisse und Anliegen abgestimmten Theologieentwurfs zum Vorschein. Denn worauf sollte die Liebe Gottes »erwidern«, wenn nicht auf die Fragen des geängsteten, enttäuschten und gekränkten Menschen? Und worauf könnte sein »Ja« unmittelbarer zielen als auf die Aufhebung der Schuld, in der er sich verstrickte, und der Entfremdung, der er verfiel?

Wenn die von *Cobb* offengelassene Frage, worauf die »erwidernde« Gottesliebe eingehe, vollgültig beantwortet werden soll, muß hier jedoch der *personale Zug der menschlichen Ansprechbarkeit* unterstrichen werden. Dazu verhilft der Rückgriff auf das Wahrheitsverständnis des Zweiten Vatikanums, dessen Vorstellung von einer »*Hierarchie der Wahrheiten*« unverkennbar den von seinem Vorgänger entwickelten Gedanken einer durch Mysterienvergleich ermöglichten Sinnfindung aufnimmt. Danach gelangt derjenige zu einem gewissen Verständnis der – ihrem Wesen nach unbegreiflichen – Offenbarungswahrheiten, der gleichzeitig auf ihren inneren Verweisungszusammenhang und ihrer Hinordnung auf das menschliche Sinnziel achtet.[130] Im Vorgriff darauf hatte *Scheeben*, dem Schoonenberg nachrühmt, als einziger westlicher Theologe den ostkirchlichen Begriff der »Perichorese« verwendet zu haben, von einem »System« oder auch – für heutige Ohren weniger mißverständlich – einem »mystischen Kosmos« der Glaubenswahrheiten gesprochen.[131] Und er hatte dadurch in einem bemerkenswerten Durchblick zu verstehen gegeben, wo sich die *menschliche Sinnsuche* letztlich ans Ziel gebracht und zu ihrer »Erfüllungsruhe« geführt sieht.

Darauf gestützt gab das Zweite Vatikanum dem Begriff des Ideenkosmos schließlich jene christologische Wendung, mit der es die Höhe seiner Offenbarungsaussage erreichte und die Gottesoffenbarung zugleich in ihrer ganzen »Menschenfreundlichkeit« (Tit 3,4) aufscheinen ließ. *Inbegriff der offenbarenden Selbstauslegung Gottes ist danach Jesus in der Totalität seiner Existenz,* in seinem Reden ebenso wie in seinem Schweigen, in seinem Handeln wie in seinem Leiden, zumal aber in der seine Lebensgeschichte krönenden Verherrlichung. Im Interesse einer gleicherweise auf die Fragen des einzelnen wie der Menschheit eingehenden Theologie muß dieser Ansatz jedoch noch in die mystische Wirkungsgeschichte Jesu hinein ausgeweitet werden, wie sie das von *Przywara* entworfene und im Werk *Le Forts* gespiegelte Geschichtsverständnis thematisierte. Sofern dieser Konzeption zufolge die einzelnen Epochen ihre innerste Sinnzuweisung aus der sich in die Menschheitsgeschichte hinein fortsetzenden Lebensgeschichte Jesu empfangen, ergibt sich eine sowohl in offenbarungstheoretischer wie erfahrungsgeschichtlicher Hinsicht erstaunliche Konvergenz.[132] Da nach dem Le Fortschen Zeitverständnis die Gegenwart im Zeichen der Todesangst und Verherrlichung Jesu steht, ist mit ihr zugleich der *Augenblick der größten Verdüsterung und Lichtung des Gottesgeheimnisses* gekommen; denn nirgendwo verschweigt sich dieses Geheimnis tiefer als im Todesschrei des Gekreuzigten, und nirgendwo »tagt« es (nach 2 Kor 4,6) herrlicher als im Antlitz des Auferstandenen. Davon ist die menschliche Sinnsuche insofern berührt, als sie sich gemeinhin im Schatten der Lebensangst, von ihr zugleich stimuliert und belastet, vollzieht. Wenn man bedenkt, daß der geängstete Mensch dieser Zeit zugleich nach den Sternen greift – und dies durchaus auch im symbolischen, auf seine Selbstoptimierung bezogenen Sinn –, läßt sich die *Konvergenz von individueller Lebensgeschichte und epochalem Geschichtsgang* kaum noch bestreiten. Wie kaum je zuvor, die biblische »Zeitenfülle« ausgenommen, bewegt sich heute die menschliche Sinnsuche auf der vom universalen Geschichtsgang bezeichneten Bahn.

Damit ist für die divinatorische Theologie fürs erste der *Ort ihres definitiven Einstiegs* gefunden. Nirgendwo gewinnt sie eher Zugang zum Konnex der Heilsmysterien als im Geheimnis von Tod und Auferstehung Jesu. Im Blick auf das Antlitz des vom Tod Erstandenen entschlüsselt sich ihr nicht nur der Sinn der übrigen Heilsgeheimnisse; vielmehr trifft sie dort auch auf den Menschen in seiner höchsten Hoffnung und tiefsten Not. Vor allem aber stößt sie an dieser Pforte auf die cherubhafte Gestalt dessen, der ihr wie kein anderer Wegweisung und Geleit gibt: auf *Paulus,* der sich damit als der *stets neu zu entdeckende Vordenker der Christenheit* erweist.[133] Er ist nicht nur Kronzeuge der Erkenntnis, daß das Offenbarungsgeschehen in Kreuz und Auferstehung Jesu seinen Höhe- und Endpunkt erreichte, sondern nicht weniger auch der anthropologischen Implikationen dieses Mysteriums. Im Angesicht des Höchsten, was Gottes Liebe vermochte, ist der Mensch aufs radikalste auf sich selbst zurückgeworfen, seiner Sündhaftigkeit überführt, mit seiner Todverfallenheit konfrontiert, gleichzeitig aber auch aufs höchste erhoben und zum Vollbesitz seiner Möglichkeiten gebracht: verarmt und beschenkt, verurteilt und freigesprochen, erniedrigt und überhöht. So ist Paulus als Erkunder dessen, was mit dem abschließenden Offenbarungsereignis geschah, zugleich der Entdecker der »anthropologischen Wende«, also der Einsicht, daß *in jedem Wort Gottes der Mensch angesprochen und in jedem Satz über Gott der Mensch mitgesagt* ist. Wenn *Augustin* von sich sagen konnte: »Ich selbst wurde mir zu einer großen Frage«, blieb es doch seinem Protagonisten Paulus vorbehalten, diese Frage so zu verdeutlichen, daß im »Abgrund Mensch« der Grund aller Ungewißheit und Lebensangst zum Vorschein kommt:

Ich unglücklicher Mensch, wer wird mich von diesem todverfallenen Leib befreien? (Röm 7,24)[134]

Mit ihrem radikalen Zugriff übersteigt diese Frage die Kompetenz der menschlichen Vernunft, auch dort, wo sich diese im Existenzdenken *Heideggers* anheischig machte, sie durch den Aufweis ihrer Rückbezüglichkeit zu erledigen.[135] Dafür beantwortet sie sich für den Fragesteller in der Hochstunde seines Lebens von Gott her. Wie ein Blitz stößt seine rettende Selbstmitteilung in das durch sie aufgerissene Vakuum hinein. Das bezeugt der Schlüsselsatz des Galaterbriefs, der das Damaskuserlebnis mit der ebenso knappen wie gewichtigen Wendung umschreibt:

Da gefiel es Gott in seiner Güte, seinen Sohn in mir zu offenbaren (Gal 1,16).[136]

In seiner Bekehrungsstunde hatte ihm, dem Verfolger der jungen Kirche, Gott sein eigenes Lebensgeheimnis ins Herz gesprochen. So wurde ihm der Gottessohn, von dem er sich bis zum Exzeß der Todeshingabe geliebt sah, zum bestimmenden Lebensinhalt, zum entgegnenden Du, durch das er auf neue und definitive Weise »ich« sagen lernte, zum leibhaftigen Spiegel seiner Selbstfindung. Unaufhaltsam trat damit das Geheimnis des Gekreuzigten und Auferstandenen in den Brennpunkt seines Denkens, Strebens und Redens; es wurde für ihn zur bestimmenden Mitte seiner Theologie und Verkündigung. Dabei schlägt die Schau des Erhöhten immerfort auf sein Selbstverständnis durch, so wie er sich umgekehrt in dem erschauten Bild »gespiegelt« sieht (2 Kor 3,18). Sosehr ihm die göttliche Hoheit Christi vor Augen steht, kennt er doch nach der »Kontaktmetamorphose« seiner Bekehrungsstunde kein anderes Identifikationsziel außer ihm. Er ist ihm (nach Phil 1,21) so sehr zum Lebensinhalt, ja zur Sinnmitte (Gal 2,20) geworden, daß er seine Identität – anstatt in Akten der Selbstunterscheidung – in der Selbstübereignung an den gewinnt, von dem er sich bis zur Selbsthingabe geliebt weiß (Gal 2,20).[137]

Dabei verliert Paulus den responsorischen Charakter dieses Lebensinhalts, der ihm als »Antwort« auf die ihn bedrängende Existenzfrage gegeben wurde, niemals aus dem Auge. Mehr noch: Die Frage nach Heil und Sinn seines Daseins wird für ihn zum erschließenden Prinzip, bildhaft ausgedrückt zum Prisma, durch das sich das ihm zugesprochene Geheimnis in die Vielfalt seiner Bedeutungen zerlegt. Was bei *Nietzsche* den Abschluß bildete, als er sich in ›Ecce homo‹ seiner *Person als »Vergrößerungsglas«* bediente, um seinen Werken neue Bedeutungen abzugewinnen, steht bei Paulus am Anfang.[138] Nur ist in seinem Fall Gegenstand der Auffächerung nicht die eigene Leistung, sondern das in ihm geschehene Gotteswerk. Auslöser der Entfaltung aber war die Frage: »Ich unglücklicher Mensch, wer wird mich von diesem todverfallenen Leib befreien?« Im Sinn und Rhythmus dieses Satzes gliedert sich nun das ihm zugesprochene Geheimnis auf. Es ist die bestimmende Mitte, aus der die *Grundinhalte seiner Lehre in ringförmiger Entfaltung* hervortreten. Im *Zentrum* steht die *Christologie*, um die sich, ausgelöst durch den Frageeingang »ich unglücklicher Mensch«, seine *Anthropologie* aufbaut, um diese wiederum, aufgerufen durch das Stichwort »befreien«, seine *Erlösungs- und Kirchenlehre* und schließlich, im Sinn des Satzausgangs, seine *Eschatologie*. Auch für Paulus stehen somit die einzelnen Glaubensmysterien in einem inneren Verweisungszusammenhang. Der konzentrische Aufbau bedingt nicht nur die innere Geschlossenheit seiner Lehre; vielmehr macht er es auch sinnenfällig deutlich, daß jede Position aus dem Zentralgeheimnis hervorgeht und in ihm ihren innersten Sinngrund hat.

Ein gültigeres Modell für die zu entwerfende Theologie wird sich nicht finden lassen. Denn das paulinische Modell vereinbart auf exemplarische Weise das *theologische und kerygmatische Interesse*. Es ist Theologie, die noch ganz vom glühenden Atem der Verarbeitung des elementaren Faktums – Tod und Auferstehung Jesu – durchweht ist. Und es ist auf gleiche ursprüngliche Weise Kerygma, weil sich für

Paulus das ihm zugesprochene Geheimnis mit dem »Zwang« zur Verkündigung verbindet. Das Glück seiner Berufung verbindet sich für ihn mit der unausweichlichen Nötigung, es an die noch »in Finsternis und Todesschatten Wohnenden« weiterzugeben: »Ein Zwang liegt auf mir; weh mir, wenn ich das Evangelium nicht verkünde!« (1 Kor 9,16) Auf der Sprachebene wiederholt sich somit dieselbe Duplizierung wie auf der Sachebene. Wie dort die Christologie in Anthropologie umschlug, so hier der vernehmende Offenbarungsempfang in die bezeugende Verkündigung. Dabei macht der erfahrene »Zwang« deutlich, daß es sich beide Male letztlich um denselben Vorgang handelt. Am schönsten kommt das darin zum Ausdruck, daß beide Male von der Selbstfindung des Apostels die Rede ist. Wie sich das Wort von der Berufung (Gal 1,16) in die mystische Formel von der Selbstfindung in Christus (2,20) fortsetzt, so versichert der zur Verkündigung genötigte Apostel mit einer an das kartesianische »Cogito – sum« erinnernden Wendung: »Ich glaube, darum rede ich« (2 Kor 4,13). Verkündigend »tätigt« er, was er durch die ihm widerfahrene Gottestat wurde. Dabei bleibt für ihn durchaus bestimmend, daß er den göttlichen Zuspruch als Fragender empfing. Deshalb hat seine Verkündigung, wie bereits hervorgehoben, auch dort, wo sie mit autoritativer Strenge an die Gemeinden ergeht, stets »korrespondierenden« Charakter. Auch wenn es nicht in der Ausdrücklichkeit des Ersten Korintherbriefs geschieht, geht die paulinische Verkündigung doch stets auf die Fragen ein, die sie aus dem opfer- und konfliktreichen Leben der Gemeinden heraushört. Auch dort, wo sie sich der Sprachgebärde nach dekretorisch gibt, ist sie in Wirklichkeit dialogisch und so auch in struktureller Hinsicht das Modell einer »responsorisch« angelegten Theologie.[139]

Um dem gerecht zu werden, muß diese freilich mit dem bis in Guardinis Erfahrungstheologie, in Balthasars Theologischer Ästhetik und in Rahners Transzendentaltheologie, also bis in alle Formen einer Onto-Theologie hinein nachwirkenden Paradigma der Inkarnationstheologie und ihren Vergünstigungen brechen. Dabei ist der zu vollziehende Bruch durchaus symptomatisch für die Folgen der Verabschiedung. *Aufgegeben werden*, zusammen mit dem traditionellen Paradigma, die *Vorzüge des Vergleichs*, der Analogie, der Allegorese und der sich daraus ergebenden Systematik. Dafür treten die *Kategorien der negativen Theologie in den Vordergrund*: die Antithese, das Paradox, die *stehengelassenen Dissonanzen*. Das kommt dem menschlichen Harmoniebedürfnis weit weniger entgegen als die bisher vorherrschenden Denkformen, dafür aber weit mehr der von Konflikten und Enttäuschungen bestimmten Lebenserfahrung. Indessen entspricht das paulinische Modell insofern auch dem Verlangen nach Harmonie und Korrespondenz, als es sich – wegweisend für die Nachgestaltung – in konzentrischen Ringen zu einer schlüssigen Gesamtkomposition aufbaut.

Was sein *Zentrum* anlangt, so umschreibt es Paulus unüberbietbar klar mit dem Satz, daß er nichts kennen wolle als Christus, »und zwar als den Gekreuzigten« (1 Kor 2,2), daß ihm also das Kreuz Jesu als die mit Blut und Wunden ausgefertigte Proklamation der Selbstoffenbarung Gottes gelte.[140] So begreift er das Kreuz als den sichtbar gewordenen Todesschrei Jesu und den zum rettenden Heilszeichen Gewordenen als den, der in seiner Todesnot von Gott erhört und in seine Lebensfülle aufgenommen wurde. Deshalb sagt er auch von der Auferstehung Ähnliches, nur mit einer stärkeren Betonung des bildhaft-epiphanen Elements. Nirgendwo scheint das Gottesgeheimnis herrlicher auf als im Antlitz des Auferstandenen, von welchem er im Rückblick auf sein Damaskuserlebnis sagt:

> Denn Gott, der sprach: »Aus Finsternis erstrahle Licht!« – Er hat es auch in unsren Herzen tagen lassen zum strahlenden Aufgang der Gottherrlichkeit auf dem Antlitz Christi (2 Kor 4,6).[141]

Die Stelle gibt nicht nur in schöpfungs- und geschichtstheologischer, sondern auch in wahrheitstheoretischer Hinsicht wichtige Aufschlüsse. Denn die Wahrheit, von welcher Paulus ausgeht, trägt im Unterschied zur philosophischen Vernunftwahrheit antlitzhafte Züge, so daß er geradezu mit Augustin von einem *»Antlitz der Wahrheit«* *(facies veritatis)* sprechen könnte.[142] Vor allem aber betont die Stelle, daß nach paulinischem Verständnis der »Text« der Welt- und Geschichtswirklichkeit von der Auferstehung Jesu her neu buchstabiert werden muß. Der Schöpfung ist als Wasserzeichen die Figur des »geschlachteten Lammes« eingeschrieben und ihrem Leiden dadurch ein göttlicher Sinn mitgeteilt. Weil aber gleichzeitig der Glanz der Auferstehung auf sie fällt, ist ihrer Leidens- und Todverfallenheit ein – wenn auch noch ausstehendes – Ende gesetzt, so daß sie mit dem erlösten Menschen zusammen die »herrliche Freiheit der Gotteskinder« erwarten darf (Röm 8,21).

Hier zeigt sich, daß die paulinische *Anthropologie* von der Schöpfungslehre unterbaut wird, während diese auf den Menschen hin entworfen ist. Mensch und Welt stehen in einem Wechselverhältnis, das sich ebenso als Leidensgemeinschaft wie als Weggemeinschaft zum selben Erfüllungsziel darstellt. Da Paulus den Menschen zusammen mit der ganzen Schöpfung unter das Sklavenjoch der Vergänglichkeit gebeugt sieht (Röm 8,20), stehen beide für ihn in einem Verhältnis der Solidarität, nicht (wie in Gen 1,28ff) der Herrschaft und Übermächtigung. Ob sich für ihn daraus auch das Recht des Menschen auf kreatorische Eingriffe ins Naturgeschehen im Sinn moderner Gentechnologie herleitet, ist eine offene Frage. Sofern die Kreatur dadurch zum experimentellen Spielfeld herabsänke, würde er sie entschieden verneinen; sofern davon jedoch ein sinnvoller Evolutionsschub ausginge, vermutlich zögernd bejahen.[143]

Der direkteste Eingriff des Menschen in die Wirklichkeit besteht jedoch in der »ganz gewiß vom Menschen hervorgebrachten geschichtlich-zivilen Welt« (Vico), der »Welt« der geschichtlichen Verhältnisse.[144] Wenn Paulus aufgrund seiner Naherwartung auch kein explizites Geschichtsbild entwirft, ist für ihn die geschichtliche Welt doch genauso wie die kosmische vom Zentralereignis der Gottesoffenbarung geprägt und in ihrem Sinnverlauf bestimmt. Geschichte ist für ihn das Feld des sich weltweit fortsetzenden Kreuzes- und Ostergeschehens, der Ort des sich immer neu ereignenden Zusammenpralls von göttlichem Heil und menschlicher Bosheit, der Raum des Heranreifens der Glaubenden zum Vollalter Christi. Insofern steht er jenen Konzeptionen nicht fern, die den Geschichtsgang im Sinn der Lebensstadien (Le Fort) und Lebensalter (Balthasar) Jesu gegliedert sehen. Umgekehrt wird sich die im Rahmen der divinatorischen Theologie zu erarbeitende Geschichtstheorie gerade an diesen bis auf Joseph Görres zurückgehenden Modellen orientieren, da sie den geschichtlichen Entwicklungen und Katastrophen ein Höchstmaß an Transparenz und Plausibilität abgewinnen. Angeregt von Schelling, der in der Geschichte das »im Geiste Gottes gedichtete« Epos erblickte, entwickelte Görres den Bildgedanken von dem »großen Schauspiel«, in dem das in die Zeitlichkeit eingetretene Gotteswort seine Wahrheit durch den wechselvollen Ablauf des Geschichtsganges zur Geltung bringt.[145] Die volle Höhe seiner Deutung gewinnt er jedoch erst mit der Annahme, daß die Lebensgeschichte Jesu als das innerste Strukturprinzip der Geschichte zu gelten habe, so daß sich diese ihrerseits als die »fortgesetzte, historisch fließend gewordene Inkarnation« verstehen lasse.[146]

Wie es seiner Bestimmung entsprach, lebte der Gottmensch zunächst in der Verhüllung der Knechtsgestalt, unerkannt in einem

Winkel der Welt; doch barg sein Dasein in dieser »allerengsten Fassung« – und darin berührt sich Görres mit dem patristischen Motiv des »Verbum abbreviatum«[147] – den reichsten Inhalt, der durch die »Fülle der Zeiten« erschlossen werden sollte. So wurde er nicht nur zum Maß dessen, was sich im geschichtlichen Vollzug seines Lebens ereignete, sondern auch zur leibhaftigen Aufhebung der Zerrissenheit, an der die Menschheitsgeschichte leidet:

> Nur er mochte die Wunde heilen, die der Mensch sich selbst geschlagen hatte; und so trifft das heilende Wort in die Mitte der Universalgeschichte, wie es schaffend an ihrem Beginn gestanden hatte. Es erscheint als das höchste Moment in ihr, über das hinaus kein anderes gefordert werden mag.[148]

Dem paulinischen Orientierungsmodell zufolge führt von hier aus schon ein Schritt zum nächsten Kreis, der von der Erlösungslehre, der Lehre von der Kirche und dem Weg der Heils- und Glaubensvermittlung gebildet wird. Auch in der Sicht des Erlösungswerks entfernt sich das divinatorische Konzept von dem der traditionellen Theologie. Denn diese stand, wiederum bestimmt durch das Inkarnationsparadigma, bis in die Gegenwart hinein, insbesondere bei Barth und Balthasar, ganz *im Zeichen des Rechtfertigungs- und Sühnegedankens.*[149] Dabei besaß sie die Rückendeckung durch *Anselm von Canterbury*, der in ›Cur Deus homo‹ diese Auffassung durch eine zwingende Argumentation zu unterbauen suchte.[150] Nachdem sich die Zweifel an der Schlüssigkeit des anselmischen Konstrukts zusehends mehrten, erschütterte es inzwischen *Hans Blumenberg* mit der Frage, warum denn der »in seiner Glorie ertrinkende« Gott die Sündenschuld der Menschheit nicht »mit einem einzigen Federstrich« getilgt, sondern auf unendlicher Genugtuung durch das Sühneopfer des Sohnes bestanden habe.[151]

Das ist nicht erst die Frage des durch die »strukturelle Exkulpierung« seltsam »entlasteten« und doch keineswegs »versöhnten« Menschen dieser Zeit, der in seinem Gott *anstatt des vergebenden Richters den rettenden Tröster* sucht, sondern zuvor schon die Frage einer *sich zum Todesverständnis Jesu zurücktastenden Theologie.*[152] Denn im selben Maß, wie sie dieses von den überlagernden Deutungsmodellen des Sühne- und Opfergedankens unterscheiden lernt, gelangt sie zur Einsicht, daß sich mit Jesu Bereitschaft, das Todesschicksal auf sich zu nehmen, *kein noch so subtiler Zweck* verband, weil er mit seiner – als reiner Selbstzweck anzusehenden –

Todeshingabe *die Summe aus einem Leben zog*, das bis in die Konstitution seines Selbst- und Sendungsbewußtseins hinein das *Ereignis selbstvergessener Liebe* war.[153]

Auch in diesem Fall gelangt der Rückgriff auf *Paulus* zum selben Ergebnis. Obwohl das Motiv der durch Christus geleisteten Genugtuung in seinem Briefwerk immer wieder auftaucht, gehört es doch nicht zum Kernbestand seiner Erlösungslehre. Wenn sich der Apostel auf der Höhe seiner Christologie bewegt, sind die im Sinn jüdischer Sühne- und Reinigungsriten stilisierten Stellen vielmehr überblendet von der Einsicht, daß der Tod Jesu keiner Zweckbestimmung unterlag, sondern als die *sein Leben krönende Liebestat* zu gelten hat. Daher sein Bekenntnis: »Sofern ich noch im Fleisch lebe, lebe ich im Glauben an den Gottessohn, der mich geliebt und sich für mich hingegeben hat« (Gal 2,20).[154] Und daher die seinen Hymnus auf die Liebe krönende Frage:

Wenn Gott für uns ist, wer ist dann gegen uns?
Wenn er seinen eigenen Sohn nicht verschonte,
sondern ihn für uns alle hingegeben hat:
Wie sollte er uns nicht mit ihm alles schenken?
(Röm 8,31f)[155]

Der Tatbestand einer antwortenden Theologie ist hier damit getroffen, daß die so verstandene Erlösung nichts »am Menschen« bewirkt, sondern primär darin besteht, daß der *Mensch mit seinem Heils- und Sinnverlangen in die Todeshingabe Jesu hineingenommen* wird. Dadurch wird er dann aber zugleich aus allem herausgerissen, was ihn Gott, der Welt und sich selbst entfremdet, von der subjektiven und strukturellen Sünde angefangen bis hin zu den kollektiven Zwängen, die in ihrer Summe die Dämonie des Daseins ausmachen. Im Hinblick darauf versichert der Kolosserbrief:

Er hat uns der Macht der Finsternis entrissen und in das Reich seines geliebten Sohnes versetzt (Kol 1,13).

Als Erweis der »bis zum Äußersten« gehenden Liebe (Joh 13,1) wird die Erlösungstat Jesu folgerichtig zum *Prinzip und Modell der von ihm gestifteten Gemeinschaft*, die damit als die Frucht und soziale Entfaltung seiner lebenslang geübten und mit seinem Kreuzestod gekrönten Selbsthingabe erscheint. Damit *verwischen sich die Grenzen zwischen Christologie, Soteriologie und Ekklesiologie*; denn die Kirche lebt, in dieser Konsekution begriffen, ganz aus dem Liebes-

willen ihres Stifters: sie ist die gesellschaftliche »Entäußerung«
seiner Selbstübereignung an Gott und die Seinen. Das bedingt einen
Perspektivenwechsel, der sich bereits im paulinischen Bild des
»mystischen Herrenleibes« ankündigt. Ohne daß ihrem institutionellen Charakter Abbruch geschieht und ihr hierarchischer Aufbau in
Frage gestellt wird, tritt sie in die – zu den gängigen Vorstellungen
kontrastive – Sicht des lukanischen Doppelwerks, das sie in den
Aspekt des *aus göttlicher Inspiration hervorgegangenen Kunstwerks*
rückt.[156] Diese »ästhetische« Sicht der Kirche drängt sich geradezu
auf, wenn man die Pfingstperikope der Apostelgeschichte (2,1–13)
nicht nur, wie der Bericht vom Sprachenwunder insinuiert, als
Aufhebung der babylonischen Sprachenverwirrung versteht, sondern
rückbezüglich auf die johanneische Ostererzählung liest, die stärker
als die übrigen Berichte den Mitteilungscharakter der Auferstehung
Jesu hervorhebt.[157] Hier tritt der Auferstandene in der Gebärde des
biblischen Schöpfers den Jüngern entgegen, um ihnen durch seinen
»Geisthauch« etwas von seiner sünde- und todüberwindenden Macht
mitzuteilen.[158] In der Pfingstperikope steigert sich dieser Hauch, mit
einer feinsinnigen Beobachtung *Georg Baudlers* gesprochen, zu einem »heftigen Sturmwind«, der das »ganze Haus« mit seinem Brausen
erfüllt und die dort Versammelten die durch die herabkommenden
Feuerzungen symbolisierte Inspiration erleben läßt, aus der sie als die
vom Geist des Auferstandenen erfüllte, belebte und geeinte Kirche
hervorgehen.[159]

Selbst wenn an dieser Stelle nicht ausdrücklich von Maria die Rede
wäre, träte die Szene damit doch außerdem in einen Zusammenhang
mit dem lukanischen Bericht von der Ankündigung der Geburt Jesu
(Lk 1,26–38), die den messianischen Retter gleichfalls aus der Herabkunft des Gottesgeistes auf die Jungfrau-Mutter hervorgehen läßt.[160]
Beide Male handelt es sich um ein Inspirationsgeschehen, aus welchem – wie beim künstlerischen Schaffensakt – »Werke« hervorgehen, die bei aller historischen Faktizität zugleich der Ordnung
des Staunens- und Bewundernswerten angehören, das sich als
ungeschuldete Gewährung über die Nöte und Zwänge des Daseins
erhebt. Im Fall der Verkündigungsszene ist es der vom Glanz der
Gottherrlichkeit Erfüllte (Mt 17,2; 2 Kor 4,6), im Fall der Pfingst-
erzählung das Kunstwerk Kirche, die in dieser Sicht nun vollends als
die *realisierte Sozialutopie Jesu* erkennbar wird. In ihr ist bei aller
Befleckung durch ihr geschichtliches Fehlverhalten jener Menschheitstraum von einem Zusammenleben aller in Freiheit, Friede und

Liebe vom Himmel herabgestiegen, der sich im Zugriff der Sozialrevolutionäre fast immer in sein terroristisches Gegenteil verwandelte. So leistet die Erarbeitung dieses ästhetischen Aspekts auch einen nicht zu unterschätzenden Beitrag zu der gerade von der gegenwärtigen Situation geforderten Selbstunterscheidung der Kirche von allen Erscheinungsformen, Strategien und Praktiken totalitärer Systeme.

Gleichzeitig eröffnet die ästhetische Sicht einen neuen Zugang zur sakramentalen Heilsvermittlung. Er ist aus christologischen wie zeitgeschichtlichen Gründen gleicherweise aktuell. Christologisch, weil der Sehnsucht der Christenheit, den Herrn »in seiner Unverweslichkeit« (Eph 6,24) zu sehen, in dieser Zeit des Glaubens, nicht der Schau (2 Kor 5,7) allenfalls ansatzweise Genüge geschehen kann. *In diesem Dämmerlicht ist an Zeichen, Hinweisen und Schattenbildern entscheidend gelegen.* Sie aber sind vornehmlich in den Sakramenten gegeben, sofern sie als die Fußspuren, Gebärden und Handreichungen des zu Gott Entrückten zu gelten haben, dessen unverhüllte Schau noch aussteht.

Demgegenüber besteht der zeitgeschichtliche Grund im tief gespaltenen Verhältnis des heutigen Menschen zum Bildhaften. Auf der einen Seite steht er unter dem Eindruck einer lawinenhaft anschwellenden Menge elektronisch vermittelter Imaginationen; auf der andern Seite erwacht in ihm, wie das Interesse an alten und neuen Mythen beweist, ein *zunehmendes Bildverlangen*. Wenn sich daraus kein zerstörendes Amalgam entwickeln soll, bedarf es der Gegensteuerung in Form von Bildmotiven, die das Moment der Zeichenhaftigkeit mit dem der Ermächtigung verbinden und so klärend und heilend auf das gestörte Bildbewußtsein des heutigen Menschen einwirken. Das aber ist im Fall der Sakramente auf eminente Weise gegeben, da sie nach einer alten Bestimmung »bewirken, was sie bezeichnen«, so daß ihre Effizienz an die ihnen eigene Zeichenhaftigkeit gebunden und diese von ihrer Wirkmacht getragen ist. In dieser Synthese erfaßt, läßt sich ihnen ein dreifacher Bildwert entnehmen: ein christologischer, der auf ihren Stifter zurückweist; ein soteriologischer, der sie als vergegenwärtigende »Tätigungen« seines Heilswerks erweist, und ein ekklesiologischer, der in ihnen das perspektivenreiche Bild der Kirche aufscheinen läßt.

Da die sakramentale Ordnung erst nach dem »Weggang« Jesu (Joh 16,5ff; 17,13) in Kraft trat, muß die Frage nach den *ursprünglichen Formen der Heils- und Glaubensvermittlung* an den historisch Wirkenden zurückgegeben werden. Es ist die von *Machovec* aufgeworfene Frage, wodurch es Jesus gelang, die Welt in Brand zu setzen, die er im selben Atemzug mit der These beantwortete, daß er dies nicht so sehr durch die Neuheit seiner Botschaft als vielmehr dadurch erreichte, daß er mit ihr identisch war.[161] Nach Ausweis der Evangelien war es jedoch zunächst die Kraft seines Wortes, durch die er Freunde wie Gegner in seinen Bann schlug und den Zuhörern insgesamt die Tür zum Glauben an ihn und seine Botschaft aufstieß. Auch dieser Tatbestand trifft auf ein zwiespältiges Verhältnis des heutigen Menschen, der sich einerseits – und auch dies hauptsächlich durch die modernen Medien – von Wortkaskaden überschüttet fühlt und andererseits doch im Begriff steht, sich gegen das reduktive Sprachverständnis der Zeit zur Wiederentdeckung der vergessenen Wort- und Sprachqualitäten durchzuringen.[162] In dieses Dilemma greift die Erinnerung an die Wortverkündigung Jesu in der Form ein, daß sie dem Zug zu den verschütteten Sprachqualitäten das Übergewicht über die Verschleißerscheinungen verleiht, denen der in die gegenwärtige Sprachszene verwiesene Mensch ausgesetzt ist. Unter dem Eindruck der biblischen Berichte wird ihm wieder klar, daß die gemeinhin als Medium des Informationstransfers verstandene *Spache in Wahrheit eine »Form der Liebe« (Le Fort)* ist, zu der er erst dann ins rechte Verhältnis gelangt, wenn er sie nicht mehr instrumentell, sondern existentiell, als konsubstantial mit seinem Menschsein, begreift.[163]

Indessen stand Jesus noch eine im Vergleich zur Sprachgewalt seines Wortes unmittelbarere Äußerung, die Ausstrahlung seiner Persönlichkeit, zu Gebot. Wenn man mit *Rahner* davon ausgeht, daß diese noch im neutestamentlichen Schrifttum nachwirkte und in seinen Autoren eine überraschende Suspendierung der Gottesfrage nach sich zog, muß sie vor allem bei der Frage der Glaubensvermittlung stärker als bisher berücksichtigt werden.[164] Schon vor jedem Wort muß diese *»Gottessuggestion«* in der Umgebung Jesu, vor allem in den Angehörigen des Zwölferkreises, eine *Umschichtung des Bewußtseins* bewirkt haben, so daß für sie *Gott zum Erstwirklichen und Erstgewissen* wurde. Mehr noch: aufgrund dieser Suggestion mußten sie sogar den Eindruck gewinnen, im Umgang mit Jesus von Gott *angesprochen* und zu Zeugen seiner Selbstoffenbarung geworden zu sein. Dies vorausgesetzt, bedürfte dann der erstaunliche Eingangssatz des Johannesevangeliums »Im Anfang war das Wort« (Joh 1,1) keiner innerbiblischen oder religionsgeschichtlichen Erklärung, da es als Niederschlag einer Elementarerfahrung des Jüngerkreises lesbar würde.[165] Jesus selbst erwiese sich dann als das alle vorangehenden

Stimmen in sich vereinigende und erfüllende Sprachereignis der Offenbarungsgeschichte, durch das sich der Jüngerkreis zu seiner geistigen Nachfolge, dem Glauben, schon vor jeder Instruktion und Wegweisung bewogen sah.

Die Aktualität dieses Ereignisses tritt zutage, wenn man mit *Max Seckler* davon ausgeht, daß sich das von der bisherigen Glaubenstheorie privilegierte »Instruktionsmodell« überlebt und der Einsicht Raum gegeben hat, daß der Glaube im konkreten Lebenskonzept nicht so sehr durch Lehren und Unterweisungen als vielmehr durch Impulse und Paradigmen vermittelt wird.[166] Was *zum Glauben anregt*, sind somit nicht die von der klassischen Fundamentaltheologie ausgelegten Argumentationswege, sondern die von einem paradigmatisch vorgelebten Glauben ausgehenden »Anstöße«, die den Sinn für die durch die Gottesoffenbarung erschlossene Dimension erwecken und die Bereitschaft zum Eintritt in sie stimulieren. Zweifellos war diese Neuorientierung in erster Linie die Folge der Konzentration der Glaubensfrage auf die Gestalt Jesu; doch arbeitete auch die heutige Bewußtseinslage wirksam darauf hin. Stimuliert durch den von den diktatorischen Systemen der ersten Jahrhunderthälfte ausgehenden Leidensdruck, wurde ihr eine Glaubensvermittlung zunehmend suspekt, die von der Unwissenheit des Rezipienten ausging und diese durch Belehrung und Anleitung zu beheben suchte. Zu eng berührte sich dieses Modell ihrem Eindruck zufolge mit Verhaltens- und Umgangsformen, die es primär auf die Disziplinierung ihrer als unmündig angesehenen Adressaten abgesehen hatten. Gleichzeitig gewannen für die heutige Bewußtseinslage jene Denker an Einfluß und Gewicht, die im Kontrast zu den totalitären Herrschaftssystemen die »*Rolle des Individuums als Mitmensch*« (*Löwith*) hervorhoben und sich die Förderung dieser Mitmenschlichkeit insbesondere vom *Dialog* und von der *Begegnung (Buber)* erwarteten.[167] Dadurch verstärkte sich der Eindruck, daß sich die entscheidende *Glaubensvermittlung auf den Bahnen der gelebten Mitmenschlichkeit* bewegt und demgemäß insbesondere dort in Gang kommt, wo sich lebendige Übertragungen nach dem Modell des Umgangs Jesu mit seinem Jüngerkreis vollziehen. Glaubenerweckend wirkt somit in erster Linie das aus voller Überzeugung gesprochene Wort; seltener wohl, aber nicht weniger effizient die Ausstrahlung einer vom Glauben getragenen und durchhellten Persönlichkeit. Demnach läßt sich der Wandel im Problemfeld der Glaubensvermittlung am zutreffendsten in die Formel fassen: Wir werden zum Glauben bewogen, nicht erzogen.[168]

Die *Peripherie* dieser sich in konzentrischen Ringen aufbauenden Konzeption aber wird von der *Eschatologie* gebildet. Daß sich diese aus einer zyklischen Entfaltung des Zentralgeheimnisses ergibt, zeigt sich wiederum am klarsten, wenn man sie auf die paulinische Auffassung zurückbezieht. Denn für Paulus ist »das letzte Kapitel von der Geschichte der Welt« *(Kleist)* die welt- und heilsgeschichtliche Konsequenz der Auferstehung Jesu und diese, wie neuerdings vor allem *Pannenberg* betont, die zeitgeschichtliche Vorwegnahme der Eschatologie.[169] Schon dadurch steht die »Peripherie« im engsten Rückbezug zum Ausgangspunkt. Indessen bestätigt Paulus das zyklische Moment auch ausdrücklich, sofern man nur den Entwicklungs- und Klärungsprozeß verfolgt, den seine eschatologische Vorstellung durchläuft. Am Anfang steht eine dramatische Szenerie, wie sie sich ihm durch die apokalyptischen Projektionen seiner spätjüdischen Umwelt nahelegte. Im Hinblick darauf spricht er im ersten seiner Briefe von der ihn, zusammen mit der Gemeinde, beseelenden Hoffnung, daß die Verstorbenen beim Schall der »Posaune Gottes« auferstehen und die noch Lebenden gemeinsam mit ihnen »auf Wolken in die Luft entrückt« werden, um den wiederkommenden Herrn »einzuholen« (1 Thess 4,15ff).[170] Doch verliert dieses Bild schon bei seiner Wiederholung im Ersten Korintherbrief (15,31ff) deutlich an Farbe und Dramatik. Am besten erklärt sich das daraus, daß Paulus unmittelbar zuvor eine dritte und kühnste Sicht des Endgeschehens entwickelt hatte. Hier beschreibt er es als einen gegenseitigen *Unterwerfungsakt:* zunächst als Unterwerfung der Welt unter die Herrschaft des über alle Vernichtungsgewalten triumphierenden Sohnes und dann als dessen Unterwerfung unter die Herrschaft Gottes, der ihm im Gegenzug zu seiner Erniedrigung alles unterworfen hatte; denn:

> Er muß herrschen, bis Gott ihm alle Feinde unter die Füße gelegt hat. Als letzter Feind aber wird der Tod entmachtet; sonst wäre ihm nicht alles zu Füßen gelegt … Wenn ihm dann alles unterworfen ist, wird auch er, der Sohn, sich dem unterwerfen, der ihm alles unterworfen hat, damit Gott sei alles und in allem (1 Kor 15,25–28).[171]

Das ist der definitive Zusammenfall der Gegensätze, die Einbeziehung aller Dinge in den vom Gottesleben selbst gebildeten ewigen Seins- und Sinngrund. Bewegender und tröstlicher könnte das letzte Kapitel von der Geschichte der Welt nicht mehr beschrieben werden. Paulus steht mit dieser Sicht keineswegs allein. Denn auf ganz ähnliche Weise schildert auch der Hebräerbrief das Ende der Zeiten, nachdem er die Vollendung der Christenheit im Anschluß an das Geschehen am Sinai gedeutet hatte: als Einzug des neuen Israel in die himmlische Festversammlung, als Aufstieg des Gottesvolks zu dem vom göttlichen Feuer gebildeten Gipfel und Ziel alles Geschehens. Der Unterschied liegt weniger im Bildhaften als in der Sprachform, da an die Stelle der Beschreibung die dialogische Einbeziehung getreten ist:

> Ihr seid hingetreten zum Berge Sion, zur Stadt des lebendigen Gottes, dem himmlischen Jerusalem, zu den Myriaden von Engeln, zur ewigen Festversammlung, zur Gemeinschaft der im Himmel verzeichneten Erstgeborenen, zu Gott, dem Richter aller, zu den Geistern der schon vollendeten Gerechten, zu Jesus, dem Mittler eines neuen Bundes, zum Blut der Besprengung, das mächtiger ruft als das Blut Abels … Deshalb wollen wir dankbar sein, weil wir ein unerschütterliches Reich empfangen, und wollen Gott nach seinem Wohlgefallen, in ehrfürchtiger Scheu, dienen; denn unser Gott ist ein verzehrendes Feuer (Hebr 12,22ff.28f).

Wesentlich ist für den Aufbau einer divinatorischen Theologie vor allem der fortwährende *Rückbezug auf den fragenden Menschen*. Nicht umsonst folgt unmittelbar auf den christologischen Zentralbezirk die Anthropologie und auf die Soteriologie ein Bild der Kirche, das diese als Ort erfüllter Mitmenschlichkeit erscheinen läßt. Daran ist der Rhythmus ersichtlich, nach welchem sich das Ganze als ein sich wiederholendes Wechselspiel von Frage und Antwort gestaltet. Im Sinn der zwischen Paulus und dem Hebräerbrief beobachteten Sprachdifferenz stellt sich abschließend noch die Sprachgestalt des Entwurfs, verstanden als die Frage nach ihrem »literarischen Genus«, zur Diskussion. Wenn das *innere Baugesetz* als »*dialogisch*« zu bestimmen ist, dann die *Sprachgestalt* als *konfessorisch*. So ergibt es sich spiegelbildlich zur Erkenntnis, daß von Gott, wenn eine irreführende Vergegenständlichung vermieden werden soll, in invokatorischer Rede gesprochen werden muß. Der Anrufung Gottes entspricht auf der Gegenseite das bekennende Wort zum menschlichen Adressaten. Das augustinische Bekenntniswerk bietet dafür nur ein bedingtes Modell, da sich seine »confessio« primär an Gott richtet. Dennoch berichtet *Augustin* in seinem literarischen Lebensrückblick, den ›Retractationes‹, daß er die in den ›Bekenntnissen‹ niedergelegte Lebensgeschichte immer nur mit religiöser Bewegung habe lesen können und daß sie so auch »auf viele Brüder« gewirkt habe.[172] Was sich bei ihm nur als eine Art Nebenwirkung einstellte, muß einer responsorischen Theologie, die ihrem Namen genügen will, als Hauptziel eingeschrieben sein. Bei allem Bestreben nach Sachtreue muß ihre Aussage vom Glaubenszeugnis ihres Autors getragen und demgemäß als Bekenntnis gestaltet sein. Wenn *Goethe* sein dichterisches Lebenswerk als eine »große Konfession« begriff, muß Gleiches auch von einer Theologie gelten, die den im religiösen Gegenwind dieser Zeit stehenden Menschen erreichen will. Wenn ihr dies gelingt, braucht der zwischen dem Kirchenvolk und der wissenschaftlichen Theologie aufgebrochene Graben weder mühsam zugeschüttet noch gewaltsam übersprungen zu werden, weil er sich in dem Maß selber schließt, wie die Theologie aus ihrem wissenschaftlichen Reservat hervortritt und antwortend auf die Fragen und Anliegen des Menschen eingeht.[173]

Das spirituelle Modell:
Eine exoterische Mystik

Daß sich die gegenwärtige Kirchenkrise am überzeugendsten mit der These von der zwischen Spitze und Basis eingetretenen Phasenverschiebung, also mit der Annahme erklärt, daß das Kirchenvolk bereits im Vorgefühl des mystischen Stadiums lebt, während das Lehramt noch auf seiner moralischen Position beharrt, ist die Frage der Überwindung entscheidend an die der Beseitigung des spirituellen Defizits geknüpft. Daß in diesem Zusammenhang Irritationen in Form von pseudomystischen Tendenzen auftreten, bildet keinen Gegenbeweis, sondern bestätigt nur die Dringlichkeit der Aufgabe. Gestützt wird diese Auffassung freilich nicht so sehr von Analysen und Recherchen als vielmehr von der Figur des inwendigen Lehrers, der mit seiner unanfechtbaren Autorität für die Notwendigkeit spiritueller Initiativen einsteht.

In diesem Sinn wirkt er zunächst als *Korrektiv* und Regulativ. Gegenüber der *Zeiterscheinung des »außengeleiteten Menschen« (Riesman)*, der, mit *Heidegger* gesprochen, im »Besorgen« der ihm durch die alltägliche Lebenswelt und den gesellschaftlichen Leistungsdruck zugewiesenen Verrichtungen aufgeht, wahrt er das Recht der Innerlichkeit. Und dies nicht etwa durch Ansprüche und Postulate, sondern dadurch, daß er durch seine Anwesenheit im »inneren Menschen« zu Einkehr und Sammlung einlädt.[174] Was seine Wirkung als

Regulativ anlangt, so gewinnt der mystische Aufstieg durch ihn die der heutigen Bewußtseinslage entsprechende Form: er wird zum Dialog mit dem, der wie kein anderer ins Gottesgeheimnis eingeweiht ist und darauf brennt, das Glück seiner Sohnschaft an alle, die ihn aufnehmen, weiterzugeben. Sie alle läßt er fühlen, was es im Sinn des Grabspruchs von *Paul Klee* heißt, dem Herzen der Schöpfung näherzustehen »als üblich«, genauer gesagt, was es heißt, Gott nicht so sehr zum Schöpfer als vielmehr zum Vater zu haben.

Vor allem aber bewirkt der inwendige Lehrer die Aufhebung der Distanz, aus welcher sämtliche Formen der heteronomen Frömmigkeit letztlich hervorgehen. Wie das durch ihn gestaltete *Gottesverhältnis* im Zeichen der *Kindschaft* steht, so das *Verhältnis zu ihm selbst* im Zeichen der *Freundschaft*. Im Sinn des johanneischen Schlüsselworts (Joh 15,15) will der inwendige Lehrer nicht den unwissenden Knecht, sondern den eingeweihten und mitwissenden Freund. Und er *verweist damit gleichzeitig auf die Idealgestalt des Vorzugsjüngers*, der beim letzten Mahl an der Brust Jesu liegt und von ihm ins Vertrauen gezogen wird (Joh 13,23ff), und auf Paulus, der sich auf paradigmatische Weise von der Heteronomie der Gesetzesfrömmigkeit zur Lebensform mystischen Einvernehmens und Einsseins erhob.[175]

Wenn der Vorzugsjünger in sinnbildlicher Repräsentanz für die Gruppe jener steht, die es im Bewußtsein ihrer charismatischen Fühlung mit dem erhöhten Herrn wagten, neue, auf die gewandelten Zeitverhältnisse abgestimmte Herrenworte zu bilden und sie dem historischen Jesus in den Mund zu legen, erklingt die durch ihn vermittelte »Botschaft« nirgendwo so bezwingend wie in dem Machtwort, in welchem das Abschiedsgebet Jesu gipfelt:

> Vater, ich will, daß die, die du mir gegeben hast, dort bei mir seien, wo ich bin, damit sie die Herrlichkeit schauen, die du mir gegeben hast; denn du hast mich geliebt vor Grundlegung der Welt (Joh 17,24).[176]

Deutlicher als hier könnte das Wesen der Mystik schwerlich angesprochen werden. Denn die mystische Gotteserfahrung besteht zentral im Erlebnis jener Inversion, aufgrund deren das Denken auf ein vorgängiges Gedachtsein, die Liebe auf ein sie ermöglichendes Geliebtwerden zurückverweisen. Nicht umsonst steht das Machtwort in einem Kranz von Aussagen, die gleicherweise von der Einwohnung Christi in den Seinen (Joh 14,23; 17,23.26) und ihrem Umgriffensein von ihm (14,20; 15,4) handeln. Das aber ist gleichbedeutend mit dem, was Paulus mit der Doppelformel »Christus in uns« und »Wir in Christus« zum Ausdruck bringt.[177] Dennoch muß im Blick auf die Diskussion dieser Formeln in der neueren Paulusforschung gefragt werden: War Paulus ein Mystiker? Und führt, die positive Beantwortung dieser Frage angenommen, ein Weg von seiner Denk- und Lebensform zu der spirituellen Situation, wie sie sich heute darstellt?

Die beiden Fragen sind eigentümlich miteinander verwoben, so daß die Bejahung der ersten nur auf dem Umweg über die Diskussion der zweiten voll zum Tragen gebracht werden kann. Nur scheinbar ist die zweite durch die These *Bubers* im positiven Sinn beantwortet, wonach die Gegenwart als ein »in besonderem Grade paulinisches Zeitalter« zu gelten habe. Denn diese These, in die Bubers dialogische Streitschrift ›Zwei Glaubensweisen‹ (von 1950) ausmündet, ist polemisch gemeint und auf die angebliche Deformation der christlichen Glaubenshaltung durch Paulus bezogen.[178] Tatsächlich aber könnte heute unmöglich von der »vergessenen Mystik« die Rede sein, wenn Paulus auch nur mit dem, was an seiner Einschätzung als Mystiker unbestreitbar ist, auf das spirituelle Zeitgeschehen Einfluß nähme. Nimmt man hinzu, daß die neueste Paulusforschung den Apostel – unter Abblendung seiner Rolle als Vordenker und Mystiker – vornehmlich aus seiner historischen Wirksamkeit zu begreifen sucht und daß seine bahnbrechende Umsetzung von Kreuz und Auferstehung in das Wort seiner missionarischen Verkündigung immer schon im Verdacht steht, die genuine Botschaft Jesu zu verdunkeln, so kann *von einer »paulinischen Stunde« bestenfalls in desiderativem Sinn die Rede sein.*[179] Aus einer unüberbrückbaren Distanz zu ihm dürfte sich dann aber auch der Umstand erklären, daß die Mystik in der Optik der Gegenwart wie ein ferner, sagenverlorener Kontinent erscheint, auch wenn sich in zunehmendem Maß die Einsicht durchsetzt, daß die Zukunft des Christentums von ihrer Wiederentdeckung abhängt. So wiederholt sich die Situation, vor die sich *Joseph von Görres* gestellt sah, als er sein monumentales Werk über die christliche Mystik in Angriff nahm.[180] Er habe sich, so bemerkt er in der Vorrede, zur Ausfahrt »nach dieser Atlantis« entschlossen, weil sie zwar vor aller Augen liege, weil diese Augen aber gehalten seien, so daß sie »nur von den wenigsten gesehen« werde.[181]

Tatsächlich muß von Mystik heute vorwiegend *in der Sprache der Entbehrung und Sehnsucht* gesprochen werden. So ergibt es sich schon aus dem verbreiteten Unbehagen an der rationalen Weltauslegung und technischen Weltgestaltung, das eine Reihe eskapistischer

Zeiterscheinungen aufkommen ließ: insbesondere die New-Age-Bewegung, die, auf ihre Letztursache zurückgeführt, wohl als die verspätete, kritisch-depravierte Rezeption der technischen Großtat der zweiten Jahrhunderthälfte, der Eroberung des erdnahen Weltraums, zu gelten hat. Allem Anschein nach kündigt sich darin ein Ausgleich im Weltverhältnis an, nachdem dieses durch den neomarxistischen Einbruch im Lauf der sechziger Jahre einseitig auf die gesellschaftliche »Menschenwelt« fixiert worden war. Indessen bringt es die kurzschlüssige Einseitigkeit dieser Reaktion mit sich, daß sich die Gewichte – wie im Parallelfall der aus dem asiatischen Kulturraum einsickernden Meditationsformen – auf die apersonalen Gegebenheiten des Daseins hin verlagern. Inmitten der Annäherung kommt es dadurch zu einer Abkehr von den christlichen Prinzipien. Doch liegen die tieferen Gründe für die Wiederkehr der Mystik in der Verfassung des heutigen Menschen. In der ihn umtreibenden Lebensangst sucht er unwillkürlich nach Wegen, die ihn nicht nur über die theoretischen und praktischen Formen kirchlicher Vermittlung, sondern unmittelbar mit dem göttlichen Seinsgrund in Verbindung bringen. Und in seiner inneren Gebrochenheit hält er überdies Ausschau nach einem Lebensinhalt, der den ihn »entzweienden« Riß heilt und ihm zu Erfahrungen definitiver Sinnerfüllung verhilft. Das richtet seinen Blick auf den fernen Kontinent, den er bei aller Distanz als das Land der großen Verheißungen vor sich liegen sieht.

Geistige Weichenstellungen kommen nicht von ungefähr; vielmehr haben sie in der Regel eine mehr oder minder lange Vorgeschichte. Eine der wichtigsten Anbahnungen hängt mit dem Umbruch im Feld der Glaubenserwartung zusammen, der dazu führte, daß das Erfahrungsmoment an die Stelle des Verlangens nach religiöser Belehrung und argumentativer Anleitung trat. Einen ebenso sachkundigen wie beredten Anwalt besaß es schon lange in *Guardini*, bei dem sein Interpret Balthasar ein »fast starrsinniges Festhalten an der religiösen Erfahrung« konstatierte, obwohl ihr Sinn und Wesen bei ihm »immer offener gelassen« werde.[182] Um so klarer hebt sich die Position des fast vergessenen Systematikers *Alois von Schmid* ab, der um die Jahrhundertwende mit großer Entschiedenheit *für das Recht mystischer Erfahrung* eintrat, die den »wirklich Gläubigen« erleben läßt, was sie verheißt und, wie ihr Verteidiger mit einer weit vorgreifenden Formulierung sagt, durch die *»innere Geschichte« des Menschen mit sich selbst* beglaubigt wird.[183] Wer sich davon ergreifen läßt, fühlt in sich die Kräfte eines »neuentstandenen Lebens« und erfährt, wie sich der »Zauber einer neuen, himmlischen Welt über sein ganzes Dasein ausbreitet«. So sieht er sich schließlich zu dem Geständnis gedrängt:

Ich glaube nicht mehr bloß an Gott als meinen Erlöser und Heiliger auf das äußere Gotteswort hin, ich erfahre ihn in mir auch innerlich in seinen erlösenden und heiligenden Wirkungen; ich glaube nicht mehr bloß an Jesus, meinen gottmenschlichen Heiland und Seligmacher und an die von ihm gestiftete Kirche und deren Heilsmittel auf das äußere Offenbarungswort hin, ich erfahre dieses alles auch innerlich in seinen Wirkungen.[184]

Und er bekennt sich im unmittelbaren Anschluß daran sogar zu der Überzeugung, daß derartige Erfahrungen nicht bloß regenerierend auf einzelne zurückwirken, sondern der ganzen menschlichen Gesellschaft aufhelfen und dazu beitragen könnten, »die in sich so zerrissene, aus so vielen Wunden blutende moderne Menschheit, wenn die Not aufs höchste gekommen, wieder zu erobern für ein lebendiges Christentum« und für eine aus seinem Geist erneuerte Kultur.[185] Wie eine erkenntnistheoretische Unterbauung dieser Position wirkt es, wenn *Franz von Baader* den *kartesianischen Grundsatz* des neuzeitlichen Denkens, mit dem er »den Atheismus angebahnt« sieht, *in sein rezeptives Gegenteil verkehrt* und damit der mystischen Inversion Geltung verschafft. Dort, im kartesianischen Ansatz, war »das Nachdenken der Kreatur dem Urdenken Gottes« vorangesetzt worden,

wogegen der Mensch nichts anders sagen kann und soll als: ich bin gesehen, durchschaut, gewußt, gedacht, begriffen, darum sehe ich, weiß, denke, begreife ich. Ich bin gewollt, verlangt, geliebt, und darum bin ich wollend, verlangend, liebend oder hassend. Ich bin gewirkt, darum wirke ich.[186]

Ungeachtet aller gegensinnigen Tendenzen hat es den Anschein, als fänden diese einsamen Rufer in der Wüste einer zusehends der Zweckrationalität verfallenden Zeit, Baader ebenso wie Schmid und Görres, heute wenigstens nachträglich Gehör, und wäre es auch nur in der Form, daß sie als Protagonisten der sich anbahnenden Bekehrung zur Mystik wiederentdeckt und anerkannt werden. Wenn die sich abzeichnende Wiedergeburt aber einen festen Bezugs- und Orientierungspunkt gewinnen soll, dann nur unter der Voraussetzung, daß das tatsächlich eintritt, was Buber in polemischer Überbelichtung bereits gekommen sah: die paulinische Stunde! Denn bei Paulus sind nicht nur die Abgrenzungen der unterschiedlichen Heilsperspektiven – Christologie, Soteriologie und Ekklesiologie – durchlässig; bei ihm ist auch der Gegensatz von Subjekt und Objekt, von Erfahrung und Inhalt, immer schon auf eine höhere Einheit hin überschritten. Doch ist er auch wirklich Mystiker im spezifischen Sinn des Wortes?

Die gegen diese Annahme erhobenen Bedenken richten sich insbesondere auf die Stelle, die nach allgemeiner Einschätzung gerade für die mystische Qualifikation des Apostels spricht: auf den Schluß der »Narrenrede«, der von seiner Entrückung »bis zum dritten Himmel« und dem Vernehmen »unaussprechlicher Worte« berichtet (2 Kor 12, 1–4).[187] So sehr dies den außerordentlichen Begleiterscheinungen des mystischen Erlebnisses entspricht, scheint diesem doch gerade das abzugehen, was als das dafür Wesentliche gilt: die Verschmelzung von menschlichem Ich und göttlichem Du in der enthusiastischen Erfahrung der unio mystica.[188] So erscheint die Schlußfolgerung unumgänglich, daß Paulus »Vertreter des prophetischen, nicht des mystischen Frömmigkeitstypus« ist.[189]

So schwer diese Bedenken dem ersten Anschein nach wiegen, werden sie doch hinfällig, sobald man davon ausgeht, daß das angesprochene Entrückungserlebnis trotz gegensinniger Indizien auf der Linie der Damaskusvision liegt und wohl am besten als deren – durch die Lebensgeschichte Jesu vorgezeichnete – »Konsequenz« zu verstehen ist: wie Paulus damals wie nur je ein Osterzeuge »den Herrn gesehen« hat (1 Kor 9,1), wird er jetzt in die durch die Himmelfahrt Jesu erschlossenen jenseitigen Räume entrückt.[190] An jenem Wendepunkt seines Lebens wurde dem Apostel nach dem Zeugnis des Galaterbriefs das Geheimnis des Gottessohnes mit solcher Eindrücklichkeit ins Herz gesprochen, daß sein Leben dadurch den bestimmenden Inhalt und die für sein Wirken entscheidende Richtung empfing (Gal 1,15f).[191] Es war (nach 1 Kor 9,1) die Stunde seiner Befreiung und Freisetzung, aber auch seiner Berufung zum Apostel und Weltmissionar. Und es war, zentraler noch, der Augenblick, in dem er aus innerer Zerrissenheit zu einer nicht erkämpften, sondern geschenkten Identität gelangte. Das faßt er in den bekenntnishaften Satz zusammen:

Ich lebe, doch nicht mehr ich – Christus lebt in mir; sofern ich aber noch im Fleische lebe, lebe ich im Glauben an den Gottessohn, der mich geliebt und sich für mich hingegeben hat (Gal 2,19f).[192]

Zwar liegt dieser Satz keineswegs auf der Linie der apersonalen Verschmelzungsmystik; dafür ist er der Kernsatz eines gegenseitigen Durchdringungserlebnisses, das im Glück des Herzenstausches die Unversehrtheit des personalen Selbstseins wahrt. Anstatt von einem Eintauchen ins Meer der »wesenlosen Gottheit« spricht dieser Satz von jener dialogischen Heils- und Sinnerfahrung, die *Meister Eckhart* auf der Höhe der mittelalterlichen Mystik in erstaunlicher Übereinkunft mit dem paulinischen Selbstzeugnis durch den Begriff des göttlichen »Einspruchs« verdeutlicht.[193] Mit diesem Wort beweist der Apostel, daß er bis zu jenem Kern des »Mysteriums Jesu« *(Pascal)* vordrang, wo dieses als das Wunder seiner mystischen Einwohnung und Selbstübereignung erfahrbar wird, bis zu jenem Kern also, den *Kierkegaard* mit der Gleichsetzung von Helfer und Hilfe erschloß.[194] Deshalb führen von diesem Satz auch Linien zu allen Formen, in die sich die Christusmystik des Apostels entfaltet: zu seiner *Passionsmystik* ebenso wie zu seiner *Unionsmystik*, zu seiner Mystik der Mitwisserschaft mit Jesus ebenso wie zu seiner Mystik der Umgestaltung in ihn und nicht zuletzt zu seiner *»Sozialmystik«*, verstanden als Inbegriff seiner Verbundenheit mit den Gliedern des geheimnisvollen Herrenleibs. Dabei nimmt Paulus die grundlegende Einsicht der spekulativen Mystik vorweg, derzufolge das *Gottesgeheimnis mehr noch durch Leiden als durch Forschen erschlossen* wird, wenn er versichert:

Ihn will ich kennenlernen: die Kraft seiner Auferstehung und die Gemeinschaft mit seinem Leiden, damit ich, gleichgestaltet seinem Tod, auch zur Auferstehung der Toten gelange (Phil 3,10).

Und der Horizont dieser Mystik weitet sich, noch über die Grenzen der Kirche hinaus, in geradezu kosmische Dimensionen, wenn der der Paulusschule zugehörige Verfasser des Epheserbriefs dem Apostel das Bekenntnis in den Mund legt:

Mir, dem Geringsten von allen Heiligen, wurde die Gnade zuteil, den Heiden den unergründlichen Reichtum Christi zu verkünden und die Verwirklichung des Geheimnisses ans Licht zu bringen, das von ewigen Zeiten her in Gott, dem Schöpfer des Alls, verborgen war, damit den Mächten und Gewalten durch die Kirche die mannigfaltige Gottesweisheit kundgetan werde, wie es dem ewigen Vorhaben entspricht, das er in Christus Jesus, unserm Herrn, ausgeführt hat (Eph 3,8–11).

Von seinem Willen zur Umgestaltung in den, der ihm in seiner Damaskusstunde zum Lebensinhalt geworden war, spricht Paulus sowohl im Stil der bereits empfangenen Gabe als auch in der Sprache einer immer noch zu erfüllenden Aufgabe. Von der an ihm bereits vollzogenen »Gottestat« *(Wikenhauser)* versichert er:

> Wir alle spiegeln mit enthülltem Angesicht die Herrlichkeit des Herrn und werden so in sein eigenes Bild hineinverwandelt, von Herrlichkeit zu Herrlichkeit, wie es dem Geist des Herrn entspricht (2 Kor 3,18).

Wie sehr dieser Besitz für ihn zugleich den Charakter einer immer neu zu erfüllenden Aufgabe hat, kommt demgegenüber in seinem Geständnis zum Ausdruck:

> Nicht als ob ich es schon ergriffen hätte oder bereits vollendet wäre; aber ich strebe danach, es zu begreifen, so wie ich von Christus Jesus ergriffen bin (Phil 3,12).

Daß das nicht in subjektiver Engführung, sondern in ständiger Fühlung mit dem »mystischen Herrenleib«, der Kirche, gesagt ist, bestätigt der ihm »zugeeignete« Satz, daß er durch seine Leiden das ergänzte, was an ihrem Leidensmaß noch offensteht (Kol 1,24). Deshalb muß es auch wörtlich genommen werden, wenn er seiner Lieblingsgemeinde versichert, daß er sie in seinem Herzen trage und sich mit der innersten Liebe Jesu nach ihr sehne (Phil 1,7f). Hier sprengt seine Mystik, die doch wie jede andere zunächst im Verdacht eines religiösen Subjektivismus steht, die Grenzen der Individualität, um tendenziell alle einzubegreifen und sich so *definitiv zur »Sozialmystik«* zu weiten.[195]

So sehr diese Perspektive dem heutigen Lebensgefühl entspricht, ist damit die Frage nach der Aktualität der paulinischen Mystik noch keineswegs voll bejaht. Denn zwischen ihr und der Gegenwart liegt ihre frömmigkeitsgeschichtliche Entwicklung, die um so mehr berücksichtigt werden muß, als sie sich auf eine Denkfigur des Apostels berufen konnte. Sie ist durch den Einfluß des Asketismus bestimmt, den *Nietzsche* zu den Faktoren rechnete, die im Lauf der Geschichte über das Christentum »Herr geworden« sind.[196] Wie die genauere Erforschung des Zusammenhangs zeigte, gewann im selben Maß, wie sich das mystische Interesse auf das paradoxe Ziel der Schau des göttlichen Angesichts im Wolkendunkel seiner Verborgenheit konzentrierte, Tendenzen zum Rückzug und zur Abscheidung von der Welt die Oberhand, nicht zuletzt auch unter dem Eindruck des großen

Ideals von der Gelassenheit (apatheia) des Weisen.[197] Darin konnten sich die frühen Mystiker, die sich vielfach in Anwandlungen des Weltüberdrusses in die Einsamkeit zurückgezogen hatten, durch den praktischen Fiktionalismus des Apostels bestätigt sehen, der den Adressaten des Ersten Korintherbriefs geraten hatte, zu allem, was sie betraf, innerlich auf Distanz zu gehen:

> So sollen sich diejenigen, die Frauen haben, verhalten, als hätten sie keine, die Weinenden, als weinten sie nicht, die Fröhlichen, als freuten sie sich nicht, die Käufer, als besäßen sie nichts, die Nutznießer dieser Welt, als hätten sie nichts davon (1 Kor 7,29ff).[198]

Dem Ideal der um des »einsamen« Gottes willen gewählten Einsamkeit verpflichtet, entstand so eine ausgesprochen »esoterische« Mystik, die in der ›Nachfolge Christi‹ des *Thomas von Kempen* sogar das bittere Seneca-Wort aufnahm: »Sooft ich unter Menschen war, bin ich als ein minderer Mensch zurückgekommen.«[199] Und das brachte die Mystik auch dort, wo sie ihrer paulinischen Herkunft bewußt blieb, in den Anschein, das Gottesverhältnis um den Preis des Weltverzichts zu kultivieren. In diese Optik geriet sie nicht zuletzt durch die einseitige Berufung auf die *augustinische Ostia-Vision*. Dort erreicht *Augustin* im Gespräch mit seiner Mutter die Fühlung mit der über allem wohnenden Gottesweisheit im Vollzug eines stufenweisen Aufstiegs, bei dem er schrittweise die Ordnung der Körperdinge, der seelischen Inhalte, der Bilder- und Zeichenwelt und schließlich die Gesamtheit des Geschaffenen zurückläßt, um sich in einem ekstatischen Aufschwung dem Ziel seiner »Erhebung« zu nähern.[200] Daß mit dieser auf »Weltflucht« lautenden Lesart eine ganze Dimension dieses spirituellen Selbstzeugnisses übergangen wird, ergibt sich sowohl aus dem dialogischen als auch dem zyklischen Charakter der Vision. Denn sie führt, um bei diesem einzusetzen, in der Berührung der ewigen Weisheit ins Zentrum des Seins, da Augustin die Weisheit als Inbegriff aller Schöpfungsideen versteht.[201] Vor allem aber hat die Ostia-Vision als das *Hauptzeugnis einer dialogischen Mystik* zu gelten, die gerade nicht aus einem Akt der Abscheidung, sondern der gelebten Mitmenschlichkeit erwächst.[202]

Indessen ist der vom sozialen Engagement des heutigen Menschen und nicht zuletzt von der dimensionalen Ausweitung der Nächstenliebe im sittlichen Bewußtsein der Gegenwart ausgehende Sinndruck so stark, daß – wie im Fall der theologischen Konzeption – auch hier ein »Paradigmenwechsel« erfolgen muß. Wenn die traditionelle

Mystik in eine *esoterische Engführung* geriet, kann die auf das kommende Stadium des Christentums abgestimmte nur den Charakter einer »*exoterischen Mystik*« annehmen. Den entscheidenden Fingerzeig dazu gibt der wohl größte Pauluskritiker der Gegenwart, *Martin Buber*, der sich, seltsam genug, durch sein – gegensinniges – Bekehrungserlebnis auf diesen Weg gewiesen sah.[203] In seinen autobiographischen Fragmenten berichtet er unter dem Stichwort ›Eine Bekehrung‹ von einem Erlebnis, durch das er der traditionellen Mystik, der er in seinen ›Ekstatischen Konfessionen‹ (von 1909) ein imposantes Denkmal gesetzt hatte, entzogen wurde.[204] Im Gespräch mit einem Besucher, der ihn als ein »Orakel, das mit sich reden läßt«, in einer für ihn lebensentscheidenden Angelegenheit aufsuchte, hatte er unter dem Eindruck eines nachwirkenden Erhebungserlebnisses versäumt, die Fragen zu erraten, die der bald darauf im Ersten Weltkrieg Gefallene nicht gestellt hatte. Das verwies ihn auf die neue Bahn:

> Seither habe ich jenes »Religiöse«, das nichts als Ausnahme ist, Herausnahme, Heraustritt, Ekstasis, aufgegeben oder es hat mich aufgegeben. Ich besitze nichts mehr als den Alltag, aus dem ich nie genommen werde. Das Geheimnis tut sich nicht mehr auf, es hat sich entzogen oder es hat hier Wohnung genommen, wo sich alles begibt, wie es sich begibt. Ich kenne keine Fülle mehr als die jeder sterblichen Stunde an Anspruch und Verantwortung. Weit entfernt davon, ihr gewachsen zu sein, weiß ich doch, daß ich im Anspruch angesprochen werde und in der Verantwortung antworten darf, und weiß, wer spricht und Antwort heischt.[205]

Zur Konkretisierung dieser »*Alltagsmystik*« verhalf Buber die charismatische Frömmigkeit der chassidischen Bewegung, wie er sie aus der Anschauung seiner Kinderzeit noch in Erinnerung hatte und wie sie ihm in den Trümmern ihres Schrifttums, die er geistig und literarisch aufarbeitete, vor Augen stand.[206] Dieser vom Durchgang durch gegensätzliche Entwicklungsphasen geprägten Bewegung ging es letztlich um die Durchdringung der Alltagswirklichkeit mit Elementen des Glaubens, in ihrer eigenen Terminologie gesprochen, um die Wiederversöhnung Gottes mit seiner in die Materie entsandten Schechina, die in Bubers einzigem Roman ›Gog und Magog‹ (von 1941) als eine vom Versagen der Menschen gepeinigte Passionsgestalt erscheint, die die Welt mit wunden Füßen durchwandert, bis sie von den Menschen aufgenommen und zu ihrem göttlichen Ursprung zurückgeführt wird.[207] Für diese Spiritualität gilt, daß Gott dort wohnt, wo man ihn einläßt; daß sich sein Feuer so lange ins Menschenherz ergießt, bis dieses ein Feuerherz geworden ist; daß er ebenso den ihm fernen Bösen wie den ihm nahestehenden Gerechten sucht; daß für den Menschen das am wichtigsten ist, womit er sich gerade abgibt, und daß er darauf achten soll, seine Worte nicht zu leuchtenden Edelsteinen, sondern zu Fenstern werden zu lassen, durch die das göttliche Licht hindurchscheint.[208] An diesem Modell wird sich die exoterische Mystik orientieren müssen, wenn sie die subjektivistische Engführung überwinden und der wiederentdeckten Unteilbarkeit der Liebe gerecht werden will. Daß diese Orientierung an Buber als einem der Mystik zuneigenden »Dialogiker« erfolgt, kommt, was die Stringenz der Ableitung anlangt, einer rückläufigen Verklammerung des spirituellen Konzepts mit dem Postulat einer divinatorischen Theologie gleich, sofern diese hauptsächlich durch das responsorische Moment charakterisiert ist. Was dort formbestimmend war, wird hier zum wichtigsten Unterscheidungskriterium.

Wenn keine neue Einseitigkeit entstehen soll, müssen freilich die beiden Ausformungen einbehalten werden, in denen sich der paulinische Grundentwurf fortentwickelte und in die Frömmigkeitsgeschichte hinein nachwirkte. Zum einen geschah das durch die *Lehre vom mystischen Weg, der in den drei Stufen der Reinigung, der Erleuchtung und der Vereinigung durchmessen wird* und auf das Ziel der »unio mystica« hinführt. Zum andern durch die Paulus ungleich näherliegende Vorstellung von der »Gottesgeburt« in der Menschenseele, die sich bei *Meister Eckhart* auf die Einwohnung Gottes bezieht, während sie von den Kirchenvätern, in christologischer Abwandlung, als mystischer Wachstums- und Reifungsprozeß Jesu im inneren Menschen bezeugt wird.[209]

Auf beiden Bahnen kommt das Erbe der paulinischen Christusmystik auf den heutigen Menschen in seiner Verunsicherung, Einsamkeit und Identitätsnot zu. Nachdem die Herausforderung durch die New-Age-Bewegung, die von den Befürwortern einer mystischen Wiedergeburt bisweilen noch überstark empfunden wird, bereits in deutlichem Abklingen begriffen ist, tritt die existentielle Ansprechbarkeit – und Anfälligkeit – des Zeitgenossen um so deutlicher zutage.[210] An dieser Stelle wird zugleich klar, daß die vielfach – nicht zuletzt angesichts ihrer zum Parapsychischen hin abfallenden Randzone – zu einer Randerscheinung des Christlichen erklärte Mystik nicht nur durch die conditio religiosa, sondern zuvor noch durch die conditio humana gefordert ist. Denn der Mensch ist – frei nach Augustin und Pascal – das *exzentrische Wesen, das ungeachtet seiner allseitigen Bedingtheit nur im Unbedingten sein Genüge findet.* Dem entspricht aber nicht schon das gedanklich oder kultisch vermittelte, sondern erst das unmittelbare Gottesverhältnis, wie es in der durch keine »Zwischenwand« *(Angelus Silesius)* behinderten Unio mystica erreicht wird. In geradezu dramatischer Steigerung gilt das für den Menschen dieser Zeit. In seiner Gebrochenheit, Vereinsamung und Angst sucht er nach einer Religiosität, die sich mit der Fähigkeit verbindet, den Riß in seinem Innern zu heilen, ihn von seiner quälenden Lebensangst zu befreien und seine Vereinsamung durch Erfahrungen der Verbundenheit und Geborgenheit zu überwinden. Da an seiner Ansprechbarkeit kein Zweifel besteht, konzentriert sich das Problem der Mystik um so mehr auf die Frage ihrer Vermittlung.

Sie stellt sich um so dringlicher, als von seiner durch Angst und Einsamkeit gekennzeichneten Verfassung kein Weg zur Mystik zu führen scheint. Ungleich positiver stellt sich die Sachlage indessen dar, wenn als Vermittler *Dante* in Betracht gezogen wird, der in seiner ›Göttlichen Komödie‹ die mystische Drei-Stadien-Lehre dichterisch in Szene setzte.[211] Er durchmißt die Hölle keineswegs, wie ihm Charles Péguy vorwarf, als unbeteiligter Tourist; vielmehr treten ihm in den Schrecknissen des Inferno, mit der feinsinnigen Deutung Balthasars gesprochen, die eigenen Verhärtungen und Verstrickungen vor Augen, während er beim letzten Anstieg des Läuterungsberges die Freisetzung seiner Schaukraft und in der Entrückung in die Sphären des Paradieses die Bestätigung seines Gottverlangens erfährt.[212] Die Ansprechbarkeit für das mystische Erlebnis besteht somit durchaus nicht immer, wie die Bedenken unterstellten, in religiösen Hochgefühlen, sondern nicht weniger oft in dem, was die klassischen Mystiker meist auf der Höhe ihres Weges erfuhren: in Angst, Zweifeln und Zuständen der Zerrissenheit und Identitätsnot. Nicht umsonst richtet der synoptische Jesus den verzweifelten Vater mit dem Zuspruch auf: »Keine Angst, glaube nur!« (Mk 5,36), während das Johannesevangelium, bezeichnend für die Bedeutung des Wortes, die Abschiedsreden Jesu sogar mit einer verallgemeinernden Wiederholung desselben Zuspruchs beschließt: »In der Welt habt ihr Angst; doch seid getrost, ich habe die Welt überwunden« (Joh 16,33). Angst und Trost, verstanden als die Fühlung der göttlichen Gegenwart, sind enger benachbart, als es vom Begriff und Gefühl her den Anschein hat. Zwar ist die Angst der entscheidende Gegensatz zum Glauben; doch schafft sie zugleich jene innere Leere, die nach der Einwohnung Gottes schreit.

Demgegenüber wartet der Gedanke von der inwendigen Gottesgeburt noch immer auf eine kompetente Vermittlung an die Gegenwart. Zwar leisteten die geschichtstheoretischen Entwürfe Balthasars
und Le Forts, die im Gedanken einer glaubens- und *weltgeschichtlichen Rekapitulation der Lebensgeschichte Jesu* gipfeln, eine wichtige
Vorarbeit. Doch fehlt eine ebenso kompetente wie glaubhafte Umsetzung dieser Konzeption in die Sphäre der persönlichen Frömmigkeit. Sie wäre nur durch einen Akt der Rückführung dieses Gedankens
auf die neutestamentliche Botschaft von der Berufung des Glaubenden
zur *Gotteskindschaft* zu leisten. Hier aber besteht ein tragisches Vakuum, wenn man sich vor Augen hält, daß man von der schönen Studie
Hermann Kuhaupts über die ›Formalursache der Gotteskindschaft‹
(von 1940) bis auf *Nikolaus von Kues* zurückgehen muß, um zentrale
Aufschlüsse zu gewinnen.[213] In unverkennbarem Vorgriff auf eine
»*Modalanthropologie*«, die auf die Aneignungs- und Verfallsformen
der menschlichen Selbstverwirklichung abhebt, versichert er, daß sich
mit der Berufung zur Gotteskindschaft keineswegs die Aussicht verbindet, daß der Mensch zu etwas anderem werden könne als dem, was
er faktisch ist, wohl aber darauf, daß er sein faktisches Sein »anders«
und wesentlicher als vorher ergreifen und verwirklichen lerne.[214]

Indessen bedarf dieser aufschlußreiche Hinweis ebenso der
biblischen Vertiefung wie der Anwendung auf die moderne Existenz-
problematik. Das eine ist erreicht, wenn die paulinischen und johanneischen Aussagen über die Gotteskindschaft unter dem kusanischen
Gesichtspunkt bedacht und zum Reden gebracht werden; das andere
durch eine Kontrastierung des Motivs mit der Verfassung des heutigen
Menschen. Der aber erscheint gleichzeitig vergreist und infantil, vermessen und hilflos, präpotent und dekadent. So schwankt er zwischen
einer hybriden und defizitären Daseinsweise. Ihm fehlt nicht so sehr
das seit alters, wenngleich vergeblich gesuchte »Maß« als vielmehr
die integrierende »Mitte«, die er weder selbst zu definieren noch aus
eigener Kraft einzunehmen vermag.[215] Doch gerade dieses Identi-
fikationszentrum gewinnt er mit Hilfe der christlichen Mystik. Anders
als die asiatische hat sie – nach Art einer Ellipse – zwei Brennpunkte:
Gott und den Menschen, die sie miteinander in eine dialogische,
sympathetische und symbiotische Beziehung bringt. Nie fand sie für
diese Einung eine gültigere Formel als den ihr von der neutestamentlichen Botschaft zugespielten Begriff der Gotteskindschaft.
Sie ist, aus johanneischer Sicht, die reinste Frucht der göttlichen
Liebeszuwendung:

Seht, welch große Liebe der Vater zu uns hegt: Wir heißen Kinder Gottes, und wir sind es! (1 Joh 3,1)[216]

Und sie ist, paulinisch gesehen, der Eintritt in die Lebensform des Gottessohnes, der Mitvollzug seines Wesensdialogs mit dem Vater und die Anwartschaft auf die Schau seiner Herrlichkeit. So ist sie das Ende der Angst, der Gewinn des Friedens, der Anfang der Freude, und in alledem die Überwindung der Zerrissenheit, die den heutigen Menschen mehr als jede äußere Irritation an sich und seiner Welt verzweifeln und der Resignation verfallen läßt.

Für die Frage der Wiedergewinnung der Mystik für die nach spiritueller Erneuerung verlangende Gegenwart besagt dies ganz Unterschiedliches: Fürs erste ist mit dem Entwurf einer exoterischen Mystik ein kaum zu überschätzender Immunisierungseffekt gegenüber den umsichgreifenden pseudomystischen Tendenzen verbunden. Was an Sehnsüchten aus ihnen spricht, wird durch das neue Konzept aufgefangen und in positive Bahnen gelenkt. Sodann gewinnt die Mystik bei aller Traditionsverhaftung ein neues Gesicht, das durch *Zeitnähe und Menschlichkeit* geprägt ist. Des weiteren geht sie durch das Prinzip der Gotteskindschaft unmittelbar auf die Zerrissenheit und Identitätsnot des heutigen Menschen ein. Und schließlich gewinnt sie durch ihren exoterischen Charakter eine spezifische Nähe zur Praxis und zur Ordnung des sozialen Zusammenlebens. Die *traditionelle Mystik entzog der Welt*; die *aktuelle verbindet mit ihr.* Sie wirkt und dient. Doch gerade so bewegt sie sich auf der Lebenslinie dessen, der dadurch zu sich selbst kam, daß er sich verschenkte und seine Lebensform mit dem ebenso einleuchtenden wie unausdenklichen Satz umschrieb:

Der Menschensohn ist nicht gekommen, um sich bedienen zu lassen, sondern um zu dienen (Mk 10,45).[217]

Eine gleicherweise der biblischen Botschaft wie der Herausforderung der Gegenwart verpflichtete, ebenso dem Aufbau der Innerlichkeit wie dem Dienst an der »aus so vielen Wunden blutenden« Gesellschaft *(Schmid)* dienende und sie einer brüderlichen Gemeinschaft entgegenführende Mystik – das ist nicht nur die letzte Antwort auf die sich mit der gegenwärtigen Kirchenkrise stellende Frage, sondern auch die erste auf den Anruf dieser Zeit.

Drittes Kapitel

Die Prognose

Der übergreifende Vorgang:
Die Wiederkehr der Prinzipien

Eine Prognose kann, wie schon eingangs erwähnt, nur dann mit einer
begründeten Aussicht auf Stimmigkeit gewagt werden, wenn sie zeit-
und situationsanalytisch unterbaut ist. Für die *Hoffnungsperspektive*,
die mit dem Entwurf des *Magisterium internum*, der divinatorischen
Theologie und der *exoterischen* Mystik eröffnet – aber auch nur eröffnet – wurde, geschah das durch den Aufweis der Verschiebung im
Daseinsgefüge durch die sich realisierenden Utopien, durch den
Nachweis der Selbsterschöpfung des Säkularismus und, zurückbezogen auf das Realitätsproblem, durch den Hinweis auf die sich
auflichtende Szene der Gottesbeweise. Wenn diese offene Perpektive
inhaltlich ausgefüllt werden soll, wie es Sinn und Aufgabe einer
Prognose ist, müssen die angesprochenen Tatbestände *durch eine
Fundamentalanalyse verknüpft* werden, die sie in einem – wie von
ihrer Signatur her zu erwarten ist – dynamischen Gesamtzusammenhang erscheinen läßt. Sie hätte zu zeigen, was sich hinter der Realisierung der Utopien, der Ermüdung des Säkularisierungsprozesses
und der neuen Denkbarkeit Gottes an *Tendenzkräften* verbirgt.

Eine genauere Bestimmung dieser Faktoren und ihres Zusammen-
spiels wird um so eher gelingen, als man, zusammen mit der theologischen Perspektive, auch die kulturanalytisch-philosophische ins
Auge faßt und dabei insbesondere auf die *Verschiebung im Geschichtsverständnis* achtet. Dann zeigt sich, daß im Maß, wie der vom
Fortschrittsimpuls getragene Geschichtsoptimismus verfiel, die
zyklische Gegenbewegung im linearen Progreß zutage trat. Aufschlußreich ist dafür die Gegenwartstheologie, die sich gleichzeitig
auf ihr eschatologisches Endziel ausgerichtet und an ihre Ursprünge
zurückverwiesen sieht.[1] Das eine durch ihre – nach *Moltmanns* aus-

drücklichem Bekunden durch Blochs ›Prinzip Hoffnung‹ angeregte – Ausgestaltung zu einer Theologie der Hoffnung;[2] das andere schon durch die von Guardini nachdrücklich geforderte Besinnung auf die biblische Paradieserzählung, vor allem aber durch die von Käsemann in Gang gesetzte Rückfrage nach dem historischen Jesus und die darauf »antwortende« Neuentdeckung Jesu im Zentrum der glaubensgeschichtlichen Wende.[3] Wenn das sich daraus aufbauende Spannungspotential eine Lösung finden soll, dann wohl nur in der Besinnung auf einen bis in die Dichtungen Kleists und Nossacks nachwirkenden Gedanken, der seine klassische Ausgestaltung durch *Maximus Confessor* erfuhr:

> Denn es durfte der Ursprung nicht so gesucht werden, als ob er im Rücken läge; vielmehr sollte er als das Ziel erkundet werden, das vorausliegt. So sollte der Mensch durch das Ende den verlassenen Ursprung kennenlernen, nachdem er das Ende nicht im Ursprung zu erkennen vermochte.[4]

Unverkennbar führt dieser Satz an die gesuchte Bewegungsfigur heran, die nun eindeutig als die eines »*Fortschritts zum Ursprung*« auszumachen ist. Und dieser Wegweisung folgt unverkennbar auch ein Entwicklungszug im philosophisch-kulturanalytischen Bereich. Hier verschrieben sich ebenso Kierkegaard wie Nietzsche, vermutlich in bewußtem Gegensatz zu Hegels linearer, genauer gesagt, in progressiver Dialektik konzipierten ›Phänomenologie des Geistes‹ (von 1807), dem zyklischen Konzept, jener in seiner Wiederholungsschrift (von 1843), dieser mit seinem Postulat der ewigen Wiederkunft des Gleichen, beide in betontem Rückgriff auf antike Denkmuster, sei es des stoischen Weltbilds oder der altchristlichen Rekapitulationslehre.[5] Inmitten einer der Fortschrittsidee verfallenen Zeit wirkt das hier wie dort wie ein Rückgriff auf zyklische Tiefenstrukturen: bei Kierkegaard, wie *Grau* deutlich machte, aus christlichen Impulsen, bei Nietzsche, wie *Löwith* nachwies, aus dezidiert antichristlichen Beweggründen. Und beide bekamen auf je eigene Weise Recht. Kierkegaard durch die von ihm angebahnte Konzentration des Glaubensbewußtseins auf seine *christologische Mitte*; Nietzsche durch die von ihm – im Werk Wagners – ebenso begrüßte wie bekämpfte *Wiederkehr des Mythos*.[6] Das faßte *Max Weber*, der das Kennzeichnende des Zeitalters in der Wiederkehr der totgesagten Götter, verstanden als die durch den Siegeszug der Rationalität verdrängten mythischen Daseinsmächte, erblickte, in die hellsichtige Prognose zusammen:

Die vielen alten Götter, entzaubert und daher in Gestalt unpersönlicher Mächte, entsteigen ihren Gräbern, streben nach Gewalt über unser Leben und beginnen untereinander wieder ihren ewigen Kampf.[7]

Danach war es – mit dem in diesem Satz anklingenden Schlüsselwort von Webers Kulturtheorie gesprochen – gerade die durch Aufklärung und Forschung betriebene »Entzauberung« der modernen Lebenswelt, die den Mythos rief und seine Wiederkehr heraufbeschwor. Auf geradezu paradigmatische Weise ereignete sich das in der dramatischen Wechselbeziehung von *Wagner* und *Nietzsche.* Auslösend wirkte auf diesen Wagners Ring-Tetralogie, die sich für ihn im Trauermarsch der ›Götterdämmerung‹ zu einer *Apotheose des Todes* und einer in schauerlichem Liebreiz erscheinenden »Pforte zum Nichts« gestaltete; denn davon ging ein Anreiz auf ihn aus, der ihn zur gedanklichen Rekonstruktion des mit den Mitteln der Musiksprache Gesagten bewog. Beflügelt von einem Verlangen nach einem affirmativen Weltverhältnis folgte er dann freilich seinem Vorbild nicht in dessen Todesmystik; vielmehr setzte er dem Wagnerschen Ring-Mythos den »hochzeitlichen Ring der Ringe« seiner Lehre von der ewigen Wiederkunft des Gleichen entgegen, diesen »Ring« neuer und eigener Prägung, mit dem er sich der dionysischen Welt der ewigen Selbsterneuerung und Selbstzerstörung anverlobte.[8]

So nahmen die mythischen Götter in diesem Wechselverhältnis tatsächlich ihren »ewigen Kampf« wieder auf, und dies mit unabsehbaren Folgen für die Gegenwart. Es bleibe dahingestellt, was sich auf diese verhängnisvoller auswirkte: ihre Wiederkehr in der entzauberten Form politischer Mächte, die Weber im Auge hatte, oder in Gestalt jener Ideologie, die sich gleicherweise an Wagners Todesmythos wie an Nietzsches Horrorvision von den künftigen »Herren der Erde« berauschte.[9] Denn so unsinnig es ist, den beiden Schöpfern von Mythos und Gegenmythos eine Mitschuld an den Greueln des Nationalsozialismus anzulasten, können sie doch von dem Vorwurf nicht freigesprochen werden, diesem ideologische *Zubringerdienste geleistet und sprachliche Vorwände geboten* zu haben. Darin aber bestätigen sie nur zu sehr die von Weber mit der Wiederkehr des Mythos verknüpfte Befürchtung.[10]

An der Gestaltung der Gegenwart wirkt aber nicht weniger die von *Freud* als Grundzug der modernen Hochtechnik herausgestellte *Realisierung der Utopien und Menschheitsträume* mit: das unter technische Kontrolle geratene himmlische Feuer des Prometheus, der mit der geglückten Mondlandung erfüllte Traum von der Sternenreise und der durch die Herztransplantationen weltweit verwirklichte Märchentraum vom »Kalten Herzen«. Während in dieser Freudschen Perspektive somit die realisierte Utopie in das Erscheinungsbild der Gegenwart hereindrängte, sprach *Wimmel* unter dem suggestiven Titel ›Die Kultur holt uns ein‹ von der Wiederkehr der von ihm als Prinzip der gesamten Kulturentwicklung begriffenen *Textualität*.[11] Mit der Heraufkunft der elektronischen Medien in ihrer Konkurrenz mit den Printmedien setzt aber auch auf diesem Feld jener »uralte Kampf« der wiedergekehrten Mächte ein, der hier bereits deutliche Formen eines *»Medienkannibalismus«* anzunehmen beginnt.[12] Dabei schlägt Wimmel insofern die Brücke zurück zu Weber, als er die Schriftlichkeit vom Gestaltprinzip der Komparativität beherrscht sieht, die ihrerseits ihren Anfang im polemischen und irenischen Mythenvergleich genommen haben dürfte.[13]

Damit ist nun definitiv die Antwort auf die Ausgangsfrage nach den das Profil der Gegenwart bestimmenden Tendenzkräften und ihrem Zusammenspiel gefunden. Die Gegenwart erweist sich als die *Zeit der wiederkehrenden Prinzipien*. Wie durch die moderne, von der sich rapide perfektionierenden Elektronik bestimmte Medienszene die Herkunft der Kultur aus der Schriftlichkeit in Erinnerung gerufen wird, so durch die vielfältigen Rückgriffe auf archaische Denk- und Handlungsformen die Virulenz des Mythos und durch den Positionswechsel der Technik, die sich von der Seite des arbeitenden Menschen auf die des träumenden geschlagen hat, die Gestaltkraft der Utopie. Wenn zu den sich realisierenden Utopien schließlich, wie die Milderung des die zweite Jahrhunderthälfte überschattenden Ost-West-Konflikts erhoffen läßt, der Menschheitstraum vom ewigen Frieden, und sei es nur ansatzweise, gehört, wird sich dieser Vorgang tendenziell auf eine Neugestaltung des menschlichen Zusammenlebens insgesamt auswirken. Die damit »getätigte« Erinnerung wird dann darin bestehen, daß das *auf den Antagonismus von Solidarität und Aggression gegründete »Lebensspiel«* der Gesellschaft – der Ausdruck ist in Anlehnung an den von Wittgenstein eingeführten Begriff des »Sprachspiels« gebildet – dem vom Evangelium entworfenen Konzept einer *auf dem Grundsatz der Nächstenliebe bezogenen Gemeinschaft* weichen muß. Indessen bliebe diese Hoffnung bloßes Desiderat, wenn nicht auch der realisierende Impuls benannt werden könnte. Darauf ging bereits *Guardini* ein, als er die Differenz der neuzeitlichen Existenzbedingung gegenüber der vor- und außerchristlichen zu bestimmen suchte und von dem durch die christliche Entscheidung hindurchgegangenen Menschen sagte:

> Sein Dasein gewinnt einen Ernst, den die Antike nicht gekannt hat, weil sie ihn nicht kennen konnte. Er stammt nicht aus einer eigenmenschlichen Reife, sondern aus dem Anruf, den die Person durch Christus von Gott her erfährt: sie schlägt die Augen auf und ist nun wach, ob sie will oder nicht. Er stammt aus dem jahrhundertelangen Mitvollzug der Christus-Existenz; aus dem Miterleben jener furchtbaren Klarheit, mit welcher Er »gewußt hat, was im Menschen ist«, und jenes übermenschlichen Mutes, womit Er das Dasein durchgestanden hat.[14]

Eingeschlossen in diese Aussage ist überdies das Wissen um das tragende Prinzip, das Guardini in entschiedener Abgrenzung von allen versachlichenden Bestimmungen des Christentums in dessen Identität mit seinem Stifter erblickt:

> Es gibt kein von ihm abtrennbares – ich unterstreiche: von ihm abtrennbares, in einem freischwebenden Begriffssystem auszudrückendes ›Wesen des Christentums‹. Das Wesen des Christentums ist Er. Das, was Er ist; das, woraus Er kommt und wohin Er geht: das, was in Ihm und um Ihn her lebt – lebendig vernommen aus seinem Munde, abgelesen von seinem Antlitz.[15]

Voll begriffen ist die Wiederkehr des Prinzips in diesem Fall jedoch erst mit der Erkenntnis, daß die *Rekapitulation* hier den Charakter der *Selbstvergegenwärtigung* aufweist. So sehr auch glaubensgeschichtliche »Nötigungen« ins Spiel gekommen sein mochten, erweist sich die im Ereignis der Neuentdeckung Jesu geschehene Wiederkehr doch als ein eigengesetzlich-spontanes Vorkommnis, das letztlich nur aus dem Glauben, als Selbsterweis des fortlebenden Christus, erklärt werden kann.[16]

Für den Versuch einer Prognose ist damit eine hinlänglich tragfeste Basis gewonnen. Mit der Wiederkehr der *Schriftlichkeit* wurde ihr der Schlüssel zugeworfen, der zu tieferen Aufschlüssen über das Verhältnis des Christentums zu seiner medialen Urkunde, der Bibel, damit aber prinzipiell auch schon zur modernen Medienszene verhilft. Durch die Wiederkehr des *Mythos* sieht sie sich erneut vor die Entscheidung gestellt, der das Christentum seine Identität verdankt. Mit der *Sozialutopie des Friedens* ist das Problemfeld von Kirche und Gesellschaft, nicht zuletzt als Rückfrage nach der Verfassung der Kirchengemeinschaft, zur Diskussion gestellt. Und mit der Vergegenwärtigung dessen, der sich der heutigen Glaubenswelt wie kaum einmal zuvor als *ihr tragendes Prinzip* zu verstehen gibt, ist die Frage nach dem aktuellen Zugang zum Geheimnis Jesu aufgeworfen. Vor allem aber ist mit dem Gedanken der Wiederkehr der Prinzipien eine Denkform gefunden, die es ermöglicht, das kirchliche Lebensgefüge in seiner Verflechtung zu begreifen und dadurch transparent werden zu lassen. Angesichts der gegenwärtigen Kirchenkrise ist das aber keineswegs ein nur theoretischer Befund. Vielmehr gewinnt er angesichts der situativen Gegebenheit seine volle Wahrheit erst dadurch, daß er »getätigt«, also in Vorschläge zu einer durchsichtigeren und dadurch menschlicheren Gestaltung umgesetzt wird. Weil die angesprochenen Konflikte auf eine Lösung drängen, muß die Prognose an dieser Stelle einsetzen.

Das neue Gestaltprinzip: Die Transparenz der Vermittlungen

Über der kirchlichen Szene der Gegenwart liegt der *Schatten der Heteronomie.* Davon sind nicht nur die Verhältnisse insgesamt, sondern mit besonderer Intensität die tragenden Beziehungen betroffen: die Vermittlung der Lehre ebenso wie der Vollzug des Kults, das Verhältnis des Lehramts zur Theologie ebenso wie das der Leitungsgewalt (munus regendi) zum Kirchenvolk. Zweifellos handelt es sich dabei um einen langen, von weither kommenden Schatten. Er geht letztlich auf das »römische Prinzip« zurück, dessen Ende *Reinhard Raffalt* beklagte, weil mit ihm die stabilisierenden Faktoren, die »Harmonie« gewährleisteten, aus dem kirchlichen Lebensgefüge verschwunden seien.[17] Indessen wurde dieses hierarchisch-magistrale Prinzip nicht erst – so die These Raffalts – durch die Reformen des Zweiten Vatikanums entthront; vielmehr war dies, wie ihm Balthasar entgegenhielt, längst schon durch *Augustin* geschehen, dem Rom wie jede andere Großmacht als dämonisch-weltlicher Gegensatz zum Gottesstaat erscheint.[18] Der Einwand hat freilich kaum mehr als historisches Recht; denn noch im vorigen Jahrhundert dekretierte eine Bulle *Gregors XVI.,* daß die Kirche als eine »ungleiche Gesellschaft« zu gelten habe, »in der von Gott die einen zum Herrschen, die andern zum Gehorchen bestimmt sind«.[19] Und es spricht für die Unausrottbarkeit dieser Ideologie, daß, intoniert von Balthasar, zunehmend Stimmen laut werden, die sich die Lösung aller Probleme von einer klaren Rollenverteilung im Sinn einer befehlenden Klerikerkirche und einer gehorchenden Laienschaft versprechen. Von einer problemlösenden Wirkung dieses Konzepts kann indessen um so weniger die Rede sein, als ihm *fundamentale Verwechslungen* zugrunde liegen. Verwechselt wird, um nur die wichtigsten Alternativen anzusprechen:

Ordnung mit Herrschaft,
Leitung mit Disziplinierung,
Unterweisung mit Indoktrination.

Diese Dreiheit könnte schließlich auf ein einziges Begriffspaar zurückgeführt werden, mit dem die ganze Fatalität dieser Verwechslungen zum Vorschein käme, auf: *Glaube mit Ideologie.* Tatsächlich scheint den Vertretern dieser »strengen Observanz« ein Kirchenmodell vorzuschweben, das eine geschlossene, nach außen hin abgeschottete und in ihrem Innern durch strenge Über- und Unterordnung charakterisierte Gesellschaft zum Inhalt hat. Das aber ist eindeutig das Modell eines totalitären Herrschaftssystems, dem als *geistige Selbstdarstellung die Ideologie* entspricht. Diese entspringt ihrerseits einer Unterwerfung der Wahrheit unter die Interessen der Macht, die den Raum der Denkbarkeiten durch doktrinale Vorentscheidungen festlegt und deshalb durch die Momente der *Nichthinterfragbarkeit* und des *Interpretationsverbots* gekennzeichnet ist.[20] Bedenklicher noch als diese Affinität des restaurativen Kirchenmodells, die Akte der Selbstunterscheidung der Kirche von jeder Form des politischen und geistigen Totalitarismus als das vordringliche Gebot der Stunde erscheinen lassen, ist der Widerspruch, in dem es sich zu den Intentionen des Stifters und zum Zeugnis des Evangeliums bewegt. Denn die Lebensleistung Jesu ist erst dann zulänglich begriffen, wenn man in ihr den *Protest gegen alle Formen der religiösen und sozialen Repression* wahrnimmt. In dieser Frage stimmt das synoptische Jesusbild mit dem des Johannesevangeliums völlig überein. Die Synoptiker überliefern einhellig, wenngleich in unterschiedlichen Zusammenhängen, das Herrenwort, das die Anarchie der Liebe zu proklamieren scheint, in Wahrheit aber das Gesetz eines repressionsfreien, eminent menschlichen Zusammenlebens formuliert:

Ihr wißt, daß die Beherrscher der Völker diese knechten und daß die Großen Gewalt über sie ausüben. Bei euch soll es nicht so sein; vielmehr soll, wer unter euch der Größte sein will, euer Diener sein, und wer unter euch der Erste sein will, der Letzte von allen (Mk 10,42f).

Diese wahrhaft revolutionäre Aussage setzt das Johannesevangelium im Bericht von der Fußwaschung (13,1–20) in eine Gleichnishandlung um, die das synoptische Herrenwort durch Jesus selbst »tätigen« und so als Ausdruck seines Gesamtverhaltens erscheinen läßt. Und im anschließenden Kontext der johanneischen Abschiedsreden folgt dann das Wort, das die Absage an die soziale Heteronomie auf religiöser Ebene wiederholt:

Nicht mehr Knechte nenne ich euch; denn der Knecht weiß nicht, was sein Herr tut. Freunde habe ich euch genannt, weil ich euch alles gesagt habe, was mir von meinem Vater mitgeteilt worden ist (Joh 15,15).[21]

Hier dringt die Auflehnung Jesu gegen jede Form von Heteronomie buchstäblich *bis in den göttlichen Bereich* hinein. Deutlich unterscheidet er zwei Formen der Religiosität, die sich wie Knechtschaft und Freundschaft gegenüberstehen. Während er der ersten zum Vorwurf macht, bei aller Unterwürfigkeit Gott gegenüber doch »äußerlich«, im Stand der Unwissenheit, geblieben zu sein, macht er sich zum Protagonisten der zweiten, der er dadurch Bahn bricht, daß er seine eigene Einweihung ins Gottesgeheimnis an die Seinen weitergibt. Im Maß, wie sie der von ihm eröffneten Bahn folgen, wandelt sich ihr religiöses Grundverhältnis: zunächst zu ihm, der sie seine Freunde nennt; dann aber auch zu Gott selbst, zu dem sie gleichfalls in das Verhältnis mitwissender Freundschaft treten. Doch so groß die Faszination auch sein mag, die von dieser Einladung Jesu ausgeht, weiß er doch zugleich, daß der Mensch von zuviel äußeren und inneren Gewichten auf den Stand der Knechtschaft zurückgezogen wird. Es ist ebenso der Pakt, den er in konformistischer Anpassungsbereitschaft mit den gesellschaftlichen Zwängen eingeht, wie der innere Defätismus, der ihn nicht an seine höheren Möglichkeiten glauben läßt, was ihn nach unten zieht. Deshalb setzt der johanneische Jesus – in der Logik der faktischen Textfolge gesprochen – ein letztes Mal an, um für die Seinen das einzufordern, was sie im Sog der gegensinnigen Tendenzen nie zu erreichen vermöchten. Das ist der *Sinn des Machtworts*, das, zusammen mit dem Abschiedsgebet auch die vorangehenden Redestücke krönt: »Vater, ich will!«[22]

Daß das christliche Bewußtsein dieser faszinierenden Einladung, wenn überhaupt, dann nur zögernd folgte, hängt mit der Irritation hinsichtlich des Gegenbegriffs zu Heteronomie zusammen. Zwar sprach der johanneische Jesus von Freundschaft; doch durfte sie auch auf Gott bezogen und überdies als eine wechselseitige begriffen werden? Und der Begriff der Gotteskindschaft, der, wie die zögernde Rezeptionsgeschichte beweist, ohnehin nie zu bewußtseinsbildender Wirkung gelangt war, stieß auf wachsende Widerstände, nachdem der neuzeitliche Mensch, ermutigt durch *Kant*, gelernt hatte, aus seiner selbstverschuldeten Unmündigkeit hervorzutreten und alles, was ihn in infantile Verhältnisse zu verweisen schien, von sich fernzuhalten. Ungleich schwerer als diese Hemmungen fiel jedoch die verbreitete Meinung ins Gewicht, daß die Überwindung der Heteronomie, auch in der religiösen Sphäre, mit innerer Notwendigkeit zur Autonomie führe. Autonomie aber wurde meist als Inbegriff exklusiver Selbstbestimmung verstanden, die jede Abhängigkeit, auch die vom göttlichen Ursprung und Ziel allen Seins, ausschloß. Kaum etwas ist für die damit entstandene Barriere kennzeichnender als die Tatsache, daß für dieses Autonomieverständnis sogar *Guardini*, der Befürworter einer auf Spontaneität und Initiative gegründeten Persönlichkeitskultur, wenngleich nicht ohne Ansatzpunkte in seinen Äußerungen, in Anspruch genommen wurde.[23] Indessen ist Autonomie kein Gegenbegriff zu dem, was die Botschaft Jesu durch die Überwindung der heteronomen Strukturen in der Verfassung des Menschen und der Gesellschaft bezweckt. Ihr Sinnziel liegt vielmehr in der Schwebe zwischen dem, was die Begriffe Gotteskindschaft und Gottesfreundschaft bezeichnen. Dabei geht die »Gotteskindschaft« mehr auf den neuen Seinsstand, »Gottesfreundschaft« eher auf das Bewußtsein des Erlösten ein. Das wurde von der theologischen Forschung mit hinlänglicher Deutlichkeit herausgestellt, obwohl die beiden Motive, gemessen an ihrer Bedeutung und Aktualität, längst nicht die ihnen gebührende Würdigung fanden.[24] Wer dennoch eine Gehorsamsideologie zu etablieren sucht, vermag das nur gegen bessere theologische Einsicht und, trotz Balthasars insistenten Rechtfertigungsversuchen, ohne die Rückendeckung durch das Evangelium.[25]

Umgekehrt ist das Verlangen des heutigen Christen nach Anerkennung seiner Mündigkeit einer der wichtigsten Beweggründe, die eine Hoffnungsprognose stützen. In seinem Glaubensinstinkt begreift er, daß er sich mit diesem Ansinnen nicht nach Art des neuzeitlichen Autonomiestrebens »versteigt«, sondern auf einer vom Evangelium ausgelegten Spur bewegt. Denn angesichts des defizitären Standards, auf dem sich die Erörterung der Gotteskindschaft immer noch bewegt, hat das Motiv der Mündigkeit als die Denk- und Sprachform zu gelten, in der die Gotteskindschaft heute bewußtseinsbildend geworden ist.[26] Denn nach der Versicherung des Römerbriefs bezeugt der Gottesgeist

»unsrem Geist« in Form eines immerwährenden Zuspruchs, der auf eine existentielle Umorientierung abzielt, »daß wir Kinder Gottes sind« (Röm 8,16).[27] Demnach liefe es auf eine Kränkung des gottgeschenkten Geistes hinaus, der doch (nach Eph 4,30) nicht betrübt werden darf, wenn der Glaubende im Bewußtsein seiner Kreatürlichkeit verharren und dieses nicht vielmehr in das seiner Kindschaft »aufheben« würde. Nur so wird er der ihm durch die Erlösungstat Jesu zugeeigneten Würde gerecht; nur so überwindet er die Gewichte, die ihn auf den Status der Heteronomie herabzuziehen suchen; nur so bricht er mit dem mundanen Welt- und Selbstbewußtsein, das ebenso durch die Lebensangst wie durch das hybride Aufbegehren gegen sie gekennzeichnet ist. Doch worin besteht die Hoffnungsprognose, zu der ein aus dem Geist der Gotteskindschaft geborenes Bewußtsein Anlaß gibt?

In einem Strukturwandel, der besser noch als mit einem Begriff mit einem Postulat zu benennen ist, lautet die Elementarforderung: *mehr Transparenz!* Was notwendig ist, wenn die Erscheinungsformen der Heteronomie, des Dirigismus, der Kontrolle und deren Folge in Form einer konformistischen Anpassungsmentalität aus dem kirchlichen Szenarium verschwinden sollen, sind *durchsichtige Strukturen.* Sie betreffen die grundlegenden Vermittlungsformen, also die der *Lehre,* der *Forschung* und der *Spiritualität.* Die offensichtlich schon seit langem in Gang gekommene Phasenverschiebung zwischen Lehramt und Kirchenvolk wirkte sich dahin aus, daß zwar die Verfahrensweisen der Lehrvermittlung sorgfältig ausgearbeitet wurden, aber nur einsinnig, also ohne Berücksichtigung des darauf antwortenden *Rückmeldeeffekts.* Die Folge war eine Praxis, die einer »*einseitigen Kanalisierung*« des Informations- und Kommunikationsflusses gleichkam.[28] Während in diesem Modell die hierarchische Spitze allein »das Sagen hatte«, sah sich das Kirchenvolk in die Rolle eines schweigenden Rezipienten verwiesen. Dadurch wurde jedoch der Vollzug der tatsächlichen Rezeption aus dem Kommunikationsprozeß ausgeschaltet, so daß weder das geglückte Verständnis bestätigt noch das mögliche Mißverständnis und die sich daraus ergebende Notwendigkeit von Rückfragen zum Ausdruck gelangten. Nicht thematisiert wurde somit die *Domäne des inwendigen Lehrers,* der demgemäß in der Beschreibung der Konstitution und Funktion des kirchlichen Lehramts nirgendwo aufschien.[29]

Die dem Kirchenvolk auferlegte Sprachlosigkeit hatte ebenso überzogene Formen der Akzeptanz wie der Renitenz und Verweigerung im Gefolge. Neben Formen einer *fanatisierten Affirmation* entwickelten sich *ekklesiale Allergien*, die sich vielfach in pietätloser Kritik äußerten. Die besonnene Zustimmung, auf die *John Henry Newman* in seinem ›Essay in Aid of a Grammar of Assent‹ (von 1870) hingearbeitet hatte, hörte auf, die selbstverständliche Haltung der Gläubigen zu sein.[30] Ebenso geriet aber auch das »Wort von oben« in eine Krise, da ihm anstelle der verstehend-kritischen Zustimmung nur das *Echo der eigenen Stimme* antwortete. Es erleidet einen Rückstau, der es in irritierende Überlagerungen durch sich selbst versetzt und in monologische Tautologien verfallen läßt. Das aber ist die Krise, die mit *Herbert Marcuses* Formel vom »abgesperrten Universum der Rede« verdeutlicht werden könnte.[31] Im Blick auf die *Sprachverfremdung in geschlossenen Systemen* spricht er von einer Verkürzung der Syntax zugunsten »hypnotischer Formeln«, die anstelle von ausgearbeiteten Argumenten Akzeptanz zu bewirken suchen.[32]

In direkter Auseinandersetzung mit der Kirchensprache gelangte *Bernhard Badura* zu durchaus ähnlichen Ergebnissen.[33] Sogar im Schlußdokument des Zweiten Vatikanums, der Pastoralkonstitution ›Gaudium et spes‹ (vom 7. Dezember 1965), entdeckte er die Neigung zu einer *von der Erfahrungswelt abgehobenen Sakralsprache*, die mit ihrer Häufung von persuasiven Wendungen mehr an das Zugehörigkeitsgefühl als an das Verständnis der Adressaten appelliert.[34] Es liegt auf der Hand, daß durch diese »Binnensprache« weder dem Informationsbedürfnis noch dem Selbstverständnis des heutigen Christen Genüge geschieht. Dabei liegt das Mittel, das zur Beseitigung dieses Zustands verhelfen könnte, buchstäblich auf der Hand. Es besteht in dem, was das Konzil in erster Linie zum Prinzip des innerkirchlichen Zusammenlebens erhob: *im Dialog.* Es wird nicht ausbleiben können, daß dieses Prinzip auf die Sprachform der kirchlichen Lehräußerung und Lehrvermittlung durchschlägt und diese dem Gesetz des »verstehenden Glaubens« unterwirft.

Ebensowenig kann es ausbleiben, daß sich auch das nach beiden Richtungen belastete Verhältnis zur theologischen Forschung transparenter als bisher gestaltet. Dafür spricht schon der in diesem Bereich zu verzeichnende Leidensdruck, der freilich im Verhältnis der Theologie »nach oben« ungleich stärker empfunden wird als »nach unten«, also in Richtung auf das Kirchenvolk. Doch auch im Verhältnis zu ihm ist die Störung so schwer, daß sich in Gestalt sowohl des »autogenen« wie des »insinuierten« Fundamentalismus eine regelrechte Barriere gegenüber der wissenschaftlichen Theologie bildete. Die systemhafte

Geschlossenheit ihres Aufbaus und der Schwierigkeitsgrad der meisten Publikationen taten ein übriges, sie in den Anschein der Unzugänglichkeit geraten zu lassen; und von da führte schon ein kleiner Schritt dazu, sie als entbehrlich, wenn nicht gar als *Fremdkörper im kirchlichen Lebensgefüge* zu empfinden. Doch damit verlor die Basis die ihr, tiefer besehen, gerade von der intellektuellen Spitze des kirchlichen Lebensvollzugs zugedachte Hilfe zur verstehenden Aneignung des Glaubens, und dies mit der Folge, daß sie einem Halb-Dunkel verfiel, in dem sie sich nur zu leicht von den Irrlichtern pseudoreligiöser Angebote täuschen ließ.

Heftige Invektiven aus dem Bereich der Hierarchie, die auf etwas nach Art einer »konzentrierten Aktion« schließen lassen, deuten aber gleichzeitig auf eine nicht minder schwere *Störung im Verhältnis zum Lehramt* hin.[35] Sie stehen unverkennbar im Kontext der Maßregelungen prominenter Theologen, der sich jahrelang hinschleppenden und in bedrückender Form durchgeführten Lehrverfahren, willkürlicher Eingriffe in universitäre Berufungsprozeduren und zunehmender Initiativen, die theologische Forschung insgesamt einer autoritären Kontrolle zu unterwerfen.[36] Das läßt nicht nur auf einen bedrohlichen Vertrauensschwund, sondern, schlimmer noch, auf einen sich anbahnenden Bruch schließen, dessen Tendenz fast überdeutlich in dem Vorwurf aufscheint, die Theologie maße sich zusehends die Position eines seinem Wesen nach illegitimen Lehramts an, aber auch, komplementär dazu, in der eindringlichen Ermahnung der Bischöfe, entschiedener als bisher ihrer Bestimmung und Aufgabe als Lehrer der Kirche gerecht zu werden.

Transparenz heißt in diesem Fall: *Wiederherstellung des organischen Zusammenhangs*, und dies in beiden Richtungen: zunächst nach oben, zum Lehramt hin, das sich immer schon, von den altchristlichen Anfängen her, auf die Ergebnisse der theologischen Verarbeitung der Heilsbotschaft stützte, weil es ihm nur mit Hilfe dieser Anleihen gelang, seine Lehräußerungen in einer ebenso sach- wie zeitgerechten Form vorzutragen. Insofern steht die Theologie zwar in keiner Konkurrenz zum hierarchischen Lehramt; wohl aber bildet sie, zusammen mit den Intuitionen der Heiligen und dem – viel zuwenig beachteten und in Anspruch genommenen – Glaubenszeugnis der Literatur und Kunst, eine *subsidiäre Position*, die das Wirken des Lehramts in kritisch-hilfreicher Wechselbeziehung begleitet.[37] Zwar bietet ihm die theologische Spekulation nichts an Inhalten, die es aufgrund seiner Kompetenz nicht selbst schon gekannt hätte; um so entscheidender ist ihr Beitrag zu deren gedanklicher Erschließung und sprachlicher Umsetzung. Die Theologie bildet somit keineswegs, wie in manchen Beanstandungen durchklingt, eine hypertrophe Randglosse zum »Text« des kirchlichen Lebens, und erst recht keine Wucherung, die auf den Bereich technischer Dienstleistungen zurückgenommen werden muß, um von ihrer Neigung zu gefährlichen Exzessen abgehalten zu werden. Sie ist vielmehr von ihrem Wesen her eine unverzichtbare *Lebensäußerung des Glaubens*, der als »rationabile obsequium« reflektiert und interpretiert werden muß, wenn sein Sinn, der »intellectus fidei«, zum Leuchten und auf der Höhe des Zeitbewußtseins zur Geltung gebracht werden soll.[38]

Und die Theologie ist ebensowenig, jetzt mit der kritischen Sicht des Kirchenvolks gesprochen, eine exotische Provinz, in welcher denkerische Glasperlenspiele veranstaltet werden, die kaum etwas zur Auferbauung des Glaubens beitragen; sie ist vielmehr von ihrem Prinzip, der Weisheit, her der spekulative Spiegel, in welchem der »Sinn« der Glaubensinhalte aufleuchtet und zur inneren Zustimmung einlädt. In dieser zweiten, dem Kirchenvolk zugewandten Blickrichtung, wird es somit darum zu tun sein, die eingetretene Entfremdung aufzuheben und die Theologie als unverzichtbaren Dienst am »Aufbau des Leibes Christi« (Eph 4,12), einen Dienst, der grundsätzlich allen und jedem zugute kommt, zu erweisen.[39]

In einer Studie über die Kulturphilosophie des Fortschritts (von 1983) bestimmt *Hermann Lübbe* die gegenwärtigen »Zeitverhältnisse« mit dem Satz:

> Die Vergangenheit, die uns bereits fremd geworden ist, rückt der Gegenwart näher und ebenso die Zukunft, auf die wir uns mit Erwartungsgewißheiten nicht mehr einstellen können.[40]

Und er erblickt den Formalgrund – nicht die Ursache – dieser zweiseitigen Abbreviatur in der gleichzeitigen Zunahme der »Komplexität und Evolutionsgeschwindigkeit unserer Zivilisation«.[41] Wie ihm zumindest mittelbar bewußt ist, trifft er diese Bestimmung in einer Art Fernerinnerung an die *urchristliche Situation*. Während sich mit dem Tod der Altapostel der Kontakt zum Ursprung zu lockern drohte, rückte die planbare Zukunft durch das Ausbleiben der Parusie immer weiter hinaus.[42] Das christliche Ingenium behalf sich in dieser Notlage mit zwei Strategien: der drohenden Auflösung des sozialen Zusammenhalts begegnete es mit der *Ausbildung der Ämterhierarchie*, während es gleichzeitig dem kerygmatischen Erinnerungsverlust, der die mündliche Verkündigung der Heilsbotschaft betraf, durch die *Schaffung der neutestamentlichen Schriften* zu wehren suchte. Beide Strategien trugen den Charakter von *Notlösungen*. Denn die hierarchischen Strukturen boten keinen Ersatz für das Ideal jener Lebensgemeinschaft, der die Apostelgeschichte mit dem Bildwort »sie waren ein Herz und eine Seele« (Apg 4,32) nachtrauert. Und die schriftliche Dokumentation konnte nicht verhindern, daß die ungleich größere Menge der nichtaufgezeichneten Herrenworte (Joh 20,30f) unwiderruflich der Vergessenheit anheimfiel.[43]

Aus diesem zweifachen Defizit *rettete sich der christliche Ganzheitswille in die Mystik*. Im Grunde ist diese »Kompensation« schon bei *Paulus* zu beobachten. Im selben Maß, wie seine Naherwartung verfällt, wächst das Bewußtsein seiner existentiellen Verbundenheit mit dem, von dem er sich ergriffen und über die Todesschwelle hinausgetragen weiß (Phil 3,10–14), wächst seine Gewißheit, daß »weder Tod noch Leben« ihn jemals von der Liebe Christi trennen können (Röm 8,38f). Das ist die Linie, die sich in die Christusmystik der Ignatius-Briefe und in das Bekenntnis ihres Verfassers fortsetzt, daß er in Christus die »Tür zum Vater«, das »wahre«, »unverbrüchliche Leben«, ja geradezu den »Gott in uns« gefunden habe, vor allem aber in seinen Ausruf: »Meine Liebe ist gekreuzigt!«[44] Wenn *Ignatius* Christus außerdem »den Glauben«, »unsere Hoffnung« und »den einen Arzt« nennt, präsentiert er sich als Schöpfer einer Reihe von »*mystischen Kurzformeln*«, in denen sich ein spiritueller Impuls Ausdruck verschafft, der in der Folge über die Mystik der Kappadokier, insbesondere des Gregor von Nyssa, bis in die Spiritualität der mittelalterlichen Mystiker und Mysterikerinnen und bis in die Dokumente der neuzeitlichen Mystik mit den ›Lebendigen Liebesflammen‹ des Johannes vom Kreuz, der ›Seelenburg‹ der großen Therese, dem ›Mysterium Jesu‹ Pascals und der ›Geschichte einer Seele‹ der Therese von Lisieux an der Spitze, also bis an die Schwelle zur Gegenwart nachwirkt.

Was demgegenüber das *mediale Defizit* anbelangt, so beginnt gleichzeitig mit der Abfassung der Evangelienschriften der Prozeß, der auf der Basis einer mystisch-charismatischen Verbundenheit mit dem Erhöhten zur Schaffung neuer, auf die gewandelte Situation und Bewußtseinslage abgestimmter Herrenworte führte. Ihre umfassendste Dokumentation liegt im Johannesevangelium vor, das die Lebensgeschichte des historischen Jesus aus der Sicht seiner Verherrlichung rekonstruiert. Mit seiner, wenngleich zögernden Aufnahme in den Kanon der neutestamentlichen Bücher entschied sich die junge Kirche dafür, der *durch den Mund der »spirituellen Tradenten«* *erklingenden Stimme des erhöhten Herrn dieselbe Authentizität zu-* *zuerkennen wie dem durch die Augen- und Ohrenzeugen bewahrten* *Wort des historisch Existierenden.*[45]

Während die Mystik der ersten Provenienz, der es um den Lebenskontakt mit dem fortlebenden Christus zu tun war, bis an die Schwelle der Gegenwart nachwirkte, blieb die »redende«, die zu einer erheblichen Mehrung der neutestamentlichen Texte führte – neben dem spekulativen Komplex des Johannesevangeliums gilt das insbesondere für den prophetischen der Apokalypse – auf die Zeit der Kanonbildung beschränkt. Nach deren Abschluß verweigerte die Kirche aufgrund ihres Selbstverständnisses allen Formen von »Neuoffenbarungen« konsequent ihre Zustimmung. Dabei hat es den Anschein, als habe sich dieser Vorgang in Form einer unwillkürlichen Verabschiedung, vermutlich im Gefolge der Modernismuskrise und jetzt zum Schaden der »betenden« Mystik, während dieses Jahrhunderts stillschweigend wiederholt. Ohne daß von einem sichtbaren Bruch gesprochen werden könnte, schob sich eine Barriere zwischen die spirituelle Tradition und die sich ihr zusehends entfremdende Gegenwart. Der von *Lübbe* mit anderen Zeitdiagnostikern registrierte Geschichtsverlust schlug somit auch auf das kirchliche Leben – und hier an der sensiblen Stelle der spirituellen Kontinuität – durch. Doch im Unterschied zu der von Lübbe gegebenen Begründung, die auf die rapide zunehmende »Komplexität und Evolutionsgeschwindigkeit unserer Zivilisation« abhebt, muß im Fall der »vergessenen Mystik« *(Sudbrack)* mit einer dazu geradezu gegensinnigen Veranlassung gerechnet werden. Denn der Verlust des »historischen Gedächtnisses« *(Lübbe)* setzte im Fall des christlichen Bewußtseins schon zu einem Zeitpunkt ein, als von der sich heute abzeichnenden glaubensgeschichtlichen Wende noch nicht von ferne die Rede sein konnte. Um so mehr dürften sich zwei einschneidende und für die Bewußtseinsbildung wichtige Vorgänge in diesem Sinn ausgewirkt haben: *die Verwerfung der romantischen Theologie* zugunsten der sich siegreich durchsetzenden Neuscholastik und die *Diskriminierung der religiösen Erfahrung* im Gefolge der Modernismuskrise.[46] Denn mit der Erfahrung entfiel das psychische Substrat, auf das die Mystik als »scientia Dei experimentalis« aufbaut, und mit der romantischen Theologie die Denkweise, die das Erlebnismoment bewußt in ihre Interpretation des Glaubens einbezog.

Transparenz heißt in diesem dritten Fall: zielstrebiger *Abbau der den mystischen Traditionsstrom unterbrechenden Blockade.* Mit Appellen, Anleitungen und Neuveröffentlichungen mystischer Schlüsselwerke ist das, so wichtig diese Beiträge sind, jedoch nicht zu erreichen. Dafür ist die Irritation durch pseudomystische Tendenzen, zu denen neuerdings eine bedenkliche *Neigung zum Okkultismus,* selbst in seinen extremen Zerrformen wie Hexen- und Satans- verehrung, hinzukommt, bereits zu groß. Wenn der Reichtum der spirituellen Tradition neu zugänglich werden soll, dann nur mit Hilfe einer christozentrischen Innensicht der Glaubenswelt, wie sie der inwendige Lehrer erschließt. Denn der Magister interior ist ebenso das Prinzip einer die heteronomen Frömmigkeitsformen überschreitenden Spiritualität wie das der Aneignung der Kirchenlehre und das einer auf die Anliegen des Kirchenvolks eingehenden und seine Fragen beant- wortenden Theologie.

Vor dem Portal des christlichen, von Jesus gegebenen und mit ihm identischen »Gesetzes« steht, anders als in *Kafkas* Parabel, nicht die Erscheinung des furchterregenden Türhüters, der die nach Einlaß Begehrenden zurückschreckt, sondern die einladende Gestalt des inwendigen Lehrers. Und die Suchenden brauchen nicht wie der un- glückliche »Mann vom Lande« ein Leben lang zu warten, bis ihnen endlich das geheimnisvolle Leuchten, das von dem ersehnten Ziel ausgeht, sichtbar wird, da er (nach 2 Kor 4,6) den Glanz der Gott- herrlichkeit auf seinem Antlitz trägt. Er weist keinen ab; denn er ist, johanneisch gesehen, selbst die Tür, als Tür der Weg, und als Weg das Ziel.

Das neue Kirchenbild:
Der Raum der aufgehobenen Entfremdung

Zweifellos kann die Gegenwart im Sinn der einleitenden Ausführun- gen mit *Freud* als die Zeit der sich realisierenden Utopien bestimmt werden.[47] Doch trifft diese Kennzeichnung nur die Hälfte des Tat- bestands. Denn im selben Maß, wie uralte Menschheitsträume ver- wirklicht werden und sich dadurch die Distanz von Realität und Mög- lichkeit verringert, wird der *Möglichkeitsspielraum des Faktischen umfänglicher als bisher entdeckt.* Nachdem die Freisetzung der Kernenergie – die Entzündung des vom Prometheus-Mythos gesuch- ten »Himmlischen Feuers« – gelang, konzentriert sich die wissen- schaftlich-technische Energie auf die Realisierung der Kernfusion.

Nachdem der erdnahe Weltraum buchstäblich »ausgelotet« wurde, richtet sich das Forschungsinteresse – in noch genauerer Entsprechung zum Märchentraum von der Sternenreise – auf die Erkundung der interstellaren Phänomene. Nachdem mit der Implantierung von Kunstherzen sogar die Hauffsche Angstvision vom »Kalten Herzen« ihres Schreckens entkleidet und als Überlebenshilfe entdeckt wurde, zielt der menschliche Selbsterhaltungstrieb bereits auf die Schaffung von »lebendigen Organbanken«, die auf dem Weg der Klonierung zustande gebracht werden könnten. Vor allem aber betrifft diese Ausweitung des Möglichkeitsspielraums das Selbstverständnis des heutigen Menschen, der sich im Sinn des modalanthropologischen Ansatzes ebenso als das Wesen der Selbstüberschreitung wie als das der Selbstverfehlung und des möglichen Abfalls von seinem Werdeziel begreift.[48]

Das gilt uneingeschränkt auch vom Zukunftsbild der Kirche. Als realisierte Sozialutopie Jesu steht sie zugleich in ihrer Endgestalt noch aus.[49] Da diese im endzeitlichen Gottesreich besteht, wie es von Jesus als der »autobasileia« *(Origenes)* vorweggenommen und angesagt wurde, ist sie ihrem Wesen nach mehr Verheißung als Einlösung und das gleichbedeutend mit der Aussage, daß sie in ihrer Faktizität von dem in ihr deponierten Hoffnungspotential bei weitem überragt wird. Auch darin zeichnet sich die zyklische Struktur des »Fortschritts zum Ursprung« ab. Denn auch von seiner elementarsten »Wirkung«, dem Gottesreich, gilt die Erkenntnis *Kierkegaards*, daß Jesus als Person unvergleichlich mehr ist als alle seine Folgen.[50] Umgekehrt reicht die Kirche als zeitgeschichtlicher Vorgriff auf das Gottesreich und seine sakramental-ereignishafte Vergegenwärtigung nicht an ihr endzeitliches Erfüllungsziel heran. Und selbst in ihrer eschatologischen Vollgestalt als die vom Himmel herabsteigende »Braut des Lammes« (Apk 21,2) kann sie mit ihrem ekstatischen, vom Gottesgeist eingegebenen »Komm!« (Apk 22,17) immer nur den herbeirufen, von dem sie sich »evoziert«, aus den welthaften Daseinsformen »herausgerufen« weiß.[51] So ist sie *in ihrer Gegenwartsform* ebenso in Richtung auf ihren *Ursprung* wie auf ihr *Endziel* hin *weniger, als was mit ihr gemeint und ins Werk gesetzt ist*, so daß von ihr eher *desiderativ*, in der *Sprache der Hoffnung*, als im Stil einer registrierenden Faktensprache zu reden ist. Weil das aber, strukturell gesehen, dem Stil der Prognose entspricht, ergibt sich der einzigartige Fall, daß diese als die ihr gemäßeste Bestimmungsform zu gelten hat. Der Kirche wird man somit *um so eher gerecht, je mehr man von ihrer noch uneingelösten*

Zukunft, von ihrer Hoffnungsgestalt und dem *mit ihr gegebenen Versprechen* redet. So scheint auch *Walbert Bühlmann* empfunden zu haben, als er sich von seinen überwiegend schmerzlichen und enttäuschenden Erfahrungen mit der Kurie und kurialen Ämtern in teils visionäre, teils auch skurrile Träume von der Kirche zu retten suchte.[52]

Wenn sich die Prognose nicht gleichfalls in Träume verlieren, sondern den Anschluß an die Realität bewahren soll, muß die Hoffnungsperspektive auf das zurückbezogen werden, was ihr im gegenwärtigen Erscheinungsbild und der es bedingenden Situation am meisten widerspricht. Und das ist, gemessen an dem sowohl im kirchlichen Binnenraum wie in seinem Umfeld herrschenden Aktualitätsgrad, das Phänomen der *Entfremdung*. Denn der »außengeleitete« Mensch, der nach *Riesman* für die heutige Massengesellschaft symptomatisch ist, leidet an einem signifikanten Defizit an Selbstbestimmung und Entscheidungsfreiheit, weil ihm seine Denk- und Verhaltensweisen durch das gesellschaftliche Über-Ich, insbesondere mit Hilfe der von der Werbe- und Massenpublizistik gesetzten Signale, aufoktroyiert werden.[53] Durchaus ähnlich empfindet der durch die Schule des Zweiten Vatikanums hindurchgegangene und zu seiner Mündigkeit erwachte Gläubige das Ansinnen, die Kirchenlehre in einem Akt des Gehorsams und einer der lehramtlichen Direktive unterworfenen Gewissensentscheidung zu übernehmen. Er leidet offensichtlich an einem *strukturellen Ungleichgewicht*, das von einem *Übermaß an »Außenleitung«* und damit an heteronomer Fremdbestimmung und einem *Defizit an selbstverantwortlicher »Innenlenkung«* herrührt. Der sich in ihm aufbauende Dissens betrifft somit nicht so sehr die Inhalte, die ihm um so mehr einleuchten, je deutlicher sie den Geist des Evangeliums atmen, als vielmehr den heteronomen Stil, in dem sie an ihn herangetragen werden. Denn Heteronomie erzeugt Entfremdung, gleichviel, ob sie von enteignenden Produktionsverhältnissen oder von dirigistischen Leitungs- und Vermittlungsformen ausgeht. Insofern ist es keine Übertreibung, wenn man die aktuelle Kirchenkrise mit dem Entfremdungsproblem in Zusammenhang bringt.[54]

Eine Prognose, die sich auf diesen Tatbestand abstimmt, erblickt in der Kirche, kontrastiv dazu, den befreienden Gegenentwurf zu den repressiven Systemen politischer und ideologischer Art. Jenseits aller Zwecksetzungen erscheint sie so als die Erfüllung dessen, was der »unbehauste« *(Holthusen)*, verunsicherte und geängstete Mensch aus innerstem Heilsverlangen in ihr sucht: als der *Raum der aufgehobenen*

Entfremdung.[55] Mit dieser Sicht widersetzt sich die Prognose im selben Maß den manipulatorischen Zeittendenzen, wie sie sich auf das neuerwachende Verlangen nach Selbstbestimmung und Freiheit bezieht.[56] Vor allem aber stimmt sie sich auf den Ruf ein, den *Kierkegaard* im Zentrum der christlichen Botschaft vernahm und der den Bedrückten und Geängsteten, die »Ruhe« des erlösten Menschseins verheißt.[57] Darauf begründet sich ihr Anspruch und ihr Recht. Denn es bedurfte nicht erst der Entdeckung des jungen *Hegel*, daß die »Unterordnung der Offenbarung unter ein Gesetzesverständnis, sei es das jüdische Gesetz, sei es das abstrakt-rationale Moralgesetz Kants, gerade am Entscheidenden der christlichen Offenbarung vorübergeht«, da diese auf die Aufhebung aller entfremdenden Verhältnisse und Zwänge abzielt.[58] Und es bedurfte noch weniger der Ausarbeitung des Entfremdungsmotivs und seiner Erscheinungsformen in Hegels ›Phänomenologie des Geistes‹, um deutlich zu machen, daß die christliche Botschaft gerade unter den Bedingungen der modernen Lebenswelt ihre wahrhaft revolutionäre Aktualität beweist.[59] Zu offenkundig zeigt das Evangelium selbst schon, daß der ganze Heilswille Jesu darauf ausgeht, den Menschen aus Zuständen der religiösen, sittlichen, sozialen und politischen Erniedrigung zu befreien und ihm zum Glück jener gottgeschenkten Selbstaneignung zu verhelfen, für die das Neue Testament den Begriff »Gotteskindschaft« bereithält.

Immerhin ist die Jesusdeutung Hegels, wie sie eindrucksvoll durch *Rohrmoser* nachgezeichnet wurde, dazu angetan, die Prognose schärfer, als es ohne diese Verständnishilfe möglich gewesen wäre, auf die aktuelle Entfremdungsproblematik abzustimmen.[60] In dieser Form richtet sie sich – wie bei Hegel selbst – in erster Linie gegen alle Erscheinungsweisen der religiösen Entfremdung, also gegen alles, was in doktrinaler, struktureller und leitungstechnischer Hinsicht dirigistischen Gesetzescharakter aufweist. Dabei ist Hegel allen Befürwortern eines konturen- und strukturlosen Christentums dadurch überlegen, daß er von der *Unverzichtbarkeit der dogmatischen Form und ethischen Norm* und damit der institutionell verfaßten Kirche ausgeht. Denn so sehr man das Geschenk des Gottesglaubens »als ein Spielen der Liebe mit sich selbst« bezeichnen kann, sinkt diese Idee seiner Überzeugung nach doch unweigerlich »zur Erbaulichkeit und selbst zur Fadheit herab, wenn der Ernst, der Schmerz, die Geduld und Arbeit des Negativen darin fehlt«.[61] Deshalb macht er den Verfechtern eines auf die Subjektivität zurückgenommenen Gefühlsglaubens zum Vorwurf, daß sie in ihrem Bestreben, den Glauben vor der atheistischen Welt zu retten, den Prozeß seiner Verdinglichung betreiben, daß sie »das Schöne zu Dingen überhaupt, den Hain zu Hölzern, die Bilder zu Dingen« machen.[62]

So entspricht es, tiefer besehen, dem antizipatorischen Wesen der Kirche, die ihrem Endziel immer nur in Schritten der Annäherung entgegengeht. Deshalb kann der ihr eingeschriebene Freiheitsimpuls immer nur im Konflikt mit dem Dogma, im Kampf mit der Norm und in der Reibung mit der Institution zur Geltung gebracht werden. Es ist daher schon ein erstaunliches Zeichen des glaubensgeschichtlichen Fortschritts, daß durch das Zweite Vatikanum an die Stelle dieser kritischen Verhältnisbestimmungen eine positive trat, so daß anstatt von Konflikt, Kampf und Reibung von »Dialog« gesprochen werden kann. Dennoch muß die Zukunftsprognose, um glaubhaft zu sein, von der *Überwindung der heteronomen Restbestände* ausgehen. In der Kirche von morgen wird der Glaube nicht mehr im Zeichen geistiger Unterwerfung, sondern der – kirchlich vermittelten – *Verständigung mit dem sich mitteilenden Offenbarungsgott* stehen; in der Kirche von morgen wird die ethische Wegweisung *nicht nur auf den Wahrheitsgehalt der Normen*, sondern ebenso auf deren *Akzeptanz durch die Gläubigen* zu achten haben; und in der Kirche von morgen wird die Disziplinierung des Kirchenvolks endgültig dem *dialogischen Einvernehmen* mit ihm weichen müssen, so daß an die Stelle der von sensiblen Beobachtern registrierten *Atmosphäre der Angst und Einschüchterung die des gegenseitigen Vertrauens* tritt. Denn oberstes Ziel aller ekklesialen Strategien muß sein, die Kirche als das Asyl der Menschlichkeit in einer von Leistungsdruck, Konsumzwang und manipulatorischen Tendenzen beherrschten Lebenswelt und damit, dem Programmwort entsprechend, als den Raum der aufgehobenen Entfremdung zu erweisen.

Um überzeugen zu können, muß sich diese Prognose nun aber noch direkter, als es bisher geschah, auf die heteronomen »Restbestände« im kirchlichen Lebensvollzug beziehen, selbst auf die Gefahr hin, daß sie dabei einem utopisch anmutenden Sprachstil verfällt. Indessen liegt auch dies in der Konsequenz der Erkenntnis, daß von der Kirche vorwiegend desiderativ, im Blick auf ihre noch ungehobenen Möglichkeiten, gesprochen werden sollte. Demgemäß wird in ihr künftig der Glaube nicht mehr im Zeichen intellektueller Unterwerfung, sondern in dem der verstehenden Mitwisserschaft mit dem mitgeteilten Gottesgeheimnis stehen. Ebenso wird die ethische Wegweisung in der Kirche der Zukunft nicht nur auf die Gültigkeit ihrer Direktiven abheben, sondern nicht weniger auch das Welt- und Selbstverständnis der Adressaten berücksichtigen müssen, wenn eine Irritation nach Art der gegenwärtigen vermieden und echter Konsens zustande kommen soll. Insbesondere aber muß sich in der Frage der Leitung die Erkenntnis durchsetzen, daß dem Prinzip des verstehenden Glaubens nur ein vom Geist der Solidarität geprägter Führungsstil entspricht. Nicht zuletzt muß sich diese dialogische Lebensform von der – trotz deren feierlicher Proklamation im Zweiten Vatikanum – noch immer bestehenden in atmosphärischer Hinsicht unterscheiden. Während sensible Beobachter vom Rang *Wolfgang Beinerts* heute noch ein Klima der Angst und Einschüchterung registrieren, und während sich im Kirchenvolk, reaktiv dazu, eine Stimmung der Resignation und des religiösen Defätismus verbreitet, wird die Kirche die Anforderungen des nächsten Jahrtausends nur dann bestehen können, wenn es ihr gelingt, in ihren Gläubigen die urchristliche Begeisterung für die in der Geschichte fortwirkende »Sache Jesu« zu erneuern.[63]

Ihr volles Profil gewinnt die Prognose jedoch erst, wenn sie überdies auf die *Verfassung der heutigen Lebenswelt* durchgezogen wird, auf welche die heteronomen Kirchenstrukturen mehrheitlich zurückzuführen sind. Während in ihr *Leistungsdruck und Konsumzwang* herrschen, muß die Kirche als der beglückende Ort erfahren werden, an dem der »Zwang des Leisten-Müssens und der Krampf des Leisten-Wollens«, wie *Guardini* einfühlsam formulierte, vom hektisch umgetriebenen Menschen dieser Zeit abfallen.[64] Während die Lebenswelt bis in die letzten Nischen hinein vom Lärm des Verkehrs, der Propaganda und der Reklame erfüllt wird, muß sich die Kirche, zusammen mit der noch nicht vom Tourismus überzogenen Natur als *Ort der meditativen Stille* anbieten. Und während der ebenso überforderte wie alleingelassene Mensch der modernen Gesellschaft von dieser vergeblich Abhilfe in seiner Lebensangst und Einsamkeit erhofft, muß er die Kirche als *Stätte der Geborgenheit, des Friedens und der Angstüberwindung* entdecken. Denn sie ist von ihrem innersten Prinzip her die *Alternative zur Gesellschaft*, die bei allen ihren Vorzügen und Vergünstigungen dem Anspruch des Menschen deshalb nicht voll genügen kann, weil sie von einer widerspruchsvollen Lösung des Problems der Mitmenschlichkeit ausgeht. Für sie ist der Mensch dem Mitmenschen ebenso erwünschter Partner wie insgeheim gefürchteter Rivale und Feind. Demgegenüber geht die Kirche immer schon – und erst recht in ihrer Zukunftsgestalt – von der Eingebung der Liebe aus, die, mit *Kierkegaard* gesprochen, im

Andern den Repräsentanten und Sachwalter des ureigenen Seins und Interesses entdeckt:

> Aber dieses »als dich selbst« – ja, kein Ringer kann seinen Gegner so fest, so unentrinnbar umklammern, wie dies Gebot die Selbstliebe umklammert ... Wie Jakob nach seinem Ringen mit Gott sich lahm gerungen hatte, so wird die Selbstliebe zerbrochen sein, wenn sie mit diesem Wort gerungen hat, das doch dem Menschen die Selbstliebe nicht absprechen, ihm vielmehr die rechte Selbstliebe erst beibringen will. Wie wunderbar! Welcher Streit ist so langwierig, so schrecklich, so verwickelt wie der Kampf der Selbstliebe um ihr eigenes Leben! Und doch macht das Christentum all dem mit einem einzigen Schlag ein Ende. Das alles geht im Handumdrehen; alles ist entschieden, wie die ewige Entscheidung der Auferstehung, »in einem Augenblick« (1 Kor 15,52). Das Christentum setzt voraus, daß der Mensch sich liebt, und fügt dem nur das eine Wort hinzu: »den Nächsten als dich selbst«. Und doch liegt zwischen diesem und jenem der Wandel einer ganzen Ewigkeit.[65]

In der gesellschaftlichen Notlösung, die den Menschen in der Ungewißheit über die Qualität des Anderen als Freund oder Feind beläßt, nistet die Angst, die zusammen mit der Lebensfreude schließlich auch den Lebenswillen untergräbt. Das Christentum überwindet die Angst, indem es diese Alternative zugunsten der durch die Liebe eröffneten Eindeutigkeit entscheidet. Darin besteht seine erneuernde Kraft. Der Kirche aber gehört in dem Maß die Zukunft, wie es ihr gelingt, *das gesellschaftliche Mißverhältnis in das vom Prinzip Liebe ermöglichte Füreinander aufzuheben*. Unter diesem Gesichtspunkt erscheint sie dann definitiv als der Raum der aufgehobenen Entfremdung.

Wenn dieser utopische und damit auf Realisierung drängende Zug der Prognose vollends zum Vorschein kommen soll, muß sie zudem die lukanische Perspektive der Kirche, die sie als das aus göttlicher Inspiration hervorgegangene *Kunstwerk* erscheinen ließ, berücksichtigen.[66] Wie jedes Kunstwerk trägt die Kirche die Verheißung in sich, daß das Reich des Realisierbaren mit der Faktenwelt keineswegs ausgeschöpft ist und schon gar nicht mit deren wissenschaftlich-technischer Interpretation. Wie jedes Kunstwerk steht dann auch die Kirche, und sie erst recht, dafür ein, daß das Bestehende nicht etwa wert ist unterzugehen, wohl aber »aufgehoben« und »fortgeschrieben« zu werden in Formen reinerer und gültigerer Verwirklichung. Für den Menschen heißt diese Form »Gotteskindschaft«, für die Gesellschaft »Gottesreich« und im Vorgriff auf dieses »Kirche«. Glaubhaft aber wird das in dem Maß, wie die Kirche, gerade auch in ihrer gegenwärtigen Verfassung, auf ihre Kunstgestalt hin durchsichtig gemacht und »angesprochen« wird.

Damit ist das Stichwort für eine letzte, vom Evangelium diktierte Abwandlung des Gedankens gegeben. Denn das Neue Testament bevorzugt gegenüber dieser eher visuellen Version die *akustische*. Für sein Verständnis steht die Lebens- und Leidensgeschichte Jesu *im Kontext der die gesamte Offenbarungsgeschichte hindurch erklingenden und in der Tiefe des Menschenherzens widerhallenden »großen Stimme«*, von welcher *Nikolaus von Kues* erklärt:

Das ist die große Stimme, die in der Tiefe unseres Geistes ertönt, welche die Propheten in uns hineinrufen, um uns anzuhalten, den einzigen Schöpfer zu verehren, die Tugend zu üben, uns zu unsrem Erlöser zu flüchten und dadurch befähigt zu werden, das Leben der Sinne gering zu achten. Nachdem sich diese große Stimme jahrhundertelang ununterbrochen bis auf Johannes gesteigert hatte, die Stimme des Rufenden in der Wüste, der mit dem Finger auf den Erlöser hinwies, hat sie endlich Menschengestalt angenommen, und am Ende einer langen Reihe von Modulationen, die uns zeigen sollten, daß von der Liebe unter allen schrecklichen Dingen das schrecklichste gewählt werden mußte, nämlich der leibliche Tod – stieß sie einen großen Schrei aus und verschied.[67]

Im neutestamentlichen Sinn müßte man dem hinzufügen, daß die Stimme Jesu schon in der Großen Einladung an die Bedrückten und Bedrängten (Mt 11,28) einen ersten Höhepunkt erreichte und in dem apokalyptischen, vom Gottesgeist gemeinsam mit der bräutlichen Kirche an ihren Vollender gerichteten »Komm!« ihren definitiven, die gesamte Glaubensgeschichte durchstimmenden Widerhall findet. Dieser Ruf ergeht an den, der gleichzeitig Vollender und Ursprung und in beiden das »Haupt«, sachlich gesprochen die Haupt-Sache der Kirche ist. So aber zielt dieser Ruf auf ihr höchstes und innerstes Selbst. Für die Prognose aber besagt das, daß im Wort der Kirche von morgen dieser Sehnsuchtsruf durchklingen muß. Ohne daß sie aufhört, hierarchisch verfaßte Institution, normierendes Lehramt und leitende Führungsmacht zu sein, werden ihre Entscheidungen doch von dem Bewußtsein der Unabgeschlossenheit begleitet sein, wie es dem Status ihrer Pilgerschaft entspricht.

Damit ändert sich notwendig auch der Stil. In den kirchlichen Definitionen, Normen und Anleitungen wird nicht mehr so sehr das

Moment des Definitorisch-Abschließenden als vielmehr das des »Erschließens« im Vordergrund stehen.[68] Kurz, das Wort der Kirche wird wie das ihres Stifters mehr erweckende Einladung als Dekret und Festschreibung sein. Darin darf sie sich nicht zuletzt durch den Gleichklang der apokalyptischen Anrufung mit dem an die Bedrückten und Bedrängten gerichteten Herrenwort bestätigt sehen. Ihr geisterfülltes »Komm!« nimmt, wie in Form einer aus der Tiefe des kirchlichen Selbstverständnisses aufsteigenden Replik, das »Kommt her zu mir!« der Großen Einladung Jesu und das Machtwort seines Abschiedsgebetes (Joh 17,24) auf. Doch was hätte die Kirche dem mehr und Wesentlicheres zu sagen, von dem sie sich im Sinn der Grundbedeutung von »evocatio« heraus- und zusammengerufen weiß?[69]

Der christologische Perspektivenwandel:
Vom »Helfer« zum »Freund« und »Lehrer«

Wie sich immer deutlicher abzeichnet, hat der der Christenheit durch die Hoffnungsstruktur eingeschriebene Progreß, ungeachtet seiner endzeitlichen Zielrichtung, den Charakter eines Fortschritts zum Ursprung. Das gilt uneingeschränkt auch von der glaubensgeschichtlichen Wende, die, so sehr sie vom Vorgefühl des Kommenden bewegt ist, doch gleichzeitig ihrer ureigenen Mitte entgegenstrebt. Nur so ist die Neuentdeckung Jesu im Glaubensbewußtsein der Gegenwart zulänglich zu erklären. Mit ihr hält die glaubensgeschichtliche Entwicklung Einkehr bei dem, der gleicherweise Grund und Mitte, Wegbereiter und Vollender des Glaubens (Hebr 12,2) ist. Strukturell gesehen folgt die Entwicklung somit dem spiralförmigen Verlauf, der schon von *Maximus Confessor* als Grundfigur des Weltgeschehens entdeckt und für das neuzeitliche Bewußtsein von *Kleist* und seinen modernen Rezipienten, insbesondere von *Sartre, Nossack* und *Wimmel,* wiederentdeckt wurde.[70] Mit Kleists Essay ›Über das Marionettentheater‹ macht die Glaubensgeschichte buchstäblich die »Reise um die Welt«, um zu sehen, ob das verriegelte und vom Cherub verstellte Paradies ihrer Herkunft »vielleicht von hinten irgendwo wieder offen ist«. Und sie folgt dabei gleicherweise der Direktive des Bekenners Maximus, der in seinen ›Anfragen zu Thalassius‹ auf die Nötigung des Menschen hinweist, den »verlassenen Ursprung« in seinem Ziel und Ende kennenzulernen, »nach dem er das Ende nicht im Ursprung zu erkennen vermochte«.

Das gilt in erstaunlicher Entsprechung auch für den Verlauf des christologischen Disputs der zweiten Jahrhunderthälfte. Bei aller Intensität, mit der die »Rückfrage nach Jesus«, vor allem in historischer Hinsicht, gestellt wurde, vermochte sie in ihm doch weder den »Wegbereiter« noch den »Vollender« wahrzunehmen.[71] Vielmehr blieb sie, was die kritische Forschung anlangt, bei der Erörterung des Faktizitäts- und Authentizitätsnachweises stehen, während die vorkonziliare Phase der katholischen Theologie von *Guardinis* Gestaltzeichnung des »Herrn« beherrscht, bisweilen auch überschattet wurde. Hier wie dort stand der »Disput um Jesus« *(Kern)* somit im Zeichen der Vergegenständlichung: einmal im Sinn seiner Fixierung auf das historische Gewesensein, dann im Sinn der Betonung seines »Herrentums«, wie Guardini eine sein Christusbild erläuternde Kleinschrift auch tatsächlich betitelte.[72]

Aus dieser zweifachen Engführung mußte sich der christologische Gedanke befreien, wenn die vom Vorgefühl ihrer mystischen Zukunft angetriebene glaubensgeschichtliche Entwicklung nicht in ihrem Kernbereich, der Neuentdeckung Jesu, aufgrund von nachwirkenden Konzepten verhängnisvoll hinter ihrem Gesamttrend zurückbleiben sollte. Jesus mußte somit, bildlich gesprochen, aus der Fixierung auf die historische Faktizität befreit und vom Podest seines Herrentums herabgeholt werden, zumal ihn dieses gerade in der Frage des Glaubensvollzugs von seinen Anhängern distanzierte.[73] Im ersten Fall führte ein Gedanke zum befreienden Durchbruch, den *Rudolf Bultmann* in der Einleitung seines Jesusbuchs (von 1926) entwickelte.[74] Danach gilt vom Verhältnis des Menschen zur Geschichte, im Blick auf ergänzende Ausführungen in Bultmanns Überlegungen zum Problem der Entmythologisierung gesprochen, dieselbe Einbeziehung des Subjekts in den Gegenstand, wie sie aufgrund der Heisenbergschen Unbestimmtheitsrelation auf das Verhältnis des Beobachters zur subatomaren Teilchenwelt zutrifft. Hier wie dort steht die Forschung vor der Erkenntnis, »daß das Beobachtete schon durch den Beobachter mitgestaltet oder irgendwie modifiziert wird«.[75] Demgemäß kann sachgerecht von der Geschichte nur im Modus des Betroffenseins gesprochen werden, weil sie in ihren Ereignungen, dem äußeren Anschein zum Trotz, nicht in die Abgeschiedenheit des Gewesenen zurückgetreten ist, sondern in die Gegenwart des nach ihr Fragenden fortwirkt. Wer sich ernsthaft der Geschichte zuwendet, muß sich sagen, daß er ja selbst ein Stück Geschichte ist und sich also einem Zusammenhang (»Wirkungszusammenhang«) zuwendet, in den er selbst mit seinem Sein verflochten ist.[76]

Im Methodenbereich entsprach dem der Einbruch der Hermeneutik in die faktizistische Denkweise der historischen Kritik, die von einer analogen Bestimmung des Verhältnisses von Rezipient und Botschaft, gleichviel ob in verbaler oder textualer Gestalt, ausgeht. Im Fall der Botschaft Jesu und ihrer Dokumentation im neutestamentlichen Text heißt sachgerechte Hermeneutik demgemäß, den Originalton seiner Stimme aus dem Geflecht der Begleit- und Obertöne herauszuhören, so daß auch angesichts dieser medialen Distanz die historische Ferne durch die Erfahrung der allzeit währenden Aktualität überbrückt wird.

Demgegenüber stand die Überwindung der christologischen Distanz, bedingt durch die Überhöhung Jesu zum »Herrn« vor dem Hintergrund einer zur autoritären Herrschaftsstruktur neigenden Zeit, im Zeichen des wiederentdeckten *Kierkegaard*.[77] Aufgrund lebensgeschichtlicher Vorgegebenheiten, insbesondere des tiefgestörten Verhältnisses zu seinem Vater und des dramatischen Ausgangs seiner Verlobung mit Regine, entwarf er, nach einer Vorstufe in den ›Philosophischen Brocken‹ (von 1844), in seiner ›Einübung im Christentum‹ (von 1850) ein Jesusbild, das im Vorgriff auf die heutige Situation dem »Herrn« den »*Helfer*« gegenüberstellte.[78] Der Überhöhungstendenz widersetzte er sich darin schon mit dem von ihm mehr noch erlittenen als gedanklich entwickelten Bild von dem »Gott incognito«, erst recht aber mit dem Hauptgedanken, daß Jesus im Unterschied zu den übrigen Wohltätern der Menschheit mit seinen Gewährungen letztlich sich selber gab. Das bringt der Schlüsselsatz des Werkes auf die Formel: »Der Helfer ist die Hilfe.«[79]

Zur Vergegenwärtigung dieses Ansatzes bedürfte es nur seiner Verklammerung mit der conditio humana, wie sie Kierkegaard fast gleichzeitig in ›Der Begriff Angst‹ (von 1844) und der ›Krankheit zum Tode‹ (von 1849) freigelegt hatte. Dort, im ›Begriff Angst‹, erhebt er sich zu der Erkenntnis, daß sich die Größe des Menschen am Grad seiner Angstanfälligkeit bemißt und daß deshalb auch die Wurzeln von Unglauben und Aberglauben in der Angst zu suchen sind.[80] Hier, in der ›Krankheit zum Tode‹, sieht er das Menschsein in einen Spielraum von Möglichkeiten eingetaucht, der gleichzeitig als Abgrund der Verzweiflung wie als Ruf zu personaler Selbstaneignung erfahren wird. Damit aber entwickelt er eine Anthropologie, die im Gegensatz zur klassischen nicht auf das Wesen, sondern auf das Werden des Menschen hinblickt und dieses ebenso als Gefahr der Selbstentfremdung wie als Chance der Selbst-Werdung begreift. Wie er mit seiner Analyse der Angst ins Zentrum heutiger Existenznot trifft, rührt Kierkegaard mit dieser Modal-Anthropologie an das Selbstverständnis des heutigen Menschen. Und er erweckt überdies den Eindruck, daß seine »Christologie von innen«, wie er sie abschließend in der ›Einübung im Christentum‹ entwirft, komplementär zu seiner Deutung des Menschseins konzipiert ist.[81]

Die Synthese der beiden Gedankenzüge aber wird mit der Erkenntnis erreicht, daß die Botschaft Jesu, als habe sie mit ihrer Sinnspitze geradezu auf die heutige Situation gewartet, auf die von der Lebensangst stimulierte Existenznot des Menschen antwortet. Die Sorge, daß mit dem Schwund des Sündenbewußtseins der Anknüpfungspunkt für die christliche Heilsbotschaft verlorengehe, war gegenstandslos. Die Sünde war nicht die unerläßliche Voraussetzung dafür, daß die Botschaft von Heil und Erlösung dem heutigen Menschen nahegebracht werden konnte.[82] Denn so sehr das Evangelium auf die Verlorenheit des Sünders eingeht und ihm, seine Umkehr vorausgesetzt, das Glück der Vergebung verheißt, wendet es sich doch zugleich an jene umfassendere Notlage, die das Erste Evangelium im Auge hat, wenn es das Wirken Jesu in den Satz zusammenfaßt:

> Das geknickte Rohr bricht er nicht, den glimmenden Docht löscht er nicht, bis er dem Recht zum Sieg verholfen hat (Mt 12,20).[83]

In seiner Aktualität aufgerufen, beleuchtet dieses Doppelbild die Verfassung des ins Selbstzerwürfnis geratenen Menschen, der sich nicht nur – geängstet – den Vernichtungsgewalten ausgeliefert, sondern zugleich – verzweifelnd – von einem zunehmenden Wirklichkeits- und Identitätsverlust bedroht fühlt. Es ist der Mensch in der vom gleichen Evangelium beschriebenen Situation des versinkenden Petrus, dessen Notschrei dadurch erhört wird, daß ihm Jesus die rettende Hand entgegenstreckt und ihn in Sicherheit bringt.[84] Im Licht dieser Szene gesehen wehrt der Helfer ebenso der Identitätsnot wie dem Wirklichkeitsentzug. Diesem, indem er den Menschen der Bodenlosigkeit des Daseins und damit dem Sog der Angst entreißt; aber auch der Identitätsnot, sofern er auch in und mit dieser »Gabe« sich selber gibt. Seine Gewährung bietet somit, zugleich mit der Angstüberwindung, Hilfe zu Selbsthilfe und Selbstsein. Sofern aber

der zentrale Notstand der Gegenwart in der Realitäts- und Identitätskrise besteht, ist damit erwiesen, daß es nicht nur Kierkegaards »Lektüre« des Evangeliums, sondern mit ihr zusammen auch die Logik des
Zeitgeschehens waren, die auf den Wechsel der christologischen
Perspektiven, konkret gesprochen auf die Vertauschung des »Herrn«
mit dem »Helfer«, hinwirkten.

Die neue Perspektive entwickelt ihre eigene Dynamik, die
grundsätzlich mit der von Kierkegaard entdeckten Identität von Helfer
und Hilfe gegeben ist. Es liegt in der Natur der menschlichen Noterfahrung, daß sich der Empfänger der Hilfe zunächst an diese hält, so
daß er vor allem die Wohltat der Angstüberwindung und der ihn
aufnehmenden Geborgenheit empfindet. Dann aber macht sich die
»Logik« geltend, die im Zusammenhang von Gebet und Glaube
waltet. Während das Verhältnis zum Helfer zunächst im Zeichen des
Gebets steht, das sich in der Fühlung der Gotteswirklichkeit erfüllt,
übernimmt im Maß, wie sich dieses Verhältnis vertieft, der Glaube die
Führung. Denn als die mit dem Herzen gestellte Gottesfrage findet das
Gebet in der Fühlung der göttlichen Wirklichkeitsfülle nur partiell
Genüge, weil diese Frage wie jede andre eine Antwort erhofft. Beantwortet aber wird die Gottesfrage durch die im Glauben aufge-
nommene Offenbarung. So gesehen vollzieht sich in der »Christologie
von innen« eine Bewegung, die von der Gottesfühlung zum Gottes-
verständnis führt. Erscheint der Helfer zunächst im Aspekt des
Retters, der den geängsteten Menschen den Vernichtungsgewalten des
Daseins entreißt, so zuletzt in der Sicht des Offenbarers, der wie kein
anderer in das Gottesgeheimnis eingeweiht ist und darauf brennt, die
in ihm verborgenen »Schätze der Weisheit und Erkenntnis« (Kol 2,3)
an die Seinen weiterzugeben. Dadurch aber lichten sich seine Züge zu
denen des *Freundes*. Zumindest mittelbar bestätigt dies die Zusicherung des johanneischen Jesus:

Nicht mehr Knechte nenne ich euch; denn der Knecht weiß nicht, was sein
Herr tut. Freunde habe ich euch genannt, weil ich euch alles gesagt habe,
was mir von meinem Vater mitgeteilt worden ist (Joh 15,15).[85]

Der Helfer wird in seiner rettenden Zuwendung erfahren. Dabei
nimmt die von ihm ausgehende Hilfe den gesamten Erlebnisraum
ein. Daß er sich in ihr selber gibt, wird zwar gewußt, geht aber nicht
in den Erlebnisinhalt ausdrücklich ein. Wenn das geschehen soll –
und alles spricht dafür –, muß der Perspektivenwechsel erfolgen,
der die Gestalt des Helfers zu der des Freundes auflichtet. Auf die

Frage nach dem Kriterium dieses neuen Verhältnisses und der damit gewonnenen Intimität antwortet die spirituelle Tradition mit dem Motiv des Freundesblicks, das sich bis auf das Evangelium zurückverfolgen läßt und dort die Achse der Perikope um den – versagenden – Bewerber um die Jüngerschaft bildet (Mk 10,17–27), dem Jesus auf dem Höhepunkt der Szene den Liebesblick zuwirft, um ihm über seine Hemmung hinwegzuhelfen. Ungeachtet ihrer Ausschließlichkeit gibt die Szene zugleich zu verstehen, daß dieser Blick ebenso auf Gott wie auf den Menschen gerichtet ist.[86] Zwar blickt Jesus den Zögernden liebevoll an; doch macht der abschließende Hinweis auf den Gott, dem »alles möglich ist« (10,27) klar, wem sein Augenmerk letztlich gilt.

Was der Perikope nur mittelbar zu entnehmen ist, verdeutlicht das Meisterwerk des *Diego Velázquez* ›Las Meninas‹ (von 1656), das seine Faszination demselben Motiv verdankt.[87] Das Gemälde, das zu den Spitzenschöpfungen der Kunstgeschichte zählt, hält einen Augenblick im Ateliergeschehen des Künstlers fest. Während er im Begriff steht, sein Lieblingsmodell, die kindliche Infantin Margareta Teresa zu porträtieren, der eine Hofdame in der Haltung eines Verkündigungsengels ein Erfrischungsgetränk reicht, ist etwas Unerwartetes eingetreten, das den Maler den Pinsel sinken und fast alle Teilnehmer der Szene, vor allem die Prinzessin selbst, aufschauen läßt. Ihr Blick streift den Betrachter, der davon, leicht irritiert, nun seinerseits aufblickt und im Hintergrund, neben einer ins Freie führenden Tür mit der fast silhouettenhaft wirkenden Figur eines zurückblickenden Höflings, einen Spiegel wahrnimmt, in dem er den Grund des allgemeinen Verharrens, das königliche Elternpaar des Kindes, erkennt. Nun begreift er, weswegen der Blick des Kindes an ihm vorbei und zugleich durch ihn hindurch ging; war er doch auf etwas gerichtet, was sich bei der Entstehung des Bildes hinter seiner gegenwärtigen Position abspielte. Gleichzeitig sieht er, wenn auch nur im Spiegel, was das Kind und mit ihm die Mehrzahl der Dargestellten, der Künstler eingeschlossen, damals, bei der Entstehung des Werks, erblickten. Dadurch verfließen die Zeiten und mit ihnen die Beziehungen. Mitten in seiner gegenwärtigen Wahrnehmung bekommt der Betrachter, wenn auch nur als Spiegelbild, das zu Gesicht, was die Teilnehmer der Szene vor Zeiten sahen. Für einen Augenblick verschmilzt sein Blick partiell mit dem des Kindes, das auf diese abkünftige Weise nun nochmals sehend wird. Und obwohl er ein vergangenes Sehen vergegenwärtigt, hätte der Betrachter doch nichts zu Gesicht bekommen, wenn er nicht vom Blick des dargestellten Kindes getroffen worden wäre.[88]

Motivgeschichtlich steht der Gedanke im Zusammenhang mit der bis auf Philon von Alexandrien und Paulus zurückreichenden Tradition des Bildgedankens vom göttlichen Blick, der in der Folge das spekulative Interesse Anselms erregte, von Nikolaus von Kues auf den Höhepunkt geführt und bereits auf künstlerische Darstellungen bezogen wurde. Für *Philon* hört die Geistszene auf, »wie auf einer Waage hin- und herzuschwanken«, wenn sie sich auf Gott bezieht: ihn sehend und von ihm gesehen.[89] Auf einem Höhepunkt seines ›Proslogion‹ steigert Anselm seine Reflexion des Göttlich-Größten zu der Anrufung:

> Wie fern bist du mir; wie nah bin ich dir! Wie entrückt bist du meinem Blick; wie gegenwärtig bin ich deinem Blick.[90]

Und bei *Cusanus* wird das Motiv geradezu zum intuitiven Mitvollzug der coincidentia oppositorum, wenngleich mit der für ihn und die mit ihm beginnende Neuzeit typischen Betonung des menschlich-subjektiven Anteils, wenn er fragt:

> Was ist denn dein Sehen, Herr, wenn du mich mit dem Auge deiner liebenden Zuwendung anblickst, anderes, als daß du von mir gesehen wirst?[91]

Velázquez aber geht auch noch über die von der Cusanus-Frage berührte Position hinaus, sofern er das eigene Sehen nicht nur als Reflex eines vorgängigen Gesehenseins, sondern als dessen aktuellen Vollzug erfahren läßt. Für die christologische Thematik besagt dies: Wie der Betrachter seines Gemäldes im Spiegel das wahrnimmt, was das vom Künstler porträtierte Kind beim Eintritt des Elternpaares erblickt, und wie er dadurch in das Bildgeschehen einbezogen wird, so will sich auch der Blick des Freundes im Sehen des von ihm Erblickten vergegenwärtigen, so daß er in dessen Sehakt auflebt und als sein inneres Aktzentrum erfahren wird. Wie im Fall des königlichen Kindes bedarf es auch dafür eines »Spiegels«, der an seinem biblischen Fundort, dem Buch der Weisheit, auch ausdrücklich als solcher gekennzeichnet ist:

> Sie ist des ewigen Lichtes Abglanz,
> der makellose Spiegel von Gotteskraft,
> ein Abbild seiner Güte (Wsh 7,26).[92]

Nur zu dem, was im Spiegel der Weisheit erblickt wird, bietet die von Velázquez gestaltete Szene keine Analogie. Denn der Inhalt ist, wie der am Anfang der christlichen Motivgeschichte stehende *Paulus* versichert, der »für uns zur Weisheit« gewordene Christus (1 Kor 1,30), in dem, wie der Kolosserbrief erläutert, »alle Schätze der Weisheit und Erkenntnis verborgen sind« (2,3): Schätze, die aber nicht nur geschaut, sondern erschlossen und verstanden sein wollen. In einer letzten Hinsicht ist das Christentum nicht die Religion des Bildes, sondern des Wortes und des Dialogs. So entspricht es seinem Offenbarungsverständnis, das den göttlichen Mitteilungsakt nicht als »Epiphanie« und Sichtbarwerdung, sondern als Sprachereignis, als ein leibhaftiges Hör- und Verstehbarwerden des Gottesgeheimnisses begreift. Nicht umsonst steht über der Eingangspforte zu den neutestamentlichen Schriften der programmatische Satz des Johannesprologs: »Im Anfang war das Wort« (1,1).[93]

Doch damit klärt sich die Gestalt des Freundes definitv zu der des *Lehrers*, die nun, im Horizont dessen, was die Besinnung auf den göttlichen Blick erbrachte, erst in ihrer innersten Funktion ersichtlich wird. Sie führt, abgesehen von den auf die Entstehung der kanonischen Schriften beschränkten, aber höchst instruktiven Einzelfällen einer personalen Inspiration, zu der Erkenntnis, daß so wie alles christliche Leben auch die kirchlich vermittelte Lehre ihr innerstes Aktzentrum in Christus hat. Ihm als der zentralen Instanz ist, wie Augustin in ›De magistro‹ einschärfte, alles Verständnis letztlich zu danken, weil menschliche Unterweisung dazu nie mehr als Anstöße und Anregungen beizutragen vermag. So ergibt es sich auch aus dem Zentralmotiv der paulinischen Christusmystik, das aus der Überzeugung des Apostels hervorgeht, an Christi Stelle zu reden, so daß dessen Stimme in seinem Wort hörbar wird (2 Kor 5,20), seine Gemeinden mit dem Herzen Christi zu lieben (Phil 1,8) und alles in der Kraft dessen zu vollbringen, der ihn zu seinem Werk bestärkt (Phil 4,13). Zwar spricht Paulus auch im Stil der mystischen Inversion, wenn er das jetzige Erkennen in einem einstigen Erkanntwerden erfüllt sieht (1 Kor 13,12) und wenn er seinen Adressaten bestätigt, daß ihre Erkenntnis Gottes einem vorgängigen Erkanntsein durch ihn entspringt (Gal 4,9). In den persönlichsten Selbstzeugnissen aber steigert er diesen Gedanken zu der Gewißheit, Medium des durch ihn lehrenden und wirkenden Christus zu sein, der, so gesehen, durch ihn zu aktueller Stimme und Wirkung gelangt.

Zwar ist diese mystische Aktualisierung in erster Linie das

Charisma der Kirche, durch die der fortlebende Christus lehrt, wirkt und heiligt, und nach kirchlichem Verständnis insbesondere die Auszeichnung der Bischöfe, von denen das Zweite Vatikanum lehrt, daß sie »in hervorragender und sichtbarer Weise die Stelle Christi selbst, des Lehrers, Hirten und Priesters einnehmen und in seiner Person handeln«.[94] Doch entspricht es dem sensus fidelium, der nach derselben Lehräußerung »der Gemeinschaft der Gläubigen« gegeben ist, daß das in nachgeordneter Form von allen Mitgliedern der kirchlichen Lebensgemeinschaft gilt.[95] Im Glaubenszeugnis eines jeden will der inwendige Lehrer zu Wort kommen und in seinem Handeln wirksam werden. Denn alles kirchliche Leben hat, wie gerade im Blick auf das mystische Zeitalter betont werden muß, seinen Herzschlag darin, daß die Vermittlungen struktureller, doktrinaler und kultischer Art auf den zurückbezogen werden, der in den Strukturen wahrgenommen, in der Lehre vernommen und im Kult »erlebt« sein will.

Das neue Schriftverständnis:
Die Bibel als Medium

Wenn die Prognose der Zeitanalyse voll entsprechen und die Wiederkehr der Prinzipien auf ihrer Ebene mitvollziehen soll, muß ebenso wie von der »Utopie« der Kirche und von dem – antithetisch zu den alten und neuen Christusmythen entworfenen – »Bild« des Freundes schließlich von der christlichen Reaktion auf die sich mit Vehemenz in Erinnerung bringende *Schriftlichkeit* die Rede sein.[96] Und dies schon deshalb, weil die Kirchenkrise, wie wiederholt hervorgehoben wurde, mit einer *Hypertrophie der Vermittlungen* zusammenhängt; erst recht aber deshalb, weil deren technischer Inbegriff, die elektronische Medienszene, inzwischen zum Weltereignis wurde, das in rapider Eskalation alle Lebensbereiche erfaßt und im Sinn einer reduktiven Veränderung auch schon erkennbar auf den rezipierenden Menschen durchschlägt.[97] Mit der eingangs erhobenen Forderung nach größerer Transparenz der Vermittlungsstrukturen ist somit nicht zuletzt die Medienszene angesprochen.[98]

Daß sie am Ende eines mit der Erörterung des Säkularisierungsprozesses aufgenommenen Gedankengangs in Erwägung gezogen werden muß, hängt mit einer zwar angedeuteten, aber noch nicht hinreichend einbezogenen Perspektive des Atheismusproblems zusammen. Denn mit dem Hinweis auf das Verstummen des militanten, deklamatorischen und argumentierenden Atheismus ist das Problem der Gottesleugnung keineswegs abgetan. Es hat vielmehr den Anschein, als gehe mit dem Verschwinden ihrer traditionellen Formen die Heraufkunft einer neuen, noch weit gefährlicheren, der Erscheinungsform des »strukturellen Atheismus«, einher. Wenn Religion und Gebet mit dem Verlangen nach Fühlung der unverbrüchlichen Gotteswirklichkeit zu tun haben und wenn die Medien – nach *Hartmut von Hentig* – das »allmähliche Verschwinden der Wirklichkeit« nach sich ziehen, gehören sie sogar in erster Linie in den Zusammenhang der »theofugalen« Tendenzkräfte der Gegenwart. Das gilt aber nicht nur im Blick auf den von ihnen betriebenen Realitätsentzug, also auf die von ihnen allabendlich bewirkte Verwandlung der harten Alltagswirklichkeit in eine Scheinwelt von Traum und Show, sondern nicht weniger hinsichtlich ihrer anthropologischen Folgen. Indem sie durch die von ihnen in wachsender Perfektion gebotenen Reproduktionen das Verlangen des Rezipienten nach Primärerfahrung unterdrücken und ihn gleichzeitig auf die Stufe einer prärationalen Bildlogik zurückwerfen, wirken sie effizienter als alle andern Strategien auf die Schaffung des »konsumgerechten« Menschen hin, der im selben Maß, wie er der von ihnen insinuierten Hab-Gier verfällt, den Willen zu personalem Selbst-Sein und damit die Voraussetzung von Religion und Glaube verliert. Um so mehr besteht darum Anlaß, einen abschließenden Blick auf die Medienszene zu werfen und sie nach ihrer theologischen Relevanz zu befragen.[99]

Die Frage stellt sich insofern in einer irritierenden Verdoppelung, als sich schon beim ersten Hinblick zeigt, daß das Christentum vom Medienproblem immer schon und keineswegs in Form einer völlig neuartigen Herausforderung betroffen ist. Neu ist lediglich die Intensität, nicht aber die Art der Herausforderung, die sich aus der spezifischen Stellung des Christentums im Kreis der Schriftreligionen ergibt.[100] Im Unterschied zu Islam und Judentum hat das Christentum lediglich als eine *»sekundäre« Schriftreligion* zu gelten. Wenn man davon ausgeht, daß die Schrift von ihrer ursprünglichen Zweckbestimmung her Vertrag, Gesetz und Chronik ist, lag Israel der Übergang zur Schriftreligion vom Bundesschluß am Sinai unmittelbar nah, weil die Weihe an seinen Bundesgott dokumentiert und »verbrieft« werden mußte und weil der erwählende Gott das Volk zur Einhaltung seines Gesetzes verpflichtete.[101] Damit sich der Bundesschluß dem Gedächtnis des Volkes unvergeßlich einschreibe, wird sein wichtigster Inhalt, der Dekalog, auf den beiden »Tafeln der

Vergegenwärtigung« (Ex 32,15) für alle Zeiten festgehalten. Bei seiner Deutung des Vorgangs geht *Martin Buber* davon aus, daß der Rede vom »Buch des Bundes« (Ex 24,7) *ursprünglich die Verkündigung einer Botschaft*, nicht die Verlesung einer Urkunde zugrunde lag.[102] Das setzt ein Verhältnis zur Schriftlichkeit voraus, die dem des Christentums entgegenkommt. Ganz anders der Islam, der den ausgesprochenen Fall einer *primären Schriftreligion* bildet. Wie die Legende von dem auf ein Seidentuch geschriebenen himmlischen Koran zeigt, zu dessen Lektüre der Offenbarungsempfänger Mohammed durch Engelhand förmlich erpreßt wird, ist die Gottesoffenbarung hier ursprünglich Text, der als solcher unmittelbar in das heilige Buch des Koran eingeht.[103] Anders als die jüdische Thora bedeutet »Koran« demgemäß von seinem Wortsinn her »Lesung«, nicht »Verkündigung«. Demgegenüber ist die Schrift in der jüdischen Tradition, mit Buber gesprochen, dazu bestimmt, vorgetragen zu werden:

> Schon die hebräische Bezeichnung für »lesen« bedeutet: ausrufen, der traditionelle Name der Bibel ist: »die Lesung«, eigentlich also: die Ausrufung; und Gott sagt zu Josua nicht, das Buch der Thora solle ihm nicht aus den Augen, sondern, es solle ihm nicht »aus dem Munde« weichen.[104]

Damit ist die Abgrenzung zum Christentum eindeutig markiert. Für das Schriftverständnis des Islam ist das heilige Buch das wesentliche Unterscheidungskriterium von den »Bekennern schriftloser Religionen«.[105] Für das Judentum ist der heilige Text dazu bestimmt, in mündliche Verkündigung umgesetzt zu werden. Was hier aus der Schrift werden soll, steht für das Christentum an ihrem Anfang. Nicht umsonst brachte *Lessing* die starren Vertreter des sola-scriptura-Prinzips mit der Frage in Verlegenheit, was von dem Christentum der ersten Stunde zu halten sei, das sich zwar »bereits so vieler Seelen bemächtigt hatte«, in welchen aber »noch kein Buchstabe« von seinen heiligen Schriften aufgezeichnet war.[106] Offensichtlich lebte das Christentum damals noch aus den Impulsen und Formkräften der mündlichen Überlieferung, die, wie schon *Luther* erkannte, erst infolge innerer Bedürfnisse und äußerer Zwänge schriftlich dokumentiert wurde. Wörtlich bezeichnet er es als einen »großen Abbruch und ein Gebrechen des Geistes, daß, von der Not erzwungen«, überhaupt Bücher geschrieben werden mußten.[107] Deutlicher wurde der Tatbestand der dokumentierenden Vermittlung nur von *Paulus*, dem ersten Medienverwender der Christenheit, angesprochen, als er im Galaterbrief die ihm als Schriftsteller gezogene Grenze mit dem Wort beklagte:

Ich wollte, ich könnte jetzt bei euch sein und euch auf andere Weise zusprechen; so aber bin ich ganz ratlos (Gal 4,20).[108]

Nach paulinischer Auffassung steht somit der Schriftsteller dem Botschafter im Weg, obwohl er diesem dort zu einer literarischen Präsenz verhilft, wo er persönlich nicht anwesend sein und wirken könnte. Indessen ist diese Wirkung an die »andere Stimme« gebunden, an den Originalton des dialogisch Redenden. Damit zeichnet sich bereits in aller Deutlichkeit die *»mediale Differenz«* ab, die in der Folgezeit trotz gegensinniger Äußerungen sensibler Beobachter mehr und mehr in Vergessenheit geriet. Dabei hatte Paulus mit seinem Theorem vom »toten Buchstaben« und »lebendigmachenden Geist« (2 Kor 3,6; Röm 7,6) bereits den denkbar klarsten Theorieentwurf zur Erfassung der Differenz geboten. In nachwirkender Erinnerung daran sprachen die Kirchenväter, die den Akt der Verschriftung gleichzeitig im Blick auf die Menschwerdung wie auf die Passion des Wortes zu deuten suchten, von dessen *»Abbreviatur«* und *»Extension«*. Obwohl das ewige Wort für *Hilarius von Poitiers* bei seiner Herablassung in die Menschenwelt nichts von seiner göttlichen Macht und Herrlichkeit verlor, erfuhr es dabei doch eine Verkleinerung »bis zur Empfängnis, Wiege und Kindheit«.[109] Dagegen erlitt es nach *Gregor von Nyssa* im Kreuzestod Christi eine »Ausdehnung«, die ungeachtet ihres Passionscharakters seiner Bestimmung entspricht, »das Universum in sich zu einen« und die »verschiedenartigsten Dinge zu einem einheitlichen Ganzen zusammenzufassen«.[110]

Wiederentdeckt in dem Luther-Wort von dem mit dem Verschriftungsakt verbundenen »großen Abbruch« wirkte der paulinische Ansatz dann wieder in der Neuzeit nach. Der auf den Schultern Luthers stehende *Lessing* macht dem Christentum seiner Zeit geradezu zum Vorwurf, zu einer Reproduktion seiner selbst herabgesunken zu sein.[111] Dem Pedanten Mephisto, der von ihm »was Geschriebnes« fordert, hält Faust entgegen: »Das Wort erstirbt schon in der Feder.« Und den Gebildeten unter den Religionsverächtern gesteht *Schleiermacher* zu:

Ihr habt Recht, die dürftigen Nachbeter zu verachten, die ihre Religion ganz von einem andern ableiten oder an einer toten Schrift hängen, auf die

sie schwören und aus ihr beweisen. Jede heilige Schrift ist nur ein
Mausoleum der Religion, ein Denkmal, daß ein großer Geist da war, der
nicht mehr da ist; denn wenn er noch lebte und wirkte, wie würde er einen
so großen Wert auf den toten Buchstaben legen, der nur ein schwacher
Abdruck von ihm sein kann?[112]

Selbst in *Benjamins* These vom Verlust der Aura, den das technisch reproduzierte Kunstwerk erleidet, ist die Nachwirkung des
paulinischen Ansatzes immer noch zu spüren.[113] Um so überraschen-
der ist die Beobachtung, daß dieser offensichtlich in die Randzone des
Kulturbewußtseins abgedrängte Gedankenzug weder auf die Literaturwissenschaft noch auf die Theologie, der er doch ursprünglich
entstammte, durchschlug. Zwar entwickelte die Literaturwissenschaft
Methoden, die es ihr erlaubten, das literarische Kunstwerk immer
schärfer unter formalen, strukturellen, gattungsgeschichtlichen und
soziokulturellen Gesichtspunkten zu bestimmen.[114] Und in einzelnen
ihrer Vertreter erhob sie sich auch zu der Erkenntnis, daß es *erst in der
Rezeption des Lesers zu seiner aktuellen Vollständigkeit* gelangt.[115]
Der Umkehrschluß auf die Entstehung des literarischen Kunstwerks,
also auf seinen Hervorgang aus der Konzeption des Autors durch den
Akt der Verschriftung, wurde jedoch nicht gezogen. Eine völlig analoge Sachlage ergibt sich für die Theologie. Auch hier führte die
Differenzierung der historisch-kritischen Methode zu einer ständig
verfeinerten Bestimmung der biblischen Schriften aus text- und lite-
rarkritischer, insbesondere aber form- und redaktionsgeschichtlicher
Perspektive.[116] Und überdies stellte sich die Forschung die Frage nach
der »Buchwerdung des Wortes Gottes« in aller Form. Indessen gelangte sie auf keinem dieser Wege zu der – sich ihr doch geradezu
aufdrängenden – Einsicht in die zwischen Wort und Text bestehende
»mediale Differenz«.[117]
   Dabei ist die Frage der Schriftwerdung, wie schon der Hinweis
Lessings auf die schriftlose Phase des Urchristentums zeigt, für das
christliche Selbstverständnis und seine theologische Interpretation
von größter Bedeutung. Denn anders als für den Islam und das
Judentum ist die Gottesoffenbarung für das Christentum primär
Wortverkündigung, die erst im Gefolge innerer und äußerer
Nötigungen in schriftliche Dokumente umgesetzt wurde. Unter die-
sem Gesichtspunkt fällt es besonders schwer ins Gewicht, daß Jesus
weder selbst geschrieben noch jemals den Auftrag zur schriftlichen
Dokumentation seiner Worte erteilt hat. Sofern den Evangelien

überhaupt Hinweise zu entnehmen sind, deuten diese eher auf eine
Aversion gegenüber der Schriftgelehrsamkeit und Buchstaben-
gläubigkeit seiner Umwelt hin. Es klingt fast wie eine Vorwegnahme
der paulinischen Kritik des »toten Buchstabens«, wenn er seinen
Gegnern vorwirft:

> Weh euch Gesetzeslehrern! Ihr habt den Schlüssel zur Erkenntnis weg-
> genommen. Ihr selbst seid nicht hineingegangen und habt die gehindert,
> die eintreten wollten (Lk 11,52).[118]

Um so mehr ist an der Aufhellung der Anstöße zur Verschriftung
und des Transformationsvorgangs gelegen, den das mündliche Wort
dabei erfuhr. Eine geradezu paradoxe Verschränkung der Fakten
bringt es überdies mit sich, daß dabei nicht zuletzt auf die literarische
Leistung der Autoren zu achten ist, denen doch diese Qualität durch
die Zuspitzung der historischen Kritik zur redaktionsgeschichtlichen
Methode aberkannt worden war.[119] So blieb es denn dem theologischen Außenseiter *Walter Jens* vorbehalten, beraten von seiner literarischen Sensibilität, aus der Engführung dieser Methode auszubrechen
und die Frage nach der Rolle der Evangelisten als Schriftsteller aufs
neue aufzurollen.[120] Und schon die Antwort, die er auf die an den
Passionsbericht des ersten Evangelisten gerichtete Frage gibt, bestätigt offenkundig das Recht seines Ansatzes. Weshalb, so fragt er,
verzichtet der Evangelist darauf, »Jesus zum Subjekt dieser letzten
großen Szene zu machen«? Weshalb nur diese wenigen, teils sogar
mißverständlichen Worte auf der einen und diese Fülle der Aktio-
nen auf der anderen Seite? »Warum diese schroffe Antithese
zwischen den vielen aktiven und mobilen Subjekten und dem in eine
brüllende Kreatur verwandelten Objekt am Kreuz?« Darauf die
Antwort:

> Wiederum kommt es dem Erzähler darauf an, auf einer und derselben
> Berichts-Ebene zu verdeutlichen, daß der Eine, um den es hier geht,
> gerade in diesem Augenblick, wo er scheinbar ganz und gar der Welt
> verfallen ist – nicht einmal Mensch mehr, sondern schon Kadaver; daß
> dieser Eine in Wahrheit der Andere ist. Darum Jesu Schweigen, darum
> seine Worte über die Menschen hinweg …, darum der Schrei zum Him-
> mel, darum der Monolog am Kreuz. Hier ist eine Grenze gesetzt zwischen
> den Subjekten und dem Objekt, den Vielen und dem Einen, den Menschen
> und dem Anderen, die nicht verwischt werden darf.[121]

Was die Frage nach den veranlassenden Faktoren anlangt, so wird man sie im Blick auf die literarische Gestaltung anders beantworten müssen als hinsichtlich der Verschriftung selbst. Erster Medienverwender von literarischem Rang ist fraglos Paulus, und er »gedrungen« von der »Not« seiner Missionsaufgabe, also aufgrund äußerer Veranlassung. Doch wirkten sich innere Nötigungen offensichtlich schon früher anregend auf die literarische Produktivität des Urchristentums aus, auch wenn die erzielten Ergebnisse noch so deutlich von der mündlichen Tradition geprägt waren, daß sie, gemessen an den Paulusbriefen und den Evangelienschriften als »vorliterarisch« zu qualifizieren sind. Angesprochen sind damit in erster Linie die aus einer perikopenhaften Überlieferung der Botschaft Jesu hervorgegangenen Spruchsammlungen, vor allem in Gestalt der zwar nur postulierten, für die Lösung der synoptischen Frage jedoch unerläßlichen »Logienquelle«.[122] Sie trat indessen durch die Entdeckung des gnostischen Thomasevangeliums aus dem Dunstkreis der bloßen Hypothese hervor, so daß mit *Philipp Vielhauer* gesagt werden kann, daß mit dieser Entdeckung die Realität der zunächst nur »postulierten Spruchquelle« bewiesen wurde.[123] Indessen wird die Frage nach den Entstehungsgründen dieser ersten Aufzeichnungen durch die der Sammlung anhaftende Tendenz eher verschärft als beantwortet.[124] Worin bestanden sie?

Einem Hinweis *Hans Conzelmanns* zufolge wird dabei in erster Linie an die »zweipolige« Krisensituation des Urchristentums zu denken sein, die einerseits durch den Tod der »anfänglichen Augenzeugen und Diener des Wortes« (Lk 1,2) und andererseits durch das Ausbleiben der Parusie entstanden war.[125] Im Maß, wie sich das damit eingetretene Intervall zu dehnen begann, wuchs die Gefahr, daß sich in die mündliche Tradition Interpretamente und in deren Gefolge auch Irritationen von der Art jener einmischten, die nach Ansicht *Nietzsches* im Lauf der Zeit »über das Christentum Herr geworden« sind.[126] Gegen diese Bedrohung konnte nur in der Form ein Wall aufgeworfen werden, daß die noch lebendige Überlieferung schriftlich fixiert und so *mit dem Anspruch auf dokumentarische Authentizität jeder möglichen Verfremdung entgegengesetzt* werden konnte. Neben der Ausbildung der hierarchischen Ämterordnung hat somit dieser Dokumentierungsvorgang als die vorzüglichste Strategie zu gelten, mit deren Hilfe die junge Kirche die zweifellos schwerste Belastungsprobe bestand. Daß damit zugleich eine vorzügliche Materialgrundlage für Predigt und Unterweisung gewonnen war, bestätigt die spätere Einarbeitung der Spruchsammlung und ähnlicher »Quellen-schriften« in die primär für katechetische und liturgische Zwecke bestimmten Evangelien, deren Verfasser dadurch in eine eigentüm-liche Zwitterrolle zwischen Redaktor und Autor geraten.[127]

Während in diesem Bereich die literarische Gestaltung erst Jahr-zehnte später erfolgte, tritt *Paulus,* der unter dem Druck der missionarischen Gegebenheiten den literarischen Brief in den Dienst seiner apostolischen Verkündigung stellte, *gleichzeitig als Medien-verwender und Schriftsteller* auf den Plan. Zweifellos behält die Paulusforschung mit der Meinung recht, daß der Apostel, der »auszog, um die Mittelmeerwelt seinem Herrn zu Füßen zu legen«, mit dieser Pioniertat »in der breiten Flut frühchristlicher Mission untergegan-gen« wäre *(Käsemann),* wenn er sich nicht mit seinem Briefwerk unvergeßlich in das Gedächtnis der Christenheit eingeschrieben hätte *(Holl).*[128] Und ebenso richtig ist die Beobachtung *William Wredes,* daß dabei nicht das »rhetorische Beiwerk«, sondern der sieghaft vor-stürmende Gedankenduktus und nicht zuletzt seine Fähigkeit den Ausschlag gegeben habe, »bei aller Wucht seiner Persönlichkeit ... auf Menschen einzudringen.«[129] Damit ist auch schon angedeutet, daß es mit der situativen Nötigung zusammen die angeborene Quali-fikation war, die Paulus zum Pionier schriftstellerischer Medien-verwendung werden ließ. In seiner Persönlichkeit lag außerdem der Schlüssel dafür, daß in seinem Fall die Naherwartung keineswegs, wie Vielhauer annimmt, die schriftstellerische Initiative lähmte; denn Paulus hatte sein Briefwerk längst in Angriff genommen, bevor ihn erste Zweifel an der baldigen Wiederkunft des Herrn überkamen.[130]

Auf den persönlichen Impuls zurückbezogen, besagt das, daß es letztlich die brennende Sorge um die von ihm gegründeten Gemeinden war, die den Apostel zur Abfassung seiner Briefe veranlaßte. Wenn aber diese Annahme zutrifft, zog er durch seine schriftstellerische Tätigkeit mit dem tiefsten Sinn der Sprache gleich, die *jenseits ihres Informationswertes eine »Form der Liebe«* ist *(Le Fort).*[131] Nicht umsonst gipfelt das paulinische Briefwerk in den beiden Hymnen auf die Liebe, die in ihrer Unterschiedlichkeit, wie noch zuwenig erkannt wurde, die wesentliche Lebensspanne des Apostels ausmessen und überdies einen Begriff von seiner schriftstellerischen Entwicklung vermitteln. Der ungleich berühmtere unter ihnen, der von *Johannes Brahms* in seinen ›Ernsten Gesängen‹ vertonte Hymnus des Ersten Korintherbriefs (13,1–13), ist, wie schon die Häufung negativer Wen-dungen lehrt, aus der Position des Entbehrenden verfaßt, dem das

Erfüllungsziel seiner Sehnsucht erst in der Damaskusvision enthüllt wurde.[132] Um so entschiedener spricht dann der hymnische Ausklang des Geistkapitels seines Römerbriefs (8,31–38) von der Liebe, die für ihn nun das personale Antlitz dessen trägt, der ihm (nach Gal 1,15f) zum Sinnziel und (nach Phil 1,21) Lebensinhalt wurde:

> Wer wird uns trennen von der Liebe Christi?
> Not oder Bedrängnis, Verfolgung oder Hunger, Blöße,
> Gefahr oder Schwert?
> Ich bin gewiß, daß weder Tod noch Leben, weder Engel noch Mächte,
> weder Gegenwärtiges noch Künftiges, weder Gewalten der Höhe
> und der Tiefe
> noch irgend ein anderes Geschöpf uns werden trennen können
> von der Liebe Gottes,
> die in Christus Jesus ist, unsrem Herrn (8,35.38f).[133]

Wenn Paulus dem Vorwurf der Gegner widerspricht, daß seine Briefe zwar »wuchtig«, sein persönliches Auftreten aber »matt und kraftlos« sei (2 Kor 10,10), gibt er bereits einen ersten medienkritischen Hinweis. Noch deutlicher wird er in der Klage des Galaterbriefs (4,20), die er schließlich zum Theorem vom »tötenden Buchstaben« (2 Kor 3,6) steigert. Danach wirkt die mediale Transformation reduktiv, doch so, daß davon in erster Linie die transinformativen Sprachqualitäten empirie- und evidenzvermittelnder Art betroffen sind. Die ihm sonst so spontan verfügbare Befähigung zur Sprachsuggestion geht in die Briefe nur vom Rand her ein. Der sich gerade unter diesem Gesichtspunkt nahelegende Philemonbrief bietet keinen Gegenbeweis dazu, da er lediglich als »Kommentar« zu dem »auf fleischernen Herzenstafeln« (2 Kor 3,3) geschriebenen Original in Gestalt des Überbringers zu verstehen ist, um dessen großmütige Aufnahme der Begleitbrief (Phlm 1,12.17) bittet.[134]

Dieser durch die Struktur des Mediums bedingten qualitativen Abbreviatur steht in den Evangelien eine quantitative gegenüber, die offensichtlich auf deren didaktische Zielsetzung zurückgeht. Sie liegt bereits in den »Kurzformeln« vor, mit denen Markus den Beginn der Tätigkeit Jesu (1,14f) oder mit welcher Mattäus seine Einladung an die Bedrückten und Bedrängten (11,28) und den Missionsbefehl (28,18ff) wiedergeben. Am deutlichsten treten diese vor allem im Mattäusevangelium begegnenden Verknappungstendenzen jedoch bei der Wiedergabe einiger in der Markusversion erheblich breiter ausgeführter Szenen (Mk 5,21-43 und Mt 9,18–26; Mk 9,14–29 und Mt 17,14–21) und der Gleichnisse in Erscheinung, die bisweilen (wie im Fall des Gleichnisses vom Sauerteig: Mt 13,33, oder dem vom Guten Hirten: Mt 18,12f) zu einem einzigen Satz zusammengefaßt sind und auch im Fall der ausführlicheren Fassungen auf eine weitaus umfangreichere und dramatischer ausgeführte Urgestalt schließen lassen. Wenn man mit *Martin Kähler* in den Evangelien *Passionsgeschichten mit einer ausführlichen Einleitung* erblickt, ist sogar die jeweilige »Vorgeschichte« nach dem Prinzip der Abbreviatur gestaltet.[135] Hier wie dort machte sich dann der Evangelist eine strukturelle Tendenz der Schriftlichkeit für seine didaktisch-kompositorischen Zwecke zunutze.

Wie die Passagen erkennen lassen, in denen die Paulusbriefe einzelne Hauptmotive in großräumiger Steigerung ihrem Höhepunkt entgegentreiben, ist aber auch mit der *gegenläufigen Tendenz der narrativen Dehnung*, also der Extension, zu rechnen. In den Evangelien entspricht es wiederum der These Kählers, daß gerade die Passionsberichte nach dem Motto »Verbum in cruce extensum«, wie eine Barockinschrift das patristische Prinzip wiedergibt, gestaltet zu sein scheinen.[136] Obwohl man die Narrativität als Fortsetzung der Mündlichkeit mit textualen Mitteln bezeichnen könnte, greift auch sie transformierend in die Botschaft ein. In diesem Sinn schreiben die Texte – mit einer Vorliebe für das Episodenhafte, Anekdotische und Szenische – das »fort«, was in der mündlichen Tradition nur thetisch, meist in Form einprägsamer Bildworte, gesagt worden war. Auf dieser Basis dürfte insbesondere eine Reihe von – sekundären – Gleichnissen entstanden sein; so etwa das Gleichnis vom Nächtlichen Einbruch (Mt 24,42ff) im Anschluß an das Wort vom diebessicheren Schatz im Himmel (Mt 6,19f); das Gleichnis vom Teufelshaus (Lk 11,24–26) im Anschluß an die Selbstrechtfertigung Jesu (Lk 11,20ff); das Gleichnis von der Verschlossenen Tür (Lk 13,25–30) im Anschluß an die Aufforderung zum Eintritt durch die enge Tür (Lk 13,24); das Gleichnis vom Großen Gastmahl (Lk 14,16–24) im Anschluß an die Seligpreisung eines Tischgenossen (Lk 14,15) oder auch die Ausgestaltung des Vergleichs vom Splitter und Balken (Lk 6,42ff) in unmittelbarem Anschluß an dessen appellative Fassung (Lk 6,41). Für die analoge Entstehungsart von Wunderszenen bietet das Johannesevangelium eine ganze Reihe von Beispielen (die Brotvermehrung aus dem Wort »Ich bin das Brot des Lebens«; die Heilung des Blindgeborenen aus dem Wort »Ich bin das Licht der Welt«; die Auferweckung des Lazarus aus dem Wort »Ich bin die Auferstehung und das Leben«).

Auch die Dehnung zieht einen Qualitätsverlust nach sich, wie er im Fall der Abbreviatur von Paulus beklagt worden war. Er besteht in einer Verflachung der Aussage zum Lehrhaft-Erbaulichen hin. Besonders typisch sind dafür die einigen Gleichnissen Jesu angefügten Deutungen, die durchweg einer lehrhaften Allegorisierung der appellativen Aussage gleichkommen.[137] Doch hätten sie so kaum in den Text interpoliert werden können, wenn dieser nicht schon aufgrund seiner textualen Strukturierung einen Anreiz dazu geboten hätte. Indessen lag die zentrale Auswirkung der Textualität zweifellos im Methodenbereich. Der »tote Buchstabe« zog als Schlüssel die historische Kritik nach sich. Dabei ergab sich, historisch gesehen, die paradoxe Situation, daß *Lessing*, der in seiner Flugschrift vom ›Beweis des Geistes und der Kraft‹ deren Schwund so eindringlich beklagt hatte, mit der Veröffentlichung der ›Wolfenbüttler Fragmente‹ gerade der Methode Vorschub leistete, die dem geist- und kraftlos gewordenen Text entspricht.[138] Da sie von ihrem Urheber *Reimarus* her eindeutig als Deutungsinstrument »innerhalb der Grenzen der bloßen Vernunft« konzipiert wurde, hat sie als die auf den Bibeltext angesetzte Speerspitze des säkularistischen Bewußtseins zu gelten. Als solche förderte sie eine Fülle unverzichtbarer Ergebnisse zutage.[139] Doch wirkte sie sich bei alledem von ihrem Ansatz her reduktiv auf das Interesse einer integralen Schriftauslegung aus. Sie legte den Text, deutlicher gesagt, auf seine medialen Strukturen fest, anstatt ihn im Sinn einer wirklichen »Auslegung« daraus zu befreien. Das macht die Frage nach einer möglichen Gegensteuerung unumgänglich. Doch worin könnte sie bestehen?

Im positiven Rückschluß geantwortet: in der Erkundung einer evozierenden Lesart, durch welche das freigelegt und aufgerufen wird, was die medialen Strukturen niederhalten. Vorausgesetzt ist dabei freilich, daß die Implikationen der Mündlichkeit durch die Verschriftung nur niedergehalten, nicht jedoch ausgelöscht werden. Statthaft ist diese Voraussetzung, wenn auch von der Schrift, wenngleich im abkünftigen Sinn, angenommen werden darf, daß sie wie Wort und Sprache dem Menschen nicht nur instrumentell verfügbar, sondern konstubstantial ist. Für Wort und Sprache gilt das schon deswegen, weil deren instrumentelles Verständnis zu unauflöslichen Antinomien führt. Denn wie könnte sich der Mensch, um es bei einer einzigen Andeutung bewenden zu lassen, jemals »aussprechen«, wenn ihm die Sprache nur nach Art eines Instruments gegeben wäre? Für die Schrift wäre dann freilich die Zusatzannahme erforderlich, daß ihre *Entwicklung aus einer wesenhaften Notwendigkeit* erfolgte und nicht nur aufgrund zufälliger soziokultureller Gegebenheiten. Dies vorausgesetzt, ist sie, wie *Gadamer* betont, im Vergleich zum lebendigen Sprachvollzug zwar eine Form der »Selbstentfremdung«, doch nicht so sehr, daß keine Spuren der mündlichen Sprachimpulse zurückblieben.[140] Im Fall der biblischen Schriften betreffen sie, wie Kierkegaard, Rahner und Käsemann aus je anderer Perspektive erkannten, die von ihnen ausgehenden Insinuationen, konkret gesprochen, den in ihnen erklingenden »Leidenston«, die von ihr ausgehende »Vergewisserung« und das in ihnen hörbar werdende »Machtwort«.[141] Deshalb kann die auf die Kompensation der Textualität angesetzte Lesart auch als eine »akustische« gekennzeichnet werden.[142]

Sie nimmt unmittelbar auf den Chronikcharakter aller Schriftlichkeit, gerade auch der biblischen, Bezug und geht mit *Bultmann* davon aus, daß Geschichte keine Vergegenständlichung duldet, sondern nur im Modus der Betroffenheit durch sie angemessen rezipiert werden kann.[143] Auf die Dokumentation der Lebensgeschichte Jesu bezogen – und sie hat Bultmann unmittelbar im Auge – heißt das, daß in ihr durch die evozierend-akustische Lesart das »aufgerufen« werden muß, was nicht in die Schriftlichkeit eingeht, ihr jedoch nach Art von Residuen und Spuren entnommen werden kann. Und das ist nach *Kierkegaards* Theorem von dem »Gott incognito« jener »Leidenston«, der hörbar macht, daß dem Akt der Verschriftung eine analoge Selbstverhüllung im Leben dessen voranging, der es als bittersten Schmerz – ihm wurde der Kelch des menschenmöglichen Leidens ein zweites Mal gereicht – hinnehmen mußte, daß seine solidarisierende Erniedrigung zum »Gott in Knechtsgestalt« für viele zum entscheidenden Glaubenshindernis wurde.[144] Es ist nach *Rahner* der von der Gestalt Jesu ausgehende Impuls, der in den neutestamentlichen Schriften dadurch nachwirkt, daß er ihre Verfasser zur konsequenten Suspendierung der Gottesfrage veranlaßte.[145] Und es ist nach *Käsemann* das gebieterische »Ich will« des johanneischen Christus, das »alles« – und das bezieht sich nicht nur auf das Ganze des Abschiedsgebets, sondern auf das gesamte, alle kanonischen Schriften einbegreifende »Evangelium« – in seinen Bann zieht.[146]

Damit gewinnt der kompensatorische Leseakt deutlicheres Profil. Es ist der Akt eines Lesers, der sich beim Vernehmen des Leidenstons zu der von Paulus geforderten Passionsgemeinschaft mit dem Be-

zeugten aufgerufen fühlt; der Akt eines Lesers, der sich auf in-
sinuativem Weg zur Gottesgewißheit geführt sieht; und zumal der Akt
eines Lesers, der sich in den Bann des Machtworts gezogen weiß, das
ihn zum Wesensort seines Sprechers »am Herzen des Vaters«
(Joh 1,18) entrückt: »damit sie die Herrlichkeit schauen, die du mir
gegeben hast; denn du hast mich geliebt vor Grundlegung der Welt«
(17,24).[147]

So gesehen wiederholt sich im Prozeß der Schriftwerdung der
Botschaft Jesu *wie in einem Brennpunkt der kulturgeschichtliche
Übergang der Menschheit zur Textualität.* »Wie in einem Brennpunkt«, besagt dann aber auch, daß hier die Gesetze der Medien-
verwendung auf paradigmatische Weise zum Vorschein kommen.
Wenn das der Fall ist, darf daraus geschlossen werden, daß die
Theologie seit alters den Schlüssel zum Medienproblem, auch in seiner modernen Gestalt, in Händen hält, vorausgesetzt, daß sie begreifen
lernt, daß sie im Umgang mit den biblischen Schriften immer schon
mit dem Medienproblem befaßt ist, daß also, einfacher ausgedrückt,
die Bibel – ein Buch ist.

Nachwort

Glaube in postsäkularistischer Zeit

Die Frage nach der Zukunftsgestalt des Glaubens muß zunächst im Horizont seiner soziokulturellen Bedingungen gestellt und, soweit eine Prognose möglich ist, beantwortet werden. Wenn mit den eröffnenden Erörterungen davon ausgegangen werden kann, daß sich der Glaube mit dem absehbar gewordenen Ende des Säkularismus und dem Verstummen des Atheismus längst nicht mehr in die fast zur Selbstverständlichkeit gewordene Konfrontation mit seinen Gegenkräften versetzt sieht, ist seine »Zukunft« zunächst durch ein Moment der Entspannung gekennzeichnet. Das gilt auch angesichts der Tatsache, daß mit der Heraufkunft eines »strukturellen« und – vor allem in dem durch den Zusammenbruch der sozialistischen Machtsysteme entstandenen Vakuum – »resignativen« Atheismus zu rechnen ist, da dieser weit mehr in subversiver als in aggressiver Form wirksam wird. Demgemäß will die Mahnung des Ersten Petrusbriefs, sich gegenüber einem jeden zu verantworten, der Auskunft über die christliche Glaubenszuversicht verlangt (1 Petr 3,15), nicht mehr apologetisch, sondern ihrer Intention entsprechend dialogisch verstanden werden.[1]

Für den Glauben besagt das, daß er seine formale Identität nicht mehr so sehr in Akten der Abgrenzung und Unterscheidung als vielmehr der – kritischen – Verständigung gewinnt. Das betrifft aber nicht nur die Erscheinungsformen seiner Negation, sondern auch der Alternative, also sein Verhältnis zu Glaubensformen anderer Religionen, insbesondere der Offenbarungsreligionen wie Judentum und Islam.[2] Wenn man überdies das Heraufdrängen längst überwunden geglaubter Vorstellungen, insbesondere archaischer und gnostischer Art, in Rechnung stellt, wird sich dieser Versuch einer dialogischen Identitätsfindung auch auf diese Formen zu erstrecken haben.[3] Daß sich der Glaube bei diesem Versuch auf keine Nebenwege verliert, zeigt die Rückbesinnung auf die Tatsache, daß er sich damit insgeheim an der Identitätsfindung Jesu orientiert, also seinem Zentrum näher-

383

steht, als von dieser peripheren Bestimmung je erwartet werden konnte.[4]

Was aber die gesellschaftlichen, genauer gesagt die sozial-psychologischen Bedingungen anbelangt, unter denen sich der Glaube heute verwirklichen muß, so stehen sie ihm stimmungsmäßig geradezu diametral entgegen. Denn im Glauben lebt, wie *Paulus* mit allem nur erdenklichen Nachdruck bezeugt, der antike Enthusiasmus fort.[5] Er erfährt sich, je mehr er zu sich selbst kommt, als ein »Hingerissensein zu dem Offenbarungsgeheimnis«, auf das er sich seiner ganzen Sinnbestimmung zufolge bezieht. Und daraus erwächst ihm dann auch das Gefühl seiner bergeversetzenden Kraft (1 Kor 13,2; Mk 11,23) und seiner inneren und äußeren Unüberwindlichkeit (Röm 8,35; Phil 4,13). Demgegenüber ist die heute vorherrschende Stimmungslage durch Depressivität und Resignation gekennzeichnet. Sie aber haben sich bereits in einem solchen Ausmaß des Glaubensbewußtseins bemächtigt, daß geradezu von einer »emotionalen Häresie« gesprochen werden muß, die sich in einer defätistischen Selbsteinschätzung äußert. Längst hat der Christ dieser Zeit das Gefühl dafür verloren, daß ihm mit dem Glauben eine »bergeversetzende«, und das besagt, die Lebensprobleme bewältigende, ja sogar (nach 1 Joh 5,4) weltüberwindende Kraft geschenkt ist. Zweifellos hängt das mit der Störung des Sozialkontakts im Zusammenleben der heutigen Menschheit zusammen. Wie *David Riesman* andeutet, ist der innere *Abstand von Mensch zu Mensch im umgekehrt proportionalen Verhältnis zum Prozeß der Vermassung* gewachsen. Zwar kann Einsamkeit durchaus auch als positiver Wert empfunden werden.[6] Doch hätte das zur Voraussetzung, daß sie dann von ihrem Ursprung und Quellgrund, der Angst, abgelöst würde. Grundsätzlich aber ist *Einsamkeit* die *soziale Erscheinungsform der Angst,* so wie diese als die *Wurzel der Einsamkeit* zu gelten hat. Und in diesem Zusammenhang liegt dann auch die Gefahr für den Glauben. Denn als die Erfahrung von Wirklichkeitsverlust entzieht die Angst dem nach Fühlung der Gottes- und Weltwirklichkeit verlangenden Glauben den Boden. So gesehen bedarf die Glaubensprognose *Guardinis* einer Revision. Nicht in der »Einsamkeit im Glauben« liegt das Problem, sondern darin, daß er der Glaube der Einsamen ist.[7]

Unversehens verwandelt sich hier die Analyse in ein Postulat. Wenn der Glaube überleben soll, muß die Einsamkeit der Glaubenden überwunden werden. Nach Art einer Fehlanzeige verweist das auf ein zentrales Moment der künftigen Glaubensgestalt. Wie schon das

Glaubensverständnis der Befreiungstheologie erkennen läßt, wird sich der Glaube von morgen, schon im Interesse der Überwindung des emotionalen Defizits, seiner kollektiven Einbezogenheit bewußt werden müssen. Schon bei der Setzung des Glaubens müssen diejenigen mitbedacht werden, die ihn ermöglichen, begleiten und tragen oder umgekehrt auch durch ihn gefördert werden. Darauf verwies der späte *Guardini* mit dem erhellenden Wort:

> Niemand weiß, aus welchen – vielleicht räumlich entfernten oder zeitlich vergangenen – gläubigen Existenzen heraus sein eigener Glaube gespeist wird, sein Tun Kraft bekommt – ebensowenig wie er weiß, welche Menschen er selbst mitträgt.[8]

Im Maß, wie der Glaube zum Bewußtsein dieser Verbundenheit »erweckt« wird, entdeckt er die ihm eingestiftete Fähigkeit, seine schwerste Behinderung, die das Titelwort von der »einsamen Masse« anspricht, zu überwinden und damit auch die emotionale Folge der Vereinsamung, für die das Evangelium den vielsagenden Ausdruck »Kleinglauben« bereithält (Lk 12,28; Mt 14,31).

Wenn aber schon im Stil von Postulaten gesprochen werden muß, dann vor allem im Blick auf die mit der defätistischen »Verstimmung« zusammenhängende Sprachlosigkeit des Glaubens. Wenn der Verstimmung gewehrt und die Verbundenheit gefestigt werden soll, dann nur – und damit verwandelt sich das Postulat zurück in die Prognose – auf dem Weg einer Neubelebung der Zeugnisfähigkeit und Gesprächsbereitschaft. Sie hat für *Paulus* ihren innersten Motivationsgrund in der im Glauben auf- und entgegengenommenen Todeshingabe Jesu: »sofern ich noch im Fleische lebe«, versichert er auf einem Höhepunkt seines Galaterbriefs, »lebe ich im Glauben an den Gottessohn, der mich geliebt und sich für mich hingegeben hat« (2,20). Das setzt sich bei ihm um in den geradezu prinzipienhaft gestalteten Satz: »Ich glaube, darum rede ich« (2 Kor 4,13). Wenn der Glaube von morgen wieder Fühlung mit der Glaubensgemeinschaft gewinnen und damit der emotionalen Gegenströmung entrinnen will, muß er demgemäß sprachwillig und dialogbereit, also ein »redender Glaube« sein. So ergibt es sich auch aus seiner Herausforderung durch die moderne Medienszene, die ihm nicht nur durch den von ihr betriebenen Wirklichkeitsentzug, sondern ebensosehr auch durch die »Schweigespirale« *(Noelle-Neumann)* entgegenwirkt, in die sie ihre Rezipienten hineinzieht.[9] Auch der durch die modernen Medien erzeugten »elektronischen Isolation« und Sprachlosigkeit kann der Glaube nicht anders als durch Beweise seiner Rede- und Zeugnisbereitschaft begegnen.

Eine zweite Antwort auf die Ausgangsfrage nach der künftigen Glaubensform ergibt sich aus der Berücksichtigung der inneren Konfliktsituation, gleichviel, ob man dabei die pathologischen Symptome oder die ekklesiogenen Entfremdungsphänomene stärker gewichtet. Hier wie dort droht der Glaube einer Identitätskrise zu verfallen, der nur durch Akte einer konsequenten Rückbesinnung auf den zu begegnen ist, den der Hebräerbrief seinen »Wegbereiter und Vollender« nennt (12,2). Hier bedarf es freilich keines Postulats, weil die glaubensgeschichtliche Entwicklung diesem Interesse unmittelbar entgegenkommt. Während sich an ihrer Peripherie die tiefgreifende Umschichtung abspielt, die gleicherweise die Frage der Glaubensbegründung, der Glaubenserwartung und der Glaubensvermittlung betrifft, ist sie in ihrem Kern durch jenen »konzentrativen Akt« gekennzeichnet, durch den der Glaube heute schon *Einkehr in seinen ureigenen Wesensgrund* hält. Das ist der glaubensgeschichtliche Sinn der Neuentdeckung Jesu, die bereits zu Beginn der achtziger Jahre in eine neue Phase eintrat und *gegenwärtig einem Höhepunkt entgegenstrebt*, wie er so nur an ihrem Beginn vor zwei Jahrzehnten erreicht wurde. Was diese Neuentdeckung für den Glaubensvollzug bedeutet, kann kaum besser als durch den Wechsel der christologischen Perspektiven vom »Helfer« zum »Freund« und »Lehrer« verdeutlicht werden. Unter dem Gesichtspunkt des Helfers wird Jesus im Gegenzug zu seiner Zuordnung zum »Glauben der Propheten« *(Buber)* als derjenige wiederentdeckt, der durch seine innovatorische Lebensleistung der christlichen Glaubensmöglichkeit Bahn brach und dadurch gleichzeitig auf seine Person und Sendung zurückbezog. Für die christliche Glaubensform ist, wie *Buber* ebenso richtig wie kritisch formulierte, die um das Gottesgeheimnis gezogene Schweigemauer tatsächlich durchbrochen, und zwar durch denjenigen, der im Johannesevangelium »der Weg« und »die Tür« genannt wird.[10]

Zurückgebunden an seine christologische Grundgestalt wird sich der Glaube somit in entschiedener Absage an die modischen Tendenzen seiner Zurücknahme auf unspezifische Glaubensformen als Mitvollzug der religionsgeschichtlichen Großtat Jesu konstituieren, durch die er sich mit dem Schlüsselwort »Abba, Vater!« Zugang zum Herzensgeheimnis Gottes erwirkte. Seine dialogische Grundgestalt bestätigt sich somit dadurch, daß er dieses »Schlüsselwort« immerfort nach- und mitspricht. Doch damit wird ihm der »Helfer« auch schon zum »Freund«, der ihn mit der Mitwisserschaft um das ewig verschwiegene und nun durch ihn mitgeteilte Gottesgeheimnis beschenkt. Im Sinn des damit aufgerufenen Herrenworts (Joh 15,15) ist damit der Glaube definitiv von jeder Form religiöser Heteronomie abgegrenzt. Gegenüber dem Glauben des »nichtwissenden Knechtes« erfährt er sich als der des »verstehenden Freundes«. Darin sieht er sich durch das Abschiedsgebet Jesu bestätigt, das in die Zusicherung ausklingt:

Ich habe ihnen deinen Namen kundgetan und werde ihn weiter kundtun, damit die Liebe, mit der du mich geliebt hast, in ihnen sei und ich in ihnen (Joh 17,26).[11]

Daß auch diese Stufe noch überschritten und eine letzte Antwort gewagt werden muß, ergibt sich aus der immer noch fortbestehenden *Kopflastigkeit der innerkirchlichen Strukturen*. Im Sinne *David Riesmans* muß von einem Übergewicht der »Außen-Leitung« gegenüber dem wachsenden Bedürfnis nach Selbstbestimmung und »Innen-Lenkung« gesprochen werden.[12] Als »regulatives Prinzip« für die dadurch erforderlich gewordene Umgewichtung bietet sich im Sinn der dritten der christologischen Perspektiven die Figur des »inwendigen Lehrers« an. Nicht zuletzt liegt darin der Grund, weshalb sich im Gang der glaubensgeschichtlichen Entwicklung hinter der Gestalt des Freundes die des Lehrers abzuzeichnen beginnt. Denn der »Magister interior« ist der im inwendigen Menschen, dem »homo spiritalis«, wohnende Christus, dessen »Lehre« darin besteht, daß er den Glaubenden in sein eigenes Gottesverhältnis hineinnimmt und sein Wissen um die »Tiefen der Gottheit« (1 Kor 2,10) mit ihm teilt. So ist er als Offenbarer zugleich das Prinzip der Aneignung dessen, was er kundgetan hat und weiterhin kundtut. Erst jetzt erschließt sich im Vollsinn, daß er als »Vollender« zugleich der »Wegbereiter« des Glaubens ist. Er hat die christliche Glaubensmöglichkeit nicht nur begründet; *vielmehr geht er den von ihm eröffneten Weg auch jeweils mit*. Insofern ist der Glaubensakt stets von ihm mitbewirkt und deshalb ebensosehr ein Glauben »an« wie »mit« Jesus. Die Frucht des Glaubens werden, mit der johanneischen Bildrede ausgedrückt, nur jene zeitigen, die in der Lebensverbindung mit ihm, dem »wahren Weinstock«, bleiben. Ihnen gilt in erster Linie das ebenso ernüchternde wie tröstende Wort: »Ohne mich könnt ihr nichts tun« (Joh 15,5).[13] Damit zeichnet sich in der

Mitte des Glaubens dieselbe Struktur ab, die nach dem Galaterwort auch der wahren Gotteserkenntnis zugrunde liegt:

Jetzt erkennt ihr Gott, oder vielmehr: ihr seid von Gott erkannt (Gal 4,9).[14]

Wenn aber der Glaube von dem Geglaubten mitgetragen wird, gehört zu seinen beglückendsten Erfahrungen jene Inversion, die das mystische Gebet kennzeichnet und dem an das Gottesgeheimnis Hingegebenen den Eindruck vermittelt, daß ihm die Regie seines Bemühens aus den Händen genommen wird und an das Gebetsziel übergeht. Doch eben dies ist das Werk des inwendigen Lehrers, daß er den Empfängern seiner Mitteilung auch zu deren Annahme verhilft. Indem sie an ihn glauben, erkennt er sich in ihnen wieder. Sofern sie sich ihm hoffend zuwenden, folgen sie dem, der sie aus seiner Hoheit an sich zieht *(Kierkegaard)*. Und wenn sie in Liebe zu ihm erglühen, bewegt sie dazu sein Wille, sie dorthin zu führen, wo er, der »vor Grundlegung der Welt« Geliebte, am Herzen des Vaters ruht (Joh 17,24; 1,18).

Wenn man überdies erwägt, ob nicht der allseits fühlbar gewordene Rückgang der sozialen Kontrollfunktionen *(Lübbe)* – nach angemessener Karenzzeit – ebenso entlastend und befreiend empfunden werden könnte wie seinerzeit der zunächst als extremer Katastrophenfall angesehene Verlust des Kirchenstaats, spricht alles für die Richtigkeit der Rahnerschen Prognose, wonach das Christentum im Maß, wie sich die gesellschaftlichen Verflechtungen – nicht die Verantwortlichkeiten – lockern, seiner mystischen Zukunft entgegengeht. Sie aber kündet sich dadurch an, daß in der Sinnmitte der religiösen Lebensformen und Initiativen derjenige entdeckt, erfahren und wahrgenommen wird, der sich in seinen Gewährungen selber gibt und der im Glauben der davon Ergriffenen zu sich selbst erwacht.

Anmerkungen

Vorwort

[1] Dazu nochmals Band I (Die glaubensgeschichtliche Wende. Eine theologische Positionsbestimmung, Graz 1986), 75-80.

[2] *M. Weber*, Wissenschaft als Beruf (von 1919), in: Gesammelte Schriften zur Wissenschaftslehre, Tübingen 1973, 605; dazu *K. Löwith*, Mein Leben in Deutschland vor und nach 1933. Ein Bericht, Stuttgart 1986, 16.

[3] Ausführlicher wird dieser Ansatz zu Beginn des Schlußkapitels (375-399) entfaltet.

[4] *F. Nietzsche*, Über die Zukunft unserer Bildungsanstalten. Erster Vortrag (vom 16. Januar 1872). *Ders.*, Nachgelassenes Fragment von 1887/88: Sämtliche Werke. Kritische Studienausgabe XIII, 190.

[5] In der Abfolge meiner Veröffentlichungen ergibt sich damit eine seltsame Konstellation. Wie ich auf meine Theologische Sprachtheorie und Hermeneutik (von 1970) nach einem Jahrzehnt unter dem Eindruck der allgemein nachlassenden Kommunikationsbereitschaft den Entwurf einer Logaporetik unter dem Titel ›Religiöse Sprachbarrieren‹ (von 1980) folgen ließ, nimmt die vorliegende Studie den Grundgedanken meiner ›Glaubensgeschichtlichen Wende‹ (von 1986) aus kritischer Perspektive nochmals auf. Zur Konvergenz gelangen die beiden Gedankengänge in dem dem Medienproblem gewidmeten Schlußabschnitt der vorliegenden Studie, sofern dieser als Skizze des noch unabgeschlossenen Schlußbandes der Sprach- und Barrierentheorie gelten darf, der das Medienproblem unter dem Gesichtspunkt erörtern sollte, daß dort, wo alle Welt eine extreme Vermehrung der Kommunikationswege vermutet, tatsächlich ein Extremfall von Sprachbarrieren vorliegt.

ERSTER TEIL: ANALYSE

Einleitung

[1] *B. Tuchman*, Der ferne Spiegel. Das dramatische 14. Jahrhundert (Originaltitel: A Distant Mirror), 1982, 514-522.

[2] Als eine Art Programmschrift dessen veröffentlichte *Fritjof Capra* sein Buch ›Wendezeit‹ mit dem Untertitel ›Bausteine für ein neues Weltbild‹ (Originaltitel: The Turning Point), Bern und München 1985.

[3] Für die Theologie erhob diese Forderung vor allem *Hans Küng* in seinem Buch ›Theologie im Aufbruch. Eine ökumenische Grundlegung‹, München 1987; dazu meine Anmerkungen in meiner Schrift ›Glaubenswende. Eine Hoffnungsperspektive‹, Freiburg 1987, 140-155.

[4] Näheres dazu in meinem Beitrag ›Das Antlitz des Menschen. Zur religiösen Dimension der modernen Malerei‹, in *W. Böhme* (Hrsg.), Wo ist Gott zu finden? Über Orte der Gottesbegegnung, Karlsruhe 1985, 43-54.

[5] Dazu *Wolfgang Welsch*, Unsere postmoderne Moderne, Weinheim 1987; ferner *P. Koslowski / R. Löw / R. Spaemann*, Moderne oder Post-Moderne? Zur Signatur des gegenwärtigen Zeitalters, Weinheim 1986.

[6] Eindrucksvoll analysierte dieses Gesetz *Elisabeth Gössmann* in ihrer Studie ›Antiqui und Moderni im Mittelalter. Eine geistesgeschichtliche Standortbestimmung‹ (Paderborn 1974, 35ff).

[7] Dazu *Welsch*, a.a.O., 46ff.

I.
Das Zeitbild

[8] Dazu außer den bereits erwähnten Untersuchungen *Peter Koslowski*, Die postmoderne Kultur. Gesellschaftlich-kulturelle Konsequenzen der technischen Entwicklung, München 1987.

[9] *Vietta*, Was Postmoderne heißen soll, in: Frankfurter Allgemeine Zeitung (vom 25. März 1986, 8). Noch im Herbst 1984 hatte die ›New German Critique‹ der Postmoderne ein ganzes Heft gewidmet.

[10] Dazu mein Beitrag ›Romano Guardinis rückwärtsgewandte Deutung des Epochenendes‹, in: Religiös-kulturelle Bewegungen im deutschen Katholizismus seit 1800, Paderborn 1986, 99-120.

[11] *Guardini*, Die Macht. Versuch einer Wegweisung (von 1951), Neuausgabe Würzburg 1986, 97.

[12] *Guardini*, Das Ende der Neuzeit. Ein Versuch zur Orientierung (von 1950), Neuausgabe Mainz 1986, 73. Fast traumatisch wirkt an dieser Stelle das Erlebnis der Hitler-Diktatur und des europäischen Totalitarismus nach, das nicht nur Guardinis vergleichsweise undifferenziertes Verständnis der Macht bestimmt, sondern ihm gleichzeitig auch den Blick auf die unverzichtbaren Errungenschaften der Neuzeit verstellt; ungleich perspektivenreicher wirkt etwa der Theorieentwurf von *Niklas Luhmann*, Macht, Stuttgart 1975.

[13] A.a.O., 72; dazu *Ludwig Watzal*, Das Politische bei Romano Guardini, Percha 1987, 60ff; 92-101; ferner *Joseph F. Schmucker-von Koch*, Autonomie und Transzendenz. Untersuchungen zur Religionsphilosophie Romano Guardinis (Mainz 1985), und *Hans Mercker*, Christliche Weltanschauung als Problem. Untersuchungen zur Grundstruktur im Werk Romano Guardinis, Paderborn 1988, 78-87.

[14] Dazu meine Schrift ›Theologie und Atheismus. Anstöße zu einer theologischen Aporetik‹, München 1972, 70-84.

[15] *Guardini*, Das Ende der Neuzeit, 45.

[16] *Guardini*, Theologische Briefe an einen Freund. Einsichten an der Grenze des Lebens, Paderborn 1976, 61.

[17] *H. Blumenberg*, Die Legitimität der Neuzeit, Frankfurt 1966, 17-23.

[18] *Guardini*, Das Ende der Neuzeit, 60.

[19] A.a.O., 62f.

[20] A.a.O., 60f.

[21] A.a.O., 66f.

[22] A.a.O., 74.

[23] *David Riesman*, Die einsame Masse. Eine Untersuchung der Wandlungen des amerikanischen Charakters (Originaltitel: The Lonely Crowd), Hamburg 1958; zwei-

fellos ist *Schelsky* zuzustimmen, wenn er das »Aufspüren der Verbraucherhaltung« in allen Lebensbereichen, selbst dem der Politik, zu den wertvollsten Einsichten des Buches rechnet (14); als wichtiger noch dürfte sich jedoch die bereits in der Paradoxie des Titels angezeigte isolierende und vereinsamende Wirkung der Massengesellschaft herausstellen, da damit der Einsamkeit ein Stellenwert zugesprochen wird, wie er so sonst nur noch der Lebensangst des heutigen Menschen zukommt.

[24] A.a.O., 57. Es war diese gewagte Prognose, die, ein Ausnahmefall in Guardinis Lebens- und Wirkungsgeschichte, eine lebhafte Diskussion auslöste und schließlich zur Veröffentlichung des Sammelbandes ›Unsere geschichtliche Zukunft‹ (Würzburg 1953) führte.

[25] *Guardini*, Der unvollständige Mensch und die Macht (von 1955), in: Sorge um den Menschen I, Neuausgabe Mainz 1988, 47.

[26] In seiner Würdigung ›Reform aus dem Ursprung‹ (von 1970) hatte ihm noch *Hans Urs von Balthasar* »ein fast starrsinniges Festhalten an der Erfahrung« vorgeworfen; dazu *Hansruedi Kleiber*, Glaube und religiöse Erfahrung bei Romano Guardini, Freiburg 1985.

[27] *Guardini*, Theologische Briefe, 41.

[28] A.a.O., 37.

[29] Ebd.

[30] A.a.O., 40.

[31] Dazu der ausdrücklich an Guardini anknüpfende Abschnitt »Person und Funktion« in *Müllers* ›Erfahrung und Geschichte. Grundzüge einer Philosophie der Freiheit als transzendentale Erfahrung‹, Freiburg und München 1971, 83-123.

[32] *Guardini*, Das Ende der Neuzeit, 93f.

[33] Auch für *Guardini* war, wie erinnerlich, das nachneuzeitliche Naturverhältnis, das er »abstrakt und formelhaft« nennt, durch einen zunehmenden Verlust an Anschaulichkeit bestimmt: Das Ende der Neuzeit, 60; 93.

[34] *Lyotard*, Grabmal des Intellektuellen, Wien 1986.

[35] Dazu *Welsch*, Unsere postmoderne Moderne, 32f.

[36] *Kolakowski*, Zweifel an der Methode, Stuttgart 1977.

[37] So *Lyotard* in dem von ihm mit *J. Derrida, F. Burkhardt* und *G. Daghini* herausgegebenen Sammelband ›Immaterialität und Postmoderne‹, Berlin 1985.

[38] *Nietzsche*, Die fröhliche Wissenschaft V, § 382.

[39] *Lyotard*, Das postmoderne Wissen, 121f.

[40] *Nietzsche*, ebd. Über das Motiv des Eingangsaphorismus zum fünften Buch der ›Fröhlichen Wissenschaft‹ Aufschluß, wenn er davon spricht, daß die Nachricht vom Tod des alten Gottes die freien Geister nicht traurig stimme, sondern mit einer »neuen schwer zu beschreibenden Art von Licht, Glück, Erleichterung, Erheiterung, Ermutigung« erfülle (§ 343).

[41] *Lyotard*, Immaterialität und Postmoderne, 74.

[42] *Welsch*, Unsere postmoderne Moderne, 140; 285-329; *Guardini,* Christliches Bewußtsein. Versuche über Pascal, Leipzig 1935, 38-44.

[43] *Welsch*, a.a.O., 289; bei diesem Einwand berücksichtigt der Kritiker zuwenig, daß der Geist erst beim Bedenken seiner Grenzen ganz zu sich selbst kommt. Gerade das scheint *Guardini* vor Augen gestanden zu haben, als er Pascal mit dem »ontologischen Gottesbeweis« in Beziehung setzte: a.a.O., 187-197.

[44] *Welsch*, a.a.O., 140.

[45] So *Karl Löwith* in ›Weltgeschichte und Heilsgeschehen‹ (Sämtliche Schriften II, 130) und in seiner Akademieabhandlung ›Vicos Grundsatz: verum et factum convertuntur. Seine theologische Prämisse und deren säkulare Konsequenzen‹ (Heidelberg 1968); dazu *Welsch*, a.a.O., 73-76; ferner *P. Koslowski*, Die postmoderne Kultur, 124.

[46] *J. Ratzinger*, Einführung in das Christentum, München 1968, 35.

[47] Dazu die in dem Sammelband ›Unsere geschichtliche Zukunft‹ (Würzburg 1953) dokumentierte Kontroverse mit Opponenten aus *Guardinis* Freundeskreis.

[48] *Cusanus*, De docta ignorantia II, c. 5; *Guardini*, Christliches Bewußtsein, 91.

[49] Stellenangabe siehe Anm. 4.

[50] *W. Welsch*, Unsere postmoderne Moderne, 161ff. Eine eindringliche, auf die theologischen Implikationen des Werkes eingehende Würdigung veröffentlichte *Rainer Maria Bucher* unter dem Titel ›Die Theologie in postmodernen Zeiten‹, in: Theologie und Glaube 79 (1989) 178-191.

[51] Dazu *Bernd Mattheus*, Georges Bataille. Eine Thanatographie I, München 1984; II, München 1988.

[52] Der Akzent, der von den gegenwärtigen Interpreten auf *Nietzsches* »Experimental-Philosophie« und »Artisten-Metaphysik« gelegt wird, könnte durchaus für diese Wertung sprechen; dazu *Volker Gerhardt*, Pathos und Distanz. Studien zur Philosophie Friedrich Nietzsches, Stuttgart 1988.

[53] Mitgeteilt in einem Nachruf aus Anlaß seines Todes. In der spielerischen »Coincidentia oppositorum«, in welcher die postmoderne Imagination hier brilliert, berührt sie sich mit der von *Umberto Eco* in seinem Erfolgsroman ›Der Name der Rose‹ (Mailand 1980) aufgenommenen Cena Cypriani, die das Dasein nach altem Schema im Sinn der »verkehrten Welt« inszeniert. Nicht umsonst suchte *Curt Hohoff* (in seinen 1987 in der Internationalen Katholischen Zeitschrift, 365-376, veröffentlichten Notizen zum Roman) Eco als den »Autor der Postmoderne« zu erweisen, wobei er sich stärker noch auf das von ihm eher beiläufig angesprochene Motiv des Lachens hätte beziehen können. Denn das davon handelnde fiktive Buch des Aristoteles, dem die in die Katastrophe führende Romanhandlung gilt, thematisiert das Gegenprinzip zu dem asketischen Grundakt, aus dem die Welt der gedanklichen und medialen Reproduktionen, also der Bücher, hervorging. Nicht umsonst meinte Eco, nach seinen literarischen Plänen befragt, »es müßte ein Buch geschrieben werden, wo der Leser der Mörder ist«: der Leser als Komplize des Literaten, der sich, dem Zwang des Mediums gehorchend, in den Dienst der Lebensverneinung, letztlich des Todes, stellt, weil schon das literarische Medium auf das »allmähliche Verschwinden der Wirklichkeit« hinarbeitet, in welchem *Hartmut von Hentig* die eigentliche Fatalität der elektronischen Medien erblickt. Näheres dazu (außer in Band I, 72ff) in den Ausführungen auf Seite 55 und 212. Wenn im Blick auf *Dalís* Stereotype nicht wie üblich von »weichen«, sondern von »fließenden« Uhren die Rede war, dann in der Absicht, damit die Paradoxie dieses Leitmotivs besser zu treffen: die zur Messung des »Zeitflusses« bestimmten Instrumente sind bei Dalí selbst »in Fluß geraten«.

[54] *Heidegger*, Die Zeit des Weltbildes, in: Holzwege, Frankfurt 1950, 69-104.

[55] *Koslowski*, Die postmoderne Kultur, 41.

[56] *P. Valéry*, Mon Faust. Le Solitaire ou les Malédictions d'Univers (1. Akt, 2. Szene), nach *K. Löwith*, Paul Valéry. Grundzüge seines philosophischen Denkens, Göttingen 1971, 59.

[57] *Welsch*, Unsere postmoderne Moderne, 80; *Marquard*, Bemerkungen zur Futurisierung des Antimodernismus (bisher unveröffentlichtes Vortragsmanuskript).

[58] A.a.O., 11.

[59] *Welsch*, a.a.O., 193; 12. Der bereits angesprochene Vorgriff *Guardinis* auf die Theorie der Postmoderne bestätigt sich hier erneut, sofern er im Blick auf die Tendenz, die »entscheidenden Geschehnisse des menschlichen Lebenslaufes« ihres Geheimnischarakters zu entkleiden, von ihrer »Anästhetisierung« spricht: Das Ende der Neuzeit, 82f.

[60] So *Marquard* unter Berufung auf *Hans Robert Jauss*.

[61] Dazu nochmals das in Band I, 75-80 Gesagte.

[62] Drastisch bringt das *Freuds* Bild von dem durch seine technischen Hilfsmittel zum »Prothesen-Gott« aufgeblähten Menschen zum Ausdruck: Das Unbehagen in der Kultur (II), in: Kulturtheoretische Schriften, Frankfurt 1974, 221f.

[63] Der Vorwurf *Heidenreichs* orientiert sich unübersehbar an dem Hentig-Titel vom »allmählichen Verschwinden der Wirklichkeit«.

[64] Mit dem im Blick auf *Max Webers* Entzauberungsthese geprägten Begriff der »Wiederverzauberung« soll auf den pseudoreligiösen Zug aufmerksam gemacht werden.

[65] *Guggenberger*, Die Reaktion auf die Revolte der Väter, in: Frankfurter Allgemeine Zeitung (vom 8. November 1986: Bilder und Zeiten); nach *Welsch* handelt es sich freilich nur um das Leitwort eines allenfalls vom »diffusen Postmodernismus« vertretenen, von den Schulhäuptern dagegen bestrittenen Prinzips (Unsere postmoderne Moderne, 41; 81); doch warum soll der feuilletonistische Blick nicht auch einmal tiefer sehen als das Auge der in Abgrenzungskonflikte verstrickten Experten?

[66] *Lyotard*, Das postmoderne Wissen, 116.

[67] *F. Nietzsche*, Sämtliche Werke: Kritische Studienausgabe IX, München 1980, 631; dazu meine Abhandlung ›Gottsucher oder Antichrist? Nietzsches provokative Kritik des Christentum‹, Salzburg 1982, 52-71.

[68] Zu der von Nietzsche verwendeten Metaphorik siehe meine Untersuchung ›Gott ist tot – Nietzsches Destruktion des Christlichen Bewußtseins‹, München 1962, 40-62.

[68a] Bei *Adorno* ist diese Tendenz die Folge des von *Walter Benjamin* übernommenen Begriffs der »Konstellation«, dem als Verhalten des Subjekts das »in sie Eingehen und Verschwinden« entspricht; dazu *Helga Gripp*, Theodor W. Adorno. Erkenntnisdimensionen negativer Dialektik, Paderborn 1986, 128.

[69] *J. Lacan*, Was kommt nach Sartre? Nach: *G. Schiwi*, Der französische Strukturalismus. Mode – Methode – Ideologie, Reinbek 1969, 72.

[70] *Lyotard*, Intensitäten, Berlin 1985.

[71] *Ortega y Gasset*, Vom Menschen als utopischem Wesen, Stuttgart 1951.

[72] Dazu nochmals das in Band I entworfene Zeit-Diagramm (75-80).

[73] Dazu *Wilhelm Emrich*, Die Erzählkunst des 20. Jahrhunderts und ihr geschichtlicher Sinn, in: *W. Kayser* (Hrsg.), Deutsche Literatur in unserer Zeit, Göttingen 1959, 58-79.

[74] *W. Welsch* (Hrsg.), Wege aus der Moderne, 16; 127.

[75] Dazu *H. Gripp*, Theodor W. Adorno, 23; 118.

[76] *G. W. F. Hegel*, Die Vernunft in der Geschichte (Ausgabe *Hoffmeister*), Hamburg 1955, 63; dazu *Löwith*, Weltgeschichte und Heilsgeschehen, in: Sämtliche Schriften II, 61-69.

[77] *H. Lübbe*, Religion nach der Aufklärung, Graz 1986, 91-106.

[78] A.a.O., 91ff.

[79] Die scharfsinnige Stellungnahme *Peter Hünermanns* zur Problematik neuerer Lehräußerungen zur Geburtenkontrolle leidet offensichtlich daran, daß sie sich diesen »sozialkritischen« Aspekt entgehen ließ; in: Herder-Korrespondenz 43 (1989) 130-135.

[80] A.a.O., 219ff.

[81] A.a.O., 102.

[82] A.a.O., 106.

[83] *H. Blumenberg*, Die Legitimität der Neuzeit, Frankfurt 1966, 17-40; dazu die Ausführungen meiner Schrift ›Gott verstehen. Erwägungen zum Verhältnis Mensch und Offenbarung‹, München und Freiburg 1971, 24-29.

[84] Zu den erkenntnistheoretischen Konsequenzen dieses Tatbestands, die sich auf eine neue Denkbarkeit des anselmischen Arguments beziehen, siehe die Ausführungen auf Seite 125-130.

[85] Ausführlicher geht darauf der Abschnitt über den Gestaltwandel der Ideen (69-83) ein.

II.
Das dopppelsinnige Prinzip

[1] *I. Kant*, Kritik der reinen Vernunft (Ausgabe *Schmidt*), Hamburg 1952, 28.

[2] *D. Henrich*, Das Selbstbewußtsein und seine Selbstdeutungen, in: Fluchtlinien, Frankfurt 1982, 99.

[3] Dazu *Albert Lang*, Die Entfaltung des apologetischen Problems in der Scholastik des Mittelalters, Freiburg 1962, 29-40; 80ff; ferner *Elisabeth Gössmann*, Glaube und Gotteserkenntnis im Mittelalter, Freiburg 1971, 3-19; 55-64.

[4] Demgemäß erblickt *Blumenberg* in der Säkularisierungsidee ein zu dem Zweck entwickeltes Theologumenon, »den Erben der Theologie das Schuldbewußtsein für den Eintritt des Erbfalls« aufzubürden: Die Legitimität der Neuzeit, 73.

[5] *M. Weber*, Die protestantische Ethik und der Geist des Kapitalismus (von 1905), in: Gesammelte Aufsätze zur Religionssoziologie I, Tübingen 1920.

[6] *Löwith*, Besprechung des Buches ›Die Legitimität der Neuzeit‹ von Hans Blumenberg, in: Weltgeschichte und Heilsgeschehen (von 1983), 452-459.

[7] *Kraemer*, Säkularisierung, in: Religion in Geschichte und Gegenwart IV, 764-776.

[8] *Löwith*, Max Weber und Karl Marx, in: Gesammelte Abhandlungen zur Kritik der geschichtlichen Existenz, Stuttgart 1960, 1-67.

[9] A.a.O., 19.

[10] A.a.O., 25.

[11] A.a.O., 28.

[12] Dazu das Kapitel »Fortschritt contra Vorsehung« und das Nachwort aus Löwiths Abhandlung ›Weltgeschichte und Heilsgeschehen‹, in: Sämtliche Schriften II, 69-114; 218-222.

[13] Dazu der Abschnitt ›Das Verhängnis des Fortschritts‹, in: Sämtliche Schriften II, 392-410.

[14] A.a.O., 400.

[15] Ebd.

[16] A.a.O., 401.

[17] Dazu außer den Ausführungen in ›Weltgeschichte und Heilsgeschehen‹ (von 1983), 129f; 240f) auch mein Beitrag ›Glaubensbegründung als Wahrheitsgeschehen. Eine wahrheitstheoretische Reflexion‹, in: Natur und Geschichte. Karl Löwith zum 70. Geburtstag, Stuttgart 1967, 11-33.

[18] *Löwith*, a.a.O., 406.

[19] A.a.O., 407.

[20] Dazu außer dem zu *Freuds* Kulturanalyse Gesagten (38) die wiederholten Hinweise auf *H. von Hentig,* Das allmähliche Verschwinden der Wirklichkeit (München 1984).

[21] *Löwith*, a.a.O., 408.

[22] *H. Blumenberg*, Die Legitimität der Neuzeit, 22f; dazu die bereits erwähnte Replik Löwiths, in: Sämtliche Schriften II, 452-459; ferner *Ulrich H. J. Körtner*, Weltangst und Weltende. Eine theologische Interpretation der Apokalypse, Göttingen 1988, 64-69.

[23] A.a.O., 453.

394

[24] A.a.O., 454.

[25] A.a.O., 455.

[26] A.a.O., 455f.

[27] A.a.O., 459.

[28] F. *Gogarten*, Verhängnis und Hoffnung der Neuzeit. Die Säkularisierung als theologisches Problem, Stuttgart 1953. Nach neueren Untersuchungen liegt Gogartens Säkularisierungsthese ein »produktives Mißverständnis« der Positionen seines Lehrers *Troeltsch* zugrunde, der freilich schon seinerseits von einer »Selbstauflösung« und »Selbstzersetzung« der kirchlichen Einheitskultur sprach (*Becker*); er habe aus der »Not« theologischer Widersprüchlichkeiten die »Tugend der Säkularisierung« gemacht (*Rendtorff*); dazu G. *Becker*, Neuzeitliche Subjektivität und Religiosität. Die religionsphilosopische Bedeutung von Heraufkunft und Wesen der Neuzeit im Denken von Ernst Troeltsch, Regensburg 1982, 22-40; 236f. Zu dem durchaus gespannten Verhältnis Gogartens zu seinem Lehrer äußert sich *Gertrud von Le Fort* in ihrer autobiographischen Skizze ›Hälfte des Lebens‹ (München 1965, 92) und ungleich deutlicher noch in ihrem zweibändigen Roman ›Das Schweißtuch der Veronika‹; dazu die Hinweise in meiner Untersuchung ›Überredung zur Liebe. Die dichterische Daseinsdeutung Gertrud von Le Forts‹, Regensburg 1980, 26; 72.

[29] *Gogarten*, a.a.O., 143.

[30] A.a.O., 103. Dem durch die Gleichzeitigkeit des Erscheinungstermins verhinderten Rückbezug *Gogartens* auf *Löwith* korrespondiert der fehlende Hinweis *Blumenbergs* auf die Position *Gogartens*, die er zweifellos als Herausforderung hätte empfinden und, schon im Interesse der Klärung seiner eigenen Sicht, diskutieren müssen. Auch *Lübbe* geht nur zögernd und eher beiläufig auf den Gedanken ein, daß die »aufklärende Säkularität« auf innerreligiöse Vorgänge zurückzuführen sei; und im Fall der Menschenrechte lehnt er diese Herleitung sogar ausdrücklich ab (Religion nach der Aufklärung, 300). Das liegt zwar ganz auf der Linie des von *Thomas S. Kuhn* propagierten Innovationsverständnisses, geht jedoch mit dem Verzicht auf eine »evolutionäre« Erhellung geschichtlicher Prozesse und Bildungen einher.

[31] A.a.O., 12.

[32] Zum gnostischen Motiv des »Schlafs« siehe K. M. *Woschitz*, M. *Hutter* und K. *Prenner*, Das manichäische Urdrama des Lichtes, Wien 1989, 111ff.

[33] A.a.O., 32ff; damit leistet *Gogarten* zugleich einen unschätzbaren Beitrag für die Wiederaufnahme des Motivs der Gotteskindschaft, das, abgesehen von gnadentheoretischen Spezialstudien, zum letzten Mal von *Nikolaus von Kues* in seiner Schrift ›De filiatione Dei‹ erörtert worden war.

[34] Schon vor Erscheinen seiner Säkularisierungsschrift hatte *Gogarten* dieses Motiv in seinem Buch ›Der Mensch zwischen Gott und Welt‹ (Heidelberg 1952, 320; 359; 407) kraftvoll ausgearbeitet.

[35] Dazu die Ausführungen meiner Schrift ›Paulus für Christen‹, Freiburg 1985, 73ff.

[36] *Gogarten*, Verhängnis und Hoffnung der Neuzeit, 40.

[37] M. *Blondel*, L'Action, Paris 1893, 381 (hier in der Übersetzung von *Peter Henrici*, Logik der Tat, Einsiedeln 1957, 68).

[38] Dazu außer dem Hinweis in meiner Schrift ›Paulus für Christen‹ (68f) auch die Ausführungen meines Meditationsbuchs ›Älteste Heilsgeschichten‹, Würzburg 1984, 31-44.

[39] *Gogarten*, a.a.O., 85-102.

[40] W. *Trillhaas*, Die evangelische Theologie im 20. Jahrhundert, in: Bilanz der Theologie im 20. Jahrhundert, hrsg. von H. *Vorgrimler* und R. *Vander Gucht*, Freiburg 1969, 119.

[41] A.a.O., 99.

[42] Dazu der bereits in Anm. 28 gegebene Literaturhinweis.

[43] Dazu nochmals meine in Anm. 28 erwähnte Studie ›Überredung zur Liebe‹, 90; dort auch der Hinweis auf die Bezugsstelle dieses Ausspruchs in *Troeltschs* Augustinusbuch, wo die christliche Kultur insgesamt als ein »mildes und tröstendes Abendrot nach stürmischem Tag« bezeichnet wird, »das die Welt mit versöhnlichem Glanze säumt, aber nichts Neues auf Erden mehr leben und wachsen macht«: Augustin. Die christliche Antike und das Mittelalter, Aalen 1963, 153.

[44] *Gogarten*, Verhängnis und Hoffnung der Neuzeit, 117.

[45] A.a.O., 118f.

[46] A.a.O., 108f.

[47] *E. Troeltsch*, Über historische und dogmatische Methode in der Theologie, in: Gesammelte Schriften II, Tübingen 1913, 730; nach a.a.O., 109.

[48] *F. Nietzsche*, Zur Genealogie der Moral II, § 27; dazu *Gerd-Günther Grau*, Christlicher Glaube und intellektuelle Redlichkeit. Eine religionsphilosophische Studie über Nietzsche, Frankfurt 1958, 177-198.

[49] *Gogarten*, a.a.O., 111.

[50] A.a.O., 111f.

[51] A.a.O., 113.

[52] Dazu etwa *Peter Antes*, Religion in den Theorien der Religionswissenschaft, in: Handbuch der Fundamentaltheologie I: Traktat Religion, Freiburg 1985, 46f.

[53] So *Giuseppe Ruggieri*, Kirche und Welt, in: Handbuch der Fundamentaltheologie III: Traktat Kirche, Freiburg 1986, 267ff.

[54] A.a.O., 113.

[55] Für *Kolumbus* beweist das ein im Blick auf seine Entdeckungsfahrt verfaßtes Gebet (dazu mein Jesusbuch ›Der Freund‹, München 1989, 80), für *Kepler* die Stelle aus seiner ›Neuen Astronomie‹ (von 1609), welche die von ihm entdeckten Bewegungsgesetze auf die trinitarischen Lebensvorgänge zurückbezieht; dazu *Arthur Koestler*, Der göttliche Funke. Der schöpferische Akt in Kunst und Wissenschaft, Bern und München 1966, 127.

[56] *Weber*, Gesammelte Aufsätze zur Wissenschaftslehre (Ausgabe *Winckelmann*), Tübingen 1968, 611.

[57] Dazu die Akademieabhandlung *Günther Bornkamms* ›Die Vorgeschichte des sogenannten Zweiten Korintherbriefs‹, Heidelberg 1965, 32; ferner die Ausführungen meiner Untersuchung ›Religiöse Sprachbarrieren. Aufbau einer Logaporetik‹, München 1980, 245-249.

[58] *Tertullian*, De praescriptione haereticorum, c. 7.

[59] *Löwith*, Sämtliche Schriften II: Weltgeschichte und Heilsgeschehen, 185.

[60] *Löwith*, ebd.; dazu auch *E. Troeltsch*, Augustin, 24; 46f.

[61] *Löwith*, A.a.O., 181, 186.

[62] Nach *Löwith*, a.a.O., 154.

[63] *Löwith*, a.a.O., 155.

[64] *Löwith*, a.a.O., 156.

[65] Zum Begriff des »objektiven Geistes« siehe *Nicolai Hartmann*, Das Problem des geistigen Seins. Untersuchungen zur Grundlegung der Geschichtsphilosophie und der Geisteswissenschaften, Berlin und Leipzig 1933; ferner *Hans Freyer*, Theorie des objektiven Geistes. Eine Einleitung in die Kulturphilosophie (von 1934), Darmstadt 1966. Von der spirituellen Gegenvorstellung wird im weiteren Gang der Untersuchung zu handeln sein.

[66] *Joachim Friese*, Die säkularisierte Welt. Triumph oder Tragödie der christlichen Geistesgeschichte, Frankfurt 1967, 38ff.

[67] Das Lied entstand zur Weihe einer Glocke für die Minoritenkirche im Alsergrund. Wichtig für die Deutung ist die zeitliche Nähe zu dem Heine-Lied ›Der Doppelgänger‹ (gleichfalls August 1828).

[68] Dazu *Karl Rahner*, Grundkurs des Glaubens. Einführung in den Begriff des Christentums, Freiburg 1976, 122-177; über das Spektrum heutiger Offenbarungstheorien informiert *Peter Eicher* in seinem Werk: Offenbarung. Prinzip neuzeitlicher Theologie, München 1977.

[69] Dazu *Max Seckler*, Das Reich-Gottes-Motiv in den Anfängen der Katholischen Tübinger Schule, in: Theologische Quartalschrift 168 (1988) 257-282; ferner der Beitrag ›Der Spiegel des Glaubens. Zum Prozeß der theologischen Selbstkorrektur‹ in meinem Sammelband ›Glaubensimpulse. Beiträge zur Glaubenstheorie und Religionsphilosophie‹, Würzburg 1988, 124-136.

[70] *Löwith*, Weltgeschichte und Heilsgeschehen (von 1983), 171f.

[71] A.a.O., 172.

[71a] Dazu *Peter Wust*, Die Dialektik des Geistes (Augsburg 1928), und *Robert Heiss*, Der Gang des Geistes. Eine Geschichte des neuzeitlichen Denkens (Bern und München 1959).

[71b] Dazu *Wolfgang Röd*, Geschichte der Philosophie I: Die Philosophie der Antike 1, München 1976, 176f; *ders.*, Descartes, München 1982, 102-118.

[72] Seine Inhalte und Gegenstände werden von *Hegel* in den ›Grundlinien der Philosophie des Rechts‹ (von 1821) und in den ›Vorlesungen über die Philosophie der Geschichte‹ (von 1822-31) entfaltet.

[73] *W. Beierwaltes*, Identität und Differenz, Frankfurt 1980, 241-268.

[74] Wenn *Beierwaltes* sein Werk mit einem Kapitel über ›Adornos Nicht-Identisches‹ beschließt (269-314), kommt das einem Hinweis darauf gleich, daß bei einer Analyse des Transformationsprozesses auch jene aktualisierte Dialektik berücksichtigt werden muß, wie sie *Max Horkheimer* in seiner ›Dialektik der Aufklärung‹ (von 1944) und *Theodor W. Adorno* in seiner ›Negativen Dialektik‹ (von 1966) entwickelten.

[75] Nach *Friedrich Wilhelm Kantzenbach*, Friedrich Daniel Ernst Schleiermacher in Selbstzeugnissen und Bilddokumenten, Reinbek 1967, 49f.

[76] *Nietzsche*, Ecce homo. Warum ich so gute Bücher schreibe: Also sprach Zarathustra, §§ 3f.

[77] So der Brief *Rilkes* an Maria von Thurn und Taxis (vom 11. Februar 1922).

[78] Dazu *Hans Pfitzner*, Eindrücke und Bilder meines Lebens, Hamburg-Bergedorf 1947, 142f. Für *Hindemith* gehören diese Gedanken über die »musikalische Vision« in diesen Zusammenhang, die er als das »plötzliche Aufleuchten« eines Musikstücks in seinem Aufbau und seiner Gliederung beschreibt: Komponist in seiner Welt. Weiten und Grenzen, Zürich 1950; ferner *Arthur Koestler*, Der göttliche Funke, Bern und München 1966.

[79] *Max Müller*, Erfahrung und Geschichte, Freiburg und München 1971, 299.

[80] Dazu *Gerhard Krüger*, Die Herkunft des philosophischen Selbstbewußtseins, in: Freiheit und Weltverwaltung. Aufsätze zur Philosophie der Geschichte, Freiburg und München 1958, 42f.

[81] *Nietzsche*, Also sprach Zarathustra I: Vom Wege des Schaffenden; dazu auch meine Schrift ›Provokation der Freiheit. Antriebe und Ziele des emanzipierten Bewußtseins‹, München und Salzburg 1984; ferner mein Beitrag ›Nietzsches theologische Provokation‹ in dem Sammelband ›Besieger Gottes und des Nichts‹, Düsseldorf 1982, 84-102.

[82] Dazu *Kurt von Raumer*, Ewiger Friede. Friedensrufe und Friedenspläne seit der Renaissance, Freiburg und München 1953, 151-162.

[83] Dazu das Kapitel »Fortschritt contra Vorsehung« und das Nachwort der genannten Abhandlung: Sämtliche Schriften II, 69-77; 218-222; ferner das Kapitel »Das Verhängnis des Fortschritts« im selben Band, 392-410.

[84] *Löwith*, a.a.O., 400.

[85] *Heine*, Zur Geschichte der Religion und Philosophie in Deutschland, in: Sämtliche Werke IX, München 1964, 247-251; der Ausdruck ›Leibgarden Gottes‹ ist einer von Heine gestrichenen Stelle des Manuskripts entnommen; dazu meine Schrift ›Gottsucher oder Antichrist? Nietzsches provokative Kritik des Christentums‹, Salzburg 1982, 69ff; 131.

[86] *Whitehead*, Abenteuer der Ideen, Frankfurt 1971, 75-221.

[87] *Wiehl*, Einleitung in die Philosophie A. N. Whiteheads, in: a.a.O., 8.

[88] *Whitehead*, a.a.O., 102f.

[89] A.a.O., 135.

[90] A.a.O., 171.

[91] A.a.O., 173.

[92] A.a.O., 175.

[93] A.a.O., 477.

[94] *Whitehead*, Die Funktion der Vernunft (Originaltitel: The Function of Reason), Stuttgart 1974, 3; dazu auch das von den »Grundbegriffen der Prozeßphilosophie« handelnde Eingangskapitel von *John B. Cobb* und *David R. Griffin*, Prozeß-Theologie, Göttingen 1979, 11-28.

III.
Klärende Perspektive

[1] Dazu nochmals die Ausführungen auf Seite 57-64.

[2] Dazu *Gerhard von Rad*, Theologie des Alten Testaments I, München 1957, 144-157; ferner *Oswald Loretz*, Schöpfung und Mythos. Mensch und Welt nach den Anfangskapiteln der Genesis, Stuttgart 1968.

[3] Dazu *Othmar Keel*, Die Welt der altorientalischen Bildsymbolik und das Alte Testament, Zürich 1972, 24-39.

[4] Dazu *Keel*, a.a.O., 224-227.

[5] Dazu *Keel*, a.a.O., 39-48.

[6] Zu diesem Motiv siehe *Gerhard von Rad*, Theologie des Alten Testaments I, 147f.

[7] Anders *Loretz* (Schöpfung und Mythos, 66ff), der die Gottebenbildlichkeit des Menschen primär auf die körperliche Ähnlichkeit mit seinem Schöpfer beziehen möchte, dabei jedoch die Parallelen aus dem altorientalischen Königsritual außer acht läßt.

[8] A.a.O., 103f.

[9] Dazu außer *von Rad*, Weisheit in Israel, Neukirchen-Vluyn 1970, die Untersuchung von *Burton Lee Mack*, Logos und Sophia. Untersuchungen zur Weiheitstheologie im hellenistischen Judentum, Göttingen 1973, und *Bernhard Lang*, Frau Weisheit. Deutung einer biblischen Gestalt, Düsseldorf 1975.

[10] Nach *Georg Strecker* (Hrsg.), Theologie im 20. Jahrhundert, Tübingen 1983, 29.

[11] *Rad*, a.a.O., 390.

[12] So *Loretz*, Schöpfung und Mythos, 77.

[13] *Rad*, Weisheit in Israel, 182-188.

[14] *Jüngling*, Der Tod der Götter. Eine Untersuchung zu Psalm 82, Stuttgart 1969, 70-107.

[15] Die Analogie zur Verurteilung der »Paradiesesschlange« ist um so auffälliger, als auch ihr keine Gelegenheit zur Rechtfertigung geboten wird.

[16] *Buber*, Recht und Unrecht. Deutung einiger Psalmen, in: Werke II: Schriften zur Bibel, München und Heidelberg 1964, 969.

[17] *Jüngling*, a.a.O., 11-37.

[18] Dazu *Walter Kern*, Alter Glaube in neuer Freiheit, Innsbruck 1976, 122f; ferner *Franz Mussner*, Der Galaterbrief, Freiburg 1981, 290-303.

[19] Gegen *Blumenberg*, dessen Theorie von der autochthonen Entstehung der Neuzeit durch die Menge der unbestreitbaren »Genealogien« widerlegt wird. Luther steht ebenso auf den Schultern Augustins, wie Descartes in augustinischen und mystischen Traditionen wurzelt. Und wenn es für den im Marxismus fortwirkenden messianischen Impuls noch eines Beweises bedürfte, hätte ihn *Ernst Bloch* mit seinem Gesamtwerk erbracht, von dem Ensemble der Herleitungen, die *Löwith* nachwies, ganz zu schweigen.

[20] *Löwith*, Besprechung des Buches ›Legitimität der Neuzeit‹ von Hans Blumenberg, in: Sämtliche Schriften II, 455.

[21] Dazu *Franz-Josef Nocke*, Eschatologie, Düsseldorf 1982, 66ff; 72ff.

[22] Dazu *Rudolf Schnackenburg*, Das Johannesevangelium II, Freiburg 1985, 143-151.

[23] Dazu *Schnackenburg*, a.a.O., 489-492.

[24] *Wikenhauser*, Das Evangelium nach Johannes, Regensburg 1948, 112.

[25] Ebd.

[26] Zu den unterschiedlichen Deutungsvorschlägen siehe *Otto Kuss*, Paulus. Die Rolle des Apostels in der theologischen Entwicklung der Urkirche, Regensburg 1971, 363f; ferner die Ausführungen auf Seite 361.

[27] Hinweise zur Auslegungsgeschichte der Stelle wiederum bei *Kuss*, a.a.O., 375.

[28] *Walter Kern*, »Wir nehmen alles Denken gefangen für den Gehorsam gegen Christus«, in: Alter Glaube in neuer Freiheit, 70-76.

[29] Näheres dazu in meiner Schrift ›Gottsucher oder Antichrist‹, 39-51. Erinnert sei auch an den augustinischen Vergleich der aus der antiken Philosophie übernommenen Denkformen mit den von den Israeliten beim Auszug »entliehenen« Gold- und Silbergefäßen (De doctrina christiana II, c. 40). Daß auch *Ambrosius* mit dem »Gold der Ägypter« zu glänzen wußte, sagt die Biographie von *Peter Brown*, Der heilige Augustinus. Lehrer der Kirche und Erneuerer der Geistesgeschichte (Originaltitel: Augustine of Hippo), München 1967, 69.

[30] *Nietzsche*, Die fröhliche Wissenschaft V, § 358.

[31] *Nietzsche*, Also sprach Zarathustra III: Die sieben Siegel, § 2. Der Gleichklang der Aussagen erklärt sich daraus, daß die Rede des ›tollen Menschen‹ in den Vorstudien Zarathustra in den Mund gelegt war: Gottsucher oder Antichrist, 57ff; 124.

[32] Dazu nochmals das auf Seite 79 Gesagte und die auf Seite 125-130 folgenden Ausführungen.

[33] Dazu *Hans Lietzmann*, An die Korinther I/II, Tübingen 1949, 140f.

[33a] Zum Motiv der Spurensuche siehe das in Band I (88-93; 279ff) Gesagte.

[34] Dazu *Rudolf Schnackenburg*, Der Brief an die Epheser, Zürich 1982, 104ff.

[35] A.a.O., 58ff.

[36] Dazu die Untersuchung von *Emmeran Scharl*, Recapitulatio mundi. Der Rekapitulationsbegriff des heiligen Irenäus und seine Anwendung auf die Körperwelt, Freiburg 1941; ferner *Norbert Brox*, Offenbarung, Gnosis und gnostischer Mythos bei Irenäus von Lyon. Zur Charakteristik der Systeme, Salzburg und München 1966, 179-195.

[37] Dazu auch die von *Balthasar* unter dem Titel ›Geduld des Reifens‹ veranstaltete Irenäus-Auswahl, Einsiedeln 1956, 53-85.

[38] Zum Motiv des Urmensch-Mythos siehe *Rudolf Bultmann*, Das Urchristentum im Rahmen der antiken Religionen, Zürich 1949, 182ff; 212ff; zum Spruch des

Anaximander den titelgleichen Aufsatz von *Martin Heidegger*, in: Holzwege, Frankfurt 1950, 196-345.

[39] Stellenangabe auf Seite 24; dazu *Werner Beierwaltes*, Denken des Einen. Studien zur neuplatonischen Philosophie und ihrer Wirkungsgeschichte, Frankfurt 1985, 368-384.

[40] Dazu nochmals *Bultmann*, Das Urchristentum im Rahmen der antiken Religionen, 164f.

[41] *Brox*, Offenbarung, Gnosis und gnostischer Mythos bei Irenäus von Lyon, 187.

[42] *Irenäus*, Adversus haereses II, 387; dazu *Balthasar*, Herrlichkeit. Eine theologische Ästhetik II: Fächer der Stile, Einsiedeln 1962, 53ff.

[43] Das ist die christliche Version des von *Hans Blumenberg* in kosmologischer Perspektive durchgeführten Gedankens von der »Lesbarkeit der Welt« (Frankfurt 1986).

[44] *Irenäus*, Demonstratio, 34; nach *Scharl*, Recapitulatio mundi, 29.

[45] *Scharl*, a.a.O., 131.

[46] *Lübbe*, Zeit-Verhältnisse. Zur Kulturphilosophie des Fortschritts, Graz 1983, 33-63.

[47] Dazu nochmals das auf Seite 29-33 Gesagte.

[48] *Capra*, Wendezeit, 469; *ders.*, Die neue Sicht der Dinge, in: *H. Bürkle* (Hrsg.), New Age. Kritische Anfragen an eine verlockende Bewegung, Düsseldorf 1988, 11-24.

[49] *Dostojewskij*, Die Brüder Karamasow III, 7. Buch, IV: Die Hochzeit zu Kana in Galiläa; dazu *L. A. Zander*, Vom Geheimnis des Guten. Eine Dostojewskij-Interpretation, Stuttgart 1956, 21f; 58; ferner *Friedrich Muckermann*, Solowjew. Zur Begegnung zwischen Rußland und dem Abendland, Olten 1945, 91-96.

[50] *W. Solovjeff*, Zwölf Vorlesungen über das Gottmenschentum, Stuttgart 1921, 175.

[51] *Wimmel*, Die Kultur holt uns ein. Die Bedeutung der Textualität für das geschichtliche Werden, Würzburg 1981, 10f.

[52] A.a.O., 19; 181.

[53] In vollem Bewußtsein des damit aufgerissenen Identitätsproblems nannte *Norbert Wiener* aus vergleichbarer Sicht sogar den Menschen »eine Nachricht«: Mensch und Menschmaschine (Originaltitel: The Human Use of Human Beings), Frankfurt und Berlin 1958, 83-91.

[54] *Nietzsche*, Sämtliche Werke (Kritische Studienausgabe XIV, 474); ähnlich die Vorstudie, a.a.O., XIII, 622.

[55] *Nietzsche*, Zur Genealogie der Moral III, § 27; dazu die am Leitfaden der Idee der Selbstaufhebung entwickelte religionsphilosophische Nietzsche-Studie von *Gerd-Günther Grau*, ›Christlicher Glaube und intellektuelle Redlichkeit‹ (von 1958).

[56] *Grau*, a.a.O., 14.

[57] *Nietzsche*, Morgenröte I, § 95; dazu *Grau*, a.a.O., 181f.

[58] *Nietzsche*, Nachlaß (Der Wille zur Macht) § 275.

[59] *Nietzsche*, Nachlaß (Die Unschuld des Werdens) II, § 949.

[59a] So gesehen ist es auch von *Nietzsche* her berechtigt, die in die Negation des Christentums führende Stadienlehre durch den Rahnerschen Gedanken von dessen mystischer Zukunft zu vervollständigen, wie dies in programmatischer Form schon in Band I (282f) geschah.

[60] *Buber*, Gottesfinsternis. Betrachtungen zur Beziehung zwischen Religion und Philosophie, Zürich 1953, 27-32; dazu meine Schrift ›Buber für Christen‹, Freiburg 1988, 105-108.

[60a] Dazu *Hans Jonas*, Der Gottesbegriff nach Auschwitz. Eine jüdische Stimme (Frankfurt 1987, 37); ferner mein demnächst erscheinender Beitrag ›Der ferne und der nahe Gott. Die Antwort Jesu auf die Gottesfrage der Gegenwart‹.

[61] *Kierkegaard*, Die Wiederholung. Ein Versuch in der experimentierenden Psychologie von Constantin Constantius (von 1843), Ausgabe *Richter*, Reinbek 1961; dazu

Louis Reimer, Die Wiederholung als Problem der Erlösung bei Kierkegaard, in: *M. Theunissen* und *W. Greve* (Hrsg.), Materialien zur Philosophie Sören Kierkegaards, Frankfurt 1979, 302-346.

[62] *Grau*, Die Selbstauflösung des christlichen Glaubens. Eine religionsphilosophische Studie über Kierkegaard, Frankfurt 1963, 138-175.

[63] Dazu *Henriette Lund*, Sören Kierkegaards Verhältnis zu seiner Braut. Briefe und Aufzeichnungen aus seinem Nachlaß, Leipzig 1904; Sören Kierkegaard und sein Verhältnis zu »ihr« aus nachgelassenen Papieren herausgegeben im Auftrag der Frau Regine Schlegel und verdeutscht von Raphael Meyer, Stuttgart 1905; ferner *Rudolf Kassner*, Sören Kierkegaard, Heidelberg 1949.

[64] *Kierkegaard*, Die Wiederholung, 76f; auf die Frage nach dem Grund des von Kierkegaard vollzogenen Bruchs geht besonders einfühlsam *P. Rohde* in seiner Kierkegaard-Monographie (Hamburg 1959, 61-69) ein.

[65] *Kassner*, a.a.O., 28.

[66] Dazu *Hayo Gerdes*, Sören Kierkegaards ›Einübung im Christentum‹, Einführung und Erläuterung, Darmstadt 1982, 1.

[67] *Löwith*, Jener Einzelne: Kierkegaard, in: Materialien zur Philosophie Sören Kierkegaards, 539-556; *Guardini*, Christliches Bewußtsein. Versuch über Pascal, Leipzig 1935, 255f.

[68] *Löwith*, a.a.O., 550.

[69] A.a.O., 554.

[70] Nach *Liselotte Richter* im Nachwort zu der von ihr besorgten Ausgabe: Philosophische Brocken, 103.

[71] Dazu *Albert Bärthold*, Lessing und die objektive Wahrheit. Aus Sören Kierkegaards Schriften zusammengestellt, Halle 1877; ferner *Richard Campbell*, Lessing's Problem and Kierkegaard's Answer, in: Scottish Journal of Theology 19 (1966) 35-54.

[72] *Kierkegaard*, Zur Selbstprüfung der Gegenwart anbefohlen, Jena 1922, 45-59.

[73] A.a.O., 8; wiedergegeben nach *Grau*, Die Selbstauflösung des christlichen Glaubens, 188. Daß Kierkegaard damit eine uralte Gefahr beschwört, zeigt die Stelle aus der altchristlichen Schrift ›Der Hirt des Hermas‹, die den radikalen Kritiker aller religiösen Gesetzlichkeit mit dieser gleichsetzt: »Das Gesetz ist der Sohn Gottes, der bis an die Grenzen der Erde verkündet wurde. Die Völker in seinem Schatten sind die, welche seine Botschaft hörten und an ihn glaubten« (Sim. XIII, 3,2).

[74] A.a.O., 109f.

[75] A.a.O., 111. Auf den Gegenwartsbezug dieser These und die Tendenz, Jesus in einen »Lehrer« zu verwandeln, geht die Kritik des Fundamentalismus 213-222 ein.

[76] A.a.O., 112f.

[77] A.a.O., 115.

[78] Dazu *Reimer*, Die Wiederholung als Problem der Erlösung bei Kierkegaard, 312; 318; 326.

[79] Zum Kontext dieser Äußerung siehe *Volker Gerhard*, Das »Princip des Gleichgewichts«, in: Pathos und Distanz, 98-132.

[80] *Christoph Schrempf*, der gelegentlich von der »ungeheuren Doppelfuge« spricht, die Kierkegaard auf den beiden Hauptmotiven, dem Problem seines Lebens und dem der Christenheit, aufgebaut habe, gesteht im Vorwort seiner Biographie, daß er geneigt war, sie mit dem Titel ›Sören Kierkegaard, der Richter der Christenheit‹ zu überschreiben: Sören Kierkegaard. Eine Biographie I, Jena 1927, XII.

[81] Dazu *Schrempf*, a.a.O., II, Jena 1928, 228ff.

[82] *Goethe*, Noten und Abhandlungen zum besseren Verständnis des West-Östlichen Divans, in: Gesamtausgabe V, München 1961, 200; dazu *Löwith*, Weltgeschichte und Heilsgeschehen (Sämtliche Schriften II), 184.

[83] Dazu *Henri de Lubac*, Die Tragödie des Humanismus ohne Gott (Originaltitel: Le drame de L'humanisme athée), Salzburg 1966, 39-49. Es verdient festgehalten zu werden, daß die unverkennbare, wenngleich quellenmäßig nicht zu belegende Abhängigkeit Nietzsches von Heine erstmals von de Lubac gesehen und seiner Interpretation zugrunde gelegt wurde; dazu auch die Ausführungen meiner Schrift ›Gottsucher oder Antichrist?‹ (63ff).

[84] *Heine*, Zur Geschichte der Religion und Philosophie in Deutschland (von 1835), in: Sämtliche Werke IX, München 1964, 237.

[85] So *Löwith*, Weltgeschichte und Heilsgeschehen, 57.

[86] *Nietzsche*, Götzen-Dämmerung: Die »Vernunft« in der Philosophie, § 5.

[87] Pastoralkonstitution über die Kirche in der Welt von heute I, §§ 19-22. Zur Entstehungsgeschichte des »Schema 13« siehe *David A. Seeber*, Das Zweite Vaticanum. Konzil des Übergangs, Freiburg 1966, 201-210; 258-272.

[88] *Seeber*, a.a.O., 264ff.

[89] A.a.O., § 21.

[90] *Mackie*, Das Wunder des Theismus. Argumente für und gegen die Existenz Gottes (Originaltitel: The Miracle of Theism), Stuttgart 1985.

[91] A.a.O., 7.

[92] A.a.O., 314. Daß Mackie seinerseits, wenngleich auf höherer Ebene, einem ähnlichen Wunschdenken verfällt, wenn er sich etwa in der Auseinandersetzung mit Pascals ›Argument der Wette‹ von der Frage nach der Tatsächlichkeit Gottes auf die nach seiner Bedeutung für das menschliche Bewußtsein zurückzieht, wurde ihm von *Jürgen Busche* zum Vorwurf gemacht.

[93] A.a.O., 165-189; 239-281.

[94] A.a.O., 407.

[95] A.a.O., 317-323. Daß sich der scheinbar frivole Gedankengang Pascals tatsächlich auf die Risikobereitschaft des Beters bezieht, wurde vor allem von *Lucien Goldmann* in seinem Werk von dem verborgenen Gott glaubhaft gemacht; Näheres dazu in meiner Schrift ›Der schwere Weg der Gottesfrage‹, Düsseldorf 1982, 69f.

[96] *Mackie*, Das Wunder des Theismus, 26.

[97] Ebd.

[98] *Szczesny*, Die Zukunft des Unglaubens. Zeitgemäße Betrachtungen eines Nichtchristen, München 1958, 211-220.

[99] *Mackie*, Das Wunder des Theismus, 394-402.

[100] Dazu mein Versuch ›Zur Situation des Menschen im Medienzeitalter‹, München 1988.

[101] Dazu der Hinweis auf den Verlust der welthaften Naivität durch die Setzung des Gottesgedankens in meiner Studie ›Der schwere Weg der Gottesfrage‹, 35ff.

[102] *Nietzsche*, Nachgelassene Fragmente vom Herbst 1887, in: Sämtliche Werke (Kritische Studienausgabe XII, 510).

[103] *Wiener*, Mensch und Menschmaschine, 119-136.

[104] A.a.O., 121.

[105] Dazu mein Beitrag ›Verändern die Medien die Botschaft? Überlegungen zu einer strukturgerechten Medienverwendung‹, in: *E. Biser* (Hrsg.), Die Medien – das letzte Tabu der offenen Gesellschaft, Mainz 1986, 173-189.

[106] *Kant*, Kritik der reinen Vernunft (Ausgabe *Schmitt* 1952), 548-588.

[107] Auf die Vorarbeit von Marcel verweist *Fromm* zu Eingang seiner Schrift ›Haben oder Sein. Die seelischen Grundlagen einer neuen Gesellschaft‹, München 1980, 11.

[108] Dazu die Hinweise in meiner Untersuchung ›Religiöse Sprachbarrieren‹, 208-223.

[109] Dazu *L. Boros* (Hrsg.), Bewußtseinserweiterung durch Meditation, Freiburg 1973.

[110] Dazu *Quirin Huonder*, Die Gottesbeweise. Geschichte und Schicksal, Stuttgart 1968, 9.

[111] *Anselm von Canterbury*, Proslogion (Ausgabe *Schmitt*), Stuttgart – Bad Cannstatt 1962, 44f; 68. Am nachdrücklichsten wies *Raymond Klibansky* auf diesen Ausgangspunkt hin; doch betonte schon *Heine* in seiner ›Geschichte der Religion und Philosophie in Deutschland‹, daß Anselm seinen Beweis in einer »rührenden Gebetform« vorgetragen habe; dazu die Ausführungen meiner Studie ›Der schwere Weg der Gottesfrage‹, 148ff.

[112] *Augustin*, Confessiones I, c. 1; dazu *Guardini*, Anfang. Eine Interpretation der ersten fünf Kapitel von Augustins Bekenntnis, Kollmar 1943, 12f; *ders.*, Die Bekehrung des heiligen Aurelius Augustinus. Der innere Vorgang in seinen Bekenntnissen, Leipzig 1935, 23ff; 134f; 255f.

[113] *Augustin*, Confessiones IX, c. 10; dazu *Paul Henri*, Die Mission zu Ostia, in: *C. Andresen* (Hrsg.), Zum Augustin-Gespräch der Gegenwart, Darmstadt 1962, 201-270.

[114] Ebd.; dazu mein Beitrag ›Glaubensvollzug und Sinnfindung‹, in: *H. Wieh* (Hrsg.), Ein Gott für die Welt. Glaube und Sinnfrage in unserer Zeit, München 1980, 11-36.

[115] Auf den Widerschein dieses Motivs in der Subjektkritik Nietzsches verweist *Johann Figl* in seiner Untersuchung ›Interpretation als philosophisches Prinzip‹ (Monographien und Texte der Nietzsche-Forschung 7), Berlin 1982, 188ff.

[116] Dazu außer den in ›Der schwere Weg der Gottesfrage‹ gegebenen Literaturhinweisen (148) auch *Mackie*, a.a.O., 89ff.

[117] *Adorno*, Anmerkungen zum philosophischen Denken, in: Stichworte. Kritische Modelle II, Frankfurt 1969, 18; dazu *Helga Gripp*, Theodor W. Adorno, 23; 118.

[118] Dazu nochmals die Ausführungen auf Seite 9f.

[119] Dazu nochmals der Abschnitt über die utopisch-anachronistische Zeit in Band I, 75-80.

[120] *Blumenberg*, Matthäuspassion, Frankfurt 1988, 10; dazu meine Würdigung unter dem Titel ›Theologische Trauerarbeit‹, in: Theologische Revue 85 (1989) 441-452.

[121] So *Nietzsches* Erstaufzeichnung zum Aphorismus ›Der tolle Mensch‹ in einem Notizbuch von 1881; Näheres dazu in meiner Schrift ›Gottsucher oder Antichrist?‹ (57ff; 124).

[122] Das eine sagt die Nachlaßstelle »Wenn wir nicht aus dem Tode Gottes eine großartige Entsagung und einen fortwährenden Sieg über uns machen, so haben wir den Verlust zu tragen«, das andere die Notiz: »All die Schönheit und Erhabenheit, die wir den wirklichen und eingebildeten Dingen geliehen haben, will ich zurückfordern als Eigentum und Erzeugnis des Menschen: als seine schönste Apologie« und die Kurzfassung dieses Gedankens in dem Postulat: »Wir müssen uns die Attribute zuschreiben, die wir Gott zuschrieben ...« (Sämtliche Werke: Kritische Studienausgabe XIII, 143).

Überleitung

[1] *Guardini*, Zwischen zwei Büchern, in: Die Kirche des Herrn, Würzburg 1967, 14; dazu *Hanna Barbara Gerl*, Romano Guardini. Leben und Werk, Mainz 1985, 324ff; ferner das in Band I, 175f, Gesagte.

[2] Dazu *Manfred Weitlauff*, »Modernismus« als Forschungsproblem. Ein Bericht, in: Zeitschrift für Kirchengeschichte 93 (1982) 312-344; *ders.*, »Modernismus litterarius«. Der »Katholische Literaturstreit«, die Zeitschrift »Hochland« und die Enzyklika ›Pascendi dominici gregis‹ Pius' X. vom 8. September 1907, in: Beiträge zur altbayerischen Kirchengeschichte 37 (1988) 97-175.

[3] Sie erschien unter dem Titel ›Berichte über mein Leben. Autobiographische Aufzeichnungen‹ (Düsseldorf 1984).

[4] *Guardini*, a.a.O., 71ff.

[5] Dazu meine Studie ›Interpretation und Veränderung. Werk und Wirkung Romano Guardinis‹, Paderborn 1979, 123-130.

[6] *Guardini*, Das Ende der Neuzeit, 93; *ders.*, Der Glaube in unserer Zeit, in: Sorge um den Menschen I, Mainz 1988, 110-113.

[7] *Guardini*, Das Ende der Neuzeit, 94.

I.
Die Pathologie des Glaubens

[7a] *Peter Neuner*, Stationen einer Kirchenspaltung. Der Fall Döllinger – ein Lehrstück für die heutige Kirchenkrise, Frankfurt 1990, 24ff.

[8] Nach *Leo Scheffczyk*, Theologie in Aufbruch und Widerstreit. Die deutsche katholische Theologie im 19. Jahrhundert, Bremen 1965, 356f; dazu auch mein Beitrag ›Der Spiegel des Glaubens. Zum Prozeß der theologischen Selbstkorrektur‹, in: Münchener Theologische Zeitschrift 39 (1988) 229-240.

[9] *Scheeben*, Die Mysterien des Christentums. Wesen, Bedeutung und Zusammenhang derselben nach der in ihrem übernatürlichen Charakter gegebenen Perspektive dargestellt (von 1865), Freiburg 1951, 11f; 13f.

[10] Dazu *Johannes Beumer*, Theologie als Glaubensverständnis, Würzburg 1953, 142-151; 176-183; 214-221.

[11] Die weitsichtige Formulierung geht auf eine Intervention des Bischofs *Vinzenz Gasser* von Brixen zurück: *Beumer*, a.a.O., 150.

[12] Unitatis Redintegratio, § 11; dazu *Hans Waldenfels*, Kontextuelle Fundamentaltheologie, Paderborn 1985, 484f; ferner *Hermann J. Pottmeyer*, Normen, Kriterien und Strukturen der Überlieferung, in: Handbuch der Fundamentaltheologie IV, Freiburg 1988, 148ff.

[13] Dazu *Heinrich M. Köster*, Die Mariologie im 20. Jahrhundert, in: Bilanz der Theologie im 20. Jahrhundert III, 126-147; ferner *Karl Rahner* und *Karl Lehmann*, Das Problem der Dogmenentwicklung, in: *J. Feiner* und *M. Löhrer* (Hrsg.), Mysterium Salutis. Grundriß heilsgeschichtlicher Dogmatik I, Einsiedeln 1965, 727-776.

[14] *Balthasar*, Eschatologie, in: *J. Feiner, J. Trütsch* und *F. Böckle* (Hrsg.), Fragen der Theologie heute, Einsiedeln 1957, 403-421; ferner *Timotheus Rast*, Die Eschatologie

in der Theologie des 20. Jahrhunderts, in: Bilanz der Theologie im 20. Jahrhundert, 294-315.

[15] Dazu *Joseph Ratzinger*, Eschatologie – Tod und ewiges Leben, Regensburg 1978; ferner *Franz-Josef Nocke*, Eschatologie, Düsseldorf 1982, 104-121.

[16] Dazu meine Schrift ›Dasein auf Abruf. Der Tod als Schicksal, Versuchung und Aufgabe‹, Düsseldorf 1981.

[17] Dazu der Abschnitt »Tod als Hingabe« in *Nockes* ›Eschatologie‹, 113f.

[18] *Nocke*, a.a.O., 125-134.

[19] *Balthasar*, Kleiner Diskurs über die Hölle, Ostfildern 1987. Es verdient festgehalten zu werden, daß der unerwartete Tod Balthasars vor seiner Erhebung zum Kardinal von ultrakonservativer Seite mit dieser von ihm ursprünglich in seiner Schrift ›Was dürfen wir hoffen?‹ (Einsiedeln 1981) vorgetragenen These in Zusammenhang gebracht und ausdrücklich als »Fingerzeig des Himmels« ausgegeben wurde.

[20] *Balthasar*, a.a.O., 33-36; 53.

[21] *Tertullian*, De spectaculis, c. 30; dazu *Campenhausen*, Lateinische Kirchenväter, Stuttgart 1960, 30; ferner die Ausführungen meiner Untersuchung ›Religiöse Sprachbarrieren‹, 201f.

[22] Dazu die instruktive Monographie von *Bernhard Lang* und *Colleen McDannell*, »Der Himmel«. Eine Kulturgeschichte des ewigen Lebens, Frankfurt 1990.

[22a] Das gilt auch für die tiefsinnige Eschatologie *Balthasars*, die sich freilich mit ihren Relikten aus seiner Gehorsams- und Satisfaktionsideologie selbst in den Weg tritt. Nicht umsonst betont die ›Theologik‹ auf der Höhe ihres letzten Aufschwungs das unüberschreitbar bleibende »Gegenüber von Herr und Knecht«, während der Schluß des Werkes die von Jesus für die Seinen eingeforderte Schau seiner Herrlichkeit (Joh 17,24) gegen den offenkundigen Sinn dieser Forderung in den kommenen Äon verlegt: Theologik III: Der Geist der Wahrheit, Einsiedeln 1987, 404; 409f. Schon in Band III der ›Herrlichkeit‹ (Teil 2: Neuer Bund, Einsiedeln 1969, 226) tritt diese Tendenz zur Abschwächung des johanneischen Schlüsselwortes zutage.

[23] Näheres dazu in meiner Schrift ›Paulus für Christen‹, Freiburg 1985, 87-93.

[24] Näheres dazu in meiner Schrift ›Religiöse Sprachbarrieren‹, 128-162; ferner in ›Menschsein und Sprache‹, Salzburg 1984, 20-27.

[25] Dazu nochmals das auf Seite 43 Gesagte.

[26] *Le Fort*, Das Schweißtuch der Veronika, in: Erzählende Schriften III, München und Wiesbaden 1956, 219. Aufgrund demoskopischer Erhebungen aus jüngster Zeit gelangt auch *Renate Köcher* zu der Feststellung, daß das Religiöse im durchschnittlichen Sprachverhalten wie eine »Obszönität« gemieden wird.

[27] Näheres dazu in meiner Untersuchung ›Religiöse Sprachbarrieren‹, 328-334.

[28] Auf diesen fatalen Zusammenhang verwies in sorgfältiger Analyse *Wolfgang Beinert* in seinem Beitrag ›Angst und Kirche‹, in: Stimmen der Zeit 114 (1989) 219-235. Wie wenig sich darin trotz des konziliaren Aufbruchs änderte, zeigt eine Bemerkung *Joseph Comblins* zur Situation der ›Katholischen Theologie seit Ende des Pontifikats Pius' XII.‹, die von der Tendenz des Lehramts spricht, die Theologen durch Überprüfung und Verurteilung »in einer Art beständiger Furcht« vor möglichen Irrtümern zu erhalten, einer Tendenz, die sie zwar von der Anfälligkeit für Modeströmungen zurückgehalten, sich aber auch lähmend auf ihre Fähigkeit zu Initiativen und Innovationen ausgewirkt habe, in: *H. Vorgrimler* und *R. Vander Gucht* (Hrsg.), Bilanz der Theologie im 20. Jahrhundert, Freiburg 1969, 73f.

[29] Erstmals wurde diese *Pierre Bertaux* (Mutation der Menschheit. Diagnose und Prognosen, Frankfurt 1963, 144) entnommene Aussage auf Seite 139 angeführt.

[29a] Dazu mein Beitrag ›Angst als Wurzel des Unglaubens‹, in: Logotherapie 4 (1989) 41-54.

[30] Der Begründung dieser Grundthese meiner Sprachtheorie dient die in Anm. 24 erwähnte Schrift ›Menschsein und Sprache‹ (Salzburg 1984).

[31] Dazu *John Macquarrie*, Gott-Rede. Eine Untersuchung der Sprache und Logik der Theologie, Würzburg 1974, 112-132.

[32] Dazu das Schlußwort meiner ›Theologischen Sprachtheorie und Hermeneutik‹, München 1970, 566ff.

[33] Ausführlicher wird darauf im Kontext der ›divinatorischen Theologie‹ (293-325) einzugehen sein.

[34] Nach *J. Sudbrack*, Neue Religiosität. Herausforderung für die Christen, Mainz 1987, 100.

[35] Dazu außer *Sudbrack*, a.a.O., 153f, auch *Gerhard Adler*, Wiedergeboren nach dem Tode? (Frankfurt 1977), und *Michael von Brück*, Reinkarnation, in: *H. Waldenfels* (Hrsg.), Lexikon der Religiosität, Freiburg 1987, 525-531. Als Paradebeispiel bietet sich dafür die als eifrige Propagandistin der Reinkarnationslehre hervortretende Filmschauspielerin *Shirley MacLaine* an, der sich mit dieser Vorstellung die Chance zu eröffnen scheint, die Zahl der von ihr durchgespielten und offensichtlich als Identifikationshilfen empfundenen Rollen ins Ungemessene zu steigern: Zwischenleben (Originaltitel: Out on a Limb), München 1985.

[36] Näheres dazu in meinem Jesusbuch ›Der Freund‹, München 1989, 212-217; ferner *Hans Kessler*, Sucht den Lebenden nicht bei den Toten. Die Auferstehung Jesu Christi in biblischer, fundamentaltheologischer und systematischer Sicht, Düsseldorf 1985, 153ff.

[37] *Kern*, Der freiere Glaube. Faktoren und Tendenzen der Gegenwartssituation, in: Alter Glaube in neuer Freiheit, Innsbruck 1976, 85-112.

[38] Dazu insbesondere der vierte Gang von *Rahners* ›Grundkurs des Glaubens. Einführung in den Begriff des Christentums‹, Freiburg 1976, 122-142.

[39] Dem Nachweis dieser These galten die Ausführungen des ersten Bandes.

II.
Die Irritation

[1] *Sternberger*, Heinrich Heine und die Abschaffung der Sünde, Frankfurt 1976, 287f; dazu *Ferdinand Schlingensiepen*, Heinrich Heine als Theologe, München 1981, 58ff.

[2] *Nietzsche*, Menschliches, Allzumenschliches II/II, § 78; Morgenröte IV, § 321; Die fröhliche Wissenschaft III, § 130; Jenseits von Gut und Böse IV, § 168.

[3] Dazu außer *Lübbe*, Religion nach der Aufklärung (91-106), und *Thomas Luckmann*, in: *O. Schatz* (Hrsg.), Hat die Religion Zukunft? (Graz 1971, 69-82), auch *Wolfhart Pannenberg*, Christentum in einer säkularisierten Welt (Freiburg 1988).

[3a] Dazu *Josef Rief*, Sündenbewußtsein heute, in: *W. Beinert* (Hrsg.), Kirche zwischen Konflikt und Konsens. Versöhnung als Lebensvollzug der Glaubensgemeinschaft, Regensburg 1989, 84-118; ferner meine Vorlesung ›Sündenvergebung und Sinngebung‹, in: *P. Gordan* (Hrsg.), Leid – Schuld – Versöhnung, Graz 1990, 43-67.

[4] Dazu *Leonardo Boff*, Erfahrung von Gnade. Entwurf einer Gnadenlehre (Originaltitel: A graça libertadora no mundo), Düsseldorf 1985, 128ff.

[4a] So die »Moral«, die als nachträglicher Einschub den ersten Teil der ›Einübung‹ beschließt und im Bewußtsein der Unvereinbarkeit dieses Passus mit dem Zentralgedanken des Werkes von Kierkegaard nachträglich widerrufen wurde; dazu die Einleitung von *Emanuel Hirsch* in die von ihm besorgte Ausgabe (Gütersloh 1980, 5ff).

[5] *Kierkegaard*, a.a.O., 76.

[6] Dazu *Ottmar Fuchs*, Man muß den Sinn für die Sünde wieder entdecken. Gedanken zum theologischen Charakter der Sünde, in: Stimmen der Zeit 202 (1984) 167-180.

[7] *Rohrmoser*, Geistige Wende – warum, Mainz 1984, 67. Nochmals aufgenommen in dem faszinierenden Durchblick ›Religion und Politik in der Krise der Moderne‹, Graz 1989, 49f.

[8] *Schweitzer*, Die Mystik des Apostels Paulus, Tübingen 1930, 220; dazu *Günter Bornkamm*, Paulus, Stuttgart 1977, 127f.

[8a] *Bornkamm*, Paulus, 127f.

[8b] Mit der Erinnerung an seine fanatische Verfolgertätigkeit (Gal 1,23) verbindet sich zwar ein extremes »Unwerterlebnis« (1 Kor 15,8f), nicht jedoch das Bewußtsein einer ihm von Gott und seinem Gewissen angelasteten Schuld. Anstatt von Vergebung ist daher in seinem Selbstzeugnis von einer freisetzenden Umstrukturierung seiner Persönlichkeit die Rede; dazu meine Monographie ›Der Zeuge. Eine Paulus-Befragung‹, Graz 1981, 154ff.

[9] Nur beiläufig kann darauf hingewiesen werden, daß der Hymnus auf die Liebe nach einer Reihe von Anzeichen zu schließen von Paulus vor seiner Bekehrung verfaßt wurde und insofern einen hochbedeutsamen Einblick in seine religiöse »Vorgeschichte« gestattet; Näheres dazu in meiner Schrift ›Paulus für Christen‹, 118f; 163ff; ferner *Otto Kuss*, Paulus, 286f.

[10] *Kierkegaard*, Die Wiederholung, 62f.

[11] *Kierkegaard*, Die Krankheit zum Tode, 17-21.

[12] Dazu *Hans Blumenberg*, Die Legitimität der Neuzeit, 143.

[13] *Jaspers*, Die geistige Situation der Zeit (1931), Berlin 1971, 55.

[14] Dazu *Hayo Gerdes*, Sören Kierkegaards ›Einübung im Christentum‹, 1-14; 23.

[15] Näheres dazu in meinem Jesusbuch ›Der Freund‹, 120f; 185f.

[16] Näheres dazu in dem Abschnitt »Menschsein in utopisch-anachronistischer Zeit«, in meinem Sammelband ›Glaubensimpulse‹, 238-260.

[17] Dazu der Abschnitt »Der Helfer und die Hilfe. Plädoyer für eine Christologie von innen«, in: a.a.O., 217-237; ferner mein Jesusbuch ›Der Helfer‹ (München 1973).

[18] Diese Einzigartigkeit des Identifikationsaktes Jesu wurde in der modernen Christologie, vor allem durch *Heinz Schürmann* und *Wilhelm Breuning*, mit dem wenig glücklichen Ausdruck »Proexistenz« hervorgehoben; dazu *Werner Löser*, ›Universale concretum‹ als Grundgesetz der oeconomia revelationis, in: Handbuch der Fundamentaltheologie II, Freiburg 1985, 114; 120.

[19] *Schillebeeckx*, Jesus. Die Geschichte von einem Lebenden, Freiburg 1975, 177-193.

[20] *Blumenberg*, Matthäuspassion, 33-37.

[21] Dazu *Ferdinand Hahn*, Christologische Hoheitstitel. Ihre Geschichte im frühen Christentum, Göttingen 1966, 57ff.

[22] So *Alfred Lorenzer*, Das Konzil der Buchhalter. Die Zerstörung der Sinnlichkeit, Frankfurt 1984, 12.

[22a] Zu seiner Wirkungsgeschichte siehe *H. J. Pottmeyer, G. Alberigo* und *J.-P. Jossua* (Hrsg.), Die Rezeption des Zweiten Vatikanischen Konzils, Düsseldorf 1986; ferner *F. Kardinal König* (Hrsg.), Die bleibende Bedeutung des Zweiten Vatikanischen Konzils, Düsseldorf 1986.

[23] Davon ließen sich nicht nur Gegner wie *Lorenzer*, sondern sogar führende Theologen und Philosophen mitreißen; so *Hans Urs von Balthasar*, der aus seiner kritischen Einstellung zum Konzil nie einen Hehl machte und dieser in einer Reihe polemischer Schriften wie ›Kierkegaard nachkoziliar‹ (1972), ›Cordula oder der Ernstfall‹ (1966) und ›Der antirömische Affekt‹ (1974) Ausdruck verlieh, und *Helmut Kuhn*, der gegen den führenden Konzilstheologen Karl Rahner sogar den Vorwurf erhob, in der Kirche eine »Kulturrevolution« ausgelöst zu haben; Näheres dazu in Band I, 153ff.

[24] Nach wiederholten Pressemeldungen ist tatsächlich darauf zu schließen, daß kuriale Kreise mit diesem Gedanken ernsthaft spielen, womöglich auch mit dem einer lehramtlichen Entscheidung auf der Basis der Enzyklika ›Humanae vitae‹, der schon von ihrer Zielsetzung her dieselbe Funktion zukäme.

[25] Dazu *David Andreas Seeber*, Das Zweite Vaticanum, 330-339.

[26] *Platon*, Der siebente Brief (341c).

[27] Dazu *Buber*, Zur Geschichte des dialogischen Prinzips, in: Werke I: Schriften zur Philosophie, Heidelberg und München 1962, 293-305; ferner die Ausführungen meines Taschenbuchs ›Buber für Christen‹, München 1988, 30-36.

[27a] Bedenkenswertes sagt dazu *Peter Neuner* zu Beginn (17-27) und am Schluß seiner ›Stationen einer Kirchenspaltung‹ (206ff).

[28] Dazu *Seeber*, Das Zweite Vaticanum, 80-83, 152f.

[29] Konstitution über die heilige Liturgie, § 55.

[30] Näheres dazu auf Seite 228ff.

[31] Es sei denn, daß er sich als Protagonist der östlichen Sicht empfunden hätte; dazu *Balthasar,* Sehen, Hören und Lesen im Raum der Kirche, in: Sponsa Verbi. Skizzen zur Theologie II, Einsiedeln 1960, 493.

[32] *Lorenzer*, Das Konzil der Buchhalter, 52; 76; 182.

[33] A.a.O., 286; dazu ferner der Hinweis in meiner Schrift ›Glaubenswende‹, 148ff.

[34] Dazu mein Jesusbuch ›Der Freund‹, 250.

[35] Dogmatische Konstitution über die göttliche Offenbarung I, 2. Eindrucksvoll wurde dieser Erkenntnisfortschritt hervorgehoben von *Hans Waldenfels*, Kontextuelle Fundamentaltheologie, 178f.

[36] Konstitution ›Dei Verbum‹ I, 4; dazu *Waldenfels*, a.a.O., 184f; ferner *Diego Arenhoevel*, Was sagt das Konzil über die Offenbarung?, Mainz 1967, 15ff; 33ff.

[36a] *Waldenfels*, a.a.O., 461ff; 477ff.

[37] A.a.O., I, 8; dazu *Michael Schmaus* in seiner Einleitung zur Konstitution, Münster 1967, 14ff.

[38] Ebd. Die Stelle wirkt wie eine Anspielung auf die »große Stimme«, die *Nikolaus von Kues* in allen Rufen vernahm, die sich jemals für und zu Gott erhoben, und die am mächtigsten im Todesschrei Jesu zum Himmel drang; Näheres dazu in meinem Jesusbuch ›Der Freund‹, 198ff.

[39] A.a.O., I, 2; dazu *Schmaus* in seiner Einleitung zur Konstitution, 11ff.

[40] Dazu mein Beitrag ›Was höher ist als die Gerechtigkeit‹, in: Wort und Antwort 22 (1981) 65-70.

[41] Dazu *Heinrich Fries*, Fundamentaltheologie, Graz 1985, 310; ferner die Ausführungen meiner Schrift ›Glaubenswende‹, 69-88.

[42] Dazu nochmals die auf Seite 391, Anm. 26, mitgeteilte Bemerkung *Balthasars* in seiner Guardini-Studie ›Reform aus dem Ursprung‹ (33).

[43] *Josef Duss-von Werdt*, Theologie aus Glaubenserfahrung. Eine Skizze zur Grundlegung der theologischen Hermeneutik und Topik, Einsiedeln 1969, 69ff; daß der späte Guardini den Glaubensbegriff zunehmend vom Erfahrungsmoment abgrenzte, betont *Hansruedi Kleiber* in seiner Monographie ›Glaube und religiöse Erfahrung bei Romano Guardini‹, 144-151.

[44] Dazu Teil II (Glaubensverantwortung) meiner Schrift ›Glaubensverständnis. Grundriß einer hermeneutischen Fundamentaltheologie, Freiburg 1975, 107-191.

[45] Wie Anm. 35.

[46] *Scherer*, Verlust des Subjektes – Transzendalphilosophie – Sinnbegriff, in: *W. Czapiewski* (Hrsg.), Verlust des Subjekts? Kevelaer 1975, 177-231.

[47] Dazu außer der bereits erwähnten Untersuchung *Wimmels* über die Bedeutung der

Textualität für das geschichtliche Werden (von 1981) auch der von *J. Goody* herausgegebene Sammelband ›Literalität in traditionalen Gesellschaften‹, Frankfurt 1981.

[48] Dazu mein Beitrag ›Versöhnter Abschied. Zum geistigen Vorgang in Schneiders »Winter in Wien«‹, in: Widerruf oder Vollendung? Reinhold Schneiders ›Winter in Wien‹ in der Diskussion, Freiburg 1981, 129-156; ferner die Ausführungen meiner Schrift ›Glaubenswende‹, 31-50; 64-68.

[49] *Schneider*, Winter in Wien, Aus meinen Notizbüchern 1957/58, Freiburg 1958, 79.

[50] A.a.O., 72.

[50a] Tatsächlich ließ die kirchliche Zeitanalyse die großräumigen Schritte der wissenschaftlich-technischen Entwicklung unbeachtet. Das gilt vor allem von dem Fortschritt der Genforschung, der durch den mit ihm ermöglichten Eingriff in die eigene Evolution das Verhältnis des Menschen zur Natur einem neuen Stadium entgegenführt. Dann aber kann ihm die »Natur« nicht mehr, wie es in den kirchlichen Begründungskonzepten geschieht, als normative Instanz gegenübergestellt werden, weil er als Interpret und Gestalter zu ihr hinzugehört, von der theologischen Problematik des der stoischen Philosophie entnommenen Naturbegriffs ganz zu schweigen. Dazu der von *F. Böckle* herausgegebene Sammelband ›Der umstrittene Naturbegriff. Person – Natur – Sexualität in der kirchlichen Morallehre‹ (Düsseldorf 1987), in dem sich eine Reihe renommierter Fachgelehrter wie *Gernot Eder, Bernhard Casper, August Wilhelm von Eiff* und *Hans Schaefer* neben dem Herausgeber zur Entstehung, Verwendung und Problematik des klassischen Naturbegriffs äußern.

[51] Dazu der Abschnitt »Die stille Emigration« in *Neuners* ›Stationen einer Kirchenspaltung‹, 35-41.

[51a] So *Franz Böckle* in einer von der Wochenzeitung ›Die Zeit‹ am 3. März 1989 (Seite 96) veröffentlichten Stellungnahme.

[52] Seine Besorgnis wurde inzwischen von einer Reihe namhafter Theologen und Institutionen geteilt, nicht zuletzt durch das Votum der Katholischen Akademie in Bayern, im Rahmen einer Tagung zum Thema ›Lehramt und Sexualmoral‹ (am 4. Juni 1989) die Befürchtung äußerte, daß die Frage der Geburtenregelung den »Knotenpunkt der kirchlichen Auseinandersetzung mit der modernen Welt« bilde und in ihrer Problematik eine Wiederholung des »Falles Galilei« mit seinen tragischen Folgen heraufbeschwöre.

[53] *Hünermann*, Droht eine dritte Modernismuskrise?, in: Herder-Korrespondenz 43 (1989) 130-135.

[54] *Bruno*, Heroische Leidenschaften und individuelles Leben, herausgegeben von *E. Grassi*, Hamburg 1957, 69; dazu *Ernst Cassirer*, Individuum und Kosmos in der Philosophie der Renaissance (von 1927), Darmstadt 1962, 199ff.

[55] *Buber*, Zur Geschichte des dialogischen Prinzips, in: Werke I: Schriften zur Philosophie, 296; daß bei Buber selbst diese Fragestellung in der Episode »Wo bist du?« der ›Erzählungen der Chassidim‹ (Werke II: Schriften zur Bibel), 389f, anklingt, betont meine Schrift ›Buber für Christen‹, 66.

[56] Dazu *Nossack*, Die schwache Position der Literatur (Frankfurt 1967) und seine von Christof Schmid zusammengestellten ›Pseudoautobiographischen Glossen‹, Frankfurt 1971.

[57] *Guardini*, Die Annahme seiner selbst, Würzburg 1960, 13.

[58] Dem entspricht die schon *Nietzsches* ›Ecce homo‹ zugrundeliegende Einsicht, daß die Sache des Menschen letztlich nur exklamatorisch zur Sprache gebracht werden kann.

[59] Angesprochen ist damit die auf Seite 203-213 skizzierte Trivialisierung des Glaubens.

[60] Dogmatische Konstitution über die göttliche Offenbarung, Kapitel 3-6.

[61] Dazu *Seeber*, Das Zweite Vaticanum, 88-94.

[61a] *Seeber*, a.a.O., 189-193; dazu *Enzo Bianchi*, Die zentrale Stellung des Wortes Gottes, in: Die Rezeption des Zweiten Vatikanischen Konzils, 153-179. Die Klage *Bianchis* über die unzulängliche Beachtung und Kommentierung der Konstitution muß freilich im Blick auf die von *Michael Schmaus* besorgte und eingeleitete Ausgabe (Münster 1967) abgeschwächt werden.

[62] Dei verbum, c. 3, § 12; dazu *Martin Hasitschka*, Fundamentalistische und kirchliche Bibelauslegung, in: Eindeutige Antworten?

[63] Dei verbum, C. 3, § 13; das Zitat bezieht sich auf die Stelle aus dem Genesiskommentar des *Johannes Chrysostomus*, die von der göttlichen »synkatabasis« spricht: In Gen 3,8 (hom. 17,1).

[64] Dei verbum, C. 6, § 21; ferner *Eduard Schweizer*, EGO EIMI. Die religionsgeschichtliche Herkunft und theologische Bedeutung der johanneischen Bildreden, Göttingen 1965, 122-132; 151-157; dazu auch die Ausführungen meines Jesusbuchs ›Der Freund‹, 185-192.

[65] Die Fehleinschätzung bezieht sich auf die strukturellen Gegebenheiten, aufgrund deren sich die Medien optimal für Informationsvermittlungen, nicht jedoch zu der von erbaulichen und paränetischen Botschaften eignen; tatsächlich nutzten die Kirchen die ihnen eingeräumten Sendezeiten fast ausschließlich für kerygmatische, nach dem Modell von Gottesdiensten gestalteten Sendungen, nicht jedoch im wünschbaren Umfang für die religiöse Belehrung der Hörerschaft.

[66] Noch immer gilt in diesem Zusammenhang die von *Hubert Jedin* getroffene Feststellung, daß die Geschichte des Verhältnisses von Lehramt und Theologie »nicht geschrieben« und kaum erst erforscht ist: Theologie und Lehramt, in: *R. Bäumer* (Hrsg.), Lehramt und Theologie im 16. Jahrhundert, München 1976, 7. Soweit dies durch die mustergültige Dokumentation des Falles »Wilhelm Koch«, des von *Romano Guardini* wiederholt gerühmten Lehrers seiner Tübinger Studienjahre, durch *Max Seckler* geschah, zeigt das Ergebnis, welch tiefe Verletzung die Betroffenen und die von ihnen vertretene Forschungsrichtung jeweils davontrugen: Theologie vor Gericht. Der Fall Wilhelm Koch – Ein Bericht, Tübingen 1972.

[67] Näheres dazu im folgenden Kapitel.

[68] *Beinert*, Angst und Kirche, in: Stimmen der Zeit 114 (1989) 219-235; *Schelsky*, Ist die Dauerreflexion institutionalisierbar? Zum Thema einer modernen Religionssoziologie, nach *Beinert*, Knechtschaft – Herrschaft – Partnerschaft? Systematische Erwägungen zum Verhältnis von Lehramt und Theologie, in dem von *Max Seckler* herausgegebenen Sammelband Lehramt und Theologie, Düsseldorf 1981, 25-56.

[69] Näheres dazu in meiner Untersuchung ›Religiöse Sprachbarrieren‹, 198-223.

[70] Dazu *Hans Waldenfels* (Hrsg.), Theologen der Dritten Welt. Elf biographische Skizzen aus Afrika, Asien und Lateinamerika, München 1982.

[70a] Für die Philosophie der Zwischenkriegszeit hatte *Peter Wust* eine vergleichbare »Wende« angesagt: Die Wende im abendländischen Denken der Gegenwart, in: Gesammelte Werke VI: Weisheit und Heiligkeit (Münster 1966, 89-105). In seinem Lebensrückblick »Gestalten und Gedanken« (München 1950, 253) spricht er sogar von der »großen philosophischen Achsendrehung«, die ihm in der Begegnung mit *Max Scheler* deutlich geworden ist; und noch in dem Abschiedsbrief an seine Schüler bekennt er sich zu der Daseinswende, zu der die »tiefer erlebenden Geister« aufrufen (a.a.O., 265).

[71] Dazu nochmals der von ebenso großer Betroffenheit wie Sachkenntnis eingegebene Beitrag von *Peter Hünermann* ›Droht eine dritte Modernismuskrise?‹.

[72] *K. Rahner*, Schriften zur Theologie VII. Einsiedeln 1966, 22; *ders.*, a.a.O., XIV,

Einsiedeln 1980, 375; dazu *W. Böhme* und *J. Sudbrack* (Hrsg.), Der Christ von morgen – ein Mystiker? Grundformen mystischer Existenz, Würzburg und Stuttgart 1989.

[73] Dazu nochmals die auf Seite 125 erwähnte Kritik an den nicht im Sinn der »Erhebung des Geistes« geführten Gottesbeweisen. Die hier skizzierte Zeitdiagnose entwickelte erstmals mein Essay ›Der schwere Weg der Gottesfrage‹, 137-145.

[74] Dazu *Ernst Cassirer*, Philosophie der symbolischen Formen I: Die Sprache, Darmstadt 1955, 14f.

[74a] Dazu *Schlingensiepen*, Heinrich Heine als Theologe, 69f; ferner *K. Löwith*, Von Hegel zu Nietzsche. Der revolutionäre Bruch im Denken des neunzehnten Jahrhunderts, Stuttgart 1950, 350-356; und *G. Rohrmoser*, Religion und Politik in der Krise der Moderne, 93-127.

[75] *F. G. Jünger*, Nietzsche, Frankfurt 1949, 91; nach *G.-G. Grau*, Christlicher Glaube und intellektuelle Redlichkeit, 258.

[75a] *R. Guardini*, Vom lebendigen Gott, Mainz 1930, 90.

[76] Zur Frage der religiösen Rezeption des Vorgangs siehe meinen Beitrag ›Wir dürfen nicht schweigen. Erwägungen zur kirchlichen Sprachlosigkeit‹, in: Stimmen der Zeit 208 (1990) 219-228.

[76a] Näheres zu diesem Motiv in meinem Jesusbuch ›Der Freund‹, 161ff.

[76b] Für die Antike zeigte das *Josef Hochstaffl*, Negative Theologie. Ein Versuch zur Vermittlung des patristischen Begriffs (München 1976), für die mittelalterliche Theologie *Joseph Bernhart* in seinem Werk über ›Die philosophische Mystik des Mittelalters von ihren antiken Ursprüngen bis zur Renaissance‹, München 1922.

[77] Dazu die Dante-Studien *Romano Guardinis*, Der Engel in Dantes ›Göttlicher Komödie‹ (Leipzig 1937) und ›Landschaft der Ewigkeit‹ (München 1958), ferner die Ausführungen meiner ›Theologischen Sprachtheorie und Hermeneutik‹, 83-87. Wie sich Dante in den Schreckensbildern des Inferno seine eigenen Verstrickungen und Verhärtungen vor Augen hielt, wird der heutige Leser in ihnen seine Angst und Einsamkeit gespiegelt sehen und schließlich zur Einsicht gelangen, daß in diesen Notständen der mystische Weg für ihn seinen Ausgang nimmt; dazu die Deutung *Balthasars* in: Herrlichkeit II, 412ff.

[77a] *Pseudo-Dionysius*, Von den göttlichen Namen, c. 2,9; dazu *Hugo Ball*, Byzantinisches Christentum, Einsiedeln 1958, 63-211; zur zitierten Stelle *Garrigou-Lagrange*, Der Sinn für das Geheimnis und das Hell-Dunkel des Geistes, Paderborn 1937, 49.

[78] Dazu *Rahner*, Grundkurs des Glaubens, 122-142; ferner *Peter Eicher*, Offenbarung, 347-421.

[78a] Dazu die von *Eicher* in seiner Offenbarungsstudie (a.a.O., 371, Anm. 10) mitgeteilten Zitate im Vergleich zu der Cusanus-Stelle über die »Große Stimme Jesu«, in: Excitationes, I.3; Näheres dazu in meiner Schrift ›Der schwere Weg der Gottesfrage‹, 102ff.

[79] *Rahner*, Grundkurs des Glaubens, 122; von den zeitgenössischen Theologen ist dieser Position keiner so nahe gekommen wie *Piet Schoonenberg*, wenngleich von andern Voraussetzungen her, die insbesondere die Frage nach Gottes Mitvollzug des endlichen Seins und sein Wissen um dieses betreffen: Auf Gott hin denken. Deutschsprachige Schriften zur Theologie, herausgegeben von *W. Zauner*, Wien 1986, 29-100.

[80] *Michel*, Der Partner Gottes. Weisungen zum christlichen Selbstverständnis, Heidelberg 1946; *ders.*, Gläubige Existenz, Heidelberg 1952, 75ff.

[81] So schon in ›Geist in Welt. Zur Metaphysik der endlichen Erkenntnis bei Thomas von

[82] Aquin‹ (Innsbruck und Leipzig 1939, 79-93) und dann in: Hörer des Wortes. Zur Grundlegung einer Religionsphilosophie (von 1941), München 1963, 61f.
[82] Nach *Eicher*, Offenbarung, 391.
[83] *Rahner*, Theos im Neuen Testament, in: Schriften zur Theologie I, Einsiedeln 1954, 108f; dazu mein Beitrag ›Die Suspendierung der Gottesfrage. Erwägungen zu einer innovatorischen These Karl Rahners‹, in dem Sammelband ›Glaubensimpulse‹, 189-207.
[84] Näheres dazu in meinem Jesusbuch ›Der Freund‹, 55-58.
[85] *Rahner*, Was heißt Jesus lieben?, Freiburg 1982, 61f.
[86] Nach *David A. Seeber*, Wegkreuzungen heutiger Spiritualität, in: *J. Sauer* (Hrsg.), Glaubenserfahrung und Meditation. Wege einer neuen Spiritualität, Freiburg 1975, 111ff.
[87] *Bauer* (Hrsg.), Entwürfe der Theologie, Graz 1985, 243-249; 301-305.

III.
Die Fehlreaktionen

[1] Dazu *Joachim Israel*, Der Begriff Entfremdung. Makrosoziologische Untersuchung von Marx bis zur Soziologie der Gegenwart, Hamburg 1972, 46ff.
[2] Bekanntlich entzündete sich an dieser These eine Kontroverse, die in dem Sammelband ›Unsere geschichtliche Zukunft‹ (Würzburg 1953) ihren Niederschlag fand; dazu die Ausführungen meiner Studie ›Interpretation und Veränderung‹, 90-100.
[3] Dazu nochmals seine auf Seite 26ff angeführte Analyse der modernen Massengesellschaft.
[4] A.a.O., 20-51; 172ff. Die Problematik demoskopischer Erhebungen zeigt sich nicht zuletzt auch darin, daß das Allensbacher Institut für Demoskopie die erhellende These Riesmans mit dem Hinweis auf die angeblich»dichter« gewordenen Kontakte unter den Bundesbürgern zu widerlegen suchte; dazu die Glosse der Frankfurter Allgemeinen Zeitung (Nr. 169, vom 25. Juli 1983, S. 17).
[5] Neuerdings spricht *Lübbe* auch von »Weltbildkontrollen«; dazu nochmals die Ausführungen und Zitate Seite 43f.
[6] Zum Themenfeld Entfremdung und Gewissen siehe *Wolfhart Pannenberg*, Anthropologie in theologischer Perspektive, Göttingen 1983, 258-303; ferner das auf Seite 143ff Gesagte.
[7] *Schneider*, Winter in Wien, 73.
[8] A.a.O., 113.
[9] A.a.O., 123.
[10] Dazu *Nietzsche*, Also sprach Zarathustra: Vorreden, § 5.
[11] Dazu nochmals die zweibändige Dokumentation von *Bernd Mattheus*, Georges Bataille (von 1987 und 1988).
[12] Dazu nochmals die Stellenangabe auf Seiten 154 und 407, Anm. 7.
[13] *Rohrmoser*, Geistige Wende – warum? (67). Inzwischen stieß *Rohrmoser* mit einer verschärften Fassung seiner These nach. Was heute noch anerkannt werde, seien »die sozialen und humanitären Sedimentierungen des Glaubens, aber nicht der Glaube selber, von dem gesagt wird, daß er die Welt überwindet. Der Glaube stirbt, wie Nietzsche gesehen hat, als Substanz, aber er überlebt als Moral«: Religion und Politik heute, in: Criticón 112 (1989) 63-66.
[14] Dazu nochmals das auf Seiten 173f und 409, Anm. 50a, Gesagte.
[15] *Balthasar*, Der antirömische Affekt, Freiburg 1974; zur angesprochenen Schriften-

gruppe, die durch ein eigentümliches Schwanken zwischen Polemik und Erbaulichkeit gekennzeichnet ist, gehört vor allem noch ›Wer ist ein Christ?‹ (Einsiedeln
1965); dazu die Hinweise in meiner Untersuchung ›Religiöse Sprachbarrieren‹,
219f.

[16] A.a.O., 82f.

[17] A.a.O., 44.

[18] A.a.O., 35ff.

[19] A.a.O., 81f. Wie schon in seiner ›Rechenschaft 1965‹ (23) hatte sich der engagierte
Interpret des Dichters (Reinhold Schneider. Sein Weg und sein Werk, Köln und Olten
1953) auch in ›Cordula‹ (5) von dessen Spätwerk distanziert, das nur »den Deka-
denten interessant« erscheinen könne »und das wirklich Prophetische seiner größeren
Werke verdunkelt« (Rechenschaft, ebd.).

[20] A.a.O., 16. Unbestreitbar ist, daß Paulus in Korinth mit einer entschiedenen Geg-
nerschaft zu tun hat, die seine Autorität unter Berufung auf »Herrenvisionen« in
Frage zu stellen sucht (*Lietzmann*, An die Korinther I/II, 140ff). Indessen wäre die
Tatsache, daß er die gegen ihn vorgebrachten Einwände durch seine »Narrenrede«,
das grundlegende Dokument eines autobiographischen Selbstzeugnisses, zum
Schweigen bringt, unter der Voraussetzung einer affektiven Voreingenommenheit
der Gemeinde gegen ihn undenkbar. Näheres dazu in meinem Paulusbuch ›Der
Zeuge‹, 190-196; ferner der eher abschwächende Erklärungsversuch von *Jürgen
Becker*, Paulus. Der Apostel der Völker, Tübingen 1989, 198-254.

[21] A.a.O., 29.

[22] Dazu *Peter Neuners* »Ausblick« auf die beiden Ekklesiologien des Konzils und der
Kölner Erklärung, in: Stationen einer Kirchenspaltung, 206ff.

[23] Auf hohem Niveau verhandelte die Frage aus theologischer und medizinischer Sicht
die auf Seite 409 erwähnte Tagung der Katholischen Akademie in Bayern, die auf der
einen Seite würdigte, daß die Enzyklika ›Humanae vitae‹ erstmals eine »Theologie
der Liebe in der Ehe« entwickelte, andrerseits jedoch das Verbot der Kontra-
konzeption aus naturwissenschaftlichen und dogmatischen Gründen in Frage stellte.

[24] Dazu mein Essay ›Zur Situation des Menschen im Medienzeitalter‹, München 1988.

[25] *Seibel*, Selbstzerstörung der Autorität, in: Stimmen der Zeit 207 (1989) 145f.

[26] *Sutor*, Die politische Kultur und die Christen, in: Stimmen der Zeit 207 (1989)
383-397.

[27] *Balthasar*, Der antirömische Affekt, 56f.

[28] Da *Balthasar* die paulinische Position zu einem Angelpunkt seiner Argumentation
gemacht hat, darf dieser Hinweis nicht fehlen.

[29] Antwort der Bibelkommission vom 27. Juni 1906 und Brief der Kommission an
Kardinal *Suhard* (vom 16. Januar 1948).

[30] Dazu *Alfred Wikenhauser*, Einleitung in das Neue Testament, Freiburg 1953, 200;
223ff; 313-337. Insofern trifft das Urteil *Karl Rahners*, wonach »fast alles, was von
den römischen Gremien in den letzten hundert Jahren zu biblischen Fragen gesagt
wurde ..., obsolet geworden« sei, weitgehend schon für die Zeit der Veröffentlichung
dieser Entscheide zu: Glaubenskongregation und Theologenkommission, in: Schriften zur Theologie X, Einsiedeln 1972, 338-357.

[31] *Haag*, Die Buchwerdung des Wortes, in: Mysterium Salutis I: Die Grundlagen
heilsgeschichtlicher Dogmatik, Einsiedeln 1965, 403.

[32] Erhellendes sagt zu diesem Komplex *Klaus Kienzler* unter dem Titel »Fundamentalismus und Antimodernismus im heutigen Christentum« in dem von ihm herausgegebenen Sammelband ›Der neue Fundamentalismus‹, Düsseldorf 1990, 86ff.

[33] Dazu nochmals der bereits erwähnte Sammelband ›Der umstrittene Naturbegriff‹,
aus dem in diesem Zusammenhang vor allem die Beiträge des Naturwissenschaftlers

413

Gernot Eder (Die Dimensionen des Naturbegriffs) und der Mediziner *Hans Schaefer* (Natur und Natürlichkeit) und *August Wilhelm von Eiff* (Biologische Aspekte zum Naturbegriff) hervorgehoben seien.

[34] Die Abwehrreaktion bezieht sich somit auf eben jene Positionen, die *Kienzler* (unter Berufung auf *David Seeber*) als profilbestimmend für die »katholische Variante« des neuen Fundamentalismus ausmacht (a.a.O., 70).

[35] Dazu die Ergebnisse der von der Katholischen Akademie in Bayern zum Thema ›Das Gewissen – Subjektive Willkür oder oberste Norm?‹ (vom 20. und 21. Mai 1989) veranstalteten Tagung, an der sich außer Moraltheologen *(Johannes Gründel, Gerhard Dautzenberg)* auch Philosophen *(Richard Heinzmann, Franz Wiedmann)* beteiligten (KNA – Bayerischer Dienst, Nr. 89).

[36] Dazu mein Beitrag ›Was höher ist als die Gerechtigkeit‹, in: Wort und Antwort 22 (1981) 65-70.

[37] Nachsynodales Apostolisches Schreiben ›Christifideles laici‹ (vom 30. Dezember 1988) Nr. 34, in wörtlicher Übereinstimmung mit der Homilie zur Übernahme des obersten Hirtenamtes (vom 22. Oktober 1978).

[38] *Blumenberg*, Höhleneingänge, Frankfurt 1989.

[39] *Balthasar*, Theologik II: Wahrheit Gottes, Einsiedeln 1985, 324f.

[40] In einer eigentümlich »partikulären Rückhaltlosigkeit« gibt *Balthasar* über seine Quelle in der bekenntnishaften Schrift ›Unser Auftrag‹ (Einsiedeln 1988) Auskunft.

[41] Näheres dazu auf Seite 210, auf das Konzept einer »Gegensteuerung« geht das Schlußkapitel der Untersuchung, insbesondere der Abschnitt über das »Magisterium internum« (293-325) ein.

[42] Dazu nochmals *Balthasar*, Theologik II, 324.

[43] Dazu der Abschnitt »Der neue Gott« in meinem Jesusbuch ›Der Freund‹, 161ff. Im Rückblick auf die archaischen und mythischen Gottesvorstellungen arbeitete *Georg Baudler* die Lebenstat Jesu in seinem Werk ›Erlösung vom Stiergott. Christliche Gotteserfahrung im Dialog mit Mythen und Religionen‹ (München und Stuttgart 1989) mit großer Eindringlichkeit heraus.

[44] *Capra*, Wendezeit, 469, unter Berufung auf *Beatrice Bruteau*.

[45] *Keel*, Jahwe in der Rolle der Muttergottheit; dazu *Erhard Gerstenberger*, Jahwe – ein patriarchaler Gott? Traditionelles Gottesbild und feministische Theologie, Stuttgart 1988.

[46] *Nietzsche*, Der Antichrist, § 35 (nach der von *Podach* und *Montinari* rekonstruierten Urfassung).

[47] Dazu *Walter Kasper* (Hrsg.), Tiefenpsychologische Deutung des Glaubens? Anfragen an Eugen Drewermann, Freiburg 1989; ferner *Drewermann*, Psychoanalyse und Moraltheologie I: Angst und Schuld, Mainz 1982, 111-162.

[48] Eine andere Frage ist freilich die nach der letzten Ursache der Angst, die er unter dem Eindruck seiner Kierkegaard-Interpretation in der Angst des Menschen vor seiner Freiheit vermutet (Psychoanalyse und Moraltheologie, 134); doch finden sich gerade bei *Kierkegaard* (und seinem Interpreten *Guardini*) Hinweise darauf, daß die Angst vor der Freiheit die Radikalform einer »Angst vor dem Dasein« vorangeht; dazu die bereits angeführte Stelle aus der Guardini-Schrift ›Die Annahme seiner selbst‹.

[49] Dazu *Peter Domagalski*, Trivialliteratur. Geschichte, Produktion, Rezeption, Freiburg 1981, 28-32.

[50] Als Beispiel sei lediglich das besonders krasse Produkt einer mit Pseudowissenschaft garnierten Horrorgeschichte der jüngsten Vergangenheit genannt: *Felicitas de Goodman*, Anneliese Michel und ihre Dämonen. Der Fall Klingenberg in wissenschaftlicher Sicht, Stein am Rhein 1980.

[51] Dazu *Herbert Schindler*, Nazarener. Romantischer Geist und christliche Kunst im

19. Jahrhundert, Regensburg 1982, 11-17; 144; dazu auch die Beiträge von *Hanna Barbara Gerl* und *Wolfgang Beinert* in dem von *H. Pissarek-Hudelist* herausgegebenen Sammelband ›Die Frau in der Sicht der Anthropologie und Theologie‹, Düsseldorf 1989, 138-151; 152-176, sowie *Beinert*, Unsere Liebe Frau und die Frauen, Freiburg 1989.

[52] Dazu mein Paulusbuch ›Der Zeuge‹ (207ff); ferner mein Beitrag ›Mit anderer Stimme. Predigt als Rückübersetzung‹, in: Communio 11 (1982) 97-112.

[53] Dazu *Neil Postman*, Wir amüsieren uns zu Tode. Urteilsbildung im Zeitalter der Unterhaltungsindustrie (Originaltitel: Amusing Ourselves to Death), Frankfurt 1985, 141-153; ferner *Hermann Boventer*, Pressefreiheit ist nicht grenzenlos. Einführung in die Medienethik, Bonn 1989, 236-243.

[54] Dazu nochmals die Ausführungen meiner Schrift ›Zur Situation des Menschen im Medienzeitalter‹.

[55] *Postman*, a.a.O., 105ff.

[56] Dazu *Paul Tillich*, Symbol und Wirklichkeit, Göttingen 1962; *Paul Ricœur* und *Eberhard Jüngel*, Metapher. Zur Hermeneutik religiöser Sprache, München 1974; *Eugen Drewermann*, Tiefenpsychologie und Exegese II: Wunder, Vision, Weissagung, Apokalypse, Geschichte, Gleichnis, Olten 1985; *Anton Grabner-Haider*, Strukturen des Mythos. Theorie einer Lebenswelt, Frankfurt 1989.

[57] *Hentig*, Das allmähliche Verschwinden der Wirklichkeit (von 1984).

[58] Apostolische Konstitution Dei Verbum, § 23.

[59] *Semmelroth* und *Zerwick*, Vaticanum II über das Wort Gottes, Stuttgart 1966, 60.

[60] Dazu *Rolf Gögler*, Zur Theologie des biblischen Wortes bei Origines, Düsseldorf 1963; *Alexander Gerken*, Theologie des Wortes. Das Verhältnis von Schöpfung und Inkarnation bei Bonaventura, Düsseldorf 1963.

[61] Dazu der Beitrag von *Avery Dulles*, Umrisse meiner theologischen Methode, in: Entwürfe der Theologie, 51-70; ferner *Hans Küng*, Theologie im Aufbruch (von 1987), und *Klaus Berger*, Exegese und Philosophie, Stuttgart 1986, sowie meine Beiträge ›Theologischer Kategorienwechsel‹, in: Theologische Revue 72 (1976) 441-450; ›Welcher Zukunft geht die Theologie entgegen?‹ in: Glaubenswende, 140-158, und ›Philosophie als Schlüssel zu den Dimensionen des Glaubens‹, in: Glaubensimpulse, 12-25.

[62] Konstitution ›Dei Verbum‹, § 22.

[63] *Lobkowicz*, Was brachte uns das Konzil?, München 1986, 86.

[64] Dazu nochmals *Hasitschka*, Fundamentalistische und kirchliche Bibelauslegung, in: Eindeutige Antworten? Fundamentalistische Versuchung in Religion und Gesellschaft, 125-132.

[65] Dazu die Beiträge von *Rudolf Pacik, Wolfgang Palavaer* und *Gottfried W. Scheiber* in dem genannten Sammelband (17-88); ferner *K. Kienzler* (Hrsg.), Der neue Fundamentalismus. Rettung oder Gefahr für Gesellschaft und Religion? (Düsseldorf 1990).

[66] Dazu *Günter Lanczkowski*, Heilige Schriften. Inhalt, Textgestalt und Überlieferung, Stuttgart 1965, 66-75.

[67] Dazu auch die Ausführungen meines Jesusbuchs ›Der Freund‹, 94f.

[68] Nicht unwesentlich dürfte sich dahin auch die sowohl sachlich als auch vom gemeinchristlichen Dogma her gerechtfertigte Gleichsetzung der Bibel mit »Wort Gottes« oder, wie im Sprachgebrauch des späten *Guardini*, mit »Offenbarung« ausgewirkt haben, die ungeachtet ihrer Richtigkeit den elementaren Unterschied von Botschaft und medialer Dokumentation ignoriert.

[69] *Jens*, Die Evangelisten als Schriftsteller, in: *H. J. Schultz* (Hrsg.), »Sie werden lachen – die Bibel«. Erfahrungen mit dem Buch der Bücher, München 1985, 114-124.

[70] *Gerhard Maier*, Das Ende der historisch-kritischen Methode, Wuppertal 1975.

[71] Dazu *Kienzler*, Fundamentalismus und Antimodernismus im Christentum, in: Der neue Fundamentalismus, 67-91.

[72] Immerhin bieten die in den Anmerkungen 64 und 65 genannten Beiträge dazu beachtliche Hinweise.

[73] Zum Methodenproblem bei *Guardini* und dessen Entwicklung eines eigenen Ansatzes in Gestalt einer »literarischen Einübung« siehe die Ausführungen meiner Untersuchung ›Interpretation und Veränderung. Werk und Wirkung Romano Guardinis‹, 65-72.

[74] *Balthasar*, Exegese und Dogmatik; nach *M. Kehl* und *W. Löser* (Hrsg.), In der Fülle des Glaubens, Freiburg 1980, 135f.

[75] Wie Anm. 36.

[76] Wie Anm. 74 (142).

[77] Dazu *Balthasar*, Herrlichkeit III/2, Teil 2: Neuer Bund, Einsiedeln 1969, 312-317.

[78] *Riesner*, Jesus als Lehrer, Tübingen 1988; dazu *Werner Georg Kümmel*, Jesusforschung seit 1981, in: Theologische Rundschau 53 (1988) 229-249.

[79] *Luther*, Kirchenpostille (von 1522).

[80] *Riesner*, a.a.O., 500ff.

[81] Wie sehr diese Verkürzung im Trend heutiger Theologie liegt, zeigen Äußerungen *Herbert Vorgrimlers*, die auf eine analoge Verkennung der »medialen Differenz« schließen lassen: Lesen durch die »Augen des Herzens«, in: *A. Th. Khoury* und *L. Muth* (Hrsg.), Glauben durch Lesen? Für eine christliche Lesekultur, Freiburg 1990, 88f. Dem entspricht die abschließend (413-428) zu vermerkende Tatsache, daß die moderne Bibelwissenschaft trotz der Herausforderung durch die ständig eskalierende Medienszene außerstande zu sein scheint, den Mediencharakter der biblischen Schriften und in deren Konsequenz den nicht nur formalen, sondern essentiellen Unterschied von Wort und Schrift wahrzunehmen.

[82] *Grabner-Haider*, Ideologie und Religion. Interaktion und Sinnsysteme in der modernen Gesellschaft, Wien 1981, 18-36.

[83] Näheres dazu in meiner Untersuchung ›Religiöse Sprachbarrieren‹, 68ff.

[84] Dazu nochmals mein auf Seite 411, Anm. 76, angeführter Beitrag ›Wir dürfen nicht schweigen. Erwägungen zur kirchlichen Sprachlosigkeit‹ (von 1990).

[85] Von typologischen Zuordnungen sind vor allem die Erzählweisen des Mattäus- und Johannesevangeliums, aber auch wichtige Bildaussagen der Paulusbriefe (wie Röm 5,12-21; 1 Kor 10,1-13; Gal 4,21-31) bestimmt; dazu die Ausführungen meiner Theologischen Sprachtheorie und Hermeneutik, 151-155. Auf die Lehre vom mehrfachen Schriftsinn, wie sie schon in der Patristik entwickelt und im Mittelalter ausgebaut wurde, verweist *Hasitschka* in seinem (in Anm. 64 zitierten) Aufsatz ›Fundamentalistische und kirchliche Bibelauslegung‹ (125-132); dazu auch *Henri de Lubac*, Der geistige Sinn der Schrift, Einsiedeln 1952.

[86] *Hasitschka*, a.a.O., 128f.

[87] Dazu *Josef Niewiadomski*, Katholizismus – Synkretismus – Fundamentalismus, in: Eindeutige Antworten? (202).

[88] *Marcuse*, Der eindimensionale Mensch (Originaltitel: The One-Dimensional Man), Neuwied und Berlin 1970; *Wimmel*, Die Kultur holt uns ein (von 1981).

[89] *Marcuse*, a.a.O., 103-138.

[90] *Wimmel*, a.a.O., 9.

[91] *Niewiadomski*, a.a.O., 200ff.

[92] *Gössmann*, Antiqui et Moderni im Mittelalter, 37; 52f; 131f.

[93] Dazu die Ausführungen meines Jesusbuchs ›Der Freund‹, 126.

[94] Dazu die instruktive Einführung von *Franz Meyer* in der Werkmonographie *Marc*

Chagall, Der Engelsturz, Stuttgart 1964, 3-23; ferner mein auf Seite 390, Anm. 4, angeführter Beitrag ›Das Antlitz des Menschen‹ (von 1985).

[95] *Rosenberg*, Die Welt im Feuer. Wandlungen meines Lebens, Freiburg 1983, 155f.

[96] Dazu die bereits erwähnte Programmschrift von *Fritjof Capra*, Wendezeit (von 1988); *Hugo M. Enomya-Lassalle*, Am Morgen einer besseren Welt. Der Mensch im Durchbruch zu einem neuen Bewußtsein, Freiburg 1988; *Karl Ledergerber*, Mit den Augen des Herzens. Ein neues Denken breitet sich aus, Freiburg 1988; *Siegfried Rudolf Stunde*, Neue Spiritualität. Selbsterfahrung des religiösen Wandels, Frankfurt 1986, sowie die bereits erwähnte Schrift von *Josef Sudbrack*, Neue Religiosität (von 1987).

[97] Dazu außer der bereits genannten Schrift sein Werk ›Zen – Weg zur Erleuchtung‹, Wien 1977, und ›Zen-Meditation für Christen‹, Weilheim 1978.

[98] *Enomya-Lassalle*, Am Morgen einer besseren Welt, 116-126; *Alfons Rosenberg*, Jesus der Mensch. Ein Fragment, München 1986, 66f; dazu auch *Günther Schiwy*, Der kosmische Christus. Spuren Gottes ins neue Zeitalter, München 1990.

[99] *Spranger*, Die Magie der Seele, Tübingen 1947.

[100] *Spranger*, a.a.O., 102.

[101] *Rosenberg*, Jesus der Mensch, 75ff.

[102] A.a.O., 34; 44.

[103] A.a.O., 67.

[104] Dazu *Gerhard Adler*, Wiedergeboren nach dem Tode? Frankfurt 1977; *ders.*, Seelenwanderung und Wiedergeburt. Leben wir nur einmal?, Freiburg 1980; ferner *Reinhard Hummel*, Reinkarnation, Mainz und Stuttgart 1988, sowie *Josef Sudbrack*, Neue Religiosität, 153f; 162. Aus systematischer Sicht gingen bereits die Bemerkungen zur »Konzentrationsschwäche« des Glaubens (145-149) auf diese Problematik ein.

[105] *Benz*, Kosmische Bruderschaft. Die Pluralität der Welten, Freiburg 1978; zu Werfels »Reiseroman« siehe *Peter Stephan Jungk*, Franz Werfel. Eine Lebensgeschichte, Frankfurt 1987, 312ff; 328ff.

[106] *Guardini*, Das Ende der Neuzeit, 111.

[107] *Tertullian*, De anima, c. 33, und De carne Christi, c. 24; zum johanneischen Begriff einer »Geburt von oben« siehe *Rudolf Schnackenburg*, Das Johannes-Evangelium I, Freiburg 1967, 378ff.

[108] Dazu der von *W. Böhme* herausgegebene Sammelband ›Mystik ohne Gott?‹ Mit Beiträgen der genannten Autoren, Karlsruhe 1982, 9-71; ferner *Otto Pöggeler*, Der Denkweg Martin Heideggers (Pfullingen 1963, 236-267), und *Hans-Georg Gadamer*, Wer bin Ich und wer bist Du? Ein Kommentar zu Paul Celans Gedichtfolge ›Atemkristall‹ (Frankfurt 1973).

DRITTER TEIL: THERAPIE

Überleitung

[1] Dazu *Harald Schilling*, Das Ethos der Mesotes. Eine Studie zur Nikomachischen Ethik des Aristoteles, Tübingen 1930.

[2] *Goethes* Kritik der angeblich »kranken« Romantik trägt zu deutlich das Gepräge der Selbstimmunisierung, als daß es nicht auf die Verteidigung des eigenen »klassischen« Standpunkts zurückbezogen werden müßte; ebenso charakterisierte *Hindemith* im Grunde sich selbst, als er von seinem Helden ›Mathis‹ sagte, daß er sich bei voller Anerkennung der Kunstleistungen der angehenden Renaissance in seiner eigenen Arbeit doch für die äußerste Entfaltung des Überlieferten entschieden habe, »ähnlich wie zwei Jahrhunderte später sich Johann Sebastian Bach im Strome des musikalischen Fortschritts als ein Bewahrer erweist« (so seine Ausführungen im Programmheft zur Züricher Uraufführung seiner Oper ›Mathis der Maler‹, die übrigens nach seinem ausdrücklichen Bekunden aufgrund der bereits ausgearbeiteten Sinfonie geschaffen wurde und nicht, wie vielfach angenommen wird, in umgekehrter Abfolge). Demgegenüber beziehen sich die innovatorischen Leistungen von *Anselm von Canterbury* (Proslogion-Beweis) und *Descartes* (idealistische Neubegründung der Philosophie) auf Motive, die im Werk Augustins vorgegeben sind, so wie *Beethoven* den in seiner Eroica-Symphonie vollzogenen Überstieg von der Klassik zur Romantik im Rückbezug auf ein Mozart-Motiv (aus dem Singspiel ›Bastien und Bastienne‹) zustande brachte; dazu *Karl Neff*, Die neun Symphonien Beethovens, Leipzig 1928, 71. Von Beethovens eigenen Äußerungen kann dafür besonders die auf die Erneuerung der Fugenform bezogene in Anspruch genommen werden, derzufolge es ihm darum zu tun war, »in die althergebrachte Form ein anderes, wirklich poetisches Element« kommen zu lassen; nach *Martin Geck* und *Peter Schleuning*, ›Geschrieben auf Bonaparte‹. Beethovens ›Eroica‹: Revolution, Reaktion, Rezeption, Hamburg 1989, 163ff.

[3] Dazu außer *Hans-Georg Gadamer*, Wahrheit und Methode. Grundzüge einer philosophischen Hermeneutik, Tübingen 1960, 258, und *Hans Maier*, Revolution und Kirche. Zur Frühgeschichte der christlichen Demokratie, Freiburg 1988, 139f; 175ff, vor allem *Joseph Kardinal Ratzinger*, Zur Lage des Glaubens, München 1985, 35f, sowie die Ausführungen meiner Schrift ›Glaubenswende‹, 126ff.

[4] Dabei müßte die »innere« Emigration insofern als höchstes Alarmzeichen gewertet werden, als sie im Grunde zum Erscheinungsbild totalitärer Herrschaftssysteme gehört, sofern man ihr nicht auch die »demokratischen« Formen der Anpassung an bestehende Mehrheitsverhältnisse zurechnen möchte, wie sie dem von *Elisabeth Noelle-Neumann* analysierten Phänomen der »Schweigespirale« zugrunde liegt; dazu ihre Untersuchung ›Die Schweigespirale. Öffentliche Meinung – unsere soziale Haut‹, Frankfurt 1982, 23-83.

[5] Nach *Paul Michael Zulehner*, Säkularisierung von Gesellschaft, Person und Religion, Wien 1973, 58.

[6] Dazu die Ausführungen meiner Abhandlung ›Theologie als Therapie. Zur Wiedergewinnung einer verlorenen Dimension‹, Heidelberg 1985, 21-25, und die wiederholten Hinweise auf diese These in meiner Untersuchung ›Religiöse Sprachbarrieren‹, 80f; 310ff.

418

I.

Die Selbstkorrektur

[7] Dazu nochmals die Ausführungen auf Seite 151-159.

[8] Zweifellos muß dieses bereits im Band I, aber auch in meinem Jesusbuch ›Der Freund‹ wiederholt angeführte Wort jenen Schlüsselworten wie dem von den »Kurzformeln des Glaubens« oder dem Begriff des »anonymen Christen« zugerechnet werden, mit denen sich *Rahner* nachdrücklich ins theologische Denken der Gegenwart eingeschrieben hat.

[9] *Seuse*, Das Büchlein der Ewigen Weisheit, Kapitel 5.

[10] Näheres dazu in meinem Beitrag ›Luther – der Schuldner des Wortes‹, in: Glaubensimpulse, 309-323.

[11] Vom zentralen Beweggrund wird im Anschluß an diese Vorüberlegungen zu handeln sein.

[12] Dazu *Albert Lang*, Die Entfaltung des apologetischen Problems in der Scholastik des Mittelalters, 29-38.

[13] Dazu die apologetische Programmschrift des im Ersten Weltkrieg unter tragischen Umständen gefallenen Jesuitentheologen *Rousselot*, Die Augen des Glaubens (Originaltitel: Les yeux de la foi), Einsiedeln 1963; ferner *Eugen Seiterich*, Glaubwürdigkeitserkenntnis. Eine theologische Untersuchung zur Grundlegung der Apologetik, Heidelberg 1948, 10-18.

[14] Dazu nochmals die Ausführungen auf Seite 137.

[15] Dazu außer *Ratzinger*, Zur Lage des Glaubens, 141-163, auch nochmals der von *G. Greshake* herausgegebene Sammelband ›Ungewisses Jenseits?‹ (von 1986).

[16] Dazu die Ausführungen *Peter L. Bergers* in seiner Schrift ›Auf den Spuren der Engel‹ (Originaltitel: A Rumor of Angels), Frankfurt 1970, 80ff.

[17] *Buber*, Zwei Glaubensweisen; dazu die einschlägigen Hinweise in Band I sowie die Ausführungen meiner Schrift ›Buber für Christen‹, 126-129.

[18] Dazu nochmals die Ausführungen auf Seite 125ff.

[19] Dazu die Ausführungen über den Gang der Gottesfrage in meinem Sammelband ›Glaubensimpulse‹, 150-159.

[20] *Buber*, Werke I, 596.

[21] Dazu *Gerhard von Rad*, Das erste Buch Mose, Göttingen 1953, 278-284.

[22] Dazu *Buber*, Werke II: Schriften zur Bibel, München und Heidelberg 1964, 58; 1139ff.

[23] Dazu *Buber*, a.a.O., 47-66.

[24] Näheres dazu in meiner Schrift ›Interpretation und Veränderung‹, 84f.

[25] A.a.O., 131ff.

[26] Näheres dazu in meiner Schrift ›Glaubenswende‹, 64-68.

[27] Dazu *Max Seckler*, Fundamentaltheologie: Aufgaben und Aufbau, Begriff und Namen, in: Handbuch der Fundamentaltheologie IV, 450-514.

[28] Dazu *Seckler*, Handbuch der Fundamentaltheologie IV, 496; ferner *Fries*, Fundamentaltheologie, 310.

[29] *Specht*, René Descartes in Selbstzeugnissen und Bilddokumenten, Reinbek 1966, 42-47; dazu mein Beitrag ›Das Wahrheitsproblem der Glaubensbegründung. Erwägungen zu einer aktuellen Frage der Fundamentaltheologie‹, in: Hochland 61 (1969) 1-12.

[30] Dazu *Hermann Josef Pottmeyer*, Zeichen und Kriterien der Glaubwürdigkeit des Christentums, in: Handbuch der Fundamentaltheologie IV, 373-413.

[31] Dazu *Gerhard Krüger*, Die Herkunft des philosophischen Selbstbewußtseins, 42.

[32] Dazu *Waldenfels*, Kontextuelle Fundamentaltheologie, 172f.

[33] So Waldenfels im Anschluß an *Max Seckler*: a.a.O., 173.

[34] *Gadamer*, Wahrheit und Methode, 261-269; dazu mein Grundriß einer hermeneutischen Fundamentaltheologie ›Glaubensverständnis‹, 66f, sowie die Ausführungen in Band I, 195ff.

[35] *Kierkegaard*, Philosophische Brocken: Kapitel Ib (Der Lehrer) und II (Der Gott als Lehrer und Erlöser).

[36] Dazu *Gadamer*, Wahrheit und Methode, 180ff.

[37] Für einen um eine »operationale« und »existentielle« Komponente erweiterten Verstehensbegriff, der den hermeneutischen Akt zugleich als eine »Kunst« und ein »Vermögen« erscheinen läßt, sprach sich bereits Band I (197ff) aus.

[38] *Nietzsche*, Sämtliche Werke. Kritische Studienausgabe XV, 89.

[39] *Kern*, Der freiere Glaube. Faktoren und Tendenzen der Gegenwartssituation, in: Alter Glaube in neuer Freiheit, 94-105.

[40] Balthasar, Theodramatik I: Prolegomena, Einsiedeln 1963; dazu meine Besprechung unter dem Titel ›Theologischer Kategorienwechsel‹, in: Theologische Revue 72 (1976) 441-450.

[41] *Balthasar*, a.a.O., 24-39.

[42] Die Tendenz »vom Spektrum zum Brennpunkt« entdeckte *Kern* in seinem Beitrag ›Der freiere Glaube. Faktoren und Tendenzen der Gegenwartssituation‹; dazu nochmals die bibliographischen Angaben auf Seite 406, Anm. 37; von einer »Methode der Zusammenfassung der Theologie in einem Brennpunkt«, die er jedoch nicht weiter anzuwenden gedenke, spricht *Moltmann* in dem wiederholt erwähnten Sammelband ›Entwürfe der Theologie‹, 249.

[43] *Kleinspehn*, Der flüchtige Blick. Sehen und Identität in der Kultur der Neuzeit, Reinbek 1989, 72-76.

[44] Näheres dazu in Band I, 209-254.

[45] Dazu das Kapitel »Negative Dialektik – Adornos Versuch einer Überwindung der Subjektphilosophie« in *Helga Gripps* Adorno-Monographie (Paderborn 1986, 145-176); ferner das Kapitel »Experimental-Philosophie« in *Volker Gerhardts* Schrift ›Pathos und Distanz. Studien zur Philosophie Friedrich Nietzsches‹ (Stuttgart 1988, 163-187); zu *Kierkegaards* Systemkritik folgt Näheres auf Seite 295f.

[46] So der eigentümlich abgehobene ›Epilog‹ (Einsiedeln und Trier 1987), der durch die »Vorhalle« über die »Schwelle« zum »Dom« führt.

[47] Dazu außer meiner Abhandlung ›Theologie als Therapie‹ (Heidelberg 1985) *Wolfgang Beinert*, Hilft Glaube heilen? (Düsseldorf 1985), und *Fritz Arnold*, Der Glaube, der dich heilt. Zur therapeutischen Dimension des christlichen Glaubens (Regensburg 1983).

[48] *Küng*, Theologie im Aufbruch. Eine ökumenische Grundlegung, München 1987. Mit einigen Vorbehalten überträgt er dabei den von *Thomas S. Kuhn* in den wissenschaftstheoretischen Disput eingeführten Begriff auf den geisteswissenschaftlichen Bereich, wobei er sich in problematischer Argumentation auf die – von der Unschärferelation geforderte – Einbeziehung des Subjekts in die naturwissenschaftliche Gegenstandsbestimmung beruft (160f); denn diese Einbeziehung gilt nur für den mikrophysikalischen, nicht jedoch, wie er anzunehmen scheint, auch für den makrophysikalischen Bereich. Darin verfährt er wie *Bultmann*, der, wie schon zu Beginn seines Jesusbuchs (von 1926) so auch in seinem Beitrag ›Zum Problem der Entmythologisierung‹ (von 1963) auf die Nicht-Objektivierbarkeit geschichtlicher Vorgänge verwies und sich dabei auf das »Verständnis des Subjekt-Objekt-Verhältnisses« berief, das in der modernen Naturwissenschaft Platz gegriffen habe: Glaube und Verstehen IV, Tübingen 1965, 129.

[49] Dazu auch nochmals das auf Seite 145f Gesagte. Der Zweifel betrifft insbesondere die Gleichsetzung des johanneischen »Logos« mit dem Logosbegriff der griechischen Philosophie, die lange vor Athanasius schon bei *Klemens von Alexandrien* und insbesondere bei seinem Schüler *Origenes* erfolgte; dazu *Rolf Gögler*, Zur Theologie des biblischen Wortes bei Origines, Düsseldorf 1963, 230-281. Näheres dazu auf Seite 326.

[50] *Balthasar*, Karl Barth. Darstellung und Deutung seiner Theologie, Köln 1962, 36; 93ff; 124ff.

[51] *Moltmann*, Theologie der Hoffnung, in: Entwürfe der Theologie, 239-246.

[52] *Tresmontant*, Biblisches Denken und hellenische Überlieferung (Originaltitel: Essai sur la pensée ébraique), Düsseldorf 1956, 76f.

[53] *Metz*, Unterwegs zu einer nachidealistischen Theologie, in: Entwürfe der Theologie, 224-230.

[54] Dazu mein Beitrag ›Theologischer Kategorienwechsel. Zu Hans Urs von Balthasars Theodramatik‹, in: Theologische Revue 72 (1976) 441-450.

[55] *Schröer*, Struktur und Ordnung als theologische Leitbegriffe, in: *W. Joest* und *W. Pannenberg*, Dogma und Denkstrukturen, Göttingen 1963, 37.

[56] *Kleinspehn*, Der flüchtige Blick, 76-91.

[57] *Balthasar*, Epilog, 35. Das Motto schlägt gleichzeitig die Brücke zu den Streitschriften des Autors (Cordula; Der antirömische Affekt), die das Hauptwerk schattenhaft flankieren und dadurch Aufschluß über die in ihm »inszenierte« Machtposition geben.

[58] *Tresmontant*, Biblisches Denken und hellenische Überlieferung, 12; 156; ferner *Franz Rosenzweig*, Das Büchlein vom gesunden und kranken Menschenverstand, Düsseldorf 1964, 34; dazu die Ausführungen meiner Abhandlung ›Theologie als Therapie‹, 41-47.

[59] Zitat und Stellenangabe auf Seite 233 und 418, Anm. 6.

[60] Nach *Balthasar*, Karl Barth, 176.

[61] *Guardini*, Das Wesen des Christentums, Würzburg 1949, 65; dazu auch die auf Seite 343 angeführte Parallelstelle aus Guardinis Pascalbuch.

[62] *Balthasar*, Karl Barth, 186.

[63] Ebd. Unter Bezugnahme auf *Barths* ›Kirchliche Dogmatik‹ IV, 168.

[64] *Rahner*, Grundkurs des Glaubens, 122-139.

[65] Dazu *Marxsen*, Die Auferstehung Jesu als historisches und als theologisches Problem, Gütersloh 1964; *ders.*, Die Sache Jesu geht weiter, Gütersloh 1976.

[66] Dazu auch *Buber*, der in seiner Streitschrift ›Zwei Glaubensweisen‹ (von 1953) die Ansicht vertritt, daß dem Begriff »Auferstehung« der der »Erhöhung« vorangegangen sein mußte, weil für ihn nicht nur alttestamentliche Vorgaben sprachen, sondern mit seiner Hilfe auch die »Visionen des Erhöhten« verständlich zu machen waren: Werke I: Schriften zur Philosophie, 724ff.

[67] Dazu *Hans Kessler*, Sucht den Lebenden nicht bei den Toten, 152-157.

[68] Dazu die Ausführungen meiner Schrift ›Paulus – der letzte Zeuge der Auferstehung‹ (Regensburg 1981, 20-36) sowie meines Paulusbuchs ›Der Zeuge‹ (Graz 1981, 17-37).

[69] *Kessler*, a.a.O., 99-104.

[70] *Kierkegaard*, Philosophische Brocken II: Der Gott als Lehrer und Erlöser.

[71] *Kierkegaard*, Zwei Reden beim Altargang am Karfreitag (von 1851), nach der von *Emanuel Hirsch* besorgten Auswahl aus dem Gesamtwerk, München und Hamburg 1969, 436f.

[72] *Guardini*, Das Ende der Neuzeit (Neuausgabe von 1986), 94.

[73] *Ganoczy*, Liebe als Prinzip der Theologie, in: Prinzip Liebe. Perspektiven der Theologie, Freiburg 1975, 36-58.

[74] A.a.O., 37.

[75] A.a.O., 40f.

[76] Ebd.

[77] Dazu *Ganoczy*, Wahrheitsfindung durch Liebe, in: Prinzip Liebe, 59-75; dazu auch mein Beitrag ›Die Logik der Liebe‹, in: Internationale Katholische Zeitschrift 6 (1977) 85-92.

[78] Dazu mein Hinweis in dem von *Joseph Cardinal Ratzinger* herausgegebenen Sammelband ›Wege zur Wahrheit. Die bleibende Bedeutung von Romano Guardini‹, Düsseldorf 1985, 81f; ferner die Bemerkungen meiner Schrift ›Der schwere Weg der Gottesfrage‹, 43f; 97.

[79] *Ganoczy*, Wahrheitsfindung durch Liebe, 70f.

[80] *Cusanus*, De visione Dei, c. 3; dazu *Peter Mennicken*, Nikolaus von Kues, Leipzig 1932, 149f.

[81] Dazu *Henri de Lubac*, Katholizismus als Gemeinschaft, Einsiedeln und Köln 1943, 106.

[82] Dazu *Wilhelm Emrich*, Protest und Verheißung. Studien zur klassischen und modernen Dichtung, Bonn 1963, 71ff; 80ff.

[83] Dazu *Karl-Josef Kuschel*, Jesus in der deutschsprachigen Gegenwartsliteratur, Zürich und Gütersloh 1978, 67f; 251-266.

[84] Näheres dazu im Schlußkapitel meiner Schrift ›Gottsucher oder Antichrist? Nietzsches provokative Kritik des Christentums‹, 105-118. Der uneinsichtigen Kritik dieses Ansatzes ist entgegenzuhalten, daß Nietzsche damit lediglich auf eine Linie einschwenkt, die zu den großen Traditionen der neuzeitlichen Dichtung gehört; dazu außer *Kuschel* (a.a.O., 265f) auch *Balthasar*, Herrlichkeit III: Im Raum der Metaphysik, Einsiedeln 1965, 492-551; zu *Bölls* Clown-Roman außerdem *Marcel Reich-Ranicki*, Mehr als ein Dichter. Über Heinrich Böll, Köln 1986, 41-49.

[85] *Hauff*, Sämtliche Märchen (Ausgabe *Ewers*), Stuttgart 1986, 454f.

[86] *Hauff*, Der Zwerg Nase (a.a.O., 153). Der neueren Hauff-Forschung zufolge kommt als Vorbild für ›Zwerg Nase‹ neben Motiven aus den ›Volksmärchen der Deutschen‹ von *J. K. A. Musäus* vor allem die Titelfigur von *E. T. A. Hoffmanns* ›Klein Zaches genannt Zinnober‹ in Betracht (a.a.O., 433).

[87] Dazu *Reich-Ranicki*, Deutsche Literatur in West und Ost, München 1985, 222-235.

[88] *Grass*, Die Blechtrommel, Frankfurt und Hamburg 1963, 47.

[89] A.a.O., 383.

[90] Wie Anmerkung 88.

[91] *Grass*, a.a.O., 383, 391.

[92] A.a.O., 116.

[93] *Marcel*, Geheimnis des Seins (Wien 1952); Metaphysisches Tagebuch (Wien und München 1955), und *Fromm*, Haben oder Sein. Die seelischen Grundlagen einer neuen Gesellschaft (München 1980).

[94] Näheres dazu in meinem Jesusbuch ›Der Freund‹, 275ff.

[95] Mit diesem Wort aus dem Nachlaß arbeitet Nietzsche offenkundig jener umfassenden Kulturkritik in die Hand, die, sicher nicht ohne seinen Einfluß, von *Freud* in das Theorem von den »drei Kränkungen« zusammengefaßt wurde; dazu Band I, 71f.

[96] Näheres dazu in meinem Beitrag ›Eine mündige Seniorenschaft‹, in: Politische Studien 39 (1988) 263-268.

[97] Dazu die als Zeugnisse eines außergewöhnlichen Engagements bedeutsamen, in ihren Schlußfolgerungen jedoch höchst problematischen Schriften von *Elisabeth Kübler-Ross*, Interviews mit Sterbenden, Stuttgart 1969; Was können wir noch tun?

Antworten auf Fragen nach Sterben und Tod, Stuttgart 1974; ferner *Eckart Wiesenhütter*, Blick nach drüben. Selbsterfahrungen im Sterben, Gütersloh 1976, sowie *Georg-Karl Frank*, Zeitgenosse Tod, Stuttgart 1971.

[98] Näheres dazu in meiner Schrift ›Dasein auf Abruf. Der Tod als Schicksal, Versuchung und Aufgabe‹, 27-37; 88-94; 128-143.

[99] Dazu nochmals das auf Seite 185 und 256 Gesagte.

II.
Die Zielmarken

[1] Näheres zum Charakter dieser Modelle wird zu Beginn des nächsten Abschnittes zu sagen sein.

[2] Dazu die Ausführungen meiner Schrift ›Interpretation und Veränderung. Werk und Wirkung Romano Guardinis‹, Paderborn 1979, 73-80.

[3] *Guardini*, Der Herr. Über Leben und Person Jesu Christi, Paderborn 1980, 342-351.

[4] A.a.O., 524.

[5] A.a.O., 542f.

[6] A.a.O., 534.

[7] A.a.O., 359ff; 540f.

[8] Nicht umsonst fehlt im Stellenregister des Werkes gerade diese Bezugsstelle.

[9] Auf weitere »selbstbezügliche« Stellen verweist mein Versuch ›Wer war Romano Guardini?‹ (Akademie Publikation Nr. 72, Augsburg 1985, 10-15; 39).

[10] A.a.O., 296f; ferner die unter dem Titel ›Berichte über mein Leben‹ von *F. Henrich* herausgegebenen autobiographischen Fragmente Guardinis (Düsseldorf 1984).

[11] *Guardini*, Das Bild von Jesus dem Christus im Neuen Testament, Würzburg 1953, 91; dazu *Leo Scheffczyk*, Das Christusgeheimnis in der Schau Romano Guardinis, in: *W. Seibel* (Hrsg.), Christliche Weltanschauung. Wiederbegegnung mit Romano Guardini, Würzburg 1985, 110-140.

[12] *Guardini*, Der Herr, 542.

[13] *Guardini*, Jesus Christus. Sein Bild in den Schriften des Neuen Testaments, Würzburg 1940, 76.

[14] *Bossuet*, Sermon sur la nécessité des souffrances; nach *Lubac*, Katholizismus als Gemeinschaft, 90.

[15] Dazu nochmals die Ausführungen auf Seite 66f.

[16] Dazu nochmals die Ausführungen auf Seite 68f.

[17] Näheres dazu in meiner Studie ›Überredung zur Liebe‹, 147-159.

[18] *Le Fort*, Erzählende Schriften III, Wiesbaden 1956, 24.

[19] Dazu nochmals die im vorigen ausführlicher zitierte Stelle aus ›Der Herr‹, 542.

[20] *Guardini*, Das Ende der Neuzeit, 117f; dazu mein Beitrag ›Romano Guardini: Wegweiser in eine neue Epoche. Überlegungen zu einer kritischen Guardini-Rezeption‹, in: Christliche Weltanschauung, 210-240.

[21] *Guardini*, Die Macht. Versuch einer Wegweisung, Würzburg 1951, 77-85.

[22] *Balthasar*, Das Ganze im Fragment. Aspekte der Geschichtstheologie, Einsiedeln 1963. Um so deutlicher ist die erkenntnistheoretische Anknüpfung, die Balthasar dort beginnen läßt, wo das Augustinusbuch Guardinis endete: mit der »Vision Augustins«, auch wenn sich Guardini dabei auf die Ostia-Vision bezieht, während Balthasar mit diesem Begriff die vertikale Blickrichtung der vier letzten Bücher der ›Confessiones‹ verdeutlicht. Wenn irgendwo, kommt hier das innere Verhältnis der beiden bei aller Verschiedenheit doch strukturverwandten Denker zum Vorschein.

423

Das gilt insbesondere von ihrem kognitiven Ansatz, der sich im Blick auf Guardini als eine »mitgeteilte Intuition«, im Falle Balthasars als perspektivenreiche Entfaltung einer »übernommenen Vision« charakterisieren läßt; dazu außer seinem verschlüsselten Hinweis in ›Das Ganze im Fragment‹ (272) auch nochmals das auf Seite 217 Gesagte. Überdies verweist das angesprochene Werk mit der Erwähnung der geschichtstheologischen Konzeption *Erich Przywaras* auf den großen Anreger, der Balthasar mit der von ihm überwiegend kritisch behandelten Gertrud von Le Fort verbindet (a.a.O., 326f).

[23] *Balthasar*, a.a.O., 323f.

[24] *Przywara*, Kirchenjahr. Die christliche Spannungseinheit (von 1923); nach Balthasar, a.a.O., 325f.

[25] Im Fall des Le Fortschen Werks erklärt sich die ausgebliebene Rezeption aus dem jähen Wirkungsabfall, den die christliche Dichtung insgesamt zu Beginn der fünfziger Jahre erlitt; im Falle Balthasars, der bei Lebzeiten nur vereinzelt Resonanz, aber keine wirkliche Einbeziehung in den theologischen Disput fand, muß sich erst noch zeigen, ob die Wirkungsgeschichte, wie dies etwa bei *Kierkegaard*, *Nietzsche* oder *Bonhoeffer* geschah, mit dem Tod einsetzt.

[26] Von der auf diesen Überhöhungsfaktor abhebenden Schrift ›Das Ethos der Mesotes‹ von *Harald Schilling* war bereits auf Seite 418, Anm. 1, die Rede.

[27] *Augustinus*, Confessiones IV, c. 7 und 12; dazu *Hugo Rahner*, Die Gottesgeburt. Die Lehre der Kirchenväter von der Geburt Christi im Herzen der Gläubigen, in: Zeitschrift für Katholische Theologie 59 (1935) 333-418 (388).

[28] *Rahner*, a.a.O., 385; 393.

[29] *Rahner*, a.a.O., 359-364.

[30] *Rahner*, a.a.O., 363.

[31] Dazu nochmals die Ausführungen in Band I, 217ff.

[32] Dazu *Franz Mussner*, Der Galaterbrief, 290-303.

[33] *Nietzsche*, Der Antichrist, § 35.

[34] Aufgrund der vom Allensbacher Institut für Demoskopie veranstalteten Recherchen konnte *Renate Köcher* (im Rahmen einer von der Konrad-Adenauer-Stiftung im Frühjahr 1989 veranstalteten Tagung) davon berichten, daß das Religiöse in der modernen Gesellschaft, gerade auch unter Christen, zum »eigentlich Obszönen« geworden sei.

[35] Dazu *Theodor Steinbüchel*, Der Umbruch des Denkens. Die Frage nach der christlichen Existenz erläutert an Ferdinand Ebners Menschdeutung, Regensburg 1936; *Ebner*, Das Wort und die geistigen Realitäten. Pneumatische Fragmente, Innsbruck 1921; *Rosenzweig*, Der Stern der Erlösung (von 1921), Heidelberg 1954; *Buber*, Ich und Du, Leipzig 1923; dazu meine Schrift ›Buber für Christen‹, Freiburg 1988.

[36] *Buber*, Urdistanz und Beziehung, Heidelberg 1951, 44.

[37] *Buber*, Elemente des Zwischenmenschlichen, in: Werke I: Schriften zur Philosophie, München und Heidelberg 1962, 289; dazu auch *Michael Theunissen*, Der Andere. Studien zur Sozialontologie der Gegenwart, Berlin 1977, 266-277.

[38] *Buber*, Gog und Magog. Eine Chronik, Heidelberg 1949, 151.

[39] Zur Herkunft und theologischen Bedeutung der Schechina siehe *Hermann Cohen*, Religion der Vernunft aus den Quellen des Judentums, Köln 1959, 53.

[40] Zitat unter Literaturangaben auf Seite 88. Zur religiösen Verarbeitung der vor allem von *Antiochus IV. (Epiphanes)* betriebenen Hellenisierung siehe *von Rad*, Theologie des Alten Testaments II, München 1960, 324ff; ferner *Elias Bickermann*, Der Gott der Makkabäer. Untersuchungen über Sinn und Ursprung der makkabäischen Erhebung, Berlin 1937, 50-126.

[41] Daß sich die Weisheit ihrerseits als »Matrix« für ein sachgerechtes Erdenken des

glaubensgeschichtlichen Zentralereignisses, der Neuentdeckung Jesu, anbietet, sagt mein Jesusbuch ›Der Freund‹, 36; 52f.

[42] *Jüngel*, Gott als Geheimnis der Welt. Zur Begründung der Theologie des Gekreuzigten im Streit zwischen Theismus und Atheismus, Tübingen 1977, 443; 450.

[43] *Jüngel*, a.a.O., 443.

[44] *Anselm*, Proslogion, c. 17. Der Anlaß, auf den der Kusaner im Vorwort der Schrift zu sprechen kommt, bezieht sich auf die Darstellung des »All-Sehenden«, eines den Betrachter scheinbar mit seinem Blick verfolgenden Gesichts, wie es ihm im Rathaus von Brüssel, in der Veronika-Kapelle von Koblenz und auf einem Wappenbild in Brixen begegnet war.

[45] *Cusanus*, De visione Dei, c. 5.

[46] *Rahner*, Kleines Fragment »über die kollektive Findung der Wahrheit«, in: Schriften zur Theologie VI, Einsiedeln 1965, 104-110; dazu der Hinweis in Band I, 217f.

[47] A.a.O., 105.

[48] A.a.O., 106.

[49] A.a.O., 107f.

[50] A.a.O., 110.

[51] Dazu *Metz*, Glaube in Geschichte und Gesellschaft. Studien zu einer praktischen Fundamentaltheologie, Mainz 1978, 161-180.

[52] Wenn *Metz* in diesem Zusammenhang von einer »gefährlichen Erinnerung« spricht, so in der Absicht, sein Konzept möglichst deutlich von einer »nostalgischen Reproduktion der Vergangenheit« *(Waldenfels)* abzugrenzen; dazu *Waldenfels*, Kontextuelle Fundamentaltheologie, 346.

[53] Dazu *Alfred Wikenhauser*, Die Christusmystik des Apostels Paulus (von 1928), Freiburg 1956; ferner *Albert Schweitzer*, Die Mystik des Apostels Paulus, Tübingen 1930, sowie *Balthasar*, Theologik III, 60-75; 268-281, und *Schnackenburg*, Das Johannes-Evangelium III, Freiburg 1975, 156-173.

[54] *Beierwaltes*, Reflexionen zu Eriugenas Einschätzung von Leistung und Funktion der Sprache, in: Zeitschrift für Philosophische Forschung 38 (1984) 523-543.

[55] A.a.O., 530.

[56] Dazu die Ausführungen meiner Paulusbücher ›Der Zeuge. Eine Paulus-Befragung‹ (115-120) und ›Paulus für Christen‹ (87-93).

[57] *Kuss*, Paulus. Die Rolle des Apostels in der theologischen Entwicklung der Urkirche, 302f.

[58] Zum folgenden siehe *Wilhelm Geerlings*, Christus Exemplum. Studien zur Christologie und Christusverkündigung Augustins, Mainz 1978.

[59] Dazu das Vorwort von *Clark Johann Perl* zu der von ihm herausgegebenen Augustinusschrift ›Der Lehrer‹, Paderborn 1959, IX-XXVIII; ferner *Franz Körner*, Das Sein und der Mensch. Die existentielle Seinsentdeckung des jungen Augustin, Freiburg und München 1959, 24; 49-60, sowie *Cornelius Mayer*, Augustins Lehre vom »homo spiritalis« in dem von ihm und *K. H. Chelius* herausgegebenen titelgleichen Werk, Würzburg 1987, 3-60.

[60] *Augustinus*, De magistro, c. 14,46.

[61] Ebd.

[62] *Augustinus*, Enerratio in Ps 42,1.

[63] *Cusanus*, De visione Dei, c. 7,25; dazu *Klaus Kremer*, Gottes Vorsehung und die menschliche Freiheit (»Sis tu tuus, et Ego ego tuus«), in: *R. Haubst* (Hrsg.), Das Sehen Gottes nach Nikolaus von Kues, Trier 1989, 227-263.

[64] *Cusanus*, De docta ignorantia III, Widmungsbrief an Kardinal Julianus Cesarini.

[65] *Augustinus*, Enerratio in Ps 42,7.

[66] Näheres zum paulinischen Glaubensverständnis bei *Bornkamm*, Paulus, Stuttgart 1977, 151-155; dazu auch *Wikenhauser*, Die Christusmystik des Apostels Paulus, 87-97.

[67] Der Gedanke des wechselseitigen Unterworfenseins wird von *Paulus* vollständig, der der von Christus übernommenen und dadurch von uns genommenen Unmündigkeit jedoch nur unvollständig durchgeführt; doch ergibt er sich zwingend aus dem Kontext; dazu *Mussner*, Der Galaterbrief, 266-277.

[67a] Dazu *Franz Mussner*, Der Galaterbrief, 274-277.

[68] *H. Rahner*, Die Gottesgeburt, 380.

[69] *H. Rahner*, a.a.O., 376; dazu auch *Anselm Stolz*, Theologie der Mystik, Regensburg 1936, 184f; ferner der Beitrag über die Geburt des Glaubens aus dem Wort in meinem Sammelband ›Glaubensimpulse‹ (28-46). Kaum einmal wurde das Heranreifen Jesu zum Bewußtsein seiner Gottessohnschaft suggestiver dargestellt als auf *Max Liebermanns* (anfänglich heftig umstrittenen) Gemälde ›Der zwölfjährige Jesus im Tempel‹ (von 1879): Dem im Blickdialog mit dem Zwölfjährigen begriffenen Schriftgelehrten droht das Buch aus der Hand zu fallen, weil er in dem auf ihn Einredenden den leibhaftigen Offenbarer entdeckt; dazu der von *Helmut R. Leppien* gestaltete Bildband (Kunsthalle Hamburg o. J.).

[70] Dazu *Schnackenburg*, Das Johannesevangelium III, Freiburg 1975, 224f.

[71] *Schnackenburg*, a.a.O., 152-155; dazu ferner die Ausführungen meines Jesusbuchs ›Der Freund‹, 58-62.

[72] Für einen im angedeuteten Sinn erweiterten Gewissensbegriff plädierte bereits mein Essay ›Menschsein in utopisch-anachronistischer Zeit‹ (München 1986, 38-41); demgemäß müssen im Sinn der drei Ordnungen des Wahren, Schönen und Guten drei über das Verhältnis zu ihnen wachende Gewissensformen – die noetische, ästhetische und moralische – unterschieden werden, die ihrerseits vom Existenzgewissen, dem Sensorium für das Verhältnis der Menschen zu sich selbst, unterbaut sind; dazu auch die dafür grundlegende Guardini-Schrift ›Die Annahme seiner selbst‹ (Würzburg 1960).

[73] Dazu nochmals das auf Seite 217 Gesagte.

[74] Daß damit der Gegenwartstheologie keineswegs die Befähigung zur Schaffung neuer Modelle abgesprochen wird, zeigt die (im weiteren Fortgang folgende) Würdigung der von *Johannes B. Bauer* zusammengefaßten ›Entwürfe‹, denen freilich keine vergleichbare Resonanz beschieden war.

[75] Dazu die Ausführungen meiner Untersuchung über ›Religiöse Sprachbarrieren‹, 208-223.

[76] Zum Problem der kirchlichen Sprachlosigkeit nochmals mein Beitrag ›Wir dürfen nicht schweigen‹ (von 1990); zum Verhältnis von Lehramt und Theologie die Bemerkungen *Walther Kampes* in dem von *Max Seckler* herausgegebenen Sammelband ›Lehramt und Theologie‹, 11-24, sowie dessen eigener Beitrag zum Thema ›Modelle des Verhältnisses von kirchlichem Lehramt und theologischer Wissenschaft‹, 83-130.

[77] Erschütternde Einblicke in dieses Mißverständnis gewährt *Bernhard Häring* in seinem Erlebnisbericht ›Meine Erfahrungen mit der Kirche‹ (Originaltitel: Fede, Storia, Morale), Freiburg 1989, 84-188. Zwiespältig verbleibt die auf den anstehenden Problemzusammenhang eingehende Instruktion der römischen Glaubenskongregation ›Über die kirchliche Berufung der Theologen‹ (vom 24. Mai 1990), die einerseits auf die unerläßliche Kooperation des Lehramts mit der theologischen Forschung abhebt, andrerseits jedoch die Freiheit des Forschers derart einschränkt, daß diesem im Konfliktfall nur der Weg des »schweigenden und betenden Leidens« offensteht.

[78] Näheres dazu in meiner Schrift ›Glaubenswende‹, 31-50.

[79] Dazu *Leonardo Boff*, Erfahrung von Gnade, 101-132.

[80] *Immanuel Kant*, Der Streit der Fakultäten (Ausgabe *Reich*), Hamburg 1959, 21.

[81] *Seckler*, Theologie als Glaubenswissenschaft, in: Handbuch der Fundamental-theologie IV, 193.

[82] Dazu *Walter Kasper*, Die Wissenschaftspraxis der Theologie, in: a.a.O., 266-269.

[83] *Kierkegaard*, Tagebuchaufzeichnungen von 1846; ähnlich in ›Die Krankheit zum Tode‹, 42.

[84] Dazu nochmals die Ausführungen in Band I, 209-254, sowie das auf Seite 248 Gesagte.

[85] Dazu *Josef Hochstaffl*, Negative Theologie, 105-109. Der Schritt in die Gegen-richtung wurde mit dem Entwurf der inzwischen in Vergessenheit geratenen »Theo-logie der weltlichen Wirklichkeit« getan; dazu *Hans Jürgen Schultz*, Konversion zur Welt. Gesichtspunkte für die Kirche von morgen, Hamburg 1964.

[86] *Bernhart*, Chaos und Dämonie. Von den göttlichen Schatten der Schöpfung, Mün-chen 1950, 27-43. Als letztes seiner Jahreszeiten-Stücke schrieb *Christopher Fry* das dem Winter gewidmete Versdrama ›The Dark is Light Enough‹ (von 1954).

[87] Dazu das Kapitel »Glaube und Kritik« meiner Schrift ›Glaube nur! Gott verstehen lernen‹, Freiburg 1980, 53-76.

[88] Dazu *Johann B. Metz*, Unterwegs zu einer nachidealistischen Theologie, 217-220; ferner die auf die These von *Ida Friederike Görres* bezogenen Ausführungen meiner Schrift ›Glaubenswende‹, 64ff, sowie mein auf Seite 400, Anm. 60a, erwähnter Beitrag ›Der ferne und der nahe Gott‹ (von 1991).

[89] *Irenäus*, Adversus haereses II, 28,6.

[90] Daß es sich in diesem Wort, das vielfach auf die Getsemaniszene bezogen wird, tatsächlich um eine Konzentration der Lebensgeschichte Jesu auf das Ereignis des Todesschreis handelt, sucht das Passionskapitel meiner Schrift ›Älteste Heils-geschichten‹ (45-59) glaubhaft zu machen.

[91] Dazu *Hans Kessler*, Sucht den Lebenden nicht bei den Toten, 152f; ferner meine Schrift ›Paulus – der letzte Zeuge der Auferstehung‹, Regensburg 1981.

[92] Näheres dazu auf Seite 342.

[93] *Söhngen*, Die Weisheit der Theologie durch den Weg der Wissenschaft, in: Mysterium Salutis. Grundriß heilsgeschichtlicher Dogmatik I. Einsiedeln 1965, 907-939.

[94] *Kolping*, Einführung in die katholische Theologie. Geschichtsbezogenheit, Begriff und Studium, Münster 1963, 112-117.

[95] *Thomas*, Summa theol. I, 1,7 ad 2.

[96] Dazu nochmals der bereits erwähnte Schluß meiner Theologischen Sprachtheorie und Hermeneutik (566ff).

[97] *Dante*, Divina commedia III: Paradiso 33, 136-141; dazu *R. Guardini*, Der Engel in Dantes Göttlicher Komödie, München 1941, 126-138.

[98] Dazu *A. Kolping*, a.a.O., 115f.

[99] Dazu nochmals das auf Seite 269f Gesagte.

[100] So mein Jesusbuch ›Der Freund‹, 23.

[101] Sie wurde in Anm. 89 mitgeteilt.

[102] Dazu *Michael Theobald*, Im Anfang war das Wort, Textlinguistische Studie zum Johannesprolog, Stuttgart 1983, 127ff.

[103] Auf einem theologischen Höhepunkt seiner ›Kritik der reinen Vernunft‹ läßt *Kant* Gott die – von *Peter Wust* wiederaufgenommene – Frage nach seinem eigenen »Woher?« stellen (B 641); dazu mein Essay ›Theologie und Atheismus‹, 33-36; zu Anselms ›Cur Deus homo‹ siehe *Rudolf Allers*, Anselm von Canterbury: Leben,

Lehre, Werke, Wien 1936, 121-128; zu *Blumenbergs* ›Matthäuspassion‹ siehe meine (auf Seite 403, Anm. 120, erwähnte) Würdigung unter dem Titel ›Theologische Trauerarbeit‹; zu der von *Muth* aufgeworfenen Frage nach Gottes Autorschaft siehe seine Schrift ›Lesen – ein Heilsweg. Vom religiösen Sinn des Buches‹, Freiburg 1987.

[104] Dazu *Rosenzweigs* nachgelassenes (ursprünglich als Prolegomena zum ›Stern der Erlösung‹ gedachtes) ›Büchlein vom gesunden und kranken Menschenverstand‹ (Düsseldorf 1964) sowie die Ausführungen meiner Schrift ›Theologie als Therapie‹, 41-47.

[105] Dazu die Stellenangabe auf Seite 404, Anm. 14.

[106] *Maximus Confessor*, Quaestiones ad Thalassium 59 (PG 90, G 31 D); *Kleist*, Über das Marionettentheater (von 1810); dazu mein Beitrag ›Die Reise und die Ruhe‹, in: Nietzsche-Studien VII (1978) 97-129.

[107] Dazu der Artikel von *Friedrich Pfister*, Evocatio, in: Reallexikon für Antike und Christentum, Stuttgart 1960, 1160-1165.

[108] Nach *Albert Lang*, Die Entfaltung des apologetischen Problems in der Scholastik des Mittelalters, 158.

[109] So *Max Weber*, der den angenommenen Denkverzicht als »Virtuosenleistung« einer jeden positiven Theologie denunzierte (Gesammelte Aufsätze zur Wissenschaftslehre, Tübingen 1968, 611), und *Theodor W. Adorno*, der dazu bemerkt, daß das noch bei Pascal und Kierkegaard um den »Preis des ganzen Lebens« gebrachte Vernunftopfer mittlerweile sozialisiert und so »von Furcht und Zittern« entlastet worden sei: Vernunft und Offenbarung, in: Stichworte (Kritische Modelle 2), Frankfurt 1969, 22.

[110] Dazu nochmals das auf Seite 288f mitgeteilte Zitat.

[111] Nach *Georg Baudler*, ›Im Worte sehen‹. Das Sprachdenken Johann Georg Hamanns, Bonn 1970, 53f.

[112] *M. Seckler*, Das eine Ganze und die Theologie. Fundamentaltheologische Überlegungen zum wissenschaftstheoretischen Status der Grundkurs-Idee Karl Rahners, in: Glaube im Prozeß, 826-852.

[113] Dazu nochmals die Ausführungen auf Seite 282f.

[114] *Seckler*, a.a.O., 850.

[115] Ebd.

[116] *Seckler*, a.a.O., 844.

[117] *Seckler*, a.a.O., 847ff.

[118] *John B. Cobb* und *David R. Griffin*, Prozeß-Theologie. Eine einführende Darstellung, Göttingen 1979.

[119] *Cobb* und *Griffin*, a.a.O., 42ff.

[120] A.a.O., 26ff.

[121] A.a.O., 28.

[122] Symptomatisch dafür ist der dieser Analyse zugrunde gelegte Sammelband von *Johannes B. Bauer* ›Entwürfe der Theologie‹ (von 1985).

[123] Dazu sein Beitrag ›Umrisse meiner theologischen Methode‹ in dem genannten Sammelband, 51-70.

[124] A.a.O., 63.

[125] A.a.O., 66f.

[126] *Hans Küng*, Theologie auf dem Weg zu einem neuen Paradigma, in: Entwürfe der Theologie, 181-207; *ders.*, Theologie im Aufbruch. Eine ökumenische Grundlegung, München 1987; dazu meine Stellungnahme, in: Glaubenswende, 141ff.

[127] *Schoonenberg*, Rückkehr zur Vergangenheit: Weg in die Zukunft? Prolegomena zu einem Entwurf der Theologie, in: Entwürfe der Theologie, 291-307. Eine eindrucksvolle Ausarbeitung dieses Ansatzes legte *Schoonenberg* in dem von *B. Zauner* her-

ausgegebenen Sammelband ›Auf Gott hin denken‹, vor allem im Kopfbeitrag des dritten Teils über die »Naturen« in Jesus Christus. Gedanken zu einem christologischen Ökumenismus, vor (Wien 1986, 203-224).

[128] *Jüngel,* ›Meine Theologie‹ – kurz gefaßt, in: Entwürfe der Theologie, 163-179.

[129] Dazu auch *Franz-Xaver Kaufmann – Johann B. Metz,* Zukunftsfähigkeit. Suchbewegungen im Christentum, Freiburg 1987.

[130] *Vaticanum I*: Sessio III, Cap. 4 (DS 3016); dazu die Ausführungen auf Seite 137ff.

[131] Ähnliche Vorstellungen hatte (wie auf Seite 137ff vermerkt) vor Scheeben schon der Dogmatiker *Heinrich* entwickelt, als er zwischen »Zentralwahrheiten« und den »mehr an der Peripherie« liegenden unterschied.

[132] Dazu nochmals die Ausführungen auf Seiten 294-299.

[133] Dazu *Günther Bornkamm,* Paulus, 232f; in zurückhaltenderer Form macht sich dieses Urteil auch *Jürgen Becker* zu eigen: Paulus. Der Apostel der Völker, Tübingen 1989, 1-5.

[134] Dazu *Walter Schmithals*, Die theologische Anthropologie des Paulus, Stuttgart 1980, 73ff.

[135] Mit *Heideggers* Deutung der Existenz als einem »Vorlaufen in den Tod« wird das Motiv der Frage zu ihrer Lösung erklärt und damit der Tod, wie *Adorno* kritisch anmerkte, »zum Stellvertreter Gottes« erhoben: Jargon der Eigentlichkeit. Zur deutschen Ideologie, Frankfurt 1964, 115.

[136] Näheres dazu in meinem Paulusbuch ›Der Zeuge‹ (23-48) und in meiner Schrift ›Paulus für Christen‹ (76-93). Es spricht für seine erstaunliche Einfühlung in die paulinische Theologie, daß *Schalom Ben-Chorin* die Bedeutung der Damaskusvision mit einer in der christlichen Paulusforschung kaum einmal erreichten Klarheit herausstellte: Paulus. Der Völkerapostel in jüdischer Sicht, München 1970, 15.

[137] Dazu *Martin Dibelius,* Paulus und die Mystik, in: *K. H. Rengstorf* (Hrsg.), Das Paulusbild in der neueren deutschen Forschung, Darmstadt 1964, 447-474 (464ff).

[138] Näheres dazu in meiner Schrift ›Nietzsche für Christen‹, Freiburg 1983, 40f.

[139] Dazu *Becker,* Paulus, 201-208.

[140] Dazu *Franz Mussner,* Der Galaterbrief, 206f.

[141] Dazu *Bornkamm,* Paulus, 165f.

[142] Dazu nochmals *Augustinus,* Soliloquien II, c. 20,35.

[143] Dazu mein Beitrag ›Entwicklung – wohin? Zum Verhältnis von Evolution und Eschatologie‹, in: *P. C. Aichelburg* und *R. Kögerler* (Hrsg.), Evolution. Entwicklungsprinzipien und menschliches Selbstverständnis in einer sich wandelnden Welt, Wien 1987, 99-112.

[144] Dazu nochmals die Ausführungen und Stellenangaben auf Seite 54 und 394, Anm. 17.

[145] *Görres,* Über Grundlage, Gliederungen und Zeitenfolge der Weltgeschichte; nach *G. Bürke,* Geist und Geschichte, Einsiedeln 1957, 82.

[146] *Görres,* Athanasius, Mainz 1838, 102.

[147] Näheres dazu im Abschnitt über die Bibel als Medium (370-382).

[148] *Görres,* Grundlage, 79.

[149] Mit der unvollendet gebliebenen Versöhnungslehre stößt *Barth* nach eigenem Vernehmen zur »Mitte aller christlichen Erkenntnis« vor, da erst sie die Tragweite der Existenz Jesu »für uns« voll zum Vorschein bringe: Kirchliche Dogmatik IV/1, Vorwort; nach *Hermann Fischer,* Systematische Theologie, in: *G. Strecker* (Hrsg.), Theologie im 20. Jahrhundert, Tübingen 1983, 347; zu *Balthasars* vehementem Plädoyer für die anselmische Satisfaktionstheorie (Theodramatik II/2, Einsiedeln 1978, 220-234) siehe meine Würdigung ›Das göttliche Spiel‹ in: Theologische Revue 77 (1981) 265-276.

[150] Im Gefolge *Barths* vertraten sie neuerdings insbesondere *Pannenberg* und *Jüngel;*

doch dürfte auch *Balthasar* durch seinen intensiven Umgang mit dem Barthschen Werk in seinem Standpunkt bestärkt worden sein; dazu *Robert Lachenschmid, Christologie und Soteriologie,* in: Bilanz der Theologie im 20. Jahrhundert III, Freiburg 1970, 92ff.

[151] *Blumenberg,* Matthäuspassion, Frankfurt 1988, 33f.

[152] Exponent der anselmischen Gegenposition ist für *Balthasar* – nach *Küng, Kessler* und *Schillebeeckx* – vor allem *Karl Rahner,* dessen Soteriologie er im dritten Band seiner Theodramatik einer ebenso eingehenden wie uneinsichtigen Kritik unterzieht (Einsiedeln 1980, 253-262); ferner die gegensinnigen Ausführungen meines Jesusbuchs ›Der Freund‹, 168-174.

[153] Das schließt nicht aus, daß sich diese Todesbereitschaft unter dem Eindruck äußerer Rückschläge und Zwänge ausformte, und weniger noch, daß sich mit dem Tod Jesu jene Wirkungen verbanden, die von der Soteriologie mit den Begriffen Entsühnung, Genugtuung und Versöhnung umschrieben werden. Doch ergeben sich diese aus der von der Todeshingabe Jesu ausgehenden Neugestaltung des Gottesverhältnisses, nicht aus einer damit verbundenen Zweckbestimmung. Für das Konzept der divinatorischen Theologie ist nicht zuletzt auch der Gesichtspunkt bedeutsam, daß nur so eines der schrecklichsten Relikte aus barbarischer Vorstellungswelt, die Todesstrafe, christologisch aus den Angeln gehoben werden kann; zu ihrer anthropologischen Widerlegung sei auf den Abschnitt über den »Skandal der Todesstrafe« meiner Schrift ›Dasein auf Abruf‹ (Düsseldorf 1981, 76-81) verwiesen. Der Tod als Schicksal, Versuchung und Aufgabe‹ (Düsseldorf 1981, 76-81) verwiesen.

[154] Daran gemessen verlagert das Paulusbuch *Jürgen Beckers,* insbesondere bei der Würdigung des Galaterbriefs (a.a.O., 294-321), den Schwerpunkt vom Zentrum auf die Peripherie.

[155] Mit dieser Frage nimmt *Paulus,* lange vor Entstehung des Johannesevangeliums, die berühmte Stelle aus dem Nikodemusgespräch (Joh 3,16) vorweg. Als »zentral« wurde der Hymnus im Unterschied zu dem ungleich bekannteren »Hohelied der Liebe« (1 Kor 13,1-13) bezeichnet, weil dieses nach einer Reihe von Anzeichen von Paulus vor seiner Bekehrung gedichtet worden sein dürfte; dazu ›Paulus für Christen‹, 163ff.

[156] Näheres dazu im titelgleichen Kapitel meines Jesusbuchs ›Der Freund‹, 253-280.

[157] Dazu *Jakob Kremer,* Pfingstbericht und Pfingstgeschehen. Eine exegetische Untersuchung zu Apg 2,1-13, Stuttgart 1973.

[158] Dazu *Schnackenburg,* Das Johannesevangelium III, 385ff.

[159] *Baudler,* Erlösung vom Stiergott, 259.

[160] Dazu *Heinz Schürmann,* Das Lukasevangelium I, Freiburg 1969, 39-64; der Zusammenhang wird auch von *Kremer* hervorgehoben: a.a.O., 187; 206.

[161] *Machovec,* Jesus für Atheisten, Stuttgart 1972, 93.

[162] Während die moderne Sprachwissenschaft bis auf einzelne Ansätze der Pragmalinguistik in einem informationstheoretischen Sprachverständnis befangen ist, steht die emanzipatorische Kulturszene im Begriff, mit der Heilkraft des Wortes eine für das Evangelium wesentliche Sprachqualität wiederzuentdecken; dazu die Beiträge von Günter Lanczkowski, Karl Kertelge und Rudolf Schnackenburg in dem von *W. Beinert* herausgegebenen Sammelband ›Hilft Glaube heilen?‹ (14-30; 31-44; 45-63); ferner meine Ausführungen in ›Menschsein und Sprache‹ (Salzburg 1984, 75-83) und ›Theologie als Therapie‹ (Heidelberg 1985, 158-163).

[163] Dazu der Beitrag zur Frage »Was vermag Sprache?« in meinem Sammelband ›Glaubensimpulse‹, 47-64.

[164] Dazu der Abschnitt »Die Suspendierung der Gottesfrage. Erwägungen zu einer innovatorischen These Karl Rahners« in dem erwähnten Sammelband (189-207).

[165] Zu den traditionellen Erklärungsversuchen siehe *Schnackenburg*, Das Johannes-evangelium I, 257-269.

[166] Nach *Heinrich Fries*, Fundamentaltheologie, Graz 1985, 310.

[167] Dazu *Karl Löwith*, Das Individuum in der Rolle des Mitmenschen, München 1928 (Neuausgabe in: Sämtliche Schriften I: Mensch und Menschenwelt, Stuttgart 1981, 9-197); ferner *Martin Buber*, Ich und Du, Leipzig 1923; *ders.*, Zur Geschichte des dialogischen Prinzips, Erstveröffentlichung als Nachwort zu ›Schriften über das dialogische Prinzip‹, Heidelberg 1954 (Neuausgabe in: Werke I: Schriften zur Philosophie, München und Heidelberg 1962, 77-170; 291-305).

[168] Sie wurde bereits auf Seite 246 entwickelt.

[169] *Wolfhart Pannenberg*, Grundzüge der Christologie, Gütersloh 1964, 47-112.

[170] Dazu *Günter Bornkamm*, Paulus, 225ff.

[171] Ausführlicher wurde die Stelle bereits auf Seite 97 mitgeteilt; dazu *Kessler*, Sucht den Lebenden nicht bei den Toten, 390-395.

[172] *Augustinus*, Retractationes, 6,1.

[173] Angesichts der sich mehrenden Invektiven, die in unheiliger Allianz von kirchlichen und kirchenfremden Kreisen auf die Beseitigung der theologischen Universitäts-fakultäten abzielen, geht es dabei nicht nur um einen Dienst an dem um Glaubens-verständnis bemühten Menschen, sondern nicht weniger auch um eine Lebens- und Überlebensfrage der theologischen Wissenschaft, die ihre Unverzichtbarkeit nicht besser unter Beweis stellen kann als durch die insistente Bemühung, sich mit ihren Ergebnissen verständlich zu machen und so als klärenden Spiegel des Glaubens zu erweisen.

[174] Zum Begriff des inneren Menschen siehe nochmals den in Anm. 59 angeführten Beitrag von *Cornelius Mayer* über Augustins Lehre vom »homo spiritalis«.

[175] Näheres zur Figur des Vorzugsjüngers in der subtilen Untersuchung von *Joachim Kügler*, Der Jünger, den Jesus liebte. Literarische, theologische und historische Untersuchungen zu einer Schlüsselgestalt johanneischer Theologie und Geschichte, Stuttgart 1988; dazu mein Beitrag ›Was ist mit diesem?‹ in der Festschrift für *F. Hahn* ›Anfänge der Christologie‹, Göttingen 1991, 323-336.

[176] Dazu *Rudolf Bultmann*, Das Evangelium des Johannes, Göttingen 1950, 393f; ferner mein Jesusbuch ›Der Freund‹, 58-61.

[177] Dazu *Alfred Wikenhauser*, Die Christusmystik des Apostels Paulus, 19-48.

[178] *Buber*, Zwei Glaubensweisen, Zürich 1950, 166.

[179] Dem einen entspricht die Monographie von *Jürgen Becker*, Paulus. Der Apostel der Völker (Tübingen 1989), dem andern der Beitrag *Franz Joseph Schierses* zur Frage ›Abschied vom paulinischen Christentum?‹ in: Stimmen der Zeit 189 (1972) 351-354.

[180] *Görres*, Die christliche Mystik, Regensburg 1836-1842.

[181] A.a.O., I, Regensburg und Landshut 1836, XIIf.

[182] *Balthasar*, Romano Guardini, Reform aus dem Ursprung, München 1970, 33f; dazu auch *Hansruedi Kleiber*, Glaube und religiöse Erfahrung bei Romano Guardini, 121-151.

[183] *Schmid*, Apologetik als spekulative Grundlegung der Theologie, Freiburg 1900, 232f. Näheres zum Begriff der »inneren Geschichte« in meinem Sammelband ›Glaubensimpulse‹, 248-251.

[184] A.a.O., 233f.

[185] A.a.O., 234.

[186] *Baader*, Über den Zwiespalt des religiösen Glaubens und Wissens als die geistige Wurzel des Verfalls in der religiösen und politischen Sozietät in unserer wie in jeder Zeit (von 1833), nach: Theologie in Aufbruch und Widerstreit, 194.

[187] Dazu *Hans Lietzmann*, An die Korinther I/II, Tübingen 1949, 152ff.

[188] So *Martin Dibelius*, Paulus und die Mystik, in: Das Paulusbild in der neueren deutschen Forschung, 470ff.

[189] A.a.O., 449.

[190] Dazu *Ernst Käsemann*, der in seiner Reflexion über die ›Legitimität des Apostels‹ (in: Das Paulusbild in der neueren deutschen Forschung, 515ff) den entscheidenden Fingerzeig für die vorgeschlagene Zuordnung gibt. Der von Paulus angegebene Zeitabschnitt von vierzehn Jahren steht einer Verknüpfung der »Himmelsreise« mit der Damaskusvision nicht mehr entgegen, wenn man die »Narrenrede« – analog zum Liebeshymnus des Ersten Korintherbriefs – als literarisch gestaltetes Fragment eines frühen Lebensrückblicks begreift, das erst nachträglich in den Schlußteil des Zweiten Korintherbriefs eingearbeitet wurde. Die heute übliche Einbeziehung des Textes in den »Tränenbrief« (so etwa *Becker*, Paulus. Der Apostel der Völker, 180-189) scheitert schon an der Stimmungslage, die weit mehr für Zorn und Empörung als für Schmerz und Tränen spricht.

[191] Dazu *Albrecht Oepke*, Probleme der vorchristlichen Zeit des Paulus, in: Das Paulusbild in der neueren deutschen Forschung, 433f; ferner *Schalom Ben-Chorin*, Paulus. Der Völkerapostel in jüdischer Sicht, München 1970, 22.

[192] Dazu die eindringlichen Ausführungen *Wikenhausers*, Die Christusmystik des Apostels Paulus, 23ff.

[193] Dazu *Hermann Kunisch*, Eckhart, Seuse, Tauler. Ein Textbuch aus der altdeutschen Mystik, Hamburg 1958, 7f.

[194] *Kierkegaard*, Einübung im Christentum, Düsseldorf und Köln 1955, 11; dazu die Ausführungen meines Jesusbuchs ›Der Freund‹, 27ff.

[195] Näheres zum Phänomen und Begriff der »Sozialmystik« in meiner Abhandlung ›Menschsein in Anfechtung und Widerspruch‹ (149f) sowie in meiner Schrift ›Buber für Christen‹, Freiburg 1988, 78-85.

[196] Dies sind nach einer Nachlaßaufzeichnung aus *Nietzsches* Spätzeit außerdem der Judaismus, der Platonismus und die Mysterienkulte: Sämtliche Werke. Kritische Studienausgabe XIII, 161. Zum angeschnittenen Problemfeld siehe die grundlegende Untersuchung von *Marcel Viller* und *Karl Rahner*, Aszese und Mystik in der Väterzeit, Freiburg 1939; ferner *Carl Schneider*, Die Geistesgeschichte des antiken Christentums, München 1954, 523-530.

[197] *Viller* und *Rahner*, a.a.O., 68f; 117f; 140ff.

[198] Dazu *Bultmann*, Das Urchristentum im Rahmen der antiken Religionen, 230ff.

[199] *Thomas von Kempen*, De Imitatione Christi I, c. 20,5.

[200] Näheres dazu in dem Abschnitt »Augustinus – Glaubensvollzug und Sinnfindung« meines Sammelbandes ›Glaubensimpulse‹, 293-308.

[201] Dazu *Viller* und *Rahner*, Aszese und Mystik in der Väterzeit, 256-264; ferner *Kurt Flasch*, Augustin. Einführung in sein Denken, Stuttgart 1980, 63ff; 79; 103f.

[202] Dazu *Paul Henry*, Die Vision zu Ostia, in: *G. Andresen* (Hrsg.), Zum Augustin-Gespräch der Gegenwart, Darmstadt 1962, 201-270.

[203] Dazu die Abschnitte über »Alltagsmystik« und »Mystik und Politik« in ›Buber für Christen‹, 46-60.

[204] A.a.O., 14f; 42ff.

[205] *Buber*, Begegnung. Autobiographische Fragmente, Heidelberg 1986, 60; dazu *Hugo Bermann*, Martin Buber und die Mystik, in: *T. A. Schilpp* und *M. Friedman* (Hrsg.), Martin Buber, Stuttgart 1963, 265-274.

[206] Dazu der differenzierende Beitrag von *Riwka Schatz-Uffenheimer*, Die Stellung des Menschen zu Gott und Welt in Bubers Darstellung des Chassidismus, in dem erwähnten Sammelband, 275-302.

[207] *Buber*, Gog und Magog, 294ff.

[208] Dazu die Spruchsammlung in meiner Schrift ›Buber für Christen‹, 49-54.

[209] Dazu nochmals die auf Seite 291 mitgeteilte Stelle aus dem Hoheliedkommentar des *Gregor von Nyssa*; ferner *Joseph Bernhart*, Die philosophische Mystik des Mittelalters, 189f; 196ff.

[210] Dazu *Josef Sudbrack*, Die vergessene Mystik und die Herausforderung des Christentums durch New Age, Würzburg 1988, 15-58; *ders.*, Mystik. Selbsterfahrung – Kosmische Erfahrung – Gotteserfahrung, Mainz und Stuttgart 1988.

[211] Dazu *Romano Guardini*, Vision und Dichtung. Der Charakter von Dantes Göttlicher Kömödie, Tübingen 1946; *ders.*, Der Engel in Dantes Göttlicher Komödie, München 1951; ferner die Ausführungen meiner Theologischen Sprachtheorie und Hermeneutik, München 1970, 83-87.

[212] *Balthasar*, Die Gottesfrage des heutigen Menschen, Wien 1956, 196; *ders.*, Herrlichkeit II: Fächer der Stile, Einsiedeln 1962, 410ff.

[213] *Kuhaupt*, Die Formalursache der Gotteskindschaft, Münster 1940.

[214] *Cusanus*, Vom verborgenen Gott – Von der Gotteskindschaft (Ausgabe *Bohnenstaedt*), Leipzig 1942, 80. Zum Begriff der Modalanthropologie siehe die Hinweise in Band I, 202f, sowie den Abschnitt über »Menschsein in utopisch-anachronistischer Zeit« meines Sammelbandes ›Glaubensimpulse‹, 238-260.

[215] Dazu die anthropologischen Implikationen der berühmten Abhandlung *Hans Sedlmayrs* ›Verlust der Mitte. Die bildende Kunst des 19. und 20. Jahrhunderts als Symptom und Symbol der Zeit‹, Salzburg 1948.

[216] Dazu *Schnackenburg*, Die Johannesbriefe, 147-162.

[217] Dazu *Ferdinand Hahn*, Christologische Hoheitstitel, 57ff.

III.

Die Prognose

[1] Unter diesem Eindruck überschrieb *Piet Schoonenberg* seine Prolegomena zu einem Entwurf der Theologie mit der Frage ›Rückkehr zur Vergangenheit: Weg in die Zukunft?‹ (in: Entwürfe der Theologie, 291-307).

[2] Dazu *Jürgen Moltmann*, Theologie der Hoffnung (im gleichen Sammelband, 239-243).

[3] Dazu vor allem der methodologische Beitrag *Ferdinand Hahns* zu dem von *K. Kertelge* herausgegebenen Sammelband ›Rückfrage nach Jesus. Zur Methodik und Bedeutung der Frage nach dem historischen Jesus‹, Freiburg 1974, 11-77.

[4] Dazu die Hinweise und Stellenangaben auf Seite 428, Anm. 106; auf die wichtigsten Zeugnisse der Motivgeschichte verweist mein Nachwort ›Das übersehene Hauptwerk‹ zur Taschenbuchausgabe von *Nossacks* Roman ›Nach dem letzten Aufstand‹, Frankfurt 1981, 369-412.

[5] Dazu nochmals die Ausführungen auf Seite 107ff.

[6] Dazu *Kurt Hübner*, Die Wahrheit des Mythos, München 1985, 386-402; ferner mein Beitrag ›Nietzsche als Mythenzerstörer und Mythenschöpfer‹, in: Nietzsche-Studien XIV (1985) 96-109.

[7] *Weber*, Wissenschaft als Beruf (von 1919), in: Gesammelte Schriften zur Wissenschaftslehre, Tübingen 1973, 605; dazu *Karl Löwith*, Mein Leben in Deutschland vor und nach 1933, 16ff.

[8] *Nietzsche*, Unzeitgemäße Betrachtung IV: Richard Wagner in Bayreuth, § 9; *ders.*, Also sprach Zarathustra III. Die sieben Siegel, § 3; dazu *Thomas Mann*, Wagner und

unsere Zeit. Aufsätze, Betrachtungen, Briefe, herausgegeben von *E. Mann*, Frankfurt 1983, 145f; ferner *Wolfgang Sawallischs* Geleitwort zu dem von *W. Borchmeyer* herausgegebenen Sammelband ›Wege des Mythos in der Moderne‹, München 1987, 15f.

[9] Gegen die vereinfachenden Exkulpierungsversuche *Hübners* (Die Wahrheit des Mythos, 357; 364f; 446).

[10] Dazu die Bemerkungen von *Wolfgang Kraus* zur aktuellen Vergangenheit des Nihilismus, in: Nihilismus heute oder Die Geduld der Weltgeschichte, Frankfurt 1985, 36ff; ferner *Norbert Bolz*, Auszug aus der entzauberten Welt. Philosophischer Extremismus zwischen den Weltkriegen, München 1989.

[11] Dazu auch *A. U. J. Assmann* und *Chr. Hardmeier* (Hrsg.), Schrift und Gedächtnis. Archäologie der literarischen Kommunikation I, München 1983; ferner *J. Goody*, Literalität in traditionellen Gesellschaften, Frankfurt 1981.

[12] Diese These entwickelte meine Schrift ›Zur Situation des Menschen im Medienzeitalter‹, München 1988.

[13] Dazu *Jack Goody* und *Ian Watt*, Konsequenzen der Literalität, in: Literalität in traditionellen Gesellschaften, 45-104.

[14] *Guardini*, Das Ende der Neuzeit – Die Macht, 89.

[15] *Guardini*, Christliches Bewußtsein. Versuche über Pascal (Leipzig 1935, 53f); die gleichsinnige Stelle aus seinem ›Wesen des Christentums‹ wurde auf Seite 252 mitgeteilt. Zum vermutlichen Zusammenhang mit *Harnacks* ›Wesen des Christentums‹ (von 1900) siehe die Ausführungen meiner Studie ›Interpretation und Veränderung‹, 77ff.

[16] Dazu nochmals die sich vortastenden Überlegungen, mit denen mein Jesusbuch ›Der Freund‹ dieser Neuentdeckung auf die Spur zu kommen sucht (22-38).

[17] *Raffalt*, Das Ende des römischen Prinzips, München 1970.

[18] *Balthasar*, Der antirömische Affekt, 282f.

[19] Nach *Alfred Lorenzer*, Das Konzil der Buchhalter, 53.

[20] Näheres dazu in meiner Untersuchung ›Religiöse Sprachbarrieren. Aufbau einer Logaporetik‹, 68ff.

[21] Dazu *Schnackenburg*, Das Johannesevangelium III, 125f.

[22] Dazu nochmals die Ausführungen auf Seite 326. Daß auf die faktische Textfolge hingewiesen wurde, hängt mit der Annahme zusammen, daß sie der ursprünglichen nicht mehr entspricht, so daß das Abschiedsgebet früher, am sinnvollsten im Kontext des 12. Kapitels, angesiedelt werden müßte; Näheres in den bereits erwähnten Passagen meines Jesusbuchs ›Der Freund‹ (58-61).

[23] Kennzeichnend dafür ist die Studie *Joseph F. Schmucker-von Kochs* ›Autonomie und Transzendenz. Untersuchungen zur Religionsphilosophie Romano Guardinis‹, Mainz 1985; dazu auch die sorgfältiger abwägenden Ausführungen *Ludwig Watzals*, Das Politische bei Romano Guardini, 58-62.

[24] Wichtige Hinweise geben *Rudolf Schnackenburg* (Die Johannesbriefe, Freiburg 1953, 147-162) und *F. X. Durrwell*, Der Geist des Herrn. Tiefe Gottes – schöpferische Weite, Salzburg 1986, 106ff; 165ff; 212ff.

[25] Auf der Spur *Guardinis*, der von einer wachsenden »Einsamkeit im Glauben« und dem damit verbundenen Hervortreten der Gehorsamsstruktur gesprochen hatte, versichert *Balthasar*, vermutlich mit einer Spitze gegen das hermeneutische Glaubenskonzept: »Christlicher Glaube ist primär gar kein Selbstverständnis der Christen, auch nicht ein Selbstverständnis der Kirche als Gemeinschaft, sondern ein Gehorsam« (Herrlichkeit III/II, Teil 2, Einsiedeln 1969, 424). Theologisch möglich wurde diese Abkehr von einem auf Dialog und Brüderlichkeit abhebenden Standpunkt, wie er noch im ›Antirömischen Affekt‹ (45ff) nachklingt, durch die konse-

quente Ablehnung der Ergebnisse der kritischen Forschung zugunsten eines »spirituellen Biblizismus«, der in der Abfolge der Trilogie aus Theologischer Ästhetik, Theodramatik und Theologik immer deutlicher zutage tritt. Wie die Fokussierung des anfänglich weiteste Horizonte umfassenden theologischen Gedankens auf ein mit unduldsamer Strenge eingenommenes »Zentrum« ist auch diese »Kehre« von einer ursprünglichen Dialogik zu einem christologisch verankerten Gehorsamskonzept einer jener rätselhaften Umschwünge in Balthasars Gesamtwerk, die vermutlich nur biographisch zu erklären sind; dazu die Spätschrift ›Unser Auftrag. Bericht und Entwurf‹, Einsiedeln 1984, 34; 138; 164.

[26] Dazu *Roger Aubert*, Die Theologie während der ersten Hälfte des 20. Jahrhunderts, in: Bilanz der Theologie im 20. Jahrhundert II, Freiburg 1969, 65ff. Wie *Albrecht Oepke* nachwies, hatte das Motiv der Gotteskindschaft eine recht wechselvolle Wirkungsgeschichte; zwar geriet es nie ganz in Vergessenheit, doch wurde es schon bald von naturalistischen Vorstellungen überwuchert, so daß es Mal um Mal neu entdeckt werden mußte: Theologisches Wörterbuch zum Neuen Testament V, 650-653.

[27] Dazu *Schmithals*, Die theologische Anthropologie des Paulus, 125-137.

[28] Dazu der titelgleiche Abschnitt meiner Untersuchung ›Religiöse Sprachbarrieren‹, 328-334; ferner mein Beitrag ›Das Wort von oben‹, in: *A. Exeler* und *N. Mette* (Hrsg.), Theologie des Volkes, Mainz 1978, 120-139.

[29] Dazu *Avery Dulles*, Lehramt und Unfehlbarkeit: Handbuch der Fundamentaltheologie IV, 153-178.

[30] *Newman*, Entwurf einer Zustimmungslehre, Mainz 1961.

[31] *Marcuse*, Der eindimensionale Mensch (Originaltitel: The One-Dimensional Man), Neuwied und Berlin 1970.

[32] A.a.O., 110.

[33] *Badura*, Sprachbarrieren. Zur Soziologie der Kommunikation, Stuttgart–Bad Cannstatt 1971.

[34] A.a.O., 50ff.

[35] Dazu *Max Seckler* (Hrsg.), Lehramt und Theologie. Unnötiger Konflikt oder heilsame Spannung? (Düsseldorf 1981); ferner *ders.*, Theologie als Glaubenswissenschaft, in: Handbuch der Fundamentaltheologie IV, 179-241.

[36] Auf geradezu erschütternde Weise dokumentiert diese Tatbestände der nüchtern berichtende Rückblick von *Bernhard Häring*, Meine Erfahrung mit der Kirche (Originaltitel: Fede – Storia – Morale), Freiburg 1989.

[37] Dazu die instruktiven Ausführungen von *Avery Dulles* zur Frage nach einem Lehramt außerhalb der Kirchenleitung, in: Handbuch der Fundamentaltheologie IV, 161ff.

[38] Zu diesem Begriff *Seckler*, a.a.O., 188ff.

[39] Dazu *Schnackenburg*, Der Brief an die Epheser, 172ff; 185ff.

[40] *Lübbe*, Zeit-Verhältnisse. Zur Kulturphilosophie des Fortschritts, 37.

[41] A.a.O., 52.

[42] Obwohl *Lübbe* die Möglichkeit eines indirekten Vergleichs ablehnt, schlägt das urchristliche Modell in dem angeführten Zitat doch unverkennbar durch; dazu: a.a.O., 35.

[43] So auch *Balthasar*, Das Ganze im Fragment, 270.

[44] *Ignatius von Antiochien*, An die Philadelphier (9,1); An die Smyrnäer (4,1); An die Epheser (3,2); An die Römer (8,2); dazu die einfühlsame Einführung von *Otto Karrer*, Urchristliche Zeugen, Innsbruck 1937, 84-88.

[45] Dazu außer *Schnackenburg* (Das Johannesevangelium I, 171-184) *Philipp Vielhauer*, Geschichte der urchristlichen Literatur, Berlin 1975, 456-460.

[46] Das eine geschah auf der von *Ignaz von Döllinger* einberufenen Münchener Ge-

lehrtenversammlung (von 1863), das andere ist eine der folgenschwersten Auswirkungen der Enzyklika ›Pascendi‹ (von 1907); dazu *Franz Wiedmann*, Martin Deutinger (1815-1864) in: *H. Fries* und *G. Schwaiger* (Hrsg.), Katholische Theologie Deutschlands im 19. Jahrhundert II, München 1975, 269-292; ferner *Mark Schoof*, Der Durchbruch der neuen katholischen Theologie. Ursprünge – Wege – Strukturen, Wien 1969, 97-104. Um die Erforschung dieses tragischen Kapitels machte sich vor allem aber *Manfred Weitlauff* verdient: »Modernismus« als Forschungsproblem. Ein Bericht, in: Zeitschrift für Kirchengeschichte 93 (1982) 312-344; *ders.*, »Modernismus litterarius«. Der »Katholische Literaturstreit«, die Zeitschrift »Hochland« und die Enzyklika »Pascendi dominici gregis« Pius' X. vom 8. September 1907, in: Beiträge zur altbayerischen Kirchengeschichte 37 (1988) 97-175.

[47] Dazu nochmals die Ausführungen auf Seite 104f und das bereits in Band I, 76ff, Gesagte.

[48] Dazu nochmals mein Versuch ›Menschsein in utopisch-anachronistischer Zeit‹ (von 1986).

[49] Dazu *Heinrich Döring*, Grundriß der Ekklesiologie. Zentrale Aspekte des katholischen Selbstverständnisses und ihre ökumenische Relevanz, Darmstadt 1986.

[50] *Kierkegaard*, Einübung im Christentum (Ausgabe *Hirsch* und *Gerdes*), Gütersloh 1980, 35ff.

[51] »Itaque ecclesia est evocatio«, definiert *Robert Bellarmin*; nach *Döring*, a.a.O., 72f.

[52] *Bühlmann*, Von der Kirche träumen. Ein Stück Apostelgeschichte im 20. Jahrhundert, Graz 1986, 238-259.

[53] Dazu nochmals *Riesman*, Die einsame Masse, 153-174; ferner die Ausführungen auf S. 204-211.

[54] Dazu auch *Döring*, Grundriß der Ekklesiologie VI; 89.

[55] Dazu die Ausführungen meiner Schrift ›Provokationen der Freiheit. Antriebe und Ziele des emanzipierten Bewußtseins‹ (München und Salzburg 1974, 171-182), die freilich in der Behauptung zu korrigieren sind, daß »im Kampf um die Bewahrung der konziliaren Impulse lediglich das Faktum, nicht jedoch das Desiderat zähle« (171); denn bei allem Gewicht des Faktischen geht bisweilen von Perspektiven, Utopien und Träumen, wie nicht zuletzt die Tendenzen der modernen Hochtechnik zeigen, die vergleichsweise größere Wirkung aus.

[56] Angesprochen ist damit der massenhafte Exodus junger Menschen aus dem Machtbereich eines sich dadurch als anachronistisch erweisenden Herrschaftssystems, der an den »ver sacrum« des alten Rom erinnert und als nachhaltige Anfrage an das Freiheitsbewußtsein der westlichen Welt gedeutet werden muß; dazu nochmals meine auf Seite 411, Anm. 76, angeführten Erwägungen zur kirchlichen Sprachlosigkeit.

[57] Dazu *Gerdes*, Sören Kierkegaards ›Einübung im Christentum‹, 15-24; 40f.

[58] *Rohrmoser*, Religion und Politik in der Krise der Moderne, 97.

[59] Dazu *Carl Friedrich von Weizsäcker*, Der Garten des Menschlichen. Beiträge zur geschichtlichen Anthropologie, München und Wien 1977, 393-398.

[60] *Rohrmoser*, a.a.O., 96-103.

[61] Nach *Weizsäcker*, a.a.O., 393.

[62] Nach *Rohrmoser*, a.a.O., 108.

[63] Dazu nochmals der auf Seite 410, Anm. 6, zitierte Aufsatz von *Beinert* zum Thema »Angst und Kirche«, der durch die Bemerkung ergänzt werden könnte, daß im Blick auf Äußerungen, die eine dogmatische oder moralische Krise verzeichnen, mit noch mehr Recht von einer »emotionalen Häresie« gesprochen werden müßte. Dazu auch *Marxsen*, Die Sache Jesu geht weiter, Gütersloh 1976.

[64] *Guardini*, Das Christusbild der paulinischen und johanneischen Schriften (von 1940), Neuausgabe Mainz 1987, 94.

[65] *Kierkegaard*, Leben und Walten der Liebe, Jena 1924, 20; dazu auch nochmals die Ausführungen auf Seite 253ff.

[66] Vom »Kunstwerk Kirche« handelt eingehender mein Jesusbuch ›Der Freund‹, 253-267.

[67] *Cusanus*, Excitationes III (fol. 40f); nach *Henri de Lubac*, Katholizismus als Gemeinschaft, 405.

[68] Dazu auch der in der englischen Sprachphilosophie entwickelte Begriff der (vorab durch Symbole ausgelösten) »Erschließungserfahrung« (Ramsey); nach *Wolf-Dieter Just*, Religiöse Erfahrung und analytische Philosophie, Stuttgart 1975, 120ff.

[69] Offensichtlich klingt in *Bellarmins* Bestimmung der Kirche als »evocatio sive coetus vocatorum« die Erinnerung an das alttestamentliche Grundwort »kahal« (die vom Wort Gottes zur kultischen Versammlung zusammengerufene Gemeinde) nach; dazu *Döring*, Grundriß der Ekklesiologie (72ff) und die von *Joseph Cardinal Ratzinger* in seinem Sammelband ›Kirche, Ökumene und Politik‹ (Einsiedeln 1987) erschlossenen Perspektiven.

[70] Dazu die Zitate und Stellenangaben auf Seite 304, 340 und 428, Anm. 106.

[71] Dazu der von *K. Kertelge* herausgegebene Sammelband ›Rückfrage nach Jesus. Zur Methodik und Bedeutung der Frage nach dem historischen Jesus‹, Freiburg 1974.

[72] Näheres dazu in meiner Abhandlung ›Interpretation und Veränderung‹, 73.

[73] Nach Angaben aus seinem Hörerkreis schärfte *Guardini* diesem ein, daß Jesus nur als Gegenstand des Glaubens, nicht aber als ein selbst Glaubender betrachtet werden dürfe, eine These, die der ihm vom Hebräerbrief zugesprochenen Rolle als »Wegbereiter des Glaubens« (12,2) diametral widersprach.

[74] *Bultmann*, Jesus, München und Hamburg 1967.

[75] *Bultmann*, Zum Problem der Entmythologisierung, in: Glauben und Verstehen IV, Tübingen 1965, 129; ferner *Carl Friedrich von Weizsäcker*, Atomenergie und Atomzeitalter, Frankfurt 1957, 58ff.

[76] *Bultmann*, Jesus, 7.

[77] Zu der Zeittendenz, die Mächtigen als »herrlich« und das von ihnen beherrschte Volk als »gemein« anzusehen, bezog *Thornton Wilder* Stellung in seiner herausragenden Friedenspreisrede (Frankfurt 1957, 33).

[78] Dazu nochmals die schon wiederholt erwähnte Einführung von *Hayo Gerdes* (von 1982).

[79] Dazu nochmals die Ausführungen in Band I, 251.

[80] *Kierkegaard*, Der Begriff Angst (Ausgabe *Richter*), Reinbek 1960, 131; 141.

[81] Näheres dazu in Band I, 264ff.

[82] Dazu nochmals das auf Seite 407, Anm. 6, angeführte Plädoyer von *Ottmar Fuchs* für eine Wiederentdeckung der Sünde.

[83] Gegenüber neueren Deutungen hat zweifellos *Walter Grundmann* richtig gesehen, wenn er das Bild von dem durch den Richter bereits angeknickten Stab auf den allen Bedürftigen geltenden Heilswillen Jesu bezieht, dessen Hilfe »Heilung, Erweckung, Aufrichtung« bedeutet: Das Evangelium nach Matthäus, Berlin 1971, 326.

[84] Für diese Deutung der Szene (Mt 14,22-23) plädierte bereits meine Schrift ›Der schwere Weg der Gottesfrage‹, Düsseldorf 1982, 68ff; dazu auch *Grundmann*, a.a.O., 365-369.

[85] Die Wahrnehmung dieser Differenz führte zur Ausarbeitung meiner beiden Jesusbücher ›Der Helfer‹ (München 1973) und ›Der Freund‹ (München 1989).

[86] Näheres dazu in meiner Schrift ›Glaubenswende‹, 35ff.

[87] Für die philosophische Relevanz des Werkes spricht nicht zuletzt die Tatsache, daß

Michel Foucault es zu Beginn seines Werkes ›Les mots et les choses‹ (von 1966) eingehend würdigte: Die Ordnung der Dinge, Frankfurt 1974, 30-45.

[88] Zwar würde der die dargestellten Figuren erkennen; doch entginge ihm, mit *Foucault* gesprochen, »das Hauptthema der Komposition und damit ihre geheime Achse«: a.a.O., 41.

[89] *Philon*, De somniis II, 226; nach *Antonie Wlosok*, Laktanz und die philosophische Gnosis, Heidelberg 1960, 76.

[90] *Anselm*, Proslogion, c. 16.

[91] *Cusanus*, De visione Dei, c. 10; in der Widmung des Werkes bezieht sich der Kusaner ausdrücklich auf mehrere Darstellungen des »Allsehenden«, so auf einem kostbaren Gemälde »des hervorragenden Malers Rogier« (van der Weyden) und auf einem Bild in der Koblenzer Veronika-Kapelle.

[92] Dazu *Gerhard von Rad*, Weisheit in Israel, Neukirchen-Vluyn 1970, 222.

[93] Gegenüber den Versuchen einer ideengeschichtlichen Herleitung des Satzes, wie sie die übergroße Mehrheit der exegetischen Deutungen versucht, müßte sich die Erkenntnis Bahn brechen, daß diese Adaptionen nur unter der Voraussetzung überzeugen, daß die Jüngergemeinde im Umgang mit Jesus die Erfahrung eines offenbarenden Angesprochenseins durch Gott machte; dazu die Ausführungen meines Jesusbuchs ›Der Freund‹, 111.

[94] Dogmatische Konstitution Lumen Gentium, cap. 3, Nr. 21.

[95] A.a.O., cap. 2, Nr. 12.

[96] Zur Affinität und Unterscheidung von Christentum und Mythos siehe *Hübner*, Die Wahrheit des Mythos, 324-348; 411ff.

[97] Dazu meine Schrift ›Zur Situation des Menschen im Medienzeitalter‹ (von 1988).

[98] Dazu nochmals die Ausführungen auf Seiten 344-354.

[99] Dazu außer den medienkritischen Schriften von *McLuhan* (Understanding Media), *Postman* (Wir amüsieren uns zu Tode) und *Hentig* (Das allmähliche Verschwinden der Wirklichkeit) auch das auf Seite 122f Gesagte.

[100] Dazu *Günter Lanczkowski*, Heilige Schriften. Inhalt, Textgestalt und Überlieferung, Stuttgart 1956.

[101] Dazu *Martin Buber*, Moses, in: Werke II: Schriften zur Bibel, München und Heidelberg 1964, 126-161.

[102] *Buber*, a.a.O., 131.

[103] *Lanczkowski*, a.a.O., 66-69.

[104] *Buber*, Die Schrift und ihre Verdeutschung, in: Werke II, 1114.

[105] *Lanczkowski*, a.a.O., 67.

[106] *Lessing*, Axiomata VIII: Werke in drei Bänden (Ausgabe *Göpfert*) III, München und Wien 1982, 460ff.

[107] Dazu der Abschnitt »Luther – der Schuldner des Wortes« in meinem Sammelband ›Glaubensimpulse‹, 309-323.

[108] Näheres dazu in meinem Beitrag »Das Buch in medienkritischer Sicht«, in: *W. Seidel* (Hrsg.), Offenbarung durch Bücher? Impulse zu einer Theologie des Lesens, Freiburg 1987, 108-134.

[109] *Hilarius*, De Trinitate IX, c. 4.

[110] *Gregor von Nyssa*, Große Katechese, c. 32,2.

[111] So vor allem in seiner Flugschrift ›Vom Beweis des Geistes und der Kraft‹ (von 1777).

[112] *Friedrich Daniel Ernst Schleiermacher*, Über die Religion. Reden an die Gebildeten unter ihren Verächtern, Leipzig 1911, 77.

[113] *Walter Benjamin*, Das Kunstwerk im Zeitalter seiner technischen Reproduzierbarkeit, in: Illuminationen, Frankfurt 1980, 141.

[114] Dazu *Wolfgang Kayser*, Das sprachliche Kunstwerk. Eine Einführung in die Literaturwissenschaft, München 1963; ferner *René Wellek* und *Austin Warren*, Theorie der Literatur, Frankfurt und Berlin 1966, 121-136.

[115] *Wellek* und *Warren*, a.a.O., 125.

[116] Dazu *Heinrich Zimmermann*, Neutestamentliche Methodenlehre. Darstellung der historisch-kritischen Methode, Stuttgart 1967.

[117] Das gilt in erster Linie für die Untersuchungen von *Herbert Haag*, Die Buchwerdung des Wortes Gottes in der Heiligen Schrift, in: Mysterium Salutis I, 289-428; aber auch für die schwächere Wiederholung dieser Thematik durch *Meinrad Limbeck*, Die Heilige Schrift, in: Handbuch der Fundamentaltheologie IV, 68-99.

[118] Dazu *Grundmann*, Das Evangelium nach Lukas, Berlin 1966, 246f.

[119] *Zimmermann*, Neutestamentliche Methodenlehre, 215-230.

[120] *Jens*, Die Evangelisten als Schriftsteller, in: *H. J. Schultz* (Hrsg.), »Sie werden lachen – die Bibel«, 114-124.

[121] *Jens*, a.a.O., 122f (gekürzt).

[122] Dazu *Vielhauer*, Geschichte der urchristlichen Literatur, 263-291.

[123] *Vielhauer*, a.a.O., 622.

[124] Wie schon der Titel dieser ›Geheimen Worte, die der lebendige Jesus sprach und die Didymos Judas Thomas aufschrieb‹ erkennen läßt, widerfuhr der ursprünglichen Spruchsammlung durch ihre gnostische Rezeption gerade das, was durch sie verhindert werden sollte. Deshalb bedurfte es jener kirchlichen Überprüfung und Unterscheidung, die schließlich in Gestalt der Kanonbildung zur definitiven Klärung führte. Zur Problematik des Thomasevangeliums siehe außer *Vielhauer* (a.a.O., 618-635) auch *Willem C. van Unnik*, Evangelien aus dem Nilsand, Frankfurt 1960, 57-69; 108-150.

[125] *Conzelmann*, Die Mitte der Zeit. Studien zur Theologie des Lukas, Tübingen 1954, 6.

[126] *Nietzsche*, Nachgelassene Fragmente 1887-1889: Kritische Studienausgabe XIII, 161.

[127] Dazu etwa *Willem S. Vorster*, Markus – Sammler, Redaktor, Autor oder Erzähler? (von 1980), in: *F. Hahn* (Hrsg.), Der Erzähler des Evangeliums, Stuttgart 1985, 10-36.

[128] *Ernst Käsemann*, Paulus und der Frühkatholizismus, in: Exegetische Versuche und Besinnungen, Göttingen 1986, 183; *Karl Holl*, Der Kirchenbegriff des Paulus in seinem Verhältnis zu dem der Urgemeinde, in: Das Paulusbild in der neueren deutschen Forschung, 178.

[129] *Wrede*, Paulus, in dem genannten Sammelband, 22; 30.

[130] *Vielhauer*, Geschichte der urchristlichen Literatur, 287.

[131] *Gertrud von Le Fort*, Autobiographische Skizzen II, in: Die Frau und die Technik, Zürich 1959, 39; dazu die Ausführungen meiner Studie ›Überredung zur Liebe‹, 226-234.

[132] Dazu *Ernst Hoffmann*, Platonismus und christliche Philosophie, Zürich und Stuttgart 1960, 187-206. Die von *Hoffmann* herausgestellten Querverbindungen zu platonischen Bildvergleichen (Spiegel, Stückwerk) sprechen durchaus für die Annahme einer »vorpaulinischen« Entstehung des Hymnus, da *Paulus* im Maß seiner christlichen Identitätsfindung die hellenistischen Bildungs- und Sprachrelikte zugunsten der von ihm geschaffenen Verkündigungssprache hinter sich ließ.

[133] Daß *Paulus* seine Briefe bewußt aus dem Impuls der Liebe verfaßte, sagte er im Zweiten Korintherbrief (2,4).

[134] Dennoch wird man gerade in diesem Zusammenhang die Bemerkung *Adolf Deissmanns* zu beherzigen haben, »daß man von einem Briefe ohne Kenntnis des Originals eigentlich keinen rechten Begriff erhält« und daß die Buchabschriften und

Druckausgaben gerade den Paulusbriefen mehr entzogen, als man gewöhnlich ahnt: Licht vom Osten, Tübingen 1923, 138.

[135] So *Kähler* in seinem Vortrag ›Der sogenannte historische Jesus und der geschichtliche, biblische Christus‹ (von 1892); nach *Vielhauer*, Geschichte der urchristlichen Literatur, 354.

[136] Näheres dazu in meinem Beitrag über das Buch in medienkritischer Sicht, in: Offenbarung durch Bücher? (115).

[137] Dazu *Norman Perrin*, Was lehrte Jesus wirklich? (82; 124; 171f); ferner *Joachim Wanke*, »Bezugs- und Kommentarworte« in den synoptischen Evangelien. Beobachtungen zur Interpretationsgeschichte der Herrenworte in der vorevangelischen Überlieferung, Leipzig 1981, 3-17; 103-113.

[138] Dazu *Perrin*, a.a.O., 239ff.

[139] Dazu die Ausführungen meines Jesusbuchs ›Der Freund‹, 39-47.

[140] *Hans-Georg Gadamer*, Wahrheit und Methode. Grundzüge einer philosophischen Hermeneutik, 368; dazu der aufschlußreiche Beitrag von *Johann Figl*, ›Text, Tradition und Interpretation. Schriftliche Objektivierung als hermeneutisches Problem in Hans-Georg Gadamers »Wahrheit und Methode«, in: Kairos 20 (1978) 281-292.

[141] Näheres dazu in meinem Jesusbuch ›Der Freund‹, 48-61.

[142] A.a.O., 64ff.

[143] Dazu das Eingangskapitel von *Bultmanns* Jesusbuch (von 1926), München und Hamburg 1967, 7-15.

[144] So schon *Kierkegaards* Gedanke von der mit Jesus einhergehenden »akustischen Täuschung« (Philosophische Brocken, Kap. III, Beilage), vor allem aber seine Ausführungen über das Ärgernis im Mittelteil seiner ›Einübung im Christentum‹; dazu *Gerdes*, Sören Kierkegaards ›Einübung im Christentum‹, 24-39. Wenn man mit *Kähler* in den Evangelien ausgeweitete Passionsgeschichten erblickt und demgemäß davon ausgeht, daß der in den »Vorgeschichten« waltende Zwang zur Abbreviatur zugunsten einer Synchronie mit dem beschriebenen Geschehen zurücktritt, wird man den Leidenston nirgendwo so elementar wie im Todesschrei Jesu vernehmen und daraus auf die größte im Neuen Testament jemals erreichte Annäherung an die Mündlichkeit zurückschließen.

[145] Dazu der titelgleiche Abschnitt in meinem Sammelband ›Glaubensimpulse‹, 189-207.

[146] *Ernst Käsemann*, Jesu letzter Wille nach Johannes 17, Tübingen 1980, 18.

[147] Was szenisch von dem »an der Brust Jesu« liegenden Vorzugsjünger gesagt wird (Joh 13,23), sofern er in der gleichen Position wie der am Herzen des Vaters ruhende »Eingeborene« erscheint, gilt sachlich ebenso von denen, für welche Jesus die Schau seiner Herrlichkeit einfordert; dazu *Kügler*, Der Jünger, den Jesus liebte, 146ff.

Nachwort

[1] Zur Deutungsgeschichte der Stelle siehe die Hinweise in meinem fundamentaltheologischen Grundriß ›Glaubensverständnis‹, 20f.

[2] Dazu *Hans Küng*, Christentum und Weltreligionen. Hinführung zum Dialog mit Islam, Hinduismus und Buddhismus, München 1984.

[3] Zum einen das bereits erwähnte Werk von *Georg Baudler*, Erlösung vom Stiergott (von 1989), zum andern *Karl Matthäus Woschitz, Manfred Hutter, Karl Prenner*, Das manichäische Urdrama des Lichtes. Studien zu koptischen, mitteliranischen und arabischen Texten, Wien 1989.

[4] Dazu die Bemerkungen zur Frage der Identifikation in meinem Jesusbuch ›Der Freund‹, 153f.

[5] Dazu *Eugen Fink*, Vom Wesen des Enthusiasmus, Freiburg 1947.

[6] *Riesman*, Die einsame Masse, 327.

[7] *Guardini*, Das Ende der Neuzeit, Neuausgabe 1986, 94.

[8] *Guardini*, Die Existenz des Christen, Paderborn 1976, 409; dazu auch die Ausführungen in Band I, 172; 218f.

[9] Mit dieser These wird lediglich *Noelle-Neumanns* Beobachtung über die Konstituierung der öffentlichen Meinung auf den daran maßgeblich beteiligten Faktor Fernsehen zurückbezogen: Die Schweigespirale. Öffentliche Meinung – unsere soziale Haut, 40ff; 224.

[10] *Buber*, Zwei Glaubensweisen, in: Werke I, 775-779; dazu die Ausführungen meiner Schrift ›Buber für Christen‹, 107f.

[11] Nach *Schnackenburg* ist damit keineswegs der Möglichkeit neuer Offenbarungen das Wort geredet, sondern lediglich mit Nachdruck auf die Unerschöpflichkeit der mit dem Abba-Namen erschlossenen Mitwisserschaft verwiesen: Das Johannesevangelium III, 224f.

[12] Dazu nochmals die Hinweise auf Seite 356.

[13] Dazu *Schnackenburg*, a.a.O., 113f.

[14] Dazu *Mussner*, Der Galaterbrief, 291ff.

Namenregister

Adam, K. 238
Adeodat 288f, 305
Adler, G. 406, 417
Adorno, Th. W. 40ff, 127, 248, 393,
    397, 403, 420, 428f
Aischylos 61
Ambrosius 399
Amenophis IV. 87
Alarich 67
Allers, R. 427
Anaxagoras 74
Anaximander 400
Angelus Silesius 336
Anselm von Canterbury 11, 79, 100,
    125, 232, 239, 281, 303, 317, 368,
    403, 418, 425, 438
Antes, P. 396
Antiochus IV. 424
Arenhoevel, D. 408
Aristoteles 74, 392
Arnold, F. 420
Athanasius 145, 248, 421
Aubert, R. 435
Augustin 11, 66f, 79, 126f, 134, 153,
    165, 244, 256, 270f, 273ff, 286-290,
    312, 324, 333, 335, 344, 369, 396,
    399, 403, 418, 423ff, 429, 431

Baader, F. von 103, 127, 329, 431
Bach, J. S. 232, 418
Badura, B. 349, 435
Bärthold, A. 401
Ball, H. 411
Balthasar, H. U. von 11, 139f, 165,
    195f, 199, 205, 216ff, 244-251, 253,
    271, 293, 296, 304, 314, 316f, 328,
    336, 344, 347, 391, 399f, 405, 407f,
    412ff, 416, 420-425, 430, 433ff

Barth, K. 180, 249, 251, 253, 317, 421,
    429
Bataille, G. 34, 193f, 392
Baudler, G. 319, 414, 428, 430, 440
Baudrillard, J. 35
Bauer, J. B. 188, 309, 426
Becker, G. 395
Becker, H. 43
Becker, J. 413, 429-432
Beckmann, M. 232
Beethoven, L. van 10, 232, 418
Beierwaltes, W. 74, 285f, 397, 400, 425
Beinert, W. 180, 296, 359, 405f, 410,
    415, 420, 436
Ben-Chorin, Sch. 127f, 429, 432
Benjamin, W. 374, 393, 438
Benz, E. 226, 416
Bellarmin, R. 436f
Berger, K. 415
Berger, P. L. 233, 419
Bermann, H. 432
Bernanos, G. 210
Bernhard von Clairvaux 65
Bernhard, Th. 35
Bernhart, J. 297, 410f, 427, 433
Bertaux, P. 405
Beumer, J. 404
Beuys, J. 36
Bianchi, E. 178, 410
Bickermann, E. 424
Bloch, E. 340, 399
Blondel, M. 60, 395
Blumenberg, H. 12, 25, 36, 44, 48ff, 55,
    80f, 85, 94, 128, 159, 204, 303, 317,
    390, 393ff, 399f, 403, 407, 414, 427,
    430
Böckle, F. 173, 194, 409
Boff, L. 293f, 406, 427

444

447

449

Sachregister

450

451